하나님의 숨소리

하나님의 숨소리

2024년 1월 31일 제 1판 인쇄 발행

저 작 자 ㅣ 정남덕
펴 낸 이 ㅣ 박종래
펴 낸 곳 ㅣ 도서출판 명성서림

등록번호 ㅣ 301-2014-013
주   소 ㅣ 04625 서울시 중구 필동로 6(2층·3층)
대표전화 ㅣ 02)2277-2800
팩   스 ㅣ 02)2277-8945
이 메 일 ㅣ ms8944@chol.com

값 30,000원
ISBN 979-11-93543-36-8

하나님의 말씀(음성) 성경 바이블 복음 메시지

하나님의 숨소리

|

저작자 정남덕

신약전서

휴대폰으로 QR코드를 스캔하시면 음성으로 들을 수 있습니다.

기독교성서연구원

도서출판 명성서림

서문

이렇게 '하나님의 숨소리'를 출판하게 저희에게 능력 주신 하나님께 감사드립니다.

저는 평신도로서 평범한 신앙생활을 하는 중이었는데 어느 날 갑자기 암 선고를 받아 세브란스 병원에서 2000년 1월 위 절제와 이에 부수하여 임파선 전부를 절제하는 수술을 받았고 2월 중순경에 퇴원하였습니다. 그 와중에 여러 가지 기이한 일들, 즉, 신비한 일들이 나타나서 아프면 그런가 보다 하였습니다. 그러는 중에 미국 국적인 처남이 저의 집을 방문하여 저에게 영어와 함께 기록된 성경을 주었습니다. 그 당시 저는 몸을 뒤척이는 것도 통증으로 어려웠습니다. 그런데 제가 창세기 1장 1절부터 읽어보는데 그 한 구절마다 살아 움직인다는 것을 느끼게 되었습니다.

그래서 하루에 한 장씩 한글번역 성경과 영문 성경을 독파하고 무슨 의미인지를 묵상(렉시오 디비나)을 하였습니다. 그 과정이 2000년 5월에 시작하여 2007년 6월에 끝났습니다.

그리고 다시 2008년 1월부터 2014년 10월까지 그 번역 내용을 USB 와 컴퓨터에 기록하였습니다.

그 후 번역 내용을 수정하여 2018년 10월 한국저작권위원회에 출원하여 10월 30일 저작물 '하나님의 숨소리' 등록 확인을 받았습니다.

저희(기독교성서연구원)들이 이 책을 출시하는 것은 우리가 하나님의 음성을 들으면 하나님을 만나고 그것을 마음에 새기면 우리가 성령으로 봉인된다는 진리를 체험하였기 때문입니다. 반복하여 들으면 명백히 우리가 알지도 못하고 느끼지도 못한 것들이 떠오른다는 것입니다.

그래서 성경에 '귀 있는 자는 들을지어다.'라는 어구가 많이 있습니다.
우리는 예수가 그리스도라는 복음을 듣고 믿음으로써 그 신앙으로 하나님으로부터 의로움을 인정받아, 우리가 의롭게 되는 것입니다.

기독교성서연구원 일동 배

주석문

본 성경 신약전서 '하나님의 숨소리'와 음성 듣기는 하나님이 그분의 계획하에 하늘들과 지구를 창조하시고(창세기 1장 1절), 처음의 하늘과 처음 지구가 없어지고 새로운 하늘과 새로운 지구나 하나님으로부터 내려오기(요한계시록 21장 1절)까지의 대하드라마에서 예수님의 출생 이후의 하나님의 역사를 통하여 예수님의 행적과 사도들의 기록을 통하여 그분의 영광을 나타낸 것입니다.

저는 평신도로서 어떠한 외부적 환경적 간섭을 받지 않고 오직 신앙(faith)에 기초하여 묵상을 거쳐서 최대한 기도하고 기도하면서 하나님의 뜻을 알려고 하였습니다.

하나님은 우리에게 은혜로 내려주실 '만나'를 하늘의 구중궁궐 깊은 곳에 감추어 두시고 우리가 그분에게 접근하도록 기다리고 계십니다. 그래서 이런 말이 성경에 쓰여있습니다.

'귀 있는 자는 들을지어다. 내가 극복하는 자에게 하늘에 숨겨둔 만나를 주고 또 흰돌을 주리니 그 흰돌 위에는 새 이름이 있나니 받은 자 외에는 그 이름을 알 수 없느니라' 하였습니다.

그러므로 우리는 하나님의 음성 듣기를 끊임없는 인내로써 극복하면 각 사람의 처한 환경 안에서 하나님의 은혜가 우리와 함께함을 느끼게 될 것입니다.

기독교성서연구원 일동 배

하나님(하느님)의 숨소리

(디모데 후서 3장 16절)

3장
16. 모든 성경은 하나님(하느님)의 영감으로 나타난 숨소리로 가르침과 훈계 바르게 함과 의로움을 교유하기에 유익하나니,

(All scripture is God - breathed and is useful for teaching, rebuking, correcting and training in righteousness. - NIV)

(Every part of Scripture is God - breathed and useful one way or another - showing us truth, exposing our rebellion, correcting our mistakes, training us to live God's way. -THE MESSAGE)

(All scripture is given by inspiration of God, and is profitable for doctrine, for reproof, for correction, and for instruction in righteousness. -KJV)

(All scripture is inspired by God and is useful for teaching, for refutation, for correction, and for training in righteousness. - NAB)

신앙(faith)이란?

히브리서11장

① 신앙은 우리가 희망하는 것들이 이루어진다고 확실히 믿으며, 우리가 보지 못하는 것도 있다고 확신하는 것입니다.(Now faith is the substance of things hoped for, the evidence of things not seen. -KJV)

(Now faith is being sure of what we hope for and certain of what we do not see – NIV)

(Faith is the realization of what is hoped for and evidence of things not seen- NAB)

(The fundamental fact of existence is that this trust in God, ghis faith, is the firm foundation under every thing that makes life worth living. It's our handle on what we can't see- THE MESSAGE)

② 옛사람들도 이 신앙으로써 보지 못하는 것을 확신하였습니다.

③ 신앙으로써 우주가 하나님의 말씀으로 지어진 것과 보이는 것이 보일 수 없는 것으로부터 나왔다는 것을 우리는 깨닫게 됩니다.

차
례

마태복음

· 본 성경듣기는 QR코드 인식으로 들을 수 있습니다

● 1장

① 아브라함과 다윗의 계통(족보)상의 자손 예수그리스도의 계보라.

② 아브라함이 이삭을 낳고, 이삭은 야곱을 낳고, 야곱은 유다와 그의 형제를 낳고,

③ 유다는 다말에게서 베레스와 세라를 낳고, 베레스는 헤스론을 낳고, 헤스론은 람을 낳고,

④ 람은 아비나답을 낳고, 아미나답은 나손을 낳고, 나손은 살몬을 낳고,

⑤ 살몬은 라합에게서 보아스를 낳고, 보아스는 룻에게서 오벳을 낳고, 오벳은 이새를 낳고,

⑥ 이새는 다윗왕을 낳으니라. 다윗은 우리야의 아내에게서 솔로몬을 낳고,

⑦ 솔로몬은 르호보암을 낳고, 르호보암은 아비야를 낳고, 아비야는 아사를 낳고,

⑧ 아사는 여호사밧을 낳고, 여호사밧은 요람을 낳고, 요람은 웃시야를 낳고,

⑨ 웃시야는 요담을 낳고, 요담은 아하스를 낳고, 아하스는 히스기야를 낳고,

⑩ 히스기야는 므낫세를 낳고, 므낫세는 아몬을 낳고, 아몬은 요시야를 낳고,

⑪ 바벨론으로 이거할 때에 요시야는 여고냐와 그의 형제를 낳으니라.

⑫ 바벨론으로 이거한 후에 여고냐는 스알디엘을 낳고, 스알디엘은 스룹

바벨을 낳고,

⑬ 스룹바벨은 아비훗을 낳고, 아비훗은 엘리아김을 낳고, 엘리아김은 아소르를 낳고,

⑭ 아소르는 사독을 낳고, 사독은 아킴을 낳고, 아킴은 엘리웃을 낳고,

⑮ 엘리웃은 엘르아살을 낳고, 엘르아살은 맛단을 낳고, 맛단은 야곱을 낳고,

⑯ 야곱은 마리아의 남편 요셉을 낳고, 성령으로 마리아에게서 그리스도라 칭하는 예수가 나시니라.

⑰ 그런즉 모든 대수가 아브라함부터 다윗까지 열 네 대요. 다윗부터 바벨론으로 이거할 때까지 열 네 대요. 바벨론으로 이거 한 후부터 그리스도까지 열 네 대러라.

⑱ 예수 그리스도의 나심은 이러하니라. 그 모친 마리아가 요셉과 정혼하고 동거하기 전에 성령으로 잉태된 것이 나타났더니,

⑲ 요셉은 마음이 괴로웠으나, 고결한 사람이라 이를 드러내어 공개적으로 그녀가 망신당하는 것을 원치 아니하여 그는 그녀와 가만히 끊고자 하였느니라.

⑳ 그러나 그가 이렇게 생각하였을 때에 주의 사자가 현몽하여 말하기를 다윗의 자손 요셉아! 네 아내 마리아 데려오기를 무서워 말라. 저에게 잉태된 자는 성령으로 된 것이라.

㉑ 아들을 낳으리니 이름을 예수라 하라. 이는 그가 자기 백성을 저희 죄에서 구원할 자이심이라 하니라. 하니라.

㉒ 이 모든 일의 된 것은 주께서 선지자로 하신 말씀을 이루려 하심이니 말씀하시기를

㉓ 보라 처녀가 잉태하여 아들을 낳을 것이요. 그 이름은 임마누엘이라 하리라 하셨으니 이를 번역한즉 하나님이 우리와 함께 계시다 함이라.

㉕ 요셉이 잠을 깨어 일어나서 주의 사자의 분부대로 행하여 그 아내를 데려왔으나,

㉖ 아들을 낳기까지 동침치 아니하더니 낳으매 이름을 예수라 하니라.

● 2장

① 헤롯왕 때에 예수께서 유다 베들레헴에서 나시매 동방으로부터 박사들이 예루살렘에 이르러 말하되,

② 유대인의 왕으로 나신 이가 어디 계시뇨? 우리가 동방에서 그의 별을 보고 그에게 경배하러 왔노라. 하니,

③ 헤롯왕이 이 말을 듣고 당황하였으며 그와 함께 온 이스라엘 사람들도 당황하였더라.

④ 왕이 모든 대제사장과 백성의 율법교사들을 모아놓고 그리스도가 어디서 태어나겠느뇨? 물으니,

⑤ 그들이 대답하기를 유대 베들레헴이오니다. 이는 선지자들이 이렇게 기록한바,

⑥ 또 유대 땅 베들레헴아 너는 유대 고을 중에 가장 작지 아니하도다. 네게서 한 다스리는 자가 나와서 내 백성 이스라엘의 목자가 되리라. 하니라.

⑦ 이에 헤롯이 비밀히 동방박사들을 불러 별이 나타난 때를 자세히 묻고,

⑧ 베들레헴으로 보내며 이르되 가서 아기에 대하여 자세히 알아보고 찾거든 내게 고하여 나도 가서 그에게 경배하게 하라. 하니라.

⑨ 동방박사들이 왕의 말을 듣고 갈새 동방에서 보던 그 별이 문득 앞서 인도하여 가다가 아기 있는 곳 위에 머물러 섰는지라.

⑩ 저희가 별을 보고 가장 크게 기뻐하고 기뻐하더라.

⑪ 저희가 집에 들어가 아기와 그 모친 마리아가 함께 있는 것을 보고 엎드려 아기께 경배하고 보배함을 열어 황금과 유향과 몰약을 예물로 드리니라.

⑫ 저희가 꿈에 헤롯에게로 돌아가지 말라 지시하심을 받아 다른 길로 고국에 돌아가니라.

⑬ 저희가 떠난 후에 주의 천사가 요셉에게 현몽하여 말하기를 헤롯이 아기를 찾아 죽이려하니 일어나 아기와 그의 모친을 데리고 에집트로 피하여 내가 네게 이르기까지 거기 있으라. 하시니,

⑭ 요셉이 일어나서 밤에 아기와 마리아를 데리고 에집트로 떠나가,

⑮ 헤롯이 죽기까지 거기 있었으니, 이는 주께서 선지자로 말씀하신바 에

집트에서 내 아들을 불렀다 함을 이루려 하심이니라.

⑯ 이에 헤롯이 박사들에게 속은 줄을 알고 심히 노하여 사람을 보내어 베들레헴과 그 주변 지역 안에 있는 사내아이를 박사들에게 자세히 알아본 때를 표준하여 두 살부터 그 아래로 다 죽이도록 명령하였더라.

⑰ 이에 선지자 예레미야로 말씀하신바,

⑱ 라마에서 슬퍼하며 크게 통곡하는 소리가 들리니 라헬이 그 자식을 위하여 애곡하는 것이라 그녀가 자식이 다 죽었으므로 위로 받기를 거절하였도다. 하셨느니라.

⑲ 헤롯이 죽은 후에 주의 천사가 에집트에서 요셉에게 현몽하여 말하기를

⑳ 일어나 아기와 그 모친을 데리고 이스라엘 땅으로 가라 아기의 목숨을 찾던 자들이 죽었느니라. 하시니

㉑ 요셉이 일어나 아기와 마리아를 데리고 이스라엘 땅으로 들어오니라.

㉒ 그러나 아켈라오가 그 부친 헤롯을 이어 유대의 임금 됨을 듣고 거기로 가기를 무서워하더니, 꿈에 지시하심을 받아 갈릴리 지방으로 떠나가,

㉓ 나사렛이란 동네에 와서 사니, 이는 선지자로 하신 말씀에 나사렛 사람이라 칭하리라. 하심을 이루려 함이러라.

● 3장

① 그 때에 세례자 요한이 이르러 유대 황야에서 설교하였는데,

② 그가 말하기를 "회개하라, 천국이 가까웠느니라." 하였으니

③ 이것은 선지자 이사야를 통하여 말씀하신 것이니라. "황야에서 한 사람의 외치는 소리가 있어, '주의 길을 예비하고 그분을 위하여 평탄한 길들을 만들어라.'" 하니라.

④ 이 요한은 약대 털 옷을 입고 허리에 가죽띠를 띠고 음식은 메뚜기와 석청이었더라.

⑤ 이 때에 예루살렘과 온 유대와 요단강 사방에서 다 그에게 나아와,

⑥ 자기들의 죄를 자복하고 요단강에서 그에게 세례를 받으니라.

⑦ 요한이 많은 바리새인과 사두개인이 세례 베푸는데 오는 것을 보고 그들에게 말하되 독사의 자식들아 누가 너희를 가르쳐 임박한 진노를 피

하라 하더냐?

⑧ 그러므로 회개에 합당한 열매를 맺고,

⑨ 그리고 너희 속으로 아브라함이 우리 조상이라고 생각지 말라. 내가 너희에게 이르노니 하나님이 능히 이 돌들로도 아브라함의 자손이 되게 하시리라.

⑩ 이미 도끼가 나무 뿌리에 놓였으니 좋은 열매 맺지 아니하는 나무마다 찍어 불에 던지우리라.

⑪ 나는 너희로 회개케 하기 위하여 물로 세례를 주거니와, 내 뒤에 오시는 이는 나보다 능력이 많으시니 나는 그의 신발을 들고 있는 것도 감당치 못하노라. 그는 성령과 불로 너희에게 세례를 주실 것이요.

⑫ 손에 키를 들고 자기의 타작 마당을 정하게 하사, 알곡은 모아 곡간에 들이고 쭉정이는 꺼지지 않는 불에 태우시리라.

⑬ 이 때에 예수께서 갈릴리로부터 요단강에 이르러 요한에게 세례를 받으려 하시나,

⑭ 요한이 그분을 말려 말하기를 내가 당신에게 세례를 받아야 할 터인데 당신이 내게로 오셨나이까? 하니,

⑮ 예수께서 대답하시기를 이제 허락하라. 우리가 이와 같이 하여 모든 의를 이루는 것이 합당하기 때문이니라. 하시니. 이에 요한이 동의하는지라.

⑯ 예수께서 세례를 받으시고, 곧 물에서 올라 오실새 하늘이 열렸고, 예수께서는 하나님의 영이 비둘기 같이 내려와서 자기 위에서 빛나심을 보았더라..

⑰ 그리고 하늘로부터 소리가 있어 말씀하시되 "이는 내 사랑하는 아들이요 그와 함께 내가 대단히 기뻐하는 자라 하시니라.

● 4장

① 그 때에 예수께서 성령에게 이끌리어 황야에 갔는데 마귀에게 유혹을 받게된지라.

② 사십일을 밤낮으로 금식하신 후에 배가 주리셨는데,

③ 마귀가 예수께 나아와서 "네가 만일 하나님의 아들이거든 이 돌들이 빵

들이 되라고 말해보라.” 고 하니라.

④ 예수께서 대답하여 말씀하시기를 기록되었으되, 사람이 떡으로만 살것이 아니요, 하나님의 입으로 나오는 모든 말씀으로 살 것이라, 하였느니라. 하시니라.

⑤ 그때에 마귀가 예수를 거룩한 성으로 데려다가 성전 꼭대기에 세우고,

⑥ 주님께 말하기를, 만일 당신이 하나님의 아들이거든 뛰어내려 보라. 이는 기록하였으되, 주님께서 너에 관하여 자신의 천사들에게 명령하시리니, 그들이 자기 손으로 너를 받들어 어느 때라도 너의 발이 돌에 부딪치지 아니하게 하리라. 하였기 때문이라. 하매

⑦ 예수께서 이르시되 또 기록되었으되 너의 하나님 여호와를 테스트 하지 말라. 하신대

⑧ 마귀가 또 그를 데리고 지극히 높은 산으로 가서 천하 만국과 그 영광을 보여주며,

⑨ 말하기를 만일 내게 엎드려 경배하면 이 모든 것을 네게 주리라. 하니라.

⑩ 이에 예수께서 말씀하시되 사단아 물러가라. 기록되었으되, 너의 주 하나님께 경배하고 다만 그를 섬기라. 하였느니라.

⑪ 이에 마귀는 예수를 떠나고 천사들이 나아와서 수종드니라.

⑫ 예수께서 요한의 잡힘을 들으시고 갈릴리로 물러 가셨다가,

⑬ 나사렛을 떠나 스불론과 납달리 지역 해변에 있는 가버나움에 가서 사시니,

⑭ 이는 선지자 이사야로 하신 말씀을 이루려 하심이라. 일렀으되

⑮ 스불론 땅과 납달리 땅과 요단강 저편 해변 길과 이방의 갈릴리여,

⑯ 흑암에 앉은 백성이 큰 빛을 보았고, 사망의 땅과 그늘에 앉은 자들에게 빛이 비취었도다. 하였느니라.

⑰ 이 때부터 예수께서 비로소 선포하기 시작하여 말씀하시기를, 회개하라. 천국이 가까웠느니라. 하시니라.

⑱ 갈릴리 해변에 다니시다가 두 형제 곧 베드로라 하는 시몬과 그 형제 안드레가 바다에 그물을 던지는 것을 보시니, 저희는 어부라.

⑲ 말씀하시되, 나를 따라 오너라. 내가 너희로 사람을 낚는 어부가 되게

하리라. 하시니.

⑳ 저희가 곧 그물을 놓아두고 예수를 따르니라.

㉑ 거기서 더 가시다가 다른 두 형제 곧 세베대의 아들 야고보와 그 형제 요한을 보았는데, 그들은 배 안에서 그들의 부친 세베대와 함께 그물을 손질하고 있었더라. 예수께서 그들을 부르시니,

㉒ 즉시 그들은 배와 부친을 그대로 놓아두고 예수를 좇으니라.

㉓ 예수께서 온 갈릴리에 두루 다니사, 저희 회당에서 가르치시며, 천국 복음을 전파하시며, 백성 중에 모든 병과 모든 약한 것을 고치시니,

㉔ 그의 소문이 온 시리아에 퍼진지라. 사람들이 모든 앓는 자 곧 각색 병과 고통에 걸린자 귀신 들린자 간질하는 자 중풍병자들을 데려오니, 저희를 고치시더라.

㉕ 그리고 거기에 갈릴리와 데가볼리와 예루살렘과 유대와 요단강 건너편에서 온 많은 군중들이 예수를 따르니라.

• 5장

① 예수께서 군중들을 보시고 산기슭에 올라가 앉으시니, 그분의 제자들이 그분께로 나아온지라,

② 그분은 그들을 가르치기 시작하셨다.

③ 심령이 가난한 자들은 복이 있나니, 천국이 저희들 것임이요.

(Blessed are the poor in spirit: for theirs is the kindom of heaven.-KJV)

("Blessed are the poor in spirit, for theirs is the kingdom of heaven.-NIV)

("Blessed are the poor in spirit, for theirs is the kingdom of heaven.-NAB)

("You're blessed when you're at the end of your rope. With less of you there is no more of God and his rule.-THE MESSAGE)

④ 애통하는 자들은 복이 있나니, 저희들이 위로를 받을 것임이요.

(Blessed are they that mourn: for they shall be comforted.-KJV)

(Blessed are those who mourn, for they will be comforted.-NIV)

(Blessed are they who mourn, for they wiil be comforted.-NAB)
("You're blessed when you feel you've lost what is most dear to you. Only then can you be embraced by the One most dear to you.-THE MESSAGE)

⑤ 온유한 자들은 복이 있나니, 저희들이 땅을 상속받을 것임이요.
(Blessed are the meek: for they shall inherit the earth.-KJV)
(Blessed are the meek, for they will inherit the earth.-NIV)
(Blessed are the meek, for they will inherit the land.-NAB)
("You're blessed when you're content with just who you are-no more, no less. That's moment you find yourselves proud owners of everything that can be bought.-THE MESSAGE)

⑥ 의에 주리어 배곯은 자들은 복이 있나니, 저희들이 배부를 것임이요.
(Blessed are they which do hunger and thirst after righteousness: for they shall be filled.-KJV)
(Blessed are those who hunger and thirst for righteousness, for they will be filled.-NIV)
(Blessed are they who hunger and thirst for righteousness, for they will be satisfied.-NAB)
("You're blessed when you've worked up a good appetite for God. He's food and drink in the best meal you'll ever eat.-THE MESSAGE)

⑦ 자비를 베푸는 자들은 복이 있나니, 저희들이 자비를 받을 것임이요.
(Blessed are the merciful: for they shall obtain mercy.-KJV)
(Blessed are the merciful, for they will be shown mercy.-NIV)
(Blessed are the merciful, for they will be shown mercy.-NAB)
("You're blessed when you care. At the moment of being 'care-full,' you find yourselves cared for.-THE MESSAGE)

⑧ 마음이 청결한 자들은 복이 있나니, 저희들이 하나님을 볼 것임이요.
(Blessed are the pure in heart: for they shall see God.-KJV)
(Blessed are the pure in heart, for they will see God.-NIV)

(Blessed are the clean of heart, for they will see God.-NAB)

("You're blessed when you get your inside world-your mind and heart-put right. Then you can see God in the outside world.-THE MESSAGE)

⑨ 화평케 하는 자들은 복이 있나니, 저희들이 하나님의 아들들이라 일컫음을 받을 것임이요.

(Blessed are the peacemakers: for they shall be called the children of God.-KJV)

(Blessed are the peacemakers, for they will be called sons of God.-NIV)

(Blessed are the peacemakers, for they will be called children of God.-NAB)

("You're blessed when you can show people how to cooperate instead of compete or fight. That's when you discover who you really are, and your place in God's family.-THE MESSAGE)

⑩ 의를 행하여 핍박을 받는 자들은 복이 있나니, 천국이 저희들 것임이라.

(Blessed are they which are persecuted for righteousness' sake: for theirs is the kingdom of heaven.-KJV)

(Blessed are those who are persecuted because of righteousness, for theirs is the kingdom of heaven.-NIV)

(Blessed are they who are persecuted for the sake of righteousness, for theirs is the kingdom of heaven.-NAB)

("You're blessed when your commitment to God provokes persecution. The persecution drives you even deeper into God's kingdom.-THE MESSAGE)

⑪ 나로 인하여 사람들이 너희를 모욕하고 핍박하고 거짓으로 너희들에게 가지가지의 악한 말을 할 때, 너희들은 복이 있느니라.

(Blessed are ye when men shall revile you, and persecute you, and shall say all manner of evil against you falsely for my sake.-KJV)

(Blessed are you when people insult you, persecute you and falsely say all kinds of evil against you because of me.-NIV)

(Blessed are you when they insult you and persecute you and utter every kind of evil against you(falsely) because of me.-NAB)

("Not only that - count yourselves blessed everytime people put you down or throw you out or spesk lies about you to discredit me. What it means is that the truth is too close for comfort and they are uncomfortable.-THE MESSAGE)

⑫ 기뻐하고 즐거워하라. 하늘에서 너희의 상이 큼이라. 그들이 너희 전에 있던 선지자들을 이같이 핍박하였느니라.

⑬ 너희는 세상의 소금이니, 소금이 만일 그 맛을 잃으면 무엇으로 짜게 하리요? 후에는 아무 쓸데 없어 다만 밖에 버리워 사람에게 밟힐 뿐이니라.

⑭ 너희는 세상의 빛이다. 언덕위에 자리잡은 도시는 드러나게 되어있느니라.

⑮ 사람이 등불을 켜서 큰 사발 안에 두지 아니하고, 등경 위에 두나니 이러므로 집안 모든 사람에게 비취느니라.

⑯ 이같이 너희 빛을 사람 앞에 비취게 하여, 저희로 너희 착한 행실을 보고, 하늘에 계신 너희 아버지를 찬양케 하라.

⑰ 내가 율법이나 선지자를 폐하러 온줄로 생각지 말라. 폐하러 온 것이 아니요 완전케 하려 함이로라.

⑱ 내가 너희에게 진리를 이르노니, 천지가 없어지기 전에는 율법의 일점 일획이라도 반드시 없어지지 아니하고, 다 이루리라.

⑲ 누구든지 이 계명 중에 지극히 작은 것 하나라도 어기고, 또 그같이 사람을 가르치는 자는 천국에서 지극히 작다 일컬음을 받을 것이나, 누구든지 이 계명들을 행하며 가르치는 자는 천국에서 크다 일컬음을 받으리라.

⑳ 내가 너희에게 이르노니, 너희 의로움이 율법교사들과 바리새인보다

더 낫지 못하면 결단코 천국에 들어가지 못하리라.

㉑ 옛 사람에게 말한바 살인치 말라. 누구든지 살인하면 재판을 받게 되리라. 하였다는 것을 너희가 들었으나,

㉒ 나는 너희에게 이르노니, 형제에게 이유 없이 화를 내는 자는 재판을 받을 위험에 처하고, 형제에 대하여 바보라고 하는 자는 공회에서 책임을 져야 하나, 형제에게 너는 어리석은 놈 하는 자는 누구나 지옥 불에 들어갈 위험에 있느니라.

㉓ 그러므로 예물을 제단에 드리다가, 거기서 내 형제에게 원망들을 만한 일이 있는줄 생각나거든,

㉔ 예물을 제단 앞에 두고 먼저 가서 형제와 화목하고 그 후에 와서 예물은 드리라.

㉕ 너를 송사하는 자와 함께 길에 있을 때에 급히 타협하라. 그 송사하는 자가 너를 재판관에게 내어주어 옥에 가둘까 염려하라.

㉖ 내가 네게 진실을 이르노니, 네가 마지막 한푼이라도 남김없이 다 갚기 전에는 결단코 거기서 나오지 못하리라.

㉗ 또 간음치 말라 하였다는 것을 너희가 들었으나,

㉘ 나는 너희에게 이르노니, 여자를 보고 음욕을 품는 자마다 마음에 이미 간음하였느니라.

㉙ 만일 네 오른눈이 너로 실족케 하거든 빼어 내버리라. 네 육체 중 하나가 없어지고 온 몸이 지옥에 던지우지 않는 것이 유익하며,

㉚ 또한 만일 네 오른손이 너로 실족케 하거든 찍어 내버리라. 네 육체 중 하나가 없어지고 온 몸이 지옥에 던져우지 않는 것이 유익하니라.

㉛ 또 일렀으되 누구든지 아내를 버리거든 이혼 증서를 줄것이라 하였으나,

㉜ 나는 너희에게 이르노니 누구든지 음행한 연고없이, 아내를 버리면 이는 저로 간음하게 함이요. 또 누구든지 버린 여자에게 장가드는 자도 간음함이니라.

㉝ 또 옛 사람에게 말한바, 헛 맹세를 하지 말고 네 맹세를 주께 지키라. 하였다는 것을 너희가 들었으나

㉞ 나는 너희에게 이르노니, 도무지 맹세하지 말지니 하늘로도 말라. 이는

하나님의 보좌임이요.

㉟ 땅으로도 말라, 이는 하나님의 발을 얹는 판이요. 예루살렘으로도 말라 이는 큰 임금의 성임이요.

㊱ 네 머리로도 말라 이는 네가 한 터럭도 희고 검게 할 수 없음이라.

㊲ 오직 너희 말은 옳은 것은 옳다. 아닌 것은 아니라. 하라. 이것을 넘어서는 말은 악한 생각에서 나오는 것이니라.

㊳ 또 눈은 눈으로, 이는 이로 갚으라. 하였다는 것을 너희가 들었으나,

㊴ 나는 너희에게 이르노니, 악한 자를 대적지 말라. 누구든지 네 오른편 뺨을 치거든 왼편도 돌려 대며,

㊵ 또 너를 송사하여 속옷을 가지고자 하는 자에게 겉옷까지도 가지게 하며,

㊶ 또 누구든지 너로 억지로 오리를 가게 하거든 그 사람과 십리를 동행하고,

㊷ 네게 구하는 자에게 주며, 네게 꾸고자 하는 자에게 거절하지 말라.

㊸ 또 네 이웃은 사랑하나 네 원수를 미워하라는 말이 있는 것을 너희는 들었도다.

㊹ 그러나 나는 너희에게 이르노니, 너희 원수를 사랑하며 너희를 핍박하는 자를 위하여 기도하라.

㊺ 그리하면 너희들은 하늘에 계신 너희 아버지의 아들들이 되리니, 이는 하나님이 그 해를 악인과 선인에게 떠오르게 하시며 비를 의로운 자와 불의한 자에게 내리우심이니라.

㊻ 너희가 너희를 사랑하는 자를 사랑하면 무슨 상이 있으리요. 세리도 이같이 아니하느냐?

㊼ 또 너희가 너희 형제에게만 문안하면 남보다 더 하는 것이 무엇이냐? 이방인들도 이같이 아니하느냐?

㊽ 그러므로 하늘에 계신 너희 아버지가 온전하심 같이 너희도 온전하라.

● 6장
① 너희는 사람들에게 보이려고, 그들 앞에서 너희 자선을 베풀지 않도록 주의하라. 그렇지 아니하면, 너희는 하늘에 계신 너희 아버지께 상을

얻지 못하느니라.

② 그러므로 너는 자선을 베풀 때에 위선자들이 사람들의 영광을 얻으려고 회당들과 거리들에서 행하는 것같이 네 앞에 나팔을 불지마라. 진실로 내가 말하노니 그들은 이미 자기들의 보상을 받았느니라.

③ 너는 구제할 때에 오른손의 하는 것을 왼손이 모르게 하여,

④ 네 구제함을 은밀하게 하라. 그러면 은밀한 중에 하여지는 것을 아시는 너희 아버지가 보상해주시리라.

⑤ 또 너희가 기도할 때에 위선자와 같이 되지 말라. 저희는 사람에게 보이려고 회당과 큰 거리 어귀에 서서 기도하기를 좋아하느니라. 진실로 내가 너희에게 이르노니, 저희는 자기 상을 이미 받았느니라.

⑥ 너는 기도할 때에 골방에 들어가 문을 닫고 은밀한 중에 계신 네 아버지께 기도하라. 은밀한 중에 기도하는 것을 아시는 네 아버지께서 갚으시리라.

⑦ 또 기도할 때에 이방인과 같이 중언부언하지 말라. 저희는 말을 많이 하여야 들으실줄 생각하느니라.

⑧ 그러므로 저희를 본받지 말라 구하기 전에 너희에게 있어야 할 것을 하나님 너희 아버지께서 아시느니라.

⑨ 그러므로 너희는 이렇게 기도하라 하늘에 계신 우리 아버지여 이름이 거룩히 여김을 받으시오며

(After this manner therefore pray ye: Our father which art in heaven, Hallowed be thy name.-KJV)

("This, then, is how you should pray: "Our Father in heaven, hallowed be your name,-NIV)

("This is how you are to pray; Our Father in heaven, hallowed be your name,-NAB)

(you can pray very simply. Like this: Our Father in heaven, Reveal who you are.-THE MESSAGE)

⑩ 나라이 임하옵시며 뜻이 하늘에서 이룬 것 같이 땅에서도 이루어지이다.

(Thy kingdom come. Thy will be done in earth as it is in

heaven.-KJV)

(your kingdom come, your will be done on earth as it is heaven.-NIV)

(your kingdom come, your will be done, on earth as in heaven.-KJV)

(Set the world right; Do what's best-as above, so below.-THE MESSAGE)

⑪ 오늘날 우리에게 일용할 양식을 주옵시고,

(Give us this dat our daily bread.-KJV)

(Give us today our daily bread.-NIV)

(Give us today our daily bread; and forgive us our debts, as we forgive our debtos;-NAB)

(Keep us alive with three square meals.-THE MESSAGE)

⑫ 우리의 죄를 용서하여 주옵소서, 우리 역시 우리에게 잘못한 자를 용서하고 있나이다.

(And forgive us our debts, as we forgive our debtors.-KJV)

(Forgive us our debts, as we also have forgiven our debtors.-NIV)

(and forgive us our debts, as we forgive our debtors;-NAB)

(Keep us forgiven with you and forgiving others.-THE MESSAGE)

⑬ 우리를 유혹에 빠지지 말게 하옵시고 다만 악에서 구하옵소서! (나라와 권세와 영광이 아버지께 영원히 있사옵나이다. 아멘!)

(And lead us not into temptation, but deliver us from evil: For thine is the kingdom, and the power, and the glory, for ever. Amen.-KJV)

(And lead us not into temptation, but deliver us from the evil one.-NIV)

(and do not subject us to the final test, but deliver us from the evil one.-NAB)

(Keep us safe from ourselves and the Devil. You're in charge! You can do anything you want! You're ablaze in beauty! Yes. Yes. Yes.-THE MESSAGE)

⑭ 너희가 사람의 잘못을 용서하면, 너희 천부께서도 너희 잘못을 용서하시려니와,

⑮ 너희가 사람의 잘못을 용서하지 아니하면, 너희 아버지께서도 너희 잘못을 용서하지 아니하시리라.

⑯ 금식할 때에 너희는 위선자들과 같이 슬픈 기색을 내지 말라. 저희는 금식하는 것을 사람에게 보이려고 얼굴을 흉하게 하느니라. 내가 진실로 너희에게 이르노니, 저희는 자기 상을 이미 받았느니라.

⑰ 너는 금식할 때에 머리에 기름을 바르고 얼굴을 씻으라.

⑱ 이는 금식하는 자로 사람에게 보이지 않고 오직 은밀한 중에 계신 네 아버지께 보이게 하려 함이라. 은밀한 중에 보시는 네 아버지께서 갚으시리라.

⑲ 땅에 너희를 위하여 보물을 쌓아 두지 말라. 거기는 좀과 동록이 해하며 도적이 구멍을 뚫고 도적질하느니라.

⑳ 오직 너희를 위하여 보물을 하늘에 쌓아두라. 거기는 좀이나 동록이 해하지 못하며 도적이 구멍을 뚫지도 못하고 도적질도 못하느니라.

㉑ 네 보물 있는 그 곳에는 네 마음도 있느니라.

㉒ 눈은 몸의 등불이니 그러므로 네 눈이 성하면 온 몸이 밝을 것이요.

㉓ 눈이 나쁘면 온 몸이 어두울 것이니, 그러므로 네게 있는 빛이 어두우면 그 어두움이 얼마나 하겠느뇨?

㉔ 한 사람이 두 주인을 섬기지 못할 것이니, 혹 이를 미워하며 저를 사랑하거나 혹 이를 중히 여기며 저를 경히 여김이라 너희가 하나님과 재물을 겸하여 섬기지 못하느니라.

㉕ 그러므로 내가 너희에게 이르노니, 목숨을 위하여 무엇을 먹을까? 무엇을 마실까? 몸을 위하여 무엇을 입을까? 염려하지 말라 목숨이 음식보다 중하지 아니하며 몸이 의복보다 중하지 아니하느냐?

㉖ 공중의 새를 보라. 심지도 않고, 거두지도 않고, 창고에 모아 들이지도 아니하되, 너희 천부께서 기르시나니, 너희는 이것들보다 귀하지 아니

하냐?

㉗ 너희 중에 누가 염려함으로 수명을 한 시간을 더 할수 있느냐?

㉘ 또 너희가 어찌 의복을 위하여 염려하느냐? 들의 백합화가 어떻게 자라는가 생각하여 보라. 수고도 아니하고 길쌈도 아니하느니라.

㉙ 그러나 내가 너희에게 말하노니, 솔로몬의 모든 영광으로도 입은 것이 이 꽃 하나만 같지 못하였느니라.

㉚ 오늘 있다가 내일 아궁이에 던지우는 들풀도 하나님이 이렇게 입히시거든, 하물며 너희일까보냐 오 신앙이 거의 없는 자들아!

㉛ 그러므로 염려하여 이르기를 무엇을 먹을까? 무엇을 마실까? 무엇을 입을까? 하지 말라.

㉜ 이는 다 이방인들이 구하는 것이라. 너희 천부께서 이 모든 것이 너희에게 있어야 할 줄을 아시느니라.

㉝ 너희는 먼저 하나님의 나라와 그분의 의를 구하라. 그리하면 이 모든 것들을 너희에게 더하시리라.

㉞ 그러므로 내일 일을 위하여 염려하지 말라. 내일 일은 내일 염려할 것이요. 각 날의 괴로움은 그날로써 족하리라.

● 7장

① 남을 정죄하지 마라. 그렇지 아니하면 네가 정죄를 받을 것이니라.

② 너희가 남을 정죄하는 그 같은 방법으로 너희가 정죄를 받을 것이요. 너희가 사용하는 그 평가의 척도로 너희도 평가 받을 것이니라.

③ 어찌하여 너희는 형제의 눈속에 있는 티는 보고, 네 눈속에 있는 들보는 깨닫지 못하느냐?

④ 보라 네 눈속에 들보가 있지 아니하냐? 그런즉 어찌하여 네가 네 형제에게 네 눈에서 그 티를 빼내어 주겠노라고 말할 수 있느냐?

⑤ 너희 위선자들아 먼저 네 눈속에서 들보를 빼어라. 그 후에야 밝히 보고 형제의 눈속에서 티를 빼리라.

⑥ 거룩한 것을 개에게 주지 말며, 너희 진주를 돼지 앞에 던지지 말라. 저희가 그것을 발로 밟고 돌이켜 너희를 찢어 상할까, 염려하라.

⑦ 구하라 그러면 너희에게 주실 것이요. 찾으라 그러면 찾을 것이요. 문

을 두드리라 그러면 너희에게 열릴 것이니,

⑧ 구하는 이마다 얻을 것이요. 찾는 이가 찾을 것이요. 두드리는 이에게 열릴 것이니라.

⑨ 너희 중에 누가 아들이 떡을 달라 하면 돌을 주며,

⑩ 생선을 달라 하면 뱀을 줄 사람이 있겠느냐?

⑪ 너희가 악한 자라도 좋은 것으로 자식에게 줄줄 알거든, 하물며 하늘에 계신 너희 아버지께서 구하는 자에게 좋은 것으로 주시지 않겠느냐?

⑫ 그러므로 무엇이든지 남에게 대접을 받고자 하는대로, 너희도 남을 대접하라. 이것이 율법이요, 선지자들이기 때문이니라.

⑬ 좁은 문으로 들어가라. 멸망으로 인도하는 문은 크고, 그 길이 넓어 그리로 들어가는 자가 많고,

⑭ 생명으로 인도하는 문은 좁고, 길이 협착하여 찾는 이가 적음이니라.

⑮ 거짓 선지자들을 주의하라. 양의 옷을 입고 너희에게 나아오나 속에는 노략질하는 이리라.

⑯ 그의 열매로 그들을 알지니, 가시나무에서 포도를 엉겅퀴에서 무화과를 따겠느냐?

⑰ 이와 같이 좋은 나무마다 아름다운 열매를 맺고, 못된 나무가 나쁜 열매를 맺나니,

⑱ 좋은 나무가 나쁜 열매를 맺을 수 없고, 못된 나무가 아름다운 열매를 맺을 수 없느니라.

⑲ 아름다운 열매를 맺지 아니하는 나무마다 찍혀 불에 던지우느니라.

⑳ 이러므로 그의 열매로 그들을 알리라.

㉑ 나더러 주여! 주여! 하는 자마다 천국에 다 들어갈 것이 아니요. 다만 하늘에 계신 내 아버지의 뜻대로 행하는 자라야 들어가리라..

㉒ 그 날에 많은 사람이 나더러 말하기를 주여! 주여! 우리가 주의 이름으로 선지자 노릇하고, 주의 이름으로 귀신을 쫓아 내며, 주의 이름으로 많은 권능을 행치 아니하였나이까? 하리니,

㉓ 그 때에 내가 저희에게 밝히 말하되, 내가 너희를 도무지 알지 못하니 너희 악한들아 내게서 떠나가라. 하리라.

㉔ 그러므로 누구든지 나의 이 말을 듣고 행하는 자는 그 집을 반석 위에

지은 지혜로운 사람 같으리니.

㉕ 비가 내리고 홍수가 나고 바람이 불어 그 집에 부딪히되 무너지지 아니하나니, 이는 주초를 반석 위에 놓은 연고요.

㉖ 나의 이 말을 듣고, 행치 아니하는 자는 그 집을 모레 위에 지은 어리석은 사람 같으리니,

㉗ 비가 내리고 홍수가 나고 바람이 불어 그 집에 부딪히매 무너져 그 무너짐이 심하니라.

㉘ 예수께서 이 말씀을 마치시매 군중들이 그 가르치심에 놀라니라,

㉙ 이는 그분은 권세를 가지고 가르치셨으나, 그들의 율법교사들은 그렇지 않았기 때문이니라.

● 8장

① 예수께서 산에서 내려오시니, 많은 사람들이 그분을 쫓으니라.

② 한 문둥병자가 나아와 절하며 말하기를, 만일 주께서 원하시면 저를 깨끗케 하실 수 있나이다. 하거늘,

③ 예수께서 손을 내밀어 저에게 대시며 말씀하시기를, 내가 원하노니 깨끗함을 받으라. 하신대, 즉시 그의 문둥병이 깨끗하여진지라.

④ 예수께서 말씀하시기를, 삼가 아무에게도 이르지 말고, 다만 가서 제사장에게 네 몸을 보이고 증거로써 모세의 명한 예물을 그들에게 드리라. 하시니라.

⑤ 예수께서 가버나움에 들어가셨더니, 한 백명부대장이 나아와서 간청하여,

⑥ 말하기를 주여 내 하인이 중풍병으로 집에 누워 몹시 괴로와하나이다. 하매,

⑦ 예수께서 말씀하시기를, 내가 가서 그를 고쳐주리라. 하시니

⑧ 백명부대장이 대답하여 말하기를, 주여 내 집에 들어오심을 나는 감당치 못하겠사오니, 다만 말씀으로만 하옵소서. 그러면 내 하인이 낫겠삽나이다.

⑨ 나도 남의 수하에 있는 사람이요. 내 아래도 군사가 있으니, 이더러 가라 하면 가고, 저더러 오라 하면 오고, 내 종더러 이것을 하라 하면 하

나이다. 하니,

⑩ 예수님께서 이를 들으시고 경탄하여 좇는 자들에게 이르시되, 내가 진리를 너희에게 이르노니 이스라엘에서 아무에게도 이만한 신앙을 가진 자를 만나보지 못하였노라. 하시니라.

⑪ 또 너희에게 이르노니, 동서로부터 많은 사람이 이르러 아브라함과 이삭과 야곱과 함께 천국에서 잔치 상에 앉을 것이라.

⑫ 그러나 신앙 안에서 자랐으나, 신앙이 없는 사람들은 무시당하고 소외된 자들이 되어, 바깥 어두운데로 쫓겨나 거기서 울며 이를 갈 이 있으리라.

⑬ 예수께서 백명부대장에게 이르시되, 가라 제 믿은대로 될지어다 하시니 그 시로 하인이 나으니라.

⑭ 예수께서 베드로의 집에 들어가사, 그의 장모가 열병으로 앓아 누운 것을 보시고,

⑮ 그의 손을 만지시니, 열병이 떠나가고 여인이 일어나서 예수께 수종들더라.

⑯ 저녁이 되었을 때, 사람들이 귀신 들린 자들을 많이 데리고 예수께 오거늘, 예수께서 말씀으로 귀신들을 쫓아 내시고, 병든 자를 다 고치시니,

⑰ 이는 선지자 이사야로 하신 말씀에 우리 연약한 것을 친히 담당하시고, 병을 짊어지셨도다. 함을 이루려 하심이더라.

⑱ 예수께서 사람들이 자기를 애워쌈을 보시고, 저 편으로 건너가기를 명하시느니라.

⑲ 한 율법 교사가 나아와, 예수께 말씀하되 선생님이여 어디로 가시든지 저는 좇으리이다.

⑳ 예수께서 이르시되, 여우도 굴이 있고, 공중의 새도 거처가 있으되, 오직 사람인아들(사람으로 온 하나님의 아들)은 머리 둘 곳이 없다 하시더라.

㉑ 제자 중에 또 하나가 말씀드리기를 주여 나로 먼저 가서 내 부친을 장사하게 허락하옵소서. 하니,

㉒ 예수께서 말씀하시기를 너에게 제일 중요한 것은 삶이지 죽음이 아니

다. 생명을 좇아 나를 따라오너라 하시니라.

㉓ 예수께서 배에 오르시매 제자들이 좇아서 배를 탔느니라.

㉔ 바다에 큰 놀이 일어나 물결이 배에 덮이게 되었으나, 예수는 주무시는지라.

㉕ 그 제자들이 나아와 깨우며 말씀드리기를, 주여 우리를 물에 빠져 죽지 않게 하여주소서! 우리가 죽겠나이다.

㉖ 예수께서 말씀하시기를, 어찌하여 무서워하느냐? 신앙이 거의 없는 자들아 하시고 곧 일어나사 바람과 바다를 꾸짖으신대 아주 잔잔하게 되거늘,

㉗ 그 사람들이 심히 놀라며 말하기를, 이분은 도대체 어떠한 사람이기에 바람과 바다도 순종하는가? 하더라.

㉘ 또 예수께서 건너편 가다라 지방에 가시매, 귀신 들린 자 둘이 무덤 사이에서 나와 예수를 만나니라. 저희는 심히 사나와서 아무도 그 길을 지나가지 못하더라.

㉙ 그들은 소리질러 말하기를, 하나님의 아들이여! 우리와 당신과 무슨 상관이 있나이까? 때가 이르기 전에 우리를 괴롭게 하려고 여기 오셨나이까? 하더니,

㉚ 마침 멀리서 많은 돼지 떼가 먹고 있는지라.

㉛ 귀신들이 예수께 간구하여 말하기를, 만일 우리를 쫓아 내실진대, 돼지 떼에 들여 보내소서. 한대,

㉜ 저희더러 가라 하시니, 귀신들이 나와서 돼지에게로 들어가는지라, 온 떼가 비탈로 내리달아 바다에 들어가서 물에서 몰사하거늘,

㉝ 돼지 치던 자들이 달아나, 시내에 들어가 이 모든 일과 귀신 들린 자의 일을 고하니

㉞ 그때 온 시내 사람들이 예수를 만나려고 나가서, 예수를 만났을 때 그 지방에서 떠나시기를 간청하니라.

● 9장

① 예수께서 배에 오르시어 건너가 그분이 사시는 성읍에 이르시니,

② 침상에 누운 중풍병자를 사람들이 데리고 오거늘, 예수께서 저희의 신

앙을 보시고, 중풍병자에게 말씀하시기를, 아들아 안심하라. 네 죄 사함을 받았느니라. 하시니라.

③ 몇몇 율법 교사들은 속으로 생각하기를, 이 사람이 신성을 모독하도다. 하니

④ 예수께서 그 생각을 아시고, 말씀하시기를, 너희가 어찌하여 마음에 악한 생각을 하느냐?

⑤ 네 죄 사함을 받았느니라. 하는 말과, 일어나 걸어가라. 하는 말이 어느 것이 쉽겠느냐?

⑥ 그러나 사람인아들(성육신한 하나님의 아들)이 세상에서 죄를 사하는 권세가 있는 줄을 너희로 알게 하려 하노라. 하시고, 중풍병자에게 말씀하시되, 일어나 네 침상을 가지고 집으로 가라. 하시니,

⑦ 그가 일어나 집으로 돌아가거늘,

⑧ 그 사람들이 보고 놀라워하며, 이런 권세를 사람에게 주신 하나님께 영광을 돌리니라.

⑨ 예수께서 거기서 떠나 지나가시다가 마태라 하는 사람이 세관에 앉은 것을 보시고 말씀하시기를 나를 따라오라! 하시니, 그가 일어나서 예수를 따라가니라.

⑩ 예수께서 마태의 집에서 앉아 음식을 잡수실 때에, 많은 세리와 죄인들이 와서 예수와 그 제자들과 함께 앉았더라.

⑪ 바리새인들이 보고 그 제자들에게 이르되 어찌하여 너희 선생은 세리와 죄인들과 함께 잡수시느냐? 하나

⑫ 예수께서 들으시고 그들에게 말씀하시기를, 건강한 사람에게는 의원이 쓸데 없으나 병든 사람에게는 필요하니라. 하시니라.

⑬ 너희는 가서, 나는 자비를 원하지 누구를 희생시키기를 원치 아니하노라. 하신 뜻이 무엇인지 배우라. 나는 의인을 부르러 온 것이 아니요. 다만 죄인들을 회개하게 하려고 왔기 때문이라. 하시니라.

⑭ 그 때에 요한의 제자들이 예수께 나아와 말씀드리기를, 우리와 바리새인들은 자주 금식 하는데 어찌하여 당신의 제자들은 금식하지 아니하나이까? 하니,

⑮ 예수께서 저희에게 말씀하시기를, 혼인집 손님들이 신랑과 함께 있을

동안에 슬퍼할 수 있느뇨? 그러나 신랑을 빼앗길 날이 이르리니, 그 때에는 금식할 것이니라. 하시니라.

⑯ 새 옷감을 낡은 옷에 대고 깁는자는 없나니, 이는 기운 것이 그 옷을 당기어 헤어짐이 더하게 됨이요.

⑰ 새 포도주를 낡은 가죽 부대에 넣지 아니하나니, 그렇게 하면 부대가 터져 포도주가 쏟아지고 부대도 버리게 됨이라. 새 포도주는 새 부대에 넣어야 둘이 다 보전 되느니라.

⑱ 예수께서 이 말씀을 하실 때에 한 관리가 와서 절하고 말씀드리기를 내 딸이 방금 죽었사오나 오셔서 그 몸에 손을 얹으소서! 그러면 살겠나이다. 하니,

⑲ 예수께서 일어나 따라 가시매 제자들도 가더니,

⑳ 열 두해를 혈루증으로 앓는 여자가 예수의 뒤로 와서 그 겉옷 가를 만지니,

㉑ 이는 제 마음에 그 겉옷만 만져도 병이 낳겠다 생각함이라,

㉒ 예수께서 돌이켜 그녀를 보시며 말씀하시기를, 딸아 안심하라! 네 신앙이 너를 낫게 하였다. 하시니, 여자가 그 때로부터 나으니라..

㉓ 예수께서 그 관리의 집에 가서 피리 부는 자들과 소란을 피우는 무리를 보시고,

㉔ 말씀하시기를 물러가라. 이 소녀가 죽은 것이 아니라 잔다 하시니 저들이 비웃더라.

㉕ 그러나 사람들을 내어 보낸 후에 예수께서 들어가서 소녀의 손을 잡으시매, 일어나는지라

㉖ 이 소문이 모든 지역에 널리 퍼지니라..

㉗ 예수께서 거기서 떠나 가실새 두 소경이 따라 오며 소리지르기를 다윗의 자손이여 우리를 불쌍히 여기소서! 하더니,

㉘ 예수께서 집에 들어가시매 소경들이 예수께 나아오거늘, 예수께서 말씀하시기를 내가 능히 이 일 할 줄을 믿느냐? 하시니, 그들이 예수께 말씀드리기를 그러하옵니다! 주님! 하매,

㉙ 이에 예수께서 저희 눈을 만지시며 말씀하시기를, 너희 신앙대로 될지어다. 하시니,

㉚ 그 눈들이 밝아진지라, 예수께서 엄히 경계하시되 삼가 아무에게도 알게 하지 말라. 하셨으나,

㉛ 저희가 나가서 예수의 명성을 모든 지역에 널리 전파하니라.

㉜ 그들이 간 뒤에 사람들이 귀신 들린 벙어리 한 사람을 예수께 데려오니,

㉝ 귀신이 쫓겨가고 벙어리가 말하거늘, 사람들이 놀라서 말하기를, 이스라엘 가운데서 이런 일을 본 적이 없도다, 하나

㉞ 바리새인들은 말하기를, 그가 귀신의 왕을 힘입어 귀신을 쫓아낸다. 하더라.

㉟ 예수께서 모든 성과 촌에 두루 다니사, 저희 회당에서 가르치시며 천국 복음을 전파하시며 모든 병과 모든 약한 것을 고치시니라.

㊱ 그 분이 군중들을 보시고 가엾은 마음이 들었는데, 이는 그들이 목자 없는 양들과 같이 시달리며 무력하게 되었기 때문이라.

㊲ 이에 제자들에게 말씀하시기를 추수할 것은 많되 일군이 거의 없으니,

㊳ 그러므로 주인에게 청하여 추수할 일군들을 보내어 주소서, 하라. 하시니라..

● 10장

① 예수께서 그분의 열 두 제자를 부르시어 그들에게 더러운 영들을 대적하여 쫓아내며 온갖 질환과 모든 질병을 고치는 권세를 주시니라.

② 열 두 사도의 이름은 이러하니, 베드로하는 시몬을 비롯하여, 그의 형제 안드레와, 세베대의 아들 야고보와, 그의 형제 요한,

③ 빌립과, 바돌로매와, 도마와, 세리 마태와, 알패오의 아들 야고보와, 다대오,

④ 가나안인 시몬과, 예수를 판 가롯 유다라.

⑤ 예수께서 이 열 둘을 내어보내시며 명하여 말씀하시기를, 이방인의 길로도 가지 말고 사마리아인의 고을에도 들어가지 말고,

⑥ 차라리 이스라엘 집의 잃어버린 양에게로 가라.

⑦ 가면서 전파하여 말하되 천국이 가까웠다 하고,

⑧ 병든 자를 고치며 죽은 자를 살리며, 문둥이를 깨끗하게 하며, 귀신을

쫓아내며, 너희가 거저 받았으니 거저 주어라.

⑨ 너희 전대에 금이나 은이나 동이나 가지지 말고,

⑩ 여행을 위하여 주머니나 두 벌 옷이나 신이나 지팡이를 가지지 말라. 이는 일군이 저 먹을것 받는 것이 마땅함이니라.

⑪ 아무성이나 촌에 들어가지 말라. 그 중에 합당한 자를 찾아내어 너희 떠나기까지 거기서 머물라.

⑫ 또 그 집에 들어가면서 평안하기를 빌라.

⑬ 그 집이 이에 합당하면 너희 빈 평안이 거기 임할 것이요. 만일 합당치 아니하면 그 평안이 너희에게 돌아올 것이니라.

⑭ 누구든지 너희를 영접도 아니하고 너희 말을 듣지도 아니하거든, 그 집이나 성에서 나가 너희 발의 먼지를 떨어 버리라.

⑮ 내가 너희에게 진실을 말하노니 심판날에 소돔과 고모라 땅이 그 성보다 견디기 쉬우리라.

⑯ 보라! 내가 너희를 보냄이 양을 이리 가운데 보냄과 같도다. 그러므로 너희는 뱀 같이 지혜롭고 비둘기 같이 순결하라.

⑰ 사람들에 대하여 경계심을 가져라. 저희가 너희를 공회에 넘겨 주겠고, 저희 회당에서 채찍질 하리라.

⑱ 또 너희가 나로 인하여 총독들과 임금들 앞에 끌려 가리니, 이는 저희와 이방인들에게 증거가 되게 하려 하심이라.

⑲ 너희를 넘겨줄 때에 어떻게 또는 무엇을 말할까 염려치 말라. 그 때에 무슨 말할 것을 주시리니

⑳ 말하는 이는 너희가 아니라, 너희 속에서 말씀하시는 자, 곧 너희 아버지의 성령이시니라.

㉑ 장차 형제가 형제를 아비가 자식을 죽는데 내어주며, 자식들이 부모를 대적하여 죽게 하리라.

㉒ 또 너희가 내 이름을 인하여 모든 사람에게 미움을 받을 것이나, 나중까지 견디는 자는 구원을 얻으리라.

㉓ 이 동네에서 너희를 핍박하거든 저 동네로 피하라. 내가 너희에게 진리를 말하노니, 이스라엘의 모든 동네를 다 다니기 전에 사람인아들(성육신한 하나님의 아들)이 오리라.

㉔ 제자가 그 선생보다 또는 종이 그 상전보다 높지 못하나니,

㉕ 제자가 그 선생 같고 종이 그 상전과 같으면 족하도다. 만일 그들이 집 주인을 바알세불이라 하였다면 그 집안 식구들에게는 얼마나 더욱더 험담하였겠느냐?

㉖ 그런즉 저희를 두려워하지 말라. 감추인 것이 드러나지 않을 것이 없고, 숨은 것이 알려지지 않을 것이 없느니라.

㉗ 내가 너희에게 어두운데서 이르는 것을 광명한 데서 말하며, 너희가 귓속으로 듣는 것을 집 위에서 전파하라.

㉘ 몸은 죽여도 영혼은 능히 죽이지 못하는 자들을 두려워하지 말고, 오직 몸과 영혼을 능히 지옥에 멸하시는 자를 두려워하라.

㉙ 참새 두 마리가 한 앗사리온에 팔리는 것이 아니냐? 그러나 너희 아버지께서 허락지 아니하시면 그 하나라도 땅에 떨어지지 아니하리라.

㉚ 너희에게는 머리털까지 다 세신바 되었나니,

㉛ 두려워하지 말라 너희는 많은 참새보다 귀하니라.

㉜ 누구든지 사람 앞에서 나를 시인하면, 나도 하늘에 계신 내 아버지 앞에서 저를 시인할 것이요.

㉝ 누구든지 사람 앞에서 나를 부인하면, 나도 하늘에 계신 내 아버지 앞에서 저를 부인하리라.

㉞ 내가 세상에 화평을 주러 온 줄로 생각지 말라 화평이 아니요 검을 주러 왔노라.

㉟ 내가 온 것은 사람이 세상에서의 인연, 즉 아들과 아비 딸과 어미 며느리와 시어머니의 세상적인 인연을 멀어지게 하여 자유롭게 하나님을 흠숭하게 하려 함이니라.

(For I am come to set a man at variance against his father, and the daughter against her mother, and a daughter in law against her mother in law. – KJV)

(For I have come to turn " 'a man against his father, a daughter against her mother, a daughter in law against her mother in law-NIV)

(For I have come to set a man 'against his father, a daughter

against her mother, and a daughter in law against her mother
in law;-NAB)

(I,ve come to cut - make a sharp knife - cut between son and
father, daughter and mother, bride and mother in law - cut
through these cozy domestic arrangements and free you for
God.-THE MESSAGE)

㊱ 한 사람의 신앙적인 적들이 자기 집안의 가족의 적들이 될 수도 있느니
라.

(And a man's foes shall be they of his own household.-KJV)

(a man's enemies will be the members of his own household.'-
NIV)

(and one's enemies will be those of his household.'-NAB)

(Well - meaning family members can be your worst enemies.-
THE MESSAGE)

㊲ 아비나 어미를 나보다 더 사랑하는 자는 내게 합당치 아니하고,

㊳ 또 자기 십자가를 지고 나를 좇지 않는 자도 내게 합당치 아니하고,

㊴ 자기 목숨을 얻는 자는 잃을 것이요. 나를 위하여 자기 목숨을 잃는 자
는 얻으리라.

㊵ 너희를 영접하는 자는 나를 영접하는 것이요. 나를 영접하는 자는 나를
보내신 이를 영접하는 것이니라.

㊶ 선지자의 이름으로 선지자를 영접하는 자는 선지자의 상을 받을 것이
요. 의인의 이름으로 의인을 영접하는 자는 의인의 상을 받을 것이요.

㊷ 또 어떤 사람이 이 작은자들 한 사람에게 나의 제자이기 때문에 냉수
한 컵이라도 준다면, 내가 너희에게 진리를 말하노니 그 사람은 확실히
상을 잃지 않을 것이니라 하시니라.

● 11장

① 예수께서 열두 제자들에게 명하시기를 마치신 후에, 갈릴리 여러 마을
에서 가르치시며 전도하시려고 거기를 떠나시니라.

② 요한이 옥에서 그리스도의 하신 일을 듣고 제자들을 보내어,

③ 예수께 여짜오되 우리가 기다린 분이 당신이오이까? 우리가 다른이를 기다리오리이까? 하니,

④ 예수께서 그들에게 대답하여 말씀하시기를, 너희가 가서 듣고 보는 것을 요한에게 말하되,

⑤ 소경이 보며, 앉은뱅이가 걷고, 문둥이가 깨끗함을 받으며, 귀머거리가 듣고, 죽은 자가 살아나며, 가난한 자에게 복음이 전파된다. 하라.

⑥ 누구든지 나를 인하여 실족하지 아니하는 자는 복이 있도다. 하시니라.

⑦ 저희가 떠나매 예수께서 무리에게 요한에 대하여 말씀하기를 너희가 무엇을 보려고 황야에 나갔더냐? 바람에 흔들리는 갈대냐?

⑧ 그러면 너희가 무엇을 보려고 나갔더냐? 고운 옷을 입은 자들은 왕궁에 있느니라.

⑨ 그러면 너희가 어찌하여 나갔더냐? 선지자들을 보려더냐? 옳다 내가 너희에게 이르노니 선지자보다도 나은 자니라.

⑩ 기록된바 보라! 내가 내 사자를 네 앞에 보내노니, 저가 네 갈 길을 네 앞에 예비하리라 하신 것이 이 사람에 대한 말씀이니라.

⑪ 내가 너희에게 진실을 말하노니, 여자가 낳은 자 중에 세례 요한보다 큰이가 일어남이 없도다. 그러나 천국에서는 극히 작은 자라도 저보다 크니라.

⑫ 오랫동안 그리고 지금도 사람들은 하나님의 나라에 들어가려고 애를 써왔다.

⑬ 그러나 너희가 선지자들의 책과 하나님의 율법을 면밀하게 읽어보면, 너희는 그 모든 것이 요한에서 절정에 이르고 요한과 협력하여 천국의 메시아를 위한 길을 예비하고 있다는 것을 알 것이다.

⑭ 이렇게 보면 요한은 너희 모두가 어서 와서 메시아를 소개해 주기를 고대했던 그 엘리야가 맞다.

⑮ 귀 있는 자는 들을지어다.

⑯ 이 세대를 무엇으로 비유할꼬, 비유컨대 아이들이 장터에 앉아 제 동무를 불러,

⑰ 말하기를 우리가 너희를 향하여 피리를 불어도, 너희가 춤주지 않고, 우리가 애곡하여도 너희가 가슴을 치지 아니하였다. 함과 같도다.

⑱ 요한이 와서 먹지도 않고 마시지도 아니하매, 저희가 말하기를 귀신이 들렸다 하더니,

⑲ 사람인아들(사람으로온하느님의아들)은 와서 먹고 마시매 말하기를, 보라 먹기를 탐하고 포도주를 즐기는 사람이요. 세리와 죄인의 친구로다. 하나 현명한자는 그 행한 일로 인하여 옳다 함을 얻느니라.

⑳ 예수께서 권능을 가장 많이 베푸신 고을들이 회개치 아니하므로, 그 때에 책망하시되,

㉑ 화가 있을진저! 고라신아 화가 있을진저 벳새대야! 너희에게서 행한 모든 권능을 두로와 시돈에서 행하였더면 저희가 벌써 베옷을 입고 재에 앉아 회개하였으리라.

㉒ 내가 너희에게 이르노니, 심판 날에 두로와 시돈이 너희보다 견디기 쉬우리라.

㉓ 그리고 너 가버나움아 네가 하늘에까지 높아지겠느냐? 음부에까지 낮아지리라. 네게서 행한 모든 권능을 소돔에서 행하였더면 그 성이 오늘날까지 있었으리라.

㉔ 내가 너희에게 이르노니, 그 심판 날에 소돔 땅이 너보다 견디기 쉬우리라 하시니라

㉕ 그 때에 예수께서 대답하여 멀씀하시기를, 천지의 주재이신 아버지여 이것을 지혜롭고 슬기 있는 자들에게는 숨기시고 어린 아이들에게는 나타내심을 감사하나이다.

㉖ 옳소이다 이렇게 된 것이 아버지의 뜻이니이다.

㉗ 나의 아버지가 모든 것을 나에게 위탁해주셨으니, 아버지 외에는 아들을 아는 자가 없고, 아들과 아들이 하나님을 계시하기를 원하는 자 외에는 아버지를 아는 자가 없느니라.

(All things are delivered unto me of my Father: and no man knoweth the Son, but the Father, neither knoweth any man the Father, save the Son, and he to whomsoever the Son will reveal him.-KJV)

("All things have been committed to me by my Father. No one knows the Son except the Father, and no one knows the Father

except the Son and those to whom the Son chooses to reveal
him.-NIV)

(All things have been handed over to me by my Father. No one
knows the Son except the Father, and no one knows the Father
except the Son and anyone to whom the Son wishes to reveal
him.-NAB)

(Jesus resumed talking to the people, but now tenderly, "The
Father has given me all these things to do and say. This is a
unique Father-Son operation, coming out of Father and Son
intimacies and knowledge. No one knows the Son the way the
Father does, nor the Father the way the Son does. But I'm not
keeping it to myself; I'm ready to go over it line by line with
anyone willing to listen.-THE MESSAGE)

㉘ 수고하고 무거운 짐 진 자들아 다 내게로 오라. 내가 너희를 쉬게 하리
　라.

㉙ 나는 마음이 온유하고 겸손하니, 나의 멍에를 메고 내게 배우라. 그러
　면 너희 마음이 쉼을 얻으리니,

㉚ 이는 내 멍에는 쉽고 내 짐은 가볍기 때문이라. 하시니라.

● 12장

① 그리고 예수께서 안식일에 밀밭 사이로 지나 가실새, 제자들이 시장하
　여 밀 이삭을 잘라 먹으니,

② 바리새인들이 보고 예수께 말하기를, 보소서! 당신의 제자들이 안식일
　에 하지 못할 일을 하나이다. 하니,

③ 예수께서 대답하시기를, 다윗이 자기 부하들과 시장할 때에 한 일을 읽
　어보지 안하였느냐?

④ 그가 하나님의 전에 들어가서, 그와 그의 부하들이 축성되어 제사장들
　외에는 먹지 못하는 빵을 먹었느니라.

⑤ 또 안식일에 제사장들이 성전 안에서 안식을 범하여도 죄가 없음을 너
　희가 율법에서 읽지 못하였느냐?

⑥ 내가 너희에게 이르노니 성전보다 더 위대한 이가 여기 있느니라.

⑦ 나는 자비를 원하고 누구를 희생시키는 것을 원치 아니하노라. 하신 뜻을 너희가 알았더면 무죄한 자들을 정죄하지 아니하였으리라.

⑧ 사람인아들(사람으로온하느님의아들) 은 안식일의 주인이라 하시니라.

⑨ 예수게서 거기를 떠나 그들의 회당에 들어가시니라.

⑩ 살펴보니 손 마른 사람이 있는지라, 사람들이 예수를 고발하려 하여 물어 말하기를 안식일에 병 고치는 것이 옳으니이까? 하니라.

⑪ 예수께서 말씀하시기를, 너희들 중에 어느 사람이 양 한 마리가 있어 안식일에 구덩이에 빠졌으면 붙잡아 내지 않겠느냐?

⑫ 사람이 양보다 얼마나 더 귀하냐? 그러므로 안식일에 선을 행하는 것이 옳으니라 하시고,

⑬ 이에 그 사람에게 이르시되, 손을 내밀라 하시니, 저가 내밀매 다른 손과 같이 회복되어 성하더라.

⑭ 바리새인들이 나가서 어떻게 하여 예수를 죽일꼬 의논 하거늘,

⑮ 예수께서 아시고 거기를 떠나가시니 사람이 많이 좇는지라 예수께서 저희 병을 다 고치시고,

⑯ 자기를 나타내지 말라 경계하셨으니,

⑰ 이는 선지자 이사야로 말씀하신바,

⑱ 보라 나의 택한 종, 곧 내 마음에 기뻐하는바, 나의 사랑하는 자로다. 내가 내 성령을 줄 터이니, 그가 심판을 이방에 알게 하리라

⑲ 그가 다투지도 아니하며, 들레지도 아니하리니, 아무도 길에서 그 소리를 듣지 못하리라.

⑳ 상한 갈대를 꺾지 아니하며, 꺼져가는 심지를 끄지 아니하기를 심판하여 이길 때까지 하리니

㉑ 그리고 이방인들이 그 이름을 신뢰하리라. 하셨더라.

㉒ 그 때에 그들이 눈이 멀고 벙어리 된 한 귀신들린 자를 예수께 데려오매 예수께서 그를 고쳐주시니, 그 눈이 멀고 벙어리였던 사람이 말도 하고 보기도 하매,

㉓ 모든 사람들이 놀라서 말하기를, 이 분은 다윗의 아들이 아니냐? 하니라.

㉔ 그러나 바리새인들은 이 말을 듣고 말하기를, 이 사람이 귀신의 왕 바알세불을 힘입지 않고는 귀신을 쫓아내지 못하느니라. 하거늘

㉕ 예수께서 저희 생각을 아시고 말씀하시기를, 스스로 분쟁하는 나라마다 황폐하여질 것이요. 스스로 분쟁하는 동네나 집마다 서지 못하리라. 하시니라.

㉖ 사단이 만일 사단을 쫓아내면 스스로 분쟁하는 것이니, 그리하고야 저의 나라가 어떻게 서겠느냐?

㉗ 또 내가 바알세불을 힘입어 귀신을 쫓아내면, 너희들 중 귀신쫓는자들은 누구를 힘입어 그들을 쫓아내느냐? 그렇다면 바알세블이 너희의 재판관이 될 것이니라.

㉘ 그러나 내가 하나님의 성령을 힘입어 귀신을 쫓아내는 것이면, 하나님의 나라가 이미 너희에게 임하였느니라.

㉙ 사람이 먼저 강한 자를 결박하지 않고야, 어떻게 그 강한 자의 집에 들어가 그 세간을 늑탈하겠느냐? 그 결박한 후에야 그 집을 늑탈하리라.

㉚ 나와 함께 아니하는 자는 나를 반대하는 자요. 나와 함께 모으지 아니하는 자는 헤치는 자니라.

㉛ 그러므로 내가 너희에게 이르노니, 사람의 모든 죄와 훼방은 사하심을 얻되, 성령을 훼방하는 것은 사하심을 얻지 못하겠고,

㉜ 또 누구든지 말로 사람인아들(사람으로온하나님의 아들)을 거역하면 사하심을 얻되, 누구든지 성령을 거역하여 말하면 이 세상과 오는 세상에도 사하심을 얻지 못하리라.

㉝ 나무도 좋고 실과도 좋다. 하든지, 나무도 좋지 않고 실과도 좋지 않다. 하든지 하라. 그 실과로 그 나무를 아느니라.

㉞ 독사의 자식들아 너희는 악하니 어떻게 선한 말을 할수 있느냐? 이는 마음에 가득한 것을 입으로 말함이라.

㉟ 선한 사람은 그 쌓은 선에서 선한 것을 내고, 악한 사람은 그 쌓은 악에서 악한 것을 내느니라.

㊱ 내가 너희에게 이르노니, 사람이 무슨 무익한 말을 하든지 심판날에 이에 대하여 심문을 받으리니,

㊲ 네 말로 의롭다 함을 받고 네 말로 정죄함을 받으리라.

㊳ 몇몇 바리새인들과 율법교사들이 말하되, 선생님이여 우리에게 표적 보여주시기를 원하나이다. 하니,

㊴ 예수께서 대답하여 말씀하시기를, 악하고 음란한 세대가 표적을 구하나, 선지자 요나의 표적 밖에는 보일 표적이 없느니라.

㊵ 요나가 밤낮 사흘을 큰 물고기 뱃속에 있었던 것 같이, 사람인아들(사람으로온하나님의 아들)도 밤낮 사흘을 땅속에 있으리라.

㊶ 심판 때에 니느웨 사람들이 일어나 이 세대 사람을 정죄하리니, 이는 그들이 요나의 전도를 듣고 회개하였음이어니와 요나보다 더 큰 이가 여기 있으며,

㊷ 심판 때에 남방 여왕이 일어나 이 세대 사람을 정죄하리니, 이는 그가 솔로몬의 지혜로운 말을 들으려고 땅 끝에서 왔음이어니와, 솔로몬보다 더 큰이가 여기 있느니라.

㊸ 더러운 귀신이 사람에게서 나갔을 때에, 물 없는 곳으로 다니며 쉬기를 구하되 얻지 못하고,

㊹ 이에 말하기를 내가 나온 내 집으로 돌아가리라. 하고 와 보니 그 집이 비고 소제되고 수리되었거늘

㊺ 이에 가서 저보다 더 악한 귀신 일곱을 데리고 들어가서 거하니, 그 사람의 나중 형편이 전보다 더욱 심하게 되느니라 이 악한 세대가 또한 이렇게 되리라.

㊻ 예수께서 군중들에게 말씀하실 때, 그의 모친과 동생들이 예수와 말을 나누려고 밖에 서 있으니라.

㊼ 한 사람이 예수께 말하기를, 당신의 모친과 동생들이 당신께 말하려고 밖에 섰나이다 하니,

㊽ 예수께서 그 말을 한 사람에게 대답하여 말씀하시기를, 누가 내 모친이며 내 동생들이냐? 하시고,

㊾ 그의 제자들을 손으로 가리키면서, 여기에 나의 모친과 나의 형제들이 있느니라. 하시니라.

㊿ 누구든지 하늘에 계신 내 아버지의 뜻대로 행하는 자가 내 형제요 자매요 모친이라. 하시더라.

• 13장

① 그 날에 예수께서 집에서 나가사 바닷가에 앉으시매,

② 많은 군중이 그에게로 모여 들거늘, 예수께서 배에 올라가 앉으시고 군중들은 해변에 서 있더라,

③ 예수께서 비유로 여러가지를 말씀하시기를, 보라, 씨를 뿌리는 자가 뿌리러 나가서,

④ 뿌릴새 더러는 길 가에 떨어지매, 새들이 와서 먹어버렸고,

⑤ 더러는 흙이 얇은 돌밭에 떨어지매, 흙이 깊지 아니하므로 곧 싹이 나오나,

⑥ 해가 돋은 후에 타져서, 뿌리가 없으므로 말랐고,

⑦ 더러는 가시 떨기 위에 떨어지매, 가시가 자라서 기운을 막았고,

⑧ 더러는 좋은 땅에 떨어지매, 혹 백배 혹 육십 배 혹 삼십배의 결실을 하였느니라.

⑨ 귀 있는 자는 들으라 하시니라.

⑩ 제자들이 예수께 나아와 말하기를, 어찌하여 저희에게 비유로 말씀하시나이까?

⑪ 대답하여 말씀하시기를, 천국의 비밀을 아는 것이 너희에게 허락되었으나, 저희에게는 아니되었나니,

⑫ 무릇 있는 자는 넉넉하게 되되, 무릇 없는 자는 그 있는 것도 빼앗기리라. 하니라.

⑬ 그러므로 내가 저희에게 비유로 말하기는, 저희가 보아도 보지 못하며, 들어도 듣지 못하며 깨닫지 못함이니라.

⑭ 이사야의 예언이 저희에게 이루었으니 일렀으되, 너희가 듣기는 들어도 깨닫지 못할 것이요. 보기는 보아도 알지 못하리라. 하니라.

⑮ 이 백성들의 마음이 완악하여져서, 그 귀는 듣기에 둔하고, 눈은 감았으니, 이는 눈으로 보고, 귀로 듣고, 마음으로 깨달아 돌이켜 내게 고침을 받을까, 두려워함이라. 하였느니라.

⑯ 그러나 너희 눈은 봄으로 너희 귀는 들음으로 복이 있도다.

⑰ 내가 너희에게 진리를 이르노니, 많은 선지자와 의인이 너희 보는 것들을 보고자 하여도 보지 못하였고, 너희 듣는 것을 듣고자 하여도 듣지

못하였느니라.

⑱ 그런즉 씨 뿌리는 비유를 들으라.

⑲ 어떤 사람이 천국 말씀을 듣고 깨닫지 못할 때는 악한 자가 와서 그 마음에 뿌리운 것을 빼앗나니 이는 곧 길 가에 뿌리운 자요.

⑳ 돌밭에 뿌리웠다는 것은 말씀을 받고 즉시 기쁨으로 받되,

㉑ 그 속에 뿌리가 없어 잠시 견디다가 말씀을 인하여 환난이나 핍박이 일어나는 때에는 곧 넘어지는 자요.

㉒ 가시떨기에 뿌리웠다는 것은 말씀을 들으나, 세상의 염려와 재리의 유혹에 말씀이 막혀 결실치 못하는 자요.

㉓ 좋은 땅에 뿌리웠다는 것은 말씀을 듣고 깨닫는 자니, 결실하여 혹 백배 혹 육십배 혹 삼십배가 되느니라 하시더라.

(But he that received seed into the good ground, is he that heareth the word, and understandeth it, which also beareth fruit, and bringeth forth, some an hundredfold, some sixty, some thirty.-KJV)

(But the one who received the seed that fell on good soil is the man who hears the word and understand it. He produces a crop, yielding a hundred, sixty or thirty times what was sown."-NIV)

(But the seed sown on rich soil is the one who hears the word and understand it, who indeed bears fruit and yields a hundred or sixty or thirtyfold."-NAB)

("The seed cast on good earth is the person who hears and takes in the News, and then produces a harvest beyond his wildest dreams."-THE MESSAGE)

㉔ 예수께서 그들 앞에 또 비유를 베풀어 말씀하시기를, 천국은 좋은 씨를 제 밭에 뿌린 사람과 같으니라.

㉕ 사람들이 잘 때에, 그 원수가 와서 밀가운데 잡초를 덧뿌리고 갔더니,

㉖ 싹이 나고 결실할 때에 잡초도 보이거늘,

㉗ 집 주인의 종들이 와서 말하되, 주여 밭에 좋은 씨를 심지 아니하였나

이까? 그런데 잡초가 어디서 생겨났나이까? 하니,

㉘ 주인이 말하기를, 원수가 이렇게 하였구나. 종들이 말하되, 그러면 우리가 가서 이것을 뽑기를 원하시나이까?

㉙ 주인이 말하기를, 아니다! 가만 두어라. 잡초를 뽑다가 밀까지 뽑을까 염려하노라.

㉚ 둘 다 추수 때까지 함께 자라게 두어라. 추수 때에 내가 추숫군들에게 말하기를, 잡초는 먼저 거두어 불사르게 단으로 묶고, 밀은 모아 내 곳간에 넣으라 하리라.

㉛ 또 비유를 베풀어 말씀하시기를, 천국은 마치 사람이 자기 밭에 갖다 심은 겨자씨 같으니,

㉜ 이는 모든 씨보다 작은 것이로되, 자란 후에는 나물보다 커서 나무가 되매, 공중의 새들이 와서 그 가지에 깃들이느니라.

㉝ 또 비유로 말씀하시되, 천국은 마치 여자가 가루 서말 속에 갖다 넣어 전부 부풀게 한 누룩과 같으니라.

㉞ 예수께서 이 모든 것을 무리에게 비유로 말씀하시고, 비유가 아니면 아무 것도 말씀하지 아니하셨으니,

㉟ 이는 선지자로 말씀하신바 내가 입을 열어 비유로 발하고, 창세부터 감추인 것을 드러내리라 함을 이루려 하심이니라.

㊱ 이에 예수께서 사람들을 떠나사 집에 들어가시니, 제자들이 나아와 말하기를 밭의 잡초의 비유를 우리에게 설명하여 주소서

㊲ 예수께서 대답하여 말씀하시기를 좋은 씨를 뿌리는 이는 사람인아들(성육신한 하나님의 아들)이요.

㊳ 밭은 세상이요. 좋은 씨는 천국의 아들들이요. 잡초는 악한 자의 아들들이요.

㊴ 잡초를 심은 원수는 마귀요. 추수 때는 세상 끝이요 추숫군은 천사들이니,

㊵ 그런즉 잡초를 거두어 불에 사르는 것 같이, 세상 끝에도 그러하리라.

㊶ 사람인아들(성육신한 하나님의 아들)이 그 천사들을 보내리니, 저희가 그 나라에서 모든 넘어지게 하는 것과 또 불법을 행하는 자들을 거두어 내어,

㊷ 풀무불에 던져 넣으리니, 거기서 울며 이를 갊이 있으리라.
㊸ 그 때에 의인들은 자기 아버지 나라에서 해와 같이 빛나리라. 귀 있는 자는 들으라
㊹ 천국은 마치 밭에 감추인 보화와 같으니, 사람이 이를 발견한 후 숨겨 두고 기뻐하여 돌아가서 자기의 소유를 다 팔아 그 밭을 샀느니라.
㊺ 또 천국은 마치 좋은 진주를 구하는 장사와 같으니,
㊻ 극히 값진 진주 하나를 만나매, 가서 자기의 소유를 다 팔아 그 진주를 샀느니라.
㊼ 또 천국은 마치 바다에 치고, 각종 물고기를 모는 그물과 같으니,
㊽ 그물에 가득하매, 물 가로 끌어 내고 앉아서, 좋은 것은 그릇에 담고, 못된 것은 내어 버리느니라.
㊾ 세상 끝에도 이러하리라. 천사들이 와서 악인들을 의인들로부터 분리하여,
㊿ 풀무 불에 던져 넣으리니, 거기서 울며 이를 갊이 있으리라.
(51) 예수께서 이 모든 것을 깨달았느냐? 하시니, 그들이 그러하오이다. 하고 대답하니라. .
(52) 예수께서 말씀하시기를, 그러므로 천국에 대하여 가르치고 있는, 모든 율법교사는 자기의 곳간에서 옛 보물과 같이 새로운 보물들을 가져오는 집주인과 같으니라.
(53) 예수께서 이 모든 비유를 마치신 후에 거기를 떠나서,
(54) 고향으로 돌아가사, 저희 회당에서 가르치시니, 저희가 크게 놀라며 말하기를, 이 사람의 이런 지혜와 이런 능력이 어디서 났느뇨? 하니라.
(55) 이는 그 목수의 아들이 아니냐? 그 모친은 마리아이고 그 형제들은 야고보 요셉 시몬 유다라 하지 아니하느냐?
(56) 그 누이들은 다 우리와 함께 있지 아니하냐? 그런즉 이 사람의 이 모든 것이 어디서 났느뇨? 하고,
(57) 예수를 배척한지라, 예수께서 저희에게 말씀하시되, 선지자가 자기 고향과 자기 집 외에서는 존경을 받지 않음이 없느니라, 하시고,
(58) 저희가 예수를 신뢰하지 아니하므로 거기에서는 많은 이적들을 행치 아니하시니라.

● 14장

① 그 때에 영주인 헤롯이 예수의 명성을 듣고,

② 그 신하들에게 말하기를, 이는 세례 요한이라 저가 죽은 자 가운데서 살아났으니, 이런 권능이 그 속에서 운동하는도다 하더라.

③ 전에 헤롯이 그 동생 빌립의 아내 헤로디아의 일로 요한을 결박하여 옥에 가두었으니,

④ 이는 요한이 헤롯에게 말하되, 당신이 그 여자를 취함이 옳지 않다. 하였음이라.

⑤ 헤롯이 요한을 죽이려 하되, 민중이 저를 선지자로 여기므로 민중을 두려워하더니,

⑥ 마침 헤롯의 생일을 당하여, 헤로디아의 딸이 잔치에서 춤을 추어 헤롯을 기쁘게 하니,

⑦ 헤롯이 맹세로 그에게 무엇이든지 달라는 대로 주겠다. 허락하거늘,

⑧ 그가 제 어미의 시킴을 듣고, 말하기를 세례 요한의 머리를 소반에 담아 여기서 내게 주소서. 하니,

⑨ 왕은 고민이 되었으나, 자기가 잔치 손님들 앞에서 맹세하였기 때문에 그녀의 요구를 들어주라. 명하였고,

⑩ 사람을 보내어 요한을 옥에서 목 베어,

⑪ 그 머리를 소반에 담아다가, 그 여아에게 주니 그가 제 어미에게 가져가니라.

⑫ 요한의 제자들이 와서 시체를 가져다가 장사하고, 가서 예수께 고하니라.

⑬ 예수께서 들으시고, 배를 타고 떠나사 따로 한적한 곳으로 가시니, 사람들이 듣고 여러 고을로부터 걸어서 좇아간지라.

⑭ 예수께서 나오사, 많은 사람들을 보시고 불쌍히 여기사, 그 중에 있는 병인들을 고쳐 주시니라

⑮ 저녁이 되매 제자들이 나아와 말하기를, 이곳은 외딴곳이요. 때도 이미 저물었으니, 사람들을 보내어 마을에 들어가 먹을 것을 사먹게 하소서. 하니,

⑯ 예수께서 말씀하시기를, 갈 것 없다 너희가 먹을 것을 주어라. 하시니

라.

⑰ 제자들이 말하기를, 여기 우리 있는 것은 떡 다섯 개와 물고기 두 마리뿐이니이다. 하니,

⑱ 예수께서 말씀하시기를, 그것들을 내게 가져오라 하시고,

⑲ 사람들을 명하여 잔디 위에 앉히시고, 떡 다섯 개와 물고기 두마리를 가지사, 하늘을 우러러 축사하시고 떡을 떼어 제자들에게 주시매. 제자들이 무리에게 주니,

⑳ 다 베불리 먹고 남은 조각을 열두 바구니에 차게 거두었으며,

㉑ 먹은 사람은 여자와 아이 외에 오천 명이나 되었더라.

㉒ 예수께서 즉시 제자들을 재촉하사, 자기가 사람들을 보내는 동안에 배를 타고 앞서 건너편으로 가게 하시고,

㉓ 사람들을 보내신 후에 기도하러 따로 산에 올라가시다 저물매, 거기 혼자 계시더니,

㉔ 그러나 배가 이미 육지로부터 상당한 거리에 있었고, 맞바람이 세게 불므로 파도에 의하여 흔들리고 있었더라.

㉕ 밤 사경에 예수께서 바다 위로 걸어서 제자들에게 오시니,

㉖ 제자들이 그 바다 위로 걸어 오심을 보고, 놀라 유령이라 하며 무서워하여 소리지르거늘

㉗ 예수께서 즉시 일러 말씀하시기를, 안심하라 내니 두려워 말라. 하시니라.

㉘ 베드로가 대답하여 말하기를, 주여 만일 주시어든 나를 명하사 물 위로 오라 하소서! 한대

㉙ 오라 하시니, 베드로가 배에서 내려 물 위로 걸어서 예수께로 갔는데,

㉚ 그가 바람을 보고 무서워 바다에 빠져 갈때 소리질러 말하기를, 주여 나를 구해주소서 하니,

㉛ 예수께서 즉시 손을 내밀어 저를 붙잡으시며 말씀하시기를, 거의 신앙이 없는자야 왜 의심하였느냐? 하시고,

㉜ 배에 함께 오르매 바람이 그치는지라.

㉝ 배에 있는 사람들이 예수께 절하며 말하기를, 진실로 하나님의 아들이로소이다 하더라.

㉞ 저희가 건너가 게네사렛 땅에 이르니라.

㉟ 그 곳 사람들이 예수신 줄을 알고, 그 근방에 두루 통지하여 병든 자를 예수께 데리고 와서,

㊱ 오직 예수의 옷가에라도 손을 대게 하시기를, 간구하니 손을 대는 자는 다 나음을 얻으니라.

● 15장

① 그 때에 바리새인들과 율법 교사들이 예루살렘으로부터 예수께 나아와 말하기를,

② 당신의 제자들이 어찌하여 장로들의 관습을 범하나이까? 떡 먹을 때에 손을 씻지 아니하나이다!

③ 예수께서 대답하시기를, 너희는 어찌하여 너희 관습 때문에 하나님의 계명을 범하느뇨?

④ 하나님이 이르셨으되, 네 부모를 공경하라. 하시고, 또 어미나 아비를 훼방하는 자는 반드시 죽으리라. 하셨거늘,

⑤ 너희는 말하기를, 누구나 아버지 또는 어머니에게 말하기를 제가 부모님께 드렸어야 할 것을 하나님께 드렸다고 하기만 하면,

(But yoy say, whosoever shall say to his father or his mother, It is a gift by whatsoever thou mightest be profited by me,-KJV)

(But you say that if a man says to his father or mother, 'Whatever help you might otherwise have received from me is a gift devoted to God,'-NIV)

(But you say, 'Whoever says to father or mother, "Any support you might have had from me is dedicated to God,"-NAB)

(But you weasel around that by saying, 'Whoever wants to, can hardly be called respecting a parent.-THE MESSAGE)

⑥ 그 부모를 공경할 것이 없다하여, 너희 관습으로 하나님의 말씀을 폐하는도다.

⑦ 위선자들아! 이사야가 너희에게 대하여 잘 예언하였도다. 일렀으되,

⑧ 이 백성이 자기들의 입으로는 나에게 가까이 하며 자기들의 입술로는

나를 공경하여도 그들의 마음은 내게서 멀도다.

⑨ 오히려 그들이 사람들의 교리를 삼아 가르치니, 그들이 나를 헛되이 경배하는도다. 하였느니라, 하시니라.

⑩ 예수께서 무리들을 부르시고 그들에게 말씀하시기를, 듣고 깨달으라.

⑪ 입에 들어가는 것이 사람을 더럽게 하는 것이 아니라, 입에서 나오는 그것이 사람을 더럽게 하는 것이니라. 하시니라.

⑫ 그때 제자들이 나아와 말하기를, 바리새인들이 이 말씀을 듣고 마음이 상한 것을 아시나이까? 하니,

⑬ 예수께서 말씀하시기를, 심은 것마다 내 천부께서 심으시지 않으신 것은 뽑힐 것이니,

⑭ 그냥 두어라! 저희는 소경이 되어 소경을 인도하는 자로다. 만일 소경이 소경을 인도하면 둘이 다 구덩이에 빠지리라. 하신대,

⑮ 베드로가 대답하여 말하기를 이 비유를 우리에게 설명하여 주옵소서, 하니

⑯ 예수께서 말씀하시기를 너희도 아직까지 깨달음이 없느냐?

⑰ 입으로 들어가는 모든 것은 배로 들어가서 뒤로 내어 버려지는 줄을 알지 못하느냐?

⑱ 입에서 나오는 것들은 마음에서 나오나니 이것이야말로 사람을 더럽게 하느니라.

⑲ 마음으로부터 악한 생각과 살인과 간음과 음란과 도적질과 거짓 증거와 훼방이 나오나니,

⑳ 이런 것들이 사람을 더럽게 하는 것이요. 씻지 않은 손으로 먹는 것은 사람을 더럽게 하지 못하느니라

㉑ 예수께서 거기서 나가사, 두로와 시돈 지방으로 들어가시니,

㉒ 가나안 여자 하나가 그 지방에서 나와서 소리질러 말하기를, 주 다윗의 자손이여 나를 불쌍히 여기소서 내 딸이 흉악히 귀신들렸나이다. 하되,

㉓ 예수는 한 말씀도 대답지 아니하시니, 제자들이 와서 청하여 말하되, 그 여자가 우리 뒤에서 소리를 지르오니 보내소서. 하니,

㉔ 예수께서 말씀하시기를, 나는 이스라엘의 집의 잃어버린 양 외에는 다른데로 보내심을 받지 아니하였노라. 하신대,

㉕ 여자가 와서 예수께 절하며 말하기를 주여 저를 도우소서!

㉖ 예수께서 대답하여 말씀하시기를, 자녀의 떡을 가져다가 개들에게 던짐은 옳지 않다. 하시니라.

(But he answered and said, It is not meet to take children's bread, and cast it to dogs.-KJV)

(He replied, "It is not right to take the children's bread and toss it to their dogs."-NIV)

(He said in reply, "It is not right to take the food of children and throw it to the dogs."-NAB)

(He said, "It's not right to take bread out of children's mouths and throw it to dogs."-THE MESSAGE)

㉗ 여자가 말하기를, 아니오, 주여 옳은 일입니다. 그러나 개들은 주인의 상에서 떨어지는 부스러기를 먹나이다. 하니,

(And he said, Truth Lord: yet the dogs eat of the crumbs which fall from their masters' table.-KJV)

("Yes, Lord," she said, "but even the dogs eat the crumbs that fall from their master'stable."-NIV)

(She said, "Please, Lord, for even the dogs eat the scraps that fall from the table of their masters."-NAB)

(She was quick: "You're right, Master, but beggar dogs do get scraps from the master's table."-THE MESSAGE)

㉘ 이에 예수께서 대답하여 말씀하시기를 여자야 네 신앙이 대단하도다: 네 소원대로 되리라 하시니 그 시로부터 그녀의 딸이 나으니라.

㉙ 예수께서 거기서 떠나사, 갈릴리 호숫가에 이르러 산에 올라가 거기 앉으시니,

㉚ 큰 무리가 절뚝발이와 불구자와 소경과 벙어리와 기타 여럿을 데리고 와서, 예수의 발앞에 두매 고쳐 주시니,

㉛ 벙어리가 말하고, 불구자가 완전하게 되고, 절뚝발이가 걸으며, 소경이 보는 것을 사람들이 보고 기이히 여겨 이스라엘의 하나님께 영광을 돌리니라.

㉜ 예수께서 제자들을 불러 말씀하시기를, 내가 그 무리를 불쌍히 여기노라. 저희가 나와 함께 있은지 이미 사흘이매 먹을 것이 없도다. 길에서 기진할까 하여 굶겨 보내지 못하겠노라.

㉝ 제자들이 말하기를, 우리가 한적한 곳에 있어 어디서 이런 무리의 배부를 만큼 떡을 얻으리이까? 하니,

㉞ 예수께서 말씀하시기를 너희에게 떡이 몇 개나 있느냐? 가로되 일곱개와 작은 생선 두어 마리가 있나이다. 하거늘,

㉟ 예수께서 무리를 명하사 땅에 앉게 하시고,

㊱ 떡 일곱 개와 그 생선을 가지고 축사하시고, 떼어 제자들에게 주시니, 제자들이 사람들에게 주매,

㊲ 다 배불리 먹고 남은 조각을 일곱 광주리에 차게 거두었으며,

㊳ 먹은 자는 여자와 아이 외에 사천 명이었더라.

㊴ 예수께서 무리를 흩어 보내시고 배에 오르사 마가단 지역에 가시니라.

• 16장

① 바리새인과 사두개인들이 와서 예수를 시험하여 하늘로부터의 표적 보이시기를 요청하니라.

② 예수께서 대답하여 말씀하시기를, 너희가 저녁에 하늘이 붉으면 날이 좋겠다 하고,

③ 아침에 하늘이 붉고 흐리면, 오늘은 날이 궂겠다 하나니, 너희가 천기는 분별할 줄 알면서 시대의 표적은 분별할 수 없느냐?

④ 악하고 음란한 세대가 표적을 구하나, 요나의 표적 밖에는 보여 줄 표적이 없느니라. 하시고 저희를 떠나 가시니라.

⑤ 제자들이 건너편으로 갈새 떡 가져가기를 잊었더니,

⑥ 예수께서 말씀하시기를, 삼가 바리새인과 사두개인들의 누룩을 주의하라. 하신대,

⑦ 제자들이 서로 의논하여 말하기를, 우리가 떡을 가져 오지 아니하였도다. 하거늘,

⑧ 예수께서 아시고 말씀하시기를, 신앙이 거의 없는 자들아 어찌 떡이 없음으로 서로 의논하느냐?

⑨ 너희가 아직도 깨닫지 못하느냐? 떡 다섯개로 오천 명을 먹이고 주운 것이 몇 바구니며,

⑩ 떡 일곱 개로 사천 명을 먹이고 주운 것이 몇 광주리이던 것을 기억지 못하느냐?

⑪ 어찌 내가 말한 것이 떡에 관함이 아닌 줄을 깨닫지 못하느냐? 하시고, 오직 바리새인과 사두개인들의 누룩을 주의하라. 하시니라.

⑫ 그제야 제자들이 떡의 누룩이 아니요, 바리새인과 사두개인들의 교리를 조심하라는 말씀이신 줄을 깨달으니라.

⑬ 예수께서 가이사랴 빌립보 지방에 이르러, 제자들에게 물어 말씀하시길, 사람들이 사람인아들(사람으로온 하나님의 아들)인 나를 누구라 하더냐? 고 물으시니,

⑭ 그들이 말하기를, 더러는 세례 요한, 더러는 엘리야, 어떤이는 예레미야나 선지자중의 한분이라고 하나이다. 하매

⑮ 이에 예수께서 말씀하시길 너희는 나를 누구라 하느냐?고 물으시니,

⑯ 시몬 베드로가 주님은 구세주시며, 살아계신 하나님의 아들이시니다. 하매

⑰ 예수께서 대답하여 말씀하시길, 요나의 아들 시몬아 네가 복이 있도다. 이를 네게 알게 한 이는 사람이 아니고 하늘에 계신 나의 아버지시니라. 하시니라.

⑱ 또 내가 네게 이르노니, 너는 베드로라 내가 이 반석위에 내 교회를 세우리리, 음부의 권세가 이기지 못하리라.

⑲ 내가 천국 열쇠들을 네게 주리니, 네가 땅에서 무엇이든지 매면, 하늘에서도 매일 것이요. 네가 땅에서 무엇이든지 풀면, 하늘에서도 풀리리라 하시고,

⑳ 그리고 제자들에게 주의를 환기시키사, 자기가 구세주인 것을 아무에게도 이르지 말라 하시니라.

(Then charged he his disciples, that they should tell no man that he was Jesus the Christ.-KJV)

(Then he warned his disciples not to tell anyone that he was the Christ.-NIV)

(Then he strictly ordered his disciples to tell no one that he was the Messiah.-NAB)

(He swore the disciples to secrecy. He made them promise they would tell no one that he was the Messiah.-THE MESSAGE)

㉑ 이때로부터 예수 그리스도께서 자기가 예루살렘에 올라가 장로들과 대제사장들과 율법교사들에게 많은 고난을 받고 죽임을 당하고, 제 삼일에 살아나야 할 것을 제자들에게 비로소 가르치시니,

㉒ 베드로가 예수를 붙들고 만류하기 시작하며 말씀드리기를, 주여! 그리 마옵소서. 이일이 결코 주에게 미치지 아니하리이다. 하나

㉓ 예수께서 뒤돌아서시어 베드로에게 말씀하시기를, 사탄아, 내 뒤로 물러 가라. 너는 나를 넘어지게 하는 자로다. 네가 하나님의 일을 생각지 아니하고 도리어 사람의 일을 생각하는도다. 하시고

㉔ 이에 예수께서 제자들에게 말씀하시기를, 아무든지 나를 따라 오려거든 자기를 부인하고 자기 십자가를 지고 나를 좇을 것이니라. 하시고,.

㉕ 누구든지 제 목숨을 구원코저 하면 그것을 잃을 것이요. 누구든지 나를 위하여 제 목숨을 잃고자 하면 그것을 찾으리라. 하시니라.

㉖ 사람이 만일 온 천하를 얻고도 제 목숨을 잃으면 무엇이 유익하리요? 사람이 무엇을 주고 제 목숨을 바꾸겠느냐?

㉗ 사람인아들(성육신한하나님의아들)이 아버지의 영광으로 그 천사들과 함께 오리니, 그 때에 각 사람의 행한대로 갚으리라.

㉘ 내가 너희에게 진실을 이르노니 여기 섰는 사람 중에 죽기 전에 사람인아들(성육신한하나님의아들)이 자기 왕국(지구)으로 오는 것을 볼 자들도 있느니라.

● 17장

① 엿새 후에 예수께서 베드로와 야고보와 그 형제 요한을 데리고 따로 높은 산에 올라가셨더니,

② 저희 앞에서 외모가 바뀌사, 그 얼굴이 해 같이 빛나며, 옷이 빛과 같이 희어졌더라.

③ 바로 그때에 모세와 엘리야가 예수로 더불어 말씀하는 것이 저희에게

보이거늘

④ 베드로가 예수께 말씀드리기를, 주여! 우리가 여기 있는 것이 좋사오
니, 만일 주께서 원하시면 내가 여기서 초막 셋을 짓되, 하나는 주를 위
하여, 하나는 모세를 위하여, 하나는 엘리야를 위하여 하리이다. 하니,

⑤ 말할 때에 홀연히 눈부신 구름이 저희를 덮으며, 구름 속에서 한 소리
가 말씀하시기를, 이는 내 사랑하는 아들이요. 내 기뻐하는 자니, 너희
는 저의 말을 들으라. 하는지라.

⑥ 제자들이 그 음성을 듣고 그들의 얼굴을 땅에 대고 두려워하더니,

⑦ 예수께서 오셔서 그들을 만지시며 말씀하시기를, 일어나라. 두려워 말
라. 하시니

⑧ 제자들이 눈을 들고 보매 오직 예수 외에는 아무도 보이지 아니하더라.

⑨ 저희가 산에서 내려올 때에 예수께서 당부하여 말씀하시기를, 사람인
아들이 죽은 자 가운데서 살아나기 전에는 지금 본 환상을 아무에게도
말하지 말라, 하시니

⑩ 제자들이 여쭈어 말씀드리기를, 그렇다면 어찌하여 율법교사들은 엘리
야가 먼저 와야 하리라, 하나이까? 하매

⑪ 예수께서 대답하여 말씀하시기를, 참으로 엘리야가 먼저 와서 모든 일
을 회복하리라. 하시니라

⑫ 내가 너희에게 말하노니, 엘리야가 이미 왔으되 사람들이 알지 못하고
임으로 대우하였도다. 사람인 아들도 이와 같이 그들에게 고난을 받으
리라 하시니,

⑬ 그제야 제자들이 예수의 말씀하신 것이 세례 요한인 줄을 깨달으니라.

⑭ 저희가 무리에게 이르매 한 사람이 예수께 와서 꿇어 엎드리어 말하기
를,

⑮ 주여 내 아들을 불쌍히 여기소서! 저가 간질로 심히 고생하여 자주 불
에도 넘어지며 물에도 넘어지는지라,

⑯ 내가 주의 제자들을 데리고 왔으나 능히 고치지 못하더이다.

⑰ 예수께서 대답하여 말씀하시기를 신앙이 없고 패역한 세대여 내가 얼
마나 너희와 함께 있으며 얼마나 너희를 참으리요. 그를 이리로 데려오
라 하시고

⑱ 예수께서 꾸짖으시니 귀신이 나가고 아이가 그 때부터 나으니라.

⑲ 이 때에 제자들이 은밀히 예수께 나아와 가로되 우리는 어찌하여 쫓아 내지 못하였나이까? 하니

⑳ 말씀하시기를, 너희가 신앙이 거의 없는 연고니라. 내가 진리를 너희에게 이르노니, 너희가 만일 신앙이 한 겨자씨만큼만 있으면 이 산을 명하여 여기서 저기로 옮기라 하여도 옮길 것이요. 또 너희가 못할 것이 없으리라. 하시니라.

㉑ (없음)

㉒ 갈릴리에 모일 때에 예수께서 제자들에게 말씀하시기를 사람인아들이 장차 사람들의 손으로 팔아 넘겨질 것이고,

㉓ 죽임을 당하여 제 삼일에 살아나리라 하시니, 제자들이 심히 근심하였더라.

㉔ 그들이 가버나움에 이르니, 성전 세를 거두는 이들이 베드로에게 다가와 말하기를, 너의 선생은 성전세를 내지 아니하느냐? 고 물으니,

㉕ 그가 말하기를 내신다 하고 집에 들어가니, 예수께서 먼저 말씀하시기를 시몬아 네 생각은 어떠하뇨? 세상 임금들이 뉘게 관세와 조세를 받느냐? 자기 아들에게냐 타인에게냐? 하시니

㉖ 베드로가 말하기를 타인에게니이다. 하니 예수께서 말씀하시기를 그러하면 아들들은 세를 면제 받는 것이다.

㉗ 그러나 우리가 저희의 감정을 상하게 하지 않기 위하여 네가 바다에 가서 낚시를 던져 먼저 오르는 고기를 잡아 입을 열면 돈 한 세겔을 얻을 것이니 가져다가 나와 너를 위하여 주라 하시니라.

● 18장

① 그 때에 제자들이 예수께 나아와 말씀드리기를 천국에서는 누가 크니이까? 하니

② 예수께서 한 어린 아이를 불러 저희 가운데 세우시고,

③ 말씀하시기를, 너희에게 진실로 이르노니 너희가 돌이켜 어린 아이들 같이 되지 아니하면 결단코 천국에 들어가지 못하리라.

④ 그러므로 누구든지 이 어린 아이와 같이 자기를 낮추는 자가 천국에서

큰 자니라.

⑤ 또 누구든지 내 이름으로 이런 어린 아이 하나를 영접하면 곧 나를 영접함이니라.

⑥ 누구든지 나를 존숭하는 이 작은자들 중 하나를 실족케 하면, 차라리 연자 맷돌을 그 목에 달리우고 깊은 바다에 빠뜨리는 것이 나으니라.

⑦ 실족케 하는 일들이 있음을 인하여 세상에 화가 있도다. 실족케 하는 일이 없을 수는 없으나 실족케 하는 그 사람에게는 화가 있도다.

⑧ 만일 네 손이나 네 발이 너를 범죄케 하거든 찍어 내버리라. 불구자나 절뚝발이로 영생에 들어가는 것이 두 손과 두 발을 가지고 영원한 불에 던지우는 것보다 나으니라.

⑨ 만일 네 눈이 너를 범죄케 하거든 빼어 내버리라. 한 눈으로 영생에 들어가는 것이 두 눈을 가지고 지옥 불에 던지우는 것보다 나으니라.

⑩ 너희는 이 작은자들 중에 하나도 업신여기지 말라. 너희에게 말하노니, 하늘에 있는 그들의 천사들이 하늘에 계신 내 아버지의 얼굴을 항상 뵈옵기 때문이니라.

(Take heed that ye despise not one of these little ones; for I sat unto you, That in heaven their angels do always behold the face of my Father which is in heaven.-KJV)

("See that you do not look down on one of these little ones." For I tell you that their angels in heaven always see the face of my Father in heaven.-NIV)

("See that you do not despise one of these little ones, for I say to you that their angels in heaven always look upon the face of my heavenly Father.-NAB)

("Watch that you don't treat a single one of these childlike believers arrogantly. You realize, don't you, that their personal angels are constantly in touch with my Father in heaven?-THE MESSAGE)

⑪ (없음)

⑫ 너희 생각에는 어떻겠느뇨? 만일 어떤 사람이 양 일백 마리가 있는데,

그 중에 하나가 길을 잃었으면 그 아흔 아홉 마리를 산에 두고 가서 길 잃은 양을 찾지 않겠느냐?

⑬ 내가 너희에게 진실로 이르노니, 만일 찾으면 길을 잃지 아니한 아흔 아홉 마리보다 이것을 더 기뻐하리라.

⑭ 이와 같이 이 작은자들 중에 하나라도 잃어지는 것은 하늘에 계신 너희 아버지의 뜻이 아니니라.

⑮ 네 형제가 죄를 범하거든 가서 너와 그 사람과만 상대하여 권고하라. 만일 들으면 네가 그 형제를 얻을 것이요.

⑯ 그러나 만일 그가 귀를 기울이지 않으면 두 세 증인을 데리고 가라. 모든 문제는 두 세 증인이 증언하면 확증되니라.

⑰ 만일 그들의 말도 듣지 않거든, 교회에 말하고 교회의 말도 듣지 않거든, 이방인과 세리와 같이 여기라.

⑱ 내가 너희에게 진실로 이르노니. 무엇이든지 너희가 땅에서 매면 하늘에서도 매일 것이요. 무엇이든지 땅에서 풀면 하늘에서도 풀리리라.

⑲ 다시 너희에게 이르노니, 너희 중에 두 사람이 지구에서 합심하여 무엇이든지 구하면 하늘에 계신 내 아버지께서 저희를 위하여 이루게 하시리라.

⑳ 두 세 사람이 내 이름으로 함께 모인 그곳에는 나도 그들 중에 있느니라.

㉑ 그 때에 베드로가 나아와 말하기를, 주여 형제가 내게 죄를 범하면 몇 번이나 용서하여 주리이까? 일곱번까지 하오리까? 하니

㉒ 예수께서 말씀하시기를 네게 이르노니 일곱번 뿐 아니라 일흔번씩 일곱번이라도 할지니라.

㉓ 이러므로 천국은 자기 종들과 계산하고자 하는 어떤 임금과 같으니

㉔ 그 왕이 계산을 시작했을 때 일만 달란트 빚진 자 한 사람을 자기에게 데려왔으나

㉕ 그에게는 갚을 것이 없는지라, 주인이 명하여 처와 자식들과 모든 소유를 팔아 갚게 하라 한대,

㉖ 그 종이 엎드리어 경배하며 그에게 말하기를, 주인님 내게 참으소서. 그러면 내가 다 갚으리이다. 하므로,

㉗ 그 종의 주인이 불쌍히 여겨 놓아 보내며 그 빚을 탕감하여 주었더니,

㉘ 그 종이 나가서 제게 백 데나리온 빚진 그의 동료 종 하나를 만나 붙들어 목을 잡고 가로되 빚을 갚으라. 하매,

㉙ 그 동료 종이 엎드리어 간청하여 말하기를, 참아 주소서! 다 갚으리이다. 하매,

㉚ 허락하지 아니하고, 이에 가서 저가 빚을 갚도록 옥에 가두거늘,

㉛ 그 동료 종들이 그것을 보고 심히 마음이 아파서 주인에게 가서 그 일을 다 고하니,

㉜ 이에 주인이 저를 불러다가 말하되, 악한 종아 네가 빌기에 내가 네 빚을 전부 탕감하여 주었거늘,

㉝ 내가 너를 불쌍히 여김과 같이 너도 네 동료를 불쌍히 여김이 마땅치 아니하냐 하고,

㉞ 주인이 노하여 그 빚을 다 갚도록 저를 옥졸들에게 붙이니라.

㉟ 그러므로 너희도 각각 마음으로부터 자기의 형제들인 그들의 허물들을 용서하지 아니하면, 하늘에 계신 내 아버지께서도 너희에게 이와 같이 하시리라. 하시니라.

● 19장

① 예수께서 이 말씀을 마치시고, 갈릴리에서 떠나 요단강 건너 유대 지방에 이르시니,

② 큰 무리가 좇거늘 예수께서 거기서 그들의 병을 고치시더라.

③ 바리새인들이 예수께 나아와 그를 시험하여 말하기를, 사람이 아무 연고를 물론하고 그 아내를 내어버리는 것이 옳으니이까? 하니

④ 예수께서 대답하여 말씀하시기를, 사람을 지으신 이가 본래 저희를 남자와 여자로 만드시고,

⑤ 말씀하시기를, 이러므로 남자가 그 부모를 떠나서 아내에게 합하여 그 둘이 한 몸이 될지니라. 하신 것을 읽지 못하였느냐?

⑥ 이러한즉 이제 둘이 아니요, 한 몸이니, 그러므로 하나님이 짝지어 주신 것을 사람이 나누지 못할지니라. 하시니,

⑦ 여쫘오되 그러하면 어찌하여 모세는 이혼 증서를 주어서 내어버리라

명하였나이까? 하니

⑧ 예수께서 말씀하시기를, 모세가 너희 마음속을 헤아릴수 없었기 때문에 아내 내어버림을 허락하였으나, 본래는 그렇지 아니하니라. 하시니라.

(He said unto them, Moses, because of the hardness of your hearts, suffered you to put away your wives: but from the beginning it was not so.-KJV)

(Jesus replied, "Moses permitted you to divorce your wives because your hearts were hard. But it was not this way from the beginning.-NIV)

(He said to them, "Because of the hardness of your hearts Moses allowed you to divorce your wives, but from the beginning it was not so.-NAB)

(Jesus said, "Moses provided for divorce as a concession to your hard heartedness, but it is not part of God's original plan.-THE MESSAGE)

⑨ 내가 너희에게 말하노니 누구든지 음행한 연고 외에 아내를 내어버리고 다른데 장가 드는 자는 간음함이니라.

⑩ 제자들이 말하기를, 만일 남편과 아내사이의 처지가 이렇다면 장가 들지 않는 것이 더 좋겠나이다.

⑪ 예수께서 말씀하시기를, 모든 사람이 이 말을 받아들일 수는 없고 오직 그것이 주어진 자들이어야 할지니라. 하니라

⑫ 어미의 태로부터 된 고자도 있고 사람이 만든 고자도 있고 천국을 위하여 스스로 된 고자도 있도다. 이말을 받을만한 자는 받을지어다.

⑬ 그때에 사람들이 예수의 안수하고 기도하심을 바라고 어린 아이들을 데리고 오매 제자들이 꾸짖으니라.

⑭ 그러나 예수께서 말씀하시기를, 어린 아이들을 용납하고 내게 오는 것을 금하지 말라. 천국이 이런 자의 것이기 때문이니라. 하시고

⑮ 저희 위에 안수하시고 거기서 떠나시니라.

⑯ 어떤 사람이 주님께 와서 말하기를, 선생님이여 내가 무슨 선한 일을

하여야 영생을 얻으리이까? 하니

⑰ 예수께서 말씀하시기를 어찌하여 선한 일을 내게 묻느냐 선한이는 오직 한 분이시니라. 네가 영생을 원한다면 계명들을 지키라.

⑱ 그가 주님께 말씀하시기를 어느 계명이오니이까? 예수께서 말씀하시기를 살인하지 말라. 간음하지 말라. 도적질하지 말라. 거짓증거하지 말라.

⑲ 네 부모를 공경하라. 네 이웃을 네 몸과 같이 사랑하라 하신 것이니라. 하시니

⑳ 그 청년이 가로되 이 모든 것을 내가 지키었사오니 아직도 무엇이 부족하니이까? 하매

㉑ 예수께서 말씀하시기를. 네가 완전하게 되기를 원한다면 가서 네 소유를 팔아 가난한 자들을 주라. 그리하면 하늘에서 보화가 네게 있으리라. 그리고 와서 나를 좇으라 하시니,

㉒ 그 청년이 재산이 많으므로 이 말씀을 듣고 낙담하며 가니라.

㉓ 예수께서 제자들에게 이르시되 내가 너희에게 진실을 이르노니, 부자는 천국에 가기가 어려우니라.

㉔ 다시 너희에게 말하노니, 약대가 바늘귀로 들어가는 것이 부자가 하나님의 나라에 들어가는 것보다 더 쉬우니라. 하시니

㉕ 제자들이 듣고 심히 놀라 말하기를, 그러면 누가 구원을 얻을 수 있으리이까? 하매

㉖ 예수께서 저희를 보시며 말씀하시기를 사람으로는 할 수 없으되 하나님으로서는 다 할 수 있느니라. 하시니라.

㉗ 그때에 베드로가 대답하여 주님께 말씀드리기를, 보소서 우리가 모든 것을 놓아 두고 주를 좇았사오니, 그런즉 우리가 무엇을 얻을 수 있으리이까? 하니

㉘ 예수께서 말씀하시기를, 내가 너희에게 진실을 이르노니 세상이 새롭게 되어 사람인아들(성육신한 하나님의 아들)이 자기 영광의 보좌에 앉을 때에 나를 좇는 너희도 열 두 보좌에 앉아 이스라엘 열 두 지파를 심판하리라.

㉙ 그리고 나를 위하여 집이나 형제나 자매나 부모나 자식이나 전토를 떠

난 모든 자는 백 배를 받을 것이고 또 영원한 생명도 받을 것이니라.
㉚ 그러나 먼저 된 많은 자들이 나중이 되고, 나중 된 자들로서 먼저 될 자들이 많으리라.

● 20장
① 천국은 마치 품군을 얻어 포도원에 들여보내려고, 이른 아침에 나간 집 주인과 같으니,
② 저가 하루 한 데나리온씩 품군들에게 주기로 약정하고, 그들을 자기 포도원으로 들여보냈더라.
③ 또 그가 제 삼시에 나가보니, 장터에 놀고 섰는 사람들이 또 있는지라,
④ 저희에게 이르되 너희도 포도원에 들어가라! 내가 너희에게 상당하게 주리라 하니, 저희가 가고,
⑤ 제 육시와 제 구시에 또 나가 그와 같이 하고,
⑥ 열한 시경에도 나가서 놀고 서 있는 다른 사람들을 발견하고, 그들에게 말하기를, 너희는 어찌하여 온종일 놀고 서 있느냐? 하니
⑦ 그들이 그에게 말하기를, 우리를 고용하는 사람이 아무도 없기 때문이니이다. 하매 그가 그들에게 말하기를, 너희도 나의 포도원으로 들어가라. 그리하면 무엇이든지 정당한 대가를 너희가 받으리라. 하니라.
⑧ 날이 저물매 포도원 주인이 청지기에게 이르되 품군들을 불러, 나중 온 자로부터 시작하여 먼저 온 자까지 삯을 주라 하니,
⑨ 제 십일시에 온 자들이 와서 한 데나리온씩을 받거늘,
⑩ 먼저 온 자들이 더 받을 줄 알았더니, 저희도 한 데나리온씩 받은지라.
⑪ 그들이 품삯을 받은 후에, 그 집의 선한 주인에 대하여 불평하여
⑫ 말하기를 나중 온 이 사람들은 한 시간씩만 일하였거늘, 저희를 종일 수고와 더위를 견딘 우리와 같게 하였나이다.
⑬ 주인이 그 중의 한 사람에게 대답하여 말하기를, 친구여 내가 네게 잘못한 것이 없노라. 네가 나와 한 데나리온의 약속을 하지 아니하였느냐?
⑭ 네 것이나 가지고 가라. 나중 온 이 사람에게 너와 같이 주는 것이 내 뜻이니라.

⑮ 내 것을 가지고 내 뜻대로 할것이 아니냐? 내가 너그러우므로 네가 시기하느냐?

⑯ 이와 같이 나중 된 자로서 먼저 되고, 먼저 된 자로서 나중 되리라. 하니라.

⑰ 예수께서 예루살렘으로 올라가려 하실 때에, 열 두 제자를 따로 데리시고 길에서 이르시되,

⑱ 보라 우리가 예루살렘으로 올라가니, 사람인아들(사람으로온 하나님의 아들)이 대제사장들과 율법교사들에게 넘기우매 저희가 죽이기로 결정하고,

⑲ 이방인들에게 넘겨주어, 그를 능욕하며 채찍질하며 십자가에 못 박게 하리니 제 삼일에 살아나리라.

⑳ 그 때에 세베대의 아들의 어미가 그 아들들을 데리고 예수께 와서 절하며 무엇을 구하니,

㉑ 주님께서 그녀에게 말씀하시기를, 네가 무엇을 원하느냐? 하시니 그녀가 그분께 말씀드리기를, 나의 이 두 아들들을 주님의 나라에서 하나는 주의 우편에 하나는 주의 좌편에 앉게 해 주소서. 하니

㉒ 예수께서 대답하여 말씀하시기를 너희 구하는 것을 너희가 알지 못하는도다. 내가 마시려고 하는 잔을 너희가 마실 수 있으며, 내가 받는 그 침례로 침례를 받을 수 있느냐? 하시니 그들이 주님께 말하기를, 우리가 할 수 있나이다. 하매.

㉓ 주님께서 그들에게 말씀하시기를, 너희가 참으로 내 잔을 마시고 내가 받는 그 침례로 너희가 침례를 받으려니와, 내 오른편과 왼편에 앉는 것은 내가 주는 것이 아니요. 내 아버지께서 예비하신 자들에게 주실 것이니라. 하시니라.

㉔ 열 제자가 듣고 그 두 형제에게 대하여 분히 여기거늘

㉕ 예수께서 제자들을 불러다가 말씀하시기를, 이방인의 집권자들이 저희를 임의로 주관하고 그 들의 관료들이 저희에게 권세를 부리는 줄을 너희가 알거니와,

㉖ 너희 중에는 그렇지 아니하니, 너희 중에 누구든지 크고자 하는 자는 너희를 섬기는 자가 되고,

㉗ 너희 중에 누구든지 으뜸이 되고자 하는 자는 너희 종이 되어야 하리라. 하니라.

㉘ 사람인아들(사람으로온하나님의아들)은 섬김을 받으려 함이 아니라 도리어 섬기려 하고 자기 목숨을 많은 사람의 대속물로 주려 함이니라.

㉙ 저의가 여리고에서 떠나 갈 때에 큰 무리가 예수를 따라가는데,

㉚ 소경 둘이 길가에 앉았다가 예수께서 지나가신다 함을 듣고 소리질러 말하기를, 주여 우리를 불쌍히 여기소서 다윗의 자손이여 하니,

㉛ 무리가 꾸짖어 잠잠하라 하되, 그들이 더욱 소리질러 말하기를, 주여 우리를 불쌍히 여기소서 다윗의 자손이여 하는지라.

㉜ 예수께서 멈추어 서서 저희를 불러

㉝ 말씀하시기를, 너희에게 무엇을 하여 주기를 원하느냐? 하니. 그들이 말하기를 주여 우리 눈 뜨기를 원하나이다.하니

㉞ 예수께서 저희를 불쌍히 여기시어 저희 눈을 만지시니 곧 보게 되어 저희가 예수를 따라 가니라.

● **21장**

① 그들이 예루살렘에 가까이 와서 감람산으로 향하는 벳바게에 이르렀을 때에 예수님께서 두 제자를 보내시며,

② 말씀하시기를 너희 맞은편 마을로 가라. 그러면 곧 매인 나귀와 나귀 새끼가 함께 있는 것을 보리니, 풀어 내게로 끌고 오너라.

③ 만일 누가 무슨 말을 하거든 주가 쓰시겠다 하라. 그리하면 즉시 보내리라. 하시니,

④ 이는 선지자로 하신 말씀을 이루려 하심이라. 말씀하시기를

⑤ 시온 딸에게 이르기를 네 왕이 네게 임하나니, 그는 겸손하여 나귀 곧 멍에 매는 짐승의 새끼를 탔도다. 하라 하였느니라.

⑥ 제자들이 가서 예수의 명하신대로 하여,

⑦ 나귀와 나귀 새끼를 끌고 와서 자기들의 겉 옷을 그 위에 얹으매 예수께서 그 위에 타시니,

⑧ 무리의 대부분은 그 겉옷을 길에 펴며 다른 이는 나뭇 가지를 베어 길에 펴고

⑨ 앞에서 가고 뒤에서 따르는 무리가 소리질러 말하기를, 호산나 다윗의 자손이여 찬송하리로다. 주의 이름으로 오시는 이는 복되도다. 가장 높은 하늘에 계신이여 호산나 하더라

⑩ 예수께서 예루살렘에 들어가시니, 온 성이 소동하여 말하기를, 이분이 누구시냐? 하니

⑪ 무리가 말하기를, 갈릴리 나사렛에서 나온 선지자 예수님이시라, 하니라.

⑫ 예수께서 성전에 들어가사, 성전 안에서 매매하는 모든 자를 내어쫓으시며, 돈 바꾸는 자들의 상과 비둘기 파는 자들의 의자를 둘러 엎으시고

⑬ 그들에게 말씀하시기를, 기록된 바, 내 집은 기도하는 집이라 일컬음을 받으리라 하였거늘 너희는 강도의 굴혈을 만드는 도다 하시니라

⑭ 소경과 저는 자들이 성전에서 예수께 나아오매 고쳐주시니

⑮ 대제사장들과 율법교사들이 예수의 하시는 이상한 일과 또 성전에서 소리질러 호산나 다윗의 자손이여 하는 아이들을 보고 분개하여,

⑯ 예수께 말하되 저희의 하는 말을 듣느뇨? 하니 예수께서 말씀하시기를, 그렇다 어린 아이와 젖먹이들의 입에서 나오는 찬미를 온전케 하셨나이다. 함을 너희가 읽어본 일이 없느냐 하시고,

⑰ 그들을 떠나 성 밖으로 베다니에 가서 거기서 유하시니라.

⑱ 이른 아침에 성으로 들어오실 때에 시장하신지라,

⑲ 길 가에 있는 한 무화과 나무를 보시고 그 나무로 갔는데 잎을 제외하고 나무에서 아무 것도 발견치 못하셨더라. 그 때 말씀하시길 다시는 네가 열매가 맺지 못하리라 하시니, 무화과 나무가 곧 말랐더라.

⑳ 제자들이 보고 이상히 여겨 가로되 무화과 나무가 어찌하여 곧 말랐나이까? 하니

㉑ 예수께서 대답하여 말씀하시기를 내가 너희에게 진리를 말하노니, 만일 너희가 신앙이 있고 의심치 아니하면 이 무화과 나무에게 된 이런 일만 할뿐 아니라 이 산더러 들려 바다에 던지우라 하여도 될 것이요.

㉒ 너희가 기도할 때에 무엇이든지 믿고 구하는 것은 다 받으리라 하시니라.

㉓ 예수께서 성전에 들어가 가르치실새 대제사장들과 백성의 장로들이 나아와 말하기를, 네가 무슨 권세로 이런 일을 하느뇨? 또 누가 이 권세를 주었느뇨? 하니

㉔ 예수께서 대답하시되, 나도 한 말을 너희에게 물으리니 너희가 대답하면 나도 무슨 권세로 이런 일을 하는지 이르리라. 하시니라

㉕ 요한의 세례가 어디로서 왔느냐? 하늘로서냐? 사람에게로서냐? 하시니, 저희가 서로 의논하여 말하기를, 만일 하늘로서라 하면 어찌하여 저를 믿지 아니하였느냐? 할것이요

㉖ 만일 사람에게로서라 하면 모든 사람이 요한을 선지자로 여기니 백성이 무섭다 하여,

㉗ 예수께 대답하여 말하기를, 우리가 알지 못하노라. 하니, 예수께서 말씀하시기를 나도 무슨 권세로 이런 일을 하는지 너희에게 이르지 아니하리라. 하시니라

㉘ 그러나 너희 생각에는 어떠하뇨? 한 사람이 두 아들이 있는데 맏아들에게 가서 이르되 얘 오늘 포도원에 가서 일하라 하니,

㉙ 대답하여 가로되 아버지여 가겠소이다 하더니 가지 아니하고,

㉚ 둘째 아들에게 가서 또 이같이 말하니 대답하여 가로되 싫소이다. 하더니 그 후에 뉘우치고 갔으니

㉛ 그 둘 중에 누가 아비의 뜻대로 하였느뇨? 하시니, 둘째 아들이니이다. 예수께서 저희에게 이르시되 내가 너희에게 진리를 이르노니, 세리들과 창기들이 너희보다 먼저 하나님의 나라에 들어가리라.

㉜ 요한이 의로움의 도를 너희에게 보이려고 왔거늘, 너희는 그의 말을 믿지 아니하였으나 세리와 창기는 믿었도다. 그리고 너희는 이것을 본 후에도 회개하지 않고 그의 말을 믿지 아니하였느니라.

㉝ 다시 한 비유를 들으라! 한 땅주인이 포도원을 만들어 울타리를 치고 그 안을 파서 포도즙 틀을 만들고 감시 망대를 세우고 그것을 농부들에게 임차를 주고 먼 나라로 떠났느니라.

㉞ 수확의 때가 가까워지자 그는 종들을 자기의 몫의 소출을 받아오기 위하여 임차 농부들에게 보냈더라.

㉟ 농부들이 종들을 잡아 하나는 심히 때리고 하나는 죽이고 하나는 돌로

쳤거늘,

㊱ 다시 다른 종들을 처음보다 많이 보내니 저희에게도 그렇게 하였는지라.

㊲ 후에 자기 아들을 보내며 가로되 저희가 내 아들을 공경하리라 하였더니,

㊳ 농부들이 그 아들을 보고 서로 말하되 이는 상속자니 자 죽이고 그의 상속분을 차지하자 하고,

㊴ 이에 잡아 포도원 밖에 내어 쫓아 죽였느니라.

㊵ 그러면 포도원 주인이 올 때에 이 농부들을 어떻게 하겠느뇨? 하시니,

㊶ 그들이 예수께 말하기를 그가 이 악한 자들을 진멸하고, 포도원은 제때에 실과를 바칠만한 다른 농부들에게 세로 줄지니이다. 하매

㊷ 예수께서 말씀하시기를 너희가 성경에 건축자들의 버린 돌이 주춧돌이 되었나니, 이것은 주로 말미암아 된 것이요. 우리 눈에 기이하도다. 함을 읽어 본 일이 없느냐?

㊸ 그러므로 내가 너희에게 말하노니, 하나님의 왕국을 너희로부터 빼앗아 그 왕국의 열매들을 가져올 민족에게 주시니라.

㊹ 누구든지 이 돌 위에 떨어지는 자는 깨어지겠고, 이 돌이 사람 위에 떨어지면 저를 가루로 만들어 흩으리라, 하시니.

㊺ 대제사장들과 바리새인들이 예수의 비유를 듣고 자기들을 가리켜 말씀하심인줄 알고,

㊻ 그들이 예수님을 붙잡고자 하였으나 무리를 두려워하였으니, 이는 무리가 예수님을 선지자로 여겼기 때문이더라.

● **22장**

① 예수께서 다시 비유로 대답하여 말씀하시기를,

② 천국은 마치 자기 아들을 위하여 혼인 잔치를 베푼 어떤 임금과 같으니,

③ 그 종들을 보내어 청한 사람들을 혼인 잔치에 오라 하였으나, 그들이 오려하지 않았느니라.

④ 다시 다른 종들을 보내며 말하기를, 청한 사람들에게 이르기를, 내가

오찬을 준비하되 나의 소와 살찐 짐승을 잡고 모든 것을 갖추었으니 혼인 잔치에 오소서. 하라 하였더니,

⑤ 저희가 돌아 보지도 않고, 하나는 자기 밭으로 하나는 자기 사업일로 가고,

⑥ 그 남은 자들은 종들을 잡아 능욕하고 죽였느니라.

⑦ 임금이 노하여 군대를 보내어 그 살인한 자들을 진멸하고 그 동네를 불 사르고,

⑧ 이에 종들에게 이르되 혼인 잔치는 예비되었으나 청한 사람들은 합당 치 아니하니,

⑨ 사거리 길에 가서 사람을 만나는대로 혼인 잔치에 청하여 오너라 하였 더니,

⑩ 종들이 길에 나가 악한 자나 선한 자나 만나는 대로 모두 데려오니 혼인 자리에 손님이 가득한지라.

⑪ 임금이 손님들을 보러 들어왔을 때에 거기서 혼인 예복을 입지 않은 한 사람을 보고,

⑫ 그에게 말하기를, 친구여 그대는 어찌하여 혼인 예복도 입지 아니하고 여기에 들어왔느냐? 하니 그가 아무말도 하지 못하니라.

⑬ 그때에 임금이 종들에게 말하기를, 그의 손발을 묶어 데리고 나가 어둠 속에 내어 던져라. 거기서 슬피 울며 이를 갈게 되리라. 하였느니라.

⑭ 이는 부름을 받은 자들은 많으나 택함을 입은 자들은 거의 없느니라. 하시니라.
(For many are called, but few are chosen.-KJV)
("For many are invited, but few are chosen."-NIV)
(Many are invited, but few are chosen."-NAB)
("That's what I mean when I say, 'Many get invited; only a few make it.'"-THE MESSAGE)

⑮ 이에 바리새인들이 가서 어떻게 하여 예수로 말의 올무에 걸리게 할까 계략을 꾸미고,

⑯ 자기 제자들을 헤롯 당원들과함께 예수께 보내어 말하되, 선생님이여 우리가 아노니 당신은 참되시고 참으로써 하나님의 도를 가르치시며

아무라도 꺼리는 일이 없으시니 이는 사람을 외모로 보지 아니하심이 니이다.

⑰ 그러므로 우리에게 말씀해 주소서. 선생님은 어떻게 생각하시나이까? 가이사에게 공세를 내는 것이 율법에 옳으니이까? 옳지 아니하나이까? 한대

⑱ 예수께서 저희의 나쁜 의도를 아시고 말씀하시기를, 위선자들아 어찌하여 나에게 올무를 씌우려하느냐?

⑲ 세금으로 내는데 사용되는 화폐를 내게 보이라 하시니, 데나리온 하나를 가져왔거늘,

⑳ 예수께서 말씀하시되 이 형상과 이 글이 뉘 것이냐? 하시니

㉑ 그들이 예수께 말하기를, 가이사의 것이니이다. 하매 예수께서 그들에게 말씀하시기를, 그러므로 가이사의 것은 가이사에게 돌려주고, 하나님의 것들은 하나님께 돌려드리라, 하시니

㉒ 그들이 이 말씀을 듣고 놀라서 예수의 곁을 떠나 그들의 길을 가니라.

㉓ 부활이 없다 하는 사두개인들이 그 날에 예수께 와서 여쭈어 말하되,

㉔ 선생님이여 모세가 말하기를 만일 어떤 사람이 자식이 없이 죽으면, 그 동생이 그 아내에게 장가들어 형을 위하여 후사를 세울지니라, 하였나이다.

㉕ 우리 중에 칠 형제가 있었는데 맏이 장가 들었다가 죽어 후사가 없으므로 그의 아내를 그 동생에게 끼쳐두고

㉖ 그 둘째와 셋째로 일곱째까지 그렇게 하다가

㉗ 최후에 그 여자도 죽었나이다

㉘ 그런즉 저희가 다 그 여자를 취하였으니 부활 때에 일곱 중 뉘 아내가 되리이까? 하니

㉙ 예수께서 대답하여 말씀하시기를, 너희가 성경도 하나님의 능력도 알지 못하는고로 오해하였도다. 하시니

㉚ 부활 때는 장가도 아니가고 시집도 아니가고 하늘에 있는 천사들과 같으니라.

㉛ 그리고 죽은 자의 부활에 대하여는 하나님이 너희에게 말씀하신 것을 읽어보지 아니하였느냐?

㉜ 나는 아브라함의 하나님이요 이삭의 하나님이요 야곱의 하나님이로라 하신 것을 읽어 보지 못하였느냐? 하나님은 죽은 자의 하나님이 아니요 산 자의 하나님이시니라 하시니,

㉝ 사람들이 듣고 그의 가르치심에 놀라더라.

㉞ 예수께서 사두개인들로 대답할 수 없게 하셨다 함을 바리새인들이 듣고 모였는데,

㉟ 그 중에 한 율법사가 예수를 테스트하여 물어,

㊱ 선생님이여 율법 중에 어느 계명이 가장 대단하고 중요합니까? 하니

㊲ 예수께서 말씀하시기를 네 마음을 다하고 목숨을 다하고 뜻을 다하여 주 너의 하나님을 사랑하라 하셨으니,

㊳ 이것이 첫째이고 가장 중요한 계명이요

㊴ 둘째는 그와 같으니 네 이웃을 네 몸과 같이 사랑하라 하셨으니

㊵ 이 두 계명이 온 율법과 선지자의 강령이니라. 하시니라.

㊶ 바리새인들이 모였을 때에 예수께서 그들에게 물으시되

㊷ 너희는 그리스도에 대하여 어떻게 생각하느냐? 뉘 자손이냐 하시니? 그들이 대답하되 다윗의 자손이니이다. 하니라

㊸ 예수께서 그들에게 말씀하시기를, 그러면 다윗이 성령에 감동하여 어찌 그리스도를 주라 칭하여 말하였느냐? 즉 다윗은,

(He saith unto them, How then doth David in spirit call him Lord, saying,-KJV)

(He said to them, "How is it then that David, speaking by the Spirit, call him 'Lord'? For he says,-NIV)

(He said to them, "How, then, does David, inspired by the Spirit, call him 'lord,' saying:-NAB)

(Jesus replied, "Well, if the Christ is David's son, how do you explain that David, under inspiration, named Christ his 'Master'?-THE MESSAGE)

㊹ "하나님께서 내 주께 이르시되 내가 네 원수를 네 발 아래 둘 때까지 내 우편에 앉았으라 하셨도다" 하였도다

(The LORD said unto my Lord, Sit thou on my right hand, till I make thine enemies thy footstool?-KJV)

("T HE LORD said to my Lord: 'Sit at my right hand until I put your enemies under your feet.'"-NIV)

('The Lord said to my lord, "Sit at my right hand until I place your enemies under your feet"'-NAB)

(God said to my Master, "Sit here at my right hand until I make your enemies your footstool."-THE MESSAGE)

㊺ 다윗이 그리스도를 주라 칭하였은즉 어찌 그의 자손이 되겠느냐? 하시니

㊻ 이에 어떤 사람도 한 마디도 대답하지 못하였고, 그 날부터 감히 그에게 더 이상 묻는 자도 없더라

• 23장

① 그때에 예수께서 군중들과 제자들에게 말씀하시기를,

② 율법교사들과 바리새인들은 율법에 관해서라면 모세와 같은 자리에 앉았있도다.

③ 그러므로 너희는 그들에게 복종하고 그들이 말하는 모든 것을 행아여야 하느니라. 그러나 그들이 행하는 모든 것을 하지말지니, 왜냐하면 그들이 가르치는 모든 것을 행하지 않기 때문이니라.

④ 또 무거운 짐을 묶어 사람의 어깨에 지우되, 자기는 이것을 한 손 가락으로도 움직이려 하지 아니하기 때문이니라.

⑤ 오히려 모든 행위를 사람들에게 보이고자 하여 하나니, 곧 가죽 성구함을 넓게 만들어 지니고 옷단을 넓혀 입느니라.

⑥ 또 잔치의 가장 윗자리와 회당의 가장 높은 자리들과,

⑦ 시장에서 인사 받는 것과 사람들에게서 랍비라 칭함을 받는 것을 좋아하느니라.

⑧ 그러나 너희는 랍비라 칭함을 받지 말라. 너희 선생은 하나이니 곧 그리스도뿐이요. 너희는 다 형제니라.

⑨ 그리고 지구에 있는 자를 아비라 하지 말라. 너희 아버지는 하나이시니 하늘에 계신 자시니라.

⑩ 또한 선생님이라 칭함을 받지 말라. 너희 선생님은 한분이시니, 곧 그리스도시니라.

⑪ 너희 중에 가장 중요한 자는 너희를 섬기는 자가 되어야 하리라.

⑫ 누구든지 자기를 높이는 자는 낮아지고, 누구든지 자기를 낮추는 자는 높아지리라.

⑬ 화 있을진저 위선하는 율법교사들과 바리새인들이여! 너희는 천국 문을 사람들 앞에서 닫고 너희도 들어가지 않고 들어가려 하는 자도 들어가지 못하게 하는도다.

⑭ (없음)

⑮ 화 있을진저 위선하는 율법교사들과 바리새인들이여! 너희는 개종자 하나를 얻기 위하여 바다와 육지를 두루 다니다가 생기면 너희가 지옥의 자식인 것 보다 두배의 지옥의 자식이 되게 하는도다.

⑯ 화 있을지저 너희 눈먼 인도자들이여! 너희가 말하되 누구든지 성전으로 맹세하면 아무것도 아니지만 성전의 금으로 맹세하면 지켜야 한다고 말하는도다.

⑰ 어리석고 눈먼 자들아 어느 것이 크뇨 그 금이냐 금을 거룩하게 하는 성전이냐?

⑱ 너희가 또 이르되 누구든지 제단으로 맹세하면 아무 것도 아니지만, 그 위에 있는 예물로 맹세하면 지킬지라 하는도다.

⑲ 소경들이여 어느 것이 크뇨? 그 예물이냐 예물을 거룩하게 하는 제단이냐?

⑳ 그러므로 제단으로 맹세하는 자는 제단과 그 위에 있는 모든 것으로 맹세함이요.

㉑ 또 성전으로 맹세하는 자는 성전과 그 안에 계신 이로 맹세함이요.

㉒ 또 하늘로 맹세하는 자는 하나님의 보좌와 그 위에 앉으신 이로 맹세함이니라.

㉓ 화 있을진저 위선하는 율법교사들과 바리새인들이여! 너희가 박하와 회향과 향신료의 십분의 일을 드리나 율법의 더 중한 문제인 정의와 자비와 신실함을 게을리하였도다. 그러나 이것도 행하고 저것도 버리지 말아야 할지니라.

㉔ 소경된 인도자여 하루살이는 걸러내고 약대는 삼키는도다.

㉕ 화 있을진저 위선하는 율법교사들과 바리새인들이여! 잔과 대접의 겉은 깨끗이 하되 그 안에는 탐욕과 방탕으로 가득하게 하는도다.

㉖ 소경된 바리새인아 너는 먼저 안을 깨끗이 하라, 그리하면 겉도 깨끗하리라.

㉗ 화 있을진저 위선하는 율법교사들과 바리새인들이여! 회칠한 무덤 같으니 겉으로는 아름답게 보이나 그 안에는 죽은 사람의 뼈와 모든 더러운 것이 가득하도다.

㉘ 이와 같이 너희도 겉으로는 사람에게 옳게 보이되, 안으로는 위선 불법이 가득하도다.

㉙ 화 있을진저 위선하는 율법교사들과 바리새인들이여! 너희는 선지자들의 무덤을 파고 의인들의 비석을 꾸미며 말하기를,

㉚ 만일 우리가 조상 때에 있었더면 우리는 저희의 선지자의 피를 흘리는 데 참예하지 아니하였으리라 하니,

㉛ 그러면 너희가 선지자를 죽인 자의 자손 됨을 스스로 증거함이로다.

㉜ 너희가 너희 조상의 양을 채우라.

㉝ 뱀들아 독사의 새끼들아! 너희가 어떻게 지옥의 판결을 피하겠느냐?

㉞ 그러므로 내가 너희에게 선지자들과 지혜있는 자들과 율법교사들을 보내매, 너희가 그 중에서 더러는 죽이고 십자가에 못 박고 그 중에 더러는 너희 회당에서 채찍질하고 이 동네에서 저 동네로 구박하리라.

㉟ 그러므로 의로운 자 아벨의 피로부터 성전과 제단 사이에서 너희가 죽인 바라갸의 아들 사가랴의 피까지 땅 위에서 흘린 의로운 피가 다 너희에게 돌아 가리라.

㊱ 내가 너희에게 진리를 이르노니, 이것이 다 이 세대에게 돌아가리라.

㊲ 예루살렘아! 예루살렘아! 선지자들을 죽이고 네게 파손된 자들을 돌로 치는 자여, 암탉이 그 새끼를 날개 아래 모음 같이 내가 네 자녀를 모으려 한 일이 몇번이냐? 그러나 너희가 원치 아니하였도다.

㊳ 보라 너희 집이 황폐하여 버린바 되리라.

㊴ 내가 너희에게 이르노니, 이제부터 너희는 찬송하리로다. 주의 이름으로 오시는 이여 할 때까지 나를 보지 못하리라, 하시니라.

● 24장

① 예수께서 성전을 떠나서 가실 때에 제자들이 그분께 성전 건물들을 보여드리고자 나아오니,

② 예수님께서 그들에게 말씀하시기를, 너희가 이 모든 것들을 보지 아니하느냐? 진실로 내가 너희에게 말하노니, 여기 돌 하나도 돌 위에 남아 있지 아니하고 다 무너지리라. 하시니라.

③ 예수께서 감람산 위에 앉으셨을 때에 제자들이 내밀히 와서 말하기를, 우리에게 이르소서 어느 때에 이런 일이 있겠사오며 또 주의 임하심과 세상 끝에는 무슨 징조가 있사오리이까? 하니

④ 예수께서 대답하여 말씀하시기를, 너희가 사람의 속임을 받지 않도록 주의하라.

⑤ 많은 사람이 내 이름으로 와서 이르되 나는 그리스도라 하여 많은 사람을 속일 것이다.

⑥ 난리와 난리 소문을 듣겠으나, 너희는 삼가 두려워 말라. 이런 일이 있어야 하되 끝은 아직 아니니라.

⑦ 민족이 민족을 나라가 나라를 대적하여 일어나겠고 처처에 기근과 지진이 있으리니,

⑧ 이 모든 것이 재난의 시작이니라.

⑨ 그 때에 너희들은 넘겨져서 박해를 받을 것이고 죽임을 당할 것이며, 그리고 나로 인하여 모든 민족으로부터 미움을 받을 것이니라.

⑩ 그 때에는 많은 사람들이 신앙을 저버리고 서로 서로 배신하고 미워할 것이고,

⑪ 거짓 선지자가 많이 일어나 많은 사람을 속일 것이며,

⑫ 불법이 성하므로 많은 사람의 사랑이 식어지리라.

⑬ 그러나 끝까지 견디는 자는 구원을 얻으리라.

⑭ 그리고 이 천국 복음이 모든 민족에게 한 증거로서 온 세상에 전파되리니, 그런 후에야 그 끝이 오리라.

⑮ 그러므로 너희가 선지자 다니엘의 말한바, 신성모독의 괴물이 신성한 성전에 선 것을 보거든(읽는 자는 깨달을진저)

(When ye therefore shall see the abomination of desolation,

spoken by Daniel the prophet, stand in the holy place, (whose readeth, let him understand-KJV)

("So when you see standing in the holy place 'the abomination that causes desolation,' spoken of through the prophet Daniel-Let the reader understand.-NIV)

("When you see the desolating abomination spoken of through Daniel the prophet standing in the holy place(let the reader understand)-NAB)

("But be ready to run for it when you see the monster of desecration set up in the Temple sanctuary. The prophet Daniel described this. If you've read Daniel, you'll know what I'm talking about.-THE MESSAGE)

⑯ 그 때에 유대에 있는 자들은 산으로 도망할지어다.

⑰ 지붕에 있는 자는 집안에 있는 물건을 가지러 내려 가지 말며,

⑱ 밭에 있는 자는 겉옷을 가지러 뒤로 돌이키지 말지어다.

⑲ 그 날에는 아이 벤 자들과 젖먹이는 자들에게 화가 있으리로다.

⑳ 너희의 도망하는 일이 겨울에나 안식일에 되지 않도록 기도하라.

㉑ 이는 그 때에 큰 환난이 있겠음이라. 창세로부터 지금까지 이런 환난이 없었고 후에도 없으리라.

㉒ 그 날들을 감하지 아니할 것이며 모든 육체가 구원을 얻지 못할 것이나, 그러나 택하신 자들을 위하여 그 날들을 감하시리라.

㉓ 그 때에 어떤 사람이 너희에게 말하기를, 보라! 그리스도가 여기 있다 혹 저기 있다 하여도 믿지 말라.

㉔ 거짓 그리스도들과 거짓 선지자들이 일어나 큰 표적과 기사를 보이어 할 수만 있으면 택하신 자들도 속임을 당하리라.

㉕ 보라! 내가 너희에게 미리 말하였노라.

㉖ 그러면 사람들이 너희에게 말하되 보라. 그리스도가 황야에 있다 하여도 나가지 말고, 보라! 골방에 있다 하여도 믿지 말라.

㉗ 번개가 동편에서 나서 서편까지 번쩍임 같이 사람인아들(성 육신한 하나님의 아들)의 임함도 그러하리라.

㉘ 주검이 있는 곳에는 독수리들이 모일지니라.

㉙ 그 날 환난 후에 즉시 해가 어두워지며 달이 빛을 내지 아니하며, 별들이 하늘에서 떨어지며 하늘의 권능들이 흔들리리라.

㉚ 그 때에 사람인아들의 징조가 하늘에서 보이겠고, 그 때에 땅의 모든 족속들이 통곡하며 그들이 사람인아들이 구름을 타고 능력과 큰 영광으로 오는 것을 보리라.

㉛ 저가 큰 나팔소리와 함께 천사들을 보내리니, 저희가 그 택하신 자들을 하늘 이 끝에서 저 끝까지 사방에서 모으리라.

㉜ 무화과나무의 비유를 배우라 그 가지가 연하여지고 잎사귀를 내면 여름이 가까운 줄을 아나니,

㉝ 이와 같이 너희도 이 모든 일을 보거든 가까이 곧 문앞에 이른줄 알라.

㉞ 내가 너희에게 진리를 말하노니, 세대가 지나가기 전에 이 일이 다 이루리라.

㉟ 하늘과 지구는 없어질 것이나 내 말은 결코 없어지지 아니하리라.

㊱ 그러나 그 날과 그 때는 아무도 모르나니, 하늘의 천사들도 아들도 모르고 오직 아버지만 아시느니라.

㊲ 노아의 때와 같이 사람인아들(사람모습을 한 하나님의 아들) 임함도 그러하리라

㊳ 홍수 전에 노아가 방주에 들어가던 날까지 사람들이 먹고 마시고 장가들고 시집 가고 있으면서,

㊴ 홍수가 나서 저희를 다 멸하기까지 깨닫지 못하였으니, 사람인아들의 임함도 이와 같으리라.

㊵ 그 때에 두 사람이 밭에 있으매 하나는 데려감을 당하고, 하나는 버려둠을 당할 것이요.

㊶ 두 여자가 매를 갈고 있으매 하나는 데려감을 당하고, 하나는 버려둠을 당할것이니라.

㊷ 그러므로 깨어 있으라 어느 날에 너희 주가 임할는지,

㊸ 너희가 알지 못함이니라. 너희도 아는바니 만일 집 주인이 도적이 밤 몇시에 올줄을 알았더면 깨어 있어 그 집을 뚫지 못하게 하였으리라.

㊹ 이러므로 너희도 예비하고 있으라. 생각지 않은 때에 사람인아들이 오

리라.
㊺ 주인이 종들에게 집안 일을 맡겨서 제 때에 그들의 양식을 나누어 주게 하였다면, 그 때 누가 신실하고 지혜로운 종이겠느냐?
㊻ 주인이 돌아와서 볼 때에 그렇게 하고 있는 종을 보리니, 그 종은 복이 있으리로다.
㊼ 내가 너희에게 진리를 말하노니, 주인이 그 모든 소유를 저에게 맡기리라
㊽ 그러나 만일 그가 못된 종이어서 마음에 생각하기를, 주인이 더디 오리라 하여
㊾ 동무들을 때리며 술친구들로 더불어 먹고 마시게 되면,
㊿ 생각지 않은 날 알지 못하는 시간에 그 종의 주인이 이르러
(51) 엄히 때리고 위선자의 받는 율에 처하리니, 거기서 슬피 울며 이를 갊이 있으리라.

• 25장

① 그 때에 천국은 마치 등을 들고 신랑을 맞으러 나간 열 처녀와 같다 하리니,
② 그 중에 다섯은 미련하고 다섯은 슬기 있는지라.
③ 미련한 자들은 등을 가지되 기름을 가지지 아니하고,
④ 슬기있는 자들은 그릇에 기름을 담아 등과 함께 가져갔더니,
⑤ 신랑이 더디 오므로 다 졸매 잘새,
⑥ 밤 중에 소리가 나되 보라! 신랑이로다 맞으러 나오라. 하매.
⑦ 이에 그 처녀들이 다 일어나 등을 준비할새,
⑧ 미련한 자들이 슬기 있는 자들에게 이르되, 우리 등불이 꺼져가니 너희 기름을 좀 나눠 달라 하거늘,
⑨ 슬기 있는 자들이 대답하여 말하기를, 우리와 너희의 쓰기에 부족할까 하노니 차라리 파는 자들에게 가서 너희 쓸 것을 사라 하니,
⑩ 저희가 사러 간 동안에 신랑이 오므로 예비하였던 자들은 함께 혼인 잔치에 들어가고 문은 닫힌지라.
⑪ 그 후에 남은 처녀들이 와서 말하기를, 주여! 주여! 우리에게 열어 주소서, 하나

⑫ 그가 대답하여 말하기를, 내가 진실로 너희에게 말하노니, 내가 너희를 알지 못하노라. 하였느니라.

⑬ 그런즉 깨어 있으라! 너희는 그 날과 그 시를 알지 못하느니라.

⑭ 또 천국은 어떤 한 사람이 여행을 갈 때 그의 종들을 불러 자기 재산을 맡김과 같으니,

⑮ 각각 그 능력대로 하나에게는 금 다섯 달란트를 하나에게는 금 두 달란트를 하나에게는 한 달란트를 주고 떠났더니,

⑯ 다섯 달란트 받은 자는 바로 가서 그것으로 투자하여 또 다섯 달란트를 남기고,

⑰ 두 달란트 받은 자도 그와 같이 하여 또 두 달란트를 남겼으되,

⑱ 한 달란트 받은 자는 가서 땅을 파고 그 주인의 돈을 감추어 두었더니,

(But he that had received one, went and digged in the earth, and hide his lord's money.-KJV)

(But the man who had received the one talent went off, dug a hole in the ground and hide his master's money.-NIV)

(But the man who received one went off and dug a hole in the ground and buried his master's money.-NAB)

(But the man with the single thousand dug a hole and carefully buried his master's money.-THE MESSAGE)

⑲ 오랜 후에 그 종들의 주인이 돌아와 저희와 계산을 하게 되었는데,

⑳ 다섯 달란트를 받았던 자는 다섯 달란트를 더 가지고 와서 말하기를, 주인님 내게 다섯 달란트를 주셨는데 보소서 내가 또 다섯 달란트를 남겼나이다. 하매

㉑ 그 주인이 이르되 잘하였도다. 착하고 신실한 종아 네가 작은 일에 충실하였으매 내가 많은 것으로 네게 맡기리니 네 주인의 즐거움에 참예할지어다. 하고

㉒ 두 달란트 받았던 자도 와서 말하기를, 주인님 내게 두 달란트를 주셨는데 보소서 내가 또 두 달란트를 남겼나이다. 하매

㉓ 그 주인이 이르되 잘하였도다. 착하고 충실한 종아 네가 작은 일에 충실하였으매, 내가 많은 것으로 네게 맡기리니 네 주인의 즐거움에 참예

할지어다. 하고

㉔ 한 달란트 받았던 자도 와서 말하기를, 주인님 당신은 높은 도덕적 규범을 가지고 있고 부주의 함을 싫어하셔서 당신은 최선을 요구하고 어떠한 잘못도 허용하지 않는다는 것을 나는 압니다.

㉕ 그래서 나는 두려워 나가서 당신의 달란트를 땅에 감추어 두었었나이다. 보소서 여기에 당신의 것이 있나이다. 하매

㉖ 그 주인이 대답하여 말하기를, 악하고 게으른 종아! 내가 심지 않은데서 거두고 뿌리지 않은데서 모으는 줄로 네가 알았느냐?

㉗ 그래 그러한 경우에도 네가 마땅히 내 돈을 은행업자들에게 맡겼어야 했고, 그래서 내가 돌아왔을 때 내 본전과 이자를 받았어야 했었느니라. 하고,

㉘ 그에게서 한 달란트를 빼앗아 열 달란트를 가진 자에게 주어라. 하니라.

㉙ 무릇 있는 자는 받아 풍족하게 되고 없는 자는 그 있는 것까지 빼앗기리라.

㉚ 이 무익한 종을 바깥 어두운데로 내어 쫓으라. 거기서 슬피 울며 이를 갊이 있으리라. 하니라.

㉛ 사람인아들이 자기 영광으로 모든 천사와 함께 올 때에 자기 영광의 보좌에 앉으리니,

㉜ 모든 민족을 그 앞에 모으고 각각 분별하기를 목자가 양과 염소를 분별하는 것 같이 하여,

㉝ 양은 그 오른편에 염소는 왼편에 두리라.

㉞ 그 때에 임금이 그 오른편에 있는 자들에게 이르시길, 아버지께 복 받을 자들이여! 나아와 세상의 창조시로부터 너희를 위하여 예비된 나라를 상속하라. 하실 것이니라.

(Then shall the King say unto them on his right hand, Come ye blessed of my Father, inherit the kingdom prepared for you from the foundation of the world:-KJV)

("Then the King will say to those on his right, 'Come, you who are blessed by my Father; take your inheritance, the kingdom prepared for you since the creation of the world.-NIV)

(Then the King will say to those on his right, 'Come, you who are blessed by my Father. Inherit the Kingdom prepared for you from the foundation of the world.-NAB)

("Then the King will say to those on his right, 'Enter, you who are blessed by my Father! Take what's coming to you in this kingdom. It's been ready for you since the world's foundation.-THE MESSAGE)

㉟ 내가 주릴 때에 너희가 먹을 것을 주었고 목마를 때에 마시게 하였고 나그네 되었을 때에 영접하였고,

㊱ 벗었을 때에 옷을 입혔고 병들었을 때에 돌아보았고 옥에 갇혔을 때에 와서 보았느니라.

㊲ 이에 의인들이 대답하여 말씀드리기를, 주여! 우리가 어느 때에 주의 주리신 것을 보고 먹을 것을 주었으며 목마르신 것을 보고 마시게 하였나이까?

㊳ 어느 때에 나그네 되신 것을 보고 영접하였으며 벗으신 것을 보고 옷 입혔나이까?

㊴ 어느 때에 병드신 것이나 옥에 갇히신 것을 보고 가서 뵈었나이까? 하니

㊵ 임금이 대답하여 말씀하시기를, 내가 너희에게 진실로 말하노니, 너희가 여기 내 형제 중에 지극히 작은 자 하나에게 한 것이 곧 내게 한것이니라. 하시고,

㊶ 또 왼편에 있는 자들에게 말씀하시기를, 저주를 받은 자들아! 나를 떠나 마귀와 그의 부하들을 위하여 예비된 영원한 불에 들어가라.

㊷ 내가 주릴 때에 너희가 먹을 것을 주지 아니하였고, 목 마를 때에 마시게 하지 아니하였고,

㊸ 나그네 되었을 때에 영접하지 아니하였고, 벗었을 때에 옷 입히지 아니하였고, 병들었을 때와 옥에 갇혔을 때에 돌아보지 아니하였느니라. 하시니

㊹ 그때에 저희도 대답하여 말하기를, 주여 우리가 어느 때에 주의 주리신 것이나 목마르신 것이나 나그네 되신 것이나 벗으신 것이나 병드신 것

이나 옥에 갇히신 것을 보고 공양치 아니하더이까? 하니

㊺ 이에 임금이 대답하여 말씀하시기를 내가 너희에게 진리를 말하노니! 이 지극히 작은 자 하나에게 하지 아니한 것이 곧 내게 하지 아니한 것이니라. 하시고

㊻ 저희는 영원한 형벌 속으로 들어갈 것이나, 의인들은 영원한 생명으로 들어가리라. 하시니라.

● 26장

① 예수께서 이 말씀을 다 마치시고 제자들에게 말씀하시기를,

② 너희의 아는 바와 같이 이틀을 지나면 유월절이라 사람인아들(사람으로 온하나님의아들)이 십자가에 못 박히기 위하여 팔리우리라. 하시더라.

③ 그 때에 제사장들과 백성의 장로들이 가야바라 하는 대제사장의 관저에 모여,

④ 예수를 교활한 방법으로 음모하여 잡아 죽이려고 의논하되,

⑤ 말하기를 사람들 사이에 소동이 날까 하오니 명절에는 말자 하더라.

⑥ 예수께서 베다니 문둥이 시몬의 집에 계실 때에

⑦ 한 여자가 매우 귀한 향유 한 옥합을 가지고 나아와서 식사하시는 예수의 머리에 부으니,

⑧ 제자들이 보고 분개하여 말하기를, 왜 이것을 허비하느뇨? 하니라

⑨ 이것을 높은 가격에 팔았다면 그 돈을 가난한 자들에게 줄 수 있었겠도다. 하거늘

⑩ 예수께서 그것을 아시고 그들에게 말씀하시기를, 너희가 어찌하여 이 여자를 괴롭게 하느냐? 저가 내게 좋은 일을 하였느니라. 하시니라.

⑪ 가난한 자들은 항상 너희와 함께 있거니와 나는 항상 함께 있지 아니하리라.

⑫ 이 여자가 내 몸에 이 향유를 부은 것은 내 장례를 위하여 함이니라.

⑬ 진실로 내가 너희에게 이르노니, 온 천하에 어디서든지 이 복음이 전파되는 곳에는 이 여자의 행한 일도 말하여 저를 기념하리라. 하시니라.

⑭ 그 때에 열 둘 중에 하나인 가룟 유다라 하는 자가 대제사장들에게 가서 말하되,

⑮ 내가 예수를 너희에게 넘겨주리니 얼마나 주려느냐? 하니, 그들이 은 삼십을 달아 주거늘

⑯ 저가 그 때부터 예수를 넘겨줄 기회를 찾더라.

⑰ 무교절의 첫날에 제자들이 예수께 나아와서 말하기를, 유월절 잡수실 것을 우리가 어디서 예비하기를 원하시나이까? 하니

⑱ 예수께서 대답하시길 성안 어떤 이를 찾아가서 그에게 말하라. 선생님 말씀이 내 때가 가까웠으니 내 제자들과 함께 유월절을 네 집에서 지키겠다 하시더라. 하라 하신대

⑲ 제자들이 예수의 시키신대로 하여 유월절을 예비하였더라.

⑳ 저물 때에 예수께서 열 두 제자와 함께 앉으셨더니,

㉑ 저희가 먹을 때에 이르시되 진실로 내가 너희에게 말하노니, 너희 중에 한 사람이 나를 팔리라 하시니,

㉒ 저희가 심히 근심하여 각각 여쭈오되 주여 내니이까? 하니

㉓ 대답하여 말씀하시기를 나와 함께 그릇에 손을 넣는 그가 나를 팔리라. 하시니라.

㉔ 사람인아들은 자기에게 대하여 기록된대로 가거니와, 사람인아들을 파는 그 사람에게는 화가 있으리로다. 그 사람은 차라리 나지 아니 하였더면 제게 좋을뻔 하였느니라. 하시니라.

㉕ 예수를 파는 유다가 대답하여 말하기를, 랍비여 내니이까? 하니 대답하시되 네가 말하였도다. 하시니라.

㉖ 저희가 먹을 때에 예수께서 떡을 가지사 축복하시고, 떼어 제자들을 주시며 말씀하시기를, 받아 먹으라 이것이 내 몸이니라. 하시고,

㉗ 또 잔을 가지사 감사를 드리시고 저희에게 주시며 말씀하시기를, 너희가 다 이것을 마시라.

㉘ 이것은 죄 사함을 얻게 하려고 많은 사람을 위하여 흘리는바 나의 피 곧 언약의 피니라.

㉙ 그러나 너희에게 이르노니, 내가 포도나무에서 난 것을 이제부터 내 아버지의 나라에서 새것으로 너희와 함께 마시는 날까지 마시지 아니하리라. 하시니라.

(But I say unto you, I will not drink henceforth of this fruit of

the vine, until that day when I drink it new with you in my
Father's kingdom.-KJV)

(I tell you, I will not drink of this fruit of the vine from now on
until that day when I drink it a new with you in my Father's
kingdom."-NIV)

(I tell you from now on I shall not drink this fruit of the vine
until the day when I drink it with you new in the kingdom of
my Father."-NAB)

("I'll not be drinking wine from this cup again until that new
day when I'll drink with you in the kingdom of my Father."-
THE MESSAGE)

㉚ 이에 저희가 찬미하고 감람산으로 나아가니라.

㉛ 그때에 예수께서 제자들에게 말씀하시기를, 오늘 밤에 너희가 다 나를
버리리라. 기록된바! 내가 목자를 치리니 양의 떼가 흩어지리라. 하였
느니라.

㉜ 그러나 내가 살아난 후에 너희보다 먼저 갈릴리로 가리라.

㉝ 베드로가 대답하여 말하기를 다 주를 버릴지라도 나는 언제든지 버리
지 않겠나이다. 하니

㉞ 예수께서 말씀하시기를 내가 너희에게 진실을 말하노니, 오늘밤 닭 울
기 전에 네가 세번 나를 부인하리라. 하시니라.

㉟ 베드로가 말하기를 내가 주와 함께 죽을지언정 주를 부인하지 않겠나
이다. 하고 모든 제자도 이와 같이 말하니라.

㊱ 이에 예수께서 제자들과 함께 겟세마네 하는 곳에 이르러 제자들에게
말씀하시기를 내가 저기 가서 기도할 동안에 너희는 여기 앉아 있으라
하시고,

㊲ 베드로와 세베대의 두 아들을 데리고 가실새 고민하고 슬퍼하사,

㊳ 이에 말씀하시되 내 마음이 심히 고민하여 죽게 되었으니 너희는 여기
머물러 나와 함께 깨어 있으라 하시고,

㊴ 조금 나아가 얼굴을 땅에 대시고 엎드려 기도하여 말씀하시기를, 내 아
버지여 가능하시다면 이 잔을 내게서 지나가게 하옵소서! 그러나 나의

원대로 마옵시고 아버지의 원대로 하옵소서! 하시고,
㊵ 제자들에게 오사 그 자는 것을 보시고 베드로에게 말씀하시되, 너희가 나와 함께 한 시 동안도 이렇게 깨어 있을 수 없더냐? 하시더라.
㊶ 유혹에 빠져들지 않게 깨어 있어 기도하라. 마음에는 간절하되 육신이 약하도다 하시고,
㊷ 다시 두번째 나아가 기도하여 말씀하시기를, 내 아버지여 만일 내가 마시지 않고는 이 잔이 내게서 지나갈 수 없거든 아버지의 원대로 되기를 원하나이다! 하시고,
㊸ 다시 오사 보신즉 저희가 자니, 이는 저희 눈이 피곤함일러라.
㊹ 또 저희를 두시고 나아가 세번째 동일한 말씀으로 기도하신 후,
㊺ 이에 제자들에게 오사 이르시되 이제는 자고 쉬라 보라 때가 가까웠으니 사람인아들이 죄인들의 손에 팔리우느니라.
㊻ 일어나라 함께 가자 보라 나를 파는 자가 가까이 왔느니라.
㊼ 말씀하실 때에 열 둘 중에 하나인 유다가 왔는데 대제사장들과 백성의 장로들에게서 파송된 큰 무리가 검과 몽치를 가지고 그와 함께 왔더라.
㊽ 예수를 파는 자가 그들에게 군호를 짜 가로되 내가 입맞추는 자가 그이니 그를 잡으라 하였는지라.
㊾ 곧 예수께 나아와 랍비여 안녕하시옵니까? 하고 입을 맞추니,
㊿ 예수께서 말씀하시기를, 친구여 네가 무엇을 하려고 왔는지 행하라. 하신대 이에 저희가 나아와 예수께 손을 대어 잡는지라,
(51) 예수와 함께 있던 자 중에 하나가 손을 펴 검을 빼어 대제사장의 종을 쳐서 그 귀를 떨어뜨리니,
(52) 그때에 예수께서 말씀하시기를 네 칼을 다시 칼집에 꽂으라. 이는 칼을 잡는 자들은 모두 칼들로 그 칼로 망하기 때문이라.
(53) 너는 내가 내 아버지께 구하여 즉시 열두 군단의 천사들보다 더 많이 보내시게 할 수 없는 줄로 아느냐?
(54) 그러나 내가 만일 그렇게 하면 일이 이렇게 되어야 한다는 성경 말씀이 어떻게 이루어지리요. 하시더라.
(55) 그 때에 예수께서 무리에게 말씀하시되, 너희가 강도를 잡는 것 같이 검과 몽치를 가지고 나를 잡으러 왔느냐? 내가 날마다 성전에 앉아 가

르쳤으되, 너희가 나를 잡지 아니하였도다.

㉖ 그러나 이렇게 된 것은 다 선지자들이 기록한 성경말씀이 성취되려고 그러한 것이다. 그 때에 모든 제자들이 예수를 그대로두고 도망하니라.

㉗ 예수를 잡은 자들이 끌고 대제사장 가야바에게로 가니, 거기 율법 선생들과 장로들이 모여 있더라.

㉘ 베드로가 멀찍이 예수를 좇아 대제사장의 집 뜰에까지 가서 그 결과를 보려고 안에 들어가 하속들과 함께 앉았더라.

㉙ 대제사장들과 온 공회가 예수를 죽이려고 그를 칠 거짓증거를 찾으매,

㉚ 거짓 증인이 많이 왔으나 얻지 못하더니 후에 두 사람이 와서

㉛ 말하기를 이 사람의 말이 내가 하나님의 성전을 헐고 사흘에 지을 수 있다 하더라. 하니,

㉜ 대제사장이 일어서서 예수께 묻되 아무 대답도 없느냐 이 사람들의 너를 치는 증거가 어떠하뇨? 하되,

㉝ 예수께서 잠잠하시거늘 대제사장이 말하기를 내가 너로 살아 계신 하나님께 맹세하게 하노니 네가 하나님의 아들 그리스도인지 우리에게 말하라! 하니,

㉞ 예수께서 말씀하시기를 네가 말하였느니라. 그러나 내가 너희에게 이르노니 이 후에 사람인아들이 권능의 우편에 앉은 것과 하늘 구름을 타고 오는 것을 너희가 보리라 하시니.

㉟ 이에 대제사장이 자기 옷을 찢으며 말하기를 저가 신성모독한 말을 하였으니, 어찌 더 증인을 요구하리요? 보라! 너희가 지금 이 신성모독한 말을 들었도다.

㊱ 너희는 어떻게 생각하느냐? 하니 그들이 대답하여 말하기를, 그는 사형에 해당하나이다. 하더라.

㊲ 이에 예수의 얼굴에 침 뱉으며 주먹으로 치고 혹은 손바닥으로 때리며,

㊳ 말하기를 그리스도야 우리에게 선지자 노릇을 하라! 너를 친 자가 누구냐? 하더라.

㊴ 베드로가 바깥 뜰에 앉았더니 한 여자 종이 나아와 가로되 너도 갈릴리 사람 예수와 함께 있었도다. 하거늘,

㊵ 베드로가 모든 사람 앞에서 부인하여 말하기를, 나는 네 말하는 것이

무엇인지 알지 못하노라. 하며,

㉛ 앞문까지 나아가니 다른 여자가 저를 보고 거기 있는 사람들에게 말하되 이 사람은 나사렛 예수와 함께 있었도다. 하매,

㉜ 베드로가 맹세하고 또 부인하여 말하기를, 내가 그 사람을 알지 못하노라. 하더라.

㉝ 조금 후에 곁에 있던 사람들이 나아와 베드로에게 말하기를, 너도 진실로 그 당이라 네 말소리로 너를 표명한다. 하거늘

㉞ 저가 저주하며 맹세하여 말하기를, 내가 그 사람을 알지 못하노라. 하니 닭이 곧 울더라

㉟ 이에 베드로가 예수의 말씀에 닭 울기 전에 네가 세번 나를 부인하리라. 하신 예수의 말씀을 기억하고 밖으로 나가서 심히 통곡하니라.

● 27장

① 새벽에 모든 대제사장들과 백성의 장로들이 예수를 죽이려고 함께 의논하고,

② 결박하여 끌고 가서 총독 빌라도에게 넘겨주니라.

③ 그때에 예수를 배반하였던 유다가 주님께서 정죄됨을 보고 스스로 뉘우쳐 그 은 삼십을 대제사장들과 장로들에게 도로 갖다 주며,

④ 말하기를 내가 무죄한 피를 팔고 죄를 범하였도다. 하니 그들이 말하기를 그것이 우리에게 무슨 상관이 있느냐? 다 네 책임이다 하거늘,

⑤ 유다가 은을 성소에 던져 넣고 물러가서 스스로 목매어 죽은지라.

⑥ 대제사장들이 그 은을 거두며 말하기를, 이것은 피 값이라 성전고에 넣어 둠이 옳지 않다 하고,

⑦ 의논한 후 이것으로 토기장이의 밭을 사서, 나그네들의 묘지를 삼았으니,

⑧ 그러므로 오늘날까지 그 밭을 피밭이라 일컫느니라.

⑨ 이에 선지자 예레미야로 하신 말씀이 이루었나니, 일렀으되 그들은 이스라엘 사람들에 의하여 그에게 매겨진 가격 은화 30코인을 가지고,

⑩ 토기장이의 밭 값으로 주었으니, 이는 주께서 내게 명하신 바와 같으리라 하였더라.

⑪ 예수께서 총독 앞에 섰으매 총독이 물어 말하기를, 네가 유대인의 왕이냐 예수께서 대답하시되 네 말이 옳도다. 하시고,

⑫ 대제사장과 장로들이 고소를 하는 말에는 아무 대답도 아니하시는지라.

⑬ 이에 빌라도가 예수께 묻기를, 이르되 저희가 너에 대하여 가져온 증거를 듣지 못하느냐? 하되,

⑭ 한마디도 대답지 아니하시니 총독이 심히 놀라워 하니라.

⑮ 명절을 당하면 총독이 군중이 선택한 죄수 하나를 놓아 주는 전례가 있더니

⑯ 그 때에 바라바라 하는 유명한 죄수가 있었는데

⑰ 저희가 모였을 때에 빌라도가 물어 말하기를, 너희는 내가 누구를 너희에게 놓아 주기를 원하느냐? 바라바냐? 그리스도라 하는 예수냐? 하니,

⑱ 이는 빌라도가 사람들이 시기로 인하여 예수를 넘겨 준 줄을 알았기 때문이었더라.

⑲ 빌라도가 재판 자리에 앉았을 때에 그 아내가 사람을 보내어 말하기를, 저 무죄한 사람과 어떤 관련도 가지지 마옵소서! 지난 밤 꿈에 그 사람 때문에 많이 괴로웠나이다. 하니라

⑳ 대제사장들과 장로들이 사람들을 권하여 바라바를 달라 하게 하고 예수를 멸하자 하게 하였더니,

㉑ 총독이 대답하여 가로되 둘 중에 누구를 너희에게 놓아주기를 원하느냐? 하니 사람들이 바라바로소이다. 하니라.

㉒ 빌라도가 말하기를, 그러면 그리스도라 하는 예수를 내가 어떻게 하랴? 저희가 다 가로되 십자가에 못 박혀야 하겠나이다. 하니라.

㉓ 빌라도가 말하기를, 어찜이뇨 무슨 악한 일을 하였느냐 저희가 더욱 소리질러 말하기를, 십자가에 못 박혀야 하겠나이다. 하는지라.

㉔ 그 때 빌라도는 더 이상 어찌할 수가 없으며 도리어 소요가 나려는 것을 보고 물을 가져다가 무리 앞에서 손을 씻으며 말하기를, 이 사람의 피에 대하여 나는 무죄하며 이는 너희의 책임이라 하였더라.

㉕ 모든 사람들이 대답하여 말하기를, 그 피를 우리와 우리 자손에게 돌릴지어다 하거늘,

㉖ 이에 바라바는 저희에게 놓아주고, 예수는 채찍질하고 십자가에 못 박히게 넘겨주니라.

㉗ 이에 총독의 군병들이 예수를 데리고 관정 안으로 들어가서 온 군대를 그에게로 모으고,

㉘ 그의 옷을 벗기고 홍포를 입히며,

㉙ 가시 면류관을 엮어 그 머리에 씌우고 갈대를 그 오른손에 들리고 그 앞에서 무릎을 꿇고 회롱하여 말하기를 유다인의 왕이여 평안할지어다. 하며,

㉚ 그에게 침 뱉고 갈대를 빼앗아 그의 머리를 치더라.

㉛ 회롱을 다한 후 홍포를 벗기고 도로 그의 옷을 입혀 십자가에 못 박으려고 끌고 나가니라.

㉜ 나가다가 시몬이란 구레네 사람을 만나매 그를 억지로 같이 가게 하여 예수의 십자가를 지웠더라.

㉝ 골고다 즉 해골의 곳이라는 곳에 이르러,

㉞ 쓸개 탄 포도주를 예수께 주어 마시게 하려 하였더니 예수께서 맛보시고 마시고자 아니하더라.

㉟ 저희가 예수를 십자가에 못 박은 후에 그 옷을 제비 뽑아 나누고,

㊱ 거기 앉아 지키더라.

㊲ 그 머리 위에 이는 유대인의 왕 예수라 쓴 죄패를 붙였더라.

㊳ 이때에 예수와 함께 강도 둘이 십자가에 못 박히니 하나는 우편에 하나는 좌편에 있더라.

㊴ 지나가는 자들은 자기 머리를 흔들며 예수를 모욕하여,

㊵ 말하기를, 성전을 헐고 사흘에 짓는 자여 네가 만일 하나님의 아들이어든 자기를 구원하고 십자가에서 내려오라. 하며,

㊶ 그와 같이 대제사장들도 율법교사들과 장로들과 함께 회롱하여 말하기를,

㊷ 저가 남은 구원하였으되, 자기는 구원할 수 없도다. 저가 이스라엘의 왕이로다. 지금 십자가에서 내려올지어다. 그러면 우리가 믿겠노라! 하니라.

㊸ 저가 하나님을 신뢰하니 하나님이 저를 기뻐하시면 이제 구원하실지라

제 말이 나는 하나님의 아들이라 하였도다. 하며,
㊹ 함께 십자가에 못 박힌 강도들도 이와 같이 욕하더라.
㊺ 제 육시로부터 온 땅에 어두움이 임하여 제 구시까지 계속하더니,
㊻ 제 구시 즈음에 예수께서 크게 소리질러 말씀하시기를, 엘리 엘리 라마 사박다니 하시니, 이는 곧 나의 하나님 나의 하나님 어찌하여 나를 버리셨나이까? 하는 뜻이라,
㊼ 거기 섰던 자 중 어떤이들이 듣고 말하기를 이 사람이 엘리야를 부른다! 하고,
㊽ 그 중에 한 사람이 곧 달려가서 해융을 가지고 신 포도주를 머금게 하여 갈대에 꿰어 마시우거늘,
㊾ 그 남은 사람들이 말하기를, 가만 두어라 엘리야가 와서 저를 구원하나 보자! 하더라.
㊿ 예수께서 다시 크게 소리지르시고 영이 떠나가시니라.
(51) 그때 성소 휘장이 위로부터 아래까지 찢어져 둘이 되고 지진이 일어나 바위가 쪼개지며,

(And behold, the veil of the temple was rent in twain, from the top to the bottom; and the earth did quake, and the rocks rent;-KJV)

(At that moment the curtain of the temple was torn in two from top to bottom. The earth shook and the rocks split.-NIV)

(And behold, the veil of rhe sanctuary was torn in two from top to bottom. The earth quaked, rocks were split,-NAB)

(At the moment, the Temple curtain was ripped in two, top to bottom. There was an earthquake, and rocks were spilit in pieces.-THE MESSAGE)

(52) 무덤들이 열리고 잠자던 많은 성도들의 몸이 생명을 얻어 일어나며

(And the graves were opened; and many bodies of the saints which slept, arose,-KJV)

(The tombs broke open and the bodies of many holy people who had died were raised to life.-NIV)

(tombs were opened, and the bodies of many saints who had fallen asleep were raised.-NAB)
(What's more, tombs were opened up, and many bodies of believers asleep in their graves were raised.-THE MESSAGE)

(53) 예수의 부활 후에 저희가 무덤에서 나와서 거룩한 성에 들어가 많은 사람에게 보이니라.
(And came out of the graves after his surrection, and went into the holy city, and appeared unto many.-KJV)
(They came out of the tombs, and after Jesus' resurrection they went into the holy city and appeared to many people.-NIV)
(And coming forth from their tombs after his resurrection, they entered the holy city and appeared to many.-NAB)
([After Jesus' resurrection, they left the tombs, entered the holy city, and appeared to many.]-THE MESSAGE)

(54) 백명부대장과 그와 함께 예수를 지키던 자들이 그 되는 일들을 보고 심히 두려워하여 말하기를, 이는 진실로 하나님의 아들이었도다. 하더라.

(55) 예수를 섬기며 갈릴리에서부터 좇아온 많은 여자가 거기 있어 멀리서 바라보고 있었으니,

(56) 그 중에 막달라 마리아와 또 세베대의 아들들의 어머니도 있었더라.

(57) 저물었을 때에 아리마대 부자 요셉이라 하는 사람이 왔으니 그도 예수의 제자라,

(58) 빌라도에게 가서 예수의 시체를 달라 하니, 이에 빌라도가 내어주라 분부하거늘

(59) 요셉이 시체를 가져다가 깨끗한 세마포로 싸서

(60) 바위 속에 판 자기 새 무덤에 넣어두고 큰 돌을 굴려 무덤 문에 놓고 가니,

(61) 거기 막달라 마리아와 다른 마리아가 무덤을 향하여 앉았더라.

(62) 그 이튿날은 예비일 다음 날이라 대제사장들과 바리새인들이 함께 빌라도에게 모여 말하기를,

(63) 총독이시여 저 유혹하던 자가 살았을 때에 말하되 내가 사흘 후에 다시 살아나리라 한 것을 우리가 기억하노니,

㉔ 그러므로 분부하여 그 무덤을 사흘까지 굳게 지키게 하옵소서. 그의 제자들이 와서 시체를 도적질하여 가고 백성들에게 말하되 그가 죽은 자 가운데서 살아났다 하면 후의 기만이 처음의 속임보다 더 나쁠까 하나이다. 하니라.

㉕ 빌라도가 말하기를 경비병을 데려가서 너희가 아는 방법대로 굳게 묘지를 굳게 지키라. 하거늘,

㉖ 이에 그들이 가서 돌을 봉인하고 경비병을 세워 그 묘실을 단단히 지키게 하니라.

● 28장

① 안식일이 지나고 주간 첫날이 되려는 미명에 막달라 마리아와 다른 마리아가 묘실을 보려고 왔더니,

② 보라, 거기에 큰 지진이 일어났으니, 이는 주의 천사가 하늘에서 내려와 돌을 굴려 내고 그 위에 앉았는데,

③ 그의 용모는 번개 같고 그의 옷은 눈 같이 희거늘,

④ 이에 경비하던 자들이 그 천사를 무서워하여 떨며 죽은 사람과 같이 되었더라.

⑤ 천사가 여자들에게 일러 말하기를, 너희는 무서워 말라! 십자가에 못 박히신 예수를 너희가 찾는 줄을 내가 아노라.

⑥ 그가 여기 계시지 않고 그의 말씀하시던대로 살아나셨느니라. 와서 그 누우셨던 곳을 보라.

⑦ 또 빨리 가서 그의 제자들에게 알려라. 그분이 죽은 자들 가운데서 살아나셨고 너희보다 먼저 갈릴리 가시나니, 거기서 너희가 뵈오리라. 하라 보라! 내가 너희에게 일렀느니라. 하거늘,

⑧ 그 여자들이 무서움과 큰 기쁨으로 무덤을 빨리 떠나 제자들에게 알게 하려고 달음질할새,

⑨ 예수께서 저희를 만나 말씀하시기를, 평안하뇨? 하시거늘, 여자들이 나아가 그 발을 붙잡고 경배하니,

⑩ 이에 예수께서 말씀하시기를, 무서워 말라 가서 내 형제들에게 갈릴리로 가라. 하라 거기서 나를 보리라 하시니라.

⑪ 여자들이 갈제 파숫군 중 몇이 성에 들어가 모든 된 일을 대제사장들에게 고하니,

⑫ 그들이 장로들과 함께 모여 의논하고 군병들에게 돈을 많이 주며,

⑬ 말하기를 너희는 말하되, 그의 제자들이 밤에 와서 우리가 잘 때에 도적질하여 갔다. 하라.

⑭ 만일 이 말이 총독에게 들리면 우리가 그를 설득하여서 너희가 곤란하지 않게 하리라. 하니,

⑮ 군병들이 돈을 받고 가르친대로 하였으니 오늘날까지 유대인 가운데 두루 퍼지니라.

⑯ 열 한 제자가 갈릴리에 가서 예수의 명하시던 산에 이르러,

⑰ 예수를 뵈옵고 경배하나 오히려 의심하는 자도 있더라.

⑱ 예수께서 나아와 그들에게 전하여 말씀하시기를, 하늘과 지구의 모든 권세가 나에게 주어졌느니라.

⑲ 그러므로 너희는 가서 모든 민족들을 가르치고, 그들에게 아버지와 아들의 이름으로 세례를 주며,

⑳ 내가 너희에게 분부한 모든 것을 가르쳐 지키게 하라. 볼지어다! 내가 세상 끝날까지 너희와 항상 함께 있으리라. 하시니라.

하나님의 숨소리인 성경기록을 2000년 5월부터 2017년 12월까지 다시 듣고
기존 한국어 번역성경의 일부를 수정하여 기록합니다.
하나님의 은혜에 감사드리옵나이다.
아멘, 할렐루야.!
정남덕.

마가복음

· 본 성경듣기는 QR코드 인식으로 들을 수 있습니다

● 1장

① 하나님의 아들 예수 그리스도 복음의 시작이라.

② 선지자 이사야의 글에 "보라 내가 나의 사자를 네 앞에 보내노니 그가 네 길을 예비하리라."

③ "황야에 외치는 자의 소리가 있어 가로되 너희는 주의 길을 예비하라, 그분이 오시는 길을 평탄케 하라." 라고 기록된대로,

④ 세례 요한이 나타나 황야에서 세례를 베풀고 죄 사함을 위한 회개의 세례에 대하여 설교하더라.

⑤ 온 유대 지방과 예루살렘 사람들이 나아가 자기 죄를 자복하고 요단강에서 그에게 세례를 받더라.

⑥ 요한은 약대털을 입고 허리에 가죽띠를 띠고 메뚜기와 야생 벌꿀을 먹더라.

⑦ 그가 선포하여 말하기를, 나보다 능력이 많으신 이가 내 뒤에 오시나니 나는 굽혀 그의 신발 가죽끈 풀기도 감당치 못하겠노라.

⑧ 참으로 나는 너희에게 물로 세례를 주었지만, 그분께서는 성령으로 너희에게 세례를 주시리라, 하니라.

⑨ 그 때에 예수께서 갈릴리 나사렛으로부터 와서 요단강에서 요한에게 세례를 받으시고,

⑩ 곧 물에서 올라 오실새 하늘이 갈라짐과 성령이 비둘기 같이 자기에게 내려오심을 보시더니,

⑪ 하늘로서 소리가 나기를, 너는 내 사랑하는 아들이라 내가 너를 기뻐하

노라 하시니라.
⑫ 성령이 곧 예수를 황야로 보내신지라,
⑬ 황야에서 사십 일을 계셔서 사단에게 유혹을 받으시며 들짐승과 함께 계시니 천사들이 수종들더라.
⑭ 요한이 잡힌 후 예수께서 갈릴리에 오셔서 하나님의 복음을 선포하시며
⑮ 말씀하시기를, 때가 찼고 하나님의 나라가 가까웠으니 회개하고 복음을 믿으라, 하시니라.
⑯ 갈릴리 해변으로 지나가시다가 시몬과 그 형제 안드레가 바다에 그물을 던지는 것을 보시니, 저희는 어부라
⑰ 예수께서 말씀하시기를, 나를 따라 오너라. 내가 너희로 사람을 낚는 어부가 되게 하리니, 하시니.
⑱ 곧 그들이 자기들의 그물을 그대로 두고 예수님을 좇으니라.
⑲ 조금 더 가시다가 세베대의 아들 야고보와 그 형제 요한을 보시니 저희도 배에 있어 그물을 깁는데,
⑳ 곧 부르시니 그 아비 세베대를 삯군들과 함께 배어 남겨두고 예수를 따라가니라.
㉑ 저희가 가버나움에 들어가니라. 예수께서 곧 안식일에 회당에 들어가 가르치시매,
㉒ 사람들이 그의 가르침에 놀라니 이는 그 가르치시는 것이 권위 있는 자와 같고 율법선생들과 같지 아니함이더라.
㉓ 마침 그때 저희 회당에 더러운 귀신 들린 사람이 있어 소리질러
㉔ 말하기를, 나사렛 예수여, 우리가 당신과 무슨 상관이 있나이까? 우리를 멸하러 왔나이까? 나는 당신이 누구인줄 아노니 하나님이 보내신 거룩한 자입니다.
㉕ 예수께서 꾸짖어 말씀하시기를 잠잠하고 그 사람에게서 나오라, 하시니.
㉖ 더러운 귀신이 그 사람으로 경련을 일으키게 하고 큰 소리를 지르며 나오는지라.
㉗ 다 놀라 서로 물어 말하기를, 이는 어찜이뇨 권위있는 새 가르침이로

다. 더러운 귀신들을 명한즉 순종하는도다 하더라.

㉘ 예수의 소문이 곧 온 갈릴리 사방에 두루 퍼지더라.

㉙ 회당에서 나와 곧 야고보와 요한과 함께 시몬과 안드레의 집에 들어가시니,

㉚ 시몬의 장모가 열병으로 누웠는지라, 사람들이 곧 그의 일로 예수께 말씀드리므로

㉛ 나아가사 그 손을 잡아 일으키시니 열병이 떠나고 여자가 저희에게 수종드니라.

㉜ 저물어 해 질 때에 모든 병자와 귀신 들린 자를 예수께 데려오니,

㉝ 온 동네 사람들이 문 앞에 모였더라.

㉞ 예수께서 각색 병든 많은 사람을 고치시며 많은 귀신을 내어 쫓으시되 귀신이 자기를 알므로 그 말하는 것을 허락지 아니하시니라.

㉟ 아침 매우 일찍이 아직도 어두울 때 예수께서 일어나 집을 나가 한적한 곳으로 가사 거기서 기도하시더니,

㊱ 시몬과 그의 동료들이 예수를 찾으러 갔더라

㊲ 그리고 그들이 예수를 찾았을 때 그들은 예수께 모든 사람들이 당신을 찾고 있습니다 하고 외쳤더라.

㊳ 예수께서 말씀하시기를 우리가 다른 가까운 마을들로 가자 거기서 전도하리니 내가 이를 위하여 왔노라 하시고,

㊴ 이에 온 갈릴리에 다니시며 저희 여러 회당에서 전도하시고 또 귀신들을 내어 쫓으시더라.

㊵ 한 문둥병자가 예수께 와서 꿇어 엎드리어 간구하여 말하기를, 만일 주님께서 원하시면 저를 깨끗케 하실 수 있나이다. 하매

㊶ 예수께서 가엾게 여기사 손을 내밀어 저에게 대시며 말씀하시기를 내가 원하노니 너는 깨끗할지어다, 하시니

㊷ 곧 문둥병이 그 사람에게서 떠나가고 깨끗하여진지라.

㊸ 엄히 당부하시고 곧 보내시며,

㊹ 그에게 말씀하시기를, 삼가 아무에게 아무 말도 하지 말고 가서 네 몸을 제사장에게 보이고 네 깨끗케 됨을 인하여 모세의 명한 희생물을 드려 저희에게 증거하라, 하셨더니.

㊺ 그러나 그 사람이 나가서 그 일을 솔직히 말하기 시작하였으므로 그 소문이 널리 퍼졌더라. 그 결과로써 예수는 더 이상 드러나게 동네에 들어가지 못하시고 오직 바깥 한적한 곳에 계셨으나 사람들이 아직도 그에게 사방에서 나아오니라.

● 2장

① 수일 후에 예수께서 다시 가버나움에 들어가셨을 때 사람들은 예수께서 집에 오셨다는 소문을 들은지라,

② 많은 사람이 모여서 문 밖까지도 빈 자리가 없게 되었는데 예수께서 저희에게 말씀을 전도하시더니,

③ 사람들이 한 중풍병자를 네 사람에게 메워 가지고 예수께로 올새,

④ 모여든 많은 사람들로 인하여 예수께 데려갈 수 없으므로 그 계신 곳의 지붕을 뜯어 구멍을 내고 중풍병자의 누운 상을 달아내리니,

⑤ 예수께서 그들의 신앙심을 보시고 중풍병자에게 말씀하시기를, 아들아, 네가 죄 사함을 받았느니라 하시니,

⑥ 어떤 율법교사들이 거기 앉아서 마음속으로 생각하기를,

⑦ 이 사람이 어찌 이렇게 말하는가 신성을 모독하도다. 오직 하나님 한 분외에는 누가 능히 죄를 사하겠느냐? 하니,

⑧ 즉시 예수께서는 마음속으로 그들이 마음속으로 의아하게 생각하는 것을 아시고, 그들에게 말씀하시기를, 너희는 어찌하여 이 일들을 의아하게 생각하느냐? 하시더라.

⑨ 중풍병자에게 네 죄 사함을 받았느니라 하는 말과 일어나 네 상을 가지고 걸어가라 하는 말이 어느 것이 쉽겠느냐?

⑩ 그러나 사람인아들이 땅에서 죄를 사하는 권세가 있는 줄을 너희로 알게 하려하노라. 하시고, 중풍병자에게 말씀하시되,

⑪ 내가 네게 이르노니 일어나 네 돗자리를 가지고 집으로 돌아가라 하시니,

⑫ 그가 일어나 곧 돗자리를 가지고 모든 사람 앞에서 나가거늘 저희가 다 놀라 영광을 하나님께 돌리며 말하기를, 우리가 이런 일을 도무지 보지 못하였다 하더라.

⑬ 예수께서 다시 바닷가에 나가시매 많은 군중이 주님께로 나아오니라. 예수께서 저희를 가르치시니라.

⑭ 또 지나가시다가 알패오의 아들 레위가 세관에 앉아 있는 것을 보고 저에게 이르시되 나를 따라오라 하시니 일어나 따라가니라.

⑮ 그의 집에 앉아 잡수실 때에 많은 세리와 죄인들이 예수와 그 제자들과 함께 앉았으니 이는 예수를 따르는 사람들이 많았음이라.

⑯ 바리새인들인 율법선생들이 예수께서 죄인과 세리들과 함께 잡수시는 것을 보고 그 제자들에게 이르되 어찌하여 세리와 죄인들과 함께 먹는가? 하니,

⑰ 예수께서 들으시고 저희에게 말씀하시기를, 건강한 자에게는 의원이 쓸데 없고 병든 자에게라야 쓸데 있느니라. 내가 의인을 부르러 온 것이 아니요 죄인을 부르러 왔노라 하시니라.

⑱ 요한의 제자들과 바리새인들이 금식하고 있는지라 몇 사람들이 예수께 와서 말씀드리기를, 요한의 제자들과 바리새인의 제자들은 금식하는데 어찌하여 당신의 제자들은 금식하지 아니하나이까? 하니,

⑲ 예수께서 저희에게 말씀하시기를, 혼인집 손님들이 신랑과 함께 있을 때에 금식할 수 있느냐? 신랑과 함께 있을 동안에는 금식할 수 없나니,

⑳ 그러나 신랑을 빼앗길 날이 이르리니, 그 날에는 금식할 것이니라.

㉑ 아무도 새 천 조각을 낡은 옷에 대고 깁는자가 없나니, 만일 그렇게 하면 기운 새것이 낡은 그것을 당기어 헤어짐이 더하게 되느니라.

㉒ 새 포도주를 낡은 가죽 부대에 넣는 자가 없나니, 만일 그렇게 하면 새 포도주가 부대를 터뜨려 포도주와 부대를 버리게 되리라. 오직 새 포도주는 새 부대에 넣느니라 하시니라.

㉓ 안식일에 예수께서 밀밭 사이로 지나가실새 그 제자들이 길을 열며 밀 이삭을 자르니,

㉔ 바리새인들이 예수께 말하되 보시오 저희가 어찌하여 안식일에 하지 못할 일을 하나이까? 하니,

㉕ 예수께서 그들에게 말씀하시기를, 다윗이 자기와 그의 동료들이 곤궁하여 시장할 때에 한 일을 읽지 못하였느냐?

㉖ 그가 아비아달 대제사장 때에 하나님의 전에 들어가서 제사장 외에는

먹지 못하는 진설병을 먹고 함께 한 자들에게 주지 아니하였느냐? 하
시고,

㉗ 그들에게 말씀하시기를, 안식일이 사람을 위하여 있는 것이요. 사람이
안식일을 위하여 있는 것이 아니니,

㉘ 이러므로 사람인아들은 안식일에도 주인이니라. 하시니라.

● 3장

① 예수께서 다시 회당에 들어가시니 한편 손이 움츠러든 사람이 거기 있
는지라,

② 사람들이 예수를 고발하려 하여 안식일에 그 사람을 고치시는가 엿보
거늘,

③ 예수께서 손이 움츠러든 사람에게 이르시되 한 가운데 일어서라 하시
고,

④ 저희에게 말씀하시기를 안식일에 선을 행하는 것과 악을 행하는 것 생
명을 구하는 것과 죽이는 것 어느 것이 옳으냐? 하시니, 저희가 잠잠하
거늘,

⑤ 예수께서는 화가 나시어 그들을 둘러보시고 그들 마음의 완악함에 깊
이 걱정하시며, 그 사람에게 말씀하시기를, 네 손을 내밀라 하시니 그
가 내밀매 그 손이 회복되었더라.

⑥ 바리새인들이 나가서 곧 헤롯당과 함께 어떻게 하여 예수를 죽일꼬 의
논하니라.

⑦ 예수께서 제자들과 함께 바다로 물러가시니, 갈릴리에서 많은 군중이
좇으며,

⑧ 유대와 예루살렘과 이두매와 요단강 건너편과 또 두로와 시돈 근처에
서 허다한 무리가 그의 하신 모든 일을 듣고 나아오는지라.

⑨ 예수께서 무리의 에워싸 미는 것을 면키 위하여 작은 배를 준비하도록
제자들에게 명하셨으니,

⑩ 이는 많은 사람을 고치셨으므로 병에 고생하는 자들이 예수를 접촉하
고자 밀고 있었더라.

⑪ 더러운 귀신들도 어느 때든지 예수를 보면 그 앞에 엎드려 부르짖어 말

하기를, 당신은 하나님의 아들이시니이다. 하니,

⑫ 예수께서 그들에게 자기를 알리지 말라고 엄히 명령하시니라.

⑬ 또 산에 오르사 자기의 원하는 자들을 부르시니 그들이 나아온지라,

⑭ 이에 열 둘을 세우셨으니 이는 자기와 함께 있게 하시고 또 보내사 전도도 하며,

⑮ 귀신을 내어쫓는 권세도 있게 하려 하심이러라.

⑯ 이 열 둘을 세우셨으니 시몬에게는 베드로란 이름을 더하셨고,

⑰ 또 세베데의 아들 야고보와 야고보의 형제 요한이니 (이 둘에게는 보아너게 곧 우뢰의 아들이란 이름을 더하셨으며)

⑱ 또 안드레와 빌립과 바돌로매와 마태와 도마와 알페오의 아들 야고보, 다대오 및 가나안인 시몬이며

⑲ 또 가룟 유다니 예수를 판 자라,

⑳ 그때 예수께서 집에 들어가시니 무리가 다시 모이므로 예수와 그분의 제자들이 식사할 겨를도 없는지라.

㉑ 예수의 가족들이 소문을 듣고 데리러 나왔으니, 이는 그들이 그가 미쳤다고 말하였기 때문이라.

㉒ 예루살렘에서 내려온 율법교사들은 "저가 바알세불 신에 들렸다! 즉 귀신의 왕에 힘입어 귀신을 쫓아낸다" 하더라.

㉓ 예수께서 저희를 불러다가 비유로 말씀하시되 사탄이 어찌 사탄을 쫓아낼 수 있느냐?

㉔ 또 만일 나라가 스스로 분쟁하면 그 나라가 설 수 없고,

㉕ 만일 집이 스스로 분쟁하면 그 집이 설 수 없고,

㉖ 만일 사탄이 자기를 거스려 일어나 분쟁하면 설 수 없고 이에 망하느니라.

㉗ 사람이 먼저 강한 자를 결박지 않고는 그 강한 자의 집에 들어가 세간을 늑탈치 못하리니 결박한 후에야 그 집을 늑탈하리라.

㉘ 내가 너희에게 진리를 이르노니 사람의 모든 죄와 무릇 훼방하는 훼방은 사하심을 얻되,

㉙ 누구든지 성령을 훼방하는 자는 사하심을 영원히 얻지 못하고 영원한 죄에 처하느니라 하시,

㉚ 예수께서는 그들이 예수께서 귀신들렸다 말하므로 이렇게 말하였더라.

㉛ 때에 예수의 모친과 동생들이 와서 밖에 서서 사람을 보내어 예수를 부르니,

㉜ 많은 사람들이 예수를 둘러 앉았다가 그들이 예수께 말하기를, 보소서, 당신의 모친과 동생들과 누이들이 밖에서 찾나이다. 하니,

㉝ 예수께서 그들에게 대답하여 말씀하시기를, 누가 내 모친이며 동생들이냐 하시고,

㉞ 그때 둘러 앉은 자들을 보시며 말씀하시기를, 여기에 내 모친과 형제들이 있느니라, 하시니라.

㉟ 이는 누구든지 하나님의 뜻대로 행하는 자는 내 형제요 자매요 모친이니라. 하시니라.

● 4장

① 예수께서 다시 바닷가에서 가르치시니 큰 무리가 모여 들거늘 예수께서 바다에 떠 있는 배에 앉으시고 온 무리는 바다 곁 육지에 있더라.

② 이에 예수께서 비유들로 그들에게 가르치시고, 그들에게 자신의 교리로 말씀하시기를,

③ 귀를 기울여 들어라. 보라, 씨를 뿌리는 자가 뿌리러 나가서

④ 그가 씨를 뿌릴새, 더러는 길 가에 떨어지매 새들이 와서 먹어 버렸고,

⑤ 더러는 흙이 얇은 돌밭에 떨어지매 흙이 깊지 아니하므로 곧 싹이 나오나,

⑥ 해가 돋은 후에 타져서 뿌리가 없으므로 말랐고,

⑦ 더러는 가시떨기에 떨어지매 가시가 자라 기운을 막으므로 결실치 못하고,

⑧ 더러는 좋은 땅에 떨어지매 싹이 나고 자라서 열매를 맺었으니, 어떤 것은 삼십 배로, 어떤 것은 육십 배로, 그리고 어떤 것은 일백 배로 맺었느니라, 하시고

⑨ 그들에게 말씀하시기를, 들을 귀 있는 자는 들을 지어다, 하시니라.

⑩ 예수께서 홀로 계실 때에 함께한 사람들이 열 두 제자로 더불어 그 비유들에 관하여 예수께 여주었더니,

⑪ 예수께서 그들에게 말씀하시기를, 하나님의 왕국의 신비를 아는 것이 너희에게는 허락되었으나, 밖에 있는 자들에게는 이 모든 것들을 비유로 말하여지느니라.

⑫ 이는 저희가 보기는 보아도 인식하지 못하며 듣기는 들어도 깨닫지 못하므로 다른 방법으로 그들이 돌아오고 받게 하려함이니라. 하시고

⑬ 또 그들에게 말씀하시기를, 너희가 이 비유를 알지 못하느냐? 그렇다면 어떻게 너희가 모든 비유를 알겠느냐?

⑭ 씨를 뿌리는 자는 말씀을 뿌리는 것이라.

⑮ 말씀이 길 가에 뿌리웠다는 것은 이들이니 곧 말씀을 들었을 때에 사탄이 즉시 와서 저희에게 뿌리운 말씀을 빼앗는 것이요

⑯ 또 이와 같이 돌 밭에 뿌려졌다는 것은 이들을 두고 하는 말이니, 곧 그들이 말씀을 들었을 때에 즉시 기쁨으로 받아들이나,

⑰ 그 속에 뿌리가 없어 잠간 견디다가 말씀을 인하여 환난이나 핍박이 일어나는 때에는 곧 넘어지는 자요.

⑱ 또 어떤이는 가시떨기에 뿌리우는 자니 이들은 말씀을 듣되,

⑲ 세상의 염려와 재리의 유혹과 기타 욕설이 들어와 말씀을 막아 결실치 못하게 되는 자요.

⑳ 좋은 땅에 뿌리웠다는 것은 곧 말씀을 듣고 받아 삼십배와 육십배와 백배의 결실을 하는 자니라.

㉑ 또 저희에게 말씀하시기를, 사람이 등불을 가져오는 것은 함지 속이나 평상 아래에 두려 함이냐? 등경 위에 두려 함이 아니냐?

㉒ 이는 숨겨진 것이 나중에 보이지 않는 것이 없고, 비밀인 것이 나중에 밝혀지지 않는 것이 없기 때문이니라 하시더라.

㉓ 들을 귀 있는 자는 들으라.

㉔ 또 말씀하시기를, 너희가 듣는 모든 것을 주의깊게 생각하라. 너희가 생각하는 용량대로 너희는 재단되거나 그 이상으로 재단되느니라 하시더라.

㉕ 있는 자는 받을 것이요. 없는 자는 그 있는 것까지 빼앗기리라.

㉖ 또 말씀하시기를, 하나님의 나라는 사람이 씨를 땅에 뿌림과 같으니,

㉗ 저가 밤낮 자고 깨고 하는 중에 씨가 나서 자라되 그 어떻게 된 것을 알

지 못하느니라.

㉘ 땅이 스스로 열매를 맺되 처음에는 싹이요, 다음에는 이삭이요, 그 다음에는 이삭에 충실한 곡식이라.

㉙ 열매가 익으면 곧 낫을 대나니, 이는 추수 때가 이르렀음이니라.

㉚ 또 말씀하시기를, 우리가 하나님의 나라를 어떻게 비하며 또 무슨 비유로 나타낼꼬?

㉛ 겨자씨 한 알과 같으니 땅에 심길 때에는 땅 위의 모든 씨보다 작은 것이로되,

㉜ 심긴 후에는 자라서 모든 나물보다 커지며 큰 가지를 내니 공중의 새들이 그 그늘에 깃들일 만큼 되느니라.

㉝ 예수께서 이러한 많은 비유로 저희가 알아 들을 수 있는대로 말씀을 가르치시되,

㉞ 비유가 아니면 말씀하지 아니하시고 다만 혼자 계실 때에 그 제자들에게 모든 것을 해석하시더라.

㉟ 그 날 저물 때에 제자들에게 이르시되 우리가 저편으로 건너가자 하시니,

㊱ 저희가 무리를 떠나 예수를 배에 계신 그대로 모시고 가매 다른 배들도 함께 가더니,

㊲ 큰 광풍이 일어나며 물결이 부딪혀 배에 들어와 배에 가득하게 되었더라.

㊳ 예수께서는 선미에서 받침대를 베시고 주무시더니 제자들이 깨우며 말씀드리기를, 선생님이여 우리의 죽게 된 것을 돌아보지아니하시나이까? 하니

㊴ 예수께서 깨어 바람을 꾸짖으시되 바다더러 말씀하시기를, 잠잠하라! 고요하라! 하시니 바람이 그치고 아주 잔잔하여지더라.

⑳ 이에 제자들에게 말씀하시기를, 어찌하여 이렇게 무서워하느냐 너희가 아직도 신앙심이 없느냐? 하시니

㊵ 저희가 심히 두려워하여 서로 말하되 저가 뉘기에 바람과 바다라도 순종하는고? 하니라.

● 5장

① 그들이 바다를 건너서 거리사인의 지방에 이르렀더라.

② 예수께서 배에서 내리사 곧 더러운 영에 사로잡힌 어떤 사람이 무덤 사이에서 나와 예수를 만나니,

③ 그 사람은 무덤 사이에 거처하는데 이제는 아무나 쇠사슬로도 맬 수 없게 되었으니,

④ 이는 여러 번 고랑과 쇠사슬에 매였어도 쇠사슬을 끊고 고랑을 깨뜨렸음이러라. 그리하여 아무도 저를 제어할 힘이 없는지라.

⑤ 밤낮 무덤 사이에서나 산에서나 늘 소리지르며 돌로 제 몸을 상하게 하고 있었더라.

⑥ 그가 멀리서 예수를 보고 달려와 절하며,

⑦ 큰 소리로 소리치며 말하기를, 지극히 높으신 하나님의 아들 예수여 나와 당신과 무슨 상관이 있나이까? 원컨대 하나님 앞에 맹세하고 나를 괴롭게 마옵소서, 하니

⑧ 이는 예수께서 이미 저에게 이르시기를, 더러운 귀신아 그 사람에게서 나오라 하셨음이라.

⑨ 예수께서 그에게 묻기를, 네 이름이 무엇이냐? 하시니 그가 대답하여 말하기를, 내 이름은 군단이니 우리가 많기 때문이니이다, 하고

⑩ 자기를 이 지방에서 내어 보내지 마시기를 간절히 구하더니,

⑪ 마침 거기 산 가까이에서 많은 돼지 떼들이 먹고 있으므로,

⑫ 이에 간구하여 가로되 우리를 돼지에게로 보내어 들어가게 하소서, 하니

⑬ 예수께서 그들에게 허락하시니, 더러운 귀신들이 나와서 돼지에게로 들어가니 거의 이천 마리 되는 돼지떼가 바다를 향하여 비탈로 내리달아 바다에서 몰사하거늘,

⑭ 그 돼지를 치던 자들이 도망하여 읍내와 촌에 고하니 사람들이 그 어떻게 된 것을 보러 와서,

⑮ 그들이 예수께 왔을 때 그들은 군단의 귀신에 들렸던 자가 옷을 입고 정신이 온전하여 앉은 것을 보고 두려워하더라.

⑯ 이에 귀신들렸던 자의 당한 것과 돼지의 일을 본 자들이 그들에게 말하

니

⑰ 그들이 예수께서 그 지방에서 떠나시기를 간구하더라.

⑱ 예수께서 배에 오르실 때에 귀신 들렸던 사람이 함께 있기를 간구하였으나,

⑲ 허락지 아니하시고 저에게 이르시되 집으로 돌아가 주께서 네게 어떻게 큰 일을 행하사 너를 불쌍히 여기신 것을 네 친속에게 말하라, 하시니

⑳ 그가 가서 예수께서 자기에게 어떻게 큰 일 행하신 것을 데가볼리 지방에 전파하니 모든 사람이 놀라워 하였더라.

㉑ 예수께서 배를 타시고 다시 저편으로 건너 가시매 많은 군중이 그에게로 모이거늘 이에 바닷가에 계시더니,

㉒ 회당장 중 하나인 야이로라 하는 이가 와서 예수를 보고 발 아래 엎드리어,

㉓ 간절히 간구하여 말씀드리기를, 내 어린 딸이 죽게 되었사오니 오셔서 그 위에 손을 얹으사 그를 치유하여 살게 하소서, 하거늘

㉔ 이에 그와 함께 가실 많은 사람들이 따라가며 에워싸 밀치더라.

㉕ 열 두해를 혈루증으로 앓는 한 여자가 있었는데

㉖ 많은 의사들에게서 괴로움도 많이 받았고 가진 것도 다 허비하였으되 아무 효험이 없고 도리어 더 중하여 졌던 차에,

㉗ 예수의 소문을 듣고 무리 가운데 섞여 뒤로 와서 그의 옷에 손을 대니,

㉘ 이는 내가 그의 옷에만 손을 대어도 병이 치유되리라 생각하였기 때문이니라.

㉙ 이에 그의 혈루 근원이 곧 마르매 병이 나은 줄을 몸에 깨달으니라.

㉚ 예수께서 그의 능력이 자기에게서 나간 줄을 곧 스스로 아시고 무리 가운데서 돌이켜 말씀하시되 누가 내 옷에 손을 대었느냐? 하시니

㉛ 제자들이 여쭈오되 무리가 에워싸 미는 것을 보시며 누가 내게 손을 대었느냐 물으시나이까? 하되

㉜ 예수께서 이 일 행한 여자를 보려고 둘러 보시니,

㉝ 여자가 제게 이루어진 일을 알고 두려워하여 떨며 와서 그 앞에 엎드려 모든 사실을 여쭈온대,

㉞ 예수께서 말씀하시기를, 딸아, 네 신앙이 네 병을 낫게하였다. 평안히 가라 네 병에서 놓여 건강할찌어다, 하시니라.

㉟ 아직 말씀하실 때에 회당장의 집에서 사람들이 와서 가로되 당신의 딸이 죽었나이다. 어찌하여 선생을 더 괴롭게 하나이까? 하니

㊱ 예수께서 그 하는 말을 옆에서 들으시고 회당장에게 이르시되 두려워 말고 믿기만 하라 하시고,

㊲ 베드로와 야고보와 야고보의 형제 요한 외에 아무도 따라옴을 허치 아니하시고,

㊳ 회당장의 집에 함께 가사 소란스러움과 사람들이 울며 심히 통곡함을 보시고,

㊴ 들어가서 저희에게 이르시되 너희가 어찌하여 소란스러우며 우느냐? 이 아이가 죽은 것이 아니라 잔다, 하시니

㊵ 저희가 비웃더라 예수께서 저희를 다 내어 보내신 후에 아이의 부모와 또 자기와 함께한 자들을 데리시고 아이 있는 곳에 들어가사,

㊶ 그 아이의 손을 잡고 예수께서 말씀하시며 '달리다굼' 하시니 번역하면 곧, '소녀야 내가 네게 말하노니 일어나라.' 하심이라

㊷ 소녀가 곧 일어나서 걸으니 나이 열 두살이라 사람들이 곧 크게 놀라고 놀라거늘,

㊸ 예수께서 이 일을 아무도 알지 못하게 하라고 저희를 엄히 당부하시고 이에 소녀에게 먹을 것을 주라, 하시니라.

● 6장

① 예수께서 거기를 떠나사 고향으로 가시니 제자들도 예수를 따라 가니라.

② 안식일이 되어 회당에서 가르치시니 많은 사람이 듣고 놀라며 말하기를, 이 사람이 어디서 이런 것을 얻었느뇨? 이 사람의 받은 지혜와 그 손으로 이루어지는 이런 권능이 어찌됨이뇨? 하니라.

③ 이 사람이 마리아의 아들 목수가 아니냐? 야고보와 요셉과 유다와 시몬의 형제가 아니냐? 그 누이들이 우리와 함께 여기 있지 아니하냐? 하고 예수를 배척한지라

④ 예수께서 저희에게 말씀하시기를, 선지자가 자기 고향과 자기 친척과 자기 집 외에서는 존경을 받지 않음이 없느니라. 하시며

⑤ 거기서는 불과 몇 사람의 병자에게 안수하시어 그들을 고쳐주신 것 외에는 다른 권능있는 일을 행하지 아니하시고

⑥ 그들이 믿지 않음을 이상히 여기시고, 그때 예수께서는 이마을 저마을로 두루 돌아다니시며 가르치시더라.

⑦ 열 두 제자를 부르사 둘씩 둘씩 보내시며 더러운 귀신을 제어하는 권세를 주시고,

⑧ 명하시되 여행을 위하여 지팡이 외에는 양식이나 주머니나 전대의 돈이나 아무것도 가지지 말며,

⑨ 신만 신고 두 벌 옷도 입지 말라 하시고,

⑩ 또 말씀하시기를, 어디서든지 뉘 집에 들어가거든 그곳을 떠나기까지 거기 유하라.

⑪ 어느 곳에서든지 너희를 영접지 아니하고, 너희 말을 듣지도 아니하거든, 거기서 나갈 때에 발 아래 먼지를 떨어버려 저희에게 증거를 삼으라, 하시니

⑫ 제자들이 나가서 회개하라, 전파하고

⑬ 많은 귀신을 쫓아내며 많은 병인에게 기름을 발라 고치더라.

⑭ 이에 예수의 이름이 드러난지라 헤롯왕이 듣고 말하기를, 이는 세례 요한이 죽은 자 가운데서 살아났도다! 그러므로 이런 능력이 그 속에서 운동하느니라, 하고

⑮ 어떤이는 이가 엘리야라 하고 또 어떤이는 이가 선지자니 옛 선지자 중의 하나와 같다, 하되

⑯ 헤롯은 듣고 가로되 내가 목 베인 요한 그가 살아났다, 하더라

⑰ 전에 헤롯이 자기가 동생 빌립의 아내 헤로디아에게 장가 든고로, 이 여자를 위하여 사람을 보내어 요한을 잡아 옥에 가두었으니,

⑱ 이는 요한이 헤롯에게 말하되 동생의 아내를 취함이 옳지 않다, 하였음이라

⑲ 헤로디아가 요한을 원수로 여겨 죽이고자 하였으되 하지 못한 것은

⑳ 헤롯이 요한을 의롭고 거룩한 사람으로 알고 두려워하여 보호하며 또

그의 말을 들을 때에 크게 번민을 느끼면서도 달게 들음이러라.

㉑ 마침 기회 좋은 날이 왔으니 곧 헤롯이 자기 생일에 대신들과 천명부대 장들과 갈릴리의 귀인들로 더불어 잔치할새,

㉒ 헤로디아의 딸이 친히 들어와 춤을 추어 헤롯과 그의 손님들을 기쁘게 한지라, 왕이 그 여아에게 이르되 무엇이든지 너 원하는 것을 내게 구 하라 내가 주리라, 하고

㉓ 또 맹세하되 무엇이든지 네가 내게 구하면 내 나라의 절반까지라도 주 리라, 하거늘

㉔ 저가 나가서 그 어미에게 말하되 내가 무엇을 구하리이까? 하니, 그 어 미가 가로되 세례 요한의 머리를 구하라, 하니

㉕ 저가 곧 왕에게 급히 들어가 말하기를, 세례 요한의 머리를 소반에 담 아 곧 내게 주기를 원하옵나이다, 한대

㉖ 왕이 심히 근심하였으나 자기의 맹세한 것과 그의 손님들 때문에 저를 거절 할 수 없는지라,

㉗ 왕이 곧 시위병 하나를 보내어 요한의 머리를 가져오라 명하니 그 사람 이 나가 옥에서 요한을 목 베어,

㉘ 그 머리를 소반에 담아다가 여아에게 주니 여아가 이것을 그 어미에게 주니라.

㉙ 요한의 제자들이 듣고 와서 시체를 가져다가 장사하니라.

㉚ 사도들이 예수께 모여 자기들의 행한 것과 가르친 것을 낱낱이 고하니,

㉛ 예수께서 그들에게 말씀하시기를, 너희는 따로 한적한 곳에 와서 잠간 쉬어라 하시니, 이는 오고 가는 사람이 많아 음식 먹을 겨를도 없음이 라.

㉜ 이에 그들이 배를 타고 한적한 곳으로 떠나더라.

㉝ 많은 사람들이 그들이 떠나는 것을 보고 모든 고을에서 나와 육로로 함 께 달려가 그들보다 먼저 예수께로 몰려 나오니라.

㉞ 예수께서 나오사 많은 군중을 보시고 그 목자 없는 양 같음을 인하여 불쌍히 여기사 이에 여러가지로 가르치시더라.

㉟ 때가 저물어가매 제자들이 예수께 나아와 여쫘오되 이곳은 외딴 곳이 요 해도 저물어가니,

㊱ 무리를 보내어 두루 촌과 마을로 가서 무엇을 사 먹게 하옵소서, 하매
㊲ 예수께서 그들에게 대답하여 말씀하시기를, 너희가 먹을 것을 주라 하시니, 그들이 예수께 말씀드리기를, 우리가 가서 이백 데나리온의 떡을 사다 먹이리이까? 하매
㊳ 예수께서 그들에게 말씀하시기를, 너희에게 떡 몇 개가 있느냐? 가서 알보라 하시니, 알아보고 말씀드리기를, 떡 다섯개와 물고기 두마리가 있나이다, 하니라
㊴ 예수께서 제자들을 명하시어 모든 사람들을 떼를 지어 푸른 잔디 위에 앉게 하시니,
㊵ 떼로 혹 백씩 혹 오십씩 앉은지라.
㊶ 예수께서 떡 다섯개와 물고기 두마리를 가지사 하늘을 우러러 축사하시고, 떡을 떼어 제자들에게 주어 사람들 앞에 놓게 하시고, 또 물고기 두 마리도 모든 사람에게 나누어 주시매
㊷ 다 배불리 먹고,
㊸ 남은 떡 조각과 물고기를 열 두 바구니에 차게 두었으며,
㊹ 떡을 먹은 남자가 오천 명이었더라.
㊺ 예수께서는 즉시 제자들을 재촉하시어, 배를 타고 건너편 벳새다로 먼저 가게 하시고 그 동안에 예수께서는 무리를 돌려보내시니라.
㊻ 예수께서는 그들을 돌려 보내신 후에 기도하러 산으로 가시니라.
㊼ 날이 저물매 배는 바다 가운데 있고 예수는 홀로 뭍에 계시니라.
㊽ 바람이 거슬러 불었으므로 제자들이 힘겹게 노젓는 것을 보시고, 삼 사경 즈음에 바다 위로 걸어서 저희에게 오사 옆으로 지나가시는데,
㊾ 그때 제자들이 예수께서 바다 위로 걸어 오심을 보고 유령인가 하여 소리지르니,
㊿ (이는 예수를 본 모든 사람들이 불안해하였기 때문이더라) 이에 즉시 예수께서 그들과 함께 이야기하여 말씀하시기를, 안심하라, 내니 두려워 말라, 하시고
(51) 예수께서 배에 올라 저희에게 가시니 바람이 그치는지라, 제자들이 마음에 심히 놀라니,
(52) 이는 저희가 그 떡 떼시던 일을 깨닫지 못하고 있고 도리어 그 마음이

무감각하여졌음이러라.
(53) 건너가 게네사렛 땅에 이르러 대고
(54) 배에서 내리니 사람들이 곧 예수신 줄을 알고
(55) 그들은 전 지역으로 달려 돌아 다니며 예수께서 어디 계시단 말을 듣는 대로 병든 자를 침상채로 메고 나아오니,
(56) 그리고 예수께서 가시는 곳은 어데나 즉 마을이나 도시나 촌에서 그들은 환자들을 시장바닥에 내려 놓았더라. 그리고 예수님께서 그들로 하여금 예수님의 옷자락이라도 만지도록 허락하여주시기를 간구하였는데 예수님을 만진 사람들은 다 치유되었느니라.

• 7장

① 바리새인들과 또 율법 교사들 중 몇이 예루살렘에서 와서 예수께로 함께 나와서
② 예수의 제자들 중 몇 사람이 부정한 손 곧 씻지 아니한 손으로 떡 먹는 것을 보고 트집을 잡았더라.
③ (바리새인들과 모든 유대인들이 장로들의 관습을 지키어 손을 부지런히 씻지 않으면 먹지 아니하며
④ 또 시장에서 돌아와서는 물을 뿌리지 않으면 먹지 아니하며 그 외에도 여러가지를 지키어 오는 것이 있으니 잔과 주발과 놋그릇을 씻음이러라.)
⑤ 이에 바리새인들과 율법 교사들이 예수께 묻되 어찌하여 당신의 제자들은 장로들의 관습을 준행치 아니하고 부정한 손으로 떡을 먹나이까? 하니
⑥ 예수께서 대답하여 그들에게 말씀하시기를, 이사야가 너희 위선하는 자에 대하여 잘 예언하였도다. 기록하였으되 이백성이 입술로는 나를 존경하되 마음은 내게서 멀도다.
⑦ 사람의 계명으로 교훈을 삼아 가르치니 나를 헛되이 경배하는도다 하였느니라.
⑧ 너희가 하나님의 계명은 버리고 사람의 관습을 지키느니라.
⑨ 이는 예수께서 그들에게 말씀하시기를, 너희가 너희 관습을 지키려고

하나님의 계명을 잘 저버리는도다.

⑩ 모세는 네 부모를 공경하라 하고 또 아비나 어미를 훼방하는 자는 반드시 죽으리라 하였거늘,

⑪ 너희는 말하기를, 만일 어떤 사람이 자기 아버지나 어머니에게 말하기를, 나로 인하여 유익이 될 수 있는 것을 무엇이든지 고르반, 곧 예물로 바친 것이니이다, 하기만 하면 그는 면제를 받으리라, 하여

⑫ 너희가 자기 아버지나 어머니에게 그가 무엇을 행하는 것을 더 이상 못하게 하여,

⑬ 너희의 전한 관습으로 하나님의 말씀을 폐하며 또 이 같은 일을 많이 행하느니라 하시고,

⑭ 무리를 다시 불러 말씀하시기를, 너희는 다 내 말을 듣고 깨달으라

⑮ 무엇이든지 밖에서 사람에게로 들어가는 것은 능히 사람을 더럽게 하지 못하되,

⑯ 사람안에서 나오는 것이 사람을 더럽게 하는 것이니라, 하시고

⑰ 사람들을 떠나 집으로 들어가시니 제자들이 그 비유를 묻자온대,

⑱ 예수께서 그들에게 말씀하시기를, 너희도 이렇게 깨달음이 없느냐 무엇이든지 밖에서 들어 가는 것이 능히 사람을 더럽게 하지 못함을 알지 못하느냐? 하시니

⑲ 이는 마음에 들어가지 아니하고 배에 들어가 뒤로 나감이니라 하심으로 모든 음식은 깨끗하다, 하셨느니라

⑳ 또 예수께서 말씀하시기를, 사람에게서 나오는 그것이 사람을 더럽게 하느니라.

㉑ 속에서 곧 사람의 마음에서 나오는 것은 악한 생각 곧 음란과 도적질과 살인과

㉒ 간음과 탐욕과 악독과 속임과 음탕과 흘기는 눈과 훼방과 교만과 어리석음이니,

㉓ 이 모든 악한 것이 다 속에서 나와서 사람을 더럽게 하느니라.

㉔ 예수께서 일어나사 거기를 떠나 두로 지경으로 가서 한 집에 들어가 아무도 모르게 하시려하나 숨길 수 없더라.

㉕ 이에 더러운 귀신 들린 어린 딸을 둔 한 여자가 예수의 소문을 듣고 곧

와서 그 발 아래 엎드리니,

㉖ 그 여자는 헬라인이요, 수로보이게 족속이라 자기 딸에게서 귀신 쫓아 주시기를 간구하거늘

㉗ 예수께서 그녀에게 말씀하시기를, 자녀가 원하는 모든 것을 먹게하여라. 자녀의 떡을 취하여 자녀의 개들에게 주는 것은 마땅치 아니하기 때문이라, 하시니

㉘ 그녀가 예수께 대답하여 말씀드리기를, 아니요 주여 상 아래 개들도 아이들의 먹던 부스러기를 먹나이다. 하매

㉙ 예수께서 그녀에게 말씀하시기를, 그러한 대답을 하였으매 돌아가라 귀신이 네 딸에게서 나갔느니라, 하시매

㉚ 여자가 집에 돌아와 본즉 아이가 침상에 누웠고 귀신이 나갔더라.

㉛ 그때 예수께서 두로 지방을 떠나 시돈을 통과하여 갈릴리 호수 아래 데가볼리 지역으로 가셨더라.

㉜ 사람들이 귀먹고 어눌한 자를 데리고 예수께 나아와 안수하여 주시기를 간구하거늘,

㉝ 예수께서 그 사람을 따로 데리고 무리를 떠나사 손가락을 그의 양 귀에 넣고 침뱉아 그의 혀에 손을 대시며,

㉞ 하늘을 우러러 탄식하시며 그에게 이르시되 에바다 하시니 이는 열리라는 뜻이라,

㉟ 그의 귀가 열리고 혀의 맺힌 것이 곧 풀려 말이 분명하더라.

㊱ 예수께서 저희에게 아무에게도 말하지 말라고 분부하셨더라. 그러나 그렇게 분부할수록 더욱더 그들은 계속하여 널리 알렸더라.

㊲ 사람들이 심히 놀라 말하기를, 그분께서 모든 일들을 잘 행하셨도다. 귀먹은 자도 듣게 하시고 말 못하는 자도 말하게 하신다, 하니라.

● 8장

① 많은 사람들이 그 며칠 동안에 모여들었는데 먹을 것이 없는지라, 예수님께서 제자들을 불러 그들에게 말씀하시기를,

② 내가 사람들을 가엽게 여기노라, 저희가 나와 함께 있은지 이미 사흘이매 먹을 것이 없도다.

③ 만일 내가 저희를 굶겨 집으로 보내면 길에서 기진하리라, 그 중에는 멀리서 온 사람도 있느니라. 하시니

④ 제자들이 예수님께 대답하기를, 이 한적한 곳에서 어디서 떡을 얻어 이 사람들로 배부르게 할 수 있으리이까? 하매

⑤ 예수님께서 그들에게 물으시기를, 너희에게 떡 몇 개가 있느냐? 하시니, 그들이 말씀드리기를 일곱개 이니다, 하니

⑥ 예수님께서 사람들에게 명하사 땅에 앉게 하시고 떡 일곱 개를 가지사 축사하시고 떼어 제자들에게 주어 그 앞에 놓게 하시니 제자들이 사람들 앞에 놓으니라.

⑦ 또 작은 생선 두어 마리가 있는지라 이에 축복하시고 명하사 이것도 그 앞에 놓게 하시니,

⑧ 배불리 먹고 남은 조각 일곱 광주리를 거두었으며,

⑨ 사람은 약 사천명이었더라. 예수님께서 저희를 흩어 보내시고

⑩ 곧 제자들과 함께 배에 오르사 달마누다 지방으로 가시니라.

⑪ 바리새인들이 나와서 예수님께 힐난하며 그를 테스트하여 하늘로서 오는 표적을 구하거늘

⑫ 예수께서 마음 속에 깊이 탄식하시고 말씀하시기를, 어찌하여 이 세대가 표적을 구하느냐? 내가 너희에게 진리를 이르노니, 이 세대에게 표적을 주시지 아니하리라 하시고

⑬ 저희를 떠나 다시 배에 올라 건너편으로 가시니라.

⑭ 제자들이 떡 가져 오기를 잊었으매 배에 떡 한 개 밖에 저희에게 없더라.

⑮ 예수님께서 경계하여 말씀하시기를, 삼가 바리새인들의 누룩과 헤롯의 누룩을 주의하라 하신대,

⑯ 제자들이 서로 의논하기를 이는 우리에게 떡이 없음이로다. 하거늘

⑰ 예수님께서 아시고 말씀하시기를, 너희가 어찌 떡이 없음으로 의논하느냐? 아직도 알지 못하며 깨닫지 못하느냐? 너희 마음이 둔하냐?

⑱ 너희가 눈이 있어도 보지 못하며 귀가 있어도 듣지 못하느냐? 또 기억지 못하느냐?

⑲ 내가 떡 다섯 개를 오천 명에게 떼어 줄 때에 조각 몇 바구니를 거두었

더야 ? 하시니 그들이 말씀드리기를, 열둘 이니이다, 하매

⑳ 또 일곱 개를 사천 명에게 떼어 줄 때에 조각 몇 광주리를 거두었더냐? 하시니 그들이 말씀드리기를, 일곱 이니이다. 하매

㉑ 예수님께서 그들에게 말씀하시기를, 아직도 깨닫지 못하느냐? 하시니라

㉒ 벳새다에 이르매 사람들이 소경 하나를 데리고 예수님께 나아와 손 대시기를 구하거늘

㉓ 예수님께서 소경의 손을 붙드시고 마을 밖으로 데리고 나가사 눈에 침을 뱉으시며 그에게 안수하시고 무엇이 보이느냐? 물으시니

㉔ 그가 쳐다보고 말씀드리기를, 나무 같은 사람들이 보이는데 그들이 걸어 가는 것이 보나이다. 하거늘

㉕ 이에 그 눈에 다시 안수하시매, 저가 주목하여 보더니 나아서 만물을 밝히보는지라

㉖ 예수님께서 그를 그의 집으로 보내시며 말씀하시기를, 마을로 들어가지 말고 마을에 사는 아무에게도 말하지 말라, 하시니라.

㉗ 예수님과 제자들이 가이사랴 빌립보 여러 마을로 나가실새 노중에서 제자들에게 물어 말씀하시기를, 사람들이 나를 누구라고 하느냐? 하시니

㉘ 그들이 대답하기를, 세례 요한이라고도 하며, 어떤 사람들은 엘리야라, 또 다른 사람들은 선지자들 중의 한 사람이라, 하나이다, 하매

㉙ 예수님께서 그들에게 말씀하시기를, 그러면 너희는 나를 누구라 생각하느냐? 하시니 베드로가 대답하여 말씀드리기를, 당신은 그리스도시니이다, 하매

㉚ 이에 자기의 일을 아무에게도 말하지 말라 경계하시고,

㉛ 사람인아들(성육신한 하나님아들)이 많은 고난을 받고 장로들과 대제사장들과 율법 교사들에게 버린바 되어 죽임을 당하고 사흘만에 살아나야 할 것을 비로소 저희에게 가르치시되,

㉜ 드러내놓고 이 말씀을 하시니 베드로가 예수님을 붙들고 만류하기 시작하니

㉝ 예수께서 돌이키사 제자들을 보시며 베드로를 꾸짖어 말씀하시기를,

사단아 내 뒤로 물러가라 네가 하나님의 일을 생각지 아니하고 도리어 사람의 일을 생각하는도다, 하시고

㉞ 사람들과 제자들을 불러 말씀하시기를, 누구든지 나를 따라오려거든 자기를 부인하고 자기 십자가를 지고 나를 좇을 것이니라,

㉟ 누구든지 제 목숨을 구원코자 하면 잃을 것이요. 누구든지 나와 복음을 위하여 제 목숨을 잃으면 구원하리라,

㊱ 사람이 만일 온 천하를 얻고도 제 목숨을 잃으면 무엇이 유익하리요,

㊲ 사람이 무엇을 주고 제 목숨을 바꾸겠느냐?

㊳ 누구든지 이 음란하고 죄 많은 세대에서 나와 내 말을 부끄러워하면 사람인아들도 아버지의 영광으로 거룩한 천사들과 함께 올 때에 그 사람을 부끄러워하리라, 하시니라.

● 9장

① 또 그들에게 말씀하시기를, 내가 너희에게 진실을 이르노니 여기 섰는 사람 중에 죽기 전에 하나님의 나라가 권능으로 임하는 것을 볼 자들도 있느니라, 하시니라

② 엿새 후에 예수님께서 베드로와 야고보와 요한을 데리시고 따로 높은 산에 올라가셨더니 저희 앞에서 변형되사,

③ 그 옷이 광채가 나며 세상에서 빨래하는 자가 그렇게 희게 할 수 없을 만큼 심히 희어졌더라.

④ 거기에 엘리야가 모세가 함께 그들에게 나타나서 예수님과 더불어 말씀하거늘

⑤ 베드로가 예수님께 말씀드리기를, 선생님, 우리는 여기 있는 것이 좋사오니, 우리가 초막 셋을 짓되 하나는 선생님을 위하여, 하나는 모세를 위하여, 하나는 엘리야를 위하여 짓게 하소서, 하니

⑥ (이는 그들이 대단히 놀라웠기 때문에 베드로는 무슨 말을 할는지 알지 못함이더라)

⑦ 거기 구름이 와서 저희를 덮으며 구름 속에서 소리가 나되 이는 내 사랑하는 아들이니 너희는 저의 말을 들으라, 하는지라

⑧ 그들이 문득 주위를 둘러보아도 아무도 보이지 아니하고 오직 예수님

과 자기들 뿐이었더라.

⑨ 저희가 산에서 내려올 때에 예수께서 경계하시되 사람인아들이 죽은 자 가운데서 살아날 때까지는 그 본 것을 아무에게도 이르지 말라, 하시니

⑩ 그들은 이 말씀을 마음에 두고 죽은 자 가운데서 살아나는 것이 무엇일까? 하고 서로 물어보니라.

⑪ 이에 예수님께 여쭈어 말씀드리기를, 어찌하여 율법교사들은 엘리야가 먼저 와야 한다고 말하나이까? 하니

⑫ 예수님께서 그들에게 대답하여 말씀하시기를, 참으로 엘리야가 먼저 와서 모든 것을 회복하거니와,사람인아들에 대하여 기록하기를, 그가 반드시 많은 고난을 받고 멸시를 받아야 하리라, 하였느니라.

⑬ 그러나 내가 너희에게 말하노니, 엘리야가 이미 왔으되, 그에 대하여 기록된 바와 같이 사람들이 그를 임의로 대우하였느니라, 하시니라

⑭ 예수님께서 제자들에게 오셨을 때에 제자들 주위로 많은 군중이 둘러섰고, 율법교사들이 그들과 논쟁하는 것을 보았더라.

⑮ 모든 사람들이 예수님를 보자마자 몹시 놀라며 달려와서 인사를 하였더라.

⑯ 예수님께서 율법교사들에게 물으시기를, 너희는 그들과 무엇을 논쟁하느냐? 하시니

⑰ 무리 중에 한 사람이 대답하되 선생님 벙어리 귀신 들린 내 아들을 선생님께 데려 왔나이다.

⑱ 귀신이 어디서든지 저를 잡으면 거꾸러져 거품을 흘리며 이를 갈며 그리고 파리하여 가는지라 내가 선생의 제자들에게 내어쫓아 달라 하였으나 저희가 능히 하지 못하더이다.

⑲ 예수님께서 그에게 대답하여 말씀하시기를, 신앙이 없는 세대여 내가 얼마나 너희와 함께 있으며 얼마나 너희를 참으리요? 그를 내게로 데려오라, 하시매

⑳ 이에 데리고 오니 귀신이 예수를 보고 곧 그 아이로 심히 경련을 일으키게 하는지라 저가 땅에 엎드러져 굴며 거품을 흘리더니,

㉑ 예수님께서 그 아비에게 물으시되 언제부터 이렇게 되었느냐? 하시니

대답하기를, 어릴 때부터니이다.

㉒ 귀신이 저를 죽이려고 불과 물에 자주 던졌나이다. 그러나 무엇을 하실 수 있거든 우리를 불쌍히 여기사 도와 주옵소서

㉓ 예수님께서 그에게 말씀하시기를, 할 수 있거든이 무슨 말이냐? 믿는 자에게는 능치 못할 일이 없느니라, 하시니

㉔ 즉시 그 아이의 아비가 소리치며 눈물로 말씀드리기를, 예수님 내가 믿나이다. 나의 믿음 없는 것을 주님께서 도와 주소서, 하더라.

㉕ 예수님께서 사람들이 달려 모이는 것을 보시고 그 더러운 귀신을 꾸짖어 말씀하시기를, 벙어리 되고 귀먹은 귀신아 내가 네게 명하노니 그 아이에게서 나오고 다시 들어가지 말라, 하시매

㉖ 귀신이 소리 지르며 아이로 심히 경련을 일으키게하고 나가니, 그 아이가 죽은 것 같이 되어 많은 사람이 말하기를, 죽었다 하나

㉗ 예수께서 그 손을 잡아 일으키니 이에 일어서니라.

㉘ 집에 들어가시매 제자들이 내밀히 묻자오되 우리는 어찌하여 능히 그 귀신을 쫓아 내지 못하였나이까? 하니

㉙ 예수님께서 그들에게 말씀하시기를, 기도와 금식외에 다른 것으로는 이런 유형의 귀신은 나갈 수 없느니라, 하시니라

㉚ 그곳을 지나 갈릴리 가운데로 지날새 예수님께서 아무에게도 알리고자 아니하시니,

㉛ 이는 제자들을 가르치시며 또 사람인아들이 사람들의 손에 넘기워 죽임을 당하고 죽은지 삼 일만에 살아나리라는 것을 말씀하시는 연고더라

㉜ 그러나 제자들은 이 말씀을 깨닫지 못하고 묻기도 무서워하더라.

㉝ 가버나움에 이르러 집에 계실새 제자들에게 물으시되 너희가 노중에서 서로 토론한 것이 무엇이냐? 하시나

㉞ 저희가 잠잠하니 이는 노중에서 서로 누가 높으냐 하고 쟁론하였음이라.

㉟ 예수님께서 앉으사 열 두 제자를 불러서 말씀하시기를, 아무든지 첫째가 되고자 하면 뭇사람의 끝이 되며 뭇사람을 섬기는 자가 되어야 하니라, 하시고

㊱ 어린 아이 하나를 데려다가 그들 가운데 세우시고 안으시며 제자들에게 말씀하시기를,

㊲ 누구든지 내 이름으로 이런 어린 아이 하나를 영접하면 곧 나를 영접함이요, 누구든지 나를 영접하면 나를 영접함이 아니요 나를 보내신 이를 영접함이니라, 하시니라

㊳ 요한이 예수님께 여짜오되 선생님 우리를 따르지 않는 어떤 자가 주의 이름으로 귀신을 내어 쫓는 것을 우리가 보고 우리를 따르지 아니하므로 금하였나이다, 하니

㊴ 예수님께서 말씀하시기를, 금하지 말라 내 이름을 의탁하여 능한 일을 행하고 즉시로 나를 비방할 자가 없느니라, 하시니라

㊵ 우리를 반대하지 않는 자는 우리를 위하는 자니라,

㊶ 누구든지 너희를 그리스도에 속한 자라 하여 물 한 그릇을 주면 내가 너희에게 진리를 이르노니 저가 결단코 상을 잃지 않으리라,

㊷ 또 누구든지 나를 믿는 이 소자 중 하나를 실족케 하면 차라리 연자 맷돌을 그 목에 달리우고 바다에 던지움이 나으리라,

㊸ 만일 네 손이 너를 범죄케 하거든 찍어버리라, 불구자로 영생에 들어가는 것이 두 손을 가지고 지옥 꺼지지 않는 불에 들어가는 것보다 나으리라,

㊹ (없음)

㊺ 만일 네 발이 너를 범죄케 하거든 찍어 버리라 절뚝발이로 영생에 들어가는 것이 두 발을 가지고 지옥에 던지우는것보다 나으리라,

㊻ (없음)

㊼ 만일 네 눈이 너를 범죄케 하거든 빼어버리라, 한 눈으로 하나님의 나라에 들어가는 것이 두 눈을 가지고 지옥에 던지우는 것보다 나으리라,

㊽ 거기는 구더기도 죽지 않고 불도 꺼지지 아니하느니라,

㊾ 모든 사람은 불로써 소금 치듯 되리라,

㊿ 소금은 좋은 것이로되 만일 소금이 그 맛을 잃으면 무엇으로 이를 짜게 하리요, 너희속에 소금을 두고 서로 화목하라, 하시니라

● 10장

① 예수님께서 거기서 떠나 유대 지역과 요단강 건너편으로 가시니, 사람들이 다시 모여들거늘 예수님께서 항상 하시던 대로 그들을 다시 가르치시더라.

② 바리새인들이 예수님께 나아와 묻기를, 사람이 자기 아내를 버리는 것이 율법에 옳으니이까? 하며 예수님을 유혹하므로

③ 예수님께서 그들에게 대답하여 말씀하시기를, 모세가 너희에게 무엇을 명령하였느냐? 하시니

④ 그들이 말하기를, 모세는 이혼 증서를 써주고 아내를 버리는 것을 허락하였나이다, 하매

⑤ 예수님께서 그들에게 대답하여 말씀하시기를, 이는 너희 마음이 완악하기 때문에 그가 너희에게 이 교훈을 기록하였느니라

⑥ 창조시로부터 저희를 남자와 여자로 만드셨으니

⑦ 이러므로 사람이 그 부모를 떠나서

⑧ 그 둘이 한몸이 될지니라 이러한즉 이제 둘이 아니요 한몸이니

⑨ 그러므로 하나님이 짝지어 주신 것을 사람이 나누지 못할지니라, 하시더라

⑩ 집에서 제자들이 다시 이 일을 묻자온대

⑪ 이르시되 누구든지 그 아내를 내어버리고 다른데 장가드는 자는 본처에게 간음을 행함이요,

⑫ 또 아내가 남편을 버리고 다른데로 시집가면 간음을 행함이니라,

⑬ 사람들이 예수님의 만져주심을 바라고 어린 아이들을 데리고 오매 제자들이 꾸짖거늘

⑭ 예수님께서 보시고 화가 나셔서 말씀하시기를, 어린 아이들의 내게 오는 것을 용납하고 금하지 말라 하나님의 나라는 이런 자의 것이니라,

⑮ 내가 너희에게 진리를 말하노니 누구든지 하나님의 나라를 어린 아이와 같이 받들지 않는 자는 결단코 들어가지 못하리라 하시고,

⑯ 그 어린 아이들을 안고 저희 위에 안수하시고 축복하시니라,

⑰ 예수님께서 길에 나가실새 한 사람이 달려와서 꿇어 앉아 묻자오되 선한 선생님이여 내가 무엇을 하여야 영생을 얻으리이까? 하니

⑱ 예수님께서 말씀하시기를 네가 어찌하여 나를 선하다 일컫느냐 하나님 한분 외에는 선한 이가 없느니라,

⑲ 네가 계명을 아나니, 살인하지 말라, 간음하지 말라, 도적질하지 말라, 거짓 증거하지 말라, 속여 취하지 말라, 네 부모를 공경하라, 하였느니라

⑳ 그가 예수님께 대답하여 말씀드리기를, 선생님이여 이것은 내가 어려서부터 다 지키었나이다, 하매

㉑ 예수님께서 그를 보시고 사랑하셨더라. 그래서 말씀하시기를, 네게 한 가지 부족한 것이 있으니 가서 네 있는 것을 다 팔아 가난한 자들을 주라, 그리하면 하늘에서 보화가 네게 있으리라 그리고 와서 나를 좇으라, 하시니

㉒ 이 말씀에 그는 얼굴을 숙이고 슬픈 기색을 띠고 떠나갔더라, 이는 그가 많은 재산을 가지고 있었기 때문이니라.

㉓ 예수님께서 주위를 둘러 보시고 제자들에게 말씀하시기를, 재물이 있는 자는 하나님의 나라에 들어가기가 심히 어렵도다, 하시니

㉔ 제자들이 그 말씀에 놀라는지라, 예수님께서 다시 대답하여 말씀하시기를, 제자들아, 재물을 숭배하는 자들은 하나님의 나라에 들어가기가 심히 어렵도다! 하시니

㉕ 약대가 바늘 귀로 나가는 것이 부자가 하나님의 나라에 들어가는 것보다 쉬우니라, 하신대

㉖ 제자들이 심히 놀라 서로 말하되 그런즉 누가 구원을 얻을 수 있는가? 하니

㉗ 예수님께서 저희를 보시며 말씀하시기를, 사람으로는 할 수 없으되 하나님으로는 그렇지 아니하니 하나님으로서는 다 하실 수 있느니라, 하시니

㉘ 그때에 베드로가 예수님께 말씀드리기 시작하기를, 보옵소서! 우리는 모든 것을 버려두고 주님을 따랐나이다! 하매

㉙ 예수님께서 대답하여 말씀하시기를, 내가 진리를 너희에게 이르노니, 나와 복음을 위하여 집이나 형제나 자매나 어미나 아비나 자식이나 전토를 떠난 자는

㉚ 금세에 있어 핍박은 받겠으나 집과 형제와 자매와 모친과 자식과 전토
를 백배를 받으며 내세에는 영생을 받지 못할 자가 없느니라,
㉛ 그러나 먼저 된 자로서 나중 되고 나중 된 자로서 먼저 될 자가 많으니
라, 하시니라
㉜ 예루살렘으로 올라가는 길에 예수께서 제자들 앞에 서서 가시는데 저
희가 놀라고 좇는 자들은 두려워하더라, 이에 다시 열 두 제자를 데리
시고 자기의 당할 일을 일러 말씀하시기를,
㉝ 보라 우리가 예루살렘에 올라오니 사람인아들이 대제사장들과 율법 교
사들에게 넘기우매 저희가 죽이기로 결정하고 이방인들에게 넘겨주겠
고,
㉞ 그들은 능욕하며 침 뱉으며 채찍질하고 죽일 것이니 사람인아들은 삼
일만에 살아나리라, 하시니라
㉟ 세베대의 아들 야고보와 요한이 주께 나아와 말씀드리기를, 선생님이
여 무엇이든지 우리의 구하는 바를 우리에게 하여 주시기를 원하옵나
이다! 하니
㊱ 예수님께서 그들에게 말씀하시기를, 내가 너희에게 무엇을 하여 주기
를 원하느냐? 하시니
㊲ 그들이 예수님께 말씀드리기를, 주의 영광 중에서 우리를 하나는 주의
우편에 하나는 좌편에 앉게 하여 주옵소서, 하나
㊳ 예수님께서 그들에게 말씀하시기를, 너희는 너희가 구하는 것을 알지
못하는도다! 너희가 나의 마시는 잔을 마시며 나의 받는 세례를 받을
수 있느냐? 하시니
㊴ 그들이 예수님께 말씀드리기를, 우리가 할 수 있나이다, 하매. 예수님
께서 이르시되 너희가 나의 마시는 잔을 마시며 나의 받는 세례를 받으
려니와,
㊵ 내 좌우편에 앉는 것은 나의 줄 것이 아니라, 누구를 위하여 예비되었
든지 그들이 얻을 것이니라, 하시니라
㊶ 열 제자가 듣고 야고보와 요한에 대하여 분히 여기거늘,
㊷ 예수님께서 불러다가 말씀하시기를, 이방인의 소위 집권자들이 저희를
임의로 주관하고 그들의 높은 관속들이 저희에게 권세를 부리는 줄을

너희가 알거니와,
㊸ 너희 중에는 그렇지 아니하니 너희 중에 누구든지 으뜸이 되고자 하는 자는 너희를 섬기는 자가 되고,
㊹ 너희 중에 누구든지 첫째가 되고자 하는 자는 모든 사람의 종이 되어야 하리라,
㊺ 사람인아들이 온 것은 섬김을 받으려 함이 아니라 도리어 섬기려 하고 자기 목숨을 많은 사람의 대속물로 주려 함이니라, 하시니라
㊻ 그들이 여리고에 이르렀더니 예수님께서 제자들과 많은 사람들과 함께 여리고에서 나가실 때에 디매오의 아들인 소경 거지 바디메오가 길 가에 앉았다가,
㊼ 나사렛 예수란 말을 듣고 소리질러 말하기를, 다윗의 자손 예수님이여! 나를 불쌍히 여기소서 하거늘
㊽ 많은 사람이 꾸짖어 잠잠하라 하되 그가 더욱 심히 소리치기를, 다윗의 자손이여 나를 불쌍히 여기소서! 하는지라
㊾ 예수님께서 머물러 서서 저를 부르라, 하시니 저희가 그 소경을 부르며 이르되 안심하고 일어나라 너를 부르신다, 하매
㊿ 소경이 겉옷을 내어버리고 뛰어 일어나 예수께 나아오거늘
(51) 예수님께서 그에게 말씀하시기를, 내가 네게 무엇을 하여주기를 원하느냐? 소경이 예수님께 말씀드리기를, 선생님이여 내가 보기를 원하나이다, 하매
(52) 예수님께서 그에게 말씀하시기를, 가라 네 신앙이 너를 낫게 하였느니라, 하시니 저가 곧 보게 되고 그 길로 예수님을 좇으니라.

• 11장

① 저희가 예루살렘에 가까이 와서 감람산 벳바게와 베다니에 이르렀을 때에 예수님께서 제자 중 둘을 보내시며,
② 말씀하시기를, 너희 맞은편 마을로 가라, 그리로 들어가면 곧 아직 아무 사람도 타 보지 않은 나귀 새끼의 매여 있는 것을 보리니 풀어 끌고 오너라,
③ 만일 누가 너희에게 왜 이리 하느냐? 묻거든 주가 쓰시겠다 하라, 그리

하면 즉시 이리로 보내리라, 하시니

④ 제자들이 가서 본즉 나귀 새끼가 문앞 거리에 매여 있는지라, 그것을 푸니

⑤ 거기 섰는 사람 중 어떤이들이 그들에게 말하기를, 나귀 새끼를 풀어 무엇하려느냐? 하매

⑥ 제자들이 예수님의 이르신대로 그들에게 말하니, 이에 허락하는지라

⑦ 나귀 새끼를 예수님께로 끌고 와서 자기들의 겉옷을 그 위에 걸쳐두매, 예수님께서 타시니

⑧ 많은 사람은 자기 겉옷과 다른이들은 밭에서 벤 나뭇가지를 길에 펴며,

⑨ 앞에서 가는 사람들과 뒤에서 따르는 사람들이 소리치기를, 호산나 주님의 이름으로 오시는 이는 복되도다!

⑩ 주님의 이름으로 오는 우리 조상 다윗의 왕국이여 복되도다! 지극히 높은 곳에 계신이여, 호산나! 하더라

⑪ 예수님께서 예루살렘에 이르러 성전에 들어가사 모든 것을 둘러 보시고 때가 이미 저물매 열 두 제자를 데리시고 베다니에 가시니라.

⑫ 이튿날 저희가 베다니에서 나왔을 때에 예수님께서 시장하신지라,

⑬ 멀리서 잎사귀 있는 무화과나무를 보시고 혹 그 나무에 무엇이 있을까 하여 가셨더니, 가서 보신즉 잎사귀 외에 아무것도 없더라 이는 무화과의 때가 아님이라,

⑭ 예수님께서 나무에게 말씀하시기를, 이제부터 영원토록 사람이 네게서 열매를 따먹지 못하리라, 하시니 제자들이 이를 듣더라.

⑮ 저희가 예루살렘에 들어가니라 예수님께서 성전에 들어가사, 성전에 안에서 매매하는 자들을 내어쫓으시며 돈 바꾸는 자들의 상과 비둘기 파는 자들의 의자를 둘러 엎으시며,

⑯ 아무나 상품을 가지고 성전 안으로 지나다님을 허치 아니하시고,

⑰ 그들에게 가르쳐 말씀하시기를, 기록된바 내 집은 만민의 기도하는 집이라 칭함을 받으리라고 하지 아니하였느냐? 너희는 강도의 굴혈을 만들었도다, 하시매

⑱ 대제사장들과 율법 교사들이 듣고 예수님를 어떻게 죽일까 하고 궁리 하니, 이는 온 백성들이 다 그분의 가르침에 놀라워 하므로 그들이 예

수님을 두려워함이라.

⑲ 저녁이 되었을 때 저희가 성밖으로 나가더라,

⑳ 저희가 아침에 지나갈 때에 무화과나무가 뿌리로부터 마른 것을 보고,

㉑ 베드로가 생각이 나서 여쭈오되 랍비여 보소서 저주하신 무화과나무가 말랐나이다, 하니

㉒ 예수님께서 대답하여 저희에게 이르시되 하나님을 흠숭하는 마음을 가지라, 하시더라

㉓ 내가 진리를 너희에게 이르노니, 누구든지 이 산더러 들리어 바다에 던지우라 그 말하는 것이 이룰줄 알고 마음에 의심치 아니하면 그대로 되리라, 하시니라

㉔ 그러므로 내가 너희에게 말하노니, 무엇이든지 기도하고 구하는 것은 받은 줄로 믿으라 그리하면 너희에게 그대로 되리라

㉕ 너희가 서서 기도할 때 어떤 사람에게 유감이 있거든 그를 용서하라, 그리하여야 하늘에 계신 너희 아버지도 너희 잘못을 용서하여 주시리라 하셨더라

㉖ (없음)

㉗ 저희가 다시 예루살렘에 들어가니라, 예수께서 성전에서 걸어다니실 때에 대제사장들과 율법 교사들과 장로들이 나아와,

㉘ 예수님께 말하기를, 당신은 무슨 권세로 이런 일을 하느뇨? 누가 이런 일할 권세를 주었느뇨? 하니

㉙ 예수님께서 그들에게 대답하여 말씀하시기를, 나도 한 말을 너희에게 물으리니, 대답하라! 그리하면 나도 무슨 권세로 이런 일을 하는지, 이르리라

㉚ 요한의 세례가 하늘로서냐? 사람에게로서냐? 내게 대답하라,

㉛ 그들이 서로 의논하여 말하기를, 만일 하늘로서라 하면 어찌하여 저를 믿지 아니하였느냐? 할것이고

㉜ 그러면 우리가 사람에게서라고 말할까, 하였으나, 사람들이 요한을 참 선지자로 여기고 있기 때문에 그들이 백성을 두려워하였더라,

㉝ 이에 그들이 예수님께 대답하여 말하기를, 우리가 말할 수 없나이다, 하니 예수님께서 말씀하시기를, 나도 무슨 권위로 내가 이런 일들을 행

하는지 너희에게 말하지 아니하리라, 하시니라

● 12장
① 예수님께서 비유로 그들에게 그들에게 말씀을 시작하시니라. 어떤 한 사람이 포도원을 만들어 그 주위에 울타리 치고, 포도즙 틀을 놓을 곳을 파고 망대를 세우고, 그것을 농부들에게 세로 주고 타국으로 떠났느니라.
② 수확할 때가 이르매 그가 농부들에게 포도원 소출 얼마를 받으려고 한 종을 보내니
③ 그들이 종을 잡아 심히 때리고 빈손으로 돌려보냈느니라.
④ 이에 주인이 다시 다른 종을 그들에게 보내니 그의 머리에 상처를 내고 모욕을 주어 보냈더라.
⑤ 또 다른 종을 보내니 저희가 그를 죽이고 또 그외 많은 종들도 혹은 때리고 혹은 죽인지라,
⑥ 그가 보낼 한 사람이 남았으니 곧 그의 사랑하는 아들이라 최후로 이를 보내며 말하기를, 그들이 내 아들은 공경하리라, 하였더니
⑦ 그러나 그 농부들이 서로 의논하기를, 이는 상속자니 자 죽이자 그러면 그 상속분이 우리 것이 되리라, 하고
⑧ 그들이 그를 붙잡아 죽여 포도원 밖에 내어던졌느니라.
⑨ 포도원 주인이 어떻게 하겠느뇨? 와서 그 농부들을 진멸하고 포도원을 다른 사람에게 주리라.
⑩ 너희는 이런 성경귀절을 읽어보지 않았느냐? 건축자들이 버린돌이 주춧돌(관석)이 되었느니라
⑪ 이것은 주께서 하신 일이니라, 그것은 우리 눈에는 불가사의한 일이니라, 하시니라
⑫ 그들이 이 비유는 자기들을 가리켜 말씀하심인줄 알고 예수님을 붙잡고자 하였으나 사람들을 두려워 하여 예수님을 그대로 두고 떠나가니라
⑬ 그들이 예수의 말씀을 책잡으려 하여 바리새인과 헤롯당 중에서 사람을 보내매,
⑭ 그들이 와서 예수님께 말씀드리기를, 선생님이여 우리가 아노니 당신

은 참되시고 아무라도 꺼리는 일이 없으시니 이는 사람을 외모로 보지 않고 오직 참으로써 하나님의 도를 가르치심이니이다, 가이사에게 세를 바치는 것이 가하니이까? 불가하니이까?

⑮ 우리가 바치리이까? 말리이까? 한대 예수님께서 그들의 위선을 아시고 말씀하시기를, 어찌하여 나에게 덫을 놓으려 하느냐? 하시고 데나리온 하나를 가져다가 내게 보이라 하시니

⑯ 가져왔거늘 예수님께서 말씀하시기를, 이 초상과 이 글이 뉘것이냐? 하시니 그들이 말하기를, 가아사의 것이니이다, 하매

⑰ 이에 예수님께서 말씀하시기를, 가이사의 것은 가이사에게, 하나님의 것은 하나님께 바치라, 하시니 그들이 예수님께 대하여 심히 놀랍게 여기더라.

⑱ 부활이 없다 하는 사두개인들이 예수님께 와서 물어 말씀드리기를,

⑲ 선생님이여 모세가 우리에게 써 주기를 사람의 형이 자식이 없이 아내를 두고 죽거든 그 동생이 그 아내를 취하여 형을 위하여 후사를 세울지니라 하였나이다.

⑳ 칠 형제가 있었는데 맏이 아내를 취하였다가 후사가 없이 죽고,

㉑ 둘째도 그 여자를 취하였다가 후사가 없이 죽고, 셋째도 그렇게 하여

㉒ 일곱이 다 후사가 없었고, 최후에 여자도 죽었나이다.

㉓ 일곱 사람이 다 그를 아내로 취하였으니 부활을 당하여 저희가 살아날 때에 그 중에 뉘 아내가 되리이까? 하니

㉔ 예수님께서 말씀하시기를, 너희가 성경도 하나님의 능력도 알지 못하므로 오해함이 아니냐?

㉕ 사람이 죽은 자 가운데서 살아날 때에는 장가도 아니가고 시집도 아니가고 하늘에 있는 천사들과 같으니라.

㉖ 죽은 자들이 일어난다는 것에 관하여 모세의 책 중에서 하나님께서 떨불에서 모세에게 말씀하시기를, 나는 아브라함의 하나님이요, 이삭의 하나님이요, 야곱의 하나님이라, 하심을 읽어보지 못하였느냐?

㉗ 그분께서는 죽은 자들의 하나님이 아니요, 산 자들의 하나님이시라, 너희가 크게 오해하였도다 하시니라

㉘ 율법교사들 중 한 사람이 가까이 와서 그들이 서로 논쟁하는 것을 듣다

가, 예수님께서 대답 잘하신 줄을 알고, 예수님께 묻기를, 모든 계명 중에 첫째가 무엇이니이까? 하매

㉙ 예수님께서 그에게 대답하시기를, 오 이스라엘아, 들으라, 모든 계명들 중에 첫째는 주 우리 하나님은 한분이신 주님이시니라.

㉚ 네 마음을 다하고 목숨을 다하고 뜻을 다하고 힘을 다하여 주 너의 하나님을 사랑하라 하신 것이요,

㉛ 둘째는 이것이니 네 이웃을 네 몸과 같이 사랑하라 하신 것이라 이에서 더 큰 계명이 없느니라, 하시니라

㉜ 율법교사가 말하기를, 선생님이여 옳소이다 하나님은 한 분이시요, 그 외에 다른이가 없다 하신 말씀이 참이니이다

㉝ 또 마음을 다하고 지혜를 다하고 힘을 다하여 하나님을 사랑하는 것과 또 네 이웃을 제 몸과 같이 사랑하는 것이 전체로 드리는 모든 번제물과 기타 제물보다 나으니이다, 하매

㉞ 예수님께서 그 지혜있게 대답함을 보시고 말씀하시기를, 네가 그 하나님의 나라에서 멀리 있지 않도다, 하시니 그 후에는 감히 묻는 자가 없더라.

㉟ 예수님께서 성전에서 가르치실새 대답하여 말씀하시기를, 어찌하여 율법학자들이 그리스도를 다윗의 자손이라 하느뇨?

㊱ 다윗이 성령에 감동하여 친히 말하기를, 하나님께서 내 주께 이르시되 내가 네 원수를 네 발 아래 둘 때까지 내 우편에 앉았으라 하셨도다. 하였느니라

㊲ 다윗이 그리스도를 주라 하였은즉 어찌 그의 자손이 되겠느냐? 하시더라 많은 군중들이 크게 기뻐하며 듣더라

㊳ 예수님께서 가르치실 때에 말씀하시기를, 긴 옷을 입고 다니는 것과 시장에서 문안 받는 것과

㊴ 회당의 상좌와 잔치의 상석을 원하는 율법교사들을 주의하라,

㊵ 그들은 과부의 자산을 삼키며 쇼로 길게 기도하는 자니 그 받는 판결이 더욱 중하리라. 하시니라

㊶ 예수님께서 연보 궤를 대하여 앉으사 무리의 연보 궤에 돈 넣는 것을 보실새 여러 부자는 많이 넣는데,

㊷ 한 가난한 과부는 와서 두 렙돈 곧 한 고드란트를 넣는지라,

㊸ 예수님께서 제자들을 불러다가 말씀하시기를, 내가 너희에게 진리를 말하노니, 이 가난한 과부는 연보 궤에 넣는 모든 사람보다 많이 넣었도다, 하시니라

㊹ 이는 그들 모두가 다 그 풍족한 중에서 넣었지만, 이 과부는 그 구차한 중에서 자기 모든 소유 곧 생활비 전부를 넣었느니라, 하셨더라

● 13장

① 예수님께서 성전에서 나가실 때에 제자 중 하나가 예수님게 말씀드리기를, 선생님, 보소서 얼마나 큰 돌들이며 얼마나 장엄한 건물들입니까? 하니

② 예수님께서 대답하시기를, 너는 이 거대한 건물들을 보고 있느냐? 여기 있는 어떤 돌도 다른 돌위에 남아있지 않고 모든 돌들이 다 무너뜨려지리라, 하시니라

③ 예수님께서 올리브산에서 성전을 마주 대하여 앉으셨을 때에 베드로와 야고보와 요한과 안드레가 은밀히 여쭙기를,

④ 우리에게 알려 주옵소서, 어느 때에 이런 일이 있겠사오며 이 모든 일이 이루려 할 때에 무슨 징조가 있사오리까? 하니

⑤ 예수님께서 대답하여 그들에게 말씀하시기를, 너희가 사람의 속임을 받지 않도록 주의하라,

⑥ 많은 사람이 내 이름으로 와서 말하기를, 내가 그리스도라 하며 많은 사람들을 속일 것이니라,

⑦ 난리와 난리 소문을 들을 때에 두려워 말라, 이런 일이 있어야 하되 끝은 아직 아니니라,

⑧ 민족이 민족을 나라가 나라를 대적하여 일어나겠고, 처처에 지진이 있으리니 기근이 있으리니 이는 재난의 시작이니라,

⑨ 너희는 스스로 조심하라, 사람들이 너희를 공회에 넘겨주겠고 너희를 회당에서 매질 하겠으며 나를 인하여 너희가 관장들과 임금들 앞에 서리니 이는 저희에게 증거되려함이라,

⑩ 또 복음이 먼저 만국에 전파되어야 할 것이니라,

⑪ 사람들이 너희를 끌어다가 넘겨 줄 때에 무슨 말을 할까 미리 염려치 말고, 무엇이든지 그 시에 너희에게 주시는 그 말을 하라, 이는 너희가 아니요 성령이시니라,

⑫ 형제가 형제를 아비가 자식을 죽는데 내어주며 자식들이 부모를 대적하여 죽게 하리라,

⑬ 또 너희가 내 이름을 인하여 모든 사람에게 미움을 받을 것이나 나중까지 견디는 자는 구원을 얻으리라,

⑭ 있어서는 안 될 곳에 황폐를 야기하는 혐오스러운 것이 서 있는 것을 보거든 (읽는 자는 깨달을진저) 그 때에 유대에 있는 자들은 산으로 도망할지어다,

⑮ 지붕 위에 있는 자는 내려가지도 말고 집에 있는 무엇을 가지러 들어가지도 말며,

⑯ 밭에 있는 자는 겉옷을 가지러 뒤로 돌이키지 말지어다,

⑰ 그 날에는 아이 밴 자들과 젖 먹이는 자들에게 얼마나 무서운 날이겠느냐?

⑱ 이 일이 겨울에 나지 않도록 기도하라,

⑲ 이는 그날들은 환난의 날이 되겠음이라, 하나님의 창조하신 태초부터 지금까지 이런 환난이 없었고 후에도 없으리라,

⑳ 만일 주께서 그날들을 줄여주지 아니하셨더면 모든 육체가 구원을 얻지 못할 것이어늘 자기의 택하신 백성을 위하여 그날들을 줄여주셨느니라,

㉑ 그 때에 사람이 너희에게 말하되 보라 그리스도가 여기 있다 보라 저기 있다 하여도 믿지 말라,

㉒ 거짓 그리스도들과 거짓 선지자들이 일어나서 이적과 기사를 행하여 할수만 있으면 택하신 백성을 속이려 하리라,

㉓ 그래서 너희는 주의하라, 내가 모든 일을 너희에게 미리 말하였노라,

㉔ 그 때에 그 환난 후 해가 어두워지며 달이 빛을 내지 아니하며,

㉕ 별들이 하늘에서 떨어지며 하늘에 있는 권능들이 흔들리리라,

㉖ 그 때에 사람인아들(성육신한아들) 큰 권능과 영광으로 오는 것을 사람들이 보리라,

㉗ 또 그 때에 사람인아들이 천사들을 보내어 자기 택하신 자들을 땅 끝으로부터 하늘 끝까지 사방에서 모으리라

㉘ 무화과 나무의 비유를 배우라, 그 가지가 연하여지고 잎사귀를 내면 여름이 가까운 줄을 아나니,

㉙ 이와 같이 너희가 이런 일이나는 것을 보거든 사람인아들이 가까이 곧 문 앞에 이른 줄을 알라,

㉚ 내가 너희에게 진리를 말하노니, 이 세대가 지나가기 전에 이 일이 다 이루리라,

㉛ 천지는 없어지겠으나 내 말은 없어지지 아니하리라,

㉜ 그러나 그 날과 그 때는 아무도 모르나니, 하늘에 있는 천사들도 아들도 모르고 아버지만 아시느니라,

㉝ 주의하라 깨어 있으라, 그 때가 언제일지 알지 못함이니라,

㉞ 가령 사람이 집을 떠나 타국으로 갈 때에 그 종들에게 권한을 주어 각각 사무를 맡기며 문지기에게 깨어 있으라 명함과 같으니,

㉟ 그러므로 깨어 있으라! 집 주인이 언제 올른지 혹 저물 때 올른지 밤중에 올른지 닭 울 때 올른지 새벽에 올른지 너희가 알지 못함이라!

㊱ 그가 홀연히 와서 너희의 자는 것을 보지 않도록 하라,

㊲ 깨어 있으라! 내가 너희에게 하는 이 말이 모든 사람에게 하는 말이니라, 하시니라.

● 14장

① 이틀이 지나면 유월절과 무교절이라, 대제사장들과 율법교사들이 어떻게 하면 흉계를 써서 예수님을 잡아 죽일 방책을 구하니라,

② 그러나 그들이 말하기를, 사람들이 소동을 일으킬수 있으니 명절날에는 말자, 하더라

③ 예수님께서 베다니 문둥이 시몬의 집에서 식사하실 때에 한 여자가 순수한 감송향으로 만들어진 매우 값진 향유 옥합을 가지고 와서 그 옥합을 깨뜨리고 예수님의 머리에 부으니,

④ 어떤 사람들은 흥분하여 서로 말하되 왜 이렇게 향유를 낭비하는가?

⑤ 이 향유를 삼백 데나리온 이상에 팔아 가난한 자들에게 줄 수 있었겠도

다 하며, 그 여자를 거칠게 책망하는지라,

⑥ 예수님께서 말씀하시기를, 가만 두어라, 너희가 어찌하여 그녀를 괴롭히느냐? 그녀는 내게 좋은 일을 하였느니라.

⑦ 가난한 사람들은 항상 너희와 함께 있으니 아무 때라도 원하는대로 도울 수 있거니와 나는 너희와 항상 함께 있지 아니하리라,

⑧ 그녀가 힘을 다하여 내 몸에 향유를 부어 내 장례를 미리 준비하였느니라,

⑨ 내가 진실로 너희에게 이르노니, 온 천하에 어디서든지 복음이 전파되는 곳에는 이 여자의 행한 일을 말하여 저를 기념하리라, 하시니라

⑩ 열 둘 중에 하나인 가룟 유다가 예수를 넘겨 주려고 데제사장들에게 가매,

⑪ 저희가 듣고 기뻐하여 돈을 주기로 약속하니 유다가 예수를 어떻게 넘겨 줄 기회를 찾더라,

⑫ 무교절의 첫날 곧 유월절 양 잡는 날에 제자들이 예수님께 말씀드리기를, 우리가 어디로 가서 선생님으로 유월절을 잡수시게 예비하기를 원하시나이까? 하매

⑬ 예수님께서 제자 중에 둘을 보내시매 말씀하시기를, 성내로 들어가라, 그리하면 물 한 동이를 가지고 가는 사람을 만나리니, 그를 따라가서

⑭ 어디든지 그의 들어가는 그 집 주인에게 이르되 선생님의 말씀이 내가 내 제자들과 함께 유월절을 먹을 나의 객실이 어디 있느뇨? 하시더라, 하라

⑮ 그리하면 자리를 베풀고 예비된 큰 다락방을 보이리니 거기서 우리를 위하여 예비하라, 하신대

⑯ 제자들이 나가 성내로 들어가서 예수님의 하시던 말씀대로 만나 유월절을 예비하니라,

⑰ 저물매 그 열 둘을 데리시고 나와서,

⑱ 다 앉아 먹을 때에 예수님께서 말씀하시기를, 내가 너희에게 진실을 이르노니, 너희 중에 한 사람 곧 나와 함께 먹는 자가 나를 팔리라, 하신대

⑲ 저희가 근심하여 하나씩 하나씩 여쭤오되 내니이까? 하니

⑳ 예수님께서 그들에게 대답하여 말씀하시기를, 열 둘 중 하나 곧 나와 함께 그릇에 손을 넣는 자니라, 하시니라

㉑ 사람인아들은 자기에게 대하여 기록된대로 가거니와, 사람인아들을 파는 그 사람에게는 화가 있으리로다, 그 사람은 차라리 나지 아니하였더면 제게 좋을뻔하였느니라, 하시니라

㉒ 저희가 먹을 때에 예수께서 떡을 가지사 축복하시고 떼어 제자들에게 주시며 말씀하시기를, 받아 먹으라! 이것은 내 몸이니라, 하시고

㉓ 또 잔을 가지사 감사하시고 저희에게 주시니 다 이를 마시매

㉔ 말씀하시기를, 이것은 많은 사람을 위하여 흘리는 바 나의 피, 곧 언약의 피니라, 하시니라

㉕ 내가 너희에게 진실을 이르노니, 내가 포도 나무의 과실로부터 난 것을 그 날까지 마시지 않을 것이나 그 때에 나는 하늘의 왕국에서 새로이 그것을 마시리라, 하시니라

㉖ 이에 저희가 찬미하고 감람산으로 나가니라.

㉗ 예수님께서 제자들에게 말씀하시기를, 너희가 다 나를 버리리라, 이는 기록된바 내가 목자를 치리니 양들이 흩어지리라, 하였느니라

㉘ 그러나 내가 살아난 후에 너희보다 먼저 갈릴리로 가리라,

㉙ 베드로가 예수님께 말씀드리기를, 비록 모두가 다 버릴지라도 나는 그렇지 않겠나이다, 하니

㉚ 예수님께서 그에게 말씀하시기를, 내가 네게 진실을 이르노니, 오늘 이 밤 닭이 두번 울기 전에 네가 세번 나와의 관계를 부인하리라, 하시니라

㉛ 베드로가 힘있게 말하되 내가 주와 함께 죽을지언정 주와의 관계를 부인하지 않겠나이다, 하고 모든 제자도 이와 같이 말하니라.

㉜ 저희가 겟세마네라 하는 곳에 이르매 예수님께서 제자들에게 이르시되 나의 기도할 동안에 여기 앉았으라 하시고,

㉝ 베드로와 야고보와 요한을 데리고 가실새 심히 놀라시며 슬퍼하사,

㉞ 말씀하시되 내 마음이 죽기까지 심히 슬프니 너희는 여기 머물러 깨어 있으라 하시고,

㉟ 조금 나아가사 땅에 엎드리어 될 수 있는대로 이때가 자기에게서 지나

가기를 구하여,
㊱ 말씀하시기를, 아바 아버지여 아버지께는 모든 것이 가능하오니 이 잔을 내게서 옮기시옵소서, 그러나 나의 원대로 마옵시고 아버지의 원대로 하옵소서 하시고,
㊲ 돌아오사 제자들의 자는 것을 보시고, 베드로에게 말씀하시되 시몬아 자느냐? 네가 한시 동안도 깨어 있을 수 없더냐? 하시니라
㊳ 유혹에 빠지지 않게 깨어 있어 기도하라, 마음은 간절하나 육신이 약하도다 하시고
㊴ 다시 나아가 동일한 말씀으로 기도하시고
㊵ 다시 오사 보신즉 저희가 자니 이는 저희 눈이 심히 피곤함이라 저희가 예수님께 무엇으로 대답할 줄을 알지 못하더라
㊶ 세번째 오사 저희에게 이르시되 이제는 자고 쉬라 그만이다 때가 왔도다 보라 사람인아들이 죄인의 손에 팔리우느니라, 하시니라
㊷ 일어나라 함께 가자 보라 나를 파는 자가 가까이 왔느니라,
㊸ 말씀하실 때에 곧 열 둘 중의 하나인 유다가 왔는데 대제사장들과 율법교사들과 장로들에게서 파송된 무리가 검과 몽치를 가지고 그와 함께 하였더라.
㊹ 예수님을 배반하여 넘기는 자가 이미 그들에게 암호를 주며 말하기를, 내가 입맞추는 자가 그이니, 그를 잡아 단단히 끌어가라, 하였는지라
㊺ 이에 와서 곧 예수님께 나아와 선생님! 선생님! 하며 예수님께 입을 맞추니라.
㊻ 그들이 예수님께 손을 대어 붙잡거늘
㊼ 곁에 섰는 자 중에 한 사람이 검을 빼어 대 제사장의 종을 쳐서 그 귀를 떨어뜨리니라.
㊽ 예수님께서 그들에게 말씀하시기를, 너희가 강도를 잡는 것 같이 검과 몽치를 가지고 나를 잡으러 나왔느냐?
㊾ 내가 날마다 너희와 함께 성전에 있어서 가르쳤으되 너희가 나를 잡지 아니하였도다. 그러나 이는 성경을 이루려 함이니라 하시더라.
㊿ 제자들이 다 예수님을 그대로 두고 도망하니라.
(51) 한 청년이 벗은 몸에 베 홑이불을 두르고 예수님을 따라오다가 청년들

에게 잡히매,
(52) 베 홑이불을 버리고 벗은 몸으로 도망하니라.
(53) 저희가 예수님을 끌고 대 제사장에게로 가니 주요 제사장들과 장로들과 율법 교사들이 다 모이더라
(54) 베드로가 예수님을 멀찍이 좇아 대제사장의 집 뜰안까지 들어가서 파수병들과 함께 앉아 불을 쬐더라,
(55) 유대인 의회인 산헤드린과 공모한 주요 제사장들이 예수님을 죽이려고 그를 칠 증거를 찾되 얻지 못하니라,
(56) 많은 사람들이 예수님에게 불리한 거짓 증언을 하였으나 그 증언들은 서로가 일치하지 못함이라,
(57) 어떤 사람들이 일어나 예수에 대하여 불리하게 거짓 증거하여 말하기를,
(58) 우리가 그의 말을 들으니 손으로 지은 이 성전을 내가 헐고 손으로 짓지 아니한 다른 성전을 사흘에 지으리라 하더라, 하되
(59) 오히려 그 증거도 서로 일치하지 않더라.
(60) 그 때 대제사장이 가운데 일어서서 예수에게 물어 가로되 너는 아무 대답도 없느냐 이 사람들의 너를 고발하는 증거가 어떠하냐? 하되
(61) 잠잠하고 아무 대답도 아니하시거늘, 대제사장이 다시 물어 말하기를, 네가 찬송 받으실 하나님의 아들 그리스도냐? 하매
(62) 예수님께서 말씀하시기를, 내가 그니라, 사람인아들이 권능자의 우편에 앉은 것과 하늘 구름을 타고 오는 것을 너희가 보리라 하시니,
(63) 대제사장이 자기 옷을 찢으며 말하기를, 우리가 어찌 더 증인을 요구할 필요가 있는가?
(64) 여러분들은 신성모독의 말을 들었습니다. 어떻게 하겠습니까? 하니 저희가 다 예수님을 사형에 해당한 자로 정죄하였느니라.
(65) 그때 어떤 사람은 그에게 침을 뱉으며 그의 눈을 가리우고 주먹으로 치며 말하기를, 예언해 보아라! 하고 파수병들은 그를 데리고 가서 매질하였더라,
(66) 베드로는 아래 뜰에 있더니 대제사장의 여종 하나가 와서,
(67) 베드로의 불 쬠을 보고 주목하여 가로되 너도 나사렛 예수와 함께 있었

도다 하거늘,

⑱ 베드로가 부인하여 말하기를, 나는 네 말하는 것이 무엇인지 알지도 못하고 깨닫지도 못하겠노라, 하며 앞뜰로 나갈새

⑲ 또 한 여종이 그를 보고 곁에 서 있는 자들에게 다시 말하기를, 이 사람은 그 당이라 하되,

⑳ 또 부인하더라, 조금 후에 곁에 서 있는 사람들이 다시 베드로에게 말하되 너는 갈릴리 사람이니 참으로 그 당이니라,

㉑ 베드로는 욕설을 하면서 단언하기를 나는 너희의 말하는 이 사람을 알지 못하노라 하니,

㉒ 닭이 곧 두번째 울더라, 이에 베드로가 예수님께서 자기에게 하신 말씀, 곧 닭이 두번 울기 전에 네가 세번 나를 부인하리라, 하심이 기억되었고 그리고 슬픔이 복 바쳐 울었더라.

● 15장

① 아침 일찌기 대 제사장들이 장로들과 율법교사들과 온 공회원들과 협의하고 예수님을 결박하여 끌고 가서 빌라도에게 넘겨주니,

② 빌라도가 묻되 네가 유대인의 왕이냐 예수님께서 대답하여 말씀하시기를, 네 말이 옳도다, 하시매

③ 대제사장들이 여러가지로 사유로 그를 고발하는 지라,

④ 빌라도가 또 물어 말하기를, 아무 대답도 없느냐? 저희가 얼마나 많은 것으로 너를 고발하는가 보라, 하되

⑤ 그러나 예수님께서는 다시 아무 말씀도 대답지 아니하시니, 빌라도가 난처하게 되었더라.

⑥ 명절을 당하면 백성이 요구하는대로 죄수 하나를 놓아 주는 전례가 있더니,

⑦ 민란을 꾸미고 이 민란에 살인하고 포박된 자 중에 바라바라 하는 자가 있는지라,

⑧ 사람들이 나아가서 전례대로 하여주기를, 구한대

⑨ 빌라도가 대답하여 말하기를, 너희는 내가 유대인의 왕을 놓아 주기를 원하느냐? 하니

⑩ 이는 저가 대제사장들이 시기로 예수를 넘겨준 줄 앎이러라,

⑪ 그러나 대제사장들이 사람들을 충동하여 도리어 바라바를 놓아 달라 하게 하니,

⑫ 빌라도가 또 대답하여 말하기를, 그러면 너희가 유대인의 왕이라 하는 이를 내가 어떻게 하랴?

⑬ 그들이 다시 소리질러 저를 십자가에 못 박게 하소서, 하니

⑭ 빌라도가 말하기를, 어찜이뇨! 무슨 악한 일을 하였느냐? 하니 더욱 소리지르되 십자가에 못 박게 하소서, 하는지라

⑮ 빌라도가 사람들에게 만족을 주고자 하여, 바라바는 놓아주고, 예수는 채찍질하고 십자가에 못 박히게 넘겨주니라.

⑯ 군병들이 예수님을 끌고 브라이도리온이라는 뜰 안으로 들어가서 온 군대를 모으고

⑰ 예수님에게 자색 옷을 입히고, 가시 면류관을 엮어 씌우고,

⑱ 그들은 예수님에게 경례하며 유대인의 왕이여! 하고 소리를 쳤더라

⑲ 갈대로 그의 머리를 치며 침을 뱉으며 무릎을 꿇고 절하였더라,

⑳ 희롱을 다한 후 자색 옷을 벗기고, 도로 그의 옷을 입히고 십자가에 못 박으려고 끌고 나가니라.

㉑ 마침 알렉산더와 루포의 아비인 키레네 출신 시몬이 시골로부터 와서 지나가는데 저희가 그를 억지로 예수님의 십자가를 지우게 하고,

㉒ 예수님을 끌고 골고다라 하는 곳(번역하면 해골의 곳)에 이르러,

㉓ 몰약을 탄 포도주를 주었으나 예수님께서 받지 아니하시니라.

㉔ 십자가에 못 박고 그 옷을 나눌새, 누가 어느 것을 얻을까 하여 제비를 뽑더라.

㉕ 때가 제 삼시가 되어 십자가에 못 박으니라,

㉖ 그 위에 있는 죄 패에 유대인의 왕이라 썼고,

㉗ 강도 둘을 예수와 함께 십자가에 못 박으니 하나는 그의 우편에 하나는 좌편에 있더라

㉘ (없음)

㉙ 지나가는 자들은 자기 머리를 흔들며 예수를 모욕하여 말하기를, 아하 성전을 헐고 사흘에 짓는 자여!

㉚ 네가 너를 구원하여 십자가에서 내려 오라, 하고

㉛ 그와 같이 대제사장들도 율법 교사들과 함께 회롱하며 서로 말하되 저가 남은 구원하였으되 자기는 구원할 수 없도다!

㉜ 이스라엘의 왕 그리스도가 지금 십자가에서 내려와 우리로 보고 믿게 할지어다, 하며 함께 십자가에 못 박힌 자들도 예수를 욕하더라.

㉝ 제 육시가 되매 온 땅에 어두움이 임하여 제 구시까지 계속되더니,

㉞ 제 구시에 예수님께서 크게 소리지르시되, 엘리! 엘리! 라마! 사박다니! 하시니 이를 번역하면 나의 하나님 나의 하나님 어찌하여 나를 버리셨나이까? 하는 뜻이라

㉟ 옆에 섰던 자들 중에 몇 사람이 그 말을 듣고 말하기를, 보라! 그가 엘리야를 부른다, 하니

㊱ 한 사람이 달려가서 해융에 신 포도주를 머금게 하여 갈대에 달아 그분에게 마시게 하면서 말하기를, 가만 두어라; 엘리야가 와서 저를 내려 주나 보자, 하더라

㊲ 그리고 예수님께서 큰 소리를 지르시고 운명하시다.

(And Jesus cried with a loud voice, and gave up the ghost.-KJV)

(With a loud cry, Jesus breathed his last.-NIV)

(Jesus gave a loud cry and breathed his last.-NAB)

(But Jesus, with a loud cry, gave his last breath.-THE MESSAGE)

㊳ 이에 성소 휘장이 위로부터 아래까지 찢겨져 둘이 되니라,

㊴ 예수님을 향하여 섰던 백명부대장이 그렇게 운명하심을 보고 말하기를, 이 사람은 진실로 하나님의 아들이었도다, 하더라

㊵ 멀리서 바라보는 여자들도 있는데, 그중에 막달라 마리아와 또 작은 야고보와 요세의 어머니 마리아와 또 살로메가 있었더라,

㊶ 이들은 예수님께서 갈릴리에 계실 때에 좇아 섬기던 자들이요, 또 이외에도 예수님과 함께 예루살렘에서 올라온 여자들이 많이 있었더라,

㊷ 이제 날이 저무니라, 이 날은 예비일 곧 안식일 전날이었더라,

㊸ 아리마대 사람 요셉이 와서 당돌히 빌라도에게 들어가 예수님의 시체를 달라 하니 이 사람은 주요한 공회원이요 하나님의 나라를 기다리는 자라

㊹ 빌라도는 예수님께서 벌써 죽었을까 하고 이상히 여겨 백명부대장을 불러 죽은지 오래냐 묻고

㊺ 백명부대장에게 알아본 후에 시체를 내어 주는지라

㊻ 요셉이 세마포를 사고 예수님을 내려다가 그 세마포로 싸서 바위 속에 판 무덤에 넣어두고 돌을 굴려 무덤 문에 놓으매,

㊼ 그때에 막달라 마리아와 요세의 어머니 마리아가 예수님이 묻히신 곳을 보았더라.

● 16장

① 안식일이 지나매 막달라 마리아와 야고보의 어머니 마리아와 살로매가 가서 예수님께 바르기 위하여 향품을 사다 두었다,가

② 그 주간의 첫날 매우 이른 아침 해가 돋을 때에 그 묘실에 왔더라.

③ 그대에 그들이 서로 말하기를, 누가 우리를 위하여 무덤 문에서 돌을 굴려 주리요? 하고

④ 눈을 들어본즉, 돌이 벌써 굴려졌고 그 돌이 심히 크더라.

⑤ 그들이 묘실 안으로 들어갔더니, 흰 옷을 입은 한 청년이 우편에 앉은 것을 보고, 놀라매

⑥ 그 청년이 말하기를, 놀라지 말라! 너희가 십자가에 못 박히신 나사렛 예수를 찾는구나, 그가 살아나셨고, 여기 계시지 아니하니라 보라 그를 두었던 곳이니라.

⑦ 가서 그의 제자들과 베드로에게 말하기를, 예수님께서 너희보다 먼저 갈릴리로 가시나니, 전에 너희에게 말씀하신대로 너희가 거기서 뵈오리라, 하라. 하는지라

⑧ 여자들이 심히 놀라 떨며 나와 무덤에서 도망하고 무서워하여 아무에게 아무 말도 하지 못하더라.

⑨ 예수님께서 안식후 첫날 이른 아침에 살아나신 후 전에 일곱 귀신을 쫓아내어 주신 막달라 마리아에게 먼저 보이시니,

⑩ 마리아가 가서 예수님과 함께하던 사람들의 슬퍼하며 울고 있는 중에 이 일을 고하매,

⑪ 그들은 예수님이 살으셨다는 것과 마리아에게 보이셨다는 것을 듣고도

믿지 아니하니라.

⑫ 그 후에 저희 중 두 사람이 걸어서 시골로 갈 때에 예수께서 다른 모양으로 저희에게 나타나시니

⑬ 두 사람이 가서 남은 제자들에게 이 말을 전하였으나 역시 믿지 아니하니라.

⑭ 그 후에 열 한 제자가 음식 먹을 때에 예수님께서 저희에게 나타나사, 저희의 신앙 없는 것과 마음이 완악한 것을 꾸짖으시니, 이는 자기의 살아난 것을 본 자들의 말을 믿지 아니하였기 때문이라.

⑮ 예수님께서 그들에게 말씀하시기를, 너희는 온 천하에 다니며 만민에게 복음을 전파하라.

⑯ 믿고 세례를 받는 사람은 구원을 얻을 것이요. 믿지 않는 사람은 정죄를 받으리라.

⑰ 믿는 자들에게는 이런 표적이 따르리니, 곧 저희가 내 이름으로 귀신을 쫓아내며 새 언어들을 말하며,

⑱ 뱀을 집으며 독을 마실지라도 해를 받지 아니하며, 병든 사람에게 손을 얹은즉 나으리라. 하시더라

⑲ 주 예수님께서 말씀을 마치신 후에 하늘로 올리우사 하나님 우편에 앉으시니라.

⑳ 제자들이 나가 두루 전파할 새 주님께서 함께 역사하사, 그 따르는 표적으로 말씀을 확실히 증거하시니라. 아멘.

하나님의 숨소리인 성경기록을 다시 듣고(2000년 5월-2017년 12월)
일부를 바꾸어 기록합니다.
하나님의 은혜에 감사드리옵나이다.
아멘, 할렐루야!
정남덕!

누가복음

· 본 성경듣기는 QR코드 인식으로 들을 수 있습니다

● 1장

① 많은 사람들이 우리들 사이에서, 가장 확실하게 이루어진 일들의 이야기를 쓰려는 작업을 하였으니,

② 처음부터 목격자들이요, 그 말씀의 종이 된 이들이 전하여 준 것을 그대로,

③ 나 자신 이 모든 일을 처음부터 자세히 살펴보았으므로, 데오빌로 각하께 정연하게 써 보내는 것이 좋겠다고 생각하였습니다.

④ 이는 각하가 배워 습득하게된 것이 확실하다는 것을 알게 하려 함입니다.

⑤ 유대 왕 헤롯 때에 아비야 반열에 제사장 하나가 있었으니, 이름은 사가랴요, 그 아내는 아론의 자손이니 이름은 엘리사벳이라,

⑥ 이 두 사람이 하나님 앞에 의로운 자들로서 주의 모든 계명과 규례대로 흠이 없이 행하더라.

⑦ 엘리사벳이 수태를 못하므로 저희가 무자하고, 두 사람의 나이 많았더라.

⑧ 마침 사가랴가 그 반열의 차례대로 제사장의 직무를 하나님 앞에 행할새,

⑨ 제사장의 전례를 따라 제비를 뽑아 주의 성소에 들어가 분향하고,

⑩ 모든 백성은 그 분향하는 시간에 밖에서 기도하더니,

⑪ 주님의 천사가 저에게 나타나 향단 우편에 선지라,

⑫ 사가랴가 보고 놀라며 무서워하니,

⑬ 천사가 일러 가로되 사가랴야 무서워 말라 너의 간구함이 들린지라, 네 아내 엘리사벳이 네게 아들을 낳아 주리니 그 이름은 요한이라 하라.

⑭ 너도 기뻐하고 즐거워할 것이요, 많은 사람도 그의 남을 기뻐하리니,

⑮ 이는 저가 주님 앞에 큰 자가 되며 포도주나 소주를 마시지 아니하며 모태로부터 성령의 충만함을 입어,

⑯ 이스라엘 자손들을 주님 곧 저희 하나님께로 많이 돌아오게 하겠음이니라.

⑰ 저가 또 엘리야의 심령과 능력으로 그분보다 먼저 와서, 부모의 마음을 자식에게 돌리고 순종하지 않는 자들을 의인의 슬기에 돌아오게 하여 백성이 주님을 맞이할 준비를 갖추게 할 것이라.

⑱ 사가랴가 천사에게 말하기를, 내가 이것을 어떻게 확신하리요, 내가 늙고 아내도 나이 많으니이다.

⑲ 천사가 대답하여 말하기를, 나는 하나님 앞에 섰는 가브리엘이라 이 좋은 소식을 전하여 네게 말하라고 보내심을 입었노라.

⑳ 보라 이 일의 되는 날까지 네가 벙어리가 되어 능히 말을 못하리니, 이는 내 말을 네가 믿지 아니함이어니와 때가 이르면 내 말을 이루리라 하더라.

㉑ 백성들이 사가랴를 기다리며, 그의 성소 안에서 지체함을 기이히 여기더니,

㉒ 그가 나와서 저희에게 말을 못하니 백성들이 그 성소 안에서 환상을 본 줄 알았더라, 그가 몸짓으로 뜻을 표시하며 그냥 벙어리대로 있더니,

㉓ 그 직무의 날이 다 되매 집으로 돌아가니라.

㉔ 이 후에 그 아내 엘리사벳이 수태하고 다섯 달 동안 숨어 지내다가 말하기를,

㉕ 주님께서 나를 돌아보시는 날에 인간에 내 부끄러움을 없게 하시려고 이렇게 행하심이라 하더라.

㉖ 여섯째 달에 천사 가브리엘이 하나님의 보내심을 받들어 갈릴리 나사렛이란 동네에 가서,

㉗ 다윗의 자손 요셉이라 하는 사람과 정혼한 처녀에게 이르니 그 처녀의 이름은 마리아라,

㉘ 그에게 들어가 가로되 은혜를 받은 자여 평안할지어다 주님께서 너와 함께하시도다 하니,

㉙ 처녀가 그 말을 듣고 놀라 이런 인사가 어찌함인고 생각하매,

㉚ 천사가 그녀에게 말하기를, 마리아여, 무서워 말라 네가 하나님께 은혜를 얻었느니라.

㉛ 보라, 네가 수태하여 아들을 낳으리니 그 이름을 예수라 하라.

㉜ 저가 큰 자가 되고 지극히 높으신 이의 아들이라 일컬을 것이요, 주 하나님께서 그 조상 다윗의 위를 저에게 주시리니,

㉝ 영원히 야곱의 집에 왕노릇 하실 것이며 그 나라가 무궁하리라,

㉞ 마리아가 천사에게 말하기를, 나는 사내를 알지 못하니 어찌 이 일이 있으리이까? 하매

㉟ 천사가 대답하여 말하기를, 성령이 네게 임하시고 지극히 높으신 이의 능력이 너를 덮으시리니 이러므로 나실바 거룩한 자는 하나님의 아들이라 일컬으리라.

㊱ 보라 네 친족 엘리사벳도 늙어서 아이를 배었느니라, 수태하지 못한다 던 이가 이미 여섯 달이 되었나니,

㊲ 대저 하나님의 모든 말씀은 능치 못하심이 없느니라,

㊳ 마리아가 말하기를, 보소서, 주의 계집 종이오니 말씀대로 내게 이루어 지리이다, 하매. 천사가 떠나가니라.

㊴ 그 때에 마리아는 준비를 하고 급히 가서 산 촌에 있는 유대 한 마을에 이르러,

㊵ 사가랴의 집에 들어가 엘리사벳에게 문안하였더라.

㊶ 엘리사벳이 마리아의 문안을 들었을 때, 아이가 복 중에서 뛰노는지라, 이에 엘리사벳이 성령의 충만함을 입어

㊷ 큰 소리로 외쳐 말하기를, 여자 중에 네가 복이 있으며, 네 태중의 아이도 복이 있도다.

㊸ 내 주님의 모친이 내게 나아오니 이 어찌된 일인고

㊹ 보라, 네 문안하는 소리가 내 귀에 들릴 때에 아이가 내 복중에서 기쁨으로 뛰놀았도다

㊺ 믿은 여자에게 복이 있도다. 주님께서 그에게 하신 말씀이 반드시 이루

리라.
㊻ 이에 마리아가 말하기를, 내 영혼이 주를 찬양하며,
㊼ 내 마음이 하나님 내 구주를 기뻐하였음은,
㊽ 주님께서 자기 여종의 낮은 처지를 살펴보았음이니, 보라, 이제부터는 모든 세대들이 나를 복받은 자로다, 일컬으리로다
㊾ 능하신 이가 큰 일을 내게 행하셨으니, 그 이름이 거룩하시며,
㊿ 긍휼하심이 두려워하는 자에게 대대로 이르는도다.
(51) 그의 팔로 힘을 보이사 마음의 생각이 교만한 자들을 흩으셨고,
(52) 권세 있는 자를 그 위에서 내리치셨으며, 비천한 자를 높이셨고,
(53) 주리는 자를 좋은 것으로 배불리셨으며, 부자를 빈손으로 보내셨도다.
(54) 주님께서 긍휼하심을 기억하사 자신의 종 이스라엘을 도우셨으니
(55) 우리 조상들과 아브라함과 그의 씨에게 영원히 말씀하신 것과 같도다, 하니라
(56) 마리아가 석 달쯤 함께 있다가 집으로 돌아가니라.
(57) 엘리사벳이 해산할 기한이 차서 아들을 낳으니,
(58) 이웃과 친족이 주님께서 저를 크게 긍휼이 여기심을 듣고 함께 즐거워 하더라.
(59) 팔 일이 되매 아이를 할례하러 와서 그 부친의 이름을 따라 사가랴라 하고자 하더니,
(60) 그 모친이 대답하여 말하기를, 아니라 요한이라 할 것이라, 하매
(61) 저희가 가로되 네 친족 중에 이 이름으로 이름한 이가 없다 하고,
(62) 그 부친께 몸짓하여 무엇으로 이름하려 하는자 물으니,
(63) 저가 서판을 달라 하여 그 이름은 요한이라 쓰매 다 기이히 여기더라,
(64) 이에 그 입이 곧 열리고 혀가 풀리며 말로 하나님을 찬송하니,
(65) 그 근처에 사는 자가 다 두려워하고 이 모든 말이 온 유대 산중에 두루 퍼지매
(66) 듣는 사람이 다 이 말을 마음에 두며 말하기를, 이 아이가 장차 어찌될꼬 하니 이는 주님의 손이 저와 함께하심이더라.
(67) 그 부친 사가랴가 성령의 충만함을 입어 예언하여 말하기를,
(68) 찬송하리로다! 주 이스라엘의 하나님이여! 그 백성을 돌아 보사 속량하

시며,

㉙ 우리를 위하여 구원의 뿔을 그 종 다윗의 집에 일으키셨으니,

㉚ 이것은 주님께서 예로부터 거룩한 선지자의 입으로 말씀하신 바와 같이,

㉛ 우리 원수에게서와 우리를 미워하는 모든 자의 손에서 구원하시는 구원이라,

㉜ 우리 조상을 긍휼히 여기시며 그 거룩한 언약을 기억하셨으니,

㉝ 곧 우리 조상 아브라함에게 맹세하신 맹세라,

㉞ 우리로 원수의 손에서 건지심을 입고,

㉟ 종신토록 주의 앞에서 성결과 의로 두려움 없이 섬기게 하리라, 하셨도다.

㊀ 이 아이여 네가 지극히 높으신 이의 선지자라 일컬음을 받고 주님 앞에 앞서 가서 그 길을 예비하여

㊁ 주님의 백성에게 그 죄 사함으로 말미암는 구원을 알게 하리니,

㊂ 이는 우리 하나님의 긍휼을 인함이라, 이로써 돋는 해가 위로부터 우리에게 임하여,

㊃ 어두움과 죽음의 그늘에 앉은 자에게 비취고 우리 발을 평강의 길로 인도하시리로다, 하니라.

㊄ 아이가 자라매 심령이 강하여지며, 이스라엘에게 나타나는 날까지 황야에 있으니라.

● 2장

① 이 때에 카이사르 아구스도가 영을 내려 온 세상으로 다 호적하라 하였으니,

② 이 호적은 구레뇨가 수리아 총독 되었을 때에 첫번 한 것이라,

③ 모든 사람이 호적하러 각각 고향으로 돌아가매,

④ 요셉도 다윗의 집 족속인 고로 갈릴리 나사렛 동네에서 유대를 향하여 베들레헴이라 하는 다윗의 동네로,

⑤ 그 정혼한 마리아와 함께 호적하러 올라가니 마리아가 이미 잉태되었더라,

⑥ 거기 있을 그 때에 해산할 날이 차서,

⑦ 맏아들을 낳아 강보로 싸서 구유에 뉘었으니 이는 여관에 있을 곳이 없음이러라,

⑧ 그리고 그 근처 지역 들에 살면서 밤에도 양떼를 지키는 목자들이 있었더니,

⑨ 주님의 천사가 곁에 서고 주님의 영광이 저희를 두루 비취매 크게 무서워하는지라,

⑩ 천사가 말하기를, 무서워 말라 내가 온 백성에게 미칠 큰 기쁨의 좋은 소식을 너희에게 전하노라,

⑪ 오늘 다윗의 동네에 너희를 위하여 구주가 나셨으니 곧 그리스도 주시니라,

⑫ 너희가 가서 강보에 싸여 구유에 누인 아기를 보리니 이것이 너희에게 표적이니라, 하더니

⑬ 홀연히 허다한 천군이 그 천사와 함께 나타나 하나님을 찬송하며 말씀드리기를,

⑭ 지극히 높은 곳에 계신 하나님께 영광이요, 그의 은혜를 입은 지구위에 있는 사람들에게 평화로다.

⑮ 천사들이 떠나 하늘로 올라가니 목자들이 서로 말하되 이제 베들레헴에 가서 주께서 우리에게 알리신 것이 일어나는 것을 보자 하고,

⑯ 그래서 그들은 서둘러 가서 마리아와 요셉 및 구유에 누인 아이를 찾아냈느니라,

⑰ 그들이 그 아이를 보았을 때 그들은 천사가 이 아이에 대하여 그들에게 말한 것을 널리 알렸더라,

⑱ 그리고 그 것을 듣는 자는 모두 목자들이 그들에게 하는 말에 놀라워하였더라,

⑲ 그러나 마리아는 이 모든 말을 소중히 간직하고 마음속에 깊이 숙고하니라,

⑳ 목자들은 하나님께 영광을 돌리고 찬송하면서 돌아갔느니라, 이는 그들이 들었던 것과 꼭 같은 일들을 그들은 듣고 보았기 때문이니라,

㉑ 할례할 팔일이 되매 그 이름을 예수라 하니 곧 수태하기 전에 천사의

일컬은 바러라,

㉒ 모세의 법대로 정결례식의 날이 차매 아기를 데리고 예루살렘에 올라가니,

㉓ 이는 주의 율법에 쓴바 첫 태에 처음 난 남자마다 주의 거룩한 자라 하리라 한대로 아기를 주께 드리고,

㉔ 또 주의 율법에 말씀하신대로 산비둘기 한 쌍이나 혹은 집비둘기 새끼 둘로 제사하려 함이더라,

㉕ 예루살렘에 시므온이라 하는 사람이 있으니, 이 사람이 의롭고 경건하여 이스라엘의 위로를 기다리는 자라 성령이 그 위에 계시더라

㉖ 저가 주님이신 그리스도를 보기전에 죽지 아니하리라 하는 성령의 지시를 받았더니,

㉗ 성령의 감동으로 성전에 들어가매 마침 부모가 율법의 전례대로 행하고자 하여 그 아기 예수를 데리고 오는지라,

㉘ 시므온이 아기를 안고 하나님을 찬송하여 말씀드리기를,

㉙ 주님이시여, 이제는 말씀하신대로 주님의 종을 평안히 떠나도록 허락하옵소서.

㉚ 내 눈이 주님의 구원을 보았사오니,

㉛ 이는 만민 앞에 예비하신 것이요,

㉜ 이방을 비추는 빛이요, 주의 백성 이스라엘의 영광이니이다, 하니

㉝ 그 부모가 그 아기에 대한 말들을 기이히 여기더라,

㉞ 시므온이 저희에게 축복하고 그 모친 마리아에게 말하기를, 보라, 이 아이는 이스라엘 중 많은 사람의 패하고 흥함을 위하여 비방을 받는 표적 되기 위하여 세움을 입었고,

㉟ 또 칼이 네 마음을 찌르듯 하리라, 이는 여러 사람의 마음의 생각을 드러내려 함이니라, 하더라

㊱ 또 아셀 지파 바누엘의 딸 안나라 하는 선지자가 있어 나이 매우 늙었더라, 그가 출가한 후 일곱 해 동안 남편과 함께 살다가,

㊲ 과부로 팔십 사 세까지 산 이 사람이 성전을 떠나지 아니하고 주야에 금식하며 기도함으로 섬기더니,

㊳ 마침 이 때에 나아와서 하나님께 감사하고 예루살렘의 구속됨을 바라

는 모든 사람에게 이 아이에 대하여 말하니라,
㊴ 주의 율법을 좇아 모든 일을 필하고 갈릴리로 돌아가 본 동네 나사렛에 이르니라,
㊵ 아기가 자라며 강하여지고 지혜가 충족하며 하나님의 은혜가 그 위에 있더라,
㊶ 그 부모가 해마다 유월절을 당하면 예루살렘으로 가더니,
㊷ 예수께서 열 두 살 될 때에 저희가 이 절기의 전례를 좇아 올라갔다가,
㊸ 그 날들을 마치고 돌아갈 때에 아이 예수는 예루살렘에 머무셨더라 그 부모는 이를 알지 못하고,
㊹ 동행 중에 있는 줄로 생각하고 하룻길을 간 후 친족과 아는 자 중에서 찾되,
㊺ 만나지 못하매 찾으면서 예루살렘에 돌아갔더니,
㊻ 사흘 후에 성전에서 만난즉 그가 선생들 중에 앉으사 저희에게 듣기도 하시며 묻기도 하시니,
㊼ 듣는 자가 다 그 지혜와 대답을 기이히 여기더라,
㊽ 그 부모가 보고 놀라며 그 모친은 말하기를, 아이야, 어찌하여 우리에게 이렇게 하였느냐? 보라 네 아버지와 내가 근심하여 너를 찾았노라, 하매
㊾ 예수님께서 말씀하시기를, 어찌하여 나를 찾으셨나이까? 내가 내 아버지 집에 있어야 될 줄을 알지 못하셨나이까? 하시니
㊿ 그러나 그들은 그가 그들에게 하신 말씀을 깨닫지 못하더라.
(51) 그때 예수님께서는 그들과 함께 나사렛으로 내려가셨고, 그들에게 순종하였더라. 그러나 마리아는 이 모든 일들을 마음속에 소중히 간직하니라.
(52) 예수는 그 지혜와 그 키가 자라가며 하나님과 사람에게 더욱 사랑을 받으시니라.

• 3장

① 티베리우스 카이사르가 위에 있은지 열 다섯 해, 곧 본디오 빌라도가 유대의 총독으로, 헤롯이 갈릴리의 분봉왕으로, 그 동생 빌립이 이두래

와 드라고빗 지방의 분봉왕으로, 루사니아가 이빌레네의 분봉왕으로,

② 안나스와 가야바가 대제사장으로 있을 때에 하나님의 말씀이 황야에서 사가랴의 아들 요한에게 임한지라,

③ 요한이 요단강 부근 각처에 와서 죄 사함을 얻게 하는 회개의 세례를 전파하니,

④ 선지자 이사야의 책에 쓴바, 황야에 외치는 자의 소리가 있어 말하기를, 너희는 주의 길을 예비하라! 그의 길을 평탄케 하라!

⑤ 모든 골짜기에서 메워지고, 모든 산과 작은 산이 낮아지고, 굽은 것이 곧아지고, 험한 길이 평탄하여질 것이요

⑥ 모든 사람들이 하나님의 구원하심을 보리라! 함과 같으니라

⑦ 요한이 세례 받으러 나오는 무리에게 말하기를, 독사의 자식들아! 누가 너희를 가르쳐 장차 올 진노를 피하라 하더냐?

⑧ 그러므로 회개에 합당한 열매를 맺고 속으로 아브라함이 우리 조상이라 말하지 말라, 내가 너희에게 말하노니 하나님이 능히 이 돌들로도 아브라함의 자손이 되게 하실 수 있기 때문이라.

⑨ 이미 도끼가 나무 뿌리에 놓였으니, 좋은 열배 맺지 아니하는 나무마다 찍혀 불에 던지우리라.

⑩ 사람들이 요한에게 물어 말하기를, 그러하면 우리가 무엇을 하여야 하리이까? 하매

⑪ 대답하여 말하기를, 옷 두 벌 있는 자는 옷 없는 자에게 나눠줄 것이요, 먹을 것이 있는 자도 그렇게 할 것이니라, 하고

⑫ 세리들도 세례를 받고자하여 와서 말하기를, 선생님이여 우리는 무엇을 하여야 하리이까? 하매

⑬ 그가 그들에게 말하기를, 정한 세 외에는 징수치 말라, 하니라

⑭ 군병들도 물어 말하기를, 우리는 무엇을 하리이까? 하매, 그가 그들에게 말하기를, 사람에게 강압하지 말고 거짓으로 고발하지 말며 받는 급료에 만족하라, 하니라

⑮ 그때 사람들은 메시아를 기다리고 있었으므로 요한이 메시아일지도 모른다고 마음에 물어보고 있었더라.

⑯ 요한이 모든 사람에게 대답하여 말하기를, 나는 물로 너희에게 세례를

주거니와, 나보다 능력이 많으신 이가 오시나니, 나는 그의 신발의 끈 풀기도 감당치 못하겠노라, 그는 성령과 불로 너희에게 세례를 주실 것이요.

⑰ 손에 키를 들고 자기의 타작 마당을 정하게 하사 알곡은 모아 곡간에 들이고 쭉정이는 꺼지지 않는 불에 태우시리라.

⑱ 그리고 많은 말들로 요한은 사람들에게 권고하고 그들에게 복음을 전파하였더라.

⑲ 그러나 요한이 분봉왕 헤롯의 동생의 아내인 헤로디아의 일과 헤롯이 행한 모든 다른 악행에 대하여 그를 비난하였을 때,

⑳ 헤롯은 그의 모든 악행에 한가지를 더하였으니, 즉 요한을 옥에 가두었더라.

㉑ 백성이 다 세례를 받을새 예수도 세례를 받으시고, 기도하실 때에 하늘이 열리며,

㉒ 성령이 형체로 비둘기 같이 그의 위에 강림하시더니, 하늘로서 소리가 나기를 너는 내 사랑하는 아들이라! 내가 너를 기뻐하노라, 하시니라.

㉓ 예수께서 가르치심을 시작할 때에 삼십세쯤 되시니라, 사람들의 아시는대로는 요셉의 아들이니 요셉의 아비는 헬리요,

㉔ 그 아비는 맛단이요 그 아비는 레위요 그 아비는 멜기요 그 아비는 얀나요 그 아비는 요셉이요

㉕ 그 아비는 맛다디아요 그 아비는 아모스요 그 아비는 나훔이요 그 아비는 에슬리요 그 아비는 낙개요

㉖ 그 아비는 마앗이요 그 아비는 맛다디아요 그 아비는 서머인이요 그 아비는 요섹이요 그 아비는 요다요

㉗ 그 아비는 요아난이요 그 아비는 레사요 그 아비는 스룹바벨이요 그 아비는 스알디엘이요 그 아비는 네리요

㉘ 그 아비는 멜기요 그 아비는 앗디요 그 아비는 고삼이요 그 아비는 엘마담이요 그 아비는 에르요

㉙ 그 아비는 예수요 그 아비는 엘리에서요 그 아비는 요림이요 그 아비는 맛닷이요 그 아비는 레위요

㉚ 그 아비는 시므온이요 그 아비는 유다요 그 아비는 요셉이요 그 아비는

요남이요 그 아비는 엘리아김이요

㉛ 그 아비는 멜에아요 그 아비는 맨나요 그 아비는 맛다다요 그 아비는 나단이요 그 아비는 다윗이요

㉜ 그 아비는 이새요 그 아비는 오벳이요 그 아비는 보아스요 그 아비는 살몬이요 그 아비는 나손이요

㉝ 그 아비는 아미나답이요 그 아비는 아니요 그 아비는 헤스론이요 그 아비는 베레스요 그 아비는 유다요

㉞ 그 아비는 야곱이요 그 아비는 이삭이요 그 아비는 아브라함이요 그 아비는 데라요 그 아비는 나홀이요

㉟ 그 아비는 스룩이요 그 아비는 르우요 그 아비는 벨렉이요 그 아비는 헤버요 그 아비는 살라요

㊱ 그 아비는 가이난이요 그 아비는 아박삿이요 그 아비는 셈이요 그 아비는 노아요 그 아비는 레멕이요

㊲ 그 아비는 므두셀라요 그 아비는 에녹이요 그 아비는 야렛이요 그 아비는 마할랄렐이요 그 아비는 가이난이요

㊳ 그 아비는 에노스요 그 아비는 셋이요 그 아비는 아담이요 그 이상은 하나님이시니라

● 4장

① 예수님께서 성령의 충만함을 입어 요단강에서 돌아오사, 성령에 이끌리어 황야로 들어가셔서,

② 거기에서 사십일 동안 마귀에게 유혹을 받으셨는데, 예수님께서는 이 사십일 동안 아무 것도 잡수시지 아니하시니 그 마지막 날에는 시장하셨더라.

③ 마귀가 말하기를, 네가 만일 하나님의 아들이어든 이 돌들에게 명하여 떡덩이가 되게 하라, 하니

④ 예수님께서 대답하시되, 기록하기를 사람이 떡으로만 살 것이 아니라 하였느니라, 하시니

⑤ 마귀가 또 예수님을 이끌고 올라가서 순식간에 천하 만국을 보이며,

⑥ 말하기를, 이 모든 권세와 그 영광을 내가 네게 주리라, 이것은 내게 넘

겨준 것이므로 나의 원하는 자에게 주노라,

⑦ 그러므로 네가 만일 내게 절하면 다 네 것이 되리라, 하니

⑧ 예수님께서 대답하여 말하기를, 기록하기를 주 너의 하나님께 경배하고 다만 그를 섬기라 하였느니라, 하시니

⑨ 또 그가 예수님을 데리고 예루살렘으로 가서 성전 꼭대기에 세우고 말하기를, 네가 만일 하나님의 아들이어든 여기서 뛰어 내려보라,

⑩ 이는 기록하였으되 하나님이 너를 위하여 그 천사들을 명하사 너를 지키게 하시리니

⑪ 또한 저희가 손으로 너를 받들어 네 발이 돌에 부딪히지 않게 하시리라 하였느니라, 하매

⑫ 예수님께서 대답하여 말씀하시기를, 주 너의 하나님을 시험하지 말라 하였느니라, 하시니라

⑬ 마귀가 모든 유혹을 다 한 후 다음 기회를 노리고 잠시 떠나가느니라.

⑭ 예수님께서 성령의 권능으로 갈릴리에 돌아가시니 그 소문이 사방에 퍼졌고,

⑮ 친히 그 여러 회당에서 가르치시매, 뭇 사람들에게 칭송을 받으시더라.

⑯ 예수님께서 그 자라나신 곳 나사렛에 이르사, 안식일에 자기 규례대로 회당에 들어가사 성경을 읽으려고 서시메,

⑰ 선지자 이사야의 글을 드리거늘 책을 펴서 이렇게 기록한데를 찾으시니, 곧

⑱ 주의 성령이 내게 임하셨으니, 이는 가난한 자에게 복음을 전하게 하시려고, 내게 기름을 부으시고 나를 보내사 포로된 자에게 자유를 눈먼 자에게 다시 보게 함을 전파하며 눌린 자를 자유케 하고

⑲ 주의 은혜의 해를 전파하게 하려 하심이라, 하였더라.

⑳ 책을 덮어 그 맡은 자에게 주시고 앉으시니, 회당에 있는 자들이 다 주목하여 보더라.

㉑ 이에 예수님께서 저희에게 말씀하시되 이 글이 오늘날 너희 귀에 응하였느니라, 하시니

㉒ 저희가 다 그를 증거하고 그 입으로 나오는바 은혜로운 말을 기이히 여겨 말하기를, 이 사람이 요셉의 아들이 아니냐? 하매

㉓ 예수님께서 저희에게 말씀하시기를, 너희가 확실히 의사야, 네 자신을 고치라! 하는 속담을 들어 우리가 들은바 가버나움에서 행한 일을 네 고향 여기서도 행하라, 하고 나에게 말하리라, 하시고

㉔ 또 말씀하시기를, 진리를 너희에게 이르노니 선지자가 고향에서 환영을 받는 자가 없느니라.

㉕ 내가 참으로 너희에게 이르노니 엘리야 시대에 하늘이 세 해 여섯 달을 닫히어 온 땅에 큰 흉년이 들었을 때에 이스라엘에 많은 과부가 있었으되,

㉖ 엘리야가 그 중 한 사람에게도 보내심을 받지 않고 오직 시돈 땅에 있는 사렙다의 한 과부에게 뿐이었으며,

㉗ 또 선지자 엘리사 때에 이스라엘에 많은 문둥이가 있었으되 그 중에 한 사람도 깨끗함을 얻지 못하고 오직 수리아 사람 나아만 뿐이니라.

㉘ 회당에 있는 자들이 이것을 듣고 다 분이 가득하여,

㉙ 일어나 동네 밖으로 쫓아내어 그 동네가 건설된 산 낭떠러지까지 끌고 가서 밀쳐 내리치고자 하니라.

㉚ 그러나 예수님께서는 저희들 한 가운데로 지나서 가시니라.

㉛ 갈릴리 가버나움 동네에 내려오사 안식일에 가르치시매,

㉜ 저희가 그 가르치심에 놀라니 이는 그 말씀이 권위가 있음이러라,

㉝ 회당에 더러운 귀신 들린 사람이 있어 크게 소리질러 말하기를,

㉞ 아 나사렛 예수여 우리가 당신과 무슨 상관이 있나이까? 우리를 멸하러 왔나이까? 나는 당신이 누구인줄 아노니 하나님의 거룩한 자니이다!

㉟ 예수님께서 꾸짖어 말하기를, 잠잠하고 그 사람에게서 나오라! 하시니, 귀신이 그 사람을 무리 중에 넘어뜨리고 나오되 그 사람은 상하지 아니한지라.

㊱ 다 놀라 서로 말하기를, 이 어떠한 말씀인고 권세와 능력으로 더러운 귀신을 명하매 나가는도다, 하더라

㊲ 이에 예수님의 소문이 그 근처 사방에 퍼지니라.

㊳ 예수님께서 일어나 회당에서 나가사 시몬의 집에 들어가시니 시몬의 장모가 열병에 붙들린지라 사람들이 그녀를 위하여 예수께 구하니,

㊴ 예수님께서 가까이 가서 서서 열병을 꾸짖으신대 병이 떠나고 여자가

곧 일어나 저희에게 수종드니라.

㊵ 해 질 적에 각색병으로 앓는 자 있는 사람들이 다 병인을 데리고 나아
오매, 예수님께서 일일이 그 위에 손을 얹으사 고치시니,

㊶ 여러 사람에게서 귀신들이 나가매 소리질러 말하기를, 당신은 하나님
의 아들이니이다. 예수님께서 꾸짖으사 저희의 말함을 허락지 아니하
시니, 이는 그들이 자기가 그리스도인줄 알기 때문이니라.

㊷ 날이 밝으매 예수님께서 나오사 한적한 곳에 가시니 사람들이 찾다가
만나서 자기들에게서 떠나시지 못하게 만류하려 하매,

㊸ 예수님께서 말씀하시기를, 내가 다른 동네에서도 하나님의 나라 복음
을 전하여야 하리니, 나는 이 일로 보내심을 입었노라 하시고,

㊹ 갈릴리 여러 회당에서 전도하시더라.

● 5장

① 어느날 예수님께서 게네사렛 호숫가에 서 계시고, 그분을 둘러싼 사람
들이 하나님의 말씀을 듣고 있었더라.

② 예수님께서 어부들에 의하여 호숫가에 놓여진 배 두척을 보았고, 어부
들은 그들의 그물을 씻고 있었더라.

③ 예수님께서 한 배에 으로시니 그 배는 시몬의 배라, 육지에서 조금 띄
기를 청하시고 앉으사, 배에서 사람들을 가르치시더니

④ 말씀을 마치고 시몬에게 이르시되 깊은데로 가서 그물을 내려 고기
를 잡으라, 하시니

⑤ 시몬이 대답하여 말하기를, 선생님이여 우리들이 밤에 열심히 수고를
하였으되 얻은 것이 없지마는 말씀에 의지하여 내가 그물을 내리리이
다, 하고

⑥ 그들이 그렇게 한즉 그들의 그물이 찢어질 만큼 많은 고기를 잡은지라,

⑦ 이에 다른 배에 있는 동료들에게 손짓하여 와서 도와달라 하니, 그들이
와서 두 배에 고기를 채우니 두 배가 거의 잠기울 만큼 되었더라.

⑧ 시몬 베드로가 이를 보고 예수의 무릎 아래 엎드려 말하기를, 주여! 나
로부터 떠나소서! 나는 죄많은 사람이로소이다, 하니

⑨ 이는 베드로와 그의 동료들이 자기들이 잡은 한 그물의 물고기를 보고

서 놀랐기 때문이니라,

⑩ 세베대의 아들로서 시몬의 동업자인 요한과 야고보도 놀랐음이라, 예수님께서 시몬에게 일러 말씀하시기를, 무서워 말라 이제 후로는 네가 사람을 낚을 것이라, 하시니

⑪ 저희가 배들을 육지에 대고 모든 것을 그대로 남겨두고 예수를 따르니라.

⑫ 예수께서 한 동네에 계실 때에 온 몸에 문둥병 들린 사람이 있어 예수를 보고 엎드려 구하여 말하기를, 주여 원하시면 나를 깨끗케 하실 수 있나이다, 하니

⑬ 예수님께서 손을 내밀어 저에게 대시며 말씀하시기를, 내가 원하노니 깨끗함을 받으라. 하신대 문둥병이 곧 떠나니라.

⑭ 예수님께서 저를 경계하시되 아무에게도 이르지 말고 가서 제사장에게 네 몸을 보이고 네 깨끗게 됨을 인하여 모세의 명한대로 예물을 드려 저희에게 증거하라, 하셨더니

⑮ 예수님의 소문이 더욱 퍼지매 많은 사람들이 말씀도 듣고 자기 병도 나음을 얻고자 하여 모여 오되,

⑯ 예수님은 물러가서 한적한 곳에서 기도하시니라.

⑰ 하루는 가르치실 때에 갈릴리 각 촌과 유대와 예루살렘에서 나온 바리새인과 율법교사들이 앉았는데 병을 고치는 주의 능력이 예수와 함께 하더라.

⑱ 한 중풍 병자를 사람들이 침상에 메고 와서 예수 앞에 들여 놓고자 하였으나

⑲ 무리 때문에 메고 들어갈 길을 얻지 못한지라 지붕에 올라가 기와를 벗기고 병자를 침상채 무리 가운데로 예수님 앞에 달아 내리니

⑳ 예수님께서 그들의 신앙을 아시고, 친구들아 너희들의 죄가 사함을 받았느니라 하시니

㉑ 율법교사들과 바리새인들이 의논하여 말하기를, 이 신성모독의 말을 하는 자가 누구뇨? 오직 하나님 외에 누가 능히 죄를 사하겠느냐? 하니

㉒ 예수님께서 그들의 생각을 아시고 대답하여 말씀하시기를, 너희 마음에 무슨 생각을 하느냐?

㉓ 네 죄 사함을 받았느니라, 하는 말과 일어나 걸어 가라 하는 말이 어느 것이 쉽겠느냐?

㉔ 그러나 사람인아들이 땅에서 죄를 사하는 권세가 있는 줄을 너희로 알게 하리라, 하시고 중풍병자에게 말씀하시되 내가 네게 이르노니 일어나 네 침상을 가지고 집으로 가라, 하시매

㉕ 그 사람이 저희 앞에서 곧 일어나 그 누웠던 것을 가지고 하나님께 영광을 돌리며 자기 집으로 돌아가니,

㉖ 모든 사람이 놀라 하나님께 영광을 돌리며 심히 두려워하여 가로되 오늘날 우리가 기이한 일을 보았다. 하니라

㉗ 그 후에 나가사 레위라 하는 세리가 세관에 앉은 것을 보시고 나를 좇으라 하시니,

㉘ 저가 모든 것을 그대 놓아두고 일어나 좇으니라.

㉙ 레위가 예수를 위하여 자기 집에서 큰 잔치를 하니 세리와 다른 사람이 많이 함께 앉았는지라,

㉚ 바리새인들과 저희 율법교사들이 그 제자들을 비방하여 말하기를, 너희가 어찌하여 세리와 죄인과 함께 먹고 마시느냐?

㉛ 예수님께서 대답하여 말씀하시기를, 건강한 자에게는 의원이 쓸데 없고 병든 자에게라야 쓸데 있나니,

㉜ 내가 의인을 부르러 온 것이 아니요, 죄인을 불러 회개시키러 왔노라. 하시니라

㉝ 저희가 예수님께 말하되 요한의 제자는 자주 금식하며 기도하고 바리새인의 제자들도 또한 그리하되 당신의 제자들은 먹고 마시니이다.

㉞ 예수님께서 저희에게 이르시되 혼인집 손님들이 신랑과 함께 있을 때에 너희가 그 손님으로 금식하게 할 수 있느뇨?

㉟ 그러나 그 날에 이르러 저희가 신랑을 빼앗기리니 그 날에는 금식할 것이니라.

㊱ 또 비유하여 말씀하시기를, 새 옷에서 한 조각을 찢어 낡은 옷에 붙이는 자가 없나니, 만일 그렇게 하면 새 옷을 찢을 뿐이요, 또 새 옷에서 찢은 조각이 낡은 것에 합하지 아니하리라.

㊲ 새 포도주를 낡은 가죽 부대에 넣는 자가 없나니, 만일 그렇게 하면 새

포도주가 부대를 터뜨려 포도주가 쏟아지고 부대도 버리게 되리라.

㊳ 그렇다 새 포도주는 새 부대에 넣어야 할것이니라.

㊴ 그리고 묵은 포도주를 마시고 새 것을 원하는 자가 없나니 이는 묵은 것이 더 좋다 함이니라.

● 6장

① 첫번째 안식일이 지나고 두번째 안식일에 예수님께서 밀 밭 사이로 지나가실새 제자들이 이삭을 잘라 손으로 비비어 먹으매

② 바리새인 몇 사람이 말하되 어찌하여 안식일에 하지 못할 일을 하느뇨? 하니

③ 예수님께서 대답하여 말씀하시기를, 다윗이 자기 및 동료들과 시장할 때에 한 일을 읽지 못하였느냐?

④ 그가 하나님의 전에 들어가서 다만 제사장 외에는 먹지 못하는 축성한 빵을 집어 먹고 동료들에게도 주지 아니 하였느냐?

⑤ 또 말씀하시기를, 사람인아들은 안식일의 주인이니라, 하시더라.

⑥ 또 다른 안식일에 예수님께서 회당에 들어가사 가르치실새 거기 오른 손 마른 사람이 있는지라,

⑦ 율법 교사들과 바리새인들이 예수님을 고발할 이유를 찾으려 하여 안식일에 병 고치시는가 엿보니,

⑧ 예수님께서 저희 속샘을 아시고 손 마른 사람에게 말씀하시기를, 일어나 한가운데 서라. 하시니, 저가 일어나 서거늘,

⑨ 예수님께서 그들에게 말씀하시기를, 내가 너희에게 묻노니 안식일에 선을 행하는 것과 악을 행하는 것과 생명을 구하는 것과 멸하는 것 어느 것이 옳으냐? 하시며

⑩ 그들 모두를 둘러 보시고 그 사람에게 말씀하시기를, 네 손을 내밀라 하시니, 저가 그리하매 그 손이 회복된지라

⑪ 저희는 분기가 가득하여 예수님을 어떻게 처치할 까를 서로 의논하니라

⑫ 이 때에 예수님께서 기도하시러 산으로 가사 밤 새도록 하나님께 기도하시고 ,

⑬ 아침이 오매 그 제자들을 부르사, 그 중에서 열 둘을 택하사 사도라 칭하셨으니,

⑭ 곧 베드로라고도 이름 주신 시몬과, 그 형제 안드레와, 야고보와, 요한과, 빌립과, 바돌로매와,

⑮ 마태와, 도마와, 알패오의 아들 야고보와, 셀롯이라 하는 시몬과,

⑯ 야고보의 아들 유다와, 예수를 파는 자 될 가룟 유다라

⑰ 예수님께서 저희와 함께 내려오사 평지에 서시니 많은 수의 제자들과 유대 사방과 예루살렘과 두로와 시돈의 해안으로부터 온 많은 사람들이 있더라.

⑱ 더러운 귀신에게 고난 받는 자들도 고침을 얻은지라,

⑲ 사람들이 예수님을 만지려고 힘쓰니 이는 능력이 예수께로 나서 모든 사람을 낫게 하였기 때문이라.

⑳ 예수님께서 눈을 들어 제자들을 보시고 말씀하시기를, 심령이 가난한 자는 복이 있나니 하나님의 나라가 너희 것임이요,

㉑ 주린 자는 복이 있나니 너희가 배부름을 얻을 것임이요, 우는 자는 복이 있나니 너희가 웃을 것임이요,

㉒ 사람인아들로 인하여 사람들이 너희를 미워하며 멀리하고 욕하고 너희 이름을 악하다 하여 버릴 때에는 너희에게 복이 있도다,

㉓ 그 날에 기뻐하고 뛰놀라 하늘에서 너희 상이 큼이라 저희 조상들이 선지자들에게 이와 같이 하였느니라.

㉔ 그러나 화 있을찐저! 너희 부유한 자여 너희는 너희의 위로를 이미 받았도다

㉕ 화 있을찐저! 너희 배부른 자여 너희는 주리리로다, 화 있을찐저! 너희 이제 웃는 자여 너희가 애통하며 울리로다,

㉖ 모든 사람이 너희를 칭찬하면 화가 있도다! 저희 조상들이 거짓 선지자들에게 이와 같이 하였느니라,

㉗ 그러나 너희 듣는 자에게 내가 이르노니 너희 원수를 사랑하며 너희를 미워하는 자를 선대하며,

㉘ 너희를 저주하는 자를 위하여 축복하며, 너희를 모욕하는 자를 위하여 기도하라.

㉙ 네 이 뺨을 치는 자에게 저 뺨도 돌려대며 네 겉 옷을 빼앗는 자에게 속옷도 금하지 말라,

㉚ 무릇 네게 구하는 자에게 주며 네 것을 가져가는 자에게 다시 달라지 말며,

㉛ 남에게 대접을 받고자 하는 대로 너희도 남을 대접하라,

㉜ 너희가 만일 너희를 사랑하는 자를 사랑하면 칭찬 받을 것이 무엇이뇨? 죄인들도 사랑하는 자를 사랑하느니라,

㉝ 너희가 만일 선대하는 자를 선대하면 칭찬 받을 일이 무엇이뇨? 죄인들도 이렇게 하느니라,

㉞ 너희가 받기를 바라고 사람들에게 빌려주면 칭찬 받을 것이 무엇이뇨? 죄인들도 다 돌려 받고자 하여 죄인들에게 빌려주느니라,

㉟ 오직 너희는 원수를 사랑하고 선대하며 아무 것도 바라지 말고 빌려주라, 그리하면 너희 상이 클 것이요, 또 지극히 높으신 이의 아들이 되리니, 그는 은혜를 모르는 자와 악한 자에게도 인자로우시니라.

㊱ 너희 아버지의 자비하심 같이 너희도 자비를 베풀어라!

㊲ 비판치 말라! 그리하면 너희가 비판을 받지 않을 것이요. 정죄하지 말라! 그리하면 너희가 정죄를 받지 않을 것이요. 용서하라 그리하면 너희가 용서를 받을 것이요.

㊳ 주라! 그리하면 너희에게 줄 것이니 곧 후히 되어 누르고 흔들어 넘치도록 하여 너희에게 안겨주리라! 너희의 헤아리는 그 헤아림으로 너희도 헤아림을 도로 받을 것이니라.

㊴ 또 비유로 말씀하시되 소경이 소경을 인도할 수 있느냐? 둘이 다 구덩이에 빠지지 아니할 수 있느냐?

㊵ 제자가 그 선생보다 높지 못하나 무릇 온전케 된 자는 그 선생과 같으리라,.

㊶ 어찌하여 형제의 눈 속에 있는 티는 보고 네 눈 속에 있는 들보는 깨닫지 못하느냐?

㊷ 너는 네 눈 속에 있는 들보를 보지 못하면서 어찌하여 형제에게 말하기를 형제여 나로 네 눈속에 있는 티를 빼게 하라 할 수 있느냐? 위선하는 자여 먼저 네 눈 속에서 들보를 빼어라, 그 후에야 네가 밝히 보고 형제

의 눈 속에 있는 티를 빼리라,

㊸ 못된 열매 맺는 좋은 나무가 없고 또 좋은 열매 맺는 못된 나무가 없느니라!

㊹ 나무는 각각 그 열매로 아나니, 가시나무에서 무화과를 또는 찔레에서 포도를 따지 못하느니라.

㊺ 선한 사람은 마음의 쌓은 선에서 선을 내고 악한 자는 그 쌓은 악에서 악을 내나니, 이는 마음에서 넘치는 것을 입으로 말함이니라.

㊻ 너희는 나를 불러 주여! 주여! 하면서도 어찌하여 나의 말하는 것을 행치 아니하느냐?

㊼ 내게 나아와 내 말을 듣고 행하는 자마다 누구와 같은 가를 너희에게 보이리라.

㊽ 그는 집을 짓되 깊이 파고 주초를 반석 위에 놓은 사람과 같으니, 큰 물이 나서 탁류가 그 집에 부딪히되 잘 지은 연고로 능히 요동케 못하였거니와,

㊾ 그러나 듣고 행하지 아니하는 자는 주초 없이 흙 위에 집 지은 사람과 같으니 탁류가 부딪히매 집이 곧 곧 무너져 완전히 파괴되어 버리니라, 하시니라.

● 7장

① 예수님께서 모든 말씀을 사람들에게 들려주시기를 마치신 후에 가버나움으로 들어가시니라.

② 어떤 백명부대장의 사랑하는 종이 병들어 죽게 되었더니,

③ 예수님의 소문을 듣고 유대인의 장로 몇을 보내어 오셔서 그 종을 낫게 하여주시기를 청한지라,

④ 이에 저희가 예수님께 나아와 간청하며 말하기를, 이 일을 하시는 것이 이 사람에게는 합당하니이다.

⑤ 저가 우리 민족을 사랑하고 또한 우리를 위하여 회당을 지었나이다. 하니

⑥ 예수님께서 함께 가실새 이에 그 집이 멀지 아니하여 백명부대장이 벗들을 보내어 말하기를, 주여! 수고하시지 마옵소서 내 집에 들어오심을

나는 감당치 못하겠나이다.

⑦ 그러므로 내가 주님께 나아가기도 감당치 못할 줄을 알았나이다. 말씀만 하사 내 하인을 낫게 하소서

⑧ 저도 남의 수하에 든 사람이요. 제 아래에도 군병이 있으니 이더러 가라 하면 가고 저더러 오라 하면 오고 제 종더러 이것을 하라 하면 하나이다.

⑨ 예수님께서 들으시고 그의 말에 놀라서 예수를 쫓는 군중들에게 돌이키사 이르시되, 내가 너희에게 이르노니 이스라엘 중에서도 이만한 큰 신앙있는 사람은 만나보지 못하였노라. 하시더라

⑩ 보내었던 사람들이 집으로 돌아가 보매 종이 이미 강건하여졌더라.

⑪ 그 후에 예수님께서 나인이란 성으로 가실새 제자와 많은 군중들이 동행하더니,

⑫ 성문에 가까이 오실 때에 사람들이 한 죽은 자를 메고 나오니, 이는 그 어미의 독자요. 어미는 과부라 그 성의 많은 사람도 그와 함께 나오거늘,

⑬ 주님께서 과부를 보시고 불쌍히 여기사 울지 말라 하시고,

⑭ 가까이 오사 그 관에 손을 대시니 맨 자들이 서는지라 예수께서 말씀하시기를, 청년아 내가 네게 말하노니 일어나라. 하시매

⑮ 죽었던 자가 일어나 말도 하거늘 예수님께서 그를 어미에게 돌려 보내주시니

⑯ 모든 사람이 두려워하며 하나님께 영광을 돌려 말하기를, 큰 선지자가 우리 가운데 일어나셨다 하고 또 하나님께서 자기 백성을 돌아보셨다 하더라.

⑰ 예수님에 대한 이 소문이 온 유대와 사방에 두루 퍼지니라.

⑱ 요한의 제자들이 이 모든 일을 그에게 고하니 요한이 그 제자 중 둘을 불러서

⑲ 주님께 보내어 주께 묻기를 "오실 그 이가 당신이오니이까? 우리가 다른 이를 기다리오리이까? 하매

⑳ 저희가 예수님께 나아가 말하기를, 세례요한이 우리를 보내어 당신께 말하기를 그 이가 당신이오이니까? 우리가 다른 이를 기다리오리이까?

하더이다. 하니

㉑ 그런데 마침 그 때에 예수님께서 많은 자를 고쳐주시니라. 그들은 질병과 고통을 가지거나 악령 들린 자들 이더라. 그리고 보지 못하는 많은 사람들을 보게 하신지라.

㉒ 대답하여 말씀하시기를, 너희가 가서 보고 들은 것을 요한에게 고하되 소경이 보며 앉은뱅이가 걸으며 문둥이가 깨끗함을 받으며 귀머거리가 들으며 죽은 자가 날아나며 가난한 자에게 복음이 전파된다. 하라

㉓ 누구든지 나를 인하여 실족하지 아니하는 복이 있도다 하시니라.

㉔ 요한의 보낸 자가 떠난 후에 예수님께서 무리에게 요한에 대하여 말씀하시되 "너희는 무엇을 보려고 광야에 나갔더냐 바람에 흔들리는 갈대냐?"

㉕ 그러면 너희가 무엇을 보려고 나갔더냐? 부드러운 옷 입은 사람이냐 보라 화려한 옷 입고 사치하게 지내는 자는 왕궁에 있느니라.

㉖ 그러면 너희가 무엇을 보려고 나갔더냐? 선지자냐? 옳다 내가 너희에게 이르노니 선지자보다도 나은 자니라.

㉗ 기록된바 보라 내가 내 사자를 네 앞에 보내노니, 그가 네 앞에서 네 길을 예비하리라. 한 것이 이 사람에 대한 말씀이라,

㉘ 내가 너희에게 말하노니 여자가 낳은 자 중에 요한보다 큰 이가 없도다. 그러나 하나님의 나라에서는 극히 작은 자라도 저보다 크니라. 하시니

㉙ 모든 백성과 세리들은 이미 요한의 세례를 받은지라 이 말씀을 듣고 하나님의 의롭다 하되,

㉚ 오직 바리새인과 율법사들은 그 세례를 받지 아니한지라 스스로 하나님의 뜻을 저버리니라.

㉛ 또 주님께서 말씀하시기를, 이 세대의 사람을 무엇으로 비유할 꼬? 무엇과 같은고?

㉜ 비유컨대 아이들이 장터에 앉아 서로 불러 말하기를, 우리가 너희를 향하여 피리를 불어도 너희가 춤추지 않고 우리가 애곡을 하여도 너희가 울지 아니하였다 함과 같도다.

㉝ 세례 요한이 와서 떡도 먹지 아니하며 포도주도 마시지 아니하매 너희

말이 귀신이 들렸다 하더니

㉞ 사람인아들은 와서 먹고 마시매 너희 말이 보라 먹기를 탐하고 포도주를 즐기는 사람이요. 세리와 죄인의 친구로다. 하니

㉟ 지혜는 다른 모든 지혜들로 인하여 옳다 함을 얻느니라.

㊱ 한 바리새인이 예수님께 자기와 함께 잡수시기를 청하니 이에 바리새인의 집에 들어가 앉으셨을 때에

㊲ 그 동네에 죄인인 한 여자가 있어 예수님께서 바리새인의 집에 앉으셨음을 알고 향유 담은 옥합을 가지고 와서

㊳ 예수의 뒤로 그 발 곁에 서서 울며 눈물로 그 발을 적시고 자기 머리털로 씻고 그 발에 입맞추고 향유를 부으니,

㊴ 예수님를 청한 바리새인이 이것을 보고 마음에 이르되 이 사람이 만일 선지자더면 자기를 만지는 이 여자가 누구며 어떠한 자 곧 죄인인 줄을 알았으리라 하거늘,

㊵ 예수님께서 대답하여 말씀하시기를, 시몬아 내가 네게 이를 말이 있다 하시니 저가 가로되 선생님 말씀하소서! 하니라

㊶ 빚을 준 사람에게 빚진 자가 둘이 있어 하나는 오백 데나리온을 졌고, 하나는 오십 데나리온을 졌는데,

㊷ 갚을 것이 없으므로 둘 다 탕감하여 주었으니 둘 중에 누가 저를 더 사랑하겠느냐?

㊸ 시몬이 대답하여 말하기를, 제 생각에는 많이 탕감함을 받은 자니이다. 주님께서 말씀하시기를, 네 판단이 옳다 하시고,

㊹ 여자를 돌아 보시며 시몬에게 말씀하시기를, 이 여자를 보느냐 내가 네 집에 들어오매 너는 내게 발 씻을 물도 주지 아니하였으되, 이 여자는 눈물로 내 발을 적시고 그 머리털로 씻었으며,

㊺ 너는 내게 입맞추지 아니하였으되 저는 내가 들어올 때로부터 내 발에 입맞추기를 그치지 아니하였으며,

㊻ 너는 내 머리에 감람유도 붓지 아니하였으되, 저는 향유를 내 발에 부었느니라.

㊼ 이러므로 내가 네게 말하노니 저의 많은 죄가 사하여졌도다. 이는 저의 사랑함이 많음이라 사함을 받은 일이 거의 없는 자는 거의 사랑을 못하

느니라!

㊽ 이에 여자에게 말씀하시기를, 네 죄 사함을 얻었느니라. 하시니

㊾ 함께 앉은 자들이 속으로 말하되, 이가 누구이기에 죄도 사하는가 하더라.

㊿ 예수님께서 여자에게 말씀하시기를, 네 신앙이 너를 구원하였으니 평안히 가라 하시니라.

● 8장

① 이 후에 예수님께서 각 성과 촌에 두루 다니시며 하나님의 나라를 반포하시며 그 복음을 전하실새 열 두 제자가 함께 하셨고,

② 또한 악령의 쫓아내심과 질병 고침을 받은 몇명의 여인들이 있었더라. 곧 일곱 귀신이 나간 막달라불리우는 마리아와,

③ 헤롯의 청지기인 구사의 아내 요안나, 그리고 수산나와 그외 많은 여인들이 있었더라. 이 여자들은 자기들의 소유물로 그들을 도우고 있었더라.

④ 각 동네 사람들이 예수님께로 나아와 큰 무리를 이루니 예수께서 비유로 말씀하시되,

⑤ 씨를 뿌리는 자가 그 씨를 뿌리러 가서 뿌릴새, 더러는 길 가에 떨어지매 밟히며 공중의 새들이 먹어 버렸고,

⑥ 더러는 바위 위에 떨어지매 났다가 습기가 없으므로 말랐고,

⑦ 더러는 가시 떨기 속에 떨어지매 가시가 함께 자라서 기운을 막았고,

⑧ 더러는 좋은 땅에 떨어지매 나서 백배의 결실을 하였느니라. 이 말씀을 하시고 외치시되 들을 귀 있는 자는 들을지어다.

⑨ 제자들이 이 비유의 뜻을 물으니,

⑩ 말씀하시기를, 하나님의 나라의 비밀을 아는 것이 너희에게는 허락되었으나 다른 사람들에게는 비유로 하나니, 이는 저희가 보아도 보지 못하고 들어도 깨닫지 못하게 하려 함이니라.

⑪ 이 비유는 이러하니라, 씨는 하나님의 말씀이요.

⑫ 길가에 있다는 것은 말씀을 들은 자니, 이에 마귀가 와서 그들로 믿어 구원을 얻지 못하게 하려고 말씀을 그 마음에서 **빼앗는** 것이요.

⑬ 바위 위에 있다는 것은 말씀을 들을 때에 기쁨으로 받으나 뿌리가 없어 잠간 믿다가 시험을 받을 때에 배반하는 자요.

⑭ 가시떨기에 떨어졌다는 것은 말씀을 들은 자니 지내는 중 이생의 염려와 재리와 일락에 기운이 막혀 온전히 결실치 못하는 자요.

⑮ 좋은 땅에 있다는 것은 착하고 좋은 마음으로 말씀을 듣고 지키어 인내로 결실하는 자니라.

⑯ 누구든지 등불을 켜서 그릇으로 덮거나 평상 아래 두지 아니하고 등경 위에 두나니, 이는 들어가는 자들로 그 빛을 보게 하려 함이라.

⑰ 숨은 것이 장차 드러나지 아니할 것이 없고, 감추인 것이 장차 알려지고 나타나지 않을 것이 없느니라.

⑱ 그러므로 너희가 어떻게 듣는가 주의하라. 누구든지 있는 자는 받겠고 없는 자는 그 있는 줄로 아는 것까지 빼앗기리라. 하시니라

⑲ 예수의 모친과 그 동생들이 왔으나 사람들로 인하여 가까이 하지 못하니,

⑳ 어떤 사람이 주님께 말씀드리기를, 선생님의 어머니와 동생들이 선생님을 만나려고 밖에 서 있나이다. 하매

㉑ 예수님께서 대답하여 말씀하시기를, 내 모친과 내 동생들은 곧 하나님의 말씀을 듣고 행하는 이 사람들이라. 하시니라.

㉒ 하루는 제자들과 함께 배에 오르사 저희에게 말씀하시기를, 호수 저편으로 건너가자. 하시매 이에 떠나

㉓ 행선할 때에 예수님께서 잠이 드셨더니, 마침 광풍이 호수로 내리치매 배에 물이 가득하게 되어 위태한지라,

㉔ 제자들이 주님께 와서 깨우며 말하기를, 주여! 주여! 우리가 죽겠나이다, 하니 이에 예수님께서 잠을 깨사 바람과 물결을 꾸짖으시니, 이에 그쳐 잔잔하여 지더라.

㉕ 그리고 예수님께서 제자들에게 말씀하시기를, 너희들 신앙이 어디 있느냐? 하시니 저희가 두려워하고 기이히 여겨 서로 말하되, 저가 뉘기에 바람과 물을 명하매 순종하는고? 하더라.

㉖ 갈릴리 맞은편 거라사인의 땅에 이르러,

㉗ 육지에 내리시매 그 도시 사람으로서 귀신들린 자 하나가 예수님을 만

나니 이 사람은 오래 옷을 입지 아니하고 집에 거하지도 아니하고 무덤 사이에 거하는 자라.

㉘ 예수님을 보고 부르짖으며 그 앞에 엎드리어 큰 소리로 불러 말하기를, 지극히 높으신 하나님의 아들 예수님이여 나와 당신과 무슨 상관이 있나이까? 당신께 구하노니 나를 괴롭게 마옵소서, 하니

㉙ 이는 예수님께서 이미 더러운 귀신을 명하사 이 사람에게서 나오라 하셨음이라(귀신이 가끔 이 사람을 붙잡음으로 저가 쇠사슬과 고랑에 매이어 지키웠으며 그 맨 것을 끊고 귀신에게 몰려 광야로 나갔더라.)

㉚ 예수께서 네 이름이 무엇이냐 물으신즉 그가 말하기를, 군단이라 하니 이는 많은 귀신이 들렸음이라.

㉛ 마귀들이 주님께 간청하기를, 자기들에게 지옥으로 들어가라 하지 마시기를 간구하더니,

㉜ 마침 거기 많은 돼지 떼가 산에서 먹고 있는지라, 귀신들이 그 돼지에게로 들어가게 허하심을 간구하니, 이에 허하신대

㉝ 귀신들이 그 사람에게서 나와 돼지에게로 들어가니 그 떼가 비탈로 내리달아 호수에 들어가 몰사하거늘,

㉞ 돼지들을 치던자들이 그 된 것을 보고 도망하여 성내와 촌에 고하니,

㉟ 사람들이 그 된 것을 보러 나와서 예수님께 이르러 귀신 나간 사람이 옷을 입고 정신이 온전하여 예수의 발 아래 앉은 것을 보고 두려워하거늘,

㊱ 귀신 들렸던 자의 어떻게 낫는 것을 본 자들이 저희에게 이르매,

㊲ 거라사인의 땅 근방 모든 백성이 두려워하여 떠나가시기를 구하더라. 예수님께서 배에 올라 돌아가실새

㊳ 귀신 나간 사람이 함께 있기를 구하였으나, 예수님께서 저를 보내시며 말씀하시기를,

㊴ 집으로 돌아가 하나님이 네게 어떻게 큰일 행하신 것을 일일이 고하라. 하시니, 저가 가서 예수님께서 자기에게 어떻게 큰 일 행하신 것을 온 성내에 전파하니라.

㊵ 예수님께서 돌아오시매 사람들이 환영하니, 이는 다 기다렸음이러라.

㊶ 이에 회당장인 야이로라 하는 사람이 와서 예수의 발 아래 엎드려 자기 집에 오기를 간구하니,

㊷ 이는 자기에게 열 두살 먹은 외딸이 있는데 죽어감이러라.
㊸ 이에 열 두해를 혈루증으로 앓는 중에 아무에게도 고침을 받지 못하던 여자가
㊹ 예수님의 뒤로 와서 그 옷가에 손을 재니 혈루증이 즉시 그쳤더라.
㊺ 예수님께서 말씀하시기를, 내게 손을 댄 자가 누구냐? 하시니, 다 아니라 할 때에 베드로와 그와 함께 있던 자들이 말하기를, 주여 사람들이 선생님을 밀치고 있는데 누가 나를 만졌느냐고 말씀하시나이까? 하매
㊻ 예수님께서 말씀하시기를, 내게 손을 댄 자가 있도다. 이는 내게서 능력이 나간 줄 앎이로다. 하신대
㊼ 여자가 스스로 숨기지 못할 줄을 알고 떨며 나아와 엎드리어 그 손 댄 연고와 곧 나은 것을 모든 사람 앞에서 고하니,
㊽ 예수님께서 말씀하시기를, 딸아 네 신앙이 너를 치유하였도다! 평안히 가라, 하시더라
㊾ 아직 말씀하실 때에 회당장의 집에서 사람이 와서 말하되 당신의 딸이 죽었나이다 선생을 더 괴롭게 마소서 하거늘,
㊿ 예수님께서 들으시고 말씀하시기를, 두려워 말고 믿기만 해라! 그리하면 딸이 치유될 것이라, 하시고
(51) 집에 이르러 베드로와 요한과 야고보와 및 아이의 부모 외에는 함께 들어가기를 허하지 아니하시니라.
(52) 모든 사람이 아이를 위하여 울며 통곡하매, 예수님께서 말씀하시기를, 울지 말라 죽은 것이 아니라 잔다, 하시니
(53) 사람들이 그 소녀가 죽은 줄로 아는고로 주님을 비웃더라.
(54) 예수님께서 그들을 모두 내보내신 후에 소녀의 손을 잡고 부르시며 말씀하시기를, 아이야! 일어나라 하시니
(55) 그 아이의 영이 돌아와 아이가 곧 일어나니라. 예수님께서 그 소녀에게 먹을 것을 주라고 명하시니
(56) 그 부모가 놀라는지라. 예수님께서 그들에게 아무에게도 일어난 일을 말하지 말라고, 하시니라.

● 9장

① 그리고 예수님께서는 열 두 제자를 불러 모으사 그들에게 모든 귀신을 제어하며 병을 고치는 능력과 권세를 주시고,

② 하나님의 나라를 전파하며 앓는 자를 고치게 하려고 내어 보내시며,

③ 그들에게 말씀하시기를, 여행을 위하여 아무 것도 가지지 말라, 지팡이나 주머니나 양식이나 돈이나 두 벌 옷을 가지지 말며,

④ 어느 집에 들어가든지 거기서 유하다가 거기서 떠나라,

⑤ 만약 사람들이 너희를 환영하지 않으면 그 마을에서 떠날 때에 너희 발에서 먼지를 떨어 버려 저희에게 증거를 삼으라 하시니,

⑥ 제자들이 나가 각 촌에 두루 행하여 복음을 전하며 병을 고치더라.

⑦ 분봉왕 헤롯이 이 모든 일을 듣고 심히 당황하여 하니 이는 혹은 요한이 죽은 자 가운데서 살아났다고도 하며,

⑧ 혹은 엘리야가 나타났다고도 하며 혹은 옛선지자 하나가 다시 살아났다고도 함이라.

⑨ 헤롯이 말하기를, 요한은 내가 목을 베었거늘 이제 이런 일이 들리니 이 사람이 누군고? 하며 예수님을 보고자 하더라.

⑩ 사도들이 돌아와 자기들의 모든 행한 것을 예수님께 말씀드리니, 예수님께서 그들을 데리고 곁길로 은밀히 뱃새다라는 고을로 들어 가셨으나,

⑪ 사람들이 알고 따라왔거늘 예수님께서 저희를 환영하사 하나님 나라의 일을 이야기하시며 병 고칠 자들은 고치시더라.

⑫ 날이 저물어 열 두 사도가 나아와 여쭈오되 사람들을 보내어 두루 마을과 촌으로 가서 유하며 먹을 것을 얻게 하소서, 우리가 있는 여기는 한적한 곳이기 때문이니이다, 하니

⑬ 예수님께서 말씀하시기를, 너희가 먹을 것을 주어라 하시니, 그들이 말씀드리기를, 우리에게는 떡 다섯개와 물고기 두 마리 밖에 없으니, 이 모든 사람을 위하여 먹을 것을 사지 아니하고는 할 수 없삽나이다, 하였으니

⑭ 이는 남자가 한 오천 명 됨이러라, 예수님께서 제자들에게 말씀하시기를, 떼를 지어 한 오십 명씩 앉히라 하시니,

⑮ 제자들이 이렇게 하여 다 앉힌 후,

⑯ 예수님께서 떡 다섯 개와 물고기 두 마리를 가지고 하늘을 우러러 축사하시고 떼어 제자들에게 주어 무리 앞에 놓게 하시니,

⑰ 먹고 다 배 불렀더라. 그 남은 조각 열 두 바구니를 거두니라.

⑱ 언젠가 한번은 예수님께서 따로 기도하실 때에 제자들이 예수님과 함께 있었는데 예수님께서 그들에게 물어 말씀하시기를, 사람들은 나를 누구라고 하느냐? 하시니

⑲ 그들이 대답하여 말하기를, 세례 요한이라 하고, 더러는 엘이야라, 더러는 옛 선지자 중의 하나가 살아났다, 하나이다.

⑳ 예수님께서 말씀하시기를, 너희는 나를 누구라 하느냐? 베드로가 대답하여 말하기를, 하나님이 보내신 그리스도시니이다, 하니

㉑ 예수님께서 그들에게 엄히 당부하시기를, 이 말을 아무에게도 이르지 말라, 명하시고

㉒ 또 말씀하시기를, 사람인아들이 많은 고난을 받고 장로들과 대제사장들과 율법교사들에게 배척되어 죽임을 당하고 제 삼일에 틀림없이 살아나리라, 하시고

㉓ 또 사람들에게 말씀하시기를, 누구든지 나를 따라오려거든 자기를 부인하고 날마다 제 십자가를 지고 나를 좇을 것이니라, 하시니라

㉔ 누구든지 제 목숨을 구원코자 하면 잃을 것이요. 누구든지 나를 위하여 제 목숨을 잃으면 구원하리라.

㉕ 사람이 만일 온 천하를 얻고도 자기를 잃든지 빼앗기든지 하면 무엇이 유익하리요?

㉖ 누구든지 나와 내 말을 부끄러워하면 사람인아들도 자기와 아버지와 거룩한 천사들의 영광으로 올 때에 그 사람을 부끄러워하리라.

㉗ 내가 참으로 너희에게 이르노니, 여기 섰는 사람 중에 죽기 전에 하나님의 나라를 볼 자들도 있느니라, 하시니라

㉘ 이 말씀을 하신 후 팔 일쯤 되어 예수님께서 베드로와 요한과 야고보를 데리시고 기도하시러 산에 올라가사,

㉙ 기도하실 때에 용모가 변화되고 그 옷이 희어져 광채가 나더라.

㉚ 문득 두 사람이 예수님과 함께 말하니 이는 모세와 엘리야라,

㉛ 영광 중에 나타나사 장차 예수님께서 예루살렘에서 별세하실 것을 말씀할새,

㉜ 베드로와 및 함께 있는 자들이 곤하여 졸다가 아주 깨어나 찬란히 빛나는 예수님과 함께 선 두 사람을 보더니,

㉝ 두 사람이 떠날 때에 베드로가 예수님께 말씀드리기를, 주여 우리가 여기 있는 것이 좋사오니, 우리가 초막 셋을 짓되, 하나는 주를 위하여, 하나는 모세를 위하여, 하나는 엘리야를 위하여 하사이다. 하되 그는 자기가 무슨 말을 하는지 알지 못하더라.

㉞ 이 말 할 즈음에 구름이 와서 저희를 덮는지라, 구름 속으로 들어갈 때에 저희가 무서워하더니,

㉟ 구름 속에서 소리가 나서 말씀하시기를, 이는 나의 아들 곧 택함을 받은 자니, 저의 말을 들으라 하고,

㊱ 소리가 그치매 오직 예수님만 보이시더라, 제자들이 잠잠하여 그 본 것을 무엇이든지 그 때에는 아무에게도 이르지 아니하니라.

㊲ 이튿날 산에서 내려 오시니 많은 사람들이 주님을 만날새,.

㊳ 무리 중에 한 사람이 소리질러 말씀드리기를, 선생님! 청컨대 내 아들을 돌아보아 주옵소서, 이는 내 외아들이니이다.

㊴ 귀신이 저를 잡아 졸지에 부르짖게 하고 경련을 일으켜 거품을 흘리게 하며 심히 상하게 하고야 겨우 떠나 가나이다.

㊵ 당신의 제자들에게 내어 쫓아 주기를 구하였으나 저희가 능히 못하더이다.

㊶ 예수님께서 대답하여 말씀하시기를, 오 신앙이 없고 패역한 세대여! 내가 얼마나 너희와 함께 있으며 너희를 참으리요? 네 아들을 이리로 데리고 오라. 하시니

㊷ 올 때에 귀신이 거꾸러뜨리고 심한 경련을 일으키게 하는지라, 예수님께서 더러운 귀신을 꾸짖으시고 아이를 낫게 하사 그 아비에게 도로 주시니,

㊸ 사람들이 다 하나님의 위엄에 놀라니라. 저희가 다 그 행하시는 모든 일을 기이히 여길새 예수님께서 제자들에게 말씀하시기를,

㊹ 내가 너희에게 하는 말을 주의깊게 들어두라. 즉 사람인아들은 배신되

어 사람들의 손으로 넘겨질 것이라, 하시되
㊺ 저희가 이 말씀을 알지 못하였나니, 이는 저희로 깨닫지 못하게 숨김이 되었음이라, 또 저희는 이 말씀을 묻기도 두려워하더라.
㊻ 제자 중에서 누가 가장 큰 사람이냐 하는 변론이 일어나니,
㊼ 예수님께서 그들 생각의 의도를 아시고 어린 아이 하나를 데려다가 자기 곁에 세우시고,
㊽ 저희에게 말씀하시기를, 누구든지 내 이름으로 이 어린 아이를 영접하면 곧 나를 영접함이요, 또 누구든지 나를 영접하면 나를 보내신 이를 영접함이라, 너희 모든 사람 중에 가장 작은 그이가 큰 자니라. 하시니라
㊾ 요한이 여쭈오되 주여 어떤 사람이 주의 이름으로 귀신을 쫓는 것을 우리가 보고 우리가 함께 따르지 아니하므로 금하였나이다. 하니
㊿ 예수님께서 말씀하시기를, 금하지 말라! 너희를 반대하지 않는 자는 너희를 위하는 자니라. 하시니라
(51) 예수님께서 승천하실 기약이 차가매 예루살렘을 향하여 올라가기로 굳게 결심하시고,
(52) 사자들을 앞서 보내시매 저희가 가서 예수님을 위하여 예비하려고 사마리아인의 한 촌에 들어갔더니,
(53) 예수님께서 예루살렘을 향하여 가시는 고로 저희가 받아 들이지 아니하는지라.
(54) 제자 야고보와 요한이 이를 보고 말씀드리기를, 주여! 우리가 불을 명하여 하늘로 좇아 내려 저희를 멸하라 하기를 원하시나이까? 하니
(55) 예수님께서 돌아보시며 꾸짖으시고,
(56) 함께 다른 촌으로 가시니라.
(57) 길 가실 때에 어떤 사람이 주님께 말씀드리기를, 나는 주님께서 어디로 가시든지 저는 따르겠나이다. 하니
(58) 예수님께서 말씀하시기를, 여우도 굴이 있고 공중의 새도 집이 있으되, 사람인아들은 머리 둘 곳이 없도다. 하시고
(59) 또 다른 사람에게 나를 좇으라 하시니, 그가 말씀드리기를, 나로 먼저 가서 내 부친을 장사하게 허락하옵소서, 하니
(60) 예수님께서 그에게 말하기를, 죽은 자들로 그들 자신의 죽음을 장사하

게 하고(첫째로 네가 할일은 죽음이 아니고 삶이니) 너는 가서 하나님의 나라를 전파하라. 하시니라

(Jesus said unto him, Let the dead bury their dead: but go thou and preach the kingdom of God-KJV)

(Jesus said to him, "Let the dead bury their own dead, but you go and proclaim the kingdom of God.-NIV)

(But he answered him, "Let the dead bury their dead. But you, go and proclaim the kingdom of God."-NAB)

(Jesus refused. "First things first. Your business is life, not death. And life is urgent: Announce God's kingdom!"-THE MESSAGE)

㉖ 또 다른 사람이 말하기를, 주여! 내가 주를 좇겠나이다 마는, 나로 먼저 내 가족을 작별케 허락하소서. 하니

㉖ 예수님께서 말씀하시기를, 쟁기를 잡고 뒤를 돌아보는 자는 하나님의 나라에 합당치 아니하니라. 하시니라

● 10장

① 이 후에 주님께서 달리 칠십 인을 세우사, 친히 가시려는 모든 마을과 각처로 둘씩 앞서 보내시며,

② 그들에게 말씀하시기를, 추수할 것은 많되 일군이 적으니, 추수하는 주인에게 청하여 추수할 일군을 보내어 주소서, 하라

③ 갈지어다, 내가 너희를 보냄이 어린 양을 이리 가운데로 보냄과 같도다.

④ 전대나 주머니나 신을 가지지 말며 길에서 아무에게도 문안하지 말며,

⑤ 어느 집에 들어가든지 먼저 말하되 이집이 평안할지어다. 하라

⑥ 만일 평안을 받을 사람이 거기 있으면 너희 빈 평안이 그에게 머물 것이요. 그렇지 않으면 너희에게로 돌아오리라.

⑦ 그 집에 유하며 주는 것을 먹고 마시라. 일군이 그 삯을 얻는 것이 마땅하니라. 이 집에서 저 집으로 옮기지 말라.

⑧ 어느 동네에 들어가든지 너희를 영접하거든 너희 앞에 차려놓는 것을

171

먹고,

⑨ 거기 있는 병자들을 고치고, 또 말하기를 하나님의 나라가 너희에게 가까이 왔다. 하라

⑩ 어느 동네에 들어가든지 너희를 영접지 아니하거든 그 거리로 나와서 말하되,

⑪ 너희 동네에서 우리 발에 묻은 먼지도 너희에게 떨어버리노.라 그러나 하나님의 나라가 가까이 온줄을 알라. 하라

⑫ 내가 너희에게 말하노니, 저 날에 소돔이 그 동네보다 견디기 쉬우리라.

⑬ 화 있을찐저! 고라신아, 화 있을진저! 벳새대야, 너희에게서 행한 모든 권능을 두로와 시돈에서 행하였더면 저희가 벌써 베옷을 입고 재에 앉아 회개하였으리라.

⑭ 심판 때에 두로와 시돈이 너희보다 견디기 쉬우리라.

⑮ 가버나움아 네가 하늘에까지 높아지겠느냐? 음부에까지 낮아지리라.

⑯ 너희 말을 듣는 자는 곧 내 말을 듣는 것이요. 너희를 저버리는 자는 곧 나를 저버리는 것이요. 나를 저버리는 자는 나 보내신 이를 저버리는 것이라, 하시니라.

⑰ 칠십인이 기뻐 돌아와 말하기를, 주여 주의 이름으로 귀신들도 항복하더이다. 하니

⑱ 예수님께서 말씀하시기를, 사단이 하늘로서 번개 같이 떨어지는 것을 내가 보았노라.

⑲ 내가 너희에게 뱀과 전갈을 밟으며 원수의 모든 능력을 제어할 권세를 주었으니, 너희를 해할 자가 결단코 없으리라.

⑳ 그러나 귀신들이 너희에게 항복하는 것으로 기뻐하지 말고, 너희 이름이 하늘에 기록된 것으로 기뻐하라. 하시니라

㉑ 이 때에 예수님께서 성령으로 기뻐하사 말씀하시기를, 천지의 주재이신 아버지여 이것을 지혜롭고 슬기있는 자들에게는 숨기시고 어린 아이들에게는 나타내심을 감사하나이다. 옳소이다. 이렇게 된 것이 어버지의 뜻이니이다.

㉒ 내 아버지께서 모든 것을 내게 주셨으니, 아버지 외에는 아들이 누군지

아는 자가 없고, 아들과 또 아들의 소원대로 계시를 받는 자 외에는 아버지가 누군지 아는 자가 없나이다. 하시고

㉓ 제자들을 돌아보시며 은밀히 말씀하시기를, 너희의 보는 것을 보는 눈은 복이 있도다!

㉔ 내가 너희에게 말하노니, 많은 선지자와 임금이 너희 보는 바를 보고자 하였으되 보지 못하였으며, 너희 듣는 바를 듣고자 하였으되 듣지 못하였느니라.

㉕ 어떤 율법사가 일어나 예수를 시험하여 말씀드리기를, 선생님 내가 무엇을 하여야 영생을 얻으리이까?

㉖ 예수님께서 말씀하시기를, 율법에 무엇이라 기록되었으며? 네가 어떻게 읽느냐?

㉗ 대답하여 말하기를, 네 마음을 다하며 목숨을 다하여 힘을 다하며 뜻을 다하여 주 너의 하나님을 사랑하고 또한 네 이웃을 에 몸과 같이 사랑하라. 하셨나이다

㉘ 예수님께서 말씀하시기를, 네 대답이 옳도다! 이를 행하라! 그러면 살리라 하시니,

㉙ 이 사람이 자기를 옳게 보이려고 예수님께 말씀드리기를, 그러면 내 이웃이 누구오니이까?

㉚ 예수님께서 대답하여 말씀하시기를, 어떤 사람이 예루살렘에서 여리고로 내려가다가 강도를 만나매 강도들이 그 옷을 벗기고 때려 거반 죽은 것을 버리고 갔더라.

㉛ 마침 한 제사장이 그 길로 내려가다가 그를 보고 피하여 지나가고,

㉜ 또 이와 같이 한 레위인도 그 곳에 이르러 그를 보고 피하여 지나가되,

㉝ 어떤 사마리아인은 여행하는 중 거기 이르러 그를 보고 불쌍히 여겨,

㉞ 가까이 가서 기름과 포도주를 그 상처에 붓고 싸매고 자기 짐승에 태워 주막으로 데리고 가서 돌보아 주고,

㉟ 이튿날에 데나리온 둘을 내어 주막 주인에게 주며 말하기를, 이 사람을 돌보아 주라! 비용이 더 들면 내가 돌아올 때에 갚으리라 하였으니,

㊱ 네 의견에는 이 세 사람 중 누가 강도 만난 자의 이웃이 되겠느냐?

㊲ 그가 말씀드리기를, 자비를 베푼 자니이다. 예수님께서 말씀하시기를,

가서 너도 이와 같이 하라. 하시니라

㊳ 저희가 갈 때에 예수님께서 한 촌에 들어가시매, 마르다라 이름하는 한 여자가 자기 집으로 영접하더라.

㊴ 그에게 마리아라 하는 동생이 있어 주님의 발 아래 앉아 그의 말씀을 듣더니,

㊵ 마르다는 준비하는 일이 많아 마음이 분주한지라, 예수님께 나아와 말하기를, 주여 내 동생이 나 혼자 일하게 두는 것을 생각지 아니하시나이까? 저를 명하사 나를 도와주라. 하소서

㊶ 주님께서 대답하여 말씀하시기를, 마르다야, 마르다야, 네가 많은 일로 염려하고 근심하나,

㊷ 그러나 몇 가지만 하든지 혹 한 가지만이라도 족하니라. 마리아는 이 좋은 편을 택하였으니 빼앗기지 아니하리라. 하시니라.

● 11장

① 어느 날 예수님께서 어떤 한 곳에서 기도하시고 마치시니 제자들 중 하나가 주님께 말씀드리기를, 주님,요한이 자기 제자들에게 기도를 가르친 것과 같이 우리에게도 가르쳐 주옵소서, 하니

② 예수님께서 말씀하시기를, 너희는 기도할 때에 이렇게 하라. 아버지여 이름이 거룩히 여김을 받으시오며, 나라이 임하옵시며,

③ 우리에게 날마다 일용할 양식을 주옵시고,

④ 우리의 죄를 용서하여 주옵소서, 우리 역시 우리에게 죄 지은 모든 사람을 용서하나이다.
우리를 유혹에 빠지지 않게 하옵소서, 하라

⑤ 또 말씀하시기를, 너희 중에 누가 벗이 있는데 밤중에 그에게 가서 말하기를, 벗이여 떡 세 덩이를 내게 빌려달라.

⑥ 내 벗이 여행 중에 내게 왔으나 내게 먹일 것이 없노라, 하면

⑦ 저가 안에서 대답하여 말하기를, 나를 괴롭게 하지 말라. 문이 이미 닫혔고 아이들이 나와 함께 침소에 누웠으니 일어나 네게 줄 수가 없노라. 하겠느냐?

⑧ 내가 너희에게 말하노니, 그가 자기의 친구라는 이유만으로는 일어나

서 주지 아니할지라도 그의 끈질긴 간청 때문에 일어나 그가 필요한 것만큼 주리라.

⑨ 내가 너희에게 말하노니, 구하라. 그리하면 너희에게 주실 것이요. 찾으라, 그리하면 찾을 것이요. 두드리라, 그리하면 너희에게 열릴 것이니라.

⑩ 구하는 이마다 받을 것이요. 찾는 이가 찾을 것이요. 두드리는 이에게 열릴 것이니라.

⑪ 너희 중에 아비된 자 누가 아들이 생선을 달라 하면 생선 대신에 뱀을 주며,

⑫ 알을 달라 하는데 전갈을 주겠느냐?

⑬ 너희가 악할지라도 좋은 것을 자식에게 줄줄 알거든, 하물며 하늘에 계신 아버지께서 구하는 자에게 성령을 주시지 않겠느냐? 하시니라

⑭ 예수님께서 한 벙어리 귀신을 쫓아내시니 귀신이 나가매, 벙어리가 말하는지라 군중들이 놀라워하였더라.

⑮ 그 중에 더러는 말하기를 저가 귀신의 왕 바알세불을 힘입어 귀신을 쫓아낸다 하고,

⑯ 또 더러는 예수를 테스트하여 하늘로서 오는 표적을 구하니,

⑰ 예수께서 저희 생각을 아시고 말씀하시기를, 스스로 분쟁하는 나라마다 황폐하여지며 스스로 분쟁하는 집은 무너지느니라.

⑱ 너희 말이 내가 바알세불을 힘 입어 귀신을 쫓아낸다 하나, 만일 사단이 스스로 분쟁하면 저의 나라가 어떻게 서겠느냐?

⑲ 내가 바알세불을 힘입어 귀신을 쫓아내면 너희의 귀신 쫓아내는 자들에게도 똑 같은 말이 되지 않겠느냐? 그러면 귀신들이 너희의 재판관이 되는 것이니라.

⑳ 그러나 내가 만일 하나님의 손을 힘입어 귀신을 쫓아내는 것이면 하나님의 나라가 이미 너희에게 임하였느니라.

㉑ 강한 자가 무장을 하고 자기 집을 지킬 때에는 그 소유가 안전하되,

㉒ 더 강한 자가 와서 저를 이길 때에는 저의 믿던 무장을 빼앗고 저의 재물을 나누느니라.

㉓ 나와 함께 아니하는 자는 나를 반대하는 자요. 나와 함께 모이지 아니

하는 자는 헤치는 자니라.

㉔ 더러운 귀신이 사람에게서 갔을 때에 물 없는 곳으로 다니며 쉬기를 구하되 얻지 못하고 이에 가로되 내가 나온 집으로 돌아가리라., 하고

㉕ 와 보니 그 집이 소제되고 수리되었거늘

㉖ 이에 가서 저보다 더 악한 귀신 일곱을 데리고 들어가서 거하니 그 사람의 나중 형편이 전보다 더 심하게 되느니라.

㉗ 이 말씀 하실 때에 군중 중에서 한 여자가 음성을 높여 말하기를, 당신을 낳아주시고 길러주신 이는 복이 있나이다. 하니

㉘ 예수님께서 말씀하시기를, 오히려 하나님의 말씀을 듣고 지키는 자가 복이 있느니라. 하시니라

㉙ 사람들이 빈틈없이 모였을 때에 예수님께서 말씀하시되, 이 세대는 악한 세대라 표적을 구하되 요나의 표적 밖에는 보일 표적이 없나니,

㉚ 이는 요나가 니느웨 사람들에게 표적이 됨과 같이 사람인아들도 이 세대에 그러하리라.

㉛ 심판 때에 남방 여왕이 일어나 이 세대 사람을 정죄하리니, 이는 그가 솔로몬의 지혜로운 말을 들으려고 땅 끝에서 왔음이어니와 솔로몬보다 더 큰이가 여기 있으며,

㉜ 심판 때에 니느웨 사람들이 일어나 이 세대 사람을 정죄하리니 이는 그들이 요나의 전도를 듣고 회개하였음이어니와 요나보다 더 큰이가 여기 있느니라.

㉝ 누구든지 등불을 켜서 보이지 않는 곳이나 또는 사발 속에 두지 아니하고 등경 위에 두나니, 이는 들어가는 자로 그 빛을 보게 하려 함이니라.

㉞ 네 몸의 등불은 눈이라 네 눈이 성하면 온 몸이 밝을 것이요. 만일 나쁘면 네 몸도 어두우리라.

㉟ 그러므로 네 속에 있는 빛이 어둡지 아니한가 보라.

㊱ 네 온 몸이 밝아 조금도 어두운데가 없으면 등불의 광선이 너를 비출 때와 같이 온전히 밝으리라, 하시니라.

㊲ 예수님께서 말씀하실 때에 한 바리새인이 자기와 함께 점심 잡수시기를 청하므로 들어가 앉으셨더니,

㊳ 잡수시기 전에 손 씻지 아니하심을 이 바리새인이 보고 이상히 여기는

지라.
㊴ 주님께서 그에게 말씀하시기를, 너희 바리새인은 지금 잔과 대접과 겉은 깨끗이 하나, 너희 속인즉 탐욕과 악독이 가득하도다.
㊵ 이리석은 자들아 밖을 만드신 이가 속도 만들지 아니하셨느냐?
㊶ 오직 그 안에 있는 것으로 구제하라! 그리하면 모든 것이 너희에게 깨끗하리라.
㊷ 화, 있을진저! 너희 바리새인이여! 너희가 박하와 운향과 모든 채소의 십일조를 드리되, 공의와 하나님께 대한 사랑은 버리는도다. 그러나 이것도 행하고 저것도 버리지 아니하여야 할지니라.
㊸ 화, 있을진저! 너희 바리새인이여 너희가 회당의 높은 자리와 시장에서 문안 받는 것을 기뻐하는도다.
㊹ 화, 있을진저! 너희여 너희는 평토장한 무덤 같아서 그 위를 밟는 사람이 알지 못하느니라.
㊺ 한 율법사가 예수님께 대답하여 말하기를, 선생님 이렇게 말씀하시니 우리까지 모욕하심이니이다.
㊻ 주님께서 말씀하시기를, 율법사들아, 너희에게도 화가 있으라! 이는 너희가 지기에 힘든 짐을 사람들에게 지우고 너희는 한 손가락도 이 짐에 대지 않기 때문이다.
㊼ 화, 있을진저! 너희는 선지자들의 무덤을 쌓는도다. 저희를 죽인 자도 너희 조상들이로다.
㊽ 이와 같이 저희는 죽이고 너희는 쌓으니, 너희가 너희 조상의 행한 일에 증인이 되어 옳게 여기는도다.
㊾ 이러므로 하나님의 지혜가 일렀으되 내가 선지자와 사도들을 저희에게 보내리니, 그 중에 더러는 죽이며 또 핍박하리라 하였으니,
㊿ 창세 이후로 흘린 모든 선지자의 피를 이 세대가 담당하되,
(51) 곧 아벨의 피로부터 제단과 성전 사이에서 죽임을 당한 사가랴의 피까지 하리라. 내가 너희에게 이르노니 과연 이 세대가 담당하리라.
(52) 화, 있을진저! 너희 율법사여 너희가 복음을 아는 열쇠를 치워버리고, 너희도 들어가지 않고 또 들어가고자 하는 자도 막았느니라. 하시니라
(53) 주님께서 이것들을 그들에게 말씀하실 때에 율법교사들과 바리새인들

이 주님을 맹렬히 재촉하여 많은 것들을 말씀하시게 하고,
(54) 기회를 엿보아 주님의 입에서 나오는 것을 책잡으려 하니, 이는 그들이 주님을 고발하고자 하였기 때문이라.

• 12장

① 그럭저럭 하는 사이에 수만 명의 군중이 모여 서로 밟힐만큼 되었을 때 예수님께서 제자들에게 첫번째로 말씀하시기를, 바리새인들의 누룩 곧 위선을 주의하라. 하시니라
② 감추인 것이 드러나지 않을 것이 없고 숨은 것이 알려지지 않을 것이 없나니,
③ 이러므로 너희가 어두운데서 말한 모든 것이 광명한데서 들리고, 너희가 골방에서 귀에 대고 말한 것이 지붕으로 부터 전파되리라.
④ 내가 나의 사랑하는 친구인 너희에게 말하노니, 육신은 죽여도 그 이상 아무것도 못하는 자들을 두려워하지 마라.
⑤ 마땅히 두려워하여야 할 자를 내가 너희에게 보이리니, 즉 육신을 죽인 후에 너희를 지옥에 던져 넣는 권세를 가진 그를 두려워하라. 내가 너희에게 이르노니 그를 두려워하라.
⑥ 참새 다섯이 앗사리온 둘에 팔리는 것이 아니냐? 그러나 하나님 앞에는 그 하나라도 잊어버리시는바 되지 아니하는도다.
⑦ 너희에게는 오히려 머리털까지도 다 세신바 되었나니, 두려워하지 말라, 너희는 많은 참새보다 귀하니라.
⑧ 내가 또한 너희에게 말하노니, 누구든지 사람 앞에서 나를 시인하면 사람인아들도 하나님의 천사들 앞에서 저를 시인할 것이요.
⑨ 사람들 앞에서 나늘 부인하는 자는 하나님의 천사들 앞에서 부인함을 받으리라.
⑩ 그리고 너희가 오해나 무지로 인하여 사람인아들을 비방하면 용서를 받을 것이다. 그러나 성령을 겨냥해 고의로 하나님을 공격하면 용서를 받지 못할 것이니라.
⑪ 사람들이 너희를 회당과 정사 잡은 이와 권세 있는 이 앞에 끌고 가거든 어떻게 무엇으로 대답하며 무엇으로 말할 것을 염려치 말라.

⑫ 마땅히 할 말을 성령이 곧 그 때에 너희에게 가르치시리라, 하시니라

⑬ 사람들 중에서 어떤 사람이 말하기를, 선생님 내 형을 명하시되 유업을 나와 나누게 하소서, 하니

⑭ 말씀하시기를, 이 사람아 누가 나를 너희의 재판장 또는 중재자로 세웠느냐? 하시고

⑮ 그들에게 말씀하시기를, 삼가 모든 탐심을 물리치라, 사람의 생명이 그 소유의 넉넉한데 있지 아니하니라, 하시고

⑯ 또 비유로 그들에게 말씀하시기를, 한 부자가 그 밭에 소출이 풍성하매

⑰ 그가 속으로 생각하여 말하기를, 내가 곡식 쌓아 둘 곳이 없으니 어찌할꼬? 하고

⑱ 그가 말하기를, 내가 이렇게 하리라. 내 곡간을 헐고 더 크게 짓고 내 모든 곡식과 물건을 거기 쌓아 두리라.

⑲ 그리고 내가 내 자신에게 말해야지, 네가 여러 해 쓸 물건을 많이 쌓아 두었으니 평안히 쉬고 먹고 마시고 즐거워하자. 하리라.
(And I will say to my soul, Soul, thou hast much goods laid up for many years; take thine ease, eat, drink, and be merry.-KJV)
(And I'll say to myself, "You have plenty of good things laid up for many years. Take life easy; eat, drink and be merry."-NIV)
(and I shall say to myself, "Now as for you, you have so many things stored up for many years, rest, eat, drink, be mrrry!"')
(and I'll say to myself, Self, you've done well! You've got it made and can now retire. Take it easy and have the time of your life!'-THE MESSAGE)

⑳ 그러나 하나님이 이르시되 어리석은 자여 오늘 밤에 네 영혼을 도로 찾으리니, 그러면 네 예비한 것이 뉘 것이 되겠느냐? 하셨으니

㉑ 자기를 위하여 재물을 쌓아 두고 하나님께 대하여 부요치 못한 자가 이와 같으니라.

㉒ 또 제자들에게 말씀하시기를, 그러므로 내가 너희에게 이르노니, 너희 목숨을 위하여 무엇을 먹을까? 몸을 위하여 무엇을 입을까? 염려하지 말라.

㉓ 목숨이 음식보다 중하고 몸이 의복보다 중하니라.

㉔ 까마귀를 생각하라. 심지도 아니하고 거두지도 아니하며 골방도 없고 창고도 없으되 하나님이 기르시나니, 너희는 새보다 얼마나 더 귀하냐?

㉕ 또 너희 중에 누가 염려함으로 그 키를 한 자나 더할 수 있느냐?

㉖ 그런즉 지극히 작은 것이라도 능치 못하거든 어찌 그 다른 것을 염려하느냐?

㉗ 백합화를 생각하여 보아라, 실도 만들지 않고 짜지도 아니하느니라. 그러나 내가 너희에게 말하노니 솔로몬의 모든 영광으로도 입은 것이 이 꽃 하나만 같지 못하였느니라.

㉘ 오늘 있다가 내일 아궁이에 던지우는 들풀도 하나님이 이렇게 입히시거든, 하물며 너희일까보냐 신앙이 거의 없는 자들아!

㉙ 너희는 무엇을 먹을까 무엇을 마실까 하여 구하지 말며 근심하지도 말라.

㉚ 이 모든 것은 세상 백성들이 구하는 것이라, 너희 아버지께서 이런 것이 너희에게 있어야 될 줄을 아시느니라.

㉛ 오직 너희는 그의 나라를 구하라. 그리하면 이런 것을 너희에게 더하시리라.

㉜ 적은 무리여 무서워말라, 너희 아버지께서 그 나라를 너희에게 주시기를 기뻐하시느니라.

㉝ 너희 소유를 팔아 가난한 사람들에게 주어서, 너희 자신을 위하여 헤어지지 않는 지갑을 준비하라. 이는 곧 하늘에 둔 고갈되지 않는 보물이니, 거기는 도적도 가까이 하는 일이 없고 좀도 먹는 일이 없느니라.

㉞ 사실 너희의 보물 있는 곳에 너희 마음도 있기 때문이니라.

㉟ 허리에 띠를 띠고 등불을 켜고 서 있으라.

㊱ 너희는 마치 그 주인이 혼인 집에서 돌아와 문을 두드리면, 곧 열어 주려고 기다리는 사람과 같이 되라.

㊲ 주인이 와서 깨어 있는 것을 보면 그 종들은 복이 있으리로다. 내가 진실로 너희에게 이르노니, 주인이 띠를 띠고 그 종들을 자리에 앉히고 나아와 수종하리라.

㊳ 주인이 혹 이경에나 삼경에 이르러서도 종들의 이같이 하는 것을 보면 그 종들은 복이 있으리로다.

㊴ 너희도 아는바니 집 주인이 만일 도적이 어느 때에 이를줄 알았더면 그 집을 뚫지 못하게 하였으리라.

㊵ 이러므로 너희도 예비하고 있으라. 생각지 않은 때에 사람인아들이 오리라 하시니라.

㊶ 베드로가 여쫘오되, 주께서 이 비유를 우리에게 하심이니이까? 모든 사람에게 하심이니이까? 하니

㊷ 주님께서 말씀하시기를, 지혜있고 진실한 청지기가 되어 주인에게 그 집 종들을 맡아 때를 따라 양식을 나누어 줄 자가 누구냐?

㊸ 주인이 이를 때에 그 종의 이렇게 하는 것을 보면 그 종이 복이 있으리로다.

㊹ 내가 참으로 너희에게 이르노니, 주인이 그 모든 소유를 저에게 맡기리라.

㊺ 만일 그 종이 마음에 생각하기를, 주인이 더디 오리라 하여 노비를 때리며 먹고 마시고 취하게 되면,

㊻ 생각지 않은 날 알지 못하는 시간에 이 종의 주인이 이르러 엄히 때리고 신실치 아니한 자의 받는 율에 처하리니,

㊼ 주인의 뜻을 알고도 예비치 아니하고 그 뜻대로 행치 아니한 종은 많이 맞을 것이요.

㊽ 알지 못하고 맞을 일을 행한 종은 적게 맞으리라. 무릇 많이 받은 자에게는 많이 찾을 것이요. 많이 맡은 자에게는 많이 달라 할 것이니라.

㊾ 나는 지구에 불을 지피러 왔노라, 그리고 불이 이미 붙었으면 얼마나 좋겠느냐?

㊿ 그러나, 나는 내가 받아야 하는 세례가 있나니, 그것을 다 이루기까지 나의 답답함이 어떠하겠느냐?

(51) 내가 세상의 화합을 가져오기 위하여 온줄로 아느냐? 아니다 도리어 분열케 하려 함이로라.

(52) 이 후부터 한 집에 다섯 사람이 있어 분열하되, 셋이 둘과 둘이 셋과 하리니,

㊳ 아비가 아들과, 아들이 아비와, 어미가 딸과, 딸이 어미와, 시어미가 며느리와, 며느리가 시어미와 분열하리라. 하시니라

㊴ 또 사람들에게 말씀하시되, 너희가 구름이 서에서 일어남을 보면 곧 말하기를 소나기가 오리라 하나니,과연 그러하고

㊵ 남풍이 부는 것을 보고 말하기를, 심히 더우리라 하나니 과연 그러하니라

㊶ 위선하는 자여, 너희는 천지의 기상은 분변할 줄을 알면서, 어찌 이 때는 분별하지 못하느냐?

㊷ 또 어찌하여 너희 자신에 관해서도 무엇이 옳은지 판단하지 못하느냐?

㊸ 네가 너를 고소할 자와 함께 법관에게 갈 때에 길에서 화해하기를 힘쓰라. 저가 너를 재판장에게 끌어가고 재판장이 너를 관속에게 넘겨주어 옥에 가둘까. 염려하라

㊹ 내가 네게 이르노니 마지막 한푼까지 남김이 없이 갚지 아니하여서는 결단코 저기서 나오지 못하리라. 하시니라

● 13장

① 그 때 마침 거기에 있던 몇 사람이 빌라도가 갈릴리 사람들을 죽여서, 그들의 제물을 피로 물들게 한 일을 예수님께 고하니,

② 예수님께서 그들에게 대답하여 말씀하시기를, 너희는 이 갈릴리 사람들이 이 같이 해 받음으로써 모든 갈릴리 사람보다 죄가 더 있는줄 아느냐?

③ 내가 너희에게 이르노니, 아니다, 너희도 만일 회개치 아니하면 다 이와 같이 망하리라.

④ 또 실로암에서 망대가 무너져 치어 죽은 열 여덟 사람이 예루살렘에 거한 모든 사람보다 죄가 더 있는줄 아느냐?

⑤ 내가 너희에게 이르노니, 아니다, 만일 너희도 회개치 아니하면 다 이와 같이 망하리라.

⑥ 주님께서 또한 이런 비유를 말씀하시기를, 한 사람이 포도원에 무화과나무를 심은 것이 있더니 와서 그 열매를 구하였으나 얻지 못한지라.

⑦ 포도원지기에게 말하기를, 내가 삼년을 와서 이 무화과나무에 실과를

구하되 얻지 못하니, 찍어버리라, 어찌 땅만 버리느냐?

⑧ 그 포도원지기가 주인에게 대답하여 말하되, 주인이여 금년에도 그대로 두소서, 내가 두루 파고 거름을 주리니,

⑨ 이 후에 만일 실과가 열면이어니와 그렇지 않으면 찍어버리소서 하였다. 하시니라

⑩ 주님께서 안식일에 한 회당에서 가르치실 때에,

⑪ 십 팔년 동안을 귀신들려 앓으며 꼬부라져 조금도 펴지 못하는 한 여자가 있더라.

⑫ 예수님께서 보시고 불러 말씀하시기를, 여자여 네가 네 병에서 놓였다. 하시고

⑬ 안수하시매 여자가 곧 펴고 하나님께 영광을 돌리는지라,

⑭ 회당장이 예수님께서 안식일에 병 고치시는 것을 분내어 사람들에게 말하기를, 일할 날이 엿새가 있으니 그 동안에 와서 고침을 받을 것이요, 안식일에는 말 것이니라. 하거늘

⑮ 주님께서 그에게 대답하여 말씀하시기를, 위선하는 자들아 너희가 각각 안식일에 자기의 소나 나귀나 마구에서 풀어내고 이끌고 가서 물을 먹이지 아니하느냐?

⑯ 그러면 십 팔 년 동안 사단에게 매인바 된 이 아브라함의 딸을 안식일에 이 매임에서 푸는 것이 합당치 아니하냐?

⑰ 예수님께서 이 말씀을 하시매, 모든 반대하는 자들은 부끄러워하고 온 무리는 그 하시는 모든 영광스러운 일을 기뻐하니라.

⑱ 그때에 주님께서 말씀하시기를, 하나님의 나라가 무엇과 같을꼬? 내가 무엇으로 비교할꼬?

⑲ 마치 사람이 자기 채전에 갖다 심은 겨자씨 한 알 같으니 자라 나무가 되어 공중의 새들이 그 가지에 깃들였느니라.

⑳ 다시 주님께서 말씀하시기를, 내가 하나님의 나라를 무엇으로 비교할꼬?

㉑ 마치 여자가 가루 서 말 속에 갖다 넣어 전부 부풀게 한 누룩과 같으니라. 하셨더라

㉒ 예수님께서 각성 각촌으로 다니사 가르치시며 예루살렘으로 여행하시

더니,

㉓ 어떤 사람이 주님께 말씀드리기를, 주여 구원을 얻는 자가 적으니이까? 하니 주님께서 그들에게 말씀하시기를,

㉔ 좁은 문으로 들어가기를 힘쓰라. 내가 너희에게 이르노니, 이는 많은 사람들이 들어가기를 구하여도 들어가지 못하기 때문이라.

㉕ 그 집의 주인이 일어나 문을 한번 닫은 후에 너희가 밖에 서서 문을 두드리며, 주여 열어주소서! 하면 저가 대답하여 가로되 나는 너희가 어디로서 온 자인지 알지 못하노라. 하리니

㉖ 그 때에 너희가 말하되 우리는 주님 앞에서 먹고 마셨으며 주님은 또한 우리를 길거리에서 가르쳤나이다. 하나

㉗ 그러나 그가 너희에게 말하기를, 나는 너희가 어디로서 왔는지 알지 못하노라. 행악하는 모든 자들아 나를 떠나 가라. 하리라

㉘ 너희가 아브라함과 이삭과 야곱과 모든 선지자는 하나님 나라에 있고, 오직 너희는 밖에 쫓겨난 것을 볼 때에 거기서 슬피 울며 이를 갊이 있으리라.

㉙ 사람들이 동 서 남 북으로부터 와서 하나님의 나라 잔치에 참석하리니,

㉚ 보라 나중 된 자로서 먼저 될 자도 있고, 먼저 된 자로서 나중 될 자도 있느니라. 하시니라

㉛ 그 때에 어떤 바리새인들이 나아와서 주님께 말하기를, 당신은 나가서 여기를 떠나소서! 헤롯이 당신을 죽이고자 하나이다. 하니

㉜ 주님께서 그들에게 말씀하시기를, 너희는 가서 그 여우에게 말하기를, 보라, 내가 오늘과 내일 그 귀신을 좇아내며 병을 낫게 하고 제 삼일에는 완전하여 지리라. 하라

㉝ 그러나 오늘과 내일과 모래는 내가 갈 길을 가야 하리니 선지자가 예루살렘 밖에서는 죽는 법이 없느니라.

㉞ 예루살렘아, 예루살렘아, 선지자들을 죽이고 네게 파송된 자들을 돌로 치는 자여, 암탉이 제 새끼를 날개 아래 모음 같이 내가 너희의 자녀를 모으려 한 일이 몇 번이냐? 그러나 너희가 원치 아니하였도다.

㉟ 보라! 너희 집이 황폐하여 버린바 되리라, 내가 너희에게 이르노니, 너희가 주님의 이름으로 오시는 이를 찬송하리로다. 할 때까지는 나를 보

지 못하리라. 하시니라.

● 14장
① 안식일에 예수님께서 유력한 바리새인의 집에 식사하시러 들어가셨을 때 저희가 주시하고 있더라.
② 주님의 앞에 수종병든 한 사람이 있는지라,
③ 예수님께서 바리새인들과 율법사들에게 묻기를, 안식일에 병 고쳐주는 것이 합당하냐? 아니하냐? 하시니
④ 저희가 잠잠하거늘 예수님께서 그 사람을 데려다가 고쳐 보내시고,
⑤ 또 저희에게 말씀하시기를, 너희 중에 누가 그 아들이나 소나 우물에 빠졌으면 안식일에라도 곧 끌어내지 않겠느냐? 하시니
⑥ 저희가 이에 대하여 대답지 못하니라.
⑦ 청함을 받은 사람들의 상좌 택함을 보시고, 저희에게 비유로 말씀하시기를,
⑧ 네가 누구에게나 혼인 잔치에 청함을 받았을 때에 상좌에 앉지 말라. 그렇지 않으면 너보다 더 높은 사람이 청함을 받은 경우에,
⑨ 너와 저를 청한 자가 와서 너더러 이 사람에게 자리를 내어 주라. 하리니 그 때에 네가 부끄러워 말석으로 가게 되리라.
⑩ 청함을 받았을 때에 차라리 가서 말석에 앉으라. 그러면 너를 청한 자가 와서 너더러 벗이여 올라 앉으라 하리니, 그 때에야 함께 앉은 모든 사람에게 영광이 있으리라.
⑪ 무릇 자기를 높이는 자는 낮아지고, 자기를 낮추는 자는 높아지리라. 하시니라
⑫ 또 자기를 청한 자에게 말씀하시기를, 네가 점심이나 저녁이나 베풀거든 벗이나 형제나 친척이나 부한 이웃을 청하지 말라. 두렵건대 그 사람들이 너를 도로 청하여 네게 갚음이 될까하라.
⑬ 그러나 너희가 잔치를 베풀 때에는 차라리 가난한 자들과 병신들 및 저는 자들과 소경들을 청하라.
⑭ 그리하면 저희가 갚을 것이 없는고로 네게 복이 되리니, 이는 의인들의 부활 시에 네가 갚음을 받겠음이니라. 하시더라

⑮ 함께 먹는 사람 중에 하나가 이 말을 듣고 이르되 무릇 하나님의 나라에서 떡을 먹는 자는 복되도다. 하니

⑯ 그때에 주님께서 그에게 말씀하시기를, 어떤 사람이 큰 잔치를 준비하고 많은 사람을 청하였더니,

⑰ 잔치할 시간에 그 청하였던 자들에게 종을 보내어 말하기를, 오소서 모든 것이 준비되었나이다. 하매

⑱ 다 일치하게 사양하여 하나는 말하기를, 나는 밭을 샀으매 불가불 나가 보아야 하겠으니 청컨대 나를 양해하도록 하라. 하고

⑲ 또 하나는 말하기를, 나는 다섯 쌍의 소들를 사서 소들을 부려보려고 가니 부디 나를 양해하도록 하시오. 하고

⑳ 또 하나는 말하기를, 나는 장가 들었으니 그러므로 가지 못하겠노라. 하는지라

㉑ 종이 돌아와 주인에게 그대로 고하니, 이에 집주인이 노하여 그 종에게 말하기를, 빨리 시내의 거리와 골목으로 나가서 가난한 자들과 병신들과 소경들과 저는 자들을 데려오라. 하니라

㉒ 종이 말하기를, 주인이여 명하신대로 하였으되 오히려 자리가 있나이다. 하매

㉓ 주인이 종에게 말하기를, 길과 산울 가로 나가서 사람을 강권하여 데려다가 내 집을 채우라.

㉔ 이는 내가 너희에게 말하노니 전에 청하였던 그 사람은 하나도 내 잔치를 맛보지 못하리라. 하시니라

㉕ 허다한 무리가 함께 갈새 예수님께서 돌아보시며 이르시되

㉖ 무릇 내게 오는 자가 자기 부모와 처자와 형제와 자매와 및 자기 자신까지 내려놓지 아니하면 능히 나의 제자가 되지 못하리라.

㉗ 또 누구든지 자기 십자가를 지고 나를 좇지 않는 자도 능히 나의 제자가 되지 못하리라.

㉘ 너희 중에 누가 망대를 세우고자 할진대, 자기의 가진 것이 준공하기까지에 족할는지 먼저 앉아 그 비용을 예산하지 아니하겠느냐?

㉙ 그렇게 아니하여 그 기초만 쌓고 능히 이루지 못하면 보는 자가 다 비웃어,

㉚ 말하기를, 이 사람이 역사를 시작하고 능히 이루지 못하였다. 하리라

㉛ 또 어느 임금이 다른 임금과 싸우러 갈 때에 먼저 앉아 일만으로서 저 이만을 가지고 오는 자를 대적할 수 있을까 헤아리지 아니하겠느냐?

㉜ 만일 못할터이면 저가 아직 멀리 있을 동안에 사신을 보내어 화친을 청할지니라.

㉝ 이와 같이 너희 중에 누구든지 자기의 모든 소유를 버리지 아니하면 능히 내 제자가 되지 못하리라.

㉞ 소금이 좋은 것이나 소금도 만일 그 맛을 잃었으면 무엇으로 짜게 하리요!

㉟ 흙에도 거름에도 쓸데 없어 내어 버리느니라. 들을 귀가 있는 자는 들을지어다, 하시니라.

● 15장

① 그때 세리들과 죄인들이 말씀을 들으러 다 주위로 모여들었느니라.

② 그러자 바리새인과 율법교사들이 투덜대면서 말하기를, 이 사람이 죄인을 영접하고 음식을 같이 먹는다, 하더라

③ 예수님께서 저희에게 이 비유로 말씀하시기를,

④ 너희 중에 어느 사람이 양 일백 마리가 있는데 그 중에 하나를 잃으면 아흔 아홉 마리를 들에 두고 그 잃은 것을 찾도록 찾아 다니지 아니하느냐?

⑤ 또 찾은즉 즐거워 어깨에 메고,

⑥ 집에 와서 그 벗과 이웃을 불러 모으고 말하되, 나와 함께 즐기자! 나의 잃은 양을 찾았노라, 하리라

⑦ 내가 너희에게 이르노니, 이와 같이 죄인 하나가 회개하면 하늘에서는 회개할 것 없는 의인 아흔 아홉을 인하여 기뻐하는 것보다 더하리라.

⑧ 어느 여자가 열 드라크마가 있는데 하나를 잃으면 등불을 켜고 집을 쓸며 찾도록 부지런히 찾지 아니하겠느냐?

⑨ 또 찾은즉 벗과 이웃을 불러 모으고 말하되, 나와 함께 즐기자 잃은 드라크마를 찾았노라, 하리라

⑩ 내가 너희에게 이르노니, 이와 같이 죄인 하나가 회개하면 하나님의 천

사들 앞에 기쁨이 되느니라.

⑪ 또 말씀하시기를, 어떤 사람이 두 아들이 있는데,

⑫ 그 둘째가 아비에게 말하되 아버지여 재산 중에서 내게 돌아올 몫을 주소서, 하는지라, 아비가 그 살림을 각각 나눠 주었더니,

⑬ 그 후 며칠이 못되어 둘째 아들이 재물을 다 모아 가지고 먼 나라에 가서 허랑방탕하여 그 재산을 허비하더니,

⑭ 다 없이한 후 그 나라에 크게 흉년이 들어 저가 비로소 궁핍한지라.

⑮ 가서 그 나라 백성 중 하나에게 붙여 사니, 그가 저를 들로 보내어 돼지를 치게 하였는데,

⑯ 저가 돼지 먹는 쥐엄 열매로 배를 채우고자 하되, 주는 자가 없는지라.

⑰ 이에 스스로 돌이켜 말하기를, 내 아버지에게는 양식이 풍족한 품군이 얼마나 많은고? 나는 여기서 주려 죽는구나.

⑱ 내가 일어나 아버지께 가서 이르기를, 내가 하늘과 아버지께 죄를 지었사오니

⑲ 지금부터는 아버지의 아들이라 일컬음을 감당치 못하겠나이다. 나를 품군의 하나로 보소서, 하리라 하고

⑳ 이에 일어나서 아버지께로 돌아가니라. 아직도 멀리 있을 때에 아버지가 저를 보고 측은히 여겨 달려가 목은 안고 입을 맞추니,

㉑ 아들이 말하기를, 아버지여 내가 하늘과 아버지께 죄를 지었사오니, 지금부터는 아버지의 아들이라 일컬음을 감당치 못하겠나이다. 하니

㉒ 아버지는 종들에게 이르되, 제일 좋은 옷을 내어다가 입히고 손에 가락지를 끼우고 발에 신을 신기라.

㉓ 그리고 살진 송아지를 끌어다가 잡으라. 우리가 먹고 즐기자.

㉔ 이 내 아들은 죽었다가 다시 살아났으며 내가 잃었다가 다시 얻었노라 하니, 저희가 즐거워하더라

㉕ 맏아들은 밭에 있다가 돌아와 집에 가까웠을 때에 풍류와 춤추는 소리를 듣고,

㉖ 한 종을 불러 이 무슨 일인가 물은대,

㉗ 대답하되 당신의 동생이 돌아왔으매, 당신의 아버지가 그의 건강한 몸을 다시 맞아 들이게 됨을 인하여 살진 송아지를 잡았나이다. 하니

㉘ 저가 노하여 들어가기를 즐겨 아니하거늘 아버지가 나와서, 권한대

㉙ 아버지께 대답하여 말하기를, 내가 여러 해 아버지를 섬겨 명을 어김이 없거늘 내게는 염소 새끼라도 주어 나와 내 벗으로 즐기게 하신 일이 없더니,

㉚ 아버지의 살림을 창기와 함께 먹어버린 이 아들이 돌아오매, 이를 위하여 살진 송아지를 잡으셨나이다.

㉛ 아버지가 말씀하시기를, 얘 너는 항상 나와 함께 있으니, 내 것이 다 네 것이로되,

㉜ 이 네 동생은 죽었다가 살았으며, 내가 잃었다가 얻었기로, 우리가 즐거워하고 기뻐하는 것이 마땅하다. 하니라.

• 16장

① 또한 제자들에게 말씀하시기를, 한 부자에게 청지기가 있는데, 그가 주인의 소유를 허비한다는 말이 그 주인에게 들린지라,

② 주인이 저를 불러 말하기를, 내가 네게 대하여 들은 이 말이 어찜이뇨? 네 보던 일을 청산하라. 네가 청지기 사무를 계속하지 못하리라, 하니

③ 청지기가 속으로 생각하기를, 주인이 내 직분을 빼앗으니, 내가 무엇을 할꼬, 땅을 파자니 힘이 없고 빌어 먹자니 부끄럽구나.

④ 내가 할 일을 알았도다. 이렇게 하면 직분을 빼앗긴 후에 저희가 나를 자기 집으로 영접하리라 하고,

⑤ 주인에게 빚진 자를 낱낱이 불러다가 먼저 온 자에게 이르되 네가 내 주인에게 얼마나 빚 졌느뇨?

⑥ 말하되 기름 백 말이니이다. 말하기를, 여기 네 증서를 가지고 빨리 앉아 오십이라 쓰라, 하고

⑦ 또 다른이에게 말하기를, 너는 얼마나 빚 졌느뇨? 가로되 밀 백석이니이다, 이르되 여기 네 증서를 가지고 팔십이라 쓰라, 하였는지라

⑧ 주인이 이 불성실한 청지기가 일을 현명하게 처리 하였으므로 칭찬하였느니라. 이는 이 세상의 사람들이 그들과 같은 종류 사람들과의 거래에 있어서는 빛의 사람들 보다 더 현명하기 때문이니라.

⑨ 내가 너희에게 말하노니, 세상의 재물을 사용하여, 너 자신을 위하여

친구를 얻으라. 그렇게 세상 재산이 쓰여질 때에 너희는 영원한 처소로 영접될 것이니라.

⑩ 지극히 작은 것에 신뢰될 수 있는 자는 많은 것에도 신뢰될 수 있으며, 지극히 작은 것에 부성실한 자는 많은 것에도 불성실하느니라.

⑪ 그래서 만일 너희가 세상 재물을 취급하는데 신뢰될 수 없으면, 누가 하늘의 재물을 너희에게 맡기겠느냐?

⑫ 그리고 너희가 다른 사람의 재산을 관리하는데 신뢰될 수 없다면, 누가 너희에게 너희 자신의 재산을 주겠느냐?

⑬ 집 하인이 두 주인을 섬길 수 없나니, 혹 이를 미워하고 저를 사랑하거나, 혹 이를 중히 여기고 저를 경히 여길 것임이니라. 너희가 하나님과 재물을 겸하여 섬길 수 없느니라.

⑭ 바리새인들은 재물을 좋아하는 자라, 이 모든 것을 듣고 비웃거늘

⑮ 예수님께서 말씀하시기를, 너희는 사람의 눈으로 판단하여 너희 자신들을 옳다 하는 자들이나, 하나님은 너희 마음을 아시느니라. 사람들 중에서 높임을 받는 모든 것은 하나님 입장에서는 몹시 싫은 것이니라.

⑯ 율법과 선지자의 시대는 요한의 때까지니라. 그 이후로는 하나님 나라의 복음이 전도되고, 모든 사람은 그 복음 속으로 밀고 들어갈 것이느니라.

(The Law and the prophets were until John; since that time the Kingdom of God is preached, and every man presseth into it. - KJV)

("The Law and the Prophets were proclaimed until John. Since that time, the good news of the Kingdom of God is being preached, and everyone is forcing his way into it. - NIV)

(The law and the prophets lasted until John; but from then on the kingdom of God is proclaimed, and everyone who enters so with violence.- NAB)

(God's Law and Prophets climaxed in John; Now it's all kingdom of God - the glad news and compelling invitation to every man and woman. - THE MESSAGE)

⑰ 그리하여 복음의 한 구절이 없어지는 것 보다 창공이 붕괴하고 지구가 분해되기가 더 쉬울 것이니라.

(And it is easier for heaven and earth to pass, than one little of the law to fail.- KJV)

(It is easier for heaven and earth to disappear than for the least stroke of a pen to drop out of the Law.-NIV)

(It is easier for heaven and earth to pass away than for the smallest part of a letter of the law to become invalid.-NAB)

(The sky will disintegrate and the earth dissolve before a single letter of God's Law wears out.-THE MESSAGE)

⑱ 무릇 그 아내를 버리고 다른데 장가드는 자도 간음함이요, 무릇 버리운 이에게 장가드는 자도 간음함이라.

⑲ 한 부자가 있어 자색 옷과 고운 베옷을 입고 날마다 호화로운 연회를 하는데,

⑳ 그의 집 대문 앞에는 라사로라는 한 거지가 종기 투성이 몸으로 누워 있었으며,

㉑ 부자의 상에서 떨어지는 것을 먹어 배불리려 하였더라. 그런데 심지어 개들이 와서 그 종기를 핥더라.

㉒ 이에 그 거지가 죽어 천사들에게 받들려 아브라함의 품에 들어가고 부자도 죽어 장사되매,

㉓ 저가 음부에서 고통 중에 눈을 들어 멀리 아브라함과 그의 품에 있는 나사로를 보고,

㉔ 울부짖으며 말하기를, 아버지 아브라함이여! 나를 불쌍히 여기사 나사로를 보내어 그 손가락 끝에 물을 찍어 내 혀를 서늘하게 하소서, 내가 이 불 가운데서 심히 고통스럽나이다.

㉕ 아브라함이 말하기를, 얘 너는 살았을 때에 네 좋은 것을 받았고 나사로는 고난을 받았으니 이것을 기억하라. 이제 저는 여기서 위로를 받고 너는 고통을 받느니라.

㉖ 이뿐 아니라 너희와 우리 사이에 큰 협곡이 끼어 있어 여기서 너희에게 건너가고자 하되 할 수 없고 우리에게 건너 올 수도 없게 하였느니라.

㉗ 그때에 그가 말하기를, 그러면 구하노니 아버지여 나사로를 내 아버지의 집에 보내소서.

㉘ 내 형제 다섯이 있으니 저희에게 증거하게 하여 저희로 이 고통 받는 곳에 오지 않게 하소서.

㉙ 아브라함이 그에게 말하기를, 저희에게 모세와 선지자들이 있으니 그들에게 들을지어다.

㉚ 그가 말하기를, 아니옵니다. 아버지 아브라함이여, 그러나 만일 죽은 자에게서 저희에게 가는 자가 있으면 그들이 회개하리이다, 하니

㉛ 아브라함이 그에게 말하기를, 만일 그들이 모세와 선지자들에게 듣지 아니하면, 비록 죽은 자 가운데서 살아나는 자가 있을지라도 권함을 받지 아니하리라, 하였다, 하시니라

● 17장

① 예수님께서 제자들에게 말씀하시기를, 실족케 하는 것이 없을 수는 없으나 있게 하는 자에게는 화가 있으니라.

② 이 작은 자들 중에서 하나라도 실족하게 하는 자는 차라리 연자 맷돌을 그 목에 메이우고 바다에 던져지는 것이 더 나으리라.

③ 너희는 스스로 조심하라. 만일 네 형제가 죄를 범하거든 경계하고, 회개하거든 용서하라.

④ 만일 하루 일곱 번이라도 네게 죄를 얻고 일곱 번 네게 돌아와 내가 회개하노라 하거든 너는 용서하라, 하시더라

⑤ 사도들이 주님께 말씀드리기를, 우리의 신앙을 증대하여 주소서, 하니

⑥ 주님께서 말씀하시기를, 너희에게 겨자씨 한알 만한 신앙이 있었더면 이 뽕나무 더러 뿌리가 뽑혀 바다에 심기우라 하였을 것이요. 그것이 너희에게 순종하였으리라.

⑦ 너희 중에 뉘게 밭을 갈거나 양을 치거나 하는 종이 있어 밭에서 돌아오면 저더러 곧 와 앉아서 먹으라 할 자가 있느냐?

⑧ 도리어 저더러 내 먹을 것을 예비하고 띠를 띠고 나의 먹고 마시는 동안에 수종들고 너는 그 후에 먹고 마시라 하지 않겠느냐?

⑨ 명한대로 하였다고 종에게 사례하겠느냐?

⑩ 이와 같이 너희도 명령 받은 것을 다 행한 후에 이르기를, 우리는 하찮은 종이라 우리의 하여야 할 일을 한 것 뿐이라 할지니라.

⑪ 예수님께서 예루살렘으로 가실 때에 사마리아와 갈릴리 사이로 지나가시다가,

⑫ 한 촌에 들어가시니 문둥병자 열명이 예수님을 만나 멀리 서서,

⑬ 소리를 높여 말씀드리기를, 예수 선생님이여 우리를 불쌍히 여기소서, 하거늘

⑭ 보시고 말씀하시기를, 가서 제사장들에게 너희 몸을 보이라. 하셨더니, 저희가 가다가 깨끗함을 받은지라,

⑮ 그 중에 하나가 자기의 나은 것을 보고 큰 소리로 하나님께 영광을 돌리며 돌아와,

⑯ 예수님의 발 아래 엎드려 사례하니, 저는 사마리아인이라.

⑰ 예수님께서 대답하여 말씀하시기를, 열 사람이 다 깨끗함을 받지 아니하였느냐? 그런데 그 아홉은 어디 있느냐?

⑱ 이 이방인 외에는 하나님께 영광을 돌리러 올 자가 없느냐? 하시고

⑲ 그에게 말씀하시기를, 일어나 가라, 네 신앙이 너를 낫게 하였느니라. 하시더라

⑳ 바리새인들이 하나님의 나라가 어느 때에 임하나이까 묻거늘, 예수님께서 그들에게 대답하여 말씀하시기를, 하나님의 나라는 볼 수 있게 임하는 것이 아니요.

㉑ 또 여기 있다. 저기 있다고도 못하리니, 하나님의 나라는 너희 안에 있느니라! 하시니라

㉒ 또 제자들에게 말씀하시기를, 때가 이르리니, 너희가 사람인아들의 날 하루를 보고자 하되, 보지 못하리라.

㉓ 사람들이 너희에게 말하되 보라 저기 있다 여기 있다 하리라. 그러나 너희는 가지도 말고 좇지도 말라.

㉔ 번개가 하늘 아래 이 편에서 번뜻하여, 하늘 아래 저 편까지 비췸 같이 사람인아들도 자기 날에 그러하리라.

㉕ 그러나 그가 먼저 많은 고난을 받으며 이 세대에게 버린바 되어야 할지니라.

㉖ 노아의 때에 된 것과 같이 사람인아들의 때에도 그러하리라.

㉗ 노아가 방주에 들어가던 날까지 사람들이 먹고 마시고 장가 들고 시집 가더니 홍수가 나서 저희를 다 멸하였으며,

㉘ 또 롯의 때와 같으리니 사람들이 먹고 마시고 사고 팔고 심고 집을 짓더니,

㉙ 롯이 소돔에서 나가던 날에 하늘로서 불과 유황이 비오듯하여 저희를 멸하였느니라.

㉚ 사람인아들이 나타나는 날에도 이러하리라.

㉛ 그 날에 만일 사람이 지붕 위에 있고 그 세간이 집 안에 있으면 그것을 가지러 내려오지 말 것이요. 밭에 있는 자도 이와 같이 뒤로 돌이키지 말것이니라.

㉜ 롯의 처를 생각하라.

㉝ 무릇 자기 목숨을 보존하고자 하는 자는 잃을 것이요. 누구든지 자기의 생명을 잃고자 하는 자는 그것을 보존하리라.

㉞ 내가 너희에게 말하노니 그 밤에 두 사람이 한 자리에 누워 있으매 하나는 데려감을 당하고 하나는 버려둠을 당할 것이요.

㉟ 두 여자가 함께 매를 갈고 있다가 하나는 데려감을 당하고, 하나는 버려둠을 당할 것이니라.

㊱ 두 사람이 들에 있다가 한 사람은 붙잡혀 가고 다른 한 사람은 남게 되리라, 하시니라.

㊲ 제자들이 주님께 대답하여 말씀드리기를, 어디로이니이까? 하니 주님께서 그들에게 말씀하시기를, 어디든지 시체가 있는 곳에는 독수리들이 함께 모이리라, 하시니라.

● 18장

① 그때 예수님께서 제자들에게 그들이 항상 기도하고 포기하지 말아야 한다는 것을 보여주시기 위하여 비유로 말씀하시니라.

② 말씀하시기를, 어떤 도시에 하나님을 두려워 아니하고 사람을 무시하는 한 재판관이 있는데,

③ 그 도시에 한 과부가 있어 자주 그에게 가서 내 원수에 대한 나의 원한

을 풀어 주소서, 하되

④ 그가 얼마 동안 듣지 아니하다가 후에 속으로 생각하기를, 내가 하나님을 두려워 아니하고 사람을 무시하나,

⑤ 이 과부가 나를 번거롭게 하니, 내가 그 원한을 풀어 주리라. 그렇지 않으면 늘 와서 나를 괴롭게 하리라, 하였느니라.

⑥ 주님께서는 이치에 맞지 않는 재판관이 말한 것에 귀를 기울여라, 하셨느니라.

⑦ 그렇다면 하나님은 그분에게 밤 낮으로 부르짖는 그분의 선택받은 자들을 위하여 정의를 성취하시지 않으시겠느냐? 그리고 그분이 그들에게 정의의 성취를 뒤로 미루겠느냐? 하시니라

⑧ 내가 너희에게 말하노니, 하나님은 그들이 속히 정의를 성취하도록 하실것이니라. 그러나 사람인아들이 왔을 때 지구위에서 신앙을 찾아볼 수 있겠느냐? 하시니라

⑨ 또 자기를 의롭다고 믿고 다른 사람을 멸시하는 자들에게 이 비유로 말씀하시되,

⑩ 두 사람이 기도하러 성전에 올라가니, 하나는 바리새인이요. 하나는 세리라.

⑪ 바리새인은 서서 따로 기도하여 말하기를, 하나님이여 나는 다른 사람들 곧 토색 불의 간음을 하는 자들과 같지 아니하고 이 세리와도 같지 아니함을 감사하나이다.

⑫ 나는 이레에 두 번씩 금식하고 또 소득의 십일조를 드리나이다, 하고

⑬ 세리는 멀리 서서 감히 눈을 들어 하늘을 우러러 보지도 못하고 다만 가슴을 치며 말하기를, 하나님이여 불쌍히 여기옵소서! 나는 죄인이로소이다! 하였느니라.

⑭ 내가 너희에게 말하노니 이 사람이 저보다 의롭다 하심을 받고 이에 내려 갔느니라. 무릇 자기를 높이는 자는 낮아지고, 자기를 낮추는 자는 높아지리라, 하시니라.

⑮ 사람들이 예수님의 만져 주심을 바라고 자기 어린 아기를 데리고 오매, 제자들이 보고 꾸짖거늘,

⑯ 예수님께서 그 어린 아이들을 불러 가까이 하시고 말씀하시기를, 어린

아이들이 나에게 오는 것을 용납하고 금하지 말라. 하나님의 나라가 이 런자의 것이니라.

⑰ 내가 진리를 너희에게 말하노니, 누구든지 하나님의 나라를 어린 아이 와 같이 받들지 않는 자는 결단코 들어가지 못하리라, 하시니라.

⑱ 어떤 관원이 물어 가로되 선한 선생님이여! 내가 무엇을 하여야 영생을 얻으리이까? 하니

⑲ 예수님께서 말씀하시기를, 네가 어찌하여 나를 선하다. 일컫느냐? 하나 님 한 분 외에는 선한 이가 없느니라, 하시니라.

⑳ 네가 계명을 아나니, 간음하지 말라. 살인하지 말라. 도적질하지 말라. 거짓 증거하지 말라. 네 부모를 공경하라. 하였느니라

㉑ 그가 말씀드리기를, 이것은 내가 어려서부터 다 지키었나이다. 하니라.

㉒ 예수님께서 이 말을 들으시고 말씀하시기를, 네가 오히려 한 가지 부족 한 것이 있으니 네게 있는 것을 다 팔아 가난한 자들을 나눠 주라. 그리 하면 하늘에서 보화가 네게 있으리라. 그리고 와서 나를 따르라. 하시 매

㉓ 그 사람이 큰 부자인고로 이 말씀을 듣고 심히 근심하더라.

㉔ 예수님께서 저를 보시고 말씀하시기를, 재물이 있는 자는 하나님의 나 라에 들어가기가 어떻게 어려운지?

㉕ 약대가 바늘 귀로 들어가는 것이 부자가 하나님의 나라에 들어가는 것 보다 쉬우니라. 하시니라.

㉖ 이 말씀을 들은 사람들이 말씀드리기를, 그러면 누가 구원을 얻을 수 있나이까? 하니

㉗ 예수님께서 말씀하시기를, 사람들에게는 불가능한 것들이 하나님께는 가능하니라, 하시니라.

㉘ 그때에 베드로가 말씀드리기를, 보옵소서! 우리는 우리의 것을 다 놓아 두고 따라 왔나이다, 하니

㉙ 예수님께서 그들에게 말씀하시기를, 진실로 너희에게 말하노니, 하나 님의 나라를 위하여 집이나 아내나 형제나 부모나 자녀들을 떠난자는,

㉚ 금세에 있어 여러 배를 받고 내세에 영생을 받지 못할 자가 없느니라, 하시니라

㉛ 예수님께서 열 두 제자를 데리시고 말씀하시기를, 보라! 우리가 예루살
렘으로 올라가면 선지자들에 의해 사람인아들에 관하여 기록된 모든
말씀이 성취되리라.

㉜ 이는 사람인아들이 이방인들에게 넘겨저서 조롱을 당하며, 모욕을 받
고 침뱉음을 받을 것이요.

㉝ 저희는 채찍질하고 죽일 것이니, 저는 삼일 만에 살아나리라, 하시니
라.

㉞ 그러나 제자들이 이것을 하나도 깨닫지 못하였으니, 이는 그 말씀이 감
추였으므로 저희가 그 이르신 바를 알지 못하였더라.

㉟ 여리고에 가까이 오실 때에 한 소경이 길 가에 앉아 구걸하다가,

㊱ 많은 사람들이 지나감을 듣고 이 무슨 일이냐?고 물으니라.

㊲ 사람들이 나사렛 예수님께서 지나가신다, 하니

㊳ 소경이 소리질러 말씀드리기를, 다윗의 자손 예수여, 나를 불쌍히 여기
소서! 하거늘

㊴ 앞서 가는 자들이 저를 꾸짖어 잠잠하라, 하나, 저가 더욱 심히 소리질
러, 다윗의 자손이여, 나를 불쌍히 여기소서! 하는지라

㊵ 예수님께서 머물러 서서 명하여 데려오라 하셨더니 저가 가까이 오매
물어

㊶ 말씀하시기를, 내가 네게 무엇을 하여 주기를 원하느냐? 하시니, 그가
말씀드리기를, 주여! 보기를 원하나이다. 하매

㊷ 예수님께서 저에게 말씀하시기를, 네 시력을 회복하라, 네 신앙이 너를
낫게 하였느니라, 하시니라.

㊸ 곧 보게 되어 하나님께 영광을 돌리며 예수님을 따르니, 모든 사람들이
이를 보고 하나님을 찬양하니라.

● 19장

① 예수님께서 여리고로 들어가 지나가시니라.

② 삭개오라 이름하는 자가 있으니 세리장이요, 또한 부자라,

③ 저가 예수님께서 어떠한 사람인가 하여 보고자, 하되 키가 작고 사람이
많아 할 수 없어

④ 앞으로 달려가 보기 위하여 뽕나무에 올라가니 이는 예수님께서 그리로 지나가시게 됨이러라,

⑤ 예수님께서 그곳에 이르사 그를 쳐다보시고 그에게 말씀하시기를, 삭개오야 속히 내려오라, 내가 오늘 네 집에 유하여야 하겠다. 하시니

⑥ 급히 내려와 즐거워하며 영접하거늘

⑦ 사람들이 보고 수군거려 말하기를, 저가 죄인의 집에 유하러 들어갔도다. 하더라

⑧ 삭개오가 서서 주님께 말씀드리기를, 보소서, 주여! 내 소유의 절반을 가난한 자들에게 주겠사오며 만일 뉘 것을 토색한 일이 있으면 사배나 갚겠나이다. 하매

⑨ 예수님께서 그에게 말씀하시기를, 오늘 복이 이 집에 이르렀으니 이 사람도 아브라함의 자손임이로다.

⑩ 사람인아들이 온 것은 잃어버린 것을 찾아 주려 함이니라.

⑪ 저희가 이 말씀을 듣고 있을 때에 비유를 더하여 말씀하시니 이는 자기가 예루살렘에 가까이 오셨고 저희는 하나님의 나라가 당장에 나타날 줄로 생각하기 때문이었더라.

⑫ 그리하여 주님께서 말씀하시기를, 어떤 귀인이 자신을 위하여 왕국을 받아 오려고 먼 나라로 가게 되었느니라.

⑬ 그가 그의 종 열을 불러 은 열 므나를 주며 말하기를, 내가 돌아오기까지 장사하라. 하였느니라.

⑭ 그런데 그 백성이 저를 미워하여 사자를 뒤로 보내어 말하기를, 우리는 이 사람이 우리의 왕 됨을 원치 아니하나이다. 하니라.

⑮ 그러나 귀인이 왕위를 받아 가지고 돌아와서 은을 준 종들이 각각 그것으로 무엇을 얻었는지를 알고자 하여 저희를 부르니,

⑯ 그 첫째가 나아와 가로되 주여 주의 한 므나로 열 므나를 남겼나이다. 하니

⑰ 주인이 말하기를, 잘하였다 착한 종이여! 네가 지극히 작은 것에 충성하였으니 열 고을 권세를 차지하라, 하고

⑱ 그 둘째가 와서 말하기를, 주여 주의 한 므나로 다섯 므나를 만들었나이다, 하니

⑲ 주인이 그에게도 말하기를, 너도 다섯 고을을 차지하라 하고

⑳ 또 한 사람이 와서 말하기를, 주여 보소서 주의 한 므나가 여기 있나이다. 내가 수건으로 싸두었었나이다.

㉑ 이는 당신이 무서운 능력을 가진 사람인 것을 내가 앎이라, 당신은 두지도 않은 것을 얻으며, 심지도 아니한 것을 거두기 때문이니이다. 하니

(For I feared thee, because thou art an austere man; thou takest up that you layedst not down, and reapest that thou didst not sow.-KJV)

(I was afraid of you, because you are a hard man. You take out what you did not put in and reap what you did not sow.'-NIV)

(for I was afraid of you, because you are a demanding person; you take up what you did not lay down and you harvest what you did not plant.'-NAB)

(To tell you the truth, I was a little afraid. I know you have high standards hate sloppiness, and don't suffer fools gladly.'-THE MESSAGE)

㉒ 주인이 이르되 악한 종아 내가 네 말로 너를 판단하노니, 너는 내가 두지 않은 것을 취하고, 심지 않은 것을 거두는 무서운 능력있는 사람인 줄을 알았느냐?

㉓ 그러면 어찌하여 내 돈을 은행에 두지 아니하였느냐? 그리하였으면 내가 와서 그 변리까지 찾았으리라, 하고

㉔ 곁에 섰는 자들에게 말씀하시기를, 그 한 므나를 빼앗아 열 므나 있는 자에게 주라, 하니

㉕ 그들이 주인에게 말하기를, 주여 저에게 이미 열 므나가 있나이다. 하니

㉖ 주인이 말하기를, 내가 너희에게 말하노니, 무릇 있는 자는 받겠고, 없는 자는 그 있는 것도 빼앗기리라. 하니라

㉗ 그리고 나의 왕 됨을 원치 아니하던 저 원수들을 이리로 끌어다가 내 앞에서 죽이라, 하였느니라

㉘ 예수님께서 이 말씀을 하시고 예루살렘을 향하여 앞장서서 올라가시니라.

㉙ 그 일들 후에 주님께서 올리브 산이라 하는 산 근처 벳바게와 베다니에 가까이 왔을 때에 제자 중 둘을 보내시며,

㉚ 말씀하시기를, 너희 맞은편 마을로 가라. 그리로 들어가면 아직 아무도 타보지 않은 나귀새끼의 매여 있는 것을 보리니, 풀어 끌고 오너라.

㉛ 만일, 누가 너희에게 어찌하여 푸느냐? 묻거든 이렇게 말하되 주님께서 쓰시겠다 하라, 하시매

㉜ 보내심을 받은 자들이 가서 그 말씀하신대로 만난지라,

㉝ 나귀새끼를 풀 때에 그 임자들이 이르되 어찌하여 나귀새끼를 푸느냐? 하니

㉞ 대답하되 주님께서 쓰시겠다, 하고

㉟ 그것을 예수님께로 끌고와서 자기들의 겉옷을 나귀새끼 위에 걸쳐 놓고 예수님을 태우니

㊱ 가실 때에 그들이 그들의 겉옷을 길에 펴더라.

㊲ 이미 올리브산에서 내려가는 편까지 가까이 오시매, 제자의 온 무리가 자기의 본바 모든 능한 일을 인하여 기뻐하며 큰 소리로 하나님을 찬양하여,

㊳ 주님의 이름으로 오시는 왕이여! 복이 있으리로다. 하늘에서는 평화요, 가장 높은 곳에 계신 하나님께는 영광이로다, 하니

㊴ 그 무리 가운데 바리새인 몇 사람이 주님께 말씀드리기를, 선생이여 당신의 제자들을 책망하소서, 하니

㊵ 주님께서 그들에게 대답하여 말씀하시기를, 내가 너희에게 말하노니, 만일 이 사람들이 잠잠하면 돌들이 즉시 소리를 지르리라, 하시니라.

㊶ 주님께서 가까이 오시어 그 성읍을 바라보시고 슬피 우시며,

㊷ 말씀하시기를, 이 너의 날에 너만이라도 너의 평화에 속한 일들을 알았더라면! 그러나 이제는 그것들이 너의 눈에 감추어졌느니라.

㊸ 이는 그날들이 너에게 올 것이니, 네 원수들이 네 주위에 참호를 파고, 너를 포위하여 사방에서 너를 가두어 지키고

㊹ 또 너와 및 그 가운데 있는 네 자식들을 땅에 메어치며 돌 하나도 돌 위

에 남기지 아니하리니, 이는 징벌 받는 날을 네가 알지 못하였기 때문이니라, 하시니라.

㊺ 주님께서 성전에 들어가사, 장사하는 자들을 내어 쫓으시며,

㊻ 그들에게 말씀하시기를, 기록된바, 내 집은 기도하는 집이 되리라. 하였거늘, 너희는 강도의 굴혈을 만들었도다, 하시니라.

㊼ 예수님께서 날마다 성전에서 가르치시니, 대제사장들과 율법 교사들과 사람들의 두목들이 그를 죽이려고 꾀하였으나,

㊽ 사람들이 다 그에게 귀를 기울여 들으므로 그를 죽일 어찌할 방도를 찾지 못하였더라.

● **20장**

① 하루는 예수님께서 성전에서 백성을 가르치시며 복음을 전하실새, 대제사장들과 율법교사들이 장로들과 함께 가까이 와서,

② 말하기를, 당신이 무슨 권한으로 이런 일을 하는지? 이 권한을 준 자가 누구인지? 우리에게 말하소서, 하니

③ 예수님께서 대답하여 말씀하시기를, 나도 한가지 물을테니 내게 대답하라.

④ 요한의 세례가 하늘로서냐? 사람에게로서냐?

⑤ 그들이 서로 의논하여 말하기를, 만일 하늘로서라 하면 어찌하여 저를 믿지 아니하겠느냐? 할 것이요.

⑥ 만일 사람에게로서라 하면 백성이 요한을 선지자로 인정하니 저희가 다 우리를 돌로 칠 것이라, 하고

⑦ 그들이 대답하기를, 어디로서인지 알지 못하노라, 하니

⑧ 예수님께서 말씀하시기를, 나도 무슨 권한으로 이런 일을 하는지 너희에게 이르지 아니하리라. 하시니라

⑨ 그때에 예수님께서 이 비유로 백성에게 말씀하시기 시작하시니라. 한 사람이 포도원을 만들어 몇 농부들에게 세로 주고 타국에 가서 오래 있다가,

⑩ 결실의 때가 이르매, 포도원 소출 얼마를 바치게 하려고 한 종을 소작농들에게 보내니 소작농들이 종을 심히 때리고 거저 보냈거늘,

⑪ 다시 다른 종을 보내니 그도 심히 때리고 능욕하고 거저 보냈거늘,

⑫ 다시 세 번째 종을 보내니 이도 상하게 하고 내어 쫓은지라.

⑬ 그 때에 포도원 주인이 말하기를, 어찌할꼬, 내 사랑하는 아들을 보내리니 저희가 혹 그는 공경하리라, 하였느니라.

⑭ 소작농들이 그를 보고 서로 의논하여 말하기를, 이는 상속자니 죽이고 그 유산을 우리의 것으로 만들자 하고,

⑮ 포도원 밖에 내어쫓아 죽였느니라. 그런즉 포도원 주인이 이 사람들을 어떻게 하겠느뇨?

⑯ 그 주인이 와서 소작농들을 진멸하고 포도원을 다른 사람들에게 주리라 하시니, 사람들이 그 사실을 듣고 말하기를, 그런 일이 있어서는 아니된다, 하였더라

⑰ 예수님께서 그들을 보시며 말씀하시기를, 그러면 기록된바 건축자들의 버린 돌이 주춧돌이 되었느니라 함이 어찜이뇨?

⑱ 무릇 이 돌 위에 떨어지는 자는 깨어지겠고, 이 돌이 사람 위에 떨어지면 저를 가루로 만들어 흩으리라, 하시니라

⑲ 율법교사들과 대제사장들이 예수의 이 비유는 자기들을 가리켜 말씀하심인줄 알고, 즉시 잡고자 하되 사람들을 두려워하더라.

⑳ 이에 저희가 엿보다가 예수를 총독의 치리와 권세 아래 붙이려하여 정탐들을 보내어 그들로 스스로 의인인 체하며 예수의 말을 책잡게 하니,

㉑ 그들이 물어 말하기를, 선생님이여 우리가 아노니 당신은 바로 말씀하시고 가르치시며 사람을 외모로 취하지 아니하시고 오직 참으로서 하나님의 도를 가르치시나이다.

㉒ 우리가 황제에게 세를 바치는 것이 가하니이까? 불가하니이까? 하니

㉓ 예수님께서 그 간계를 아시고 말씀하시기를,

㉔ 데나리온 하나를 내게 보이라 뉘 화상과 글이 여기 있느냐? 하시니 그들이 대답하여 말하기를, 황제의 것이니이다, 하니

㉕ 예수님께서 그들에게 말씀하시기를, 그런즉, 황제의 것은 황제에게, 하나님의 것은 하나님께 바치라, 하시니

㉖ 저희가 백성 앞에서 예수님의 말씀들을 책잡을 수 없었고 예수님의 대답에 놀라며 잠잠하니라.

㉗ 부활이 없다 하는 사두개인 중 몇 사람이 와서, 그들이 예수님께

㉘ 물어 말하기를, 선생님이여! 모세가 우리에게 써 주기를 어떤 사람의 형이 만일 아내를 두고 자식이 없이 죽거든 그 동생이 그 아내를 취하여 형을 위하여 후사를 세울지니라, 하였나이다.

㉙ 그런데 칠 형제가 있었는데 맏이 아내를 취하였다가 자식이 없이 죽고,

㉚ 그 둘째와 셋째가 저를 취하고,

㉛ 일곱이 다 그와 같이 자식이 없이 죽고,

㉜ 그 후에 그 여자도 죽었나이다.

㉝ 일곱이 다 저를 아내로 취하였으니 부활 때에 그 중에 뉘 아내가 되리이까? 하니

㉞ 예수님께서 말씀하시기를, 이 세상의 자녀들은 장가도 가고 시집도 가되,

㉟ 그러나 다가오는 세대와 죽은 자의 부활에 참예할 가치가 있는 것으로 여김을 받는 자들은 장가가고 시집가는 일이 없으며,

㊱ 저희는 다시 죽을 수도 없나니 이는 천사와 동등이요. 부활의 자녀로서 하나님의 자녀임이니라.

㊲ 죽은 자가 살아난다는 것은 실제로 모세도 가시나무 떨기에 관한 글에서 밝혀 주었다. 이는 그가 주를 아브라함의 하나님이요, 이삭의 하나님이요, 야곱의 하나님이시라 불렀기 때문이니라.

㊳ 하나님은 죽은 자의 하나님이 아니요, 산 자의 하나님이시라, 하나님에게는 모든 사람이 살았느니라 하시니,

㊴ 율법교사들 중 어떤 이들이 말하되 선생이여 말씀이 옳으니이다. 하니

㊵ 저희는 아무 것도 감히 더 물을 수 없음이더라.

㊶ 예수님께서 저희에게 말씀하시기를, 사람들이 어찌하여 그리스도를 다윗의 자손이라 하느냐?

㊷ 시편에 다윗이 친히 말하였으니, 여호와께서 내 주께 이르시되,

㊸ 내가 네 원수를 네 발의 발판으로 둘 때까지 내 우편에 앉았으라 하셨도다, 하였느니라.

㊹ 그런즉 다윗이 그리스도를 주라 칭하였으니, 어찌 그의 자손이 되겠느뇨? 하시니라.

㊺ 모든 백성이 들을 때에 예수님께서 그 제자들에게 말씀하시기를,

㊻ 율법 교사들을 조심하라! 그들은 긴 겉옷을 입고 다니는 것을 좋아하며 시장에서 인사 받는 것과 회당에서는 높은 자리와 잔치에서는 윗자리를 앉기를 좋아하느니라.

㊼ 저희는 과부의 가산을 삼키며 보여주기 위하여 길게 기도하느니라. 그러한 사람들은 아주 가혹한 벌을 받을 것이니라, 하시니라.

● 21장

① 예수님께서 눈을 들어 부자들이 연보궤에 헌금 넣는 것을 보시고,

② 또 어떤 가난한 과부의 두 렙돈 넣는 것을 보시고,

③ 말씀하시기를, 내가 진실로 너희에게 말하노니, 이 가난한 과부가 모든 사람보다 많이 넣었도다!

④ 저들은 풍족한 중에서 헌금을 넣었으나, 이 과부는 그 구차한 중에서 자기의 있는 바 생활비 전부를 넣었느니라, 하시니라.

⑤ 어떤 사람들이 성전을 가리켜 그 미석과 헌물로 잘 꾸며져있는 것에 대하여 말하고 있었더라. 이에 예수님께서 말씀하시기를,

⑥ 너희 보는 이것들이 날이 이르면 돌 하나도 돌 위에 남지 않고 다 무너뜨리우리라.

⑦ 그들이 예수님께 물어 말씀드리기를, 선생님, 어느 때에 이런 일이 있겠사오며 이런 일이 이루려 할 때에 무슨 징조가 있사오리까? 하매

⑧ 예수님께서 말씀하시기를, 속임을 받지 않도록 주의하라, 많은 사람이 내 이름으로 와서 말하되, 내가 그리스도라, 때가 가까웠다, 하여도 너희는 그를 따르지 말라.

⑨ 난리와 소란의 소문을 들을 때에 두려워 말라. 이 일이 먼저 있어야 하되 끝은 곧 되지 아니하리라. 하시니라

⑩ 또 말씀하시기를, 민족이 민족을, 나라가 나라를 대적하여 일어나겠고,

⑪ 처처에 큰 지진과 기근과 전염병이 있겠고, 또 무서운 일과 하늘로서 큰 징조들이 있으리라.

⑫ 이 모든 일 전에 네 이름을 인하여 너희에게 손을 대어 핍박하며 회당과 옥에 넘겨주며 임금들과 관장들 앞에 끌어 가려니와,

⑬ 이 일이 도리어 너희에게 증거가 되리라.

⑭ 그러므로 너희는 변명할 것을 미리 걱정하지 않아도 되느니라.

⑮ 내가 너희의 모든 대적이 능히 대항하거나 변박할 수 없는 말들과 지혜를 너희에게 주리라.

⑯ 심지어 부모와 형제와 친척과 벗이 너희를 넘겨주어 너희 중에 몇을 죽이게 하겠고,

⑰ 또 너희가 내 이름을 인하여 모든 사람에게 미움을 받을 것이나,

⑱ 너희 머리털 하나도 상치 아니하리라.

⑲ 너희의 인내로 너희 영혼을 얻으리라 .

⑳ 너희가 예루살렘이 군대들에게 에워싸이는 것을 보거든 그 멸망이 가까운 줄을 알라.

㉑ 그 때에 유대에 있는 자들은 산으로 도망할지며, 성내에 있는 자들은 나갈지며, 촌에 있는 자들은 그리로 들어가지 말지어다.

㉒ 이는 이날들에 기록된 모든 징벌들이 완성되는 때이기 때문이니라.

㉓ 그 날에는 아이 밴 자들과 젖먹이는 자들에게 얼마나 끔찍하겠느냐? 그리고 땅에 큰 환난과 이 백성에게 진노가 있겠음이로다.

㉔ 저희가 칼 날에 죽임을 당하며, 모든 이방에 사로잡혀 가겠고, 예루살렘은 이방인의 때가 차기까지 이방인들에게 밟히리라.

㉕ 일월 성신에는 징조가 있겠고, 지구에서는 민족들이 바다와 파도의 우는 소리를 인하여 혼란한 중에 곤고하리라.

㉖ 사람들이 세상에 임할 일을 생각하고 무서워하므로 기절하리니, 이는 하늘의 권능들이 흔들리겠음이라.

㉗ 그 때에 사람들이 사람인아들이 구름속에서 능력과 큰 영광으로 오는 것을 보리라.

㉘ 이런 일이 되기를 시작하거든 일어나 머리를 들라, 너희 죄 갚음이 가까웠느니라. 하시더라

㉙ 이에 비유로 말씀하시기를, 무화과나무와 모든 나무를 보라.

㉚ 싹이 나면 너희가 보고 여름이 가까운 줄을 자연히 아나니,

㉛ 이와 같이 너희가 이런 일이 나는 것을 보거든, 하나님의 나라가 가까운줄을 알라.

㉜ 내가 진리를 너희에게 말하노니, 이 세대가 지나가기 전에 모든 일이 다 이루리라.

㉝ 창공과 지구는 없어지겠으나, 내 말은 없어지지 아니하리라.

(Heaven and earth shall pass away: but my words shall not pass away.-KJV)

(Heaven and earth will pass away, but my words will never pass away.-NIV)

(Heaven and earth will pass away, but my wotds will not pass away.-NAB)

(Sky and earth will wear out; my words won't wear out.-THE MESSAGE)

㉞ 너희는 스스로 조심하라 그렇지 않으면 방탕함과 술취함과 생활의 염려로 마음이 둔하여지고 뜻밖에 그 날이 덫과 같이 너희에게 임하리라.

㉟ 이 날은 온 지구상에 거하는 모든 사람에게 임하리라.

㊱ 이러므로 너희는 장차 올 이 모든 일을 능히 피하고 사람인아들 앞에 서도록 항상 기도하며 깨어 있으라. 하시니라

㊲ 예수님께서 낮이면 성전에서 가르치시고, 밤이면 나가 올리브라 하는 산에서 쉬시니,

㊳ 모든 사람들이 그 말씀을 들으려고 이른 아침에 성전에 나아가더라.

● 22장

① 유월절이라 하는 무교절이 다가오매,

② 대제사장들과 율법교사들이 예수를 무슨 방책으로 죽일꼬 연구하니, 이는 저희가 백성을 두려워함이더라.

③ 열 둘 중에 하나인 가룟인이라 부르는 유다에게 사단이 들어가니,

④ 이에 유다가 대제사장들과 군관들에게 가서 예수를 넘겨줄 방책을 의논하매,

⑤ 저희가 기뻐하여 돈을 주기로 언약하는지라.

⑥ 유다가 허락하고 예수를 무리가 없을 때에 넘겨줄 기회를 찾으니라.

⑦ 그때 무교절이 돌아왔는데, 그 날에는 유월절 양이 희생되어졌더라

⑧ 예수께서 베드로와 요한을 보내시며 말씀하시기를, 가서, 우리를 위하여 유월절을 예비하여 우리로 먹게 하라, 하시니

⑨ 그들이 예수님께 말씀드리기를, 어디서 예비하기를 원하시나이까? 하니

⑩ 말씀하시기를, 보라, 너희가 성내로 들어가면 물 한 동이를 가지고 가는 사람을 만나리니, 그의 들어가는 집으로 따라 들어가서,

⑪ 그 집 주인에게 말하기를, 선생님이 네게 하는 말씀이 내가 내 제자들과 함께 유월절을 먹을 객실이 어디 있느뇨? 하시더라, 하라

⑫ 그리하면 저가 다 마련된 큰 다락방을 보이리니 거기서 예비하라 하신대,

⑬ 저희가 나가 그 하신 말씀대로 만나 유월절을 예비하니라.

⑭ 그 시각이 되자 예수님께서 사도들과 함께 앉더니

⑮ 그들에게 말씀하시기를, 내가 고난을 받기 전에 너희와 함께 이 유월절 먹기를 원하고 원하였노라.

⑯ 내가 너희에게 말하노니, 이 유월절이 하나님의 나라에서 이루기까지 다시 먹지 아니하리라, 하시고

⑰ 이에 잔을 받으사 사례하시고 말씀하시기를, 이것을 갖다가 너희끼리 나누라.

⑱ 내가 너희에게 말하노니, 내가 이제부터 하나님의 나라에 임할 때까지 포도나무에서 난 것을 다시 마시지 아니하리라, 하시고

⑲ 또 떡을 가져 사례하시고 떼어 저희에게 주시며 말씀하시기를, 이것은 너희를 위하여 주는 내 몸이라 너희가 이를 행하여 나를 기념하라, 하시고

⑳ 저녁 먹은 후에 잔도 이와 같이 하고 말씀하시기를, 이 잔은 내 피로 세우는 새 언약이니 곧 너희를 위하여 붓는 것이라.

㉑ 그러나 보라, 나를 파는 자의 손이 나와 함께 상위에 있도다.

㉒ 사람인아들은 이미 작정된대로 가거니와 그를 파는 그 사람에게는 화가 있으리로다, 하시니

㉓ 저희가 서로 묻되 우리 중에서 이 일을 행할 자가 누구일까? 하더라

㉔ 또 저희 사이에 그 중 누가 크냐? 하는 다툼이 난지라

㉕ 예수님께서 말씀하시기를, 이방인의 임금들은 저희를 주관하며 그 집 권자들은 은인이라 칭함을 받으나,

㉖ 너희는 그렇지 않을지니, 너희 중에 큰 자는 젊은 자와 같고 두목은 섬기는 자와 같을 지니라.

㉗ 앉아서 먹는 자가 크냐? 섬기는 자가 크냐? 앉아 먹는 자가 아니냐? 그러나 나는 섬기는 자로 너희 중에 있노라.

㉘ 너희는 나의 모든 시련(trials)중에 항상 나와 함께 한 자들인즉,

㉙ 내 아버지께서 나라를 내게 맡기신 것 같이 나도 너희에게 맡겨,

㉚ 너희로 내 나라에 있어 내 상에서 먹고 마시며 또는 보좌에 앉아 이스라엘 열 두 지파를 다스리게 하려 하노라.

㉛ 시몬아! 시몬아! 보라 사단이 밀 까부르듯 하려고 너희를 청구하였으나,

㉜ 그러나 내가 너를 위하여 네 신앙(faith)이 실패하지 않기를 기도하였노니, 너는 사탄으로부터 돌이킨 후에 네 형제들을 강하게 하라.

㉝ 저가 말하되 내가 주와 함께 옥에도 죽는데도 가기를 준비하였나이다.

㉞ 예수님께서 말씀하시기를, 베드로야! 내가 네게 말하노니 오늘 닭 울기 전에 네가 세 번 나를 모른다고 부인하리라. 하시니라

㉟ 또 예수님께서 그들에게 말씀하시기를, 내가 너희를 전대와 주머니와 신도 없이 보내었을 때에 부족한 것이 있더냐? 하시니 그들이 말하기를, 없었나이다, 하니

㊱ 그때에 예수님께서 그들에게 말씀하시기를, 이제는 전대 있는 자는 가질것이요. 주머니도 그리하고 검 없는 자는 겉옷을 팔아 살지어다. 하시니라.

㊲ 이는 내가 너희에게 말하노니, 기록된바 저는 불법자의 동류로 여김을 받았다 한 말이 내게 이루어져야 하리니, 내게 관한 일이 이루어 감이니라.

㊳ 그들이 말씀드리기를, 주여! 보소서, 여기 검이 둘이 있나이다, 하매 예수님께서 그들에게 대답하시기를, 그것으로 충분하니라, 하시니라.

㊴ 예수님께서 나아가사 통상 하시던대로 감람산에 가시매, 제자들도 따라갔더라.

㊽ 그 곳에 이르러 예수님께서 그들에게 말씀하시기를, 너희가 유혹에 들지 않도록 기도하라, 하시고

㊶ 그들로부터 돌을 던지면 닿을 만한 거리로 물러가셔서 무릎을 꿇고 기도시며

㊷ 말씀하시기를, 아버지여! 만일 아버지의 뜻이거든 이 잔을 내게서 옮기옵소서! 그러나 내 원대로 마옵시고 아버지의 원대로 되기를 원하나이다, 하시니

㊸ 천사가 하늘로부터 예수님께 나타나 힘을 돕더라.

㊹ 예수님께서 힘쓰고 애써 더욱 간절히 기도하시니, 땀이 땅에 떨어지는 피방울 같이 되더라.

㊺ 기도 후에 일어나 제자들에게 가서 슬픔속에 지쳐서 잠든 것을 보시고,

㊻ 그들에게 말씀하시기를, 어찌하여 자느냐? 유혹에 들지 않게 일어나 기도하라, 하시니라.

㊼ 말씀하실 때에 한 무리가 오는데 열 둘 중에 하나인 유다라 하는 자가 그들의 앞에 서서 와서,

㊽ 예수께 입을 맞추려고 가까이 하는지라. 예수님께서 그에게 말씀하시기를, 유다야, 네가 입맞춤으로 사람인아들을 파느냐? 하시니

㊾ 예수님의 주위에 있는 사람들이 일어날 일을 알고 그들이 예수님께 말씀드리기를, 주님, 우리가 칼로 치리이까? 하고

㊿ 그 중에 한 사람이 대제사장의 종을 쳐 그 오른편 귀를 떨어뜨린지라.

(51) 예수님께서 일러 말씀하시기를, 너희는 이것까지도 참으라. 하시고 그 귀를 만져 낫게 하시더라.

(52) 예수님께서 그 잡으러 온 대제사장들과 성전의 군관들과 장로들에게 내가 반란 주모자냐? 너희가 반란자를 잡는 것 같이 검과 뭉치를 가지고 나왔느냐?

(53) 내가 날마다 너희와 함께 성전에 있을 때에 내게 손을 대지 아니하였도다. 그러나 이제는 너희 때즉 어두움이 지배하는 때라 하시더라.

(54) 예수님을 잡아 끌고 대제사장의 집으로 들어갈새 베드로가 멀찍이 따라가니라.

(55) 사람들이 뜰 가운데 불을 피우고 함께 앉았는지라. 베드로가 그 가운데

앉았더니,

㊂ 한 여자 하인이 베드로의 불빛을 향하여 앉은 것을 보고 주목하여 말하기를, 이 사람도 그와 함께 있었느니라. 하니

㊄ 베드로가 부인하여 말하기를, 여자여, 내가 저를 알지 못하노라, 하더라

㊅ 조금 후에 다른 사람이 보고 말하기를, 너도 그 당이라 하거늘, 베드로가 말하기를, 이 사람아 나는 아니로라, 하더라

㊈ 한 시쯤 있다가 또 한 사람이 장담하며 말하기를, 이는 갈릴리 사람이니 참으로 그와 함께 있었느니라, 하니

㊉ 베드로가 말하기를, 이 사람아 나는 너 하는 말을 알지 못하노라, 하자마자, 수탉이 곧 울더라.

㊀ 예수님께서 몸을 돌이켜 베드로를 똑바로 보시니라. 그때 베드로는 예수님의 말씀, 곧 오늘 수탉이 울기 전에 네가 세 번 나를 부인하리라 하심이 생각나서,

㊁ 밖에 나가서 심히 통곡하니라.

㊂ 지키는 사람들이 예수를 희롱하고 때리며,

㊃ 그의 눈을 가리우고 물어 말하기를, 선지자 노릇 하라, 너를 친 자가 누구냐? 하고

㊄ 이 외에도 많은 말로 욕하더라.

㊅ 날이 새매 백성의 장로들의 협의회, 즉 대제사장들과 율법교사들이 함께 모여 예수님을 그들의 의회로 끌고 가서,

㊆ 말하기를, 네가 그리스도냐? 우리에게 말하라. 하니 예수님께서 그들에게 말씀하시기를, 만일 내가 너희에게 말할지라도 너희가 믿지 아니할 것이며

㊇ 만일 내가 너희에게 물을지라도 너희가 나에게 대답하지 아니할 뿐더러, 나를 가게 하지도 아니하리라.

㊈ 이제 후로는 사람인아들이 하나님의 권능의 우편에 앉아 있으리라, 하시니

㊉ 그때에 그들이 모두 말하기를, 그러면 네가 하나님의 아들이냐? 하니 예수님께서 그들에게 말씀하시기를, 너희 말대로 내가 그니라, 하시니

㉑ 그들이 말하기를, 우리가 그의 입에서 들었으니 어찌 다른 증언이 더 필요하겠는가? 하니라.

● 23장

① 무리가 다 일어나 예수님을 빌라도에게 끌고 가서,

② 그들은 예수님을 고발하면서 말하기를, 우리가 보매, 이 사람은 우리 백성을 타락시키고 황제에게 세 바치는 것을 금하며 자칭 왕 그리스도라 하더이다, 하니

③ 빌라도가 예수님께 물어 말하기를, 네가 유대인의 왕이냐? 하니 예수님이 그에게 대답하여 말씀하시기를, 네 말이 옳도다. 하시니라

④ 빌라도가 대제사장들과 백성들에게 말하기를, 내가 보기로는 이 사람에게 죄가 없도다, 하니

⑤ 그들이 더욱 격렬하게 주장하여 말하기를, 저가 온 유대에서 가르치고 갈릴리에서부터 시작하여 여기까지 와서 백성을 소동케 하나이다. 하니라.

⑥ 빌라도가 듣고 묻되 저가 갈릴리 사람이라 하여

⑦ 헤롯의 관할에 속한 줄을 알고 헤롯에게 보내니 때에 헤롯이 예루살렘에 있더라.

⑧ 헤롯이 예수님을 보고 심히 기뻐하니 이는 그의 소문을 들었으므로 보고자 한지 오래였고 또한 무엇이나 이적 행하심을 볼까 바랐던 연고러라.

⑨ 여러 말로 물으나 아무 말도 대답지 아니하시니,

⑩ 대제사장들과 율법교사들이 서서 맹렬하게 예수님을 고발하더라.

⑪ 헤롯이 그 군병들과 함께 예수님을 업신여기며, 회롱하고, 화려한 옷을 입혀 빌라도에게 도로 보내니,

⑫ 헤롯과 빌라도가 전에는 원수이었으나 당일에 서로 친구가 되니라.

⑬ 빌라도가 수제사장들과 관원들과 백성을 불러 모으고,

⑭ 말하기를, 너희가 이 사람을 백성에게 민란을 교사하는 자라 하여 내게 끌어 왔도다. 보라, 내가 너희 앞에서 조사하였으되 너희의 고발하는 일에 대하여 이 사람에게서 죄를 찾지 못하였고,

⑮ 헤롯이 또한 그렇게 하여 저를 우리에게 도로 보내었도다. 보라, 저의 행한 것은 죽일 일이 없느니라. 하니라.

⑯ 그러므로 매질을 하고 방면하겠노라, 하니

⑰ 이는 그가 명절에는 반드시 한 사람을 그들에게 출어주어야 하기 때문이더라.

⑱ 이에 그들이 일제히 소리질러 말하기를, 이 사람을 없이하고 바라바를 우리에게 놓아 주소서, 하니

⑲ 이 바라바는 성중에서 일어난 민란과 살인으로 인하여 옥에 갇힌 자더라.

⑳ 빌라도는 예수님을 놓아주고자 하여 다시 저희에게 말하였으나,

㉑ 저희는 소리질러 말하기를, 저를 십자가에 못 박게 하소서! 십자가에 못 박게 하소서! 하는지라

㉒ 빌라도가 세번째 말하기를, 이 사람이 무슨 악한 일을 하였느냐? 나는 그 죽일 죄를 찾지 못하였나니 매질하여 놓으리라, 하니라.

㉓ 저희가 큰 소리로 재촉하여 십자가에 못 박기를 구하니 저희의 소리가 이긴지라.

㉔ 이에 빌라도가 저희의 구하는대로 하기를 언도하고,

㉕ 저희의 구하는 자 곧 민란과 살인을 인하여 옥에 갇힌 자를 놓고 예수를 넘겨주어 저희 뜻대로 하게 하니라.

㉖ 저희가 예수를 끌고 갈 때에 시몬이라는 구레네 사람이 시골로서 오는 것을 잡아 그에게 십자가를 지워 예수를 뒤를 따라가게 하더라.

㉗ 예수님을 위하여 가슴을 치며 슬피우는 여자들과 많은 사람들이 예수님을 따라 가니라.

㉘ 예수님께서 돌이켜 그들을 향하여 말씀하시기를, 예루살렘의 딸들아, 나를 위하여 울지 말고, 너희와 너희 자녀를 위하여 울라.

㉙ 이는 보라, 날이 이르면 사람이 말하기를 수태 못하는 이와 해산하지 못한 배와 먹이지 못한 젖이 복이 있다, 하리라.

㉚ 그 때에 사람이 산들에 대하여 말하기를, 우리 위에 무너지라 하며, 작은 산들을 대하여는 우리를 덮으라, 하리라.

㉛ 푸른 나무에도 이같이 하거든, 마른 나무에는 어떻게 하리요? 하시니

라.

㉜ 또 다른 두 행악자도 사형을 받게 되어 예수와 함께 끌려 가니라.

㉝ 해골이라 하는 곳에 이르러, 거기서 예수님을 십자가에 못 박고, 두 행악자도 그렇게 하니, 하나는 우편에 하나는 좌편에 있더라.

㉞ 이에 예수님께서 말씀하시기를, 아버지여 저희들을 사하여 주옵소서! 자기들의 하는 것을 알지 못함이니이다. 하시더라. 저희들이 예수님의 옷을 나누는 제비를 뽑을새

㉟ 사람들은 서서 구경하며 관원들도 비웃어 말하기를, 저가 남을 살려내었으니 만일 하나님의 택하신 자 그리스도여든 자기 자신도 죽지 않고 살지어다. 하니라

㊱ 군병들도 희롱하면서 나아와 신 포도주를 주며,

㊲ 말하기를, 네가 만일 유대인의 왕이어든, 네가 너를 살게하라, 하더라

㊳ 예수인의 위에는 이 사람은 유대인의 왕이라 쓴 명패가 있더라.

㊴ 달린 행악자 중 하나는 예수님을 욕하며 말하기를, 네가 그리스도가 아니냐? 너와 우리를 살게하라, 하나

㊵ 다른 하나는 그 사람을 꾸짖어 말하기를, 네가 동일한 정죄를 받고도 하나님을 두려워 아니하느냐?

㊶ 우리는 우리의 행한 일에 상당한 보응을 받는 것이니, 이에 당연하거니와 이 분의 행한 것은 옳지 않은 것이 없느니라, 하고

㊷ 그가 예수님께 말씀드리기를, 예수여 당신의 나라에 임하실 때에 나를 생각하소서, 하니

㊸ 예수님께서 그에게 말씀하시기를, 진실로 내가 네게 말하노니 오늘 네가 나와 함께 낙원에 있으리라, 하시니라

㊹ 때가 제 육시쯤 되어 해가 빛을 잃고 온 땅에 어두움이 임하여 제 구시까지 계속하며,

㊺ 성소의 휘장이 한가운데가 찢어지더라.

㊻ 예수님께서 큰 소리로 부르짖으시며 말씀하시기를, 아버지여 내 영혼을 아버지 손에 부탁하나이다,하고, 이 말씀을 하신 후 운명하시니라.

㊼ 백명부대장이 그 된 일을 보고 하나님께 영광을 돌려 말하기를, 이 사람은 정녕 의인이었도다, 하고

㊽ 이를 구경하러 모인 사람들도 그 된 일을 보고 다 가슴을 두드리며 돌아가고,

㊾ 예수님의 아는 자들과 및 갈릴리로부터 따라온 여자들도 다 멀리 서서 이 일을 보니라.

㊿ 공회 회원으로 선하고 의로운 요셉이라 하는 사람이 있으니,

㈜ (저희의 결의와 행사에 대하여 가타 하지 아니한 자라) 그는 유대인의 동네 아리마대 사람이요, 하나님의 나라를 기다리는 자러니,

㉒ 빌라도에게 가서 예수님의 시체를 달라 하여

㉓ 이를 내려 세마포로 싸고 아직 사람을 장사한 일이 없는 바위에 판 무덤에 넣어 두니

㉔ 이 날은 예비일이요 안식일이 거의 되었더라.

㉕ 갈릴리에서 예수와 함께 온 여자들이 뒤를 좇아 그 무덤과 그의 시체를 어떻게 둔 것을 보고,

㉖ 돌아가 향품과 향유를 예비하더라. 계명을 좇아 안식일에 쉬더라.

● 24장

① 안식후 첫날 새벽에 이 여자들이 그 예비한 향품을 가지고 무덤에 가서,

② 돌이 무덤에서 굴려 옮기운 것을 보고,

③ 들어가니 주 예수님의 시체가 뵈지 아니하더라.

④ 이를 인하여 근심할 때에 문득 찬란한 옷을 입은 두 사람이 곁에 섰는지라.

⑤ 여자들이 두려워 얼굴을 땅에 대니 두 사람이 말하기를, 어찌하여 산 자를 죽은 자 가운데서 찾느냐?

⑥ 여기 계시지 않고 살아나셨느니라. 갈릴리에 계실 때에 너희에게 어떻게 말씀하신 것을 기억하라.

⑦ 말씀하시기를, 사람인아들이 죄인의 손에 넘기워 십자가에 못 박히고, 제 삼일에 다시 살아나야 하리라. 하셨느니라, 하니

⑧ 그들이 예수님의 말씀을 기억하고

⑨ 무덤에서 돌아가, 이 모든 것을 열 한 사도와 모든 다른 이에게 고하니,

⑩ (이 여자들은 막달라 마리아와 요안나와 야고보의 모친 마리아라 또 저희와 함께한 다른 여자들도 이것을 사도들에게 고하니라)

⑪ 사도들은 저희 말이 허무맹랑한듯이 뵈어 믿지 아니하나,

⑫ 베드로는 일어나 무덤으로 달려가서 구푸려 들여다 보니 세마포만 보이는지라, 그 된 일을 기이히 여기며 집으로 돌아가니라.

⑬ 그 날에 저희 중 둘이 예루살렘에서 이십 오리 되는 엠마오라 하는 촌으로 가면서,

⑭ 이 모든 일을 서로 이야기하더라.

⑮ 그들이 서로 이야기하며 문의할 때에 예수님께서 가까이 이르러 저희와 동행하시나,

⑯ 그들이 눈이 가리워져서 예수님인줄 알아보지 못하니라.

⑰ 예수님께서 그들에게 말씀하시기를, 너희가 길 가면서 서로 주고 하는 이야기가 무엇이냐? 하시니 두 사람이 슬픈 빛을 띠고 머물러 서더라.

⑱ 그 한 사람인 글로바라 하는 자가 대답하여 말하기를, 당신이 예루살렘에 우거하면서 근일 거기서 된 일을 홀로 알지 못하느뇨? 하니

⑲ 예수님께서 그들에게 말씀하시기를, 무슨 일이뇨? 하시니, 그들이 예수님께 말씀드리기를, 나사렛 사람 예수님에 관한 일인데, 그분은 하나님과 모든 백성 앞에서 말과 일에 능하신 선지자여늘,

⑳ 대제사장들과 관원들이 사형 판결에 넘겨 주어 십자가에 못 박았느니라.

㉑ 그러나 우리는 이 사람이 이스라엘의 죄를 대신 갚아 줄 자라고 신뢰하고 있었나이다. 이뿐아니라 오늘이 이 일이 된지가 사흘째요.

㉒ 또한 우리 중에 어떤 여자들이 우리로 놀라게 하였으니, 이는 저희가 새벽에 무덤에 갔다가,

㉓ 그의 시체는 보지 못하고 와서 그가 살으셨다 하는 천사들의 나타남을 보았다. 함이요.

㉔ 또 우리와 함께한 자 중에 두어 사람이 무덤에 가 과연 여자들이 말한 바와 같음을 보았으나 예수님은 보지 못하였나이다, 하니

㉕ 그때에 예수님께서 그들에게 말씀하시기를, 오 어리석은 자들아! 선지자들의 말한 모든 것을 마음에 더디 믿는 자들이여!

㉖ 그리스도가 이런 고난을 받고 자기의 영광에 들어가야 할 것이 아니냐? 하시고

㉗ 모세 및 모든 선지자의 글로 시작하여 모든 성경에 쓴바 자기에 관한 것을 자세히 설명하시니라.

㉘ 저희의 가는 촌에 가까이 이르렀으며, 예수님은 더 가려 하는 것 같이 하시니,

㉙ 저희가 강권하여 말씀드리기를, 우리와 함께 머무소서, 때가 저물어가고 날이 이미 기울었나이다, 하니, 이에 그들과 함께 유하러 들어 가시니라.

㉚ 그들과 함께 음식을 잡수실 때에 떡을 가지사 축사하시고, 떼어 저희에게 주시매,

㉛ 그들의 눈이 밝아져 주님인줄 알아보았더라 그리고 예수님은 그들의 시야에서 사라지셨더라.

㉜ 그들이 서로 말하되, 길에서 우리에게 말씀하시고, 우리에게 성경을 풀어 주실 때에 우리 속에서 마음이 뜨겁지 아니하더냐? 하고

㉝ 곧 그 시로 일어나 예루살렘에 돌아가 보니, 열 한 사도와 및 그와 함께 한 자들이 모여 있어,

㉞ 말하기를 주께서 과연 살아나시고 시몬에게 나타나셨다. 하는지라

㉟ 두 사람도 길에서 된 일과 예수님께서 떡을 떼심으로 자기들에게 알려지신 것을 말하더라.

㊱ 이 말을 할 때에 예수님께서 친히 그 가운데 서서 말씀하시기를, 너희에게 평강이 있을지어다! 하시니

㊲ 그러나 그들이 무서워 놀라며 자신들이 한 영을 본 줄로 생각하니,

㊳ 예수님께서 그들에게 말씀하시기를, 어찌하여 두려워하며 어찌하여 마음에 의심이 일어나느냐?

㊴ 내 손과 발을 보고 나인줄 알라, 또 만져보라 영은 살과 뼈가 없으되, 너희 보는 바와 같이 나는 있느니라.

㊵ 이 말씀을 하시고 손과 발을 보이시나,

㊶ 그들이 너무 기쁘므로 오히려 믿지 못하고, 기이히 여길 때에 말씀하시기를, 여기 무슨 먹을 것이 있느냐? 하시니

㊷ 이에 구운 생선 한 토막을 드리매,
㊸ 받으사 그 앞에서 잡수시더라.
㊹ 또 예수님께서 그들에게 말씀하시기를, 내가 너희와 함께 있을 때에 너
희에게 말한바, 곧 모세의 율법과 선지자의 글과 시편에 나를 가리켜
기록된 모든 것이 이루어져야 하리라. 한 말이 이것이라 하시고
㊺ 이에 저희 마음을 열어 성경을 깨닫게 하시고,
㊻ 또 이르시되 이 같이 그리스도가 고난을 받고 제 삼일에 죽은 자 가운
데서 살아날 것과
㊼ 또 그의 이름으로 죄 사함을 얻게 하는 회개가 예루살렘으로부터 시작
하여 모든 족속에게 전파될 것이 기록되었으니,
㊽ 너희는 이 모든 일의 증인이라
㊾ 볼지어다! 내가 내 아버지의 약속하신 것을 너희에게 보내리니, 너희는
위로부터 능력을 입히울 때까지 이 성에 유하라. 하시니라
㊿ 예수님께서 저희를 데리고 베다니 앞까지 나가사, 손을 들어 축복하시
더니
(51) 축복하실 때에 저희를 떠나 하늘로 올리우시니,
(52) 그들이 예수님께 경배하고, 큰 기쁨으로 예루살렘에 돌아가,
(53) 규칙적으로 계속해서 성전에 있으면서, 하나님께 찬양하고 감사를 드
리니라. 아멘.

하나님의 숨소리인 성경말씀을 다시 듣고(2000년 5월-2017년 7월)
한글번역 일부를 수정하여 기록합니다.
하나님의 은혜에 감사드리옵나이다.
아멘, 할렐루야!
정남덕!

요한복음

· 본 성경듣기는 QR코드 인식으로 들을 수 있습니다

● 1장

① 태초에 말씀이 계시니라. 이 말씀이 하나님과 함께 계셨으니, 이 말씀은 곧 하나님이시니라.

② 이 말씀이 태초에 하나님과 함께 계셨고,

③ 만물이 그로 말미암아 지은바 되었으니, 지은 것이 하나도 그분이 없이는 된 것이 없느니라.

④ 그분 안에는 생명이 있었으니, 이 생명은 사람들의 빛이라.

⑤ 빛이 어두움에 비취되, 어두움이 깨닫지 못하더라.

⑥ 하나님께로부터 보내심을 받은 사람이 났으니, 그 이름은 요한이라.

⑦ 저가 증거하러 왔으니, 곧 빛에 대하여 증거하고, 모든 사람으로 자기를 인하여 믿게 하려 함이라.

⑧ 그는 이 빛이 아니요, 이 빛에 대하여 증거하러 온자라.

⑨ 참빛, 곧 세상에 와서 각 사람에게 비취는 빛이 있었나니,

⑩ 그가 세상에 계셨으며, 세상은 그로 말미암아 지은바 되었으되, 세상이 그를 알지 못하였고,

⑪ 자기 땅에 오매 자기 백성이 영접지 아니하였으나,

⑫ 영접하는 자, 곧 그 이름을 믿는 자들에게는 하나님의 자녀가 되는 권세를 주셨으니,

⑬ 이는 혈통으로나 육정으로나 사람의 뜻으로 나지 아니하고, 오직 하나님께로서 난 자들이니라.

⑭ 말씀이 육신이 되어 우리 가운데 거하시매, 우리가 그 영광을 보니, 아

버지의 독생자의 영광이요, 은혜와 진리가 충만하더라.

⑮ 요한이 그분에 대하여 증거하여 외쳐 말하기를, 내가 전에 말하기를 내 뒤에 오시는 이가 나보다 앞선 것은 나보다 먼저 계심이니라, 한 것이 이 분을 가리킴이라 하니라.

⑯ 그분의 충만한 은총으로부터 우리 모두 축복위에 축복을 받았느니라.

⑰ 율법은 모세로 말미암아 주신 것이요. 은혜와 진리는 예수 그리스도로 말미암아 온 것이라.

⑱ 본래 하나님을 본 사람이 없으되, 아버지 품 속에 있는 독생하신 하나님이 나타내셨느니라.

⑲ 유대인들이 예루살렘에서 제사장들과 레위인들을 요한에게 보내어, 네가 누구냐? 물을 때에 요한의 증거가 이러하니라.

⑳ 요한이 드러내어 말하고 숨기지 아니하니 드러내어 하는 말이 나는 그리스도가 아니라, 한대

㉑ 또 묻되 그러면 무엇 네가 엘리야냐? 가로되 나는 아니라, 또 묻되 네가 그 선지자냐? 대답하되 아니라. 하니

㉒ 그때에 그들이 요한에게 말하기를, 우리가 우리를 보낸 사람들에게 대답해야 하오니 당신이 누구시이니이까? 당신은 당신을 누구라 말하나이까? 하니

㉓ 그가 말하기를, 나는 선지자 이사야가 말한대로, 주님의 길을 곧게 하라, 하는 광야에서 외치는 자의 그 소리라, 하니라.

㉔ 저희는 바리새인들에게서 보낸 자라.

㉕ 그들이 요한에게 물어 말하기를, 네가 만일 그리스도도 아니요, 엘리야도 아니요, 그 선지자도 아닐진대, 어찌하여 세례를 주느냐? 하니

㉖ 요한이 대답하되, 나는 물로 세례를 주거니와 너희 가운데 너희가 알지 못하는 한 사람이 섰으니,

㉗ 곧 내 뒤에 오시는 그이라 나는 그의 신발끈 풀기도 감당치 못하겠노라 하더라.

㉘ 이 일은 요한이 세례 주던 곳 요단강 건너편 베다니에서 된 일이니라.

㉙ 이튿날 요한이 예수님께서 자기에게 나아오심을 보고 말하기를, 보라! 세상 죄를 지고 가는 하나님의 어린 양이로다, 하니

㉚ 내가 전에 말하기를, 내 뒤에 오는 사람이 있는데 나보다 앞선 것은 그가 나보다 먼저 계심이라 한 것이 이 분을 가리킴이라.

㉛ 나도 그분을 알지 못하였으나, 내가 와서 물로 세례를 주는 것은 그분을 이스라엘에게 나타내려 함이라, 하니라.

㉜ 요한이 또 증거하여 말하기를, 내가 보매 성령이 비둘기 같이 하늘로서 내려와서 그의 위에 머물렀더라.

㉝ 나도 그를 알지 못하였으나, 나를 보내어 물로 세례를 주라 하신 그이가 나에게 말씀하시되, 성령이 내려서 누구 위에든지 머무는 것을 보거든, 그가 곧 성령으로 세례를 주는 이인줄 알라 하셨기에

㉞ 내가 보고 그가 하나님의 아들이심을 증거하였노라, 하니라

㉟ 또 이튿날 요한이 자기 제자 중 두 사람과 함께 섰다가,

㊱ 예수님의 다니심을 보고 말하되, 보라! 하나님의 어린 양이로다.

㊲ 두 제자가 그의 말을 듣고 예수님을 쫓거늘,

㊳ 예수님께서 돌이켜 그 쫓는 것을 보시고 물어 말씀하시기를, 무엇을 구하느냐? 하시니 말하기를, 랍비여 어디 계시오니이까? 하니(랍비는 번역하면 선생이라)

㊴ 예수님께서 말씀하시기를, 와 보라! 그러므로 저희가 가서 계신대를 보고 그 날 함께 거하니 때가 제 십시쯤 되었더라.

㊵ 요한의 말을 듣고 예수님을 쫓는 두 사람중에 하나는 시몬 베드로의 형제 안드레라,

㊶ 그가 먼저 자기의 형제 시몬을 찾아 우리가 메시야를 만났다, 하고(메시야는 번역하면 그리스도라)

㊷ 데리고 예수님께로 오니, 예수님께서 보시고 말씀하시기를, 네가 요나의 아들 시몬이니 장차 게바라 하리라 하시니라.(게바는 번역하면 베드로라)

㊸ 이튿날 예수님께서 갈릴리로 나가려 하시다가 빌립을 만나 말씀하시기를, 나를 쫓으라, 하시니

㊹ 빌립은 안드레와 베드로와 한 동네 벳새다 사람이라,

㊺ 빌립이 나다나엘을 찾아 말하기를, 모세가 율법에 기록하였고 여러 선지자가 기록한 그 이를 우리가 만났으니 요셉의 아들 나사렛 예수니라,

하니라
㊻ 나다나엘이 말하기를, 나사렛에서 무슨 선한 것이 날 수 있느냐? 하니, 빌립이 말하기를, 와서 보라, 하니라
㊼ 예수님께서 나다나엘이 자기에게 오는 것을 보시고 그를 가리켜 말씀하시기를, 보라! 이는 참 이스라엘 사람이라 그 속에 간사한 것이 없도다, 하시니라.
㊽ 나다나엘이 말하기를, 어떻게 나를 아시나이까? 하니 예수님께서 대답하여 말씀하시기를, 빌립이 너를 부르기 전에 네가 무화과나무 아래 있을 때에 보았노라, 하시니라.
㊾ 나다나엘이 대답하되 말하기를, 랍비여! 당신은 하나님의 아들이시요, 당신은 이스라엘의 임금이로소이다, 하니
㊿ 예수님께서 대답하여 말씀하시기를, 내가 너를 무화과나무 아래서 보았다 하므로 믿느냐? 이보다 더 큰 일을 보리라, 하시니라.
(51) 또 말씀하시기를, 내가 너에게 진리를 말하노니, 하늘이 열리고 하나님의 사자들이 사람인아들 위에 오르락 내리락하는 것을 보리라, 하시니라.

• 2장

① 사흘 되던 날에 갈릴리 가나에 혼인이 있어, 예수님의 어머니도 거기 계시고,
② 예수님과 그분의 제자들도 혼인에 청함을 받았더니,
③ 포도주가 모자란지라, 예수님의 어머니가 예수님에게 말하기를, 저희에게 포도주가 없다, 하니
④ 예수님께서 말씀하시기를, 어머니, 이것은 우리의 일이 아닙니다. 내가 관여할 때가 아닙니다, 하시니라
⑤ 어찌되었든, 그분의 어머니는 하인들에게 말하기를, 예수님께서 너희에게 무슨 말씀을 하시든지 그대로 하라, 하니라.
⑥ 거기에 유대인의 정결례를 따라 두 세 통 드는 돌항아리 여섯이 놓였는지라,
⑦ 예수님께서 그들에게 말씀하시기를, 항아리에 물을 채우라, 하신즉, 아

구까지 채우니

⑧ 이제는 떠서 연회장에게 갖다 주라 하시매, 갖다 주었더니

⑨ 연회장은 물로 된 포도주를 맛보고 어디서 났는지 알지 못하되 물 떠온 하인들은 알더라. 연회장이 신랑을 불러,

⑩ 말하기를, 사람마다 먼저 좋은 포도주를 내고 취한 후에 낮은 것을 내거늘, 그대는 지금까지 좋은 포도주를 두었도다, 하니라.

⑪ 예수님께서 이 처음 표적을 갈릴리 가나에서 행하여 그 영광을 나타내시매, 제자들이 그분에 대하여 신뢰심을 가지니라.

⑫ 그 후에 예수님께서 그분의 어머니와 형제들과 제자들과 함께 가버나움으로 내려가, 거기에서 여러 날 계시니라.

⑬ 유대인의 유월절이 가까운지라, 예수님께서 예루살렘으로 올라가셨더니,

⑭ 성전 안에서 소와 양과 비둘기 파는 사람들과 돈을 바꾸는 사람들의 앉은 것을 보시고,

⑮ 노끈으로 채찍을 만드사 양이나 소를 다 성전에서 내어 쫓으시고, 돈 바꾸는 사람들의 돈을 쏟으시며 상을 엎으시고,

⑯ 비둘기 파는 사람들에게 말씀하시기를, 이것을 여기서 가져가라, 내 아버지의 집으로 장사하는 집을 만들지 마라, 하시니

⑰ 제자들이 성경 말씀에 주의 전을 사모하는 열심이 나를 삼키리라. 한 것을 기억하더라.

⑱ 이에 유대인들이 대답하여 예수님께 말하기를, 네가 이런 일을 행하니 무슨 표적을 우리에게 보이겠느뇨? 하니

⑲ 예수님께서 대답하여 말씀하시기를, 너희가 이 성전을 헐라, 내가 사흘 동안에 일으키리라. 하시니라.

⑳ 유대인들이 말하기를, 이 성전은 사십 육년 동안에 지었거늘, 네가 삼 일 동안에 일으키겠느뇨? 하더라

㉑ 그러나 예수님은 성전된 자기 육체를 가리켜 말씀하신 것이라,

㉒ 죽은 자 가운데서 살아나신 후에야, 제자들이 이 말씀하신 것을 기억하고 성경 및 예수님의 하신 말씀을 믿었더라.

㉓ 유월절에 예수님께서 예루살렘에 계시니, 많은 사람이 그 행하시는 표

적을 보고 그의 명성을 신뢰하였더라.

㉔ 그러나 예수는 그 몸을 저희에게 의탁지 아니하셨으니, 이는 친히 모든 사람을 아심이요.

㉕ 또 친히 사람의 속에 있는 것을 아시므로 사람에 대하여 아무의 증거도 받으실 필요가 없음이니라.

● 3장

① 바리새인 중에 니고데모라 하는 사람이 있었으니, 그는 유대인들의 치리자이더라.

② 그가 밤에 예수님께와서 말하기를, 랍비여! 우리가 당신은 하나님께로서 오신 선생인줄 아나이다, 하나님이 함께 하시지 아니하시면 당신의 행하시는 이 표적을 아무라도 할 수 없음이니이다. 하니

③ 예수님께서 대답하여 말씀하시기를, 내가 진리를 네게 이르노니, 사람이 다시 태어나지 아니하면 하나님 나라를 볼 수 없느니라, 하시니라.

④ 니고데모가 말하기를, 사람이 늙었을 때 어떻게 태어날 수 있삽나이까? 확실히 사람이 다시 태어나기 위하여 모태에 두번째 들어갈 수는 없지 않습니까? 하니

⑤ 예수님께서 대답하여 말씀하시기를, 내가 진리를 너희에게 말하노니, 사람이 물과 성령으로 나지 아니하면 하나님 나라에 들어갈 수 없느니라, 하시니라.

⑥ 육으로 난 것은 육이요, 성령으로 난 것은 영이니,

⑦ 너는 네가 다시 태어나야 한다는 나의 말에 놀라지 않아도 된다.

⑧ 바람이 임의로 불매, 네가 그 소리를 들어도 어디서 오며 어디로 가는지 알지 못한다, 성령으로 난 사람도 다 마찬가지이니라. 하시니라.

⑨ 니고데모가 대답하여 말하기를, 어떻게 이런 일이 가능합니까? 하니

⑩ 예수님께서 말씀하시기를, 너는 이스라엘의 선생으로서 이러한 일들을 이해하지 못하느냐?

⑪ 내가 진리를 네게 이르노니, 우리는 우리가 아는 것을 말하고, 우리가 본 것을 증언하나, 아직도 너희는 우리의 증언을 수용하지 아니하는도다.

⑫ 내가 지구상의 일을 말하여도 너희가 믿지 아니하거든, 하물며 하늘의 일들을 말하면 너희가 어떻게 믿겠느냐?

⑬ 하나님의 면전에서 내려온 자 곧 사람인아들 외에는 그 면전(하나님이 계신 곳)에 올라가본 자가 없느니라.

(And no man hath ascended up to heaven, but he that came down from heaven, even the Son of man which is in hwaven.-KJV)

(No one has ever gone into heaven except the one who came from heaven-the Son of Man.-NIV)

(No one has gone up to heaven except the one who has come down from heaven, the Son of Man.-NAB)

("No one has ever gone up into the presence of God except the one who came down from that Presence, the Son of Man.-THE MESSAGE)

⑭ 모세가 사막에서 뱀을 들어 올린 것 같이 사람인아들도 들어 올려져야만 하느니라.

⑮ 이것은 누구든지 사람인아들을 존숭하는 자마다 멸망하지 아니하고, 오히려 영생을 얻게 하려 하심이니라.

⑯ 하나님이 세상을 이처럼 사랑하사 독생자를 주셨으니, 이는 저를 존숭하는 자마다 멸망치 않고, 영생을 얻게 하려 하심이니라.

⑰ 하나님이 그 아들을 세상에 보내신 것은 세상을 심판하려 하심이 아니요, 그를 통하여 세상을 구원하려 하심이니라.

⑱ 그를 존숭하는 자는 누구나 심판을 받지 아니하는 것이요, 그의 견해를 믿지 아니하는 자는 하나님의 독생자의 이름을 존숭하지 않음으로써 이미 심판을 받은 것이니라.

⑲ 그 결론은 이것이니, 곧 빛이 세상에 왔으되, 사람들은 빛 대신에 어두움을 더 사랑하였느니라, 이는 그들의 행위가 악하였기 때문이니라.

⑳ 악을 행하는 자마다 빛을 싫어하여 빛 안으로 들어오지 아니하나니, 이는 그의 행위가 드러날까 두려워함이니라.

㉑ 그러나 진리에 의하여 사는 자는 누구나 빛 안으로 들어오나니, 이는

그가 행한 모든 것이 하나님을 통하여 행해졌다는 것을 명백하게 나타내려 함이라, 하시니라.

㉒ 이 후에 예수님께서 제자들과 유대 땅으로 가서, 거기 함께 유하시며 세례를 주시더라.

㉓ 요한도 살렘 가까운 애논에서 세례를 주니 거기 물들이 많음이라, 사람들이 와서 세례를 받더라.

㉔ 요한이 아직 옥에 갇히지 아니하였더라.

㉕ 그때에 요한의 제자들 중의 몇 사람들과 유대인들 사이에 정결례에 대하여 논쟁이 일어났더니,

㉖ 그들이 요한에게 와서 말하기를, 랍비여! 선생님과 함께 요단강 저편에 있던 자, 곧 선생님이 증거하시던 자가 세례를 주매 사람이 다 그에게로 가더이다, 하니

㉗ 요한이 대답하여 말하기를, 그것은 하늘로부터 그분에게 주시지 아니하였다면 사람은 아무것도 받을 수 없느니라.

㉘ 나의 말한바, 나는 그리스도가 아니요. 그의 앞에 보내심을 받은 자라고 한 것을 증거할 자는 너희니라.

㉙ 신부를 얻은 자는 신랑이지만 그 신랑 곁에 서서 그의 음성을 듣는 친구가 크게 기뻐하는 것은, 신랑의 음성이니, 그러므로 내게는 나의 기쁨이 충만하노라.

㉚ 그분께서는 반드시 흥하셔야 하겠고, 나는 반드시 쇠하여야만 하리라.

㉛ 위로부터 오시는 이는 만물 위에 계시고, 땅에서 난 이는 땅에 속하여 땅에 속한 것을 말하느니라, 하늘로서 오시는 이는 만물 위에 계시나니,

㉜ 그분께서 보고 들은 것을 증거하시나, 아무도 그분의 증언을 받아들이지 아니하니,

㉝ 그분의 증언을 받아들인 자는 하나님이 참이시다는 하나님의 인을 친 것이니라.

㉞ 이는 하나님께서 보내신 그분께서 하나님이 말씀들을 전파하는 것은, 하나님께서 그분에게 성령을 한없이 주시기 때문이니라.

㉟ 아버지께서 아들을 사랑하사 만물을 다 그 손에 주셨으니,

㊱ 아들을 존숭하는 자는 누구나 영생을 얻으나, 아들을 거부하는 자는 누구나 영생을 보지 못할 것이니라, 이는 하나님의 진노가 그 위에 머물러 있기 때문이니라.

(He that belieiveth on the Son, hath everlasting life: and he that believeth not the Son, shall not see life: but the wrath of God abideth on him.-KJV)

(Whoever believes in the Son has eternal life, but whoever rejects the Son will not see life, for God's wrath remains on him,"-NIV)

(Whoever believes in the Son has eternal life, but whoever disobeys the Son will not see life, but the wrath of God remains upon him.-NAB)

(And that is also why the person who avoids and distrust the Son is in the dark and doesn't see life. All he experiences of God is darkness, and angry darkness at that."-THE MESSAGE)

● 4장

① 예수님께서 요한보다 많은 제자들을 삼으시고, 세례를 주신다는 말을 바리새인들이 들은 줄을 예수님께서 아시고

② (예수께서 친히 주신 것이 아니요, 다만 제자들이 준 것이라.)

③ 예수님께서 유대를 떠나사 다시 갈릴리로 가실새,

④ 예수님께서 반드시 사마리아를 지나가셔야 하겠으므로

⑤ 사마리아에 있는 수가라 하는 동네에 이르시니, 야곱이 그 아들 요셉에게 준 땅이 가깝고,

⑥ 거기 또 야곱의 우물이 있더라. 예수님께서 행로에 곤하여 우물 곁에 그대로 앉으시니 때가 제 육시쯤 되었더라.

⑦ 사마리아 여자 하나가 물을 길러 왔으매, 예수님께서 물을 좀 달라 하시니

⑧ 이는 제자들이 먹을 것을 사러 동네에 들어갔음이러라.

⑨ 사마리아 여자가 말하기를, 당신은 유대인으로서 어찌하여 사마리아

여자 나에게 물을 달라 하나이까? 하니, 이는 유대인이 사마리아인과 상종치 아니함이러라.

⑩ 예수님께서 대답하여 말씀하시기를, 네가 만일 하나님의 관대함과 또 네게 물좀 달라 하는 이가 누구인줄 알았더면 네가 그에게 물을 구하였을 것이요. 그가 너에게 살아있는 물을 네게 주었으리라, 하시니

⑪ 여자가 말하기를, 선생님! 선생님은 물을 길어 올릴 그릇도 없고 이 우물은 깊습니다 어디서 살아있는 물을 얻겠삽나이까?

⑫ 우리 조상 야곱이 이 우물을 우리에게 주었고, 그와 그의 자손들과 자기 가축들까지 마셨는데 선생님께서 야곱보다 더 대단한 분이라는 말입니까? 하니

⑬ 예수께서 대답하여 말씀하시기를, 이 물을 먹는 자마다 다시 목마르려니와,

⑭ 그러나 내가 주는 물을 먹는 자는 누구나 영원히 목마르지 아니하리니, 진실로 내가 주는 물은 그 안에서 영생에 이르는 샘물의 원천이 될 것이니라, 하시니

⑮ 그 여자가 말하기를, 선생님! 그러하시면 그런 물을 내게 주사 목마르지도 않고 또 여기 물 길러 오지도 않게 하옵소서! 하매

⑯ 예수님께서 그녀에게 말씀하시기를, 가서 네 남편을 여기로 불러 오라, 하시니

⑰ 여자가 나는 남편이 없나이다하고 대답하니, 예수님께서 말씀하시길 네가 남편이 없다 하는 말이 옳도다, 하시니라

⑱ 네가 남편 다섯이 있었으나 지금 있는 자는 네 남편이 아니니, 네 말이 옳도다.

⑲ 여자가 말하기를, 선생님! 선생님은 내가 보니 선지자로소이다!

⑳ 우리 조상들은 이 산에서 예배하였는데, 당신들의 말은 예배할 곳이 예루살렘에 있다 하더이다.

㉑ 예수님께서 말씀하시기를, 여자여 내 말을 믿으라, 이산에서도 말고, 예루살렘에서도 말고, 너희가 아버지께 예배할 때가 이르리라,

㉒ 너희는 알지 못하는 것을 예배하고, 우리는 아는 것을 예배하노니, 이는 구원이 유대인에게서 남이니라.

㉓ 아버지께 참으로 예배하는 자들은 신령과 진정으로 예배할 때가 오나니, 곧 이 때라 아버지께서는 이렇게 자기에게 예배하는 자들을 찾으시느니라.

㉔ 하나님은 영이시니 예배하는 자가 신령과 진정으로 예배할 지니라.

㉕ 여자가 예수님께 말씀드리기를, 메시야 곧 그리스도라 하는 이가 오실 줄을 내가 아노니, 그가 오시면 모든 것을 우리에게 설명해주시리이다. 하매

㉖ 예수님께서 말씀하시기를, 너와 말하고 있는 내가 바로 그로라 하시니라.

㉗ 이 때에 제자들이 돌아와서 예수님께서 여자와 말씀하시는 것을 이상히 여겼으나, 무엇을 구하시나이까? 어찌하여 저와 말씀하시나이까? 묻는 이가 없더라

㉘ 여자가 물동이를 놓아두고 동네에 들어가서 사람들에게 말하기를,

㉙ 나의 행한 모든 일을 내게 말한 사람을 와 보라, 이는 그리스도가 아니냐? 하니

㉚ 저희가 동네에서 나와 예수님께로 오더라.

㉛ 그 사이에 제자들이 간청하여 말씀드리기를, 랍비여! 잡수소서, 하니라.

㉜ 그러나 예수님께서 그들에게 말씀하시기를, 내게는 너희가 알지 못하는 먹을 양식이 있느니라, 하시니

㉝ 제자들이 서로 말하되 누가 잡수실 것을 갖다 드렸는가? 하매

㉞ 예수님께서 그들에게 말씀하시기를, 나의 양식은 나를 보내신 이의 뜻을 행하며 그의 일을 온전히 이루는 이것이니라.

㉟ 너희가 넉 달이 지나야 추수할 때가 이르겠다 하지 아니하느냐? 내가 너희에게 이르노니 눈을 들어 밭을 보라 희여져 추수하게 되었도다.

㊱ 거두는 자가 이미 삯도 받고 영생에 이르는 열매를 모으나니, 이는 뿌리는 자와 거두는 자가 함께 즐거워 하게 하려함이니라.

㊲ 그런즉 한 사람이 심고 다른 사람이 거둔다 하는 말이 옳도다.

㊳ 내가 너희로 노력지 아니한 것을 거두러 보내었노니, 다른 사람들은 노력하였고, 너희는 그들의 노력한 것에 참예하였느니라.

㊴ 그 마을로부터 온 많은 사마리아인들이 예수님를 존숭하였느니라, 이
는 여자가 말하길, 내가 이제까지 경험했던 모든 일을 그가 내게 말하
였다고 증언하였기 때문이니라.
㊵ 사마리아인들이 예수님께 와서 자기들과 함께 유하기를 청하니, 거기
서 이틀을 유하시매,
㊶ 믿는 자가 예수의 말씀을 듣고 더욱 많아 졌더라
㊷ 그들은 그 여자에게 말하길, 우리는 더 이상 네가 우리에게 말함으로
인하여 믿는 것이 아니고 이제 우리가 스스로 듣고 이 분이 진실로 세
상의 구원자이신 줄을 알았기 때문이니라, 하였더라.
㊸ 이틀이 지나매 예수님께서 거기를 떠나 갈릴리로 가시며,
㊹ 친히 증거하시기를, 선지자가 고향에서는 높임을 받지 못한다 하시고,
㊺ 갈릴리에 이르시매, 갈릴리인들이 그를 영접하니 이는 자기들도 명절
에 갔다가 예수님께서 명절중 예루살렘에서 하신 모든 일을 보았음이
더라.
㊻ 예수께서 다시 갈릴리 가나에 이르시니, 전에 물로 포도주를 만드신 곳
이라 왕의 신하가 있어 그 아들이 가버나움에서 병들었더니,
㊼ 그가 예수께서 유대로부터 갈릴리에 오심을 듣고 가서 청하되, 내려오
소서! 내 아들의 병을 고쳐주소서! 하니 저가 거의 죽게 되었음이라.
㊽ 예수님께서 그에게 말씀하시기를, 너희는 표적과 기사를 보지 못하면
도무지 믿지 아니하리라, 하시자
㊾ 왕의 신하가 말하길, 선생님 내 아이가 죽기 전에 내려오셔서, 보아 주
소서, 하니
㊿ 예수님께서 그에게 말씀하시기를, 가라, 네 아들이 살았다 하신대, 그
사람이 예수님의 하신 말씀을 믿고 자기 길을 가니라.
(51) 내려가는 길에서 그 종들이 오다가 만나서 아이가 살았다, 하거늘
(52) 그 낫기 시작한 때를 물은즉, 어제 제 칠시에 열기가 떨어졌나이다, 하
는지라.
(53) 그 아비가 예수님께서 네 아들이 살았다 말씀하신 그 때인줄 알고, 자
기와 온 집안이 다 예수님의 말씀을 믿었더라.
(54) 이것은 예수님께서 유대에서 갈릴리로 오신 후, 행하신 두 번째 표적이

니라.

● 5장
① 그 후에 유대인의 명절이 있어 예수님께서 예루살렘에 올라가시니라.
② 예루살렘에 있는 양의 시장 근처에 히브리 말로 베데스다라 하는 연못이 있고, 거기 행각 다섯이 있는데,
③ 여기에 많은 불구자, 소경, 절뚝발이, 혈기 마른 자들이 누워있었더라.
④ 이는 천사가 가끔 못에 내려와 물을 휘젓는데, 천사가 물을 휘젓은 후에 먼저 들어가는 자는 어떤 병에 걸렸든지 낫게 됨이러라.
⑤ 거기 삼십 팔년된 지체부자유자가 있었더라.
⑥ 예수님께서 그 누운 것을 보시고 병이 벌써 오랜줄 아시고 말씀하시기를, 네가 낫고자 하느냐? 하시니
⑦ 병자가 대답하되 주여 물이 휘저어졌을 때 나를 못에 넣어 줄 사람이 없어 내가 가는 동안에 다른 사람이 먼저 내려가나이다, 하니
⑧ 예수님께서 말씀하시기를, 일어나, 네 자리를 들고 걸어가라, 하시니
⑨ 그 사람이 곧 나아서 자리를 들고 걸어 가니라. 이 날은 안식일이니
⑩ 유대인들이 병 나은 사람에게 말하기를, 안식일인데 네가 자리를 들고 가는 것이 옳지 아니하니라, 하니
⑪ 그가 그들에게 대답하기를, 나를 온전하게 해 주신 그분께서 내게 말씀하시기를, 네 침상을 들고 걸어가라 하였나이다, 하니라.
⑫ 그때에 그들이 그에게 묻기를, 네 침상을 들고 걸어가라 한 사람이 누구냐? 하되
⑬ 고침을 받은 사람이 그가 누구신지 알지 못하니, 이는 거기 사람이 많으므로 예수님께서 이미 피하셨음이라.
⑭ 그 후에 예수님께서 성전에서 그 사람을 만나 말씀하시기를, 보라! 네가 나앗으니 더 심한 것이 생기지 않게 다시는 죄를 범치 말라 하시니,
⑮ 그 사람이 유대인들에게 가서 자기를 고친 이는 예수님이라 하니라.
⑯ 그러므로 안식일에 이러한 일을 행하신다 하여 유대인들이 예수님을 핍박하게 된지라,
⑰ 예수님께서 저희에게 말씀하시기를, 내 아버지께서 이제까지 일하시니

나도 일한다, 하시매

⑱ 유대인들이 이를 인하여 더욱 예수님을 죽이고자 하니, 이는 안식일만 범할 뿐 아니라 하나님을 자기의 친 아버지라 하여 자기를 하나님과 동등으로 삼으심이러라.

⑲ 그때에 예수님께서 그들에게 말씀하시기를, 내가 진실을 너희에게 말하노니, 아들이 아버지의 하시는 일을 보지 않고는 아무 것도 스스로 할 수 없나니, 아버지께서 행하시는 그것을 아들도 보고 그와 같이 행하느니라, 하시니라.

⑳ 아버지께서 아들을 사랑하사 자기의 행하시는 것을 다 아들에게 보이시고, 또 그보다 더 큰 일을 보이사, 너희로 하여금 놀라게 하시리라.

㉑ 아버지께서 죽은 자들을 일으켜 살리심 같이 아들도 자기의 원하는 자들을 살리느니라.

㉒ 아버지께서 아무도 심판하지 아니하시고 심판을 다 아들에게 맡기셨으니,

㉓ 이는 모든 사람으로 아버지를 공경하는 것 같이 아들을 공경하게 하려 하심이라. 아들을 공경치 아니하는 자는 그를 보내신 아버지를 공경치 아니하느니라.

㉔ 내가 너희에게 진리를 말하노니, 내 말을 듣고 또 나 보내신 이를 흠숭하는 자는 영생을 얻었고, 심판에 이르지 아니하나니 그는 사망에서 생명으로 건너갔느니라.

㉕ 내가 너희에게 진리를 이르노니, 죽은 자들이 하나님의 아들의 음성을 들을 때가 오나니, 곧 이 때라 듣는 자는 살아나리라.

㉖ 아버지께서 자기 속에 생명이 있음 같이 아들에게도 생명을 주어 그 속에 있게 하셨고,

㉗ 또 아버지께서 그에게 심판하는 권세를 주셨느니라. 이는 그가 사람으로온아들이기 때문이니라.

㉘ 이에 놀라지 말라, 무덤 속에 있는 자가 다 그의 음성을 들을 때가 오나니,

㉙ 선한 일을 행한 자는 생명의 부활로, 악한 일을 행한 자는 심판의 부활로 나오리라,

㉚ 내가 아무것도 스스로 할 수 없노라, 듣는대로 심판하노니, 나는 나의 원대로 하려 하지 않고 나를 보내신 이의 원대로 하려는 고로, 내 심판은 의로우니라.

㉛ 내가 만일 나를 위하여 증거하면 내 증거는 참 되지 아니하되,

㉜ 나를 위하여 증거하시는 이가 따로 있으니, 나를 위하여 증거하시는 그 증거가 참인줄 아노라.

㉝ 너희가 요한에게 사람을 보내매, 요한이 진리에 대해여 증거하였느니라.

㉞ 그러나 나는 사람에게서 증거를 취하지 아니하노라, 다만 이 말을 하는 것은 너희로 구원을 얻게 하여 함이니라.

㉟ 요한은 켜서 비취는 등불이라, 너희가 일시 그 빛에 즐거이 있기를 원하였거니와,

㊱ 내게는 요한의 증거보다 더 큰 증거가 있으니, 아버지께서 내게 주사 이루게 하시는 역사, 곧 나의 하는 그 역사가 아버지께서 나를 보내신 것을 나를 위하여 증거하는 것이요.

㊲ 또한 나를 보내신 아버지께서 친히 나를 위하여 증거하셨느니라. 너희는 아무 때에도 그 음성을 듣지 못하였고 그분의 모습을 보지 못하였으며,

㊳ 그 말씀이 너희 속에 거하지 아니하니, 이는 그의 보내신 자를 신뢰하지 아니함이니라.

㊴ 너희가 성경으로 영생을 얻는줄로 생각하고, 성경을 열심히 연구하는 도다. 그러나 나에 대하여 증거하는 이것들이 성경이니라 하시니라.

㊵ 그러나 너희가 영생을 얻기 위하여 내게 오기를 원하지 아니하는도다.

㊶ 나는 사람에게 영광을 취하지 아니하노라.

㊷ 다만 하나님을 사랑하는 것이 너희 속에 없음을 알았노라.

㊸ 나는 내 아버지의 이름으로 왔는데, 너희가 이를 인정하지 않는데, 만일 어떤 다른 사람이 자기 이름으로 오면 너희는 이를 인정할 것이니라.

㊹ 너희가 서로로부터의 칭찬만을 취하고 유일하신 하나님으로부터 오는 칭찬을 얻으려 노력하지 않으면 너희는 어떻게 나를 믿을 수 있느냐?

㊺ 그러나 하나님 앞에 너희를 고발할 것이라 생각하지 말라, 너희의 고발자는 모세니라, 그는 너희들이 희망을 걸고 있는 분이니라.

㊻ 만약 너희가 모세의 말을 믿었다면 너희는 나의 말도 믿었을 것이니라. 이는 그가 내게 대하여 기록하였음이라.

㊼ 그러나 너희는 그가 쓴 글도 믿지 않는데 어떻게 내가 말하는 것을 믿으려고 하겠느냐? 하시니라

● 6장

① 그 후에 예수님께서 갈릴리 바다 곧 디베랴 바다 건너편으로 가시매,

② 큰 무리가 따르니 이는 병든 자들에게 행하시는 표적을 봄이러라.

③ 예수님께서 산에 오르사 제자들과 함께 거기 앉으시니,

④ 마침 유대인의 명절인 유월절이 가까운지라,

⑤ 예수님께서 눈을 들어 큰 무리가 자기에게로 오는 것을 보시고 빌립에게 이르시되, 우리가 어디서 떡을 사서 이 사람들로 먹게 하겠느냐? 하시니

⑥ 예수님께서는 오직 빌립을 테스트하고자 이렇게 말씀하시니라, 왜냐하면 예수께서는 이미 그가 하실 모든 일을 마음속에 결심하고 있었기 때문이었느니라.

⑦ 빌립이 예수님게 대답하기를, 각 사람으로 조금씩 받게 할지라도 이백데나리온의 떡이 부족하리이다, 하니

⑧ 제자 중 하나 곧 시몬 베드로의 형제 안드레가 예수님께 말씀드리기를,

⑨ 여기 한 아이가 있어 보리떡 다섯 개와 물고기 두 마리를 가졌나이다. 그러나 그것이 이 많은 사람에게 얼마나 되겠삽나이까? 하니

⑩ 예수님께서 말씀하시기를, 이 많은 사람들로 앉게 하라, 하신대 그 곳에 잔디가 많은지라 사람들이 앉으니 수효가 오천쯤 되었더라.

⑪ 예수님께서 떡을 가져 축사하신 후에 앉은 자들에게 나눠 주시고 고기도 그렇게 저희의 원대로 주시니,

⑫ 저희가 배부른 후에 예수님께서 제자들에게 말씀하시기를, 남은 조각을 거두고 버리는 것이 없게 하라, 하시므로

⑬ 이에 거두니 보리떡 다섯 개로 먹고 남은 조각이 열 두 바구니에 찼더

라.

⑭ 그 사람들이 예수님의 행하신 이 표적을 보고 말하기를, 이는 참으로 세상에 오실 그 선지자라 하더라.

⑮ 그러므로 예수님께서 저희가 와서 자기를 억지로 잡아 임금 삼으려는 줄을 아시고, 다시 혼자 산으로 떠나 가시니라.

⑯ 날이 저물매 제자들이 바다에 내려가서,

⑰ 배를 타고 바다를 건너 가버나움으로 가는데, 이미 어두웠고 예수님은 아직 저희에게 오시지 아니하셨더니,

⑱ 큰 바람이 불어 파도가 일어나더라.

⑲ 제자들이 노를 저어 십 여리쯤 가다가, 예수님께서 바다 위로 걸어 배에 가까이 오심을 보고 두려워하거늘,

⑳ 예수님께서 그들에게 말하시기를, 내니 두려워 말라, 하신대

㉑ 이에 기뻐서 그들이 예수님을 배로 영접하니, 배는 곧 저희의 가려던 땅에 이르렀더라.

㉒ 다음날 반대편 호숫가에 남아 있던 군중들은 그곳에 배가 한 척 밖에 없었는데, 예수님께서 제자들과 함께 그 배를 타고 가지 않으시고 제자들만 떠났다는 것을 알게 되었더라.

㉓ (그러나 디베랴에서 배들이 주의 축사 하신 후 여럿이 떡 먹던 그 곳에 가까이 왔더라)

㉔ 무리가 거기 예수님도 없으시고 제자들도 없음을 보고, 곧 배들을 타고 예수를 찾으러 가버나움으로 가서,

㉕ 바다 건너편에서 만나, 랍비여! 어느 때에 여기 오셨나이까? 하니

㉖ 예수님께서 대답하여 말씀하시기를, 내가 너희에게 진실을 말하노니, 너희가 나를 찾는 것은 표적을 본 까닭이 아니요, 떡을 먹고 배부른 까닭이로다, 하시니라.

㉗ 썩는 양식을 위하여 일하지 말고 영생을 지켜내는 양식을 위하여 일하라, 이 양식은 사람으로온아들이 너희에게 줄 것이니라. 하나님 아버지께서 그에게 너희에게 그렇게 할 수 있도록 승인을 하셨느니라.

㉘ 저희가 묻되 우리가 어떻게 하여야 하나님의 일을 하오리이까? 하니

㉙ 예수님께서 대답하여 말씀하시기를, 하나님이 보내신 자를 존숭하는

것이 하나님의 일이니라 하시니,

㉚ 저희가 묻되 그러면 우리로 보고 당신의 말을 믿게 행하시는 표적이 무엇이니이까?

㉛ 기록된바, 우리의 조상들은 사막에서 만나를 먹었나이다. 즉 그분은 우리에게 하늘로부터 그들에게 먹을 빵을 주었나이다. 하니

㉜ 이에 예수님께서 그들에게 말씀하시기를, 내가 너희에게 진실을 이르노니, 하늘에서 내린 떡은 모세가 준 것이 아니라, 오직 내 아버지가 하늘에서 내린 참 떡을 너희에게 주시나니,

㉝ 하나님의 떡은 하늘에서 내려 세상에게 생명을 주는 것이니라. 하시니라.

㉞ 저희가 말하기를, 주여, 이 떡을 항상 우리에게 주소서, 하매

㉟ 예수님께서 그들에게 말씀하시기를, 내가 곧 생명의 떡이니, 내게 오는 자는 결코 주리지 아니할 터이요, 나를 존숭하는 자는 영원히 목마르지 아니하리라.

㊱ 그러나 내가 너희더러 말하기를, 너희는 나를 보고도 믿지 아니하는도다, 하였느니라.

㊲ 아버지께서 내게 주시는 자는 다 내게로 올 것이요. 내게 오는 자는 내가 결코 내어 쫓지 아니하리라.

㊳ 내가 하늘로부터서 내려온 것은 내 뜻을 행하려 함이 아니요, 나를 보내신 이의 뜻을 행하려 함이니라.

㊴ 나를 보내신 이의 뜻은 내게 주신 자 중에 내가 하나도 잃어버리지 아니하고, 마지막 날에 다시 살리는 이 것이니라.

㊵ 내 아버지의 뜻은 아들을 보고 존숭하는 자마다 영생을 얻는 이것이니, 마지막 날에 내가 이를 다시 살리리라, 하시니라.

㊶ 자기가 하늘로부터 내려온 떡이라 하시므로, 유대인들이 예수님께 대하여 수군거려,

㊷ 말하기를, 이는 요셉의 아들 예수가 아니냐? 그 부모를 우리가 아는데, 제가 지금 어찌하여 하늘로부터 내려왔다 하느냐? 하니

㊸ 예수님께서 대답하여 말씀하시기를, 너희는 서로 수군거리지 말라.

㊹ 나를 보내신 아버지께서 이끌지 아니하면 아무라도 내게 올 수 없으니,

나에게 오는 사람은 내가 마지막 날에 다시 살리리라, 하시니라.
㊺ 선지자의 글에 저희가 다 하나님의 가르치심을 받으리라 기록되었은즉, 아버지께 듣고 배운 사람마다 내게로 오느니라.
㊻ 이는 아버지를 본 자가 있다는 것이 아니라 오직 하나님에게서 온 자만 아버지를 보았느니라.
㊼ 내가 너희에게 진리를 말하노니 나를 존숭하는 자는 영생을 가졌나니,
㊽ 내가 곧 생명의 떡이로다.
㊾ 너희 조상들은 사막에서 만나를 먹었어도 죽었거니와,
㊿ 이는 하늘로서 내려오는 떡이니 사람으로 하여금 먹고 죽지 아니하게 하는 것이니라.
(51) 나는 하늘로서 내려온 산 떡이니 사람이 이 떡을 먹으면 영생하리라. 나의 줄 떡은 곧 세상의 생명을 위한 내 살이로라 하시니라.
(52) 이러므로 유대인들이 서로 다투어 말하기를, 이 사람이 어찌 능히 제 살을 우리에게 주어 먹게 하겠느냐? 하매
(53) 예수님께서 그들에게 말씀하시기를, 내가 너희에게 진리를 말하노니, 사람으로온아들의 살을 먹지 아니하고 사람인아들의 피를 마시지 아니하면 너희 속에 생명이 없느니라.
(54) 내 살을 먹고 내 피를 마시는 자는 영생을 가졌고, 마지막 날에 내가 그를 다시 살리리니,
(55) 내 살은 참된 양식이요, 내 피는 참된 음료로다.
(56) 내 살을 먹고 내 피를 마시는 자는 내 안에 거하고 나도 그 안에 거하나니,
(57) 살아계신 아버지께서 나를 보내시매, 내가 아버지로 인하여 사는 것 같이, 나를 먹는 그 사람도 나로 인하여 살리라.
(58) 이것은 하늘로서 내려온 떡이니, 조상들이 먹고도 죽은 그것과 같지 아니하여 이 떡을 먹는 자는 영원히 살리라.
(59) 이 말씀은 예수님께서 가버나움 회당에서 가르치실 때에 하셨느니라.
(60) 제자 중 여럿이 듣고 말하되, 이 말씀은 어렵도다 누가 들을 수 있느냐? 한대
(61) 예수님께서 제자들이 이 말씀에 대하여 수군거리는 줄 아시고, 말씀하

시기를, 이 말이 너희에게 걸림돌이 되느냐?

62 그러면 너희가 사람인아들의 이전 있던 곳으로 올라가는 것을 볼 것 같으면 어찌 하려느냐?

63 살리는 것은 영이니, 육은 무익하니라. 내가 너희에게 이른 말이 영이요 생명이라,

64 그러나 너희 중에 믿지 아니하는 자들이 있느니라 하시니, 이는 예수께서 믿지 아니하는 자들이 누구며 자기를 팔 자가 누군지 처음부터 아심이러라.

65 또 예수님께서 말씀하시기를, 이러하므로 전에 너희에게 말하기를, 내 아버지께서 오게 하여 주지 아니하시면 누구든지 내게 올 수 없다 하였노라, 하시니라.

66 이러므로 제자 중에 많이 물러가고 다시 그와 함께 다니지 아니하더라.

67 예수님께서 열 두 제자에게 말씀하시기를, 너희도 가려느냐? 하시니

68 이때에 시몬 베드로가 대답하여 말하기를, 주여 영생의 말씀이 계시매 우리가 뉘게로 가오리이까?

69 우리는 주님께서 그리스도이시고 거룩하신 하나님의 아들이라는 것을 믿고 확신하나이다. 하니

70 예수님께서 대답하시기를, 내가 너희 열 둘을 택하지 아니하였느냐? 그러나 너희 중에 한 사람은 마귀니라 하시니,

71 이 말씀은 가룟 시몬의 아들 유다를 가리키심이라. 저는 열 둘 중의 하나로 예수를 팔 자러라.

● 7장

1 이 후에 예수님께서 갈릴리에서 다니시고, 유대에서 다니려 아니하심은 유대인들이 죽이려 함이러라.

2 그러나 유대인의 명절인 초막절이 가까워졌을 때,

3 그 형제들이 예수님께 당신은 여기를 떠나서, 유대로 가서 당신의 제자들이 당신이 행하는 표적을 보게하십시요. 라고 말하였다

4 스스로 나타나기를 구하면서 묻혀서 일하는 사람이 없나니, 이 일을 행하려 하거든 자신을 세상에 나타내소서, 하니

⑤ 이는 그 형제들이라도 예수님을 신뢰하지 아니함이러라.

⑥ 그때에 예수님께서 그들에게 말씀하시기를, 나의 아직 이르지 아니하였으나, 너희 때는 늘 준비되어 있느니라.

⑦ 세상이 너희를 미워하지 못하되 나를 미워하나니, 이는 내가 세상의 행사를 악하다고 증거하기 때문이라.

⑧ 너희는 명절에 올라가라. 나는 내 때가 아직 차지 못하였으니, 이 명절에 아직 올라가지 아니하노라.

⑨ 이 말씀을 하시고 갈릴리에 머물러 계시니라.

⑩ 그러나 주님의 형제들이 올라간 후에 주님께서도 드러내지 아니하시고, 은밀한 중에 그 명절에 올라가시니라.

⑪ 명절 중에 유대인들이 예수님을 찾으면서 그가 어디 있느냐? 하매

⑫ 예수님에 대하여 사람들 중에서 수군거림이 많아, 혹은 좋은 사람이라 하며, 혹은 아니라 사람들을 속인다, 하나

⑬ 그러나 유대인들이 두려워 아무도 예수님에 대하여 드러나게 말하는 자가 없더라.

⑭ 이 명절의 중간이 되어 예수님께서 성전에 올라가사 가르치시니,

⑮ 유대인들이 놀라워하며 말하기를, 이 사람은 결코 배우지 아니하였거늘 어떻게 글을 아느냐? 하니

⑯ 예수님께서 그들에게 대답하여 말씀하시기를, 내 가르침은 내 것이 아니요, 나를 보내신 이의 것이니라, 하시니라.

⑰ 어떤 사람이 하나님의 뜻에 따라 행하기로 결정 한다면, 그는 이 가르침이 하나님께로서 왔는지 내가 스스로 말함인지 알리라.

⑱ 자기 자신만을 의지하여 말하는 자는 자기 영광만 구하되, 보내신 이의 영광을 구하는 자는 참되니 그 속에 불의가 없느니라.

⑲ 모세가 너희에게 율법을 주지 아니하였느냐? 너희 중에 율법을 지키는 자가 없도다, 너희가 어찌하여 나를 죽이려 하느냐? 하시니

⑳ 사람들이 대답하여 말하기를, 당신은 귀신이 들렸도다, 누가 당신을 죽이려 하나니까? 하매

㉑ 예수님께서 대답하여 말씀하시기를, 내가 한 가지 일을 행하매, 너희가 다 이를 인하여 괴이히 여기는도다.

㉒ 그러므로 모세가 너희에게 할례를 주었으니 (그러나 할례는 모세에게서 난 것이 아니요, 조상들에게서 난 것이라) 그러므로 너희는 안식일에도 사람에게 할례를 주느니라.

㉓ 모세의 율법을 폐하지 아니하려고 사람이 안식일에도 할례를 받는 일이 있거든 내가 안식일에 사람의 전신을 건전케 한 것으로 너희가 나를 노여워 하느냐?

㉔ 외모로 판단하지 말고 공의의 판단으로 판단하라, 하시니라.

㉕ 그때에 예루살렘 사람들 몇이 말하기를, 이 사람은 그들이 죽이고자 찾는 그 사람이 아니냐?

㉖ 그런데 보라, 그가 담대하게 말하여도 그들이 그에게 아무 말도 못하는도다. 당국자들은 이 사람을 참으로 그리스도인줄로 아는가?

㉗ 그러나 우리는 이 사람이 어디서 왔는지 아노라, 그리스도께서 오실 때에는 어디서 오시는지 아는 자가 없으리라 하는지라.

㉘ 예수님께서 성전에서 가르치실때에 외쳐 말씀하시기를, 너희가 나를 알고 내가 어디서 온 것도 알거니와 내가 스스로 온 것이 아니로라. 나를 보내신 이는 참이시니, 너희는 그를 알지 못하나,

㉙ 나는 아노니, 이는 내가 그에게서 났고 그가 나를 보내셨음이니라, 하시니

㉚ 이에 저희가 예수님을 잡고자 하나, 손을 대는 자가 없으니, 이는 그의 때가 아직 이르지 아니하였음이러라.

㉛ 사람들 중에 많은 몇이 예수님을 존숭하고 말하기를, 그리스도께서 오실지라도 그 행하실 표적이 이 사람의 행한 것보다 더 많으랴? 하니

㉜ 예수님께 대하여 사람들의 수군거리는 것이 바리새인들에게 들린지라, 대제사장들과 바리새인들이 그를 잡으려고 하속들을 보내니,

㉝ 예수님께서 말씀하시기를, 내가 너희와 함께 조금 있다가 나를 보내신 이에게로 돌아 가겠노라.

㉞ 너희가 나를 찾아도 만나지 못하리요, 나 있는 곳에 오지도 못하리라, 하시니

㉟ 이에 유대인들이 서로 묻되, 이 사람이 어디로 가기에 우리가 저를 만나지 못하리요, 헬라인 중에 흩어져 사는 자들에게로 가서 헬라인을 가

르칠터인가?
㊱ 나를 찾아도 만나지 못할터이요, 나 있는 곳에 오지도 못하리라, 한 이 말이 무슨 말이냐? 하니라
㊲ 명절 끝날 곧 큰 날에 예수님께서 서서 외쳐 가라사대, 누구든지 목마르거든 내게로 와서 마시라.
㊳ 나를 믿어 의지하는 자는 성경에서 말한 바와 같이 그의 몸 안으로부터 생수의 강이 흘러나오리라 하시니,
㊴ 이는 그를 믿어 의지하는 자의 받을 성령을 가리켜 말씀하신 것이라 (예수께서 아직 영광을 받지 못하신 고로 성령이 아직 저희에게 계시지 아니하시더라)
㊵ 이 말씀을 들은 사람들 중 몇사람은 이가 참으로 그 선지자라하며,
㊶ 혹은 그리스도라, 하며 어떤이들은 그리스도가 어찌 갈릴리에서 나오겠느냐?
㊷ 성경에 이르기를, 그리스도는 다윗의 씨로 또 다윗의 살던 촌 베들레헴에서 나오리라 하지 아니하였느냐? 하며
㊸ 거기에 예수님으로 인하여 사람들 가운데서 분열이 생기니라.
㊹ 그 중에는 그를 잡고자 하는 자들도 있으나, 손을 대는 자가 없었더라.
㊺ 그때에 관원들이 대제사장들과 바리새인들에게로 오니, 그들이 묻되 어찌하여 잡아오지 아니하였느냐? 하니
㊻ 관원들이 대답하되, 그 사람의 말하는 것처럼 말한 사람은 이때까지 없었나이다, 하니
㊼ 그때에 바리새인들이 말하기를, 너희도 역시 속고있느냐? 하니라
㊽ 지배자들이나 바리새인 중에서 어떤사람이 그를 믿어 의지하고 있느냐?
㊾ 안되느니라! 율법을 전혀 모르는 이 오합지졸들은 저주를 받느니라.
㊿ 그 중에 한 사람 곧 전에 예수님께 왔던 니고데모가 그들에게 말하기를,
(51) 우리 율법은 어떤사람이 한 일을 알기 위하여, 먼저 그로부터 들어보지도 않고 판결 하느냐? 하니라
(52) 그들이 니고데모에게 말하기를, 너도 갈릴리에서 왔느냐? 성경에서 증

거를 살펴봐라, 갈릴리에서는 어떤 선지자도 나오지 못하기 때문이라, 하니라

㊼ 이후에 모든 사람이 각자 자기 집으로 돌아가고,.

● 8장

① 예수님은 올리브산으로 가시니라.

② 그리고 이른 아침에 다시 성전으로 들어오시니 사람들이 예수님께로 나아오는 지라, 앉으사 저희를 가르치시더니,

③ 율법학자들과 바리새인들이 간음 중에 잡힌 여자를 끌고와서 가운데 세우고,

④ 예수님께 말하기를, 선생이여, 이 여자가 간음하다가 현장에서 잡혔나이다.

⑤ 모세는 율법에 이러한 여자를 돌로 치라 명하였거니와 선생은 어떻게 말하겠나이까? 하니

⑥ 그들이 이렇게 말함은, 고발할 조건을 얻고자하여 예수님을 시험함이러라, 예수님께서 몸을 굽히사 손가락으로 땅에 쓰시니,

⑦ 그들이 묻기를 계속하자, 이에 일어나 말씀하시기를, 너희 중에 죄 없는 자가 먼저 돌로 치라 하시고,

⑧ 다시 굽히사 손가락으로 땅에 쓰시니,

⑨ 그들이 이 말씀을 듣고 양심의 가책을 받아 어른으로 시작하여 젊은이까지 하나씩 하나씩 나가고 오직 예수님과 그 가운데 섰는 여자만 남았더라.

⑩ 예수님께서 일어나사 여자 외에 아무도 없는 것을 보시고 말씀하시기를, 여자여 너를 고발하던 그들이 어디 있느냐? 너를 정죄한 자가 없느냐? 하시니

⑪ 그 여자가 말씀드리기를, 주님, 아무도 없나이다, 하니, 그 여자에게 예수님께서 말씀하시기를, 나도 너를 정죄하지 아니하노니, 가라, 그리고 다시는 죄를 짓지 말라, 하시니라.

⑫ 그때에 예수님께서 다시 그들에게 일러 말씀하시기를, 나는 세상의 빛이라, 나를 따르는 자는 결코 어두움에 다니지 아니하고 생명의 빛을

얻으리라, 하시니라.

⑬ 이에 바리새인들은 예수님께 말하기를, 당신이 당신을 위하여 증언하니 당신의 증언은 효력이 없는 것이다, 하니라.

⑭ 예수님께서 그들에게 대답하여 말씀하시기를, 내가 나를 위하여 증언하여도 내 증언은 참되도다. 이는 내가 어디서 오며 어디로 가는 것을 알고 있기 때문이라. 그러나 너희는 내가 어디서 와서 어디로 가는지 알지 못하느니라.

⑮ 너희는 인간의 기준을 따라 판단하나, 나는 그렇게 판단치 아니하노라.

⑯ 만일 내가 판단하여도 내 판단이 참되니, 이는 내가 혼자 있는 것이 아니요, 나를 보내신 이가 나와 함께 계심이라.

⑰ 너희 율법에도 두 사람의 증언이 같으면 참되다 기록하였으니,

⑱ 나는 나 자신에 대하여 증언하는 가가 되며, 나를 보내신 아버지께서도 나에게 대하여 증언하시느니라, 하시니라.

⑲ 이에 그들이 예수님께 말하기를, 당신의 아버지가 어디 있느냐? 하니 예수님께서 대답하시기를, 너희는 나를 알지 못하고 내 아버지도 알지 못하는도다. 만일 너희가 나를 알았다면 나의 아버지도 알았을리라, 하시니라.

⑳ 이 말씀들은 성전에서 가르치실 때에 연보 궤 앞에서 하셨으나, 잡는 사람이 없으니 이는 그분의 잡힐 때가 아직 이르지 아니하였기 때문이라.

㉑ 다시 말씀하시기를, 내가 가리니, 너희가 나를 찾다가 너희 죄 가운데서 죽겠고, 나의 가는 곳에는 너희가 오지 못하리라, 하시니

㉒ 그 때에 유대인들이 말하기를, 저가 나의 가는 곳에는 너희가 오지 못하리라, 하니, 저가 자결하려는가? 하니라.

㉓ 그러나 예수님께서는 계속해서 너희는 아래서 났고, 나는 위에서 났으며, 너희는 이 세상에 속하고 나는 이 세상에 속하지 아니하느니라, 하시니라

㉔ 내가 너희에게 말하는데 너희는 너희 죄 안에서 죽을것이다. 만일 너희가 나를 내가 주장하는 나로써 믿지 아니하면 너희는 정말로 너희 죄안에서 죽을 것이니라, 하시니라.

㉕ 그때에 그들이 예수님께 말하기를, 당신은 누구시오? 하니 예수님께서 말씀하시기를, 나는 처음(태초)부터 너희에게 말하여 온 자니라, 하시니라.

㉖ 내가 너희를 대하여 말하고 판단할 것이 많으나, 나를 보내신 이가 참되시매, 내가 그분에게 들은 그것을 세상에게 말하노라, 하시니

㉗ 저희는 아버지를 가리켜 말씀하신 줄을 깨닫지 못하더라.

㉘ 이에 예수님께서 말씀하시기를, 너희는 사람인아들을 매달은 후에야 내가 누구이고 내가 스스로는 아무 것도 하지 아니하고 오직 아버지께서 가르치신대로 이런 것을 말하는 줄도 알 것이니라, 하시니라.

㉙ 나를 보내신 이가 나와 함께 하시도다 내가 항상 그의 기뻐하시는 일을 행하므로 나를 혼자 두지 아니하셨느니라.

㉚ 예수님께서 그렇게 말씀하셨을 때 많은 사람들이 그분의 말씀을 믿었더라.

㉛ 그러므로 예수님께서 그의 말을 믿은 유대인들에게 말씀하시기를, 너희가 내 말에 거하면 참 내 제자가 되고,

㉜ 진리를 알지니, 진리가 너희를 자유케 하리라, 하시니라.

㉝ 그들이 예수님께 대답하기를, 우리가 아브라함의 자손이라 남의 종이 된 적이 없거늘, 어찌하여 우리가 자유케 되리라. 하느냐? 하니

㉞ 예수님께서 대답하시기를, 내가 너희에게 진리를 이르노니, 죄를 범하는 자마다 죄의 종이라,

㉟ 종은 영원히 집에 거하지 못하되, 아들은 영원히 거하나니,

㊱ 그러므로 아들이 너희를 자유케 하면 너희가 참으로 자유하리라,

㊲ 나도 너희가 아브라함의 자손인 줄 아노라, 그러나 내 말이 너희 속에 있을 곳이 없으므로 나를 죽이려 하는도다.

㊳ 나는 내 아버지에게서 본 것을 말하고, 너희는 너희 아비에게서 들은 것을 행하느니라, 하시니

㊴ 그들이 예수님께 대답하여 말하기를, 우리 아버지는 아브라함이라 하니, 예수님께서 너희가 아브라함의 자손이면 아브라함이 행했던 것을 하여야 할 것이니라, 하시니라

㊵ 그런데 실제로 너희는 하나님께 들은 진리를 너희에게 말한 사람인 나

를 죽이려 하는도다, 아브라함은 이렇게 하지 아니하였느니라, 하시니라.

㊶ 너희는 너희 세상의 아비들이 행한 일을 하고 있도다, 하니, 그들이 항의하여 말하기를, 우리는 불법적으로 나지 하였고 우리의 유일하신 아버지는 한분 뿐 이시니 곧 하나님이시로다, 하니라

㊷ 예수님께서 말씀하시기를, 하나님이 너희 아버지였으면 너희가 나를 사랑하였으리니, 이는 내가 하나님께로 나서 왔음이라, 나는 스스로 온 것이 아니요, 아버지께서 나를 보내신 것이니라,

㊸ 어찌하여 내 말을 깨닫지 못하느냐? 이는 내 말을 들을줄 알지 못함이로다,

㊹ 너희는 너희 아비 마귀에게서 났으니, 너희 아비의 욕심을 너희도 행하고자 하느니라, 저는 처음부터 살인한 자요, 진리가 그 속에 없으므로 진리에 서지 못하고, 거짓을 말할 때마다 제 것으로 말하나니 이는 저가 거짓말장이요, 거짓의 아비가 되었음이니라.

㊺ 그러나 내가 진리를 말하기 때문에 너희가 나의 말을 믿지 아니하는도다.

㊻ 너희 중에 누가 나를 죄로 책잡겠느냐? 내가 진리를 말하는데 어찌하여 나의 말을 믿지 아니하느냐?

㊼ 하나님께 속한 자는 하나님의 말씀을 듣나니, 너희가 듣지 아니함은 하나님께 속하지 아니하였음이로다.

㊽ 유대인들이 대답하여 말하기를, 우리가 너를 사마리아 사람이라, 또는 귀신이 들렸다 하는 말이 옳지 아니하냐?

㊾ 예수께서 대답하시기를, 나는 귀신 들린 것이 아니라 오직 내 아버지를 공경함이어늘 너희가 나를 무시하는도다.

㊿ 나는 내 영광을 구치 아니하나 구하고 판단하시는 이가 계시니라.

(51) 내가 너희에게 진리를 이르노니, 어떤 사람이 내 말을 지키면 그는 죽음을 결코 보지 아니하리라.

(52) 유대인들이 말하기를, 지금 네가 귀신 들린 줄을 아노라, 아브라함과 선지자들도 죽었거늘 네 말은 사람이 네 말을 지키면 죽음을 영원히 맛보지 아니하리라, 하니

㊼ 너는 이미 죽은 우리 조상 아브라함보다 크냐? 또 선지자들도 죽었거늘 너는 너를 누구라 하느냐? 하니

㊺ 예수님께서 대답하여 말씀하시기를, 만일 내가 나에게 영광을 돌린다면 나의 영광은 아무 것도 아니러니와 나를 영광스럽게 하시는 분은 나의 아버지시니, 곧 너희가 너희 하나님이라 칭하시는 그분이시니라.

㊻ 너희는 그분을 알지 못하되, 나는 아노니, 만일 내가 알지 못한다 하면 나도 너희 같이 거짓말쟁이가 되리라. 나는 그를 알고 또 그의 말씀을 지키느니라.

㊼ 너희 조상 아브라함은 나의 때를 본다는 생각에 즐거워 하였고 그리고 그 날을 보았고 그날을 즐거워하였느니라.

㊽ 그때에 유대인들이 예수님께 말하기를, 당신이 아직 오십도 못되었는데 아브라함을 보았느냐? 하니

㊾ 예수님께서 말씀하시기를, 내가 너희에게 진리를 이르노니, 아브라함이 나기 전부터 내가 있느니라 하시니,

㊿ 그때에 그들이 돌을 들어 치려하거늘, 예수님께서 숨어 성전에서 나가시니라.

● 9장
① 예수님께서 길을 지나가실 때에 날 때부터 소경된 사람을 보신지라,
② 제자들이 물어 말씀드리기를, 랍비여, 이 사람이 소경으로 난 것이 뉘 죄로 인함이오이까? 그 부모이오이까? 하니
③ 예수님께서 대답하시기를, 이 사람이나 그 부모가 죄를 범한 것이 아니라, 그에게서 하나님의 하시는 일을 나타내고자 하심이니라.
④ 때가 아직 낮이매 나를 보내신 이의 일을 우리가 하여야 하리라, 밤이 오리니 그때는 아무도 일할 수 없느니라.
⑤ 내가 세상에 있는 동안에는 세상의 빛이라, 하시니라.
⑥ 이 말씀을 하시고 땅에 침을 뱉어 진흙을 이겨 그의 눈에 바르시고,
⑦ 이르시되 실로암 못에 가서 씻으라 하시니(실로암은 번역하면 보냄을 받았다는 뜻이라) 이에 가서 씻고 밝은 눈으로 왔더라.
⑧ 이웃 사람들과 전에 저가 구하는 것을 보았던 사람들이 말하기를, 이는

앉아서 구걸하던 자가 아니냐?

⑨ 어떤 사람들은 그 사람이라 하고, 다른 사람들은 아니다, 그와 같이 보일뿐이다, 그러나 그 자신은 나는 바로 그 그사람이노라 하니,

⑩ 그들이 묻되 그러면 네 눈이 어떻게 떠졌느냐?

⑪ 그가 대답하여 말하기를, 예수라 하는 그 사람이 진흙을 이겨 내 눈에 바르고, 나더러 실로암에 가서 씻으라, 하기에 가서 씻었더니 보게 되었노라, 하매

⑫ 그때에 그들이 말하기를, 그가 어디 있느냐? 하니 그가 말하기를, 나는 알지 못하노라, 하니라.

⑬ 그 사람들이 전에 소경 되었던 사람을 데리고 바리새인들에게 갔더라.

⑭ 예수님께서 진흙을 이겨 눈을 뜨게 하신 날은 안식일이었더라.

⑮ 그때에 바리새인들도 그가 어떻게 보게 되었느냐고 물으니, 그가 그들에게 말하기를, 그 분이 진흙을 내 눈에 바르매 내가 씻고 보게 되었노라, 하니

⑯ 바리새인들 중에 몇 사람들은 말하길, 그 사람은 하나님으로터 온 사람이 아니다, 왜냐하면 그는 안식일을 지키지 않기 때문이니라, 하니 다른 사람들은 되 묻길 죄인이 어떻게 그러한 표적을 행하겠느냐 하니라? 하고 서로 의견이 나누어 지니라

⑰ 이에 소경되었던 자에게 다시 묻되 그 사람이 네 눈을 뜨게 하였으니 너는 그를 어떠한 사람이라 하느냐 대답하되 선지자니이다, 하니라

⑱ 그러나 유대인들은 눈을 뜨게 된 사람의 부모를 불러올 때까지는 맹인이었다가 보게된 사람의 말을 믿지 아니하니라.

⑲ 그들이 그의 부모에게 말하기를, 이 사람이 너희가 태어날 때부터 맹인이라고 하는 너희 아들이냐?그런데 지금은 어떻게 해서 보게 되었느냐? 하니

⑳ 그 부모가 대답하여 말하기를, 이애가 우리 아들인 것과 소경으로 난 것을 우리가 아나이다.

㉑ 그러나 지금 어떻게 되어 보는지? 또는 누가 눈을 뜨게 하였는지? 우리는 알지 못하나이다 저에게 물어 보시오 저가 장성하였으니 자기 일을 말하리이다, 하니

㉒ 그 부모가 이렇게 말한 것은 이미 유대인들이 누구든지 예수님을 그리스도로 인정하는 자는 회당에서 출회 하기로 결의하였으므로, 저희를 무서워함이러라.

㉓ 이러므로 그 부모가 말하기를 저가 장성하였으니 저에게 물어 보시오, 하였더라.

㉔ 이에 저희가 소경 되었던 사람을 두번째 불러 말하기를, 너는 영광을 하나님께 돌리라, 우리는 저 사람이 죄인인줄 아노라, 하니

㉕ 그가 대답하여 말하기를, 그가 죄인인지 내가 알지 못하나, 한가지 아는 것은 내가 소경으로 있다가 지금은 보는 것이니이다. 하매

㉖ 그때에 그들이 다시 그에게 말하기를, 그 사람이 네게 무엇을 하였느냐? 어떻게 네 눈을 뜨게 하였느냐? 하니

㉗ 그가 그들에게 대답하기를, 내가 이미 일렀으되 듣지 아니하고 어찌하여 다시 듣고자 하나이까? 당신들도 그분의 제자가 되려 하나이까? 하자

㉘ 그때에 그들이 그에게 욕을 하며 말하기를, 너는 그 사람의 제자이나 우리는 모세의 제자들이라,

㉙ 우리는 하나님께서 모세에게 말씀하신 것은 알지만, 우리는 이 사람은 어디서 왔는지 알지 못하노라, 하니

㉚ 그 사람이 그들에게 대답하여 말하기를, 그분께서 나의 눈을 뜨게 해주셨는데도 당신들은 그분께서 어디서 오셨는지 알지 못하니 참으로 이상한 일이로다.

㉛ 이제 우리는 하나님이 죄인들의 말은 듣지 아니하시고, 경건하여 그의 뜻대로 행하는 자의 말은 들으시는 줄을 우리가 아나이다.

㉜ 창세 이후로 소경으로 난 자의 눈을 뜨게 하였다 함을 듣지 못하였으니,

㉝ 이 분이 하나님으로부터 오지 아니하였으면 아무 일도 할 수 없으리이다.

㉞ 그들이 그에게 대답하여 말하기를, 네가 온전히 죄 가운데서 태어나서 우리를 가르치느냐? 하고 이에 그를 쫓아내어 보내니라.

㉟ 예수님께서 유대인들이 그 사람을 쫓아냈다 하는 말을 들으신 후에, 그

를 만나 그에게 말씀하시기를, 네가 사람인아들(사람으로온 하나님의 아들)을 믿어 의지하느냐? 하시니

(Jesus heard that they had cast him out; and when he had found him, he said unto him, Dost thou believe on the Son of God?-KJV)

(Jesus heard that they had thrown him out, and when he found him, he said, "Do you believe in the Son of Man?"-NIV)

(When Jesus heard that they had thrown him out, he found him and said, "Do you believe in the Son of Man?"-NAB)

(Jesus heard that they had thrown him out, and when went and found him. He asked him, "Do you believe in the Son of Man?-THE MESSAGE)

㊱ 그가 묻기를 선생님 사람인아들이 누구신지 나에게 말하여 주시면 내가 그분을 믿어 의지하려 합니다.

㊲ 예수님께서 그에게 말씀하시기를, 네가 그를 보았거니와 지금 너와 말하는 자가 그이니라, 하시니

㊳ 그가 말씀드리기를, 주여 내가 믿나이다, 하고 절하는지라

㊴ 예수님께서 말씀하시기를, 내가 심판하러 이 세상에 왔으니, 곧 보지 못하는 자들은 보게 하고 보는 자들은 소경되게 하려 함이라, 하시니

㊵ 바리새인 중에 예수님과 함께 있던 자들이 이 말씀을 듣고 예수님께 말하기를, 우리가 소경인가? 하니

㊶ 예수님께서 그들에게 말씀하시기를, 너희가 소경되었다면 죄가 없었을 것이나, 지금 너희가 말하기를 우리가 본다 하니 너희 죄가 그대로 있느니라.

● 10장

① 내가 너희에게 진리를 이르노니, 양의 우리에 문으로 들어가지 아니하고, 다른데로 넘어가는 자는 절도며 강도요,

② 문으로 들어가는 이가 양의 목자라,

③ 문지기는 그를 위하여 문을 열고, 양은 그의 음성을 듣나니, 그가 자기

양의 이름을 각각 불러 인도하여 내느니라.

④ 자기 양을 다 내어 놓은 후에, 앞서가면 양들이 그의 음성을 아는고로 따라 오되,

⑤ 타인의 음성은 알지 못하는고로, 타인을 따르지 아니하고 도리어 도망하느니라.

⑥ 예수님께서 이 비유를 바리새인들에게 말씀하셨으나, 그들은 예수님께서 그 하신 말씀이 무엇인지 알지 못하니라.

⑦ 그러므로 예수님께서 다시 말씀하시기를, 내가 너희에게 진리를 이르노니, 나는 양들을 위한 문이라.

⑧ 나보다 먼저 온 자는 다 절도요 강도니, 양들이 듣지 아니하였느니라.

⑨ 내가 문이니 누구든지 나로 말미암아 들어가면 구원을 얻고, 또 들어가며 나오며 목초를 얻으리라.

⑩ 도적이 오는 것은 도적질하고 죽이고 멸망시키려는 것뿐이요, 내가 온 것은 양으로 생명을 얻게 하고 더 풍성히 얻게 하려는 것이니라.

⑪ 나는 선한 목자라 선한 목자는 양들을 위하여 목숨을 버리거니와,

⑫ 삯군은 목자도 아니요, 양도 제 양이 아니라, 이리가 오는 것을 보면 양을 버리고 달아나니, 이리가 양을 늑탈하고 또 헤치느니라.

⑬ 달아나는 것은 저가 삯군인 까닭에 양을 돌아보지 아니함이나,

⑭ 나는 선한 목자라, 내가 내 양을 알고 양도 나를 아는 것이,

⑮ 아버지께서 나를 아시고, 내가 아버지를 아는 것 같으니, 나는 양을 위하여 목숨을 버리노라.

⑯ 또 이 우리에 들지 아니한 다른 양들이 내게 있어 내가 인도하여야 할 터이니, 저희도 내 음성을 듣고 한 무리가 되어 한 목자에게 있으리라.

⑰ 아버지께서 나를 사랑하시는 것은 내가 다시 목숨을 얻기 위하여 목숨을 버림이라.

⑱ 이를 내게서 빼앗는 자가 있는 것이 아니라, 내가 스스로 버리노라, 나는 버릴 권세도 있고 다시 얻을 권세도 있으니, 이 계명은 내 아버지께서 받았노라, 하시니라.

⑲ 그러므로 이 말씀들로 인하여 유대인들 중에 다시 분열이 일어나니,

⑳ 그 중에 많은 사람이 말하되, 저가 귀신 들려 미쳤거늘 어찌하여 그 말

을 듣느냐? 하며

㉑ 그러나 어떤 사람들은 말하되, 이 말은 귀신 들린 자의 말이 아니다, 귀신이 소경의 눈을 뜨게 할 수 있느냐? 하더라.

㉒ 마침 예루살렘에 수전절이 이르니 때는 겨울이라,

㉓ 예수님께서 성전 안 있는 솔로몬 행각에서 다니시니,

㉔ 그때에 유대인들이 에워싸고 말하기를, 당신이 언제까지나 우리 마음을 의혹케 하려나이까? 그리스도여든 밝히 말하시오, 하니

㉕ 예수님께서 그들에게 대답하시기를, 내가 너희에게 말하였으되 믿지 아니하는도다, 내가 내 아버지의 이름으로 행하는 일들이 나를 증거하는 것이어늘,

㉖ 너희가 내 양이 아니므로 믿지 아니하는도다.

㉗ 내 양은 내 음성을 들으며, 나는 저희를 알며, 저희는 나를 따르느니라.

㉘ 내가 저희에게 영생을 주노니, 영원히 멸망치 아니할 것이요. 또 저희를 내 손에서 빼앗을 자가 없느니라.

㉙ 저희를 주신 내 아버지는 만유보다 크시매, 아무도 아버지 손에서 빼앗을 수 없느니라.

㉚ 나와 아버지는 하나이니라, 하시니

㉛ 즉시 유대인들이 다시 돌을 들어 치려고 하므로

㉜ 예수님께서 그들에게 대답하시기를, 내가 아버지께로 받은 여러가지 선한 일들을 너희에게 보였거늘, 그 중에 어떤 일로 나를 치려하느냐? 하시니

㉝ 유대인들이 대답하기를, 선한 일을 인하여 우리가 너를 돌로 치려는 것이 아니라, 신성모독함을 인함이니 네가 사람이면서도 하나님으로 자처하기 때문이로다, 하니라.

㉞ 예수님께서 그들에게 대답하시기를, 너희의 율법에 기록한바, 내가 너희를 신들이라 하지 아니하였느냐?

(Jesus answered them, Is it not written in your law, I said, Ye are gods?-KJV)

(Jesus answered them, "Is not written in your Law, 'I have said you are gods'?-NIV)

(Jesus answered them, "Is it not written in your law, 'I said, "You are gods"'?-NAB)

(Jesus said, "I'm only quoting your inspired Scriptures, where God said, 'I tell you- you are gods.'-THE MESSAGE)

㉟ 만약 율법이 그들을 신들이라 하였다면, 그들은 하나님의 말씀을 받은 것이라 그리고 성경은 폐하여질 수 없느니라.

(If he called them gods unto whom the word of God came, and the scripture cannot be broken;-KJV)

(If he called them 'gods', to whom the word of God came-and the Scripture can not be broken.-NIV)

(If it calls them gods to whom the word of God came, and the scripture can not be set aside,-NAB)

(If God called your ancestors 'gods' – and Scripture doesn't lie- why do you yell, - THE MESSAGE)

㊱ 하물며 아버지께서 거룩하게 하사 세상에 보내신 자가 나는 하나님의 아들이라 하는 것으로 너희가 어찌 하나님을 모독한다 하느냐?

㊲ 만일 내가 내 아버지의 일을 행치 아니하거든 나의 말을 믿지 말려니 와,

㊳ 그러나 내가 이적을 행하거든 나의 말을 믿지 아니할지라도 그 이적은 믿으라. 그러면 너희는 아버지께서 내 안에 계시고 내가 아버지 안에 있음을 알고 깨달을 것이라, 하신대

㊴ 저희가 다시 예수님을 잡고자 하였으나 그들의 손에서 벗어나 나가시 니라.

㊵ 다시 요단강 저편 요한이 처음으로 세례 주던 곳에 가사 거기 거하시 니,

㊶ 많은 사람이 왔다가 말하되, 요한은 아무 이적도 행치 아니하였으나, 요한이 이 사람을 가리켜 말한 것은 다 참이라, 하더라.

㊷ 그리하여 거기서 많은 사람이 예수님을 믿어 의지하니라.

● 11장

① 그때 이름이 나사로라하는 남자가 병이 들었는데, 그는 마리아와 그 자매 마르다의 마을 베다니에 살았더라.

② 이 마리아는 향유를 주께 붓고 머리털로 주의 발을 씻기던 자요, 병든 나사로는 그의 오라비러라.

③ 이에 그의 누이들이 예수님께 사람을 보내어 말하기를, 주여! 보시옵소서, 사랑하시는 자가 병들었나이다, 하니

④ 예수님께서 들으시고 말씀하시기를, 이 병은 죽을 병이 아니라, 하나님의 영광을 위함이요, 하나님의 아들로 이를 인하여 영광을 얻게 하려함이라, 하시더라.

⑤ 예수님께서 본래 마르다와 그 동생과 나사로를 사랑하시더니,

⑥ 나사로가 병들었다 함을 들으시고, 그 계시던 곳에 이틀을 더 유하시고,

⑦ 그 후에 제자들에게 이르시되, 유대로 다시 가자 하시니,

⑧ 제자들이 말하되, 랍비여! 방금도 유대인들이 돌로 치려 하였는데 또 그리로 가시려 하나이까? 하니

⑨ 예수님께서 대답하여 말씀하시기를, 낮이 열 두시가 아니냐? 사람이 낮에 다니면 이 세상의 빛을 보므로 실족하지 아니하고,

⑩ 밤에 다니면 빛이 그 사람 안에 없는고로 실족하느니라. 하시니라.

⑪ 이 말씀을 하신 후에 또 말씀하시기를, 우리 친구 나사로가 잠들었도다, 그러나 내가 깨우러 가노라, 하시니라.

⑫ 그때에 제자들이 말씀드리기를, 주님, 그가 잠들었으면 낫겠나이다, 하더라.

⑬ 예수님은 그의 죽음을 가리켜 말씀하신 것이나, 저희는 잠들어 쉬는 것을 가리켜 말씀하심인줄 생각하는지라

⑭ 이에 예수님께서 분명히 말씀하시기를, 나사로가 죽었느니라.

⑮ 내가 거기 있지 아니한 것을 너희를 위하여 기뻐하노니, 이는 너희로 믿게 하려함이라, 그러나 그에게로 가자, 하시니

⑯ 디두모라 하는 도마가 다른 제자들에게 우리가 죽을지도 모르나, 우리도 그와 함께 가자고 말하니라.

⑰ 예수님께서 와서 보시니, 나사로가 무덤에 있은 지 이미 나흘이라,

⑱ 베다니는 예루살렘에서 가깝기가 한 오리쯤 되매,

⑲ 많은 유대인들이 마르다와 마리아에게 그 오라비의 일로 위문하러 왔더니,

⑳ 마르다는 예수님이 오신다는 말을 듣고 곧 나가 맞되 마리아는 집에 앉았더라.

㉑ 마르다가 예수님께 말씀드리기를, 주께서 여기 계셨더면 내 오라비가 죽지 아니하였겠나이다.

㉒ 그러나 나는 이제라도 주께서 무엇이든지 하나님께 구하시는 것을 하나님이 주실 줄을 아나이다.

㉓ 예수님께서 말씀하시기를, 네 오라비가 다시 살리라, 하시니

㉔ 마르다가 말하기를, 마지막 날 부활에는 다시 살 줄을 내가 아나이다, 하니

㉕ 예수님께서 말씀하시기를, 나는 부활이요, 생명이니, 나를 믿어 의지하는 자는 죽어도 살겠고,

㉖ 무릇 살아서 나를 믿어 의지하는 자는 영원히 죽지 아니하리니, 네가 이 말을 믿느냐? 하시니

㉗ 그녀가 예수님께 말씀드리기를, 주여, 그러하외다. 주는 그리스도요, 세상에 오시는 하나님의 아들이신줄 내가 믿나이다. 하니라.

㉘ 그녀가 이 말을 하고 돌아가서, 가만히 그 자매 마리아를 불러 말하되, 선생님이 오셔서 너를 부르신다, 하니

㉙ 마리아가 이 말을 듣고, 급히 일어나 예수님께 나아 가니라.

㉚ 예수님은 아직 마을에 들어오지 아니하시고, 마르다의 맞던 곳에 그저 계시더라.

㉛ 마리아와 함께 집에 있어 그녀를 위로하던 유대인들은 그녀가 급히 일어나 나가는 것을 보고, 그녀가 울려고 무덤에 가는 줄로 생각하고 따라가더라.

㉜ 마리아가 예수님 계신 곳에 와서 뵙고, 그 발 앞에 엎드리어 말하기를, 만일 주님께서 여기계셨더면 내 오라비가 죽지 아니하였겠나이다, 하니

㉝ 예수님께서 그녀의 우는 것과 또 함께 온 유대인들이 우는 것을 보시고, 영(the spirit)안에서 신음하시며 괴로워하시다가

㉞ 말씀하시기를, 그를 어디 두었느냐? 하시니, 그들이 예수님께 말씀드리기를, 주여, 와서 보옵소서!하니

㉟ 예수님께서 눈물을 흘리시더라.

㊱ 그때에 유대인들이 말하기를, 보라, 그분께서 그를 얼마나 사랑하였는가? 하니라.

㊲ 그 중 어떤 이는 말하되 소경의 눈을 뜨게 한 이 사람이 그 사람은 죽지 않게 할 수 없었더냐? 하더라

㊳ 이에 예수님께서 다시 속으로 통분히 여기시며 무덤에 가시니, 무덤이 굴이라 돌로 막았거늘

㊴ 예수님께서 말씀하시기를, 돌을 옮겨 놓으라! 하시니, 그 죽은 자의 누이 마르다가 말하기를, 주여 죽은 지가 나흘이 되었으매 벌써 냄새가 나나이다, 하매

㊵ 예수님께서 말씀하시기를, 내 말을 네가 믿으면 하나님의 영광을 보리라 하지 아니하였느냐? 하시니라

㊶ 그래서 그들이 돌을 옮겨 놓으니, 예수님께서 눈을 들어 우러러 보시고 말씀하시기를, 아버지여 내 말을 들으신 것을 감사하나이다.

㊷ 항상 내 말을 들으시는 줄을 내가 알았나이다. 그러나 이 말씀 하옵는 것은 둘러선 사람들 때문이니, 그들로 하여금 아버지께서 나를 보내신 것을 믿게 하려 함이니이다.

㊸ 이 말씀을 하시고, 큰 소리로 나사로야! 나오라, 하시니

㊹ 죽었던 자가 수족을 베로 동인채로 나오는데 그 얼굴은 수건에 싸였더라, 예수님께서 그들에게 말씀하시기를, 그를 풀어 주어 다니게 하라, 하시니라.

㊺ 그때에 마리아에게 왔다가 예수님께서 행하신 그 일들을 본 많은 유대인들이 예수님을 믿어 의지하니라.

㊻ 그들 중에서 어떤 자는 바리새인들에게 가서 예수님의 하신 일들을 말하니라.

㊼ 이에 대제사장들과 바리새인들이 공회를 소집하고 말하기를, 우리가

어찌해야 하겠는가? 이는 이 사람이 많은 기적들을 행하기 때문이라.
하니라.
(48) 만일 저를 이대로 두면 모든 사람이 저를 믿어 의지할 것이니, 그러면 로마인들이 와서 우리 땅과 민족을 빼앗아 가리라, 하매
(49) 그 중에 한 사람 그 해 대제사장인 가야바가 저희에게 말하되 너희가 아무 것도 알지 못하는도다,
(50) 한 사람이 백성을 위하여 죽어서 온 민족이 망하지 않게 되는 것이 너희에게 유익한 줄을 생각지 아니하는도다, 하였으니
(51) 이 말은 그가 스스로 말한 것이 아니요. 그 해의 대제사장으로서 그가 예수님께서 그 민족을 위하여 죽으실 것을 예언한 것이니,
(52) 또 그 민족만 위할 뿐아니라 흩어진 하나님의 자녀를 모아 하나가 되게 하기 위하여 죽으실 것을 미리 말함이러라.
(53) 이날부터는 저희가 예수님을 죽이려고 모의하니라.
(54) 그러므로 예수님께서 다시 유대인 가운데 드러나게 다니지 아니하시고, 여기를 떠나 사막 가까운 곳인 에브라임이라는 동네에 가서 제자들과 함께 거기 유하시니라.
(55) 유대인의 유월절이 가까우매 많은 사람들이 자기를 성결케 하기 위하여 유월절 전에 시골서 예루살렘으로 올라갔더니,
(56) 저희가 예수님을 찾으며 성전에 서서 서로 말하기를, 너희 생각에는 어떠하뇨? 저가 이번 명절에 오지 아니하겠느냐? 하니라.
(57) 이는 대제사장들과 바리새인들이 누구든지 예수님 있는 곳을 알거든 이를 알려서 잡게 하라 명령하였음이러라.

• 12장

① 유월절 엿새 전에 예수님께서 베다니에 이르시니, 이곳은 예수님께서 죽은 자 가운데서 살리신 나사로의 있는 곳이라,
② 거기서 예수님을 위하여 저녁을 준비하였는데, 마르다는 일을 보고 나사로는 예수와 함께 앉은 자 들중에 있더라.
③ 그때에 마리아는 지극히 비싼 향유 곧 순전한 나드 한 근을 가져다가 예수님의 발에 붙고 자기 머리털로 그의 발을 씻으니 향유 냄새가 집에

가득하더라.

④ 그때에 제자 중 하나로서 예수님을 배반하여 넘길 자인 시몬의 아들 가룟 유다가 말하기를,

⑤ 어찌하여 이 향유를 삼백 데나리온에 팔아 가난한 자들에게 주지 아니하였느냐? 하니

⑥ 그가 이렇게 말함은 가난한 자들을 생각함이 아니요, 저는 도적이라 돈궤를 맡고 거기 넣는 것을 훔쳐 감이러라.

⑦ 이에 예수님께서 말씀하시기를, 그녀를 가만 두어라 저가 내가 죽었을 때, 나의 무덤에 뿌리려고 이것을 간직하여 둔 것이니라.

⑧ 이는 가난한 자들은 항상 너희와 함께 있거니와, 나는 항상 있지 아니하리라, 하시니라

⑨ 유대인의 큰 무리가 예수님께서 여기 계신줄을 알고 오니, 이는 예수만 위함이 아니요, 죽은 자 가운데서 살리신 나사로도 보려 함이러라.

⑩ 대제사장들이 나사로까지 죽이려고 모의하니,

⑪ 그 까닭은 나사로로 인하여 유대인들 중에 많은 사람들이 예수님을 믿어 의지하였기 때문이러라.

⑫ 그 다음 날, 명절에 온 많은 사람들이 예수님께서 예루살렘에 오신다는 말을 듣고

⑬ 종려나무 가지를 가지고 맞으러 나가 외치되, 호산나 찬송하리로다! 주의 이름으로 오시는 곧 이스라엘의 왕이시여, 하고 외치니라.

⑭ 예수님께 한 어린 나귀를 찾아서 그 위에 타시니,

⑮ 이는 기록된바, 시온 딸아! 두려워 말라, 보라! 너의 왕이 나귀새끼를 타고 오신다, 함과 같더라.

⑯ 제자들은 처음에 이 일을 깨닫지 못하다가, 예수님께서 영광을 얻으신 후에야, 이것이 예수님께 대하여 기록된 것임과 사람들이 예수님께 이같이 한 것인줄 생각났더라.

⑰ 그러므로 예수님께서 나사로를 그의 무덤에서 부르시어 죽은 자들로부터 살리실 때에 예수님과 함께 있던 사람들이 증거하니라.

⑱ 이런 연유로 또한 사람들이 예수님을 맞이하였으니, 이는 예수님께서 이 기적을 행하신 것을 그들이 들었기 때문이라.

⑲ 그러므로 바리새인들이 서로 말하기를, 너희가 얼마나 부질없는 짓을 하는지 아느냐? 보라, 온 세상이 그를 따르는도다, 하니라.

⑳ 거기에 명절에 경배하러 올라온 사람들 중에 그리스인들 몇이 있었는데

㉑ 저희가 갈릴리 벳새다 사람 빌립에게 가서 청하여 말하기를, 선생이여, 우리가 예수님을 뵈옵고자 하나이다, 하니

㉒ 빌립이 안드레에게 가서 말하고 안드레와 빌립이 예수님께 가서 말씀드리니라.

㉓ 예수님께서 그들에게 대답하여 말씀하시기를, 사람인아들(사람으로온 하나님의아들)이 영광을 얻을 때가 왔도다.

㉔ 내가 너희에게 진리를 이르노니, 한 알의 밀이 땅에 떨어져 죽지 아니하면 한알 그대로 있고, 죽으면 많은 열매를 맺느니라. 하시니라.

㉕ 이 세상에서의 속된 삶을 사랑하는 자는 생명을 잃어버릴 것이요, 이 세상에서의 속된 삶을 싫어하는 자는 자기 생명을 영생에 이르도록 보존하리라, 하시니라.

㉖ 사람이 나를 섬기려면 나를 따르라. 나 있는 곳에 나를 섬기는 자도 있으리니 사람이 나를 섬기면 내 아버지께서 저를 귀히 여기시리라.

㉗ 지금 내 마음이 산란하니 무슨 말을 하리요. 아버지여 나를 구원하여 이 때를 면하게 하여 주옵소서! 그러나 내가 이를 위하여 이 때에 왔나이다.

㉘ 아버지여 아버지의 이름을 영광스럽게 하옵소서! 하시니, 이에 하늘에서 소리가 나서 가로되 내가 이미 영광스럽게 하였고 또 다시 영광스럽게 하리라, 하신대

㉙ 곁에 서서 들은 군중들은 우뢰가 울었다고도 하고, 또 어떤이들은 천사가 저에게 말하였다고도 하니,

㉚ 예수님께서 대답하여 가라사대, 이 소리가 난 것은 나를 위한 것이 아니요, 너희를 위한 것이니라, 하시니라.

㉛ 이제 이 세상 사람들의 판결의 때가 이르렀나니, 이 세상 임금이 쫓겨나리라.

㉜ 내가 땅에서 들리면 모든 사람을 내게로 이끌겠노라, 하시니

㉝ 이렇게 말씀하심은 자기가 어떠한 죽음으로 죽을 것을 보이심이러라.

㉞ 이에 군중들이 말하길, 우리는 율법에서 그리스도가 영원히 계신다함을 들었거늘, 너는 어찌하여 사람인아들이 들려야 하리라, 하느냐? 그리고 사람인아들은 누구냐? 하니라.

(The people answered him, We have heard out of the law, that Christ abideth for ever: and how sayest thou, The Son of man must be lifted up? Who is this Son of man?-KJV)

(The crowd spoke up, "We have heard from the Law that the Christ will remain forever, so how can you say, "The Son of Man must be lifted up'? 'Who is the Son of Man'?"-NIV)

(So the crowd answered him, "We have heard from the law that Messiah remains forever. The how can you say that the Son of Man must be lifted up? Who is this Son of Man?"-NAB)

(Voices from the crowd answered, "We heard from God's law that the Messiah lasts forever. How can it be necessary, as you put it, that the Son of Man 'be lifted up'? Who is this 'Son of Man'?"-THE MESSAGE)

㉟ 예수님께서 말씀하시기를, 아직 잠시 동안 빛이 너희 중에 있으니, 빛이 있을 동안에 다녀 붙잡히지 않게 하라, 어두움에 다니는 자는 그 가는 바를 알지 못하느니라.

㊱ 너희에게 아직 빛이 있을 동안에 빛에 신뢰를 두라, 그리하면 빛의 아들이 되리라, 예수님께서 이 말씀을 하시고 저희를 떠나가서 숨으시니라.

㊲ 예수님께서 이러한 기적들을 그들의 앞에서 행하신 후에도 그들은 아직까지 그분을 신뢰하지 아니하였더라.

㊳ 이는 선지자 이사야의 말씀을 이루려 하심이라, 가로되, 주여! 우리에게 들은 바를 누가 믿었으며 주의 팔이 뉘게 나타났나이까? 하였더라.

㊴ 저희가 능히 믿지 못한 것은 이 까닭이니, 곧 이사야가 다시 일렀으되,

㊵ 저희 눈을 멀게 하시고, 저희 마음을 완고하게 하셨으니, 이는 저희로 하여금 눈으로 보고 마음으로 깨닫고 돌이켜 내게 고침을 받지 못하게

하려 함이니라.

㊶ 이사야가 이렇게 말한 것은 주의 영광을 보고 주를 가리켜 말한 것이라,

㊷ 그러나 관원 중에도 저를 신뢰하는 자가 많되, 바리새인들을 인하여 드러나게 말하지 못하니, 이는 출회를 당할까 두려워함이라.

㊸ 저희는 사람의 영광을 하나님의 영광보다 더 사랑하였더라.

㊹ 예수님께서 외쳐 가라사대, 나를 신뢰하는 자는 나를 신앙하는 것이 아니요 나를 보내신 자를 신뢰하는 것이며,

㊺ 나를 보는 자는 나를 보내신 이를 보는 것이니라.

㊻ 나는 빛으로 세상에 왔나니, 무릇 나를 신앙하는 자로 어두움에 거하지 않게 하려 함이로라.

㊼ 사람이 내 말을 듣고 지키지 아니할지라도 내가 저를 심판하지 아니하노라, 내가 온 것은 세상을 심판하려 함이 아니요 세상을 구원하려 함이로라.

(And if any man hear my words, and believe not, I judge not; for I came not to judge the world, but to save the world.-KJV)

("As for the person who hears my words but does not keep them, I do not judge him. For I did not come to judge the world, but to save it.-NIV)

(And if anyone hears my words and does not observe them, I do not condemn him, for I did not come to condemn the world but save the world.-NAB)

("If any one hears what I am saying and doesn't take it seriously, I don't reject him. I didn't come tho reject the world; I came to save the world.-THE MESSAGE)

㊽ 나를 저버리고 내 말을 받지 아니하는 자를 심판할 이가 있으니, 곧 나의 한 그 말이 마지막 날에 저를 심판하리라.

(He that rejecteth me, and receiveth not my words hath one that judgeth him: the word that I have spoken, the same shall judge him in the last day.-KJV)

(There is a judge for the one who rejects me and does not accept my words; that very word which I spoke will condemn him at the last day.-NIV)

(Whoever rejects me and does not accept my words has something to judge him: the word that I spoke, it will condemn him on the last day,-NAB)

(But you need to know that whoever puts me off, refusing to take in what I'm saying, is willfully choosing rejection. The Word-made-flesh that I have spoken and that I am, that Word and no other is the last word.-THE MESSAGE)

㊽ 내가 내 자의로 말한 것이 아니요, 나를 보내신 아버지께서 나의 말할 것과 이를 것을 친히 명령하여 주셨으니,

㊿ 나는 그의 명령이 영생인줄 아노라, 그러므로 나의 이르는 것은 내 아버지께서 내게 말씀하신 그대로 이르노라 하시니라.

● 13장

① 유월절 바로 전 예수님께서는 자기가 세상을 떠나 아버지께로 돌아가실 때가 이른줄을 아셨느니라. 예수님께서는 세상에서 그를 따르는 자들을 사랑하셨고 끝까지 그들을 사랑하셨느니라.

② 마귀가 벌써 시몬의 아들 가룟 유다의 마음에 예수님을 팔려는 생각을 넣었더니,

③ 저녁 먹는 중 예수님은 아버지께서 모든 것을 자기 손에 맡기신 것과 또 자기가 하나님께로부터 오셨다가 하나님께로 돌아가실 것을 아시고,

④ 저녁 잡수시던 자리에서 일어나 겉옷을 벗고 수건을 가져다가 허리에 두르시고,

⑤ 이에 대야에 물을 담아 제자들의 발을 씻기시고, 그 두르신 수건으로 씻기기를 시작하여,

⑥ 시몬 베드로에게 가니 그가 말하길, 주여! 주께서 내 발을 씻기시나이까? 하니라

⑦ 예수님께서 대답하여 말씀하시기를, 나의 하는 것을 네가 이제는 알지 못하나 이 후에는 알리라.

⑧ 베드로가 말하기를, 내 발을 절대로 씻기지 못하시리이다. 예수님께서 대답하시되 내가 너를 씻기지 아니하면 네가 나와 상관이 없느니라, 하시니라.

⑨ 시몬 베드로가 말하기를, 주여, 내 발 뿐아니라 손과 머리도 씻겨 주옵소서, 하니

⑩ 예수님께서 말씀하시기를, 이미 목욕한 자는 발밖에 씻을 필요가 없느니라, 온 몸이 깨끗하니라, 너희가 깨끗하나 다는 아니니라, 하시니

⑪ 이는 자기를 팔 자가 누구인지 아심이라 그러므로 다는 깨끗지 아니하다, 하시니라.

⑫ 저희 발을 씻기신 후에 옷을 입으시고 다시 앉아 저희에게 이르시되 내가 너희에게 행한 것을 너희가 아느냐?

⑬ 너희가 나를 선생이라 또는 주라 하니 너희 말이 옳도다 내가 그러하다.

⑭ 내가 주와 또는 선생이 되어 너희 발을 씻겼으니, 너희도 서로 발을 씻기는 것이 옳으니라.

⑮ 내가 너희에게 행 한 것 같이 너희도 행하게 하려하여 본을 보였노라.

⑯ 내가 너희에게 진리를 이르노니, 종이 상전보다 크지 못하고 보냄을 받은 자가 보낸 자보다 크지 못하니,

⑰ 너희는 이것을 알고 행하면 복이 있으리라.

⑱ 내가 너희를 다 가리켜 말하는 것이 아니니라. 나는 내가 택한 자들을 아느니라, 이것은 나의 떡을 나누어 먹은 자가 그의 발 뒷꿈치로 나를 찼더라 한 성경 말씀을 응하게 하려는 것이니라.

⑲ 지금부터 일이 이루기 전에 미리 너희에게 이름은 일이 이룰 때에 내가 그인줄 너희로 믿게 하려 함이로라.

⑳ 내가 너희에게 진리를 이르노니, 나의 보낸 자를 영접하는 자는 나를 영접하는 것이요, 나를 영접하는 자는 나를 보내신 이를 영접하는 것이니라.

㉑ 예수님께서 이 말씀을 하시고 마음이 괴로워서 말씀하시길, 내가 진실

로 말하노니, 너희 중 하나가 나를 팔리라, 하시니

㉒ 제자들이 서로 보며 뉘게 대하여 말씀하시는지 의심하더라.

㉓ 이제 예수님께서 사랑하시던 제자 중 하나가 예수님의 품에 기대어 있더라.

㉔ 이에 시몬 베드로가 그에게 머리를 끄덕여 주님께서 말씀하신 자가 누구인지를 묻게하니

㉕ 그가 예수님의 가슴에 그대로 의지하여 말하되, 주여 구가 누구오니이까? 하니

㉖ 예수님께서 대답하시되 내가 빵 한 조각을 찍어다가 주는 자가 그니라 하시고, 한 조각을 찍으셔다가 가룟 시몬의 아들 유다를 주시니,

㉗ 조각을 받은 후 곧 사단이 그 속에 들어간지라, 이에 예님수께서 유다에게 이르시되, 네 하는 일을 속히 하라 하시니,

㉘ 이 말씀을 무슨 뜻으로 하셨는지 그 앉은 자들 중에 아는 이가 없고,

㉙ 어떤이들은 유다가 돈 궤를 맡았으므로 명절에 우리가 쓸 물건을 사라 하시는지, 혹 가난한 자들에게 무엇을 주라 하시는 줄로 생각하더라.

㉚ 유다가 그 조각을 받고 곧 나가니 밤이러라.

㉛ 저가 나간 후에 예수님께서 말씀하시기를, 지금 사람인아들(사람으로 온하나님의아들)이 영광을 받았고 하나님께서도 그 아들로 인하여 영광을 받으셨도다.

㉜ 만일 하나님이 저로 인하여 영광을 얻으셨다면, 하나님도 자기로 인하여 저에게 영광을 주시리니, 곧 주시리라.

㉝ 나의 자녀들아 나는 잠시동안만 너희와 함께 있을 것이니라. 그리고 너희가 나를 찾을 것이나, 내가 유대인들에게 말한 바와 같이 나는 너희에게 나의 가는 곳에 너희는 올 수 없다고 이르노라.

㉞ 새 계명을 너희에게 주노니, 서로 사랑하라! 내가 너희를 사랑한 것 같이 너희도 서로 사랑하라.

㉟ 너희가 서로 사랑하면 이로써 모든 사람이 너희가 내 제자인줄 알리라.

㊱ 시몬 베드로가 말하기를, 주여 어디로 가시나이까? 예수님께서 대답하시되 나의 가는 곳에 네가 지금은 따라올 수 없으나 후에는 따라오리라, 하시니라.

㊲ 베드로가 말씀드리기를, 주여, 내가 지금은 어찌하여 따를 수 없나이까? 주를 위하여 내 목숨을 버리겠나이다. 하매

㊳ 예수님께서 대답하시되 네가 나를 위하여 네 목숨을 버리겠느냐? 내가 네게 진리를 이르노니 수탉이 울기 전에 네가 세번 나를 모른다고(관계를부인함) 하리라, 하시니라.

● 14장

① 너희는 마음에 근심하지 말라, 하나님을 흠숭하라, 그리고 역시 나를 존숭하라.

② 내 아버지 집에 거할 곳이 많도다. 그렇지 않으면 너희에게 일렀으리라, 내가 너희를 위하여 처소를 예비하러 가노니

③ 가서 너희를 위하여 처소를 예비하면 내가 다시 와서 너희를 내게로 영접하여 나 있는 곳에 너희도 있게 하리라.

④ 내가 가는 곳의 그 길을 너희가 알리라.

⑤ 도마가 말하기를, 주여! 어디로 가시는지 우리가 알지 못하거늘 그 길을 어찌 알겠삽니이까

⑥ 예수님께서 말씀하시기를, 내가 곧 길이요, 진리요, 생명이니 나로 말미암지 아니하고는 아버지께로 올 자가 없느니라.

⑦ 너희가 나를 알았다면, 내 아버지도 알았으리로다. 이제부터는 너희가 그를 알았고 또 보았느니라.

⑧ 빌립이 말하기를, 주여, 아버지를 우리에게 보여 주옵소서! 그리하면 족하겠나이다.

⑨ 예수님께서 말씀하시기를, 빌립아, 내가 이렇게 오래 너희와 함께 있으되 네가 나를 알지 못하느냐? 나를 본 자는 아버지를 보았거늘 어찌하여 아버지를 보이라 하느냐?

⑩ 나는 아버지 안에 있고 아버지는 내 안에 계신 것을 네가 믿지 아니하느냐? 내가 너희에게 이르는 말이 스스로 하는 것이 아니라 아버지께서 내 안에 계셔 그의 일을 하시는 것이라.

⑪ 내가 아버지 안에 있고 아버지께서 내 안에 계시다고 한 내 말을 믿으라. 또는 적어도 내가 행한 기적을 증거로 하여 내 말을 믿으라.

⑫ 내가 너희에게 진리를 이르노니, 나를 존숭하는 자는 나의 하는 일을 저도 할것이요. 또한 이보다 큰 것도 하리니 이는 내가 아버지께로 감이니라.

⑬ 너희가 내 이름으로 무엇을 구하든지, 내가 시행하리니 이는 아버지로 하여금 아들을 인하여 영광을 얻으시게 하려 함이라.

⑭ 내 이름으로 무엇이든지 내게 구하면 내가 시행하리라.

⑮ 너희가 나를 사랑하면 나의 명령들을 지키리라.

⑯ 그리고 내가 아버지께 구하겠으니 그분이 다른 하나의 진리의 영인 보혜사(위로자)를 너희에게 주사 영원토록 너희와 함께 있게 하리라.

(And I will pray the Father, and he shall give you another Comforter, that he may abide with you foe ever: Even the Spirit of truth;-KJV)

(And I will ask the Father, and he will give you another Counselor to be with you forever-the Spirit of truth.-NIV)

(And I will ask the Father, and he will give you another Advocate to be with you always, the Spirit of truth,-NAB)

(I will talk to the Father, and he'll provide you another Friend so that you will always have someone with you. This Friend is ths Spirit of Truth.-THE MESSAGE)

⑰ 그러나 세상은 진리의 영을 받아들일 수가 없느니라, 왜냐하면 세상은 그것을 보지도 못하고 알지도 못하기 때문이니라, 그러나 너희는 그것을 아느니라, 이는 그분이 너희와 함께 계시고 너희 안에 계실 것이기 때문이니라.

⑱ 내가 너희를 고아들과 같이 버려두지 아니하고 너희에게로 오리라.

⑲ 멀지 않아 세상사람들은 나를 더 이상 보지 못할 것이나, 너희는 나를 볼 것이다. 왜냐하면 내가 살고 너희도 살아 있을 것이기 때문이니라.

⑳ 그 날에는 내가 나의 어버지 안에 너희가 내 안에 내가 너희 안에 있는 것을 너희가 깨달을 것이라.

㉑ 나의 계명을 가지고 지키는 자라야 나를 사랑하는 자니, 나를 사랑하는 자는 내 아버지께 사랑을 받을 것이요. 나도 그를 사랑하여 그에게 나

를 나타내리라.

㉒ 가룟인 아닌 유다가 말하기를, 주여! 어찌하여 자기를 우리에게는 나타
내시고 세상에게는 아니하려 하시나이까?

㉓ 예수님께서 대답하여 말씀하시기를, 사람이 나를 사랑하면 내 말을 지
키리니, 내 아버지께서 저를 사랑하실 것이요, 우리가 저에게 와서 거처
를 저와 함께 하리니

㉔ 나를 사랑하지 아니하는 자는 내 말을 지키지 아니하니, 너희의 듣는
말은 내 말이 아니요, 나를 보내신 이의 말씀이니라.

㉕ 내가 아직 너희와 함께 있어서 이 말을 너희에게 하였거니와,

㉖ 그러나 아버지께서 나의 이름으로 보내실 진리의 영인 보혜사(위로자)
가 너희에게 모든 것을 가르치시고 내가 너희에게 가르친 모든 것을 것
을 생각나게 하시니라.

㉗ 평안을 너희에게 끼치노니 곧 나의 평안을 너희에게 주노라, 내가 너희
에게 주는 것은 세상이 주는 것 같지 아니하리라, 너희는 마음에 근심
도 말고 두려워하지도 말라.

㉘ 내가 갔다가 너희에게로 온다 하는 말을 너희가 들었나니, 나를 사랑하
였더면 나의 아버지께로 감을 기뻐하였으리라, 아버지는 나보다 크심
이니라.

㉙ 이제 일이 이루기 전에 너희에게 말한 것은 일이 이룰 때에 너희로 믿
게 하려함이라.

㉚ 이후에는 내가 너희와 더 많은 말을 하지 아니하겠다. 이는 이 세상 왕
이 오기 때문이라, 그러나 그는 나에게 아무런 영향력도 없고

㉛ 세상 사람들이 내가 아버지를 사랑하고 아버지가 내게 명하신 모든 것
을 정확하게 행하였다는 것을 알아야 하느니라, 하시고 자, 이제 일어
나 가자, 하시느니라.

● 15장

① 나는 참 포도나무요. 내 아버지는 그 농부라,

② 무릇 내게 있어 과실을 맺지 아니하는 가지는 아버지께서 이를 제거해
버리시고, 무릇 과실을 맺는 가지는 더 과실을 맺게 하려하여 가지의

전지를 하시느니라.

③ 너희는 내가 일러준 말로 이미 깨끗하였으니,

④ 내 안에 거하라, 나도 너희 안에 거하리라, 가지가 포도나무에 붙어 있지 아니하면 절로 과실을 맺을 수 없음 같이, 너희도 내 안에 있지 아니하면 그러하리라.

⑤ 나는 포도나무요. 너희는 가지니, 저가 내 안에 내가 저 안에 있으면 이 사람은 과실을 많이 맺나니, 나를 떠나서는 너희가 아무것도 할 수 없음이라.

⑥ 사람이 내 안에 거하지 아니하면 가지처럼 밖에 버리워 말라지나니, 사람들이 이것을 모아다가 불에 던져 사르느니라.

⑦ 너희가 내 안에 거하고 내 말이 너희 안에 거하면 무엇이든지 원하는대로 구하라, 그리하면 이루리라.

⑧ 너희가 과실을 많이 맺으면 내 아버지께서 영광을 받을 것이요, 너희가 내 제자가 되리라.

⑨ 아버지께서 나를 사랑한 것 같이 나도 너희를 사랑하였으니, 나의 사랑 안에 거하라.

⑩ 내가 아버지의 계명을 지켜 그의 사랑 안에 거하는 것 같이, 너희도 내 계명을 지키면 내 사랑 안에 거하리라.

⑪ 내가 이것을 너희에게 이름은 내 기쁨이 너희 안에 있어, 너희 기쁨을 충만하게 하려함이니라.

⑫ 내 계명은 곧 내가 너희를 사랑한 것 같이, 너희도 서로 사랑하라, 하는 이것이니라.

⑬ 사람이 친구를 위하여 자기 목숨을 버리면 이에서 더 큰 사랑이 없나니,

⑭ 너희가 나의 명하는 대로 행하면 곧 나의 친구라.

⑮ 이제부터는 너희를 종이라 하지 아니하리니, 종은 주인의 하는 것을 알지 못함이라, 너희를 친구라 하였노니, 내가 내 아버지께 들은 것을 다 너희에게 알게 하였음이니라.

⑯ 너희가 나를 택한 것이 아니요, 내가 너희를 택하여 세웠나니, 이는 너희로 가서 과실을 맺게 하고 또 너희 과실이 항상 있게 하여 내 이름으

로 아버지께 무엇을 구하든지 다 받게 하려 함이니라.

⑰ 내가 이것을 너희에게 명함은 너희로 서로 사랑하게 하려 함이로라.

⑱ 세상사람들이 너희를 미워하면 너희보다 먼저 나를 미워한 줄을 알라.

⑲ 너희가 세상에 속하였으면, 세상이 자기의 것을 사랑할 터이나 너희는 세상에 속한 자가 아니요, 도리어 세상에서 나의 택함을 입은 자인고로 세상 사람들이 너희를 미워하느니라.

⑳ 내가 너희에게 말한 어떤 종도 주인보다 더 크지 못하다는 말을 기억하라, 만약 사람들이 나를 핍박하였다면 그들이 너희도 핍박할 것이고, 만약 그들이 나의 가르침에 복종한다면 역시 너희 가르침에도 복종할 것이니라.

㉑ 그러나 사람들은 나에게 한 것 같이 이 모든 일을 너희에게 하리니, 이는 나 보내신 이를 알지 못함이니라.

(But all these things will they do unto you for my name's sake, because they know not him that sent me.-KJV)

(They will treat you this way because of my name, for they do not know the One who sent me.-NIV)

(And they will do all these things to you on account of my names, because they do not know the one who sent me.-NAB)

("They are going to do all these things to you because of the way they treated me, because they don't know the One who sent me.-THE MESSAGE)

㉒ 내가 와서 저희에게 말하지 아니하였더면, 죄가 없었으려니와 지금은 그 죄를 핑계할 수 없느니라.

㉓ 나를 미워하는 자는 또 내 아버지를 미워하느니라.

㉔ 내가 아무도 못한 일을 저희 중에서 하지 아니하였더면, 저희가 죄 없었으려니와 지금은 저희가 나 및 내 아버지를 보았고 또 미워하였도다.

㉕ 그러나 이는 저희 율법에 기록된바 저희가 연고 없이 나를 미워하였다 한 말을 응하게 하려 함이니라.

㉖ 내가 아버지로부터 너희에게 보낼 아버지로부터 나오는 진리의 영인 보혜사(위로자)가 오실 때에 그가 나에 대하여 증거하실 것이니라.

(But when the Comporter is come, whom I will send unto you from the Father, even the Spirit of truth, which proceedeth from the Father, he shall testify of me:-KJV)

("When the Counselor comes, whom I will send to you from the Father, the Spirit of truth who goes out from the Father, he will testify about me.-NIV)

("When the Advocate comes whom I will send you from the Father, the Spirit of truth that proceeds from the Father, he will testify to me.-NAB)

("When the Friend I plan to send you from the Father comes-the Spirit of Truth issuing from the Father-he will confirm everything about me.-THE MESSAGE)

㉗ 그리고 너희도 나를 증거하여야 하나니 이는 너희가 처음부터 나와 함께 있었기 때문이니라.

● 16장

① 내가 이것을 너희에게 이름은 너희로 실족지 않게 하려 함이니라.

② 사람들이 너희를 유대인 집단으로부터 내쫓을 것이고, 너희를 죽이는 자가 이것이 하나님을 위하는 일이라 생각하는 때가 실제로 오고 있느니라, 하시니라.

③ 그들은 아버지 또는 나를 알지 못하기 때문에 그러한 일들을 할 것이니라.

④ 오직 너희에게 이 말을 이른 것은 그 때가 오면 내가 너희에게 경고하였던 것을 기억나게 하려 함이니라. 처음부터 이 말을 하지 아니한 것은 내가 너희와 함께 있었음이니라.

⑤ 지금 내가 나를 보내신 이에게로 가는데, 너희 중에서 나더러 어디로 가느냐고 묻는 자가 없느니라.

⑥ 이는 내가 이러한 말들을 하였기 때문에 너희가 슬픔으로 가득 찼기 때문이니라.

⑦ 그래서 내가 너희에게 진리를 말하노니, 내가 떠나가는 것이 너희에게

유익이라, 내가 떠나가지 아니하면 진리의 영인 보혜사(위로자)가 너희에게로 오시지 아니할 것이요. 그러나 내가 가면 그를 너희에게로 보내리니,

(Nevertheless, I tell you the truth; It is expedient for you that I go away: for I go not away, the Comforter will not come unto you; but I depart, I will send him unto you.-KJV)

(But I tell you the truth: It is for your good that I am going away. Unless I go away, the Counsellor will not come to you; but if I go, I will send him to you.-NIV)

(But I tell you the truth, it is better for you that I go. For if I do not go, the Advocate will not come to you. But if I go, I will send him to you.-NAB)

(So let me say it again, this truth: It's better for you that I leave. If I don't leave, the Friend won't come. But if I go, I'll send him to you.-THE MESSAGE)

⑧ 그가 오면 죄와 의와 심판에 관하여 세상사람들이 유죄임을 깨닫게 하시리라.

⑨ 죄에 대하여라 함은 저희가 나를 믿어 존숭하지 아니함이요.

⑩ 의에 대하여라 함은 내가 아버지께로 가니 너희가 다시 나를 보지 못함이요.

⑪ 심판에 대하여라 함은 이 세상 임금이 심판을 받았음이니라.

⑫ 내가 아직도 너희에게 이를 것이 많으나 지금은 너희가 감당치 못하리라.

⑬ 그러하나 진리의 성령이 오시면, 그가 너희를 모든 진리 가운데로 인도하시리니 그가 자의로 말하지 않고 오직 듣는 것을 말하시며 장래 일을 너희에게 알리시리라.

⑭ 그가 내 영광을 나타내리니 내 것을 가지고 너희에게 알리겠음이니라.

⑮ 무릇 아버지께 있는 것은 다 내 것이라. 그러므로 내가 말하기를 그가 내 것을 가지고 너희에게 알리리라, 하였노라.

⑯ 조금 있으면 너희가 나를 보지 못하겠고, 또 조금 있으면 나를 보리라,

그 까닭은 내가 아버지께로 가기 때문이라, 하시니라.

⑰ 제자들중에서 몇이 서로 말하기를, 우리에게 말씀하신 바, 조금 있으면 나를 보지 못하겠고, 또 조금 있으면 나를 보리라, 하시며, 또 내가 아버지께로 감이라 하신 것이 무슨 말씀이뇨? 하고

⑱ 또 말하되 조금 있으면이라 한 말씀이 무슨 말씀이뇨? 무엇을 말씀하시는지 알지못하노라 하거늘,

⑲ 예수님께서 그 묻고자 함을 아시고 말씀하시기를, 내 말이 조금 있으면 나를 보지 못하겠고 또 조금 있으면 나를 보리라 하므로 서로 묻고 있느냐?

⑳ 내가 너희에게 진리를 이르노니, 너희는 곡하고 애통하리니 세상이 기뻐하리라, 너희는 근심하겠으나 너희 근심이 도리어 기쁨이 되리라.

㉑ 여자가 해산하게 되면 그 때가 이르렀으므로 근심하나, 아이를 낳으면 세상에 사람 난 기쁨을 인하여 그 고통을 다시 기억지 아니하느니라.

㉒ 지금은 너희가 근심하나 내가 다시 너희를 보리니, 너희 마음이 기쁠 것이요, 너희 기쁨을 빼앗을 자가 없느니라.

㉓ 그 날에는 너희가 아무 것도 내게 묻지 아니하리라. 내가 너희에게 진리를 이르노니, 너희가 무엇이든지 아버지께 구하는 것을 내 이름으로 주시리라.

㉔ 지금까지는 너희가 내 이름으로 아무것도 구하지 아니하였으나, 구하라! 그리하면 받으리니, 너희 기쁨이 충만하리라.

㉕ 이것을 비유적으로 너희에게 일렀으나, 때가 이르면 다시 비유적으로 너희에게 이르지 않고 아버지에 대한 것을 밝히 이르리라.

㉖ 그 날에 너희가 내 이름으로 구할 것이요. 내가 너희를 위하여 아버지께 구하겠다 하는 말이 아니니

㉗ 이는 너희가 나를 사랑하고, 또 나를 하나님께로서 온줄 믿은 고로 아버지께서 친히 너희를 사랑하심이니라.

㉘ 내가 아버지께로 나와서 세상에 왔고, 다시 세상을 떠나 아버지께로 가노라, 하시니

㉙ 그때 제자들이 말하기를, 지금은 주께서 명백하게 말씀하시고 비유적으로 말씀하시지 않으신다, 하니라

㉚ 우리가 지금에야 주님께서 모든 것을 아시고, 또 사람의 물음을 기다리시지 않는줄 아나이다. 이로써 하나님께로서 오셨음을 우리가 믿사옵니다.

㉛ 예수님께서 대답하시되, 이제는 너희가 믿느냐? 하시니라

㉜ 보라! 너희가 다 각각 제 곳으로 흩어지고, 나를 혼자 둘 때가 오나니, 벌써 왔도다. 그러나 내가 혼자 있는 것이 아니라, 아버지께서 나와 함께 계시느니라.

㉝ 이것을 너희에게 이름은 너희로 내 안에서 평안을 누리게 하려함이라. 세상에서는 너희가 환난을 당하나 담대하라, 내가 세상을 극복하였노라, 하시니라.

● 17장

① 예수님께서 이 말씀을 하시고 눈을 들어 하늘을 우러러 말씀하시기를, 아버지여, 때가 이르렀사오니 아들을 영화롭게 하사, 아들로 아버지를 영화롭게 하옵소서!

② 아버지께서 아들에게 주신 모든 자에게 영생을 주게 하시려고, 만민을 다스리는 권세를 아들에게 주셨음이로소이다.

③ 영생은 아버지가 유일하신 참 하나님이라는 것을 알고, 아버지가 보내신 자, 예수 그리스도를 아는 것이니이다.

④ 아버지께서 내게 하라고 주신 일을 내가 이루어 아버지를 이 세상에서 영화롭게 하였사오니,

⑤ 아버지여 창세 전에 내가 아버지와 함께 가졌던 영화로써 지금도 아버지와 함께 나를 영화롭게 하옵소서!

(And now, O father, glofy thou me with thineown self with the glory which I had with thee before the world was.-KJV)

(And now, Father, glorify me in your presence with the hlory I had with you before the world began.-NIV)

(Now glorify me, Father, with you, with the glory that I had with you before the world began.-NAB)

(And now, Father, glorify me with your very own splendor,

The very splendor I had in your presence Before there was a world.-THE MESSAGE)

⑥ 세상 중에서 내게 주신 사람들에게 내가 아버지의 이름을 나타내었나이다. 저희는 아버지의 것이었는데 내게 주셨으며 저희는 아버지의 말씀을 지키었나이다.

⑦ 지금 저희는 아버지께서 내게 주신 것이 다 아버지께로서 온 것인줄 알았나이다.

⑧ 나는 아버지께서 내게 주신 말씀들을 저희에게 주었사오며, 저희는 이것을 받고 내가 아버지께로부터 나온 줄을 참으로 아오며, 아버지께서 나를 보내신 줄도 믿었사옵니다.

⑨ 내가 저희를 위하여 비옵나니, 내가 비옵는 것은 세상을 위함이 아니요, 내게 주신 자들을 위함이니이다, 저희는 아버지의 것이로소이다.

⑩ 내 것은 다 아버지의 것이요, 아버지의 것은 내 것이온데, 내가 저희로 말미암아 영광을 받았나이다.

⑪ 나는 세상에 더 있지 아니하오나 저희는 세상에 있사옵고, 나는 아버지께로 가옵나니, 거룩하신 아버지여 내가 주신 아버지의 이름으로 저희를 보전하사, 우리와 같이 저희도 하나가 되게 하옵소서!

⑫ 내가 저희와 함께 있을 때에 내게 주신 아버지의 이름으로 저희를 보전하와 지키었나이다. 그 중에 하나도 멸망치 아니하고, 오직 멸망의 자식 뿐이오니 이는 성경을 응하게 함이니이다.

⑬ 지금 내가 아버지께로 가오니, 내가 세상에서 이 말을 하옵는 것은 저희로 내 기쁨을 저희 안에 충만히 가지게하려 함이니이다.

⑭ 내가 아버지의 말씀을 저희에게 주었사오매, 세상이 저희를 미워하였사오니 이는 내가 세상에 속하지 아니함 같이 저희도 세상에 속하지 아니함을 인함이니이다.

⑮ 내가 비옵는 것은 저희를 세상에서 데려가시기를 위함이 아니요, 오직 악에 빠지지 않게 보전하시기를 위함이니이다.

⑯ 내가 세상에 속하지 아니함 같이, 저희도 세상에 속하지 아니하였삽나이다.

⑰ 저희를 진리로 거룩하게 하옵소서! 아버지의 말씀은 진리니이다!

⑱ 아버지께서 나를 세상에 보내신 것 같이 나도 저희를 세상에 보내었고,

⑲ 또 저희를 위하여 내가 나를 거룩하게 하오니, 이는 저희도 진리로 거룩함을 얻게 하려 함이니이다.

⑳ 내가 비옵는 것은 이 사람들만 위함이 아니요, 또 저희 말을 인하여 나를 믿는 사람들도 위함이니,

㉑ 아버지께서 내 안에 내가 아버지 안에 있는 것 같이, 저희도 다 하나가 되어 우리 안에 있게 하사, 세상으로 아버지께서 나를 보내신 것을 믿게 하옵소서!

㉒ 내게 주신 영광을 내가 저희에게 주었사오니, 이는 우리가 하나가 된 것 같이 저희도 하나가 되게 하려 함이니이다.

㉓ 곧 내가 저희 안에 아버지께서 내 안에 계셔, 저희로 온전함을 이루어 하나가 되게 하려 함은 아버지께서 나를 보내신 것과 또 나를 사랑하심 같이 저희도 사랑하신 것을 세상으로 알게 하려 함이로소이다.

㉔ 아버지여 내게 주신 자도 나 있는 곳에 나와 함께 있어 아버지께서 창세 전부터 나를 사랑하시므로 내게 주신 나의 영광을 저희로 보게 하시기를 원하옵나이다.

(Father, I will that they also whom thou hast given me, be with me where I am; that they may behold my glory which thou hast given me: for thou lovedst me before the foundation of the world.-KJV)

("Father, I want those you have given me to be with me where I am, and to see my glory, the glory you have given me because you loved me before the creation of the world.-NIV)

(Father, they are your gift to me. I wish that where I am they also may be with me, that they may see my glory that you gave me, because you loved me before the foundation of the world.-NAB)

(Father, I want those you gave me. To be with me, right where I am, So they can see my glory, the splendor you gave me, Having loved me. Long before there ever was a world.-THE

MESSAGE)

㉕ 의로우신 아버지여 세상이 아버지를 알지 못하여도 나는 아버지를 알았삽고 저희도 아버지께서 나를 보내신줄 알았삽니다

㉖ 내가 아버지의 이름을 저희에게 알게 하였고 또 알게 하리니 이는 나를 사랑하신 사랑이 저희 안에 있고 나도 저희 안에 있게 하려 함이니이다

● 18장

① 예수님께서 기도를 마치신 후에 제자들과 함께 기드론 골짜기 저편으로 나가시니, 거기 올리브나무 동산이 있는데 제자들과 함께 들어가시다.

② 거기는 예수님께서 제자들과 가끔 모이는 곳이므로 예수님을 파는 유다도 그곳을 알더라.

③ 유다가 일단의 군대 및 대제사장들과 바리새인들에게서 얻은 하속들을 안내하여, 그리로 왔는데 그들은 횃불과 병기를 들고 있었더라.

④ 예수님께서 그 당할 일을 다 아시고 나아가 말씀하시기를, 너희가 누구를 찾느냐? 하시니

⑤ 그들이 대답하기를, 나사렛 예수라, 하니, 예수님께서 그들에게 말씀하시기를, 내가 그로다, 하시니라. 예수님을 배반한 유다도 그들과 함께 서 있더라.

⑥ 예수님께서 그들에게 내가 그로다, 라고 말씀하시는 순간, 그들이 뒤로 물러가서 땅에 넘어지니라.

⑦ 그때에 예수님께서 그들에게 다시 물으시기를, 너희가 누구를 찾느냐? 하시니 그들이 말하기를, 나사렛의 예수라, 하니

⑧ 예수님께서 대답하시기를, 내가 그로다, 하고 너희에게 말하였도다. 그러므로 만일 너희가 나를 찾는다면 이 사람들은 가게 하라, 하시니

⑨ 예수님께서 이렇게 말씀하심은, 아버지께서 내게 주신 자들 중 한 사람도 잃어버리지 아니하였나이다, 하신 말씀을 성취하려 하심이더라.

⑩ 그때에 시몬 베드로가 검을 가졌는데, 이것을 빼어 대제사장의 종을 쳐서 오른편 귀를 베어버리니, 그 종의 이름은 말고라.

⑪ 예수님께서 베드로에게 말씀하시기를, 검을 집에 꽂으라, 아버지께서

주신 잔을 내가 마시지 아니하겠느냐, 하시니라.

⑫ 그때 지휘관 및 군인들과 유대인의 관속들이 예수님을 잡아 결박하였더라.

⑬ 먼저 안나스에게로 끌고 가니, 안나스는 그 해의 대제사장인 가야바의 장인이라,

⑭ 가야바는 유대인들에게 한 사람이 백성을 위하여 죽는 것이 유익하다 권고하던 자러라.

⑮ 시몬 베드로와 또 다른 제자 하나가 예수님을 따르니, 이 제자는 대제사장과 아는 사람이라 예수님과 함께 대제사장의 집 뜰에 들어갔으나,

⑯ 베드로는 문 밖에서 기다려야 했더라. 그러자 대제사장과 아는 그 제자가 와서 문 지키는 여인에게 말하길 베드로를 들여 보내라고 하였더라.

⑰ 그러자 문 지키는 여인이 베드로에게 말하되, 너도 이 사람의 제자 중 하나가 아니냐? 하니 그가 말하되, 나는 아니라, 하고

⑱ 그 때가 추운고로 종과 하속들이 숯불을 피우고 서서 쬐니 베드로도 함께 서서 쬐더라.

⑲ 그러는 동안에 대제사장은 예수님에게 그의 제자들과 그의 가르침에 대하여 물었더라.

⑳ 예수님께서 대답하시되, 내가 드러내어 놓고 세상에 말하였노라, 모든 유대인들의 모이는 회당과 성전에서 항상 가르쳤고 은밀히는 아무 것도 말하지 아니하였도다, 하시고

㉑ 어찌하여 내게 묻느냐? 내가 무슨 말을 하였는지? 들은 자들에게 물어 보라, 저희가 나의 하던 말을 아느니라.

㉒ 이 말씀을 하시매 곁에 섰는 하속 하나가 손으로 예수님을 툭 치며 말하기를, 네가 대제사장에게 이같이 대답하느냐? 하니

㉓ 예수님께서 대답하시되, 내가 말을 잘못하였으면 그 잘못한 것을 증거하라, 잘하였으면 네가 어찌하여 나를 치느냐? 하시더라

㉔ 안나스가 예수님을 결박한 그대로 대제사장 가야바에게 보내니라.

㉕ 시몬 베드로가 서서 불을 쬐는데 사람들이 묻되, 너도 그 제자 중 하나가 아니냐? 베드로가 부인하여 말하기를, 나는 아니라, 하니

㉖ 대제사장의 종 하나는 베드로에게 귀를 베어 버리운 사람의 일가라 말

하기를, 네가 그 사람과 함께 동산에 있던 것을 내가 보지 아니하였느냐?

㉗ 이에 베드로가 또 부인하니 수탉이 울더라

㉘ 저희가 예수님를 가야바에게서 관정으로 끌고 가니, 새벽이라 저희는 더럽힘을 받지 아니하고 유월절 잔치를 먹고자 하여 관정에 들어가지 아니하더라.

㉙ 그러므로 빌라도가 밖으로 저희에게 나가서 말하되, 너희가 무슨 일로 이 사람을 고발하느냐? 하니

㉚ 그들이 대답하여 말하기를, 이 사람이 행악자가 아니었더면 우리가 당신에게 넘기지 아니하였겠나이다, 하니

㉛ 빌라도가 그들에게 말하기를, 너희가 저를 데려다가 너희 법대로 판결하라, 하니, 유대인들이 말하기를, 우리에게는 사람을 죽이는 권리가 없나이다, 하니

㉜ 이는 예수님께서 자기가 어떠한 죽음으로 죽을 것을 가리켜 하신 말씀을 응하게 하려 함이러라.

㉝ 이에 빌라도가 다시 관정에 들어가 예수님를 불러 말하기를, 네가 유대인의 왕이냐? 하니

㉞ 예수님께서 대답하시되, 이는 네가 스스로 하는 말이뇨? 다른 사람들이 나를 대하여 네게 한 말이뇨? 하시니

㉟ 빌라도가 대답하기를, 내가 유대인처럼 보이느냐? 유대인이 아니지, 네 나라 사람들과 제사장들이 너를 내게 넘겼으니, 네가 무엇을 하였느냐?

(Pilate answered, Am I Jew? Thine own nation, and the chief priests have delivered thee unto me: what hast thou done?-KJV)

("Am I a Jew?" Pilate replied. "It was your people and your chief priests who handed you over to me. What is it you have done?"-NIV)

(Pilate answered, "I am not a Jew, am I? Your own nation and the chief priests handed you over to me. What have you done?"-NAB)

(Pilate said, "Do I look like a Jew? Your people and your high priests turned you over to me. What did you do?"-THE MESSAGE)

㊱ 예수님께서 대답하시되, 내 나라는 이 세상에 속한 것이 아니라, 만일 내 나라가 이 세상에 속한 것이었더면 내 종들이 싸워 나로 유대인들에게 넘기우지 않게 하였으리라, 이제 내 나라는 여기에 속한 것이 아니니라. 하시니라.

㊲ 이에 빌라도가 말하기를, 그러면 네가 왕이냐? 예수님께서 대답하시되, 네 말과 같이 내가 왕이니라, 내가 이를 위하여 났으며 이를 위하여 세상에 왔나니, 곧 진리에 대하여 증거하려 함이로라. 무릇 진리에 속한 자는 내 소리를 듣느니라, 하시니

㊳ 빌라도가 예수님께 말하기를, 진리가 무엇이냐? 하니라. 이 말을 하고 빌리도가 다시 유대인들에게 나가서 말하기를, 나는 그에게서 아무 죄도 찾지못하노라, 하니라

㊴ 그러나 유월절이면 내가 너희에게 한 사람을 놓아주는 전례가 있으니, 그러면 너희는 내가 유대인의 왕을 너희에게 놓아 주기를 원하느냐? 하니

㊵ 그때에 그들이 다시 소리질러 말하기를, 이 사람이 아니라, 바라바라 하니, 바라바는 모반을 일으킨 자더라.

● 19장

① 이에 빌라도가 예수님을 데려다가 채찍질하더라.

② 군병들이 가시로 면류관을 엮어 그분의 머리에 씌우고 자색 옷을 입히고,

③ 앞에 와서 말하기를, 유대인의 왕이여 평안할지어다, 하며 손바닥으로 때리더라.

④ 빌라도가 다시 밖에 나가 말하되, 보라, 이 사람을 데리고 너희에게 나오나니 이는 내가 그에게서 아무 죄도 찾지 못한 것을 너희로 알게 하려 함이로라, 하더라.

⑤ 이에 예수님께서 가시 면류관을 쓰고 자색 옷을 입고 나오시니, 빌라도가 저희에게 말하되, 보라, 이 사람이로다, 하매

⑥ 대제사장들과 하속들이 예수님을 보고 소리질러 말하기를, 십자가에 못 박게 하소서! 십자가에 못 박게 하소서! 하는지라 빌라도가 말하기를, 너희가 친히 데려다가 십자가에 못 박으라, 나는 그에게서 죄를 찾지 못하였노라, 하니

⑦ 유대인들이 주장하기를, 우리에게 법이 있으니 그 법대로 하면 저가 당연히 죽을 것은 저가 자기를 하나님의 아들이라 함이니이다. 하니

⑧ 빌라도가 이 말을 들었을 때 더욱 두려워하여,

⑨ 다시 관정에 들어가서 예수님께 말하되, 너는 어디에서 왔느냐? 하되 예수님께서 대답하여 주지 아니하시는지라,

⑩ 빌라도가 말하기를, 내게 말하지 아니할 것이냐? 내가 너를 놓을 권세도 있고 십자가에 못 박을 권세도 있는줄 알지 못하느냐? 하니라.

⑪ 예수님께서 대답하시되, 권세가 위로부터 당신에게 주어지지 않았다면, 당신은 나를 어떻게 할 권세는 가지지 않은 것이라, 그러므로 나를 네게 넘겨준 자의 죄는 더 크니라, 하시니라.

⑫ 그때로부터 빌라도가 예수님을 석방하려고 노력했으나, 유대인들이 소리질러 가로되, 이 사람을 놓으면 가이사의 충신이 아니니이다, 무릇 자기를 왕이라 하는 자는 가이사를 반역하는 것이니이다, 하니

⑬ 빌라도가 이 말을 듣고 예수님을 끌고 나와서 박석(히브리 말로 가바다) 이란 곳에서 재판석에 앉았더라.

⑭ 이 날은 유월절의 예비일이요, 때는 제 육시라 빌라도가 유대인들에게 이르되, 보라, 너희 왕이로다.

⑮ 저희가 소리지르되, 없이 하소서! 없이 하소서! 저를 십자가에 못 박게 하소서! 빌라도가 가로되, 내가 너희 왕을 십자가에 못 박으랴? 대제사장들이 대답하되, 가이사 외에는 우리에게 왕이 없나이다, 하니

⑯ 이에 예수님을 십자가에 못 박히게 저희에게 넘겨주니라.

⑰ 저희가 예수님을 맡으매, 예수님께서 자기의 십자가를 지시고 해골(히브리 말로 골고다)이라 하는 곳에 나오시니,

⑱ 저희가 거기서 예수님을 십자가에 못 박을새, 다른 두 사람도 그와 함

께 좌우편에 못 박으니 예수는 가운데 있더라.

⑲ 빌라도가 패를 써서 십자가 위에 붙이니 나사렛 예수 유대인의 왕이라 기록 되었더라.

⑳ 예수님의 못 박히신 곳이 성에서 가까운고로, 많은 유대인이 이 패를 읽는데 히브리와 로마와 헬라 말로 기록되었더라.

㉑ 유대인의 대 제사장들이 빌라도에게 이르되, 유대인의 왕이라 말고 자칭 유대인의 왕이라 쓰라하니,

㉒ 빌라도가 대답하되 나의 쓸 것을 썼다, 하니라.

㉓ 군병들이 예수님을 십자가에 못 박고, 그분의 옷을 취하여 네 깃에 나눠 각각 한 깃씩 얻고 속옷도 취하니 이 속옷은 이은자리 없이 위에서부터 통으로 짠 것이라,

㉔ 군병들이 서로 말하되 이것을 찢지 말고 누가 얻나 제비 뽑자 하니, 이는 성경에 저희가 내 옷을 나누고 내 옷을 제비 뽑나이다, 한 것을 응하게 하려 함이러라. 그리하여 군병들은 이런 일들을 행하였더라.

㉕ 예수님의 십자가 곁에는 그분의 모친과 이모와 글로바의 아내 마리아와 막달라 마리아가 섰는지라,

㉖ 예수님께서 그분의 모친과 사랑하시는 제자가 곁에 섰는 것을 보시고 모친 께 말씀하시되, 여인이시여! 보소서, 아들이니이다, 하시고

㉗ 또 그 제자에게 이르시되, 보라, 네 어머니이시다! 하신대, 그 때부터 그 제자가 자기 집에 모시니라.

㉘ 이 후에 예수님께서 모든 일이 이미 이룬줄 아시고 성경으로 응하게 하려하사, 말씀하시기를, 내가 목마르다, 하시니

㉙ 거기 신 포도주가 가득히 담긴 그릇이 있는지라, 사람들이 신 포도주를 머금은 해융을 우슬초에 매어 예수님의 입에 대니

㉚ 예수님께서 신 포도주를 입에 대신 후, 다 이루었다!는 말씀을 하시며 머리를 숙이시고 숨을 거두시느니라.

㉛ 이 날은 예비일이라 유대인들은 그 안식일이 큰 날이므로 그 안식일에 시체들을 십자가에 두지 아니하려 하여 빌라도에게 그들의 다리를 꺾어 시체를 치워 달라 하니,

㉜ 군병들이 가서 예수와 함께 못 박힌 첫째 사람과 또 그 다른 사람의 다

리를 꺾고,

㉝ 예수님께 이르러는 이미 죽은 것을 보고 다리를 꺾지 아니하고,

㉞ 그 중 한 군병이 창으로 옆구리를 찌르니, 곧 피와 물이 나오더라.

㉟ 이를 본 자가 증거하였으니 그 증거가 참이라, 저가 자기의 말하는 것이 참인줄 알고 너희로 믿게 하려함이니라.

㊱ 이 일이 이룬 것은 그 뼈가 하나도 꺾이우지 아니하리라, 한 성경을 응하게 하려함이라.

㊲ 또 다른 성경에 저희가 그 찌른 자를 보리라 하였느니라.

㊳ 이 일 후에 아리마대 사람 요셉이 예수님의 시체를 가져가기를 빌라도에게 구하매, 빌라도가 허락하는지라, 이에 가서 예수의 시체를 가져가니라, 그런데 요셉은 예수님의 제자였으나 유대인들을 두려워하여 이를 비밀로 하였더라.

㊴ 일찍이 예수님께 밤에 찾아왔었던 니고데모도 몰약과 침향 섞은 것을 백 근쯤 가져온지라,

㊵ 이에 예수님의 시체를 가져다가 유대인의 장례 법대로 그 향품과 함께 세마포로 쌌더라.

㊶ 예수님의 십자가에 못 박히신 곳에 동산이 있고, 동산 안에 아직 사람을 장사한 일이 없는 새 무덤이 있는지라,

㊷ 이 날은 유대인 명절의 예비일이요. 무덤이 가까운고로 예수님을 거기에 두니라.

● 20장

① 유대인 명절의 주가 지난 후, 첫 날 이른 아침, 아직 어두울 때에 막달라 마리아가 무덤에 와서 돌이 무덤에서 옮겨간 것을 보고,

② 시몬 베드로와 예수님의 사랑하시던 그 다른 제자들에게 달려가서 말하기를, 사람이 주님을 무덤에서 가져다가 어디에 두었는지 우리가 알지 못하겠다, 하니

③ 베드로와 그 다른 제자가 나가서 무덤으로 갈새,

④ 둘이 같이 달음질하더니 그 다른 제자가 베드로보다 더 빨리 달려가서 먼저 무덤에 이르러,

⑤ 구푸려 세마포 놓인 것을 보았으나 들어가지는 아니하였더니,

⑥ 시몬 베드로가 따라 와서 무덤에 들어가 보니 세마포가 놓였고,

⑦ 또 머리를 쌓던 수건은 세마포와 함께 놓이지 않고 딴 곳에 개켜 있더라.

⑧ 그 때에야 무덤에 먼저 왔던 그 다른 제자도 들어가서 이를 보고 믿었더라.

⑨ (저희는 성경에 그가 죽은 자 가운데서 다시 살아나리라 하신 말씀을 알지 못하더라)

⑩ 이에 두 제자가 자기 집으로 돌아가니라.

⑪ 마리아는 무덤 밖에 서서 울고 있더니 울면서 구푸려 무덤 속을 들여다 보니,

⑫ 흰 옷 입은 두 천사가 예수의 시체 뉘었던 곳에 하나는 머리 편에 하나는 발 편에 앉았더라.

⑬ 천사들이 말하기를, 여자여! 어찌하여 우느냐? 하니, 마리아가 말하기를, 사람이 내 주님을 가져다가 어디 두었는지 내가 알지 못함이니이다.

⑭ 그녀가 이 말을 한 후에 뒤로 돌이켜서 예수님께서 서 계신 것을 보았으나, 그분이 예수님이신 줄을 알지 못하니라.

⑮ 예수님께서 말씀하시기를, 여자여, 어찌하여 울며 누구를 찾느냐? 하시니, 마리아는 그가 동산지기인 줄로 알고 말하기를, 아저씨, 당신이 옮겨 갔거든 어디 두었는지 내게 이르소서, 그리하면 내가 모셔가리이다, 하니

⑯ 예수님께서 마리아야! 하시거늘 마리아가 돌이켜 히브리 말로 랍오니여 하니 (이는 선생님이라)

⑰ 예수님께서 이르시되, 나를 만지지 말라, 내가 아직 아버지께로 올라가지 아니하였노라. 너는 내 형제들에게 가서 내가 내 아버지며 너희 아버지이신 내 하나님 곧 너희 하나님께로 돌아간다고 말하라, 하시느니라.

⑱ 막달라 마리아가 가서 제자들에게 내가 주를 보았다 하고 또 주께서 자기에게 말씀하셨던 것을 전하였느니라.

⑲ 그때에 같은 날, 곧 주간의 후 첫날 저녁 때에, 제자들이 유대인들을 두려워하여 모인 곳에 문들을 닫았는데, 예수님께서 오사 가운데에 서시어 말씀하시기를, 너희에게 평화가 있을지어다. 하시니라.

⑳ 이 말씀을 하시고 손과 옆구리를 보이시니 제자들이 주님을 보고 기뻐하더라.

㉑ 예수님께서 또 말씀하시기를, 너희에게 평화가 있을지어다! 아버지께서 나를 보내신 것 같이 나도 너희를 보내노라, 하시니라.

㉒ 이 말씀을 하시고 저희를 향하사 숨을 내쉬며 말씀하시기를, 성령을 받으라!

㉓ 너희가 뉘 죄든지 사하면 사하여질 것이요, 뉘 죄든지 그대로 두면 그대로 있으리라, 하시니라.

㉔ 열 두 제자 중에 하나인 디두모라 하는 도마는 예수님이 오셨을 때에 함께 있지 아니한지라,

㉕ 다른 제자들이 그에게 이르되 우리가 주님을 보았노라, 하니 도마가 말하기를, 내가 그 손의 못자국을 보며 내 손가락을 그 못자국에 넣으며 내 손을 그 옆구리에 넣어 보지 않고는 믿지 아니하겠노라, 하니라

㉖ 여드레를 지나서 제자들이 다시 집안에 있을 때에 도마도 함께 있고 문들이 닫혔는데, 예수님께서 오사 가운데 서서 말씀하시기를, 너희에게 평화가 있을지어다! 하시고

㉗ 그때 도마에게 이르시되 네 손가락을 내 손 위에 놓고 내 손을 보아라, 그리고 네 손을 뻗어 내 옆구리에 넣어보라, 의심하는 것을 멈추고 믿어라, 하시니라.

㉘ 도마가 대답하여 말하기를, 나의 주시며, 나의 하나님이시니이다. 하매

㉙ 예수님께서 그에게 말씀하시기를, 도마야, 너는 나를 보았기에 믿었으나, 나를 보지 못하고도 믿는 자들은 복이 있도다, 하시니라.

㉚ 예수님께서 제자들이 보는 앞에서 이 책에 기록되지 아니한 다른 표적도 많이 행하셨으나,

㉛ 오직 이것을 기록함은 여러분으로 하여금 예수님께서 하나님의 아들이시며 구세주이심을 믿게 하려 함이요, 또 그렇게 믿음으로써 여러분으로 하여금 그 이름을 힘입어 생명을 얻게 하려 함이니라.

● 21장

① 그 후에 예수님께서 디베랴 바다에서 또 제자들에게 나타내셨으니, 나타내신 일이 이러하니라.

② 시몬 베드로와 디두모라 하는 도마와 갈릴리 가나 사람 나다나엘과 세베대의 아들들과 또 다른 제자 둘이 함께 있었느데

③ 시몬 베드로가 나는 물고기 잡으러 가노라, 하니 저희가 우리도 함께 가겠다 하고, 나가서 배에 올랐으나 그 밤에 아무것도 잡지 못하였더라.

④ 날이 새어 갈 때에 예수님께서 바닷가에 서셨으나, 제자들이 예수님이신줄 알지 못하는지라

⑤ 예수님께서 이르시되, 얘들아 너희에게 고기가 있느냐? 하시니, 그들이 대답하되 없나이다, 하매

⑥ 예수님께서 그들에게 말씀하시기를, 그물을 배 오른편에 던지라, 그리하면 얻으리라, 하시므로 그들이 그렇게 던졌더니 고기가 많아 그물을 들 수 없더라.

⑦ 이에 예수님의 사랑하시던 제자가 베드로에게 말하기를, 주님이시다, 하니, 시몬 베드로가 벗고 있다가 주라 하는 말을 듣고 겉옷을 두른 후에 바다로 뛰어 내리더라.

⑧ 다른 제자들은 고기가 가득한 그물을 끌고 배를 타고 왔더라. 그들은 뭍으로부터 거리가 불과 약 백야드쯤 밖에 떨어져 있지 않았기 때문이었더라.

⑨ 육지에 올라보니 숯불이 있는데 그 위에 생선이 놓였고 떡도 있더라.

⑩ 예수님께서 그들에게 말씀하시기를, 지금 잡은 생선 좀 가져오라, 하시므로

⑪ 시몬 베드로가 올라가서 그물을 육지에 끌어 올리니 가득히 찬 고기가 일백 쉰 세 마리라. 이같이 많았으나 그물이 찢어지지 아니하였더라.

⑫ 예수님께서 그들에게 말씀하시기를, 와서 조반을 먹으라 하셨으나 누구도 감히 당신이 누구시오? 하고 묻는 자가 없었더라. 그들은 그분이 주님이시다는 것을 알았더라.

⑬ 예수님께서 가셔서 떡을 가져다가 저희에게 주시고 생선도 그와 같이

하시니라.

⑭ 이것은 예수님께서 죽은 자 가운데서 살아나신 후에 세번째로 제자들에게 나타나신 것이라.

⑮ 저희가 조반 먹은 후에 예수님께서 시몬 베드로에게 말씀하시기를, 요한의 아들 시몬아, 네가 이 사람들보다 나를 더 사랑하느냐? 하시니 그가 말하기를, 주여, 그러하외다. 내가 주님을 사랑하는줄 주님께서 아시나이다, 하매, 예수님께서 그에게 말씀히시기를, 내 어린 양을 먹이라, 하시고

⑯ 또 두번째로 그에게 말씀하시기를, 요한의 아들 시몬아, 네가 나를 사랑하느냐? 하시니, 그가 예수님께 말씀드리기를, 예, 주님, 그러하옵니다. 내가 주님을 사랑하시는 줄을 주님께서 아시나이다. 하매, 예수님께서 그에게 말씀하시기를, 내 양들을 치라 하시고,

⑰ 세번째로 말씀하시기를, 요한의 아들 시몬아, 네가 나를 사랑하느냐? 하시므로 베드로가 근심하여 말하기를, 주께서 모든 것을 아시오매, 내가 주를 사랑하는 줄을 주께서 아시나이다. 예수님께서 말씀하시기를, 내 양을 먹이라, 하시니라.

⑱ 내가 너희에게 진리를 이르노니, 너희가 젊었을 때에는 스스로 옷을 입고, 너희가 원하는 곳으로 다녔으나, 이제 너희가 늙어서는 너희가 팔을 벌리면 다른 사람이 너희의 옷을 입힐 것이고, 너희가 가기를 원하지 않는 곳으로 데려갈 것이니라. 하시니라.

⑲ 이 말씀을 하심은 베드로가 어떠한 죽음으로 하나님께 영광을 돌릴 것을 가리키심이라. 이 말씀을 하시고 베드로에게 이르시되, 나를 따르라 하시니,

⑳ 베드로가 돌이켜 예수님의 사랑하시는 그 제자가 따르는 것을 보니, 그는 만찬석에서 예수의 품에 의지하여 주여 주를 파는 자가 누구오니이까? 묻던 자라

㉑ 이에 베드로가 그를 보고 예수님께 말씀드리기를, 주여, 이 사람은 어떻게 되겠삽니까? 하니

㉒ 예수님께서 그에게 말씀하시기를, 내가 올 때까지 그를 머물게 하고자 할지라도 네게 무슨 상관이냐? 너는 나를 따르라! 하시니라.

㉓ 그때에 이 말씀이 그 형제들 가운데 퍼져나가 그 제자는 죽지 아니하리라, 하였으나 예수님 말씀은 그가 죽지 않겠다 하신 것이 아니라, 내가 올 때까지 그를 머물게 하고자 할지라도 네게 무슨 상관이냐? 하셨더라.

㉔ 이 일을 증거하고, 이 일을 기록한 제자가 이 사람이라 우리는 그의 증거가 참된 줄을 아노라.

㉕ 예수님의 행하신 일이 이 외에도 많으니, 만일 낱낱이 기록된다면 이 세상이라도 기록된 책들을 다 담아 두기에 부족할줄 아노라. 아멘!

하나님의 숨소리인 성경말씀을 다시 듣고(2000년 5월-2017년 7월)
한글번역의 일부를 수정하여 기록합니다.

하나님의 은혜에 감사를 드리옵나이다.
아멘, 할렐루야!
정남덕!

사도행전

· 본 성경듣기는 QR코드 인식으로 들을 수 있습니다

● 1장

① 데오빌로 님, 내가 먼저 쓴 책에서는 예수님의 행하시고 가르치신 모든 것들을 시작하심부터,

② 그분이 택하신 사도들에게 성령을 통하여 교훈을 주신 후 승천하신 날까지의 일을 기록하였습니다

③ 그분은 수난을 당한 후 사람들에게 나타나셨고, 그분이 살아있다는 확실한 증거를 보여주셨습니다. 그분은 사십일 동안 그들에게 나타나셨고, 하나님의 나라에 대하여 말씀하셨습니다.

④ 그분이 사도들과 같이 식사하실 때, 그분은 분부하여 말씀하시기를, 예루살렘을 떠나지 말고 네가 들은바 아버지의 약속하신 것을 기다리라, 하셨습니다.

⑤ 요한은 물로 세례를 베풀었으나, 너희는 몇 날이 못되어 성령으로 세례를 받으리라 하셨습니다.

⑥ 그러므로 그들이 함께 모였을 때에 주님께 여쭈어 말씀드리기를, 주님께서 이스라엘에게 그 왕국을 다시 회복하려 하심이 이때이니이까? 하니,

⑦ 주님께서 그들에게 말씀하시기를, 그 때들이나 그 시기들은 아버지께서 자신의 권능 안에 두셨으니, 너희가 알바가 아니니라,

⑧ 오직 성령이 너희에게 임하시면 너희가 권능을 받고, 예루살렘과 온 유대와 사마리아와 땅 끝까지 이르러 내 증인이 되리라 하셨습니다.

⑨ 이 말씀을 마치시고 저희 보는데서 올리워 가시니, 구름이 저를 가리워

보이지 않게 하더라.

⑩ 올라가실 때에 제자들이 자세히 하늘을 쳐다 보고 있는데, 흰 옷 입은 두 사람이 저희 곁에 서서,

⑪ 말하기를, 너희 갈릴리 사람들아, 어찌하여 서서 하늘을 쳐다 보고 있느냐? 너희 가운데서 하늘로 올리우신 이 예수님은 하늘로 가심을 본 그대로 오시리라 하였느니라.

⑫ 제자들이 감람원이라 하는 산으로부터 예수살렘에 돌아오니, 이 산은 예루살렘에서 가까와 안식일에 가기는 알맞은 길이라,

⑬ 그들이 들어가서 다락방에 올라가니, 베드로 요한 야고보 안드레와 빌립 도마와 바돌로매 마태와 및 알패오의 아들 야고보 셀롯인 시몬 야고보의 아들 유다가 다 거기 있어,

⑭ 이들 모두가 여자들과 예수님의 어머니 마리아와 주님의 형제들과 함께 한마음이 되어 기도와 간구를 계속하니라.

⑮ 모인 사람의 수가 한 일백 이십 명이나 되더라, 그 때에 베드로가 그 형제 가운데 일어나서,

⑯ 말하기를, 형제들이여, 예수님을 붙잡은 자들의 앞잡이가 된 유다에 관하여 성령님께서 다윗의 입을 통하여 미리 말씀하신 이 성경기록이 성취되었음에 틀림없도다,

⑰ 이는 그가 우리와 함께 계수되어 이 사역의 한 부분을 담당하였기 때문이라,

⑱ 이 사람이 불의의 삯으로 밭을 사고, 후에 몸이 곤두박질하여 배가 터져 창자가 다 흘러 나온지라,

⑲ 이 일이 예루살렘에 사는 모든 사람들에게 알려지게 되었으므로, 그 밭을 자기들의 고유 언어로 아겔다마라 하니, 이는 피밭이라는 뜻이니라,

⑳ 이는 시편에 기록된 바, 그의 거처를 황폐하게 하시고, 그곳에 거하는 자가 아무도 없게 하시며, 그의 감독의 직분을 타인이 취하게 하소서, 하였기 때문이라.

㉑ 그러므로 주 예수님께서 우리와 함께 출입하신 모든 기간 동안, 우리와 함께 있던 이 사람들 중에서,

㉒ 즉 요한의 침례로부터 시작하여 우리를 떠나 하늘로 들려 올라가신 그

날까지 같이한 이 사람들 중에서 반드시 한 명을 뽑아 우리와 함께 주님의 부활에 대한 증인이 되게 하여야 하리라, 하므로

㉓ 그들이 두 사람을 천거하니, 하나는 바사바라고도 하고 별명은 유도스라고 하는 요셉이요, 하나는 맛디아라,

㉔ 그들이 기도하여 말씀드리기를, 주님이시여, 모든 사람들의 마음을 아시는 주님께서 이 둘 중에 누구를 택하셨는지를 보여 주시어,

㉕ 그로 하여금 유다가 제 갈 곳으로 가려고 내버린 이 직무, 곧 사도직의 자리를 맡게 하옵소서, 하고

㉖ 그리고 나서 그들에게 제비를 뽑게 하니 맛디아가 뽑혀, 그가 열한 사도와 함께 사도가 되었더라.

● 2장

① 오순절이 이미 이르매 저희가 다 같이 한곳에 모였더니,

② 홀연히 하늘로부터 급하고 강한 바람 같은 소리가 있어 저희 앉은 온 집에 가득하며,

③ 불의 혀 같이 갈라지는 것이 저희에게 보여 각 사람 위에 임하여 있더니,

④ 저희가 다 성령의 충만함을 받고, 성령이 말하게 하심을 따라 다른 언어들로 말하기를 시작하니라.

⑤ 당시 예루살렘에는 천하 모든 민족들로부터 온 신앙심이 깊은 유대인들이 와서 예루살렘에 머물었더니,

⑥ 그들이 이 소리를 들었을 때 그들은 모두 당황하였더라, 왜냐하면 그들의 각자는 성령받은 자들이 말하는 것을 각자 자국의 언어로 들었기 때문이었더라.

⑦ 아주 놀라서, 그들은 말하기를, 이 말하는 사람들이 다 갈릴리 사람이 아니냐 하더라.

⑧ 그러면 우리가 그들이 말하는 것을 우리 각 사람의 태어난 곳의 언어로 듣게 되는 것이 어찌된 것이냐? 하더라,

⑨ 우리는 바대인과 메대인과 엘람인과 또 메소포타미아 유대와 가바도기아 본도와 아시아

⑩ 브루기아와 빔빌리아 에굽과 및 구레에에 가까운 리비야 여러 지방에 사는 사람들과 로마로부터 온 나그네 곧 유대인과 유대교에 들어 온 사람들과

⑪ 그레데인과 아라비아인들이라, 우리가 다 우리의 언어들로 하나님의 큰 일을 말함을 듣는도다. 하고,

⑫ 다 놀라며 당황하여 서로 말하되, 이것이 어찌된 일이냐? 하더라.

⑬ 또 어떤 이들은 조롱하여 말하기를, 저희가 새 술이 취하였다 하더라,

⑭ 베드로가 열 한 사도와 같이 서서 소리를 높여 말하기를, 유대인들과 예루살렘에 사는 모든 사람들이 이 일을 너희로 알게 할 것이니 내 말에 귀를 기울이라.

⑮ 때가 제 삼시니 너희 생각과 같이 이 사람들이 취한 것이 아니라,

⑯ 이는 곧 선지자 요엘로 말씀하신 것이니, 일렀으되,

⑰ 하나님이 말씀하시기를, 말세에 내가 내 영으로 모든 육체에게 부어 주리니, 너희의 자녀들은 예언할 것이요, 너희의 젊은이들은 환상을 보고, 너희의 늙은이들은 꿈을 꾸리라,

⑱ 그 때에 내가 내 영으로 내 남종과 여종들에게 부어 주리니, 저희가 예언할 것이요,

⑲ 또 내가 위로 하늘에서는 기사와 아래로 땅에서는 징조를 베풀리니 곧 피와 불과 연기로다,

⑳ 주의 크고 영화로운 날이 이르기 전에 해가 변하여 어두워지고, 달이 변하여 피가 되리라,

㉑ 누구든지 주의 이름을 부르는 자는 구원을 얻으리라 하였느니라,

㉒ 이스라엘 사람들아, 이 말을 들으라! 너희도 아는 바와 같이 하나님께서 나사렛 예수로 큰 권능과 기사와 표적을 너희 가운데서 베푸사, 너희 앞에서 그를 증거하셨느니라,

㉓ 그가 하나님의 정하신 뜻과 미리 아신대로 내어 준바 되었거늘, 너희가 법 없는 자들의 손을 빌어 못 박아 죽였으나,

㉔ 하나님께서 사망의 고통을 풀어 살리셨으니, 이는 그가 사망에게 매여 있을 수 없었음이라,

㉕ 다윗이 그분을 가리켜 말하기를, 내가 항상 내 앞에 계신 주를 뵈었음

이여, 나로 요동치 않게 하기 위하여 그가 내 우편에 계시도다,

㉖ 이러므로 내 마음이 기뻐하였고, 내 입술도 즐거워하였으며, 육체는 희망에 거하리니,

㉗ 이는 내 영혼을 음부에 버리지 아니하시며, 주의 거룩한 자로 썩음을 당치 않게 하실 것임이로다,

㉘ 주께서 생명의 길로 내게 보이셨으니, 주의 앞에서 나로 기쁨이 충만하게 하시리로다, 하였으니,

㉙ 형제들아! 내가 조상 다윗에 대하여 담대히 말하노니, 다윗이 죽어 장사되어 그 묘가 오늘까지 우리 중에 있도다,

㉚ 그는 선지자라 하나님이 이미 맹세하사 그 자손 중에서 한 사람을 그 위에 앉게 하리라 하심을 알고,

㉛ 미리 보는 고로 그리스도의 부활하심을 말하되, 저가 음부에 버림이 되지 않고, 육신이 썩음을 당하지 아니하시리라, 하더니,

㉜ 이 예수를 하나님이 살리신지라, 우리가 다 이 일에 증인이로다,

㉝ 그러므로 그분께서 하나님의 오른손으로 높임을 받으시고, 아버지께로부터 성령을 약속으로 받으셔서 지금 너희가 보고 듣는 이것을 부어 주셨느니라.

㉞ 다윗은 하늘에 올라가지 못하였으나, 친히 말하기를, 주께서 내 주에게 말씀하시기를,

(For David is not ascended into the heavens; but saith himself, The LORD said my lord, it thou on my right hand,-KJV)

(For David did not ascend to heaven, and yet he said, " 'The Lord said to my Lord: "Sit at my right hand until I make your enemies a footstool for your feet." '-NIV)

(For David did not go up into heaven, but he himself said: 'The Lord said to my Lord, "Sit at my right hand until I make your enemies your footstool." '-NAB)

(For David himself did not ascend to heaven, but he did say, God said to my Master, "Sit at my right hand Until I make your enemies a stool for resting your feet."-THE MESSAGE)

㉟ 내가 네 원수로 네 발의 발판이 되게 하기까지 너는 내 우편에 앉았으라, 하셨도다, 하였으니,

㊱ 그런즉, 이스라엘 온 집이 정녕 알지니, 너희가 십자가에 못 박은 이 예수를 하나님이 주와 그리스도가 되게 하셨느니라, 하니라,

㊲ 그들이 이 말을 듣고 마음에 찔려 베드로와 다른 사도들에게 물어 말하기를, 형제들아, 우리가 어이할꼬? 하거늘

㊳ 베드로가 말하기를, 너희가 회개하여 각각 예수 그리스도의 이름으로 세례를 받고, 죄 사함을 얻으라, 그리하면 성령을 선물로 받으리니,

㊴ 이 약속은 여러분과 여러분의 자손들과 또 멀리 있는 모든 이들, 곧 주 우리 하나님께서 부르시는 모든 이들에게 해당되니라,

㊵ 또 여러 말로 확증하며 권하여 말하기를, 너희가 이 패역한 세대에서 구원을 받으라, 하니,

㊶ 베드로의 말을 받아들인 사람들은 세례를 받았고, 그 날에 세례를 받은 자의 수가 삼천이나 더하더라,

㊷ 저희가 사도의 가르침을 받고, 서로 교제하며 떡을 떼며 기도하기에 전심하였더라,

㊸ 사람마다 두려워하는데 사도들로 인하여 기사와 표적이 많이 나타나니,

㊹ 믿는 사람이 다 함께 있어 모든 물건을 서로 통용하고,

㊺ 또 재산과 소유를 팔아 각 사람의 필요를 따라 나눠 주고,

㊻ 날마다 마음을 같이 하여 성전에 모이기를 힘쓰고, 집에서 떡을 떼며 기쁨과 순전한 마음으로 음식을 먹고,

㊼ 하나님을 찬미하고, 모든 사람들과 주의 은혜를 즐기니, 주께서 구원받는 사람을 날마다 더하게 하시니라.

● 3장

① 어느날 오후 3시 기도 시간에 맞추어 베드로와 요한이 성전에 올라갈새,

② 태어나면서부터 앉은뱅이 된 자를 사람들이 메고 와서 아름다운 성전 문 곁에 두었는데, 이는 성전에 들어가는 사람들에게 날마다 구걸하기

위하여서 였더라,

③ 그가 베드로와 요한이 성전에 들어 가려함을 보고 구걸하거늘,

④ 베드로가 요한으로 더불어 주목하여 말하기를, 우리를 보라 하니,

⑤ 그가 저희에게 무엇을 얻을까 하여 바라보거늘,

⑥ 베드로가 말하기를, 은과 금은 내게 없거니와 내게 있는 것으로 네게 주노니, 곧 나사렛 예수 그리스도의 이름으로 걸으라 하고,

⑦ 오른손을 잡아 일으키니 발과 발목이 곧 힘을 얻고,

⑧ 뛰어 서서 걸으며, 그들과 함께 성전으로 들어가면서 걷기도 하고 뛰기도 하며 하나님을 찬미하니,

⑨ 모든 사람들이 그 걷는 것과 및 하나님을 찬미함을 보고,

⑩ 그 본래 아름다운 성전 문에 앉아 구걸하던 사람인줄 알고, 그에게 일어났던 일들에 심히 기이히 여기며 놀라니라,

⑪ 나은 사람이 베드로와 요한을 붙잡으니, 모든 사람들이 크게 놀라며 달려 나아가 솔로몬의 행각이라 칭하는 행각에 모이거늘,

⑫ 베드로가 이것을 보고 사람들에게 말하되, 이스라엘 사람들아 이 일을 왜 기이히 여기느냐? 우리 개인의 권능과 경건으로 이 사람을 걷게 한 것처럼 왜 우리를 주목하느냐?

⑬ 아브라함과 이삭과 야곱의 하나님 곧 우리 조상의 하나님이 그 종 예수를 영화롭게 하셨느니라, 너희가 저를 넘겨주고 빌라도가 놓아 주기로 결정한 것을 너희가 그 앞에서 부인하였으니,

⑭ 너희가 거룩하고 의로운 자를 부인하고, 도리어 살인한 사람을 놓아 주기를 구하여,

⑮ 생명의 주를 죽였도다, 그러나 하나님이 죽은 자 가운데서 살리셨으니 우리가 이 일에 증인이로라,

⑯ 예수에 대한 신앙으로 너희가 알고 보는 이 사람을 강하게 하였도다. 너희가 모든 것을 보는바와 같이 그를 완전히 낫게 한 것은 그분의 이름과 이것을 이루게한 그분을 통한 신앙이니라,

⑰ 형제들아, 너희가 알지 못하여서 그리 하였으며 너희 관원들도 그리 한 줄 아노라,

⑱ 그러나 하나님이 모든 선지자의 입을 의탁하사 자기의 그리스도의 해

받으실 일을 미리 알게 하신 것을 이와 같이 이루셨느니리라,

⑲ 그러므로 너희가 회개하고 돌이켜 너희 죄없이 함을 받으라, 이같이 하면 유쾌하게 되는 날이 주 앞으로부터 이를 것이요,

⑳ 또 주께서 너희를 위하여 예정하신 그리스도 곧 예수를 보내시리니,

㉑ 하나님이 영원 전부터 거룩한 선지자의 입을 의탁하여 말씀하신바, 만유를 회복하실 때까지는 하늘이 마땅히 그를 받아 두리라,

㉒ 모세가 말하되, 주 하나님이 너희를 위하여 너희 형제 가운데서 나 같은 선지자 하나를 세울 것이니, 너희가 무엇이든지 그 모든 말씀을 들을 것이라,

㉓ 누구든지 그 선지자의 말을 듣지 아니하는 자는 백성 중에서 멸망 받으리라 하였고,

㉔ 또한 사무엘 때부터 그 뒤를 이어 말씀을 전한 모든 선지자들도 마찬가지로 이 날들에 대하여 예언하였느니라.

㉕ 너희는 선지자들의 자손이요, 또 하나님이 너희 조상으로 더불어 세우신 언약의 자손이라, 아브라함에게 이르시기를, 땅 위의 모든 족속이 너희 씨를 인하여 복을 받으리라 하셨으니,

㉖ 하나님이 그 종을 세워 복주시려고, 너희에게 먼저 보내사, 너희로 하여금 돌이켜 각각 그 악함을 버리게 하셨느니라.

● 4장

① 사도들이 사람들에게 말하고 있는 중에 제사장들과 성전 경비병의 우두머리와 사두개인들이 다가왔더라.

② 이는 사도들이 사람들을 가르치기를 예수가 죽은 자들 가운데서 부활하셨다는 것을 공공연히 말하고 있었기 때문이었더라.

③ 그래서 그들은 베드로와 요한을 체포하였고, 날이 이미 저문고로 다음 날까지 감옥에 가두었더라,

④ 그러나 부활소식을 들은 많은 사람들이 그 사실을 믿었고, 그 수효가 약 오천이나 되었더라,

⑤ 이튿날에 치리자들과 장로와 율법교사들이 예루살렘에 모였는데,

⑥ 대제사장 안나스가 거기에 있었고, 가야바와 요한과 알렉산더와 대제

사장 가족의 다른 남자들도 거기에 있었더라,

⑦ 그들은 베드로와 요한을 그들 앞에 데려다 세우고, 그들에게 묻기를 무슨 권세와 뉘 이름으로 이러한 일을 행하였느냐? 하니라

⑧ 그때 베드로가 성령이 충만하여 그들에게 말하기를, 백성의 지도자들 및 장로들 여러분,

⑨ 만일 우리가 한 불구자에게 한 선한 일에 대하여 설명하도록 소환되었고, 그 사람이 어떻게 고침을 받았는 가에 대하여 우리가 오늘 심문을 받는다면,

⑩ 여러분들과 이스라엘 모든 백성들은 이것을 알아야 하느니라, 이 사람이 치료되어서 여러분들 앞에 선 것은 여러분들이 십자가에 못 박았으나 하나님께서 죽은 자들 가운데서 살리신 예수 그리스도의 이름으로, 곧 그분으로 말미암아 이 사람이 온전하게 되어 너희 앞에 서 있느니라.

⑪ 이 예수님으로 말하면 너희 석공들이 쓰지 않고 버린 돌이지만, 그 돌이 집의 주춧돌이 되신 분이니라.

(This is the stone which was set at nought of you builders, which is become the head of corner.-KJV)

(He is " 'the stone you builders rejected, which has become the capstone.-NIV)

(He is 'the stone rejected by you, the builders, which has become the cornerstone.'-NAB)

(Jsus is 'the stone you masons threw out, which is now the cornerstone.'-THE MESSAGE)

⑫ 다른 이로서는 구원을 얻을 수 없나니, 천하 인간에 구원을 얻을만한 다른 이름을 우리에게 주신 일이 없음이니라, 하였더라.

⑬ 저희가 베드로와 요한이 기탄없이 말함을 보고, 그 본래 학문 없는 범인으로 알았다가 이상히 여기며 또 그 전에 예수와 함께 있던 줄도 알고,

⑭ 또 병 나은 사람이 그들과 함께 섰는 것을 보고 힐난할 말이 없는지라,

⑮ 명하여 공회에서 나가라 하고 서로 의논하고 말하기를,

⑯ 이 사람들을 어떻게 할꼬? 저희로 인하여 유명한 표적 나타난 것이 예루살렘에 사는 모든 사람에게 알려졌으니 우리도 부인할 수 없는지라,

⑰ 그러나 이것이 민간에 더 퍼지지 못하게 저희를 위협하여, 이 후에는 이 이름으로 아무 사람에게도 말하지 말게 하자 하고,

⑱ 그들을 불러 경계하여 결코 예수의 이름으로 말하지도 말고 가르치지도 말라 하니,

⑲ 베드로와 요한이 대답하여 말하기를, 너희 말 듣는 것이 하나님 말씀 듣는 것보다 하나님 눈 앞에서 옳은가? 너희는 판단하라,

⑳ 이는 우리는 보고 들은 것을 말하지 아니할 수 없도다, 하니

㉑ 그들은 더 많은 위협을 하고서 베드로와 요한을 놓아 주었고, 그들은 베드로와 요한을 어떻게 벌할 방법을 결정할 수가 없었는데 이는 모든 사람들이 일어났던 일들에 대하여 하나님을 찬양하였기 때문이더라,

㉒ 이 표적으로 병이 나은 사람은 사십 여세가 넘었더라,

㉓ 베드로와 요한이 석방되매, 그들은 그들의 백성들에게 돌아가서 대제사장들과 장노들이 그들에게 말한 모든 것을 전하였더라,

㉔ 그들이 이를 들었을 때 그들은 목소리를 합심하여 하나님께 소리 높여 말씀드리기를, 대 주재여, 당신은 천지와 바다 그리고 그곳에 있는 만유를 지으셨나니다

㉕ 또 당신은 주의 종 우리 조상 다윗의 입을 의탁하사 성령으로 말씀하시기를, 어찌하여 민족들이 미쳐 날뛰며 사람들은 헛되이 음모를 꾸미는가?

㉖ 세상의 군왕들이 하나님의 기름 부음을 받은 유일하신 주님에 대하여 대적하도다, 그리고 군주들도 함께 모여 대적하도다, 하였나이다.

㉗ 정말로 헤롯과 본디오 빌라도는 당신이 기름 부으신 당신의 성스러운 종 예수에 대하여 음모를 꾸미기 위하여 이 도성에서 이방인 및 이스라엘 백성들과 함께 모였습니다.

㉘ 그들은 하나님의 권능과 뜻으로 미리 결정해서 일어나야 만 했던 일들을 수행하였습니다.

㉙ 주여 이제 그들의 위협을 살피사 당신의 종들로 하여금 담대히 당신의 말씀을 전하게 하여 주옵시고,

㉚ 당신의 손을 뻗어 당신의 성스러운 종 예수의 이름으로 인하여 병을 낫게 하며 놀라운 표적과 이적을 행하여 주옵소서, 하니라,

㉛ 그들이 기도하기를 다하매 모인 곳이 진동하더니 그들이 다 성령이 충만하여 담대히 하나님의 말씀을 전하니라,

㉜ 모든 믿는 자들이 한 마음과 한 뜻이 되었고, 누구도 자기 소유의 재물들의 어느 것도 자기 것이라고 하지 않고 그들은 그들이 가졌던 모든 것들을 통용하였더라.

㉝ 큰 권능을 입어 사도들은 주 예수의 부활을 증거하기를 계속하였고, 많은 은혜가 그들에게 임하였느니라.

㉞ 그들 중에는 궁핍한 사람들이 없었고, 이는 가끔 땅과 집 을 소유한자가 그것을 팔아서 돈을 가져다가

㉟ 사도들의 발 앞에 두었고, 그것은 각 사람의 필요를 따라 나눠 주었더라.

㊱ 키프러스에서 난 레위족인이 있으니 이름은 요셉이라 사도들이 일컬어 바나바(번역하면 격려의 아들)라

㊲ 그가 밭이 있으매 팔아 값을 가지고 사도들의 발 앞에 두니라.

● 5장

① 그러나 아나니아라 하는 사람이 그 아내 삽비라로 더불어 소유를 팔아,

② 그 값에서 얼마를 감추매, 그 아내도 알더라, 얼마를 가져다가 사도들의 발 앞에 두니,

③ 베드로가 말하기를, 아나니아야, 어찌하여 사단이 네 마음에 가득하여 네가 성령을 속이고 땅 값 얼마를 감추었느냐?

④ 땅을 팔기 전에 그 땅은 네 것이 아니었느냐? 그리고 땅을 판 후에도 그 돈은 네 임의로 할 수가 있었지 않느냐? 그런데 무엇 때문에 너는 그렇게 하였느냐? 이는 사람에게 거짓말 한 것일 뿐만 아니라 하나님께도 거짓말 한 것이니라.

(Whiles it remained, was it not thine own? And after it was sold, was it not in thine own power? Why hast thou conceived this thing in thine heart? Thou hast not lied unto men, but unto God.-KJV)

(Didn't it belong to you before it was sold? And after it was sold, wasn't the money at your desposal? What made you think of doing such a thing? You have not lied to men but to God.-NIV)

(While it was remained unsold, did it not remain yours? And when it was sold, was it not still under your control? Why did you contrive this deed? You have lied not to human beings, but to God.-NAB)

(Before you sold it, it was all yours, and after you sold it, the money was yours to do with as you wished. So what got into you to pull a trick like this? You didn't lie to men but to God."-THE MESSAGE)

⑤ 아나니아가 이 말을 듣고 엎드러져 죽으니, 이 일을 듣는 사람이 다 두려워하더라,

⑥ 젊은 사람들이 일어나 시신을 싸서 메고, 나가 장사하니라.

⑦ 세 시간쯤 지나 그 아내가 그 생긴 일을 알지 못하고 들어오니,

⑧ 베드로가 말하기를, 너희가 어찌하여 그 땅 판 값이 이것 뿐이냐? 내게 말하라 하니, 말하기를, 예 이뿐이로라, 하니

⑨ 베드로가 말하기를, 너희가 어찌 함께 꾀하여 주의 영을 시험하려 하느냐? 보라 네 남편을 장사하고 오는 사람들의 발이 문앞에 이르렀으니, 또 너를 메어 나가리라, 한대

⑩ 곧 베드로의 발 앞에 엎드러져 죽는지라, 젊은 사람들이 들어와 죽은 것을 보고 메어다가 그 남편 곁에 장사하니,

⑪ 온 교회와 이 일을 듣는 사람들이 다 크게 두려워하니라,

⑫ 사도들은 사람들 가운데서 많은 놀라운 표적과 이적을 행하였다. 그리고 모든 믿는 자들은 솔로몬의 행각에 규칙적으로 함께 모이곤 했다.

⑬ 그들이 사람들로부터 대단히 존경받았지만, 어떤 사람도 그들의 명성에 끼어들지 못하였다

⑭ 더욱더 많은 남녀가 여호와를 신앙하였고, 그 수가 점점 더하여졌더라

⑮ 심지어 병든 사람을 메고 거리에 나가 침대와 요 위에 뉘이고, 베드로가 지날 때에 혹 그 그림자라도 뉘게 덮일까 바라고,

⑯ 예루살렘 근처 마을들로부터 많은 사람들이 병든 사람과 더러운 귀신에게 괴로움을 받는 사람을 데리고 모여들었고, 그들의 모두는 고침을 받았느니라,

⑰ 대제사장과 그와 함께 있는 사람 즉 사두개인의 당파가 다 마음에 시기가 가득하여 일어나서,

⑱ 사도들을 잡아다가 옥에 가두었으니,

⑲ 주의 천사가 밤에 옥문을 열고 끌어내어 말하기를,

⑳ 가서 성전에 서서 이 생명의 말씀을 다 백성에게 말하라, 하매

㉑ 저희가 듣고 새벽에 성전에 들어가서 가르치더니, 대제사장과 그와 함께 있는 사람들이 와서 공회와 이스라엘 족속의 원로들을 다 모으고, 사람을 옥에 보내어 사도들을 잡아오라 하니,

㉒ 관속들이 가서 옥에서 사도들을 보지 못하고 돌아와 말하여,

㉓ 가로되 우리가 보니 옥은 든든하게 잠기고 지킨 사람들이 문에 섰으되 문을 열고 본즉 그 안에는 한 사람도 없더이다 하니,

㉔ 이말을 들은 성전 수비대장과 제사장들은 당황하였고, 이러한 일이 일어난 것에 대하여 기이하게 생각하였더라.

㉕ 그때 사람들이 와서 말하기를 보소서 여러분들이 옥에 가두었던 사람들이 성전안에 서서 백성을 가리치더이다 하니,

㉖ 이에 수비대장이 그의 대원들과 같이 가서 사도들을 데리고 왔다. 그들은 강제력을 사용하지는 않았는데 이는 사람들이 그들에게 돌을 던질까 두려워하였기 때문이었더라,

㉗ 저희를 끌어다가 공회 앞에 세우니 대제사장이 물어,

㉘ 가로되, 우리가 이 이름으로 사람을 가르치지 말라고 엄금하였으나, 너희가 너희 가르침으로 예루살렘에 가득하게 하고, 이 사람의 피에 대하여 우리가 책임이 있는 것으로 하고자 함이로다,

㉙ 베드로와 사도들이 대답하여 말하기를, 사람보다 하나님을 순종하는 것이 마땅하니라, 하니라

㉚ 너희가 나무에 달아 죽인 예수를 우리 조상의 하나님이 살리시고,

㉛ 이스라엘로 회개케 하사 죄 사함을 얻게 하시려고, 그를 오른손으로 높이사 임금과 구주를 삼으셨느니라,

㉜ 우리는 이 일에 증인이요, 하나님이 자기를 순종하는 자들에게 주신 성령도 그러하니라, 하더라,

㉝ 저희가 듣고 크게 노하여 사도들을 없이 하고자 할새,

㉞ 그러나 율법 교사인 바리새인 가말리엘은 모든 백성에게 존경을 받는 자라, 그가 공회 중에 일어나 명하여 사도들을 잠간 밖에 나가게 하고,

㉟ 그는 그들에게 연설하기를, 이스라엘 사람들아 너희가 이 사람들에게 대하여 어떻게 하려는 것을 주의깊게 생각하라,

㊱ 이전에 드다가 일어나 스스로 자랑하매 사람이 약 사백이나 따르더니, 그가 죽임을 당하매 좇던 사람이 다 흩어졌고,

㊲ 그 후 호적할 때에 갈릴리 유다가 일어나 백성을 꾀어 좇게 하다가, 그도 망한즉 좇던 사람이 다 흩어졌느니라,

㊳ 이제 내가 너희에게 말하노니, 이 사람들을 상관 말고 버려두라, 이 사상과 이 소행이 사람에게로서 났으면 무너질 것이요,

㊴ 만일 하나님께로서 났으면 너희가 저희를 무너뜨릴 수 없겠고, 도리어 하나님을 대적하는 자가 될까 하노라, 하니,

㊵ 저희가 옳게 여겨 사도들을 불러들여 채찍질하며, 예수의 이름으로 말하는 것을 금하고 놓으니,

㊶ 사도들은 그 이름을 위하여 능욕 받는 일에 합당한 자로 여기심을 기뻐하면서 공회 앞을 떠나니라,

㊷ 저희는 날마다 성전 안에서 그리고 이 집에서 저 집으로 다니면서 예수가 그리스도라는 복음을 가리치고 전도하기를 결코 쉬지 아니하니라.

● 6장

① 그 때에 제자들의 수가 늘어났는데, 헬라파 유대인들이 자기의 과부들이 그 매일의 구제에서 차별을 받으므로 히브리파 유대인들에게 불평하였더라,

② 그래서 열 두 사도가 모든 제자들을 불러 말하기를, 우리가 하나님의 말씀을 제쳐 놓고 날마다 음식만 나누어 주는 것이 마땅치 아니하니,

③ 형제들아 너희 가운데서 성령과 지혜가 충만하여 칭찬 듣는 사람 일곱 사람을 찾아낼지니, 우리가 이 일을 저희에게 맡기고,

④ 우리는 기도하는 것과 말씀 전하는 것을 전념하리라 하니,

⑤ 온 무리가 이 말을 기뻐하여, 신앙과 성령이 충만한 사람 스데반과 또 빌립과 브로고로와 니가노르와 디몬과 바메마와 유대교에 입교한 안디옥 사람 니골라를 택하여,

⑥ 사도들 앞에 세우니 사도들이 기도하고 그들에게 안수하니라,

⑦ 그리하여 하나님의 말씀이 퍼져갔고 예루살렘에 있는 제자들의 수도 급속히 증가하였으며 많은 수의 제사장들도 그 신앙에 순종하게 되었더라.

⑧ 그리고서 스데반이 은혜와 권능이 충만하여 사람들 중에서 큰 기적과 표적을 행하였더라.

⑨ 그러나 자유 유대인모임의 회원들로부터 반대가 일어났는데, 그 회원들은 시실리아 및 아시아의 지역과 함께 키레네 및 알렉산더의 유대인들이었다

⑩ 그러나 그들은 스데반이 지혜와 성령으로 말함에 대항하지 못하고,

⑪ 그때 그들은 사람들을 비밀히 매수하여, 이 사람이 모세와 및 하나님을 모독하는 말 하는 것을 우리가 들었노라, 하게 하고,

⑫ 그렇게 그들은 백성과 장로와 율법교사들을 선동하였고, 또 그들은 스데반을 체포하여 공회로 데리고 왔더라,

⑬ 그들은 거짓 증인들을 세웠고, 증인들은 증거하기를, 이 자는 이 성소와 율법에 대하여 부정적으로 말하는 것을 결코 그치지 아니하는도다,

⑭ 이는 우리가 이 나사렛 예수가 이 성소를 헐고, 모세가 우리에게 전승한 율법을 바꿀 것이라고 그가 말하는 것을 들었기 때문이니라,

⑮ 공회 중에 앉은 사람들이 다 스데반을 주목하여 보니 그의 얼굴이 천사의 얼굴과 같았더라.

● 7장

① 그때에 대제사장이 말하기를, 이 혐의들이 사실이냐? 고 묻자

② 이에 스데반이 대답하기를, 형제들, 아버님들께서 들으소서, 우리 조상

아브라함이 하란에 있기전 메소포타미아에 있을 때에 영광의 하나님이 그에게 보여,

③ 말씀하시기를, 네 고향과 친척을 떠나 내가 네게 보일 땅으로 가라 하시니,

④ 아브라함이 갈대아 사람의 땅을 떠나 하란에 거하다가 그 아비가 죽으매, 하나님이 그를 거기서 너희가 지금 거하는 이 땅으로 옮기셨느니라,

⑤ 그러나 여기서 발 붙일만큼도 유업을 주지 아니하시고, 다만 이 땅을 아직 자식도 없는 저와 저의 씨에게 소유로 주신다고 약속하셨으며,

⑥ 하나님이 또 이같이 말씀하시되 그 씨가 다른 땅에 나그네 되리니, 그 땅 사람이 종을 삼아 사백 년 동안을 괴롭게 하리라 하시고,

⑦ 또 말씀하시기를, 종 삼는 나라를 내가 심판하리니, 그 후에 저희가 나와서 이곳에서 나를 섬기리라 하시고,

⑧ 할례의 언약을 아브라함에게 주셨더니, 그가 이삭을 낳아 여드레만에 할례를 행하고 이삭이 야곱을 야곱이 우리 열 두 조상을 낳으니,

⑨ 여러 조상이 요셉을 시기하여 에집트에 팔았더니 하나님이 저와 함께 계셔,

⑩ 그 모든 환난에서 건져내사 에집트 왕 파라오 앞에서 은총과 지혜를 주시매, 파라오가 저를 에집트와 자기 온 집의 치리자로 세웠느니라,

⑪ 그 때에 에집트와 가나안 온 땅에 흉년들어 큰 환난이 있을새 우리 조상들이 양식이 없는지라,

⑫ 야곱이 에집트에 곡식 있다는 말을 듣고 먼저 우리 조상들을 보내고,

⑬ 또 재차 보내매 요셉이 자기 형제들에게 알게 되고, 또 요셉의 친족이 에집트 왕에게 드러나게 되니라,

⑭ 요셉이 보내어 그 부친 야곱과 온 친족 일흔 다섯 사람을 청하였더니,

⑮ 야곱이 에집트로 내려가 야곱과 우리 조상들이 거기서 죽었는데,

⑯ 그들의 시체는 다시 세겜으로 옮기워져서, 아브라함이 세겜 하몰의 자손에게서 은으로 값주고 산 무덤에 장사되었느니라.

⑰ 하나님이 아브라함에게 약속하신 때가 가까우매, 이스라엘 백성이 에집트에서 번성하여 많아졌더니,

⑱ 그때 요셉을 알지 못하는 새 임금이 에집트 왕위에 오르고,

⑲ 그는 우리 민족을 배신하여 우리의 조상들에게 그들의 새로 태어난 아이들을 내어버려 그들이 살지 못하도록 압박하더라,

⑳ 그 때에 모세가 태어났는데 그는 비상한 아이였더라, 딱 석달 동안 그는 그의 아버지의 집에서 키워지다가,

㉑ 버려졌는데 후에 에집트 왕의 딸이 가져다가 자기 아들로 기르매,

㉒ 모세가 에집트 사람들의 학술을 다 배워 그 말과 행동에 힘이 있었더라,

㉓ 나이 사십이 되매 그 형제 이스라엘 자손을 돌아볼 생각이 나더니,

㉔ 한 사람의 원통한 일 당함을 보고 보호하여 압제 받는 자를 위하여 원수를 갚아 에집트 사람을 쳐 죽이니라,

㉕ 저는 그 형제들이 하나님께서 자기의 손을 빌어 구원하여 주시는 것을 깨달으리라고 생각하였으나 그들이 깨닫지 못하였더라,

㉖ 이튿날 이스라엘 사람이 싸울 때에 모세가 와서 화목시키려 하여 말하기를, 너희는 형제라 어찌 서로 해하느냐 하니,

㉗ 그 동무를 해하는 사람이 모세를 밀뜨리며 말하기를, 누가 너를 관원과 재판장으로 우리 위에 세웠느냐?

㉘ 네가 어제 에집트 사람을 죽임과 같이 또 나를 죽이려느랴 하니,

㉙ 모세가 이 말을 인하여 도주하여 미디안 땅에서 이방인 되어 거기서 아들 둘을 낳으니라,

㉚ 사십 년이 차매, 천사가 시내산 광야 가시나무떨기 불꽃 가운데서 그에게 보이거늘,

㉛ 모세가 이 광경을 보고 기이히 여겨 알아보려고 가까이 가니 주의 소리 있어,

㉜ 나는 네 조상의 하나님 즉 아브라함과 이삭과 야곱의 하나님이로라 하신대, 모세가 무서워 감히 쳐다보지도 못하더라,

㉝ 주께서 말씀하시기를, 네 발에서 신을 벗어라, 너 섰는 곳은 거룩한 땅이니라, 하시니라.

㉞ 내 백성이 애굽에서 괴로움 받음을 내가 정녕히 보고, 그 탄식하는 소리를 듣고, 저희를 구원하려고 내려왔노니 시방 내가 너를 에집트로로

보내리라 하시니라

㉟ 싸우던 사람들이 누가 너를 지도자나 재판관으로 세웠느냐고 말하며 거부했던 모세가 바로 이 사람이니라, 모세는 가시나무 떨기 그에게 나타난 천사를 통하여 그들의 지도자며 하나님 자신에 의한 구원자로 보내졌느니라,

㊱ 그는 그들을 에집트로부터 인도하여 나오게 하였고, 애굽과 홍해와 광야에서 사십 년간 이적과 놀라운 표적을 행하였느니라,

㊲ 이스라엘 자손을 대하여 하나님이 너희 형제 가운데서 나와 같은 선지자를 세우리라 하던 자가 곧 이 모세라,

㊳ 그는 황야의 모임에서 시내산에서 그에게 말하던 그 천사와 우리 조상들과 함께 있었고, 그는 생명의 말씀을 받아 우리에게 넘겨 주었느니라

㊴ 우리 조상들이 모세에게 복종치 아니하고자하여 거절하며 그 마음이 도리어 에집트로 향하여,

㊵ 아론더러 이르되, 우리를 인도할 신들을 우리를 위하여 만들라, 에집트 땅에서 우리를 인도하던 이 모세는 어떻게 되었는지 알지 못하노라, 하고

㊶ 그 때에 저희가 송아지를 만들어 그 우상 앞에 제사하며 자기들 손으로 만든 것을 기뻐하더니,

㊷ 하나님이 돌이키사, 저희를 그 하늘의 군대 섬기는 일에 버려두셨으니, 이는 선지자의 책에 기록된바, 이스라엘의 집이여 사십 년을 황야에서 너희가 희생과 제물을 내게 드린 일이 있었느냐?

㊸ 참으로 너희가 몰록의 장막과 신 레판의 별을 받들었음이여, 이것은 너희가 절하고자 하여 만든 형상이로다, 내가 너희를 바벨론 밖에 옮기리라, 함과 같으니라.

㊹ 황야에서 우리 조상들에게 증거의 장막이 있었으니, 이것은 모세에게 말씀하신 이가 명하사 저가 본 그 식대로 만들게 하신 것이라,

㊺ 우리 조상들이 그것을 받아 하나님이 저희 앞에서 쫓아내신 이방인의 땅을 점령할 때에 여호수아와 함께 가지고 들어가서 다윗 때까지 이르니라,

㊻ 다윗이 하나님 앞에서 은혜를 받아 야곱의 집을 위하여 하나님의 처소

를 준비케하여 달라 하더니,
㊼ 솔로몬이 그를 위하여 집을 지었느니라,
㊽ 그러나 지극히 높으신 이는 손으로 지은 곳에 계시지 아니하시나니, 선지자의 말한바,
㊾ 주께서 가라사대 하늘은 나의 보좌요, 땅은 나의 발의 받침판이니, 너희가 나를 위하여 무슨 집을 짓겠으며 나의 안식할 처소가 어디뇨?
㊿ 이 모든 것이 다 내 손으로 지은 것이 아니냐? 함과 같으니라.
(51) 목이 곧고 마음과 귀에 할례를 받지 못한 사람들아, 너희가 항상 성령을 거스려 너희 조상과 같이 너희도 하는도다.
(52) 너희 조상들은 선지자 중에 누구를 핍박지 아니하였느냐? 의인이 오시리라 예고한 자들을 저희가 죽였고, 이제 너희는 그 의인을 잡아준 자요, 살인한 자가 되나니,
(53) 너희가 천사의 전한 율법을 받고도 지키지 아니하였도다, 하니라.
(54) 저희가 이 말을 듣고 분노하여 저를 향하여 이를 갈거늘,
(55) 그러나 스데반은 성령이 충만하여 하늘을 우러러 주목하여 영광속에 있는 하나님과 하나님 우편에 서 계신 예수님을 보고,
(56) 그가 말하기를 보라, 하늘이 열리고, 사람인아들이 하나님 우편에 서신 것을 나는 보고 있노라, 한대
(57) 저희가 큰 소리를 지르며 귀를 막고 일심으로 그에게 달려들어,
(58) 성 밖에 내치고 돌로 칠새 증인들이 옷을 벗어 사울이라 하는 청년의 발 앞에 두니라,
(59) 저희가 돌로 스데반을 치니 스데반이 부르짖어 말하기를, 주 예수여 내 영혼을 받으시옵소서, 하고
(60) 무릎을 꿇고 크게 불러 말하기를, 주여 이 죄를 저들에게 돌리지 마옵소서, 하고 잠들었느니라.

• 8장

① 사울이 그의 죽임 당함을 마땅히 여기더라, 그 날에 예루살렘에 있는 교회에 큰 핍박이 나서 사도 외에는 다 유대와 사마리아 모든 땅으로 흩어지니라.

② 독실한 사람들이 스데반을 장사하고, 그를 위하여 슬프게 울더라,

③ 그러나 사울은 교인들을 잔멸하기 위하여 각 집에 들어가 남녀를 끌어다가 옥에 가두니라,

④ 그 흩어진 사람들이 두루 다니며 복음의 말씀을 전할새,

⑤ 빌립이 사마리아 성에 내려가 그리스도를 백성에게 전파하니,

⑥ 사람들이 빌립의 말도 듣고 행하는 표적도 보고 일심으로 그의 말하는 것을 좇더라,

⑦ 많은 사람들에게 붙었던 더러운 귀신들이 크게 소리를 지르며 나가고, 또 많은 중풍 병자와 앉은뱅이가 나으니,

⑧ 그 성에 큰 기쁨이 있더라,

⑨ 그 성에 시몬이라 하는 사람이 전부터 있어 마술을 행하여 사마리아 백성을 놀라게 하며 자칭 큰 자라 하니,

⑩ 낮은 사람부터 높은 사람까지 다 귀를 기울이며 말하기를, 이 사람은 크다 일컫는 하나님의 능력이라, 하더라

⑪ 사람들이 시몬을 존중히 여긴 것은 그가 오래 동안 마술로 사람들을 흘리게 하였기 때문이라,

⑫ 빌립이 하나님 나라와 및 예수 그리스도의 이름에 관하여 전도함을 저희가 믿고 남녀가 다 세례를 받으니,

⑬ 시몬도 믿고 세례를 받은 후에 전심으로 빌립을 따라 다니며, 그 나타나는 표적과 큰 능력을 보고 놀라니라,

⑭ 예루살렘에 있는 사도들이 사마리아도 하나님의 말씀을 받았다 함을 듣고 베드로와 요한을 보내매,

⑮ 그들이 내려가서 저희를 위하여 성령 받기를 기도하니,

⑯ 이는 아직 한 사람에게도 성령 내리신 일이 없고, 오직 주 예수의 이름으로 단순히 세례만 받았을 뿐이러라,

⑰ 이에 두 사도가 저희에게 안수하매 성령을 받은지라,

⑱ 그때 시몬이 사도들의 안수함으로 성령 받는 것을 보고, 그들에게 돈을 주며,

⑲ 말하기를, 이 권능을 내게도 주어 누구든지 내가 안수하는 사람은 성령을 받게 하여 주소서, 하니

⑳ 베드로가 그에게 말하기를, 너는 너의 돈과 같이 망하리라 이는 너가 하나님의 은총을 돈으로 살 수 있다 생각했기 때문이라,

① 너의 마음이 하나님 앞에서 바르지 못하니 이 성직에 네가 관계도 없고 분깃 될 것도 없느니라,

② 그러므로 너의 이 악함을 회개하고, 주께 기도하라 혹 마음에 품은 것을 사하여 주시리라,

③ 내가 보니 너는 악독이 가득하며 불의에 매인바 되었도다, 하니라

④ 그때 시몬이 대답하여 말하기를, 당신이 나에게 말한 아무 것도 나에게 일어나지 않도록 나를 위하여 주께 기도하여 주소서, 하니라,

⑤ 두 사도가 주의 말씀을 증거하여 말한 후 예루살렘으로 돌아갈새 사마리아인의 여러 촌에서 복음을 전하니라,

⑥ 주의 사자가 빌립더러 일러 말하기를, 일어나서 남으로 향하여 예루살렘에서 가사로 내려가는 길까지 가라 하니 그 길은 사막이라,

⑦ 일어나 가서 보니, 에디오피아 사람 곧 에디노피아 여왕 간다게의 모든 국고를 맡은 큰 권세가 있는 내시가 예배하러 예루살렘에 왔다가,

⑧ 돌아가는데 병거를 타고 선지자 이사야의 글을 읽더라,

⑨ 성령이 빌립더러 이르시되 이 병거로 가까이 나아가라, 하시거늘,

⑩ 빌립이 달려가서 선지자 이사야의 글 읽는 것을 듣고 말하되 읽는 것을 깨닫느뇨?

⑪ 대답하되 지도하는 사람이 없으니 어찌 깨달을 수 있느뇨? 하고 빌립을 청하여 병거에 올라 같이 앉으라, 하니라,

⑫ 내시는 이러한 성경 귀절을 읽고 있었더라, 즉 저가 도살장으로 끌려가는 양과 같았고 털 깎는 사람 앞에 있는 어린양 같이 잠잠하였으며 그는 그의 입을 열지 아니하였도다,

⑬ 그는 굴욕을 당했으나 정의가 그를 외면하였다, 누가 감히 그의 후손들을 말할 수 있느냐? 이는 그이 생명이 지구로부터 제거되었기 때문이니라,

⑭ 내시가 빌립더러 말하기를, 청컨대 묻노니 선지자가 이 말 한 것이 누구를 가리킴이뇨? 자기를 가리킴이뇨? 타인을 가리킴이뇨? 하니

⑮ 그때 빌립이 입을 열어 이 성경 구절을 시작하여 그에게 예수에 대한

복음을 전하니라,

⑯ 길 가다가 물있는 곳에 이르러 내시가 말하되 보라 물이 있으니 내가 세례를 받음에 무슨 거리낌이 있느뇨? 하니

⑰ (없음)

⑱ 이에 명하여 병거를 머물고 빌립과 내시가 둘 다 물에 내려가 빌립이 세례를 주고,

⑲ 둘이 물에서 올라올새 주의 영이 빌립을 이끌어 간지라, 내시는 혼연히 길을 가므로 그를 다시 보지 못하니라

⑳ 빌립은 아도소에 나타나 여러 성을 지나 다니며 복음을 전하고 가이사 랴에 이르니라.

● 9장

① 사울은 주님의 제자들을 향하여 여전히 위협과 살기가 등등하여 대제 사장에게 가서,

② 다메섹 여러 회당에 갈 공문을 청하니, 이는 만일 그 예수의 도를 좇는 사람을 만나면 무론남녀하고 결박하여 예루살렘으로 잡아 오려 함이 라,

③ 사울이 행하여 다메섹에 가까이 가더니 홀연히 하늘로서 빛이 저를 둘 러 비추는지라,

④ 그는 땅에 쓰러졌는데 소리 있어 들으매, 가라사대, 사울아! 사울아! 네 가 어찌하여 나를 핍박하느냐? 하시거늘

⑤ 대답하되 주여 뉘시오니이까? 가라사대 나는 네가 핍박하는 예수라,

⑥ 네가 일어나 성으로 들어가라, 행할 것을 네게 이를 자가 있느니라, 하 시니

⑦ 같이 가던 사람들은 소리만 듣고 아무도 보지 못하여 말을 못하고 섰더 라,

⑧ 사울이 땅에서 일어나 눈은 떴으나 아무 것도 보지 못하고, 사람의 손 에 끌려 다메섹으로 들어가서,

⑨ 사흘 동안을 보지 못하고, 식음을 전폐하니라,

⑩ 그 때에 다메섹에 아나니아라 하는 제자가 있더니, 주께서 환상 중에

불러, 가라사대 아나니아야 하시거늘, 대답하되 주여 내가 여기 있나이다 하니,

⑪ 주께서 가라사대, 일어나 똑바른 길위에 있는 유다 집에 가서, 다소 사람 사울이라 하는 자를 찾으라, 하였더라, 사울은 거기에서 기도하고 있는데,

⑫ 환상 중에 아나니아라 하는 사람이 들어와서, 자기에게 안수하여 다시 보게 하는 것을 보았느니라, 하시거늘

⑬ 아나니아가 대답하여 말하기를, 주여 이 사람에 대하여 내가 여러 사람에게 들사온즉 그가 예루살렘에서 주의 성도에게 적지 않은 해를 끼쳤다 하더니,

⑭ 여기서도 주의 이름을 받들어 부르는 모든 자를 결박할 권세를 대제사장들에게서 받았나이다, 하거늘

⑮ 주께서 가라사대, 가라 이 사람은 내 이름을 이방인과 임금들과 이스라엘 자손들 앞에 전하기 위하여 택한 나의 그릇이라,

⑯ 그가 내 이름을 위하여 해를 얼마나 받아야 할 것을 내가 그에게 보이리라 하시니,

⑰ 아나니아가 떠나 그 집에 들어가서, 그에게 안수하여 가로되, 형제, 사울아, 주 네가 오는 길에서 나타나시던 예수께서 나를 보내어 너로 다시 보게 하시고 성령으로 충만하게 하신다, 하니,

⑱ 즉시 사울의 눈에서 비늘 같은 것이 벗어져 다시 보게 된지라, 일어나 세례를 받고,

⑲ 음식을 먹으매 강건하여지니라, 사울이 다메섹에 있는 제자들과 함께 며칠 있을새

⑳ 즉시로 각 회당에서 예수가 하나님의 아들이심을 전파하니,

㉑ 듣는 사람이 다 놀라 말하되, 이 사람이 예루살렘에서 이 이름 부르는 사람을 박해하던 자가 아니냐? 여기 온 것도 저희를 결박하여 대제사장들에게 끌어 가고자 함이 아니냐, 하더라,

㉒ 사울은 힘을 더 얻어 예수를 그리스도라 증명하여 다메섹에 사는 유대인들을 당황하게 하니라,

㉓ 여러 날이 지난 후 유대인들은 사울 죽이기를 공모하였더라,

㉔ 그러나 사울은 그들의 계획을 알게 되었고, 그들은 그를 죽이려고 밤낮으로 성문들은 철저히 지켰더라,

㉕ 그러나 그의 제자들이 밤에 광주리에 사울을 담아 성에서 달아 내리니라,

㉖ 사울이 예루살렘에 가서 제자들을 사귀고자 하나, 다 두려워하여 그의 제자 됨을 믿지 아니하니,

㉗ 바나바가 데리고 사도들에게 가서 그가 길에서 어떻게 주를 본 것과 주께서 그에게 말씀하신 일과 다메섹에서 그가 어떻게 예수의 이름으로 담대히 말하던 것을 말하니라,

㉘ 사울이 제자들과 함께 있어 예루살렘에 출입하며,

㉙ 또 주 예수의 이름으로 담대히 말하고, 헬라파 유대인들과 함께 말하며 변론하니, 그 사람들이 죽이려고 힘쓰거늘,

㉚ 형제들이 알고 가이사랴로 데리고 내려가서 다소로 보내니라

㉛ 그리하여 온 유대와 갈릴리와 사마리아 교회가 평안하여 든든히 서 가고, 주를 경외함과 성령의 위로로 진행하여 수가 더 많아지니라,

㉜ 때에 베드로가 사방으로 두루 행하다가 룻다에 사는 성도들에게도 내려 갔더니,

㉝ 거기서 애니아라는 하는 사람을 만나매, 그가 중풍병으로 상 위에 누운 지 팔 년이라

㉞ 베드로가 가로되 애니아야, 예수 그리스도께서 너를 낫게 하시니, 일어나 네 자리를 정돈하라 한대 곧 일어나니,

㉟ 룻다와 샤론에 사는 사람들이 다 그를 보고 주께로 돌아가니라,

㊱ 욥바에 다비다라 하는 여제자가 있으니, 그 이름을 번역하면 도르가라 선행과 구제하는 일이 심히 많더니,

㊲ 그 때에 병들어 죽으매 시체를 씻어 다락에 뉘우니라,

㊳ 룻다가 욥바에 가까운지라 제자들이 배드로가 거기 있음을 듣고, 두 사람을 보내어 지체 말고 오라고 간청하니,

㊴ 베드로가 일어나 저희와 함께 가서 이르매, 저희가 데리고 다락에 올라가니 모든 과부가 베드로의 곁에 서서 울며 도르가가 저희와 함께 있을 때에 지은 속옷과 겉옷을 다 내어 보이거늘,

㊵ 베드로가 사람을 다 내어보내고 무릎을 꿇고 기도하고 돌이켜 시체를 향하여 가로되 다비다야 일어나라, 하니 그가 눈을 떠 베드로를 보고 일어나 앉는지라,

㊶ 베드로가 손을 내밀어 일으키고, 성도들과 과부들을 불러 들여 그의 산 것을 보이니,

㊷ 이 사실이 온 욥바에 알려졌고, 이로 인하여 많은 사람들이 주를 신뢰하였더라,

㊸ 베드로가 욥바에서 시몬이라 하는 무두장이 집에서 여러 날을 유하였느니라.

● 10장

① 가이사랴에 고넬료라 하는 사람이 있었으니, 이탈리아 군대의 백명부대장이라,

② 그와 그의 가족들은 독실하고 하나님을 경외하였으며 그는 궁핍한 자들에게 너그럽고 하나님께 항상 규칙적으로 기도하였더라.

(A devout man, and one that feared God with all his house, which gave much alms to the people, and prayed to God always.-KJV)

(He and his family were devout and God-fearing; he gave generously to those in need and prayed to God regularly.-NIV)

(devout and God-fearing along with his whole household, who used to give alms generously to the Jewish people and pray to God constantly.-NAB)

(He was thoroughly good man. He had led everyone in his house to live worshipfully before God, was always helping those in need, and had the habit of prayer.-THE MESSAGE)

③ 어느 날 오후 약 3시쯤에 그는 환상 중에 명백하게 하나님의 천사를 보았는데, 그 천사가 그에게 다가와서 말하기를, 고넬료야 하니

④ 고넬료는 두려움 속에서 천사를 바라보며 주여 무슨 일이니이까? 하니 천사가 말하기를, 네 기도와 구제가 하나님 앞에 상달되어 기억하신 바

가 되었으니,

⑤ 네가 지금 사람들을 욥바에 보내어 베드로라 하는 시몬을 청하라,

⑥ 저는 무두장이 시몬의 집에 묵고 있는데 그 집은 해변에 있느니라, 하더라

⑦ 그리고 말하던 천사가 떠나매, 고넬료가 집안 하인 둘과 자기를 시중드는 자들 중에서 경건한 병사하나를 불러서,

⑧ 그들에게 이 일을 다 말하고 욥바로 보내니라,

⑨ 이튿날 그들이 길을 떠나 그 성읍에 가까이 왔을 때에, 베드로가 기도하려고 지붕에 올라가니 때는 제 육시쯤 되었더라,

⑩ 그가 시장하여 무엇을 먹고자 하매 음식이 준비되는 동안에 그는 비몽사몽에 빠졌는데,

⑪ 그는 하늘이 열리고 큰 보자기 같은 것이 그 네 귀퉁이를 땅에 붙들어매고 내려오는 것을 보았더라,

⑫ 그 안에는 땅에 있는 각색 네 발 가진 짐승과 기는 것과 공중에 나는 것들이 있는데,

⑬ 또 소리가 있으되 베드로야 일어나 잡아 먹으라 하거늘,

⑭ 베드로가 말하기를, 주여 그럴 수 없나이다 속되고 깨끗지 아니한 물건을 내가 언제든지 먹지 아니하였삽나이다, 한대

⑮ 또 두번째 소리 있으되 하나님께서 깨끗케 하신 것을 네가 속되다 하지 말라, 하더라

⑯ 이런 일이 세번 있은 후 그 보자기가 곧 하늘로 올리워 가니라,

⑰ 베드로가 본바 환상이 무슨 뜻인지 속으로 의심하더니, 마침 고넬료의 보낸 사람들이 시몬의 집을 찾아 문 밖에 서서,

⑱ 불러 묻되 베드로라 하는 시몬이 여기 우거하느냐, 하거늘

⑲ 베드로가 그 환상에 대하여 생각할 때에 성령께서 저더러 말씀하시되 두 사람이 너를 찾으니,

⑳ 일어나 내려가 의심치 말고 함께 가라, 내가 저희를 보내었느니라 하시니,

㉑ 베드로가 내려가 그 사람들을 보고 말하기를, 내가 곧 너희의 찾는 사람이니 너희가 무슨 일로 왔느냐? 하니

㉒ 저희가 대답하되 백명부대장 고넬료는 의인이요, 하나님을 경외하는 자라, 유대 온 족속이 칭찬 하더니 저가 거룩한 천사의 지시를 받아 당신을 그 집으로 청하여 말을 들으려 하느니라, 한대

㉓ 베드로가 불러 들여 유숙하게 하니라, 이튿날 일어나 저희와 함께 갈새 욥바 두어 형제도 함께 가니라,

㉔ 이튿날 가이사랴에 들어가니 고넬료 일가와 가까운 친구들을 모아 기다리더니,

㉕ 마침 베드로가 들어올 때에 고넬료가 맞아 발 앞에 발 앞에 엎드리어 절하니,

㉖ 베드로가 일으켜 말하기를, 일어서라 나도 사람이라 하고,

㉗ 더불어 말하며 들어가 여러 사람의 모인 것을 보고,

㉘ 그들에게 말하기를, 너희도 유대인으로서 이방인과 교제하는 것과 가까이 하는 것이 율법에 어긋나는 줄을 알거니와, 하나님께서 내게 지시하사 아무도 속되다 하거나 깨끗지 않다 하지 말라, 하시었느니라,

㉙ 그러므로 나를 부르러 왔을 때에 사양치 아니하고 왔노라, 묻노니, 무슨 일로 나를 불렀느뇨? 하니

㉚ 고넬료가 말하기를, 나흘 전 이맘때까지 내 집에서 제 구시 기도를 하는데 홀연히 한 사람이 빛난 옷을 입고 내 앞에 서서,

㉛ 말하되 고넬료야 하나님이 네 기도를 들으시고 네 구제를 기억하셨으니,

㉜ 사람을 욥바에 보내어 베드로라 하는 시몬을 청하,라 저가 바닷가 무두장이 시몬의 집에 우거하니라, 하시기로

㉝ 내가 곧 당신에게 사람을 보내었더니 오셨으니 잘하였나이다, 이제 우리는 주께서 당신에게 명하신 모든 것을 듣고자 하여 다 하나님 앞에 있나이다, 하니

㉞ 베드로가 입을 열어 말하기를, 내가 참으로 하나님은 사람의 외모를 취하지 아니하시고,

㉟ 각 나라중 하나님을 경외하며 의를 행하는 사람은 하나님이 받으시는 줄 깨달았도다,

㊱ 만유의 주 되신 예수 그리스도로 말미암아 평화의 복음을 전하사, 이스

라엘 자손들에게 보내신 말씀,

㊲ 곧 요한이 그 세례를 반포한 후에 갈릴리에서 시작되어 온 유대에 두루 전파된 그것을 너희도 알거니와,

㊳ 하나님이 나사렛 예수에게 성령과 능력을 기름 붓듯 하셨으며, 저가 두루 다니시며 착한 일을 행하시고 마귀에게 눌린 모든 자를 고치셨으니 이는 하나님이 함께 하셨음이라,

㊴ 우리는 유대인의 땅과 예루살렘에서 그의 행하신 모든 일에 증인이라, 그를 저희가 나무에 달아 죽였으나,

㊵ 하나님이 사흘만에 다시 살리사 나타내시되,

㊶ 모든 백성에게 하신 것이 아니요, 오직 미리 택하신 증인, 곧 죽은자 가운데서 일어나신 후 모시고 음식을 먹은 우리에게 하신 것이라,

㊷ 우리를 명하사, 백성에게 전도하되 하나님이 산 자와 죽은 자의 재판장으로 정하신 자가 곧 이 사람인 것을 증거하게 하셨고,

㊸ 저에 대하여 모든 선지자도 증거하되 저를 신뢰하는 사람들이 다 그 이름을 힘입어 죄사함을 받는다, 하였느니라,

㊹ 배드로가 이 말 할 때에 성령이 말씀 듣는 모든 사람에게 내려오시니,

㊺ 베드로와 함께 온 할례 받은 신자들이 이방인들에게도 성령 부어 주심을 인하여 놀라니,

㊻ 이는 그들이 방언을 하며 하나님을 찬양함을 들었기 때문이니라.

(For they heard them speak with tongues, and magnify God. Then answere Peter,-KJV)

(For they heard them speaking in tongues, and praising God. Then Peter said,-NIV)

(for they could hear them speaking in tongues and glorifying God. Then Peter responded,-NAB)

(they heard them speaking in tongues, heard them praising God. Then Peter said,-THE MESSAGE)

㊼ 이에 베드로가 말하기를, 누가 이 사람들이 물로 세례 받는 것을 막을 수가 있느뇨? 그들은 우리와 똑 같이 성령을 받았느니라, 하니라

㊽ 그래서 베드로는 그들이 예수 그리스도의 이름으로 세례를 받도록 명

하였느니라, 그때 그들은 베드로에게 그들과 함께 수일 더 유하기를 청하였느니라.

● 11장

① 사도들과 유대 도처에 있는 형제들이 이방인들도 하나님 말씀을 받았다 함을 들으니라,

② 그래서 베드로가 예루살렘에 올라갔을 때에 할례자들이 비난하여

③ 말하기를, 네가 무할례자의 집에 들어가 먹었다 하니

④ 베드로가 이 일을 차례로 설명하여

⑤ 말하기를, 내가 욥바성에서 기도하고 있는데 비몽사몽간에 환상을 보았더라, 나는 큰 보자기 같은 것이 그 네 귀퉁이를 매어 하늘로부터 내리워지는 것을 보았는데 그것이 내가 있는 곳까지 내려왔더라,

⑥ 이것을 주목하여 보니 땅에 네 발 가진 것과 들짐승과 기는 것과 공중에 나는 것들이 보이더라,

⑦ 또 들으니 소리 있어 내게 이르되 베드로야 일어나 잡아 먹으라, 하거늘

⑧ 내가 말씀드리기를, 주여! 그럴 수 없나이다, 속되거나 깨끗지 아니한 물건은 언제든지 내 입에 들어간 일이 없나이다, 하니

⑨ 또 하늘로부터 두 번째 소리 있어 내게 대답하되 하나님이 깨끗하게 하신 것을 네가 속되다 말라 하시더라,

⑩ 이런 일이 세 번 있은 후에 모든 것이 다시 하늘로 끌려 올라가더라,

⑪ 마침 세 사람이 내 우거한 집 앞에 섰으니, 가이사랴에서 내게로 보낸 사람이라,

⑫ 성령이 내게 명하사 아무 의심 말고 함께 가라 하시매, 이 여섯 형제도 나와 함께 가서 그 사람의 집에 들어가니,

⑬ 그가 우리에게 설명하기를, 자기 집에서 천사를 보았는데 그 천사가 서서 그에게 말하기를, 사람을 욥바에 보내어 별명이 베드로라 하는 시몬을 청하라.

⑭ 그가 네게 말씀을 전해주리니, 그 말씀으로 너와 네 온 집안이 구원을 얻으리라, 하였나이다, 하므로

⑮ 내가 말을 시작할 때에 성령님께서 처음에 우리에게 임하신 것 같이 그들에게도 임하셨느니라.

⑯ 그때에 내가 주님께서 하신 그 말씀, 즉 진실로 물로 세례를 주었으나 너희는 성령님으로 세례 받으리라, 하신 것이 생각났노라.

⑰ 그런즉 하나님이 우리가 주 예수 그리스도를 존숭할 때에 주신 것과 같은 선물을 저희에게도 주셨으니 내가 누구관대 하나님을 능히 막겠느냐? 하니

⑱ 저희가 이 말을 듣고 잠잠하여 하나님께 영광을 돌려 말하기를, 그러면 하나님께서 이방인에게도 생명 얻는 회개를 주셨도다, 하니라

⑲ 그때에 스데반의 일로 일어난 환난을 인하여 흩어진 자들이 베니게와 구브로와 안디옥까지 이르러 말씀을 유대인에게만 선포하는데,

⑳ 그 중에 구브로와 구레네 몇 사람이 안디옥에 이르러 헬라인에게도 말하여 주 예수를 전파하니,

㉑ 주의 손이 그들과 함께 하시매 많은 사람들이 믿고 주께 돌아오더라.

㉒ 예루살렘 교회가 이 사람들의 소문을 듣고 바나바를 안디옥까지 보내니,

㉓ 그가 와서 하나님의 은혜를 보고 기뻐하며, 모든 사람에게 권면하여 마음에 각오를 하고 굳은 마음으로 주님께 붙어 있으라, 권하니라.

㉔ 바나바는 착한 사람이요, 성령과 신앙이 충만한 자라 이에 큰 무리가 주께 더하더라.

㉕ 바나바가 사울을 찾으러 다소에 가서

㉖ 그를 만나 안디옥에 데리고 와서 둘이 교회에 일 년간 모여 있어 큰 무리를 가르쳤고, 제자들이 안디옥에서 비로소 그리스도인이라 일컬음을 받게 되었더라.

㉗ 그 때에 선지자들이 예루살렘에서 안디옥에 이르니,

㉘ 그들 중에 아가보라 하는 한 사람이 일어나서 성령님을 통해 표적으로 보여주기를, 온 세상 전역에 크게 흉년들리라, 하더니 글라우디오스 카이사르 때에 그렇게 되었더라.

㉙ 그때에 제자들이 각각 그 힘대로 유대에 사는 형제들을 도와주기로 작정하고,

㉚ 이를 실행하여 그들의 선물(구제물)을 바나바와 사울의 손으로 장로들에게 보내니라.

● 12장

① 그 즈음에 헤롯왕이 교회에 속하는 사람들을 박해하려고 그들중 몇 사람을 체포하였고,

② 그는 요한의 형제 야고보를 칼로 죽였다.

③ 유대인들이 이 일을 기뻐하는 것을 보고 베드로도 잡으려 할새, 때는 무교절이라

④ 잡으매 옥에 가두고 군사 넷씩인 네 패에게 맡겨 지키고 유월절 후에 백성 앞에 끌어 내고자 하더라,

⑤ 이에 베드로는 옥에 갇혔고 교인들은 그를 위하여 간절히 하나님께 빌더라,

⑥ 헤롯이 잡아내려고 하는 그 전날 밤에 베드로가 두 군사 틈에서 두 쇠사슬에 매여 누워 자는데 파숫군들이 문 밖에서 옥을 지키더니,

⑦ 홀연히 주의 천사가 곁에 서매, 옥중에 광채가 조요하며, 또 베드로의 옆구리를 쳐 깨워 가로되 급히 일어나라 하니 쇠사슬이 그 손에서 벗어지더라,

⑧ 천사가 가로되 옷을 입고 신발을 신어라, 하거늘, 베드로가 그대로 하니 천사가 또 가로되 외투를 입고 따라 오라 한대,

⑨ 베드로가 나와서 따라갈새, 천사의 하는 것이 실제인줄 알지 못하고 환상을 보는가 하니라,

⑩ 이에 첫째와 둘째 파수를 지나 성으로 통한 쇠문에 이르니 문이 저절로 열리느니라, 나와 한 거리를 지나매 천사가 곧 떠나더라,

⑪ 이에 베드로가 정신이 나서 말하기를, 내가 이제야 참으로 주께서 그의 천사를 보내어 나를 헤롯의 손과 유대 백성의 모든 기대에서 벗어나게 하신줄 알겠노라, 하여

⑫ 깨닫고 마가라 하는 요한의 어머니 마리아의 집에 가니 여러 사람이 모여 기도하더라,

⑬ 베드로가 대문을 두드린대 로데라 하는 계집 아이가 영접하러 나왔다

가,

⑭ 베드로의 음성인줄 알고 기뻐하여 문을 미쳐 열지 못하고 달려 들어가 말하되 베드로가 대문 밖에 섰더라, 하니

⑮ 저희가 말하되 네가 미쳤나 하나 계집아이는 힘써 말하되 참말이라 하니, 저희가 말하되, 그러면 그의 천사라 하더라,

⑯ 베드로가 문 두드르기를 그치지 아니하니 저희가 문을 열어 베드로를 보고 놀라는지라,

⑰ 베드로가 저희에게 손짓하여 종용하게 하고, 주께서 자기를 이끌어 옥에서 나오게 하던 일을 말하고, 또 야고보와 형제들에게 이 말을 전하라, 하고 떠나 다른 곳으로 가니라.

⑱ 날이 새매 군사들은 베드로가 어떻게 되었는지 알지 못하여 적지 않게 소동하니,

⑲ 헤롯이 그를 찾아도 보지 못하매 파숫군들을 심문하고 죽이라 명하니라, 헤롯이 유대를 떠나 가이사랴로 내려가서 거하니라.

⑳ 헤롯이 두로와 시돈 사람들을 대단히 노여워하나, 저희 지방이 왕국에서 나는 양식을 쓰는 고로 일심으로 그에게 나아와 왕의 침소 맡은 신하 블라스도를 친하여 화목하기를 청한지라,

㉑ 헤롯이 날을 택하여 왕복을 입고 위에 앉아 백성들에게 연설을 하였는데,

㉒ 그들은 이것은 신의 소리요, 사람의 소리가 아니라고 소리쳤더라.

㉓ 헤롯이 영광을 하나님께로 돌리지 아니하는고로, 주의 천사가 즉시 치니 벌레들이 먹어 죽으니라.

㉔ 그러나 하나님의 말씀은 계속하여 더욱 증대되고 흥왕하였더라.

㉕ 바나바와 사울이 그들의 사역을 마치고, 마가라 불리는 요한을 데리고 예루살렘에서 돌아오니라.

● 13장

① 안디옥 교회에 선지자들과 교사들이 있었으니, 곧 바나바와 니게르라 하는 시므온과 구레네 사람 루기오와 분봉왕 헤롯과 같이 양육된 마나엔과 사울이라,

② 그들이 주를 경배하고 금식하는 중에 성령님께서 말씀하시기를, 내가 불러 시키는 일을 위하여 바나바와 사울을 따로 세우라, 하시니

③ 이에 그들이 금식과 기도를 끝낸 후에 두 사람에게 손을 얹어 안수하고 그 두 사람을 보내니라.

④ 두 사람이 성령의 보내심을 받아 실루기아에 내려가 거기서 배타고 구브로에 가서,

⑤ 살라미에 이르러 하나님의 말씀을 유대인의 여러 회당에서 전할새 그들의 조력자로 요한이 함께 있었더라.

⑥ 그들은 온 섬을 여행해서 바보스에 이르러, 거기에서 그들은 바르 예수라는 이름을 가진 유대인 마법사며 거짓 선지자를 만났는데,

⑦ 그는 총독 서기오 바울루스의 시종이었더라, 그 총독은 지혜있는 사람이라 바나바와 사울을 불러 하나님 말씀을 듣고자 하더라,

⑧ 그러나 마법사 엘루마는 (이 이름을 번역하면 마법사라) 그들을 반대하여 총독이 신앙을 가지지 못하도록 시도하였더라,

⑨ 그때 바울이라고 하는 사울이 성령이 충만하여 엘루마를 똑바로 쳐다보면서

⑩ 말하기를, 너는 마귀의 자식이고 모든 옳는 것의 적이로다, 너에게는 모든 종류의 거짓과 속임이 꽉 차있도다, 너는 주의 바른 길을 왜곡하는 것을 결코 그치지 못하겠느냐? 하니라

⑪ 보라, 이제 주의 손이 네 위에 있으니 네가 소경이 되어 얼마 동안 해를 보지 못하리라 하니, 즉시 안개와 어두움이 그를 덮으니, 그가 손으로 자기를 인도해줄 사람을 찾더라.

⑫ 그때에 총독이 일어난 일을 보고, 믿으며 주님의 가르침에 감명을 받았더라.

⑬ 바울과 및 동행하는 사람들이 바보에서 배 타고 밤빌리아에 있는 버가에 이르니 요한은 저희에게서 떠나 예루살렘으로 돌아가니라.

⑭ 저희는 버가로부터 지나 비시디아 안디옥에 이르러 안식일에 회당에 들어가 앉으니라.

⑮ 율법과 선지자의 글을 읽은 후에 회당장들이 사람을 보내어 물어 말하기를, 형제들아 만일 백성에게 권할 말이 있거든 말하라, 하니

⑯ 그때에 바울이 일어나 손짓하며 말하기를, 이스라엘 사람들과 하나님을 경외하는 사람들아, 들으라,

⑰ 이스라엘 이 백성의 하나님이 우리 조상들을 택하시고 에집트 땅에서 나그네 된 그 백성을 높여 큰 권능으로 인도하여 내사,

⑱ 광야에서 약 사십년간 저희 소행을 참으시고,

⑲ 또한 가나안 땅에 있던 일곱 족속들을 멸망시키시어, 그들의 땅을 제비 뽑아 그 땅을 유업으로 나누어주셨느니라.

⑳ 그 후에 약 사백오십년 동안 선지자 사무엘 때까지 재판관부족장을 주셨더니,

㉑ 그 후에 저희가 왕을 구하거늘 하나님이 베냐민 지파 사람 기스의 아들 사울을 사십 년간 주셨다가,

㉒ 폐하시고 다윗을 왕으로 세우시고 증거하여 말씀하시기를, 내가 이새의 아들 다윗을 만나니 내 마음에 합한 사람이라 내 뜻을 다 이루게 하리라, 하셨느니라.

㉓ 하나님이 약속하신대로 이 사람의 씨에서 이스라엘을 위하여 구주를 세우셨으니, 곧 예수라

㉔ 그 오시는 앞에 요한이 회개의 세례를 이스라엘 모든 백성에게 전파하니라.

㉕ 요한이 그 달려 갈 길을 마칠 때에 말하되, 너희가 나를 누구로 생각하느냐? 나는 그리스도가 아니라, 내 뒤에 오시는 이가 있으니 나는 그 신발끈 풀기도 감당치 못하리라, 하였느니라.

㉖ 아브라함의 줄기에서 난 자손들인 여러분 형제들과 하나님을 경외하는 사람들에게 이 구원의 말씀을 보내었노라.

㉗ 예루살렘에 사는 자들과 저희 관원들이 그분을 알지 못하였고, 심지어 안식일마다 읽는 선지자들의 음성도 알지 못하였기에 그분을 정죄함으로써 선지자들의 말을 응하게 하였도다.

㉘ 죽일 죄를 하나도 찾지 못하였으나 빌라도에게 죽여 달라 하였으니,

㉙ 성경에 저를 가리켜 기록한 말씀을 다 응하게 한 것이라, 후에 나무에서 내려다가 무덤에 두었으나

㉚ 하나님이 죽은 자 가운데서 저를 살리신지라,

㉛ 갈릴리로부터 예루살렘에 함께 올라간 사람들에게 여러날 보이셨으니, 저희가 이제 백성 앞에 그의 증인이라,

㉜ 우리도 조상들에게 주신 약속을 너희에게 전파하노니,

㉝ 곧 하나님이 예수를 일으키사 우리 자녀들에게 이 약속을 이루게 하셨다 함이라, 시편 둘째 편에 기록한 바와 같이 너는 내 아들이라 오늘 너를 낳았다 하셨고,

㉞ 또 하나님께서 죽은 자 가운데서 저를 일으키사 다시 썩음을 당하지 않게 하실 것을 가르쳐 말씀하시기를, 내가 다윗의 거룩하고 미쁜 은사를 너희에게 주리라, 하셨으니

㉟ 그러므로 또 다른 편에 일렀으되 주의 거룩한 자로 썩음을 당하지 않게 하시리라, 하셨느니라

㊱ 다윗은 당시에 하나님의 뜻을 좇아 섬기다가 잠들어 그 조상들과 함께 묻혀 썩음을 당하였으되,

㊲ 하나님의 살리신 이는 썩음을 당하지 아니하였나니,

㊳ 그러므로 형제들아 너희가 알 것은 이 사람을 힘입어 죄 사함을 너희에게 전하는 이것이며,

㊴ 또 모세의 율법으로 너희가 의롭다 하심을 얻지 못하던 모든 일에도 이 사람을 힘입어 믿는 자마다 의롭다 하심을 얻는 이것이라,

㊵ 그런즉 너희는 선지자들이 말한 것이 너희에게 일어나지 않도록 주의하라,

(Beware therefore, lest that come upon you which is spoken of in the prophets;-KJV)

(Take care that what the prophets have said does not happen to you:-NIV)

(Be careful, then, that what was said in the ptophets not come about:-NAB)

("Don't take this lightly. You don't want the prophet's sermon to describe you:-THE MESSAGE)

㊶ 보라, 멸시하는 사람들아 너희는 놀라고 망하라, 내가 너희 때를 당하여 한 일을 행할 것이니 사람이 너희에게 이를지라도 도무지 믿지 못할

일이라 하였느니라, 하니라
㊷ 저희가 나갈새 사람들이 청하되 다음 안식일에도 이 말씀을 하라, 하더라
㊸ 폐회한 후에 유대인과 유대교에 입교한 경건한 사람들이 많이 바울과 바나바를 좇으니, 두 사도가 더불어 말하고 항상 하나님의 은혜 가운데 있으라, 권하니라.
㊹ 그 다음 안식일에는 온 성의 사람들이 거의 다 하나님 말씀을 듣고자 하여 모이니,
㊺ 유대인들이 그 무리를 보고 시기가 가득하여 바울의 말한 것을 변박하고 비방하거늘,
㊻ 바울과 바나바가 담대히 말하기를, 하나님의 말씀을 마땅히 먼저 너희에게 전할 것이로되, 너희가 버리고 영생 얻음에 합당치 않은 자로 자처하기로 우리가 이방인에게로 향하노라,
㊼ 주께서 이같이 우리를 명하시되, 내가 너를 이방의 빛을 삼아 너로 땅 끝까지 구원하게 하리라, 하니
㊽ 이방인들이 듣고 기뻐하여 하나님의 말씀을 찬송하며 영생을 주시기로 작정된 자는 다 믿더라,
㊾ 주의 말씀이 그 지방에 두루 퍼지니라,
㊿ 그러나 유대인들이 경건하고 존경받는 여자들과 그 성내 유력자들을 선동하여, 바울과 바나바에게박해룰 가하여 두 사도를 그 지역에서 쫓아내라.
(51) 그러나 두 사도가 그들을 향하여 자기들의 발의 먼지를 떨어버리고 이고니온에 이르니,
(52) 그곳의 제자들은 기쁨과 성령으로 충만해있더라.

• 14장

① 이고니온에서 바울과 바나바는 통상하는대로 유대인의 회당에 들어가서, 거기에서 아주 효과적으로 설교하였으므로 많은 수의 유대인들과 이방인들이 믿었더라.
② 그러나 믿기를 거부하는 유대인들이 이방인들의 마음을 선동하여 형제

들에게 악감을 품게 하거늘,

③ 두 사도가 오래 있어 주를 힘입어 담대히 말하니, 주께서 저희 손으로 놀라운 표적과 기적을 행하게 하여 주사, 자기 은혜의 말씀을 증거하시니

④ 그 성내 무리가 나뉘어 유대인을 좇는 자도 있고, 두 사도를 좇는 자도 있는지라,

⑤ 이방인과 유대인들이 그들의 지도자들과 함께 두 사도를 학대하며 돌로 치려는 음모가 있었더라.

⑥ 저희가 알고 도망하여 루가오니아의 두 성 루스드라와 더베와 및 그 근방으로가서,

⑦ 거기서 복음을 전하니라.

⑧ 루스드라에 발을 쓰지 못하는 한 사람이 있어 앉았는데 나면서 앉은뱅이가 되어 걸어 본 적이 없는 자라,

⑨ 바울의 말하는 것을 그가 듣고 있거늘, 그를 주목하여 바라본 바울은 그가 치료받게 되는 신앙이 그에게 있음을 보고,

⑩ 큰 소리로 말하기를, 네 발로 바로 일어서라, 하니 그 사람이 뛰어 걷는지라,

⑪ 그때에 사람들이 바울의 행한 일을 보고 루가오니아 말로 소리질러 말하기를, 신들이 사람의 형태로 우리 가운데 내려 오셨다 하여,

⑫ 그들은 바나바를 제우스라 하고 바울은 헤르메스라 하였더라, 이는 바울이 주로 말하는 자이었기 때문이니라,

⑬ 그때에 그 성읍 앞에 있던 쥬피터 신전의 제사장이 황소와 화환들을 성문 쪽으로 가지고 와서, 그백성들과 함께 희생물을 드리려고 하니,

⑭ 그러나 사도들 바나바와 바울이 이것을 들었을 때, 그들은 그들의 옷을 찢고 군중들이 있는 밖으로 달려나가 소리치기를,

⑮ 여러분들 어찌하여 이런일을 하십니까? 우리도 역시 사람들일 뿐입니다. 여러분들과 같은 인간입니다. 우리는 이러한 쓸모없는 일들로 부터 살아있는 하나님에게로 여러분들을 이끄는 말씀인 복음을 가져오고 있습니다.

⑯ 하나님이 지나간 세대에는 모든 족속으로 자기의 길들을 다니게 묵인

하셨으나,

⑰ 그러나 자기를 증거하지 아니하신 것이 아니니, 곧 너희에게 하늘로서 비를 내리시며 결실기를 주시는 선한 일을 하사, 음식과 기쁨으로 너희 마음에 만족케 하셨느니라, 하니라

⑱ 이렇게 말하였음에도 그들은 군중이 그들에게 제물 바치는 것을 못하게 하는데 어려움을 겪었느니라.

⑲ 그때 약간의 유대인들이 안디옥과 이고니온에서 와서 군중들을 선동하였다, 그들은 바울을 돌로 쳐서 그가 죽은 줄 알고 그를 성 밖으로 끌어내다 버렸느니라.

⑳ 그 후 제자들이 그를 둘러싸고 모여 있을 때, 그는 일어나서 성으로 돌아가니라, 다음날 그와 바나바는 데베를 향해 떠났더라.

㉑ 그들은 그 도시에서 복음을 전파하였고 많은 수의 제자들을 얻었고 그들은 루스드라와 이고니온과 안디옥으로 돌아왔더라.

㉒ 그들은 제자들의 마음에 힘을 복돋아 주고, 그들에게 참 신앙에 거하라고 권면하면서 우리는 하나님의 왕국에 들어가는 데에는 많은 고난을 통과해야 한다고 말하였느니라.

㉓ 바울과 바나바는 그들을 위하여 각 교회에서 장로들을 택정하고, 기도와 금식을 하면서 그들이 신뢰하는 주께 그들을 위탁하였더라.

㉔ 그들은 비시디아를 지나가서 밤빌리아에 갔더라.

㉕ 그리고 페르가에서 말씀을 전파하고 아틸라로 갔더라.

㉖ 아틸라로부터 그들은 배를 타고 안디옥에 돌아오니, 그 곳은 그들이 이제 성취한 일들에 대하여 하나님의 은총이 그들에게 내려진 곳이더라.

㉗ 거기에 도착하자마자 그들은 교인들을 함께 모이도록 하여 그들을 통하여 하나님의 역사하신 모든 것과 어떻게 그들이 이방인들에게 신앙의 문을 열게 하였는가에 대하여 보고하였더라.

㉘ 그리고 그들은 거기에서 제자들과 함께 오랫동안 머물렀더라.

● 15장

① 유대로부터 안디옥에 몇 사람들이 내려와서 형제들에게 모세의 가르침에 따른 관습에 의한 할례를 받지 않으면 구원을 얻지 못하니라, 하고

가르치고 있었더라,

② 바울과 바나바와 저희 사이에 적지 아니한 다툼과 변론이 일어난지라, 형제들이 이 문제에 대하여 사도들과 장로들에게 알아보기 위하여, 바울과 바나바가 다른 믿는 자들과 함께 예루살렘에 올라가기 위하여 지명되었더라,

③ 안디옥 교인들은 그들을 전송하였고, 그들은 베니게와 사마리아를 지나면서 거기에 있는 형제들에게 어떻게 이방인들이 개종하였는 지를 말하였는데, 이 소식은 거기에 있는 모든 형제들을 매우 기쁘게 하였더라,

④ 예루살렘에 이르러 교인들과 사도와 장로들에게 영접을 받고, 하나님이 자기들과 함께 계셔 행하신 모든 일을 말하매,

⑤ 그때 바리새파에 속하나 믿는 몇 사람들이 일어나 말하되, 이방인들은 할례를 받고 모세의 율법을 지키라고 요구되는 것이 마땅하다, 하니라.

⑥ 사도와 장로들이 이 문제를 의논하러 모였더라,

⑦ 많은 논의 후에 베드로가 일어나 연설하기를, 형제들아 너희도 알거니와 하나님은 너희들 가운데서 하나의 선택을 하셔서 이방인들이 나의 입으로부터 복음의 메시지를 듣고 믿도록 하였느니라,

⑧ 또 마음을 아시는 하나님이 우리에게와 같이 저희에게도 성령을 주어 증거하시고,

⑨ 신앙으로 저희 마음을 깨끗이 하사, 저희나 우리나 분간치 아니하셨느니라,

⑩ 그런데 지금 너희가 어찌하여 하나님을 테스트하여 우리 조상과 우리도 능히 메지 못하던 멍에를 제자들의 목에 두려느냐?

⑪ 우리가 저희와 동일하게 주 예수의 은혜로 구원 받는 줄을 믿노라, 하니라.

⑫ 온 무리가 가만히 있어 바나바와 바울이 하나님이 자기들로 말미암아 이방인 중에서 행하신 표적과 기사 고하는 것을 듣더니,

⑬ 말을 마치매 야고보가 대답하여 말하기를, 형제들아, 내 말을 들으라.

⑭ 하나님이 처음으로 이방인 중에서 자기 이름을 위할 백성을 취하시려고, 저희를 권고하신 것을 시므온이 고하였으나,

⑮ 선지자들의 말씀이 이와 합하도다, 기록된바

⑯ 이 후에 내가 돌아와서 다윗의 무너진 장막을 다시 지으며 또 그 퇴락한 것을 다시 지어 일으키리니,

⑰ 이는 그 남은 사람들과 내 이름으로 일컬음을 받는 모든 이방인들로 주를 찾게 하려 함이라, 하셨으니

⑱ 즉 예로부터 이것을 알게 하시는 주의 말씀이라 함과 같으니라,

⑲ 그러므로 내 의견에는 이방인 중에서 하나님께로 돌아 오는 자들을 괴롭게 말고,

⑳ 다만 우상의 더러운 것과 음행과 목매어 죽인 것과 피를 멀리 하라고 편지 하는 것이 가하니,

㉑ 이는 예로부터 각 성에서 모세를 전하는 자가 있어 안식일마다 회당에서 그 글을 읽음이니라, 하더라

㉒ 이에 사도와 장로와 온 교회가 그 중에서 사람을 택하여 바울과 바나바와 함께 안디옥으로 보내기를 가결하니, 곧 형제 중에 인도자인 바사바라 하는 유다와 실라더라,

㉓ 그 편에 편지를 부쳐 이르되, 사도와 장로된 형제들은 안디옥과 수리아와 길리기아에 있는 이방인 형제들에게 문안하노라,

㉔ 들은즉 우리 가운데서 어떤 사람들이 우리의 시킨 것도 없이 나가서 말로 너희를 괴롭게 하고 마음을 혹하게 한다, 하기로

㉕ 사람을 택하여 우리 주 예수 그리스도의 이름을 위하여 생명을 아끼지 아니하는

㉖ 자인 우리의 사랑하는 바나바와 바울과 함께 너희에게 보내기를 일치하여 가결하였노라,

㉗ 그리하여 유다와 실라를 보내니 저희도 이 일을 말로 전하리라,

㉘ 성령과 우리는 이 요긴한 것들 외에 아무 짐도 너희에게 지우지 아니하는 것이 가한줄 알았노니,

㉙ 우상의 제물을 피와 목매어 죽인 것과 음행을 멀리 할지니라, 이에 스스로 삼가면 잘 되리라 평안함을 원하노라 하였더라,

㉚ 저희가 작별하고 안디옥에 내려가 무리를 모은 후에 편지를 전하니,

㉛ 읽고 그 위로한 말을 기뻐하더라,

㉜ 유다와 실라도 선지자라 여러 말로 형제를 권면하여 굳게 하고,

㉝ 얼마 있다가 평안히 가라는 전송을 형제들에게 받고 자기를 보내던 사람들에게로 돌아가되,

㉞ (없음)

㉟ 바울과 바나바는 안디옥에서 유하며 다수한 사람들과 함께 주의 말씀을 가르치며 전파하니라,

㊱ 수일 후에 바울이 바나바더러 말하되 우리가 주의 말씀을 전한 각 성으로 다시 가서 형제들이 어떠한가 방문하자 하니,

㊲ 바나바는 마가라 하는 요한도 데리고 가고자 하나,

㊳ 바울은 밤빌리아에서 자기들을 떠나 한가지로 일하러 가지 아니한 자를 데리고 가는 것이 옳지 않다 하여,,

㊴ 서로 심히 다투어 피차 갈라 서니 바나바는 마가를 데리고 배 타고 구브로로 가고,

㊵ 바울은 실라를 택한 후에 형제들에게 주의 은혜에 부탁함을 받고 떠나

㊶ 수리아와 길리기아로 다녀가며 교회들을 강하게 하니라.

● 16장

① 바울이 더베에 갔고 다음에 루스드라에 이르매 거기 디모데라 하는 제자가 있으니 그 모친은 믿는 유대인 여자요 부친은 헬라인이라,

② 디모데는 루스드라와 이고니온에 있는 형제들에게 칭찬 받는 자니,

③ 바울은 그를 데리고 전도여행을 떠나기를 원해서, 그 지역에 사는 유대인들 때문에 그에게 할례를 행하니 이는 유대인들이 그의 부친이 헬라인 임을 다 앎이러라,

④ 여러 성으로 다녀 갈 때에 예루살렘에 있는 사도와 장로들의 작정한 규례를 저희에게 주어 지키게 하니,

⑤ 이에 여러 교회가 신앙이 더욱 굳건해 지고 수가 날마다 더하니라,

⑥ 성령이 아시아에서 말씀을 전하지 못하게 하시거늘, 브루기아와 갈라디아 땅으로 다녀가,

⑦ 무시아 앞에 이르러 비두니아로 가고자 애쓰되 예수의 영이 허락지 아니하시는지라,

⑧ 무시아를 지나 드로아로 내려갔는데,

⑨ 밤에 환상이 바울에게 보이니, 마게도냐 사람 하나가 서서 그에게 청하여 말하기를, 마게도냐로 건너와서 우리를 도우라 하거늘,

⑩ 바울이 이 환상을 본 후에 우리가 곧 마게도냐로 떠나기를 힘쓰니, 이는 하나님이 저 사람들에게 복음을 전하라고 우리를 부르신 줄로 인정함이러라,

⑪ 드로아에서 배로 떠나 사모드라게로 직행하여 이튿날 네압볼리로 가고,

⑫ 거기서 빌립보에 이르니, 이는 마게도냐 지역의 주요한 성이요, 또 로마의 식민지라 이 성에서 수일을 유하다가,

⑬ 안식일에 우리는 기도처를 찾기를 기대하여 성문 밖 강가로 나갔고 거기에서 그곳에 모인 여인들에게 복음을 전파하기 시작하였더라,

⑭ 두아디라 성의 자주 장사로서 하나님을 공경하는 루디아라 하는 한 여자가 들었는데, 주께서 그 마음을 열어 바울의 말을 청종하게 하신지라,

⑮ 저와 그 집이 다 세례를 받고, 우리에게 청하여 말하기를, 만일 나는 주 믿는 자로 알거든 내 집에 들어와 유하라, 하고 강권하여 있게 하니라,

⑯ 한번은 우리가 기도하는 곳에 갈 때 우리는 점하는 귀신 들린 여종 하나를 만나니, 그녀는 점으로 그 주인들을 크게 이익되게 하는 자라,

⑰ 바울과 우리를 좇아와서 소리질러 말하기를, 이 사람들은 지극히 높은 하나님의 종으로 구원의 길을 너희에게 전하는 자라, 하며,

⑱ 이같이 여러 날을 하는지라, 바울이 마음이 괴로우므로 돌이켜 그 영에게 이르되 예수 그리스도의 이름으로 내가 네게 명하노니 그에게서 나오라 하니 영이 즉시 나오니라,

⑲ 여종의 주인들은 돈버는 기회가 없어진 것을 알고서 바울과 실라를 잡아가지고 관원들 앞에 세우기 위하여 광장으로 끌고가,

⑳ 그들은 행정사법관들 앞에 데리고 가서 말하되, 이 사람들이 유대인인데 우리 성을 심히 요란케 하여,

㉑ 로마 사람인 우리가 받지도 못하고 행치도 못할 풍속을 전한다, 하거늘,

㉒ 군중들이 바울과 실라의 공격에 합세하니 행정사법관들이 그들의 옷을 찢어 벗기고 매로 치라 하여,

㉓ 많이 친 후에 옥에 가두고 간수에게 분부하여 든든히 지키라 하니,

㉔ 그가 이러한 영을 받아 저희를 깊은 옥에 가두고 그 발을 착고에 든든히 채웠더니,

㉕ 밤중쯤 되어 바울과 실라가 기도하고 하나님을 찬미하매 죄수들이 듣더라,

㉖ 이에 홀연히 큰 지진이 나서 옥터가 움직이고 문이 곧 다 열리며 모든 사람의 매인 것이 다 벗어진지라,

㉗ 간수가 자다가 깨어 옥문들이 열린 것을 보고 죄수들이 도망한줄 생각하고 검을 빼어 자결하려 하거늘,

㉘ 바울이 크게 소리질러 말하기를, 네 몸을 상하지 말라 우리가 다 여기 있노라, 하니,

㉙ 간수가 등불을 달라고 하며 뛰어 들어가 무서워 떨며 바울과 실라 앞에 부복하고,

㉚ 그들을 밖으로 데리고 나가서 말하기를, 선생들아 내가 어떻게 하여야 구원을 얻으리이까? 하거늘,

㉛ 그들이 말하기를, 주 예수가 구세주이심을 믿으라, 그리하면 네와 네 집이 구원을 얻으리라, 하니

㉜ 주의 말씀을 그 사람과 그 집에 있는 모든 사람에게 전하더라,

㉝ 밤 그 시에 간수가 저희를 데려다가 그 맞은 자리를 씻기고 자기와 그 권속이 다 세례를 받은 후,

㉞ 저희를 데리고 자기 집에 올라가서 음식을 차려주고, 저와 온 집이 하나님을 신앙하였으므로 크게 기뻐하니라,

㉟ 날이 새매 행정사법관들이 그들의 하속관리를 보내어 이 사람들을 놓으라 하니,

㊱ 간수가 이 말대로 바울에게 고하되 행정사법관들이 사람을 보내어 너희를 놓으라 하였으니 이제는 나가서 평안히 가라, 하거늘

㊲ 바울이 이르되 로마 사람인 우리를 죄도 정치 아니하고 공중 앞에서 때리고 옥에 가두었다가 이제는 가만히 우리를 내어 보내고저 하느냐?

아니라, 한대

㊳ 하급관리들이 이 말을 행정행정관들에게 고하니, 저희가 로마 사람이라 하는 말을 듣고 두려워하여

㊴ 와서 권하여 데리고 나가 성에서 떠나기를 청하니,

㊵ 두 사람이 옥에서 나가 루디아의 집에 들어가서 형제들을 만나보고 위로하고 가니라.

● 17장

① 저희가 암비볼리와 아볼로니아로 다녀가 데살로니가에 이르니, 거기 유대인의 회당이 있는지라,

② 바울은 통상 하는대로 공회당에 들어가서 세번의 안식일을 지내면서 성경내용을 그들에게 깨우쳐주며,

③ 그리스도께서 고난을 받았으며 죽은자 가운데서 살아나셨음을 설명하고, 증명하면서 내가 여러분들에게 선포하고 있는 예수님이 그리스도라 하니,

④ 약간의 유대인들은 설복당하여 바울과 실라를 따랐으며, 많은 수의 하나님을 경외하는 헬라인들과 적지 않은 귀부인들도 그들을 따랐느니라,

⑤ 그러나 대부분의 유대인들은 시기하여 거리를 방황하는 불량배들을 모아서 떼를 지어 성에서 소동을 일으키기 시작하였고, 바울과 실라를 군중들에게 끌어내려고 야손의 집으로 몰려갔더라,

⑥ 그러나 그들이 바울과 실라를 찾지 못하자, 그들은 야손과 그의 형제들을 성의 관리들 앞으로 끌어내고 소리치기를 온 천하를 혼란시킨 이 사람들이 여기에 지금 와 있도다,

⑦ 그리고 야손은 그들을 환영하여 그의 집으로 맞아 들였으며, 바울과 실라는 예수라 불리는 또다른 왕이 있다고 말하므로써 황제의 칙령을 거부하고 있느니라, 라고 말하니,

⑧ 군중들과 성의 관리들이 이 말을 들었을 때 그들은 혼란에 빠져들었으나

⑨ 그때 그들은 야손과 그의 형제들을 보증을 받고 풀어 주었더라,

⑩ 밤이 되자 마자 형제들은 바울과 실라를 베뢰아로 보냈더라, 바울과 실라는 베뢰아에 도착한 후 곧 유대인의 회당에 들어가니라,

⑪ 그런데 베뢰아 사람들은 데살로니가 사람들보다 훨씬 고상하고, 확실히 하는 성격으로 그들은 그 말씀을 열정적으로 받아들였고, 바울이 말한 것이 진실한지를 알아보기 위해서 성경을 날마다 자세히 공부하였느니라,

⑫ 유대인들의 많은 사람들이 믿었고, 많은 수의 저명한 헬라의 귀부인들과 많은 헬라인들도 믿었더라,

⑬ 데살로니가에 있는 유대인들이 바울이 하나님 말씀을 베뢰아에서도 전하는 줄을 알았을 때, 거기에도 가서 무리를 움직여 소동케 하거늘,

⑭ 형제들이 곧 바울을 내어 보내어 바닷가에까지 가게 하였으나, 실라와 디모데는 베뢰아에 머물렀더라,

⑮ 바울을 호위한 사람들이 바울을 아테네에 데려갔고, 그들은 실라와 디모데를 바울에게 가능한 한 빨리 데려오라는 명을 받고 떠나니라,

⑯ 바울이 아테네에서 저희를 기다리다가 온 성에 우상이 가득한 것을 보고, 몹시 마음이 아파서,

⑰ 회당에서는 유대인과 경건한 사람들과 또 저자에서는 날마다 만나는 사람들을 조리있게 논하니,

⑱ 일단의 에비구레스파 사람들과 스토아파 철학자들이 바울과 쟁론을 시작하였다. 그들의 몇몇이 이르되 이 떠드는 사람들이 무엇을 말하려고 하느냐? 하고, 다른 사람들은 언급하기를 그는 외국의 다른 신들을 선전하는 것 같다고 하였더라, 그들이 이렇게 말한 이유는 바울이 예수님과 부활의 복음을 설교하였기 때문이었더라,

⑲ 그때 그들은 그를 붙들어 아레오바고의 모임에 데리고 가서 그들은 그에게 말하기를, 우리는 너가 제시하는 새로운 가르침이 무엇인지를 알고자 하느니라, 하였느니라,

⑳ 너는 우리의 귀에 약간 낯선 이야기를 들려주니, 우리는 그것들이 무슨 뜻인지 알기를 원하노라,

㉑ (모든 아테네 사람들과 아테네에 사는 외지인들은 오직 서로 이야기 하고 최근의 사상을 듣는 이외에 아무것도 하지 않고 지냈더라,)

㉒ 바울이 아레오바고 가운데 서서 말하되, 아테네 사람들아, 여러분들을 보니 범사에 종교성이 많도다,

㉓ 내가 두루 다니며 여러분들을 위하는 것들을 보다가 알지 못하는 신에게라고 새긴 단도 보았으니, 그런즉 너희가 알지 못하고 위하는 그것을 내가 너희에게 알게 하리라,

㉔ 우주와 그 가운데 있는 만유를 지으신 신께서는 천지의 주재이시니, 손으로 지은 신전에 계시지 아니하시고,

㉕ 또 무엇이 부족한 것처럼 사람의 손으로 섬김을 받으시는 것이 아니니, 이는 만민에게 생명과 호흡과 만물을 친히 주시는 자이심이라,

㉖ 인류의 모든 족속을 한 혈통으로 만드사 온 땅에 거하게 하시고, 저희의 년대를 정하시며 거주의 경계를 한하셨으니,

㉗ 이는 사람으로 하나님을 혹 더듬어 찾아 발견케 하려 하심이로되, 그는 우리 각 사람에게서 멀리 떠나 계시지 아니하도다,

㉘ 우리가 그를 힘입어 살며 기동하며 있느니라, 너희 시인 중에도 어떤 사람들의 말과 같이 우리가 그의 소생이라 하니,

㉙ 이와 같이 신의 소생이 되었은즉, 신을 금이나 은이나 돌에다 사람의 기술과 고안으로 새긴 것들과 같이 우리가 여길 것이 아니니라,

㉚ 알지 못하던 시대에는 하나님이 허물치 아니하셨거니와 이제는 어디든지 사람을 다 명하사 회개하라 하셨으니,

㉛ 이는 정하신 사람으로 하여금 천하를 공의로 심판할 날을 작정하시고, 이에 저를 죽은 자 가운데서 다시 살리신 것으로 모든 사람에게 믿을 만한 증거를 주셨음이니라, 하니라.

㉜ 그들이 죽을 자의 부활에 대하여 들었을 때 그들의 약간은 코웃음을 쳤으나, 다른 사람들은 우리는 이 문제에 대하여 다시 듣기를 원한다고 하니라,

㉝ 그때에 바울은 그 공회를 떠났느니라,

㉞ 소수의 몇 사람이 바울을 추종하였고 믿었느니라, 그 중에는 아레오바고 회원 디오누시오와 다마리라 하는 여자와 또 다른 사람들도 있었더라.

● 18장

① 이 후에 바울이 아테네를 떠나 고린도에 이르러,

② 아굴라라 하는 폰토스에서 태어난 유대인 하나를 만나니, 글라우디오가 모든 유대인을 명하여 로마에서 떠나라 한고로 그가 그 아내 브리스길라와 함께 이탈리아로부터 새로 온지라 바울이 그들에게 가서,

③ 같은 직업에 종사하므로 함께 거하여 일을 하니, 그 업은 천막을 만드는 것이더라,

④ 안식일마다 바울이 회당에서 강론하고 유대인과 헬라인을 설득하려고 애쓰니라,

⑤ 실라와 디모데가 마게도냐로서 내려왔을 때, 바울은 예수는 구세주라고 유대인들에게 증거하면서 설교에 전념하였더라,

⑥ 그러나 그들이 바울에게 적대하고 욕설을 퍼붓으므로 바울은 항의하여 옷을 털면서 말하기를 너희 피가 너의 머리에 있어라, 나는 깨끗하고 책임이 없느니라, 이제로부터 나는 이방으로 갈것이라 하니라,

⑦ 그때 바울은 회당을 떠나서 그 옆 집으로 갔는데 그 집은 하나님을 경배하는 디도 유도스의 집이었더라,

⑧ 회당장 그리스보와 그의 온 가족들은 주를 존숭내지 신뢰하였고, 바울의 설교를 들은 많은 고린도 사람들이 믿고 세례를 받았더라.

⑨ 어느날 밤 주께서 환상 가운데 바울에게 말씀하시되, 두려워하지 말고 계속해서 전도하며 침묵하지 말어라,

⑩ 이는 내가 너와 함께 있으며 아무 사람도 너를 대적하여 해롭게 할 자가 없을 것이니, 이는 이 성중에 내 백성이 많음이라 하시더라,

⑪ 그래서 바울은 일년 육 개월을 유하며 그들에게 하나님 말씀을 가르치니라,

⑫ 갈리오가 아가야 총독으로 있는 동안에 유대인들은 바울에 대하여 일제히 대적하여 재판정으로 데리고 와서,

⑬ 고발하기를, 이 사람이 율법에 반하는 방법으로 하나님을 공경하라고 사람들을 설득한다, 하거늘,

⑭ 이에 대하여 바울이 입을 열자 마자, 갈리오가 유대인들에게 이르되, 너희 유대인들아 만일 무슨 부정한 일이나 괴악한 행동이었으면 내가

너희 말을 들어주는 것이 가하거니와,

⑮ 만일 문제가 언어와 명칭과 너희 법에 관한 것이면 너희가 스스로 처리하라, 나는 이러한 일에 재판장 되기를 원치 아니하노라 하고,

⑯ 저희를 재판 자리에서 나아가게 하니,

⑰ 그때 모든 사람이 회당장 소스데네에게로 가서 재판정 앞에서 그를 매질하였으나 갈리오는 이 일을 상관치 아니하니라,

⑱ 바울은 더 여러날 유하다가 형제들을 작별하고 배 타고 수리아로 떠나갈새, 브리스길라와 아굴라도 함께 하더라, 바울은 전에 하였던 맹세때문에 겐그레아에서 머리를 깎았더라,

⑲ 에베소에 와서 저희를 거기 머물러 두고 자기는 회당에 들어가서 유대인들과 변론하니,

⑳ 여러 사람이 더 오래 있기를 청하되 허락지 아니하고,

㉑ 작별하여 가로되 만일 하나님의 뜻이라면 너희에게 돌아오리라, 하고, 배를 타고 에베소서을 떠나

㉒ 가이사랴에서 상륙하여 올라가 교회의 안부를 물은 후에 안디옥으로 내려가서,

㉓ 얼마 있다가 떠나 갈라디아와 브루기아 땅을 차례로 다니며 모든 제자를 강하게 하니라,

㉔ 알렉산드리아에서 난 아볼라라 하는 유대인이 에베소에 이르니, 이 사람은 학문이 많고 성경에 능한 자라,

㉕ 그가 일찍 주님이 가르침을 배워 열심으로 예수에 관한 것을 자세히 말하며, 가르치나 요한의 세례만 알 따름이라,

㉖ 그가 회당에서 담대히 말하기를, 시작하거늘 브리스길라와 아굴라가 듣고 데려다가 하나님의 가르침을 더 자세히 풀어 이르더라,

㉗ 아볼로가 아가야로 건너가고자 하니 형제들이 저를 장려하며 제자들에게 편지하여 영접하라 하였더니, 저가 가매 은혜로 말미암아 믿는 자들에게 많은 유익을 주었느니라.

㉘ 이는 그가 공개 논쟁에서 유대인들을 활기차게 논박하였고, 예수가 구세주이시다, 라는 성경말씀을 증명하였기 때문이니라.

● 19장

① 아볼로가 고린도에 있는 동안에 바울은 내륙 지방을 지나서 에베소서에 도착하였더라, 거기서 바울은 몇몇의 제자들을 만나서,

② 그들에게 묻기를, 여러분들은 여러분들이 믿을 때에 성령을 받았습니까? 하니 그들은 대답하기를, 아니요, 우리는 성령이 있다는 것도 듣지 못하였습니다, 하니라

③ 그래서 바울이 또 묻기를, 그러면 여러분들은 무슨 세례를 받았습니까? 하니 그들은 요한의 세례를 받았습니다, 라고 대답하였더라.

④ 바울이 말하기를, 요한은 회개의 세례를 주면서 백성들에게 말하기를, 내뒤에 오시는 분, 즉 예수님을 믿어 의지하라 하였으니,

⑤ 그들은 이 말을 듣고 예수의 이름으로 세례를 받았는데,

⑥ 바울이 그들에게 안수할 때 성령이 그들에게 임하시어 그들이 방언(혀 꼬부라진 말)도 하고 예언도 하였더라.

⑦ 그들은 모두 열두어 사람쯤 되었더라.

⑧ 바울은 회당에 들어가서 석 달 동안을 하나님 나라에 대하여 설득력있게 증명하며 담대하게 말하였더라.

⑨ 그러나 그들 중 몇몇 사람들은 마음이 완고하여 믿기를 거부하고, 바울을 통한 주님의 가르침을 공공연히 비방하였더라, 그래서 바울은 그들을 떠나서 제자들과 함께 두란노의 강의실에서 날마다 토론을 하였더라.

⑩ 이같이 두 해 동안을 하매 아시아에 사는 유대인이나 헬라인 모두가 주의 말씀을 듣게 되었더라,

⑪ 하나님은 바울을 통하여 놀라운 기적을 행하셨는데,

⑫ 바울에게 닿았던 손수건이나 앞치마를 병든자들에게 얹으면 그들의 병이 치유되었고, 악영들이 떠났더라.

⑬ 이에 돌아다니며 악영들을 쫓아내던 약간의 유대인들이 귀신들린 자들에 대하여 주예수의 이름을 불러 말하려고 시도하였는 데 그들은 "바울이 전파하는 예수의 이름으로 내가 명하노니 너희가 나가라"라고 하였더라.

⑭ 유대의 제사장이었던 스게야의 일곱아들들도 이렇게 행하였더니,

⑮ 어느날 악영이 그들에게 대답하되 "예수도 내가 알고 바울도 내가 알거든 너는 누구냐?"하였더라.

⑯ 그때 악영들린 사람이 그들에게 뛰어 올라 그들 모두를 제압하였고, 그들을 때리니 그들은 집으로 피를 흘리면서 벌거벗고 도망하였느니라..

⑰ 에베소에 살고 있는 유대인과 헬라인들이 이 사실을 알게 되었고, 그들은 공포에 사로잡혔고, 주예수의 이름이 높이어 졌느니라.

⑱ 그러자 신자가 된 많은 사람들이 나서서 자기들의 악행을 숨김없이 자복하였느니라.

⑲ 또 마술을 행하던 많은 사람이 그들의 책을 함께 모아서 모든 사람 앞에서 불사르니 그 책값을 계산한 즉 은 오만 드라크마나 되었더라.

⑳ 이와 같이 주의 말씀이 널리 퍼지고 힘을 얻었더라.

㉑ 이 일이 다 된 후 바울이 마게도냐와 아가야를 통과하여 예루살렘에 가기를 결정하과 말하기를, 내가 거기 갔다가 후에 로마도 보아야 하리라, 하고

㉒ 자기를 돕는 사람 중에서 디모데와 에라스도 두 사람을 마게도냐로 보내고, 자기는 아시아에 얼마간 더 있으니라

㉓ 그 때쯤 되어 주님의 가르침에 대하여 큰 소동이 일어났으니,

㉔ 즉 데메트리우스라 하는 은세공업자가 아르테미스 신의 성골함을 만들어 장인들을 위하여 적지 않은 수입을 하게 하였느니라,

㉕ 그가 그 장인들과 이러한 영업하는 자들을 모아 이르되, 여러분도 알거니와 우리는 유족한 생활이 이 업에 있는데,

㉖ 이 바울이 에베소 뿐 아니라 거의 아시아 전부를 통하여 허다한 사람을 권유하여 말하되, 사람의 손으로 만든 신들은 신이 아니라 하니 이는 그대들도 보고 들은 것이라,

㉗ 우리의 이 영업만 천하여질 위험이 있을 뿐 아니라, 큰 여신 아르테미스의 전각도 경홀히 여김이 되고, 온 아시아와 천하가 위하는 그의 위엄도 떨어질까 하노라, 하더라.

㉘ 그들이 이 말을 들었을 때 그들은 분개하였고, 에베서 사람들의 아르테미스 신은 위대하다고 외치기 시작하였더라..

㉙ 곧 온성이 소동에 빠졌고, 사람들은 마케도니아로부터 바울의 전도여

행 동지인 가이오와 아리스다고를 잡아가지고 일제히 전도하는 강당으로 몰려들었더라..

㉚ 바울은 군중들 앞에 나타나기를 원했으나 제자들은 그렇게 하도록 허용하지를 않았더라..

㉛ 또 아시아 관원 중에 바울의 친구된 어떤 이들은 그에게 사람을 보내어 강당에 들어가지 말라 권하더라.

㉜ 사람들이 외쳐 혹은 이 말을 혹은 저 말을 하니, 모인 무리가 분란하여 태반이나 어찌하여 모였는지 알지 못하더라.

㉝ 유대인들이 무리 가운데서 알렉산더를 권하여 앞으로 밀어내니 알렉산더가 손짓하며 백성에게 발명하려 하나,

㉞ 저희는 그가 유대인인줄 알고 다 한소리로 외쳐 크다 에베소 사람의 아르테미스여 하기를 두시 동안이나 하더니,

㉟ 그 도시의 관료가 무리를 진정시키고 이르러 에베소 사람들아, 에베소 성이 큰 아카데미와 및 쓰스에게서 내려온 우상의 전각지기가 된줄을 누가 알지못하겠느냐?

㊱ 이 일이 그렇지 않다 할 수 없으니 너희가 가만히 있어서 무엇이든지 경솔히 아니하여야 하리라,

㊲ 전각의 물건을 도적질하지도 아니하였고, 우리 여신을 훼방하지도 아니한 이 사람들을 너희가 잡아 왔으니,

㊳ 만일 데베드리오와 및 그와 함께 있는 직공들이 누구에게 송사할 것이 있거든 재판 날도 있고 총독들도 있으니 피차 고발할 것이요,

㊴ 만일 그 외에 무엇을 원하거든 정식으로 민회에서 결단할지라,

㊵ 오늘 아무 까닭도 없는 이 일에 우리가 소요의 사건으로 책망 받을 위험이 있고, 우리가 이 불법 집회에 관하여 보고할 재료가 없다, 하고

㊶ 이에 그 모임을 흩어지게 하니라.

• 20장

① 그 소동이 그친 뒤에 바울이 제자들을 불러 그들에게 작별 인사를 하고 떠나 마게도냐로 가니라,

② 그 지역을 다니며 여러 말로 제자들을 격려하고, 마침내 그리스에 이르

러,

③ 거기 석 달을 있다가 배 타고 수리아로 가고자 할, 그 때에 유대인들이 자기를 해하려고 공모하므로 마게도냐로 다녀 돌아가기를 작정하니,

④ 아시아까지 함께 가는 자는 베뢰아 사람 부로의 아들 소바더와 데살로니가 사람 아리스다고와 세군도와 더베 사람 가이오와 및 디모데와 아시아 사람 두기고와 드로비모라,

⑤ 그들은 먼저 가서 드로아에서 우리를 기다리더라,

⑥ 우리는 무교절 후에 빌립보에서 배로 떠나 닷새만에 드로아에 있는 그들에게 가서 이레를 머무니라,

⑦ 안식 후 첫 날에 우리가 떡을 떼려 하여 모였더니, 바울이 이튿날 떠나고자 하여 저희에게 강론할새 말을 밤중까지 계속하매,

⑧ 우리의 모인 윗다락에 등불을 많이 켰는데,

⑨ 유두고라 하는 청년이 창에 걸터 앉았다가 깊이 졸더니 바울이 강론하기를 더 오래 하매 졸음을 이기지 못하여 삼 층 누에서 떨어지거늘 일으켜보니 죽었는지라,

⑩ 바울이 내려가서 그 위에 엎드려 그 몸을 안고 말하되 떠들지 말라, 아직 생명이 그에게 붙어 있다, 하고

⑪ 올라가 떡을 떼어 먹고 오래 동안 곧 날이 새기까지 이야기하고 떠나니라,

⑫ 사람들이 살아난 젊은이를 데리고 와서 위로를 적지 않게 받았더라,

⑬ 우리는 앞서 배를 타고 앗소에서 바울을 태우려고 그리로 행선하니, 이는 자기가 도보로 가고자 하여 이렇게 정하여 준 것이라,

⑭ 바울이 앗소에서 우리를 만나니 우리가 배에 올리고 미둘레네에 가서,

⑮ 거기서 떠나 이튿날 기오 앞에 오고 그 이튿날 사모에 들리고 또 그 다음날 밀레도에 이르니라,

⑯ 바울이 아시아에서 지체치 않기 위하여 에베소를 지나 행선하기로 작정하였으니, 이는 될 수 있는대로 오순절 안에 예루살렘에 이르려고 급히 감이러라,

⑰ 바울이 밀레도에서 사람을 에베소로 보내어 교회 장로들을 청하니,

⑱ 오매 저희에게 말하되 아시아에 들어온 첫 날부터 지금까지 내가 항상

너희 가운데서 어떻게 행한 것을 너희도 아는바니,

⑲ 곧 모든 겸손과 눈물이며 유대인의 간계를 인하여 당한 시험을 참고 주를 섬긴것과,

⑳ 유익한 것은 무엇이든지 공중 앞에서나 각 집에서나 꺼림이 없이 너희에게 전하여 가르치고,

㉑ 유대인과 그리스인들에게 하나님께 대한 회개와 우리 주 예수 그리스도께 대한 신앙을 증거한 것이라,

㉒ 보라 이제 나는 심령에 매임을 받아 예루살렘으로 가는데, 거기서 무슨 일을 만나는지 알지 못하노라,

㉓ 오직 성령이 각 성에서 내게 증거하여 결박과 환난이 나를 기다린다 하시나,

㉔ 나의 달려갈 길과 주 예수께 받은 사명, 곧 하나님의 은혜인 복음 증거하는 일을 마치려 함에는 나의 생명을 조금도 귀한 것으로 여기지 아니하노라,

㉕ 보라 내가 너희 중에 왕래하며 하나님 나라를 전파하였으나 지금은 너희가 다 내 얼굴을 다시 보지 못할줄 아노라,

㉖ 그러므로 오늘 너희에게 증거하노니, 모든 사람의 피에 대하여 내가 깨끗하니,

㉗ 이는 내가 꺼리지 않고 하나님의 뜻을 다 너희에게 전하였음이라,

㉘ 너희는 자기를 위하여 또는 온 양떼를 위하여 삼가라, 성령이 저들 가운데 너희로 감독자를 삼고 하나님이 자기 피로 사신 교회를 치게 하셨느니라,

㉙ 내가 떠난 후에 흉악한 이리가 너희에게 들어와서 그 양떼를 아끼지 아니하며,

㉚ 또한 너희의 자신의 멤버들 중에서도 몇 사람들이 들고 일어나 제자들을 그들을 따르게 하려고 진리를 왜곡할 것이니라,

㉛ 그러므로 너희는 깨어서 내가 삼년이나 밤낮 쉬지 않고 눈물로 각 사람을 경계하던 것을 기억하라,

㉜ 지금 내가 너희를 주 및 그 은혜의 말씀에 위탁하노니, 그 것이 너희를 든든히 세울수 있고, 깨끗하게 된 모든자 가운데서 너희에게 유업을 주

실수 있느니라,

㉝ 내가 아무의 은이나 금이나 의복을 탐하지 아니하였고,

㉞ 너희 아는 바에 이 손으로 나와 내 동행들의 쓰는 것을 당하여,

㉟ 범사에 너희에게 모범을 보였으니, 곧 이같이 수고하여 약한 사람들을 돕고 또 주 예수의 친히 말씀하신바 주는 것이 받는 것보다 복이 있다 하심을 기억하여야 할지니라,

㊱ 이 말을 한 후 무릎을 꿇고 저희 모든 사람과 함께 기도하니,

㊲ 다 크게 울며 바울의 목을 안고 입을 맞추고,

㊳ 다시 그 얼굴을 보지 못하리라 한 말을 더욱 근심하고 배에까지 그를 전송하니라.

● 21장

① 우리가 그들과 헤어진 후 바다로 가서 바로 고스로 왔다가 그 다음날 로도에 이르렀고 거기로부터 파타라로 가서,

② 거기에서 우리는 베니게를 횡단하는 배를 발견하여 그 배를 타고 떠나니라.

③ 키프러스를 바라본 후 그 섬의 남쪽을 지나서 우리는 수리아로 항해하였고, 우리는 루로에 상륙하니, 거기에서 우리가 타고간 배는 화물을 풀기로 되어 있었기 때문이라.

④ 거기에서 제자들을 찾아서 우리들은 칠일을 그들과 함께 머물렀는데 성령의 감동을 받아 그들은 바울더러 예루살렘에 가지 않도록 강력히 주장하였더라.

⑤ 그러나 기일이 다차서 우리는 떠났고 우리의 여정을 계속하였고 모든 제자들 그리고 그들의 아내들과 자녀들이 그 성으로부터 우리와 동행하였으며 거기 바닷가에서 우리는 무릎을 꿇고 기도하였느니라.

⑥ 서로 작별한 후 우리는 배에 오르고 저희는 집으로 돌아가니라.

⑦ 두로로부터 수로를 다 행하여 돌레마이에 이르러 형제들에게 안부를 묻고 그들과 함께 하루를 있다가,

⑧ 이튿날 떠나 가이사랴에 이르러 일곱 집사 중 하나인 전도자 빌립의 집에 들어가서 유하니라.

⑨ 그에게 결혼하지 않은 딸 넷이 있는데 그들은 예언을 하였느니라.

⑩ 여러 날 있더니 한 선지자 아가보라 하는 이가 유대로부터 내려와,

⑪ 우리에게 와서 바울의 띠를 가져다가 자기 수족을 잡아매고 말하기를, 성령이 말씀하시되 예루살렘에서 유대인들이 이같이 이 띠 임자를 결박하여 이방인의 손에 넘겨주리라 하였거늘,

⑫ 우리가 그 말을 듣고 그 곳 사람들로 더불어 바울에게 예루살렘으로 올라가지 말라 권하니,

⑬ 바울이 대답하되 너희가 어찌하여 울어 내 마음을 상하게 하느냐? 나는 주 예수의 이름을 위하여 결박 받을 뿐아니라 예루살렘에서 죽을 것도 각오하였느니라, 하니

⑭ 저가 권함을 받지 아니하므로 우리가 주의 뜻대로 이루어지이다 하고 그쳤노라,

⑮ 이 여러날 후에 행장을 준비하여 예루살렘으로 올라갈새,

⑯ 가이사랴의 몇 제자가 함께 가며 한 오랜 제자 구브로 사람 나손을 데리고 가니, 이는 우리가 그의 집에 유하려 함이라,

⑰ 예루살렘에 이르니 형제들이 우리를 기꺼이 영접하거늘,

⑱ 그 이튿날 바울이 우리와 함께 야고보에게로 들어가니 장로들도 다 있더라.

⑲ 바울이 문안하고 하나님이 자기의 봉사로 말미암아 이방 가운데서 하신 일을 낱낱이 고하니,

⑳ 저희가 듣고 하나님께 영광을 돌리고 바울더러 이르되, 형제여, 그대도 보는 바에 유대인 중에 믿는 자 수 만명이 있으니 다 율법에 열심 있는 자라,

㉑ 그런데 당신이 이방에 있는 모든 유대인들을 가르치기를, 모세를 배반하고 아들들에게 할례를 하지 말며 우리의 관습에 따르지도 말라고 함을 저희가 들었도다,

㉒ 그러면 어찌할꼬 저희가 필연 그대의 온 것을 들으리니,

㉓ 우리의 말하는 이대로 하라, 서원한 네 사람이 우리에게 있으니,

㉔ 저희를 데리고 함께 결례를 행하고 저희를 위하여 비용을 내어 머리를 깎게 하라, 그러면 모든 사람이 그대에게 대하여 들은 것이 헛 된 것이

고, 그대도 율법을 지켜 행하는 줄로 알 것이라,

㉕ 주를 믿는 이방인 에게는 우리가 우상의 제물과 피와 목매어 죽인 것과 음행을 피할 것을 결의하고 편지하였느니라, 하니

㉖ 바울이 이 사람들을 데리고 이튿날 저희와 함께 결례를 행하고, 성전에 들어가서 각 사람을 위하여 제사 드릴 때까지의 결례의 만기 된 것을 고하니라.

㉗ 그 이레가 거의 차매 아시아로부터 온 유대인들이 성전에서 바울을 보고 모든 무리를 충동하여 그를 붙잡고,

㉘ 외치되, 이스라엘 사람들아 도우라, 이 사람은 각 처에서 우리 백성과 율법과 이곳을 훼방하여 모든 사람을 가리치는 그 자인데 또 헬라인을 데리고 성전에 들어가서 이 거룩한 곳을 더럽게 하였다, 하니

㉙ 이는 저희가 전에 에베소 사람 드로비모가 바울과 함께 성내에 있음을 보고, 바울이 저를 성전에 데리고 들어간 줄로 생각함일러라.

㉚ 온 성이 소란하였고 사람들이 사방에서 몰려 나왔더라, 그리고 바울을 잡아서 성전으로부터 끌고 나갔는데 죽시 성문이 닫혔더라,

㉛ 그들이 바울을 죽이려고 시도하고 있는 동안에 예수살렘의 온 성이 소동 속에 있다는 소식을 로마군대의 사령관이 들었더라.

㉜ 그는 즉시 약간의 장교들과 장병들을 데리고 군중들에게로 내려 갔다 폭도들이 사령관과 그의 장병들을 보고 바울을 때리는 것을 그쳤더라.

㉝ 이에 사령관은 바울에게로 가서 그를 체포하였고, 두개의 쇠사슬로 결박하도록 명령하였으며 바울에게 너는 누구며 무엇을 하였는지를 물었더라.

㉞ 군중 가운데서 어떤 사람은 이말로 소리치고 다른 사람들은 다른 말로 소리치고 부르짖거늘 사령관이 소란으로 인하여 소동의 진위를 알 수 없었으므로 우선 바울을 막사 안으로 인치하도록 명령하였더라.

㉟ 바울이 층계에 도착하였을 때 군중들의 폭력이 심하여 바울은 군인들에 의하여 둘러메고 가는 수밖에 없었더라.

㊱ 군중들은 그를 죽여 없애라고 계속 소리치면서 따라다녔더라.

㊲ 바울을 데리고 막사안으로 들어가려 할 그 때에 바울이 사령관에게 내가 당신에게 뭐 좀 말할 수 있게 해주시겠습니까? 하니 사령관은 네가

그리스 말을 하느냐? 고 대답하였더라.

㊳ 그러면 네가 이전에 난을 일으켜 사천의 자객을 거느리고 광야로 가던 에집트인이 아니냐? 하니

㊴ 바울이 말하기를, 나는 유대인이고 시실리아에 있는 다소 출신이며 로마 시민권이 있소, 나로 하여금 사람들에게 연설할 있도록 허락하여 주십시오, 하니

㊵ 사령관이 허락하거늘 바울은 계단 위에 서서 군중들에게 손을 들었을 때 군중들은 모두 조용하져 졌고 바울은 히브리말로 말하여 전하니라.

● 22장

① 부모 형제들아, 이제 나의 해명을 들어보십시요, 하더라.

② 저희가 그 히브리 말로 말함을 듣고 더욱 조용한지라 그때 바울은 말하기를,

③ 나는 유대인으로 길리기아 다소에서 났고, 이 성에서 자라 가말리엘의 문하에서 우리 조상들의 율법의 엄한 교훈을 받았고, 오늘 여러분 모든 사람처럼 하나님을 열성으로 섬기는 사람이었습니다.

④ 그리고 나는 이 도를 따르는 자들을 핍박하여 죽이기까지 하고, 남자와 여자를 체포하여 감옥에 가두었습니다.

⑤ 이에 대하여는 대 제사장과 모든 장로들이 내 증인입니다. 또 나는 그들에게서 그들의 다마스커스 형제들에게 보내는 편지를 받았고, 다마스커스에 가서 거기에 있는 이 도를 따르는 자들을 결박하여 예루살렘으로 끌어다가 형벌 받게 하려고 갔습니다.

⑥ 가는데 다마스커스에 가까웠을 때에 오정쯤 되어 홀연히 하늘로서 큰 빛이 나를 둘러 비취매,

⑦ 내가 땅에 엎드려져 들으니, 소리 있어 가로되, 사울아, 사울아, 네가 왜 나를 핍박하느냐? 하시거늘

⑧ 내가 대답하되, 주여 뉘시니이까? 하니 가라사대 나는 네가 핍박하는 나사렛 예수라 하시더라.

⑨ 나와 함께 있는 사람들이 빛은 보면서도 나더러 말하시는 이의 소리는 듣지 못하더라.

⑩ 내가 가로되 주여 무엇을 하리이까? 주께서 가라사대 일어나 다마스커스로 들어가라 정한바 너의 모든 행할 것을 거기서 누가 이르리라, 하시거늘

⑪ 나는 그 빛의 광채를 인하여 볼 수 없게 되었으므로 나와 함께 있는 사람들의 손에 끌려 다메섹에 들어갔노라.

⑫ 율법에 의하면 경건한 사람으로 거기 사는 모든 유대인들에게 칭찬을 듣는 아나니아라 하는 이가

⑬ 내게와 곁에 서서 말하되, 형제 사울아, 다시 보라 하거늘 즉시 그를 쳐다보았노라.

⑭ 그가 또 가로되, 우리 조상들의 하나님이 너를 택하여 너로 하여금 자기 뜻을 알게 하시며 저 의인을 보게 하시고 그 입에서 나오는 음성을 듣게 하셨으니,

⑮ 네가 그를 위하여 모든 사람 앞에서 너의 보고 들은 것에 증인이 되리라.

⑯ 이제는 왜 주저하느뇨? 일어나 주의 이름을 불러 세례를 받고 너희 죄를 씻으라 하더라.

⑰ 후에 내가 예루살렘으로 돌아와서 성전에서 기도할 때에 비몽사몽간에

⑱ 보매, 주께서 내게 말씀하시되 속히 예루살렘에서 나가라, 저희는 네가 내게 대하여 증거하는 말을 듣지 아니하리라, 하시거늘

⑲ 내가 대답하여 말하기를, 주여 이 사람들이 내가 이회당 저회당을 돌아다니면서 당신을 신뢰하는 자들을 때리고 감옥에 가두었음을 아나이다.

⑳ 그리고 주의 증인 스데반이 피를 흘리며 죽을 때에도 내가 곁에 서서 그 일에 찬동하면서 그 죽이는 사람들의 옷을 지킨줄을 저희도 아나이다.

㉑ 그 때 주님은 나에게 말씀하시길, 떠나가라 내가 너를 멀리 이방인에게로 보내리라, 하셨느니라.

㉒ 군중들은 바울이 이 말을 하는 것까지 듣고서, 그들은 목소리를 높여 소리지르기를, 그를 지구로부터 제거하자 그는 살아서는 안되는 놈이다 하니라 하면서,

㉓ 그들이 겉옷을 벗어 던지고 티끌을 공중에 날리면서 고함을 치므로,

㉔ 천명부대장이 바울을 영문 안으로 데려가라 명하고, 저희가 무슨 일로 그를 대하여 떠드나 알고자 하여 채찍질 하며 신문하라, 한대

㉕ 가죽줄로 바울을 메니 바울이 곁에 섰는 백명부대장더러 이르되 너희가 로마 사람 된 자를 죄도 정치 아니하고 채찍질할 수 있느냐? 하니

㉖ 백명부대장이 듣고 가서 천명부대장에게 전하여 가로되, 어찌하여 하느뇨 이는 로마 사람이라 하니

㉗ 천명부대장이 와서 바울에게 말하되 네가 로마 사람이냐 내게 말하라, 가로되, 그러하다

㉘ 천명부대장이 대답하되 나는 돈을 많이 들여 이 시민권을 얻었노라, 바울이 가로되 나는 나면서부터로라 하니,

㉙ 신문하려던 사람들이 곧 그에게서 물러가고, 천명부대장도 그가 로마 사람인줄 알고 또는 그 결박한 것을 인하여 두려워하니라.

㉚ 이튿날 천명부대장이 무슨 일로 유대인들이 그를 고발하는지 정확하게 이유를 알고자 하여 그 결박을 풀고 명하여 제사장들과 온 공회를 모으고 바울을 데리고 내려가서 저희 앞에 세우니라.

● 23장

① 바울은 공회에서 똑바로 보면서 말하기를, 형제 여러분, 나는 이날까지 온전히 바른 양심으로 하나님에 대한 나의 의무를 실행하였노라, 하거늘

② 대제사장 아나니아가 바울 곁에 섰는 사람들에게 그 입을 치라 명하니

③ 그때 바울이 그에게 말하기를, 하나님이 표리부동한 당신을 치실 것이라 당신은 율법에 따라 나를 판단한다고 거기에 앉아 있으나 당신 자신은 나를 치라고 명령함으로써 율법을 위반한 것이니라,

④ 바울 곁에 선 사람들이 말하되, 네가 감히 하나님의 대제사장을 모욕하느냐? 하니라

⑤ 바울이 말하기를, 형제들아, 나는 그가 대제사장인줄 알지 못하였노라, 기록되었으되, 너의 백성의 지도자에 대하여 비방치 말라 하였느니라, 하더라

⑥ 그때 바울은 그들의 일부는 사두개파 사람들이고, 나머지는 바리새파 사람들인 줄을 알고서 공회에서 외쳐 말하기를, 형제 여러분, 나는 바리새인이요, 즉 바리새인의 아들입니다. 나는 죽은자의 부활의 소망 때문에 심문을 받노라, 하니라

⑦ 바울이 이렇게 말하였을 때 바리새인과 사두개인 사이에 논쟁이 벌어지면서 회중이 둘로 나뉘어졌더라.

⑧ 이는 사두개인은 부활도 없고 천사도 없고 영도 없다 하나, 바리새인은 다 있다 함이라.

⑨ 큰 소동이 있었고 바리새인이며 율법교사들인 몇 사람이 일어서서 적극적으로 논박하였더라. 그들이 말하기를, 우리는 이 사람에게서 어떤 잘못도 발견하지 못하였노라. 만약 영이나 천사가 그에게 말한다면 어찌 하겠습니까? 하고 말하니라.

⑩ 논쟁이 폭력적으로 격렬해지자, 부대장은 바울이 그들로부터 갈기갈기 찢겨질까 두려워하여 군인들에 명하여 내려가서 그들로 부터 바울을 구하여서 막사안으로 데리고 들어가라, 하니라.

⑪ 그날 밤에 주께서 바울 곁에 서서 이르시되, 담대하라, 네가 예루살렘에서 나의 일을 증거한 것 같이 로마에서도 증거하여야 하리라, 하시니라.

⑫ 날이 새매 유대인들이 당을 지어 맹세하되, 바울을 죽이기 전에는 먹지도 아니하고 마시지도 아니하겠다, 하고

⑬ 이같이 음모한 자가 사십 여명이더라.

⑭ 대제사장들과 장로들에게 가서 말하되 우리가 바울을 죽이기 전에는 아무 것도 먹지 않기로 굳게 맹세하였으니,

⑮ 이제 여러분은 그의 사실을 더 자세히 알아볼 양으로 공회와 함께 사령관에게 청하여 바울을 여러분들에게로 데리고 내려오라 하라, 우리는 그가 여기에 오기 전에 죽이기로 준비하였노라, 하더라

⑯ 바울의 생질이 그들이 매복하여 있다 함을 듣고 와서 막사에 들어가 바울에게 고한지라,

⑰ 바울이 한 백명부대장을 청하여 가로되 이 청년을 천명부대장에게로 인도하라 그에게 무슨 할 말이 있다, 하니

⑱ 군대 천명부대장에게로 데리고 가서 가로되 죄수 바울이 나를 불러 이 청년이 당신께 할 말이 있다 하여 데리고 가기를 청하더이다, 하매

⑲ 천명부대장이 그 손을 잡고 아무도 없는 데로 가서 묻되 내게 할 말이 무엇이냐? 하니

⑳ 대답하되 유대인들이 공모하기를, 저희들이 바울에 대하여 더 자세한 것을 묻기 위함이라 하고 내일 그를 데리고 공회로 내려오기를 당신께 청하자 하였으니,

㉑ 당신은 저들의 청함을 좇지 마옵소서, 저희 중에서 바울을 죽이기 전에는 먹지도 않고 마시지도 않기로 맹세한 자 사십 여명이 그를 죽이려고 숨어서 지금 다 준비하고 당신의 허락만 기다리나이다, 하매

㉒ 이에 천명부대장이 청년을 보내며 경계하되 이 일을 내게 고하였다고 아무에게도 이르지 말라, 하고

㉓ 백명부대장 둘을 불러 이르되 밤 제 삼시에 가이사랴까지 갈 보병 이백 명과 마병 칠십 명과 창군 이백 명을 준비하라 하고,

㉔ 또 바울을 태워 총독 벨릭스에게로 무사히 보내기 위하여 짐승을 준비하라, 명하며

㉕ 또 아래와 같이 편지하노니, 일렀으되

㉖ 글라우디오 루시아는 총독 벨리스 각하에게 문안하나이다.

㉗ 이 사람이 유대인들에게 잡혀 죽게 된 것을 내가 로마 사람인줄 들어 알고 군사를 거느리고 가서 구원하여다가,

㉘ 유대인들이 무슨 일로 그를 송사하는지 알고자 하여 저희 공회로 데리고 내려갔더니,

㉙ 송사하는 것이 저희 율법 문제에 관한 것뿐이요 한 가지도 죽이거나 결박할 사건이 없음을 발견하였나이다.

㉚ 그러나 이 사람을 해하려는 간계가 있다고 누가 내게 알게 하기로 곧 당신께로 보내며 또 송사하는 사람들도 당신 앞에서 그를 대하여 말하라 하였나이다, 하였더라.

㉛ 보병이 명을 받은 대로 밤에 바울을 데리고 안디바드리에 이르러,

㉜ 이튿날 마병으로 바울을 호송하게 하고 영문으로 돌아가니라.

㉝ 저희가 가이사랴에 들어가서 편지를 총독에게 드리고 바울을 그 앞에

세우니

㉞ 총독이 읽고 바울더러 어느 영지 사람이냐 물어 길리기아 사람인줄 알고,

㉟ 말하기를, 너를 송사하는 사람들이 오거든 네 말을 들으리라 하고 헤롯궁에 그를 지키라 명하니라.

● 24장

① 닷새 후에 대제사장 아나니아가 장로들 몇 사람과 더불로라 라는 법률가와 함께 내려와서 총독에게 바울에 대한 그들의 고발장을 제출하였더라.

② 바울이 불려 나오자 더불로는 벨리스 앞에서 말하기를, 우리는 각하의 배려로 긴 기간 동안 평화를 누리고 있으며 각하의 선경지명으로 이 나라에 개혁이 이루어졌나이다...

③ 존경하옵는 펠리스 각하, 우리는 어느 곳에서나 어떤 경우에도 이러한 사실을 충심어린 감사의 마음을 가지고 고맙게 생각합니다.

④ 그러나 각하를 더 번거롭게 아니하려 하여 우리가 대강 여쭈옵나니 관용하여 들으시기를 원하나이다.

⑤ 우리는 이 사람이 온 세상에 퍼져 있는 유대인들 사이에서 소요를 조장하는 말썽꾼이라는 사실을 알았습니다.

⑥ 그리고 저가 성전까지 더럽히려고 하므로 우리가 그를 체포하여 왔습니다.

⑦ 각하께서 친히 심문하시면

⑧ 각하는 우리가 그를 고발하는 혐의점들에 대한 진실을 아실 것입니다. 하니

⑨ 유대인들도 그 고발에 참여하여 이것들이 사실이라고 하니라.

⑩ 총독이 바울에게 머리를 끄덕이며 말하라 하니, 그가 대답하되 나는 각하께서 여러 해 동안 이 나라 사람들의 재판을 하신 것을 압니다. 그래서 나는 기꺼이 나의 답변을 말하겠습니다.

⑪ 각하께서 아실 수 있는 바와 같이 내가 예루살렘에 예배하러 올라간지 열 이틀 밖에 못되었고,

⑫ 저희는 내가 성전에서 아무와 변론하는 것이나, 회당과 또는 성중에서 무리를 소동케 하는 것을 보지 못하였으니,

⑬ 이제 나를 송사하는 모든 일에 대하여 저희가 능히 당신 앞에 내 세울 것이 없나이다.

⑭ 그러나 나는 그들이 이단이라고 부르는 이 그리스도 신앙의 추종자로써 우리 조상들의 하나님을 섬긴 것을 인정합니다. 나는 선지자들의 글과 율법에 동의하는 모든 것을 믿습니다.

⑮ 그리고 나는 이 사람들과 같이 하나님을 신앙하는 어떤 소망을 가지고 있습니다. 그 소망은 의인이나 악인이나 다 부활한다는 것입니다.

⑯ 그래서 나는 항상 하나님과 사람 앞에서 나의 양심을 깨끗이 지키려고 노력합니다.

⑰ 여러 해 만에 내가 내 민족을 구제할 것과 제물을 가지고 와서,

⑱ 드리는 중에 내가 결례를 행하였고 모임도 없고 소동도 없이 성전에 있는 것을 저희가 보았나이다. 그러나 아시아로부터 온 어떤 유대인들이 있었으니,

⑲ 저희가 만일 나를 반대할 사건이 있으면 마땅히 당신 앞에 와서 송사하였을 것이요.

⑳ 그렇지 않으면 이 사람들이 내가 공회 앞에 섰을 때에 무슨 옳지 않은 것을 보았는가 말하라. 하소서,

㉑ 오직 그들은 내가 그들의 면전에 서서 죽은 자의 부활에 대하여 말한 것에 대하여 당신 앞에 나를 고발하여 오늘 재판을 받고 있을 따름입니다. 하니

(Except it be for this one voice that I cried standing among them, Touching the resurrection of the dead, I am called in question by you this day.-KJV)

(Unless it was this one thing, I shouted as I stood in their presence: 'It is concerning the resurrection of the dead that I am on trial before you today.'"-NIV)

(unless it was my one outcry as I stood among them, that 'I am on trial before you today for the resurrection of the dead.'"-

NAB)

(The only thing they have on me is that one sentence I shouted out in the council: 'It's because I believe in the resurrection that I've been hauled into this court! Does that sound to you like grounds for a criminal case?'-THE MESSAGE)

㉒ 벨릭스가 이 도에 관한 것을 더 자세히 아는고로 연기하여 말하기를, 천명부대장 루시아가 내려 오거든 너희 일을 처결하라 하고,

㉓ 백명부대장을 명하여 바울을 지키되 자유를 주며 친구 중 아무나 수종하는 것을 금치 말라 하니라.

㉔ 수일 후에 벨릭스가 그 아내 유대 여자 드루실라와 함께 와서 바울을 불러 그리스도 예수 믿는 도를 듣거늘,

㉕ 바울이 의와 절제와 장차 오는 심판을 강론하니 벨릭스가 두려워하여 대답하되 시방은 가라 내가 틈이 있으면 너를 부르리라 하고,

㉖ 동시에 또 바울에게서 돈을 받고 그를 풀어주기를 바라는고로 더 자주 불러 같이 이야기하더라.

㉗ 이태를 지나서 보르기오 베스도가 벨릭스의 소임을 대신하니 벨릭스가 유대인의 마음을 얻고자 하여 바울을 구류하여 두니라.

● 25장

① 베스도가 부임한지 삼 일 후에 가이사랴에서 예루살렘으로 올라가니

② 대제사장들과 유대인들의 지도자들이 나타나 바울을 고발하면서,

③ 그들은 바울이 예루살렘으로 오는 길에 매복하였다가 그를 죽이고자 베스도가 호의를 베풀어 바울을 예루살렘으로 옮겨주기를 간청하였더라.

④ 베스도가 대답하여 바울이 가이사랴에 구류된 것과 자기도 미구에 떠나갈 것을 말하고,

⑤ 또 가로되 너희들의 지도자들은 나와 함께 내려가서 그 사람이 만일 옳지 않은 일을 하였거든 고발하라 하니라.

⑥ 베스도가 그들 가운데서 팔 일 혹 십 일을 지낸 후 가이사랴로 내려가서 이튿날 재판 자리에 앉고 바울을 데려 오라 명하니,

⑦ 그가 나오매 예루살렘에서 내려온 유대인들이 둘러서서 여러가지 중대한 혐의로 고발하였으나 그들은 그것을 증명할 수가 없었더라.

⑧ 그때 바울은 나는 유대인들의 율법이나 성전이나 황제에 위반하여 어떤 일도 하지 않았다고 답변하였더라.

⑨ 베스도가 유대인의 호의를 얻고자 하여 바울더러 묻되 네가 예루살렘에 올라가서 이 사건에 대하여 내 앞에서 심문을 받으려느냐? 하니

⑩ 바울이 가로되 내가 황제의 재판정 자리 앞에 섰으니 마땅히 여기서 심문을 받을 것이라 당신도 잘 아시는 바에 내가 유대인들에게 불의를 행한 일이 없나이다, 하니라

⑪ 그러나 만일 내가 죽을만한 죄를 범하였으면 죽기를 사양치 아니할 것입니다. 그러나 이 유대인들이 나를 고발하는 내용이 진실이 아니면 누구도 나를 그들에게 내어 줄 수 있는 권리는 없습니다. 나는 황제께 청원합니다. 한대

⑫ 베스도가 배석자들과 상의 하고 가로되 네가 황제에게 청원하였으니 너는 황제에게 갈 것이라 하니라.

⑬ 수일 후에 아그립바왕과 버니게가 가이사랴에 도착하여 베스도에게 문안하였더라.

⑭ 그들이 여러 날을 거기에서 보냈는데 베스도는 바울의 사건을 아그립바 왕과 상의하였으니 그는 말하길 벨릭스가 한 사람을 구류하여 두었는데,

⑮ 내가 예루살렘에 있을 때에 유대인의 대제사장들과 장로들이 그를 고발하여 정죄하기를 청하기에

⑯ 내가 대답하되 무릇 피고가 원고들 앞에서 고발 사건에 대하여 변명할 기회가 있기 전에 정죄하는 것은 로마인들의 관례가 아니라, 하였고

⑰ 그래서 그들이 이곳으로 함께 왔을 때 내가 지체하지 아니하고 이튿날 재판을 열고 그 사람을 데려오도록 명하였는데

⑱ 고발한 자들은 내가 기대했던 범법 사실은 하나도 제시하지 못하였고,

⑲ 오직 자기들의 종교와 또는 예수라 하는 이의 죽은 것을 살았다고 바울이 주장하는 그 일에 관한 문제로 고발하는 것 뿐이라,

⑳ 내가 이 일을 어떻게 조사 할는지 당황하여 바울에게 묻되 예루살렘에

올라가서 이 일에 심문을 받으려느냐? 한즉

㉑ 바울은 황제의 판결을 받도록 자기를 지켜 주기를 호소하므로 내가 그를 황제에게 보내기까지 지켜두라 명하였노라, 하니

㉒ 아그립바가 베스도더러 이르되 나도 이 사람의 말을 듣고자 하노라, 하니 베스도가 가로되 내일 들으시리이다, 하니라

㉓ 이튿날 아그립바와 버니게가 크게 위의를 베풀고 와서 천명부대장들과 성중의 높은 사람들과 함께 신문소에 들어오고 베스도의 명으로 바울을 데려오니

㉔ 베스도가 말하되 아그립바왕님 그리고 여기 우리와 같이 있는 여러분! 당신들이 보는 이 사람은 유대의 모든 무리가 크게 외치되 살려 두지 못할 사람이라고 하여 예루살렘에서와 여기서도 내게 청원하였으나,

㉕ 나는 살피건대 죽일 죄를 범한 일이 없더이다. 그러나 저가 황제에게 호소한고로 보내기를 작정하였으나,

㉖ 그에게 대하여 황제께 확실한 사실을 아뢸 것이 없으므로 심문한 후 상소할 재료가 있을까 하여 당신들 앞에 특히 아그립바왕 당신 앞에 그를 내어 세웠으니,

㉗ 이는 내가 그에 대한 혐의점들을 명시하지 않고 죄수로써 송치하는 것이 적절하지 않다고 생각하기 때문이라 하였더라.

● 26장

① 아그립바가 바울더러 이르되 너를 위하여 말하기를, 네게 허락하노라 하니 이에 바울이 손을 들어 변명하되,

② 아그립바왕이여! 유대인이 모든 송사하는 일을 오늘 당신 앞에서 변명하게 된 것을 다행히 여기옵나이다.

③ 특히 당신이 유대인의 모든 풍속과 및 문제를 아심이니이다. 그러므로 내 말을 너그러이 들으시기를 바라옵나이다.

④ 내가 처음부터 내 민족 중에와 예루살렘에서 젊었을 때 생활한 상태를 유대인이 다 아는바라,

⑤ 일찍부터 나를 알았으니, 저희가 증거하려 하면 내가 우리 종교의 가장 엄한 종파를 좇아 바리새인의 생활을 하였다고 할 것이라,

⑥ 이제도 여기 서서 신문받는 것은 하나님이 우리 조상에게 약속하신 것을 바라는 까닭이니,

⑦ 이 약속은 우리 열 두 지파가 밤낮으로 간절히 하나님을 섬김으로 얻기를 바라는 바인데, 이그립바왕이여 이 소망을 인하여 내가 유대인들에게 송사를 받는 것이니이다.

⑧ 당신들은 하나님이 죽은 사람 다시 살리심을 어찌하여 못 믿을 것으로 여기시나이까?

⑨ 나도 나사렛 예수의 이름을 대적하여 범사를 행하여야 될줄 스스로 생각하고,

⑩ 예루살렘에서 이런 일을 행하여 대제사장들에게서 권한을 위임얻어 가지고 많은 성도를 옥에 가두며 또 죽일 때에 내가 찬성 투표를 하였고,

⑪ 또 모든 회당에서 여러 번 형벌하여 강제로 모독하는 말을 하게 하고, 저희를 대하여 심히 격분하여 외국의 고을까지도 가서 핍박하였고,

⑫ 그 일로 대제사장들의 권한의 위임을 받고 다메섹으로 갔나이다.

⑬ 왕이여 때가 정오나 되어 길에서 보니, 하늘로서 해보다 더 밝은 빛이 나와 동행들을 둘러 비추는지라,

⑭ 우리가 다 땅에 엎드러지매 내가 소리를 들으니 히브리 말로 이르되, 사울아! 사울아! 네가 어찌하여 나를 핍박하느냐? 뾰족한 막대기에 뒷발질 하는 것은 네게 고생이니라, 하셔서

⑮ 내가 대답하되, 주여 뉘시니이까? 주께서 가라사대, 나는 네가 핍박하는 예수라,

⑯ 일어나 네 발로 서라, 내가 네게 나타난 것은 내가 너를 종으로써 나를 본 일과 장차 내가 네게 나타날 모든 일들에 증인을 삼으려 함이니,

⑰ 이스라엘과 이방인들에게서 내가 너를 구출하여, 그들에게 보내어

⑱ 그들의 눈을 뜨게해서 어두움에서 빛으로 사단의 권세에서 하나님의 권세로 돌아가게 하여 그들이 죄사함을 받고, 나를 신뢰하여 거룩하게 된 사람들과 함께하게 하려 함이니라, 하더이다.

⑲ 아그립바왕이여, 그러므로 하늘에서 보이신 것을 내가 거스리지 아니하고,

⑳ 먼저 다메섹에와 또 예루살렘에 있는 사람과 유대 온 땅과 이방인에게

까지 회개하고, 하나님께로 돌아가서 회개에 합당한 일을 행하라, 선전하므로,

㉑ 유대인들이 성전에서 나를 잡아 죽이고자 하였으나,

㉒ 하나님의 도우심을 받아 내가 오늘까지 서서, 높고 낮은 사람 앞에서 증거하는 것은 선지자들과 모세가 반드시 되리라고 말한 것 밖에 없으니

㉓ 곧 그리스도가 고난을 받으실 것과 죽은자 가운데서 먼저 살아나사, 이스라엘과 이방인들에게 빛을 선전하시리라 함이니이다, 하니라

㉔ 바울이 이같이 변명하매, 베스도가 크게 소리하여 가로되, 바울아 네가 미쳤도다, 네 많은 학문이 너를 미치게 한다, 하니

㉕ 바울이 가로되, 베스도 각하여 내가 미친 것이 아니요, 참되고 정신차린 말을 하나이다.

㉖ 왕께서는 이 일을 아시기로 내가 왕께 담대히 말하노니, 이 일에 하나라도 아시지 못함이 없는 줄 믿나이다, 이 일은 한편 구석에서 행한 것이 아니로소이다.

㉗ 아그립바왕이여! 선지자들이 한 말을 믿으시나이까? 믿으시는 줄 아나이다.

㉘ 아그립바가 바울더러 이르되, 네가 적은 말로 나를 권하여 그리스도인이 되게 하려 하는도다.

㉙ 바울이 가로되, 말이 적으나 많으나 당신 뿐아니라 오늘 내 말을 듣는 모든 사람도 다 이렇게 결박한 것 외에는 나와 같이 되기를 하나님께 원하노이다, 하니.

㉚ 왕과 총독과 버니게와 그 함께 앉은 사람들이 다 일어나서,

㉛ 물러가 서로 말하되, 이 사람은 사형이나 결박을 당할만한 행사가 없다, 하더라.

㉜ 이에 아그립바가 베스도더러 일러 가로되, 이 사람이 만일 황제에게 청원하지 아니하였더라면 석방될수 있을뻔하였다, 하니라.

● **27장**

① 우리가 배를 타고 이태리로 가는 것으로 결정되었을 때 바울과 몇 사람

의 죄수들이 로마제국 군대에 소속된 율리오라는 백명부대장에게 넘겨졌더라.

② 아시아 해변 각처로 가려 하는 아드라뭇데노 배 위에 우리가 올라 행선할새, 마게도냐의 데살로니가 사람 아리스다고도 함께 하니라.

③ 이튿날 시돈에 대니 율리오가 바울에게 친절을 베풀어 친구들에게 가서 그의 필요품을 마련하도록 허락하였더라.

④ 거기로부터 우리는 다시 항해하였는데 우리를 향하여 부는 바람을 피하여 구브르 해안을 의지하고 행선하여,

⑤ 길리기아와 밤빌리아 바다를 건너 루기아의 무리성에 이르러,

⑥ 거기서 백명부대장이 이태리로 가려하는 알렉산드리아 배를 만나 우리를 오르게 하니,

⑦ 배가 더디 가 여러 날만에 간신히 니도 맞은편에 이르러 풍세가 더 허락지 아니하므로 살모네 앞을 지나 그라데 해안을 의지하고 행선하여,

⑧ 간신히 그 연안을 지나 미항이라는 곳에 이르렀으니 라새아성에서 가깝더라.

⑨ 여러 날이 걸려 금식하는 절기가 이미 지났으므로 행선하기가 위태한지라, 바울이 저희를 권하여

⑩ 말하되, 여러분이여 내가 보니 이번 행선이 화물과 배만 아니라 우리 생명에도 타격과 많은 손해가 있으리라, 하되

⑪ 백명부대장이 선장과 선주의 말을 바울의 말보다 더 믿더라.

⑫ 그 항구는 겨울을 나기에 적합하지 아니하였으므로, 거기서 떠나 아무쪼록 뵈닉스에 가서 겨울을 나자 하는 자가 더 많으니 뵈닉스는 크레테 항구라 한 편은 남서를 한 편은 북서를 향하였더라.

⑬ 남풍이 순하게 불매 저희는 저희가 원하는 것을 다 얻은 줄 알고서, 닻을 감아 크레테 해변을 가까이 하고 행선하더니,

⑭ 얼마 못되어 그 섬으로부터 유라굴라라는 광풍이 몰아치니,

⑮ 배가 밀려 바람을 맞추어 갈 수 없어 가는 대로 두고 좇겨 가다가,

⑯ 가우다라는 작은 섬아래로 지나 간신히 구조선을 잡아,

⑰ 끌어 올리고 줄을 가지고 선체를 둘러 감고 스르디스에 걸릴까 두려워 연장을 내리고 그냥 좇겨가더니,

⑱ 우리가 풍랑으로 애쓰다가 이튿날 사공들이 짐을 바다에 풀어 버리고,

⑲ 사흘째 되는 날에 배의 가구를 저희 손으로 내어 버리니라.

⑳ 여러 날 동안 해와 별이 보이지 아니하고 큰 풍랑이 그대로 있으매 구조의 희망이 다 없어졌더라.

㉑ 여러 사람이 오래 먹지 못하였으매, 바울이 가운데 서서 말하되, 여러분이여 내 말을 듣고 그레테에서 떠나지 아니하여 이 타격과 손상을 면하였더면 좋을뻔 하였느니라.

㉒ 내가 너희를 권하노니 이제는 안심하라. 너희 중 생명에는 아무 손상이 없겠고 오직 배 뿐이리라,

㉓ 나의 속한바 곧 나의 섬기는 하나님의 천사가 어제 밤에 내 곁에 서서 말하되,

㉔ 바울아 두려워 말라,네가 황제 앞에 서야 하겠고, 또 하나님께서 너와 함께 행선하는 자를 다 네게 주셨다, 하였으니

㉕ 그러므로 여러분이여 안심하라, 나는 내게 말씀하신 그대로 되리라고 하나님을 신뢰하노라,

㉖ 그럼에도 불구하고 우리는 어떤 섬에 좌초되리라 하더라,

㉗ 열 나흘째 되는 날 밤에 우리가 아드리아 바다에 이리 저리 쫓겨 가더니 밤중쯤 되어 사공들이 어느 육지에 가까워지는 줄을 짐작하고,

㉘ 물을 재어보니 이십 길이 되고 조금 가다가 다시 재니 열 다섯 길이라,

㉙ 암초에 걸릴까 하여 고물로 닻 넷을 주고 날이 새기를 고대하더니,

㉚ 사공들이 도망하고자 하여 이물에서 닻을 주려는체하고 거루를 바다에 내려놓거늘,

㉛ 바울이 백명부대장과 군사들에게 이르되, 이 사람들이 배에 머무르지 아니하면 너희가 구조되지 못하리니, 하니

㉜ 이에 군사들이 거룻줄을 끊어 떼어 버리니라.

㉝ 날이 새어가매 바울이 여러 사람을 음식 먹으라 권하여 가로되, 너희가 기다리고 기다리며 먹지 못하고 주린지가 오늘까지 열 나흘인즉,

㉞ 음식 먹으라 권하노니 이것이 너희 생존을 위하는 것이요, 너희 중에 머리터럭 하나라도 잃을 자가 없느니라, 하고

㉟ 떡을 가져다가 모든 사람 앞에서 하나님께 축사하고 떼어 먹기를 시작

하매,

㊱ 저희도 다 안심하고 받아 먹으니,

㊲ 배에 있는 우리 모두의 수는 전부 이백 칠십 육 인이러라.

㊳ 배부르개 먹고 밀을 바다에 버려 가볍게 하였더니,

㊴ 날이 새매 어느 땅인지 알지 못하나 경사진 해안으로 된 항만이 눈에 띄거늘 배를 거기에 들여다 댈 수 있는가 의논한 후,

㊵ 닻을 끊어 바다에 버리는 동시에 킷줄을 늦추고 돛을 달고 바람을 맞추어 해안을 향하여 들어가다가,

㊶ 두 물이 합하여 흐르는 곳을 당하여 배를 걸매 이물은 부딪쳐 움직일 수 없이 붙고 고물은 큰 물결에 깨어져가니,

㊷ 군사들은 죄수가 헤엄쳐서 도망할까 하여 저희를 죽이는 것이 좋다, 하였으나

㊸ 백명부대장이 바울을 구조하려 하여 저희의 뜻을 막고 헤엄칠줄 아는 사람들을 명하여 물에 뛰어내려 먼저 육지에 나가게 하고,

㊹ 그 남은 사람은 널조각 혹은 배 물건에 의지하여 나가게 하니, 마침내 사람들이 다 안전하게 육지에 상륙하니라.

● 28장

① 우리가 안전히 육지에 도착한 후에야 안즉 그 섬은 말타라 하더라.

② 섬의 원주민들이 우리에게 각별히 친절을 베풀었고 비가 오고 날이 차매 불을 피워 우리를 다 맞아주었더라.

③ 바울이 한 뭇나무를 거두어 불에 넣으니 뜨거움을 인하여 독사가 나와 그 손을 물고 있는지라,

④ 원주민들이 뱀이 바울의 손에 매달려을 있음을 보고 서로 말하되, 확실히 이 사람은 살인자로다, 바다에서는 구조를 받았으나 정의는 그를 살려두지 아니하심이로다, 하더니

⑤ 바울이 그 짐승을 불에 떨어버리매 조금도 상함이 없더라.

⑥ 그가 붓든지 혹 갑자기 엎드러져 죽을 줄로 저희가 기다렸더니, 오래 기다려도 그에게 아무 이상이 없음을 보고 돌려 생각하여 말하되 신이라, 하더라.

⑦ 이 섬에 제일 높은 사람 보블리오라 하는 이가 그 근처에 토지가 있는 지라, 그가 우리를 영접하여 사흘이나 친절히 유숙하게 하더니,

⑧ 보블리오의 부친이 열병과 이질에 걸려 누웠거늘 바울이 들어가서 기도하고 그에게 안수하여 낫게하매,

⑨ 이러므로 섬 가운데 다른 병든 사람들이 와서 고침을 받고,

⑩ 후한 예로 우리를 대접하고 떠날 때에 우리 쓸 것을 배에 올리더라.

⑪ 석달 후에 그 섬에서 겨울을 지낸 알렉산드리아 배를 우리가 타고 떠나니, 그 배의 앞 머리는 가스토와 톨루에 쌍둥이 신상이 새겨져 있었더라.

⑫ 우리는 수라구사에 대고 사흘을 있다가,

⑬ 거기서 둘러가서 레기온에 이르러 하루를 지난 후 남풍이 일어나므로 이튿날 보디올에 이르러,

⑭ 거기서 형제를 만나 저희의 청함을 받아 이레를 함께 유하다가 로마로 가니라.

⑮ 거기 형제들이 우리가 온다는 소식을 듣고 압비오 광장과 쓰리 타반스까지 와서 우리를 맞이하였고, 바울이 이 사람들을 보자 하나님께 감사하고 마음에 용기를 얻었더라.

⑯ 우리가 로마에 들어가니 바울은 자기를 지키는 한 군사와 함께 따로 있게 허락하였더라.

⑰ 사흘 후에 바울이 유대인 중 높은 사람들을 청하여 모인 후에 이르러, 여러분 형제들아, 내가 이스라엘 백성이나 우리 조상의 규모를 배척한 일이 없는데 예루살렘에서 로마인의 손에 죄수로 내어준바 되었으니,

⑱ 로마인은 나를 심문하여 죽일 죄목이 없으므로 놓으려 하였으나,

⑲ 유대인들이 반대하기로 내가 마지 못하여 황제에게 청원함이요, 내 민족을 송사하려는 것이 아니로라,

⑳ 이러하므로 너희를 보고 함께 이야기하려 청하였노니, 이스라엘이 원하여 내가 이 쇠사슬에 매인바 되었노라,

㉑ 저희가 가로되 우리가 유대에서 네게 대한 편지도 받은 일이 없고, 또 형제 중 누가 와서 네게 대하여 좋지 못한 것을 고하든지 이야기 한 일도 없느니라.

㉒ 이에 우리가 너의 사상이 어떠한가 듣고자 하노니, 이 분파에 대하여는 어디서든지 반대를 받는줄 우리가 앎이라 하더라.

㉓ 저희가 일자를 정하고 그의 우거하는 집에 많이 오니, 바울이 아침부터 저녁까지 강론하여 하나님 나라를 증거하고, 모세의 율법과 선지자의 말을 가지고 예수의 일을 권하더라.

㉔ 어떤 사람들은 바울이 하는 말에 확신을 가지기도 하나 믿지 아니하는 사람도 있더라.

㉕ 서로 맞지 아니하여 흩어질 때에 바울이 한 말로 일러 가로되, 성령이 선지자 이사야로 너희 조상들에게 말씀하신 것이 옳도다.

㉖ 일렀으되 이 백성에게 가서 말하기를, 너희가 듣기는 들어도 도무지 깨닫지 못하며 보기는 보아도 도무지 알지 못하는도다.

㉗ 이 백성들의 마음이 완악하여져서 그 귀로는 둔하게 듣고 그 눈을 감았으니 이는 눈으로 보고 귀로 듣고 마음으로 깨달아 돌아와 나의 고침을 받을까 함이라 하였으니,

(For the heart of this people is waxed gross, and rheir ears are dull of hearing, and their eyes have they closed; lest they should see with their eyes, and hear with their ears, and understand with their heart, and should be converted, and I should heal them.-KJV)

(For this people's heart has become calloused; they hardly hear with their ears, and they have closed their eyes. Otherwise they might see with their eyes, hear with their ears, understand with their hearts and turn, and I would heal them.-NIV)

(Gross is the heart this people; they will not hear with their ears; they have closed their eyes, so they may not see with their eyes and hear with their ears and understand with their heart and be converted, and I heal them.'-NAB)

(These people are blockheads! They stick their fingers in their ears so they won't have to listen; They screw their eyes shut so they won't have to look, so they won't have to deal with me face-to-face and let me heal them."-THE MESSAGE)

㉘ 그러므로 나는 너희가 하나님의 구원이 이방인에게로 보내진 것을 알기를 원하노라, 그리고 그들은 귀를 기울일 것이니라 하더라.

㉙ (없음)

㉚ 바울이 만 이년 동안 바울 자신이 세 얻은 집에 거주하며 그를 만나러 오는 모든 사람을 환영하였고,

㉛ 담대하게 방해 없이 하나님 나라를 전파하며 주 예수 그리스도께 관한 것을 가르쳤더라.

하나님의 숨소리인 성경말씀을 200년 5월부터 2017. 12월까지 다시 듣고
기존 한국어번역 일부를 수정하여 기록합니다.
하나님의 은혜에 감사드리옵나이다.
아멘, 할렐루야!!
정남덕

로마서(사도바울의 교리서신)

 · 본 성경듣기는 QR코드 인식으로 들을 수 있습니다

● 1장

① 예수 그리스도의 종 바울은 사도로 부르심을 받아, 하나님의 복음을 위하여 택정함을 입었습니다.

② 이 복음은 하나님이 자신의 선지자들을 통하여 그의 아들에 관하여 성경안에서 미리 약속하신 것입니다.

③ 이 아들로 말하면 육신으로는 다윗의 혈통에서 나셨고,

④ 성결의 영으로는 죽은 가운데서 부활하여 능력으로 하나님의 아들로 인정되셨으니, 곧 우리 주 예수 그리스도이십니다.

⑤ 우리는 그분를 통하여 사도직의 은총을 받았습니다. 이는 그분의 이름을 위하여 모든 민족들에게 신앙의 순종을 일깨우려는 것입니다.

⑥ 여러분들도 그들 중에서 있어 예수 그리스도의 것으로 부르심을 입은 자들입니다.

⑦ 하나님의 사랑하심을 입고 성도로 부르심을 받은 로마에 있는 모든 사람들에게 하나님 우리 아버지와 주 예수 그리스도로 좇아 은혜와 평강이 있기를 기원합니다.

⑧ 첫째는 내가 예수 그리스도로 말미암아, 여러분 모든 사람을 인하여 내 하나님께 감사함은 여러분들의 신앙이 온세상에 전파됨입니다.

⑨ 내가 그분 아들의 복음을 전파하는데, 전심으로 섬기는 하나님이 나의 기도에서 쉬지 않고 항상 여러분들을 기억하였다는 증인이 되십니다.

⑩ 어쩌하든지 이제 하나님의 뜻 안에서 여러분들에게로 나아갈 길이 열리기를 기도합니다.

⑪ 내가 여러분들 보기를 심히 원하는 것은, 약간의 신령한 은사를 여러분들에게 주어 여러분들을 강하게 하려함입니다.

⑫ 이는 곧 여러분들과 내가 각자의 신앙에 의하여 서로 용기를 얻으려 함입니다.

⑬ 형제들아 내가 여러번 여러분들에게 가고자 한 것을 여러분들이 알기를 바랍니다. 이는 여러분들 중에서도 다른 이방인에서와 같이 열매를 맺게 하려 함이었으나 지금까지 가는길이 막혀있습니다.

⑭ 나는 헬라인이나 헬라인이 아닌자나 지혜 있는 자나 어리석은 자들에게 복음 전파의 의무를 지고 있습니다.

⑮ 그것이 내가 로마에 있는 여러분들에게도 복음 전하기를 열망하는 이유입니다.

⑯ 나는 그리스도의 복음을 부끄러워하지 아니합니다. 이 복음은 모든 믿는 자에게 구원을 주시는 하나님의 능력이십니다. 첫째는 유다인에게요. 그리고 헬라인에게입니다..

⑰ 복음에는 하나님의 의가 계시됩니다. 그 의는 처음부터 끝까지 신앙에 의하여 나타납니다. 기록된바 오직 의인은 신앙으로 살리라, 함과 같습니다.

⑱ 하나님의 진노는 사악함으로 진리를 억압하는 사람들의 불신앙과 사악함 모두에 대하여 하늘로부터 나타납니다.

⑲ 이는 하나님을 아는 것이 그들에게 명백히 드러나 있기 때문입니다. 사실 하나님께서 이를 그들에게 명백히 드러내 보이셨습니다.

⑳ 창세로부터 하나님의 보이지 특성, 곧 그의 영원하신 능력과 신성이 그 만드신 만물에 분명히 보이고 알게 되나니, 그러므로 그들은 변명치 못할 것입니다.

㉑ 하나님을 알되 하나님으로 영화롭게도 아니하며, 감사치도 아니하고, 오히려 그 생각이 허망하여지며 미련한 마음이 어두워졌습니다.

㉒ 스스로 지혜 있다, 하나 우둔하게 되어,

㉓ 썩어지지 아니하는 하나님의 영광을 썩어질 사람과 금수와 버러지 형상의 우상으로 바꾸었습니다.

㉔ 그러므로 하나님께서 그들을 마음의 정욕대로 더러움에 내어 버려두

사, 그들의 몸을 서로 욕되게 하셨습니다.

㉕ 이는 그들이 저희가 하나님의 진리를 거짓 것으로 바꾸어, 피조물을 조물주보다 더 경배하고 섬겼습니다. 그러나 주는 곧 영원히 찬미 받으실 분이십니다. 아멘!

㉖ 이를 인하여 하나님께서 저희를 부끄러운 정욕에 내어 버려 두셨으니, 곧 그들 여인들도 자연적인 육체관계를 자연을 거스르는 것으로 바꾸어 버렸습니다.

㉗ 이와 같이 남자들도 순리대로 여인 쓰기를 버리고, 서로 향하여 음욕이 불일듯하며, 남자가 남자로 더불어 부끄러운 일을 행하여, 그들의 타락에 합당한 대가를 직접 받았습니다.

㉘ 또한 그들이 마음에 하나님 두기를 싫어하며, 하나님께서 그들을 그 상실한 마음대로 내어 버려두사 합당치 못한 일을 하게 하셨습니다.

㉙ 곧 그들은 모든 불의 추악 탐욕 악의가 가득한 자요. 시기 살인 분쟁 사기 악독이 가득한 자요. 수군 수군하는 자요.

㉚ 비방하는 자요. 하나님의 미워하시는 자요. 능욕하는 자요. 교만한 자요. 자랑하는 자요. 악을 도모하는 자요. 부모를 거역하는 자요.

㉛ 무분별한 자요. 신뢰할 수 없는 자요. 냉혹한 자요 무자비한 자입니다.

㉜ 그들은 이같은 일을 행하는 자는 죽어 마땅하다는 하나님의 정의의 뜻을 알고도, 자기들만 행할 뿐 아니라, 또한 그 일을 행하는 자를 옳다 합니다.

● 2장

① 그러므로 여러분들이 변명치 못할 것은, 여러분들은 남들을 판단하는 같은 기준으로 여러분 자신들을 정죄하여야 하기 때문입니다. 그리고 여러분들은 똑같은 일들을 판단하고 있기 때문입니다.

(Therefore thou art inexcusable, O man, whosoever thou art that judgest: for wherein thou judgest another, thou condemnest thyself; for thou that judgest, doest the same things.-KJV)

(You, therefore, have no excuse,you who pass judgment on

someone else, for at whatever point you judge the other, you are condemning yourself, because you who pass judgment to the same things.-NIV)

(Therefore, you are without excuse, every one of you who passes judgment. For by the standard by which you judge another you condemn yourself, since you, the judge, do the very same things.-NAB)

(Those people are on a dark spiral downward. But if you think that leaves you on the high ground where you can point your finger at others, think again, Everytime you critize someone, you condemn yourself. Ith takes one to know one. Judgmental criticism of others is a well-known way of escaping detection in your own crimes and misdemeanors.-THE MESSAGE)

② 이런 일을 행하는 자에게, 하나님의 판단이 진리에 근거하여 내리는 줄을 우리는 알고 있습니다.

③ 이런 일을 행하는 자를 판단하면서도 같은 일들을 행하는 사람들아, 여러분들이 하나님의 판단을 피할 줄로 생각합니까?

④ 또는 여러분들이 하나님의 인자하심이, 여러분들을 인도하여 회개케 하심을 알지 못하여, 그의 풍성한 인자하심과 용납하심과 길이 참으심을 무시합니까?

⑤ 그러나 여러분들의 고집과 회개치 아니한 마음으로 하나님의 의로우신 판단이 나타나는 때, 즉 하나님의 진노의 날에 여러분들에게 임할 진노를 여러분들은 쌓고 있습니다.

⑥ 하나님께서는 각 사람에게 그 행한대로 갚으실 것입니다.

⑦ 참고 선을 행하여 영광과 존귀와 썩지 아니함을 구하는 자에게는 영생으로 하시고,

⑧ 오직 당을 지어 진리를 좇지 아니하고 불의를 좇는 자에게는 노와 분으로 하십니다.

⑨ 악을 행하는 각 사람의 영에게 환난과 고통이 있으리니, 첫째는 유대인에게요 또한 헬라인에게며,

⑩ 선을 행하는 각 사람에게는 영광과 존귀와 평강이 있으리니, 첫째는 유대인에게요, 또한 헬라인에게입니다.

⑪ 이는 하나님께서 사람을 편애하지 아니하기 때문입니다.

⑫ 무릇 율법 없이 범죄한 자는 또한 율법 없이 망하고, 무릇 율법이 있고 범죄한 자는 율법으로 말미암아 판단을 받습니다.

⑬ 하나님 판단으로는 율법을 듣는 자가 의인이 아니요. 오직 율법을 행하는 자라야 의롭다 하심을 얻습니다.

⑭ (율법 없는 이방인이 본성으로 율법의 일을 행할 때는 이 사람은 율법이 없어도 자기가 자기에게 율법이 됩니다.

⑮ 이런 이들은 그 양심이 증거가 되어, 그 생각들이 서로 송사하며 혹은 변명하며 그 마음에 새긴 율법의 행위를 나타냅니다.)

⑯ 내가 전하는 복음에 이른 바와 같이, 하나님이 예수 그리스도로 말미암아 사람들의 은밀한 것을 판단하시는 그날에, 이러한 일이 일어날 것입니다.

⑰ 유대인이라 칭하는 여러분들이 율법을 의지하며 하나님을 자랑하며,

⑱ 율법의 교훈을 받아 하나님의 뜻을 알고 지극히 선한 것을 좋게 여기며,

⑲ 여러분들이 율법에 있는 지식과 진리의 규모를 가진 자로서 소경의 길을 인도하는 자요. 어두움에 있는 자의 빛이요.

⑳ 어리석은 자의 훈도요. 어린 아이의 선생이라고 스스로 믿으니,

㉑ 그러면 다른 사람을 가르치는 여러분들이 여러분들 자신은 가르치지 아니합니까? 도적질 말라, 반포하는 여러분들이 도적질 합니까?

㉒ 간음하지 말라, 말하는 여러분들이 간음합니까? 우상을 혐오하는 여러분들이 사원을 성물을 도적질 합니까?

㉓ 율법을 자랑하는 여러분들이 율법을 범함으로 하나님을 욕되게 합니까?

㉔ 기록된 바와 같이 하나님의 이름이 여러분들로 인하여 이방인들 중에서 모독을 받고 있습니다.

(For the name of God is blasphemed among the Gentiles through you, as it is written.-KJV)

(As it is written: "God's name is blasphemed among the Gentiles because of you."-NIV)

(For, as it is written, "Because of you the name of God is reviled among the Gentiles."-NAB)

(The line from Scripture, "It's because of you Jews that the outsiders down on God," shows it's an old problem that isn't going to go away.-THE MESSAGE)

㉕ 여러분들이 율법을 행한즉 할례가 유익하나,만일 율법을 범하면 여러분들의 할례는 할례를 받지 않았던 것으로 됩니다.

㉖ 그런즉, 할례를 받지않은 이들이 율법의 규정들을 지키면, 할례를 받지 않았지만 할례 받은 것으로 여겨지지 않겠습니까?

㉗ 그리하여 몸에 할례를 받지 않았으면서도 율법을 준수하는 이들이 법전을 가지고, 할례를 받았으면서도 율법을 어기는 여러분들을 심판할 것입니다.

㉘ 이는 겉으로 유대인이라 해서 유대인이 아니요, 표면적 육신의 할례도 할례가 아닙니다.

㉙ 오히려, 내면적 유대인이 참 유대인이고, 할례는 율법 조문이 아니라 성령으로 마음에 받는 할례가 참 할례입니다. 그렇게 하는 이는 사람들이 아니라 하나님으로부터 칭찬을 받습니다.

● 3장

① 그렇다면 유대인이므로 유리한 점은 무엇이며, 할례의 가치는 무엇입니까?

② 모든 면에서에 많습니다. 무엇보다 먼저 그들이 하나님의 말씀에 맡겨진 것입니다.

③ 어떤 자들이 신실하지 아니하였으면, 어찌하리요? 그들의 불신실이 하나님의 신실하심을 헛되게 하겠습니까?

④ 전혀 그렇지 않습니다. 모든 사람이 거짓말쟁이 일지라도 하나님은 참되십니다. "주님께서 말씀하실 때에 주의 의로움이 나타나고, 사람들로부터 판단받으실 때 주께서는 이기십니다." 고 기록되어 있습니다.

⑤ 그러나 우리들의 부정직한 행위가 하나님의 의를 더욱 명백하게 드러나게 한다면, 우리는 할 말이 없습니다. 내가 사람들이 논쟁하는대로 말하면, 우리들에게 징벌을 내리시는 하나님은 부당하십니까?

⑥ 결코 그렇지 않습니다. 만일 그러하면 하나님께서 어찌 세상을 심판할 수 있겠습니까?

⑦ "나의 거짓이 하나님의 참되심을 높여서, 그의 영광을 증가시켰으면, 어찌하여 내가 이제까지 죄인으로 심판을 받겠습니까" 라고 말하는 사람들도 있을 것입니다.

⑧ 사실 우리들은 비난받고 있으며, 어떤 사람들은 그러면 선을 이루기 위하여 악을 행하자 하지 않겠습니까? 그러나 그러한 자들은 합당한 심판을 받을 것입니다.

⑨ 그러면 우리가 뭐라고 해야하겠습니까? 우리가 좀 낫다고요, 결코 아닙니다. 우리는 유대인이나 헬라인이나 다 죄 아래 있다고 이미 말하였습니다.

⑩ 기록한바, 하나님의 뜻에 꼭 맞는 사람은 없습니다. 하나도 없습니다.

⑪ 깨닫는 자도 없고, 하나님을 구하는 자도 없습니다.

⑫ 모든 것이 빗 나가서 다같이 무익하게 되고, 선을 행하는 자는 없습니다. 하나도 없습니다.

⑬ 그들의 목구멍은 열린 무덤이요. 그 혀로는 사람들을 속이며, 그들의 입술에는 독사의 독이 있습니다.

⑭ 그들의 입은 저주와 비꼼으로 가득합니다.

⑮ 그들의 발은 남을 피 흘리게 하는데 빠릅니다.

⑯ 그들의 길에는 파멸과 비참함을 남깁니다.

⑰ 그들은 평강의 길을 알지 못하였습니다.

⑱ 그들의 눈에는 하나님을 경외함이 없습니다.

⑲ 우리가 알거니와, 무릇 율법이 말하는 바는 모두 율법 아래에 사는 사람들에게 맞하는 것이니, 이는 모두가 입을 다물고, 온 세상 사람들로 하나님의 책임아래 있게 하려 함입니다.

⑳ 어떠한 인간도 율법에 따른 행위로 하나님 앞에서 의롭게 되지 못하기 때문입니다. 율법을 통해서는 죄를 알게 될 따름입니다.

㉑ 그러나 이제는 율법 외에 하나님의 한 의가 나타났습니다. 율법과 선지자들이 증언하는 것입니다.

㉒ 하나님의 의는 예수님의 말씀과 행적을 믿는 그리스도 신앙으로부터 오는데, 거기에는 다름이 없습니다.

(Even the righteousness of God, which is by faith of Jesus Christ unto all them believe; for there is no difference:-KJV)

(This righteousness from God comes through faith in Jesus Christ to all who believe. There is no difference,-NIV).

(the righteousness of God through faith in Jesus Christ for all who believe. For there is no distinction;-NAV)

(The God-setting-things-right that we read about has become Jesus-setting-things-right for us. And not only for us, but for everyone who believes in him. For there is no difference between us and them in this.-THE MESSAGE)

㉓ 모든 사람이 죄를 범하였으매, 하나님의 영광에 이르지 못하였으나,

㉔ 그리스도 예수님 안에 있는 구속으로 말미암아, 하나님의 은혜로 값 없이 의롭다 하심을 얻는 자 되었습니다.

㉕ 이 예수님을 하나님이 그의 피로 인하여 신앙으로 말미암는 화목제물로 세우셨으니, 이는 하나님께서 길이 참으시는 중에, 전에 지은 죄를 벌하지 않으시고 자기의 의로우심을 나타내시려 하심입니다.

(Whom God hath set forth to be a propitiation, through faith in his blood, to declare his righteousness for the remission of sins that are past, through the forbearance of God;-KJV)

(God presented him as a sacrifice of atonement, through faith in his blood. He did this to demonstrate his justice, because in his forbearance he had left the sins committed beforehand unpunished.-NIV)

(whom God set forth as an expiation, through faith, by his blood, to prove his righteousness because of the forgiveness of sins previously committed,-NAB)

(God sacrificed Jesus on the altar of the world to clear that world of sin. Having faith in him sets us in the clear. God decided on this course of a action in full view of the public-to set the world in the clear with himself the sacrifice of Jesus, finally taking care of the sins he had so patiently endured.-THE MESSAGE)

㉖ 곧 이 때에 자기의 의로우심을 나타내사, 자기도 의로우시며 또한 예수님을 존숭하는 자를 의롭다 하려 하심입니다.

㉗ 그런즉, 자랑할 데가 어디뇨? 있을 수가 없느니라. 무슨 법으로냐? 행위로냐? 아니라 오직 신앙의 법으로입니다.

㉘ 그러므로 사람이 의롭다 하심을 얻는 것은 율법의 행위에 있지 아니하고, 신앙으로 되는줄 우리는 인정합니다 .

㉙ 하나님은 홀로 유대인들만의 하나님이십니까? 이방인들의 하나님은 아니십니까? 아닙니다 진실로 이방인의 하나님도 되십니다.

㉚ 왜냐하면, 하나님은 할례자도 무할례자도 신앙으로 말미암아 의롭게 해주실 단 한 분이십니다.

㉛ 그런즉, 우리가 신앙으로 말미암아 율법을 폐하여야 합니까? 그렇지 않습니다 오히려 율법을 굳건히 세워야 합니다.

(Do we then make void the law through faith? God forbid: yea we establish the law.-KJV)

(Do we, then, nullify the law by this faith? Not at all! Rather, we uphold the law.-NIV)

(Are we then annulling the law by this faith? Of course not! On the contrary, we are supporting the law.-NAB)

(But by shifting our focus from what we do to what God does, don't we cancel out all our careful keeping of the rules and ways God commanded? Not at all. What happens, in fact, is that by putting that entire way of life in its proper place, we confirm it.-THE MESSAGE)

● 4장

① 그러면 육신으로서 우리 조상인 아브라함이 이 문제에 대하여 무엇을 깨달았다 하겠습니까?

② 만일 아브라함이 행위로써 정당하다 함을 얻었다면, 그는 약간의 자랑거리를 가지고 있으나 하나님 앞에서는 아닙니다.

③ 성경에서는 말합니다. 아브라함은 하나님이 그에게 하신 말씀을 믿었는데 그것이 그에게 의로움으로 되었습니다.

(For what saith the scripture? Abraham believed God, and it was counted unto him for righteousness.-KJV)

(What does the Scripture say? "Abraham believed God, and it was credited to him as righteousness."-NIV)

(For what does the Scripture say? "Abraham believed God, and it was credited to him as righteousness."-NAB)

(What we read in Scripture is, "Abraham entered into what God was doing for him, and that was the turning point. He thrusted God to set him right instead of trying to be right on his own."-THE MESSAGE)

④ 일하는 자에게 주는 품삯은 선물이 아니고 당연히 받아야할 것입니다.

(Now to him that worketh, is the reward not reckoned of grace, but of debt.-KJV)

(Now when a man works, his wages are not credited to him as a gift, but as an obligation.-NIV)

(A worker's wage is credited not as a gift, but as something due.-NAB)

(If you're a hard worker and do good job, you deserve your pay; we don't call your wages a gift.-THE MESSAGE)

⑤ 그러나 일을 아니할지라도, 악인들도 정당화 시키는 하나님을 흠숭하는 자들에게, 그들의 신앙심이 의로 돌려집니다.

(But to him that worketh not, but believeth on him that justifieth the ungodly, his faith is counted for righteousness.-

KJV)

(However, to the man who does not work but trusts God who justifies the wicked, his faith is credited as righteousness.-NIV)

(But when one does not work, yet believes in the one who justifies the ungodly, his faith is credited as rightneousness.-NAB)

(But if you see that the job is too big for you, that it's something only God can do, and you trust him to do it-you could never do it for yourself no matter how hard and long you worked-well, that trusting-him-to-do-it is what gets you set right with God, by God. Sheer gift.-THE MESSAGE)

⑥ 그래서 다윗도 하나님께서 행위와는 상관없이 의로움을 인정해주시는 사람의 행복을 이렇게 노래합니다.

⑦ 그들의 사악한 행위가 용서받고 그들의 죄가 가리워진 자는 복이 있도다!

⑧ 주께서 그의 죄를 계산하지 아니하는 사람은 복이 있도다!

⑨ 그러면 이 행복이 할례 받은 자들에게만 해당됩니까? 아니면 할례 받지 않은 이들에게도 해당됩니까? 우리는 하나님에 대한 아브라함의 신앙이 아브라함에게 의로움으로 여겨진다고 말하고 있습니다.

⑩ 그러면 어떤 상황에서 그렇게 됩니까? 할례를 받은 다음입니까? 아니면 할례를 받지 않았을 때입니까? 할례받은 다음이 아니고 할례받지 않았을 때 입니다.

(How was it then reckoned? When he was in circumcision, or in uncircumscion? Not in circumcision, but in uncircumcision.-KJV)

(Under what circumstances was it credited? Was it after he was circumcised, or before? It was not after, but before!-NIV)

(Under what circumstances was it credited? Was he circumcised or not? He was not circumscised, but uncircumscised.-NAB)

(Now think: Was that declaration made before or after he was

marked by the covenant rite of circumcision? That's right,
before he was marked.-THE MESSAGE)

⑪ 그는 그가 아직 할례받지 아니하였을 동안에, 신앙에 의하여 얻은 의의
봉인으로서 할례의 표시를 받았습니다.

⑫ 마찬가지로 아브라함은 할례받은 이들의 조상입니다. 그들은 할례를
받았을 뿐만 아니라 우리 조상 아브라함이 할례를 받지 않았을 때에 걸
어간 그 신앙의 길도 따라 걸었습니다.

⑬ 아브라함이나 그 후손에게 세상의 상속자가 되리라고 하신 언약은 율
법으로 말미암은 것이 아니요 ,오직 신앙의 의로 말미암은 것입니다.

⑭ 만일 율법에 억매여 사는 사람들이 상속자들이면, 신앙은 헛것이 되고,
약속도 쓸모없는 것이 됩니다.

⑮ 왜냐하면, 율법은 분노를 불러오기 때문입니다. 그래서 율법이 없으면
죄도 없습니다.

⑯ 그러므로 약속은 신앙에 따라 이루어지고 은총으로 주어집니다. 이는
약속이 모든 후손에게 곧 율법에 따라 사는 이들뿐만 아니라, 아브라
함이 보여준 신앙에 따라 사는 이들에게도 보장되게 하려는 것입니다.
아브라함은 우리 모두의 조상입니다.

⑰ 기록된바, 내가 너를 많은 민족의 조상으로 세웠다, 하심과 같습니다.
아브라함은 자기가 흠숭하는 분 곧 죽은 이들을 다시 살리시고 존재하
지 않는 것을 존재하도록 불러내시는 하나님 앞에서 우리 모두의 조상
이 되었습니다.

⑱ 아브라함은 이루어지기 어려운 소망이었지만, 하나님이 주신 너의 후
손들이 저렇게 많아질 것이다.라는 말을 희망을 가지고 믿었으며 그에
따라 많은 민족의 조상이 될 것임을 믿었습니다.

⑲ 그가 백세나 되어 자기 몸의 죽은 것 같고 사라의 태의 닫힌 것을 알고
도 신앙이 약하여지지 아니하였습니다.

⑳ 그리고 그는 하나님의 약속을 의심치 않고 흔들리지 않았으며, 그의 신
앙을 더욱 견고히 하여 하나님께 영광을 돌렸습니다.

㉑ 그리고 하나님께서 약속하신 그것을 또한 능히 이루실 줄을 확신하였
습니다.

㉒ 바로 그렇기 때문에, 하나님께서 그 신앙을 아브라함에게 의로 여기셨습니다.

㉓ 하나님께서 의로 여기셨다는 기록된 것은 아브라함만이 아니고

㉔ 우리도 위함이니 우리 주 예수를 죽은 자 가운데서 살리신 이를 존숭하는 우리도 그렇게 인정받을 것입니다.

㉕ 예수님은 우리 죄 때문에 죽음에 내어줌이 되셨고, 우리가 의롭다 함을 인정하기 위하여 살아나셨습니다.

● 5장

① 하나님이 우리를 위하여 항상 하시기를 원하시고, 함께 우리를 바르게 하시는 모든 것들에 우리가 신앙을 통하여 들어감으로써, 우리는 하나님과 함께 평화를 누리게 됩니다. 이는 우리 주 예수 그리스도를 통하여 이루어집니다.

(Therefore being justified by faith, we have peace with God, through our Lord Jesus Christ:-KJV)

(Therefore, since we have been justified through faith, we have peace with God through our Lord Jesus Christ,-NIV)

(Therefore, since we have been justified by faith, we have peace with God through our Lord Jesus Christ,-NAB)

(By entering through faith into what God has always wanted to do for us-set us right with him-we have it all together with God because of our Master Jesus.-THE MESSAGE)

② 또한 예수 그리스도를 통하여, 우리는 우리가 있는 곳에서 이러한 은총에 들어가는 접근방법을 신앙에 의하여 얻고 있습니다. 그리고 우리는 하나님의 영광에 참여한다는 소망의 기쁨을 누립니다.

(By whom also we have access by faith into this grace wherein we stsnd, and rejoice in hope of glory of God.-KJV)

(through whom we have gained access by faith into this grace in which we now stand. And we rejoice in the hope of the glory of God.-NIV) (through whom we have gained access [by faith] to this grace in which we stand, and we boast in hope of the glory of God.-NAB)

(And that's not all: We throw open our doors to God and discover at the same moment that he has already thrown open his door to us. We find ourselves standing where we always hoped we might stand-out in the wide open spaces of God's grace and glory, standing tall and shouting our praise.-THE MESSAGE)

③ 다만 이 뿐만 아니라 우리가 환난 중에도 즐거워하나니, 이는 환난은 인내를,

④ 인내는 개성을, 개성은 소망을 이루는 것으로 우리는 알고 있기 때문입니다.

⑤ 소망은 우리를 실망시키지 않습니다. 왜냐하면 하나님은 하나님께서 우리에게 주신 성령에 의하여 우리 마음에 사랑을 부어넣고 있기 때문입니다.

⑥ 우리가 아직 연약한 바로 그 때에 그리스도께서 불신자를 위하여 죽으셨음을 우리는 알고 있습니다.

⑦ 우리는 어떤 사람이 목숨을 바칠 만한 가치가 있는 사람을 위하여 죽는 것을 이해할 수 있습이다. 그리고 우리는 선량하고 고결한 사람이 우리에게 얼마나 이타적인 희생심을 불러 일으키는 지를 이해할 수 있습니다.

(For scarcely for a righteous man will one die: yet peradventure for a good man some would even, dare to die.-KJV)

(Very rarely will anyone die for a righteous man, though for a good man someone might possibly dare to die.-NIV)

(Indeed, only with difficulty does one die for a just person, though perhaps for a good person one might even find courage to die.-NAB)

(We can understand someone dying for a person worth dying

for, and we can understand how someone good and noble could inspire us to selfless sacrifice.-THE MESSAGE)

⑧ 우리가 아직 죄인 이었을 때에, 그리스도께서 우리를 위하여 죽으심으로, 하나님께서는 우리에 대한 자기의 사랑을 명백히 나타내셨습니다.

⑨ 우리가 이제 그 피로 인하여 의롭다 함을 얻었은즉, 더욱 그로 말미암아 하나님의 진노하심에서 구원을 얻을 것입니다.

⑩ 곧, 우리가 하나님과 대적하였을 때에 그 아들의 죽으심을 통하여 우리는 하나님과 화해하게 되었습니다. 그러면 우리는 화해된 것 이상으로 그의 살으심으로 인하여 구원을 얻어야 할 것입니다.

⑪ 이뿐 아니라, 이제 우리로 화목을 얻게 하신 우리 주 예수 그리스도로 말미암아, 하나님 안에서 또한 즐거워합니다.

⑫ 이러므로 한 사람으로 말미암아 죄가 세상에 들어오고 죄로 말미암아 사망이 왔나니, 이와 같이 모든 사람이 죄을 지었으므로 사망이 모든 사람에게 이르렀습니다.

⑬ 죄가 율법 있기 전에도 세상에 있었으나, 율법이 없을 때에는 죄를 죄로 여기지 아니하였습니다.

⑭ 그럼에도 불구하고, 아담으로부터 모세의 때까지 아담이 범한 하나님의 명령 위반의 죄를 짓지 아니한 자들도 사망이 지배 하였고, 또 태어날 사람들도 지배하였습니다.

⑮ 그러나 은사의 경우는 범죄의 경우와 다릅니다. 곧 한 사람의 범죄로 인하여는 많은 사람이 죽었습니다. 그러나 예수 그리스도 한 사람의 은혜로부터 온 은사와 하나님의 은혜가 얼마나 많은 사람들에게 넘칩니까?

⑯ 또 이 은사는 한 사람이 죄지은 것과 같지 아니합니다. 이경우에는 한 번 죄가 있은 후 판단이 있었고 그 결과 심판에 이르렀습니다. 그러나 예수 그리스도의 은사후에 많은 죄가 발생하였으나 의롭다 하심을 받았습니다.

⑰ 한 사람의 불순종으로 인하여 사망이 그 한 사람을 통하여 왕노릇 하게 되었지만, 은총과 의의 선물을 넘치게 받은 자들은 이 한 분 예수 그리스도를 통하여 생명 안에서 왕노릇 할 것입니다.

⑱ 그런즉, 한 범죄로 많은 사람이 정죄에 이른 것 같이 의의 한 행동으로 말미암아 많은 사람이 의롭다 하심을 받아 생명에 이르렀습니다.

⑲ 한 사람의 순종치 아니함으로 많은 사람이 죄인 된 것 같이, 한 사람의 순종하심으로 많은 사람이 의인이 될 것입니다.

⑳ 율법이 부가되면 범죄는 더 늘어나게 됩니다. 그러나 죄가 증가한 곳에 은혜는 더욱 넘쳤습니다.

㉑ 이는 죄가 사망 안에서 왕노릇 한 것 같이, 은혜도 또한 의로 말미암아 왕노릇 하여, 우리 주 예수 그리스도로 말미암아 영생에 이르게 하려 함입니다.

● 6장

① 그러면 우리는 어떻게 해야 합니까? 은혜를 더하게 하려고 죄에 계속 머물러야 합니까?

② 아닙니다, 그럴 수 없습니다. 죄로 인하여 죽은 우리가 어찌 그 가운데서 더 살겠습니까?

③ 그리스도 예수 안에서 세례를 받은 우리는, 그의 죽으심 안에서 세례 받은 줄을, 여러분들은 알지 못합니까?

④ 그러므로 우리가 그의 죽으심 안에서 세례를 받음으로, 그와 함께 장사되었나니, 이는 아버지의 영광으로 말미암아, 그리스도를 죽은 자 가운데서 살리심과 같이, 우리로 또한 새 생명을 살게 하려 함입니다.

⑤ 만일 우리가 그의 죽으심에서, 이와 같이 그와 일체가 되었다면, 우리는 확실히 그의 부활에서 그와 일체가 될 것입니다.

⑥ 우리가 알거니와, 우리 옛 삶은 예수와 함께 십자가에 못 박혔습니다. 그 것은 죄의 몸이 없어져서 다시는 우리가 죄에게 종노릇하지 아니하려 함입니다.

⑦ 이는 죽은 어떤자도 죄로부터 자유롭기 때문입니다.

⑧ 그래서 우리가 그리스도와 함께 죽었으면, 우리는 그리스도와 함께 역시 산다는 것을 믿습니다.

⑨ 그리스도께서 죽은 자 가운데서 사셨으매, 다시 죽지 아니하시고, 죽음이 다시 그를 지배하지 못한다는 것을 우리는 압니다.

⑩ 예수님의 죽으심은 그분과 함께 죄를 끌어 내리셨고, 다시 살으셨을 때 예수님은 하나님을 우리에게 내려오시게 하셨습니다.

(For in that he died, he died unto sin once: but in that he liveth, he liveth unto God.-KJV)

(The death he died, he died to sin once for all; but the life he lives, he lives to God.-NIV)

(As to his death, he died to sin once and for all; as to his life, he lives for God.-NAB)

(When Jesus died, he took sin down with him, but alive he brings God down to us.-THE MESSAGE)

⑪ 이와 같이 여러분들은 여러분자신들의 죄로 인하여 죽었고, 예수 그리스도 안에서 하나님께 대하여 사는 자로 생각하십시요.

⑫ 그러므로, 여러분들은 죄가 여러분들의 죽을 운명인 육신을 지배하여 여러분들이 육신의 나쁜 욕망에 복종치 말게 하십시요.

⑬ 또한 여러분들의 몸의 재능을 불의이 병기로 죄에게 드리지 말고, 오직 여러분들 자신을 죽은 자 가운데서 다시 산 자 같이 하나님께 드리십시요. 그리고 여러분들의 몸의 재능을 의의 병기로서 하나님께 드리십시요.

⑭ 죄가 여러분들의 주인이 되지 못합니다. 왜냐하면 여러분들이 죄 아래 있지 아니하고 은혜아래 있기 때문입니다.

⑮ 그런데 우리가 율법 아래 있지 아니하고, 은혜 아래 있는데 죄를 지을 수 있을까요? 결코 그럴수 없습니다.

⑯ 여러분들은 여러분 자신을 어떤 사람에게 순종하는 종으로 넘겨서 순종하면, 여러분이 순종하는 그 사람의 종이라는 사실을 모릅니까? 여러분들은 죽음으로 이끄는 죄의 종이 되거나 의로움으로 이끄는 순종의 종이 되거나 하는 것입니다.

⑰ 그러나 하나님께 감사하게도, 비록 여러분들이 과거에 죄의 노예이었지만, 여러분들은 충심으로 여러분들에게 전해진 모범적인 가르침에 순종하게 되었습니다.

⑱ 여러분들은 죄로부터 해방되어, 이제 의를 실현하는 사람이 되었으니

다.

(Being then made free from sin, ye became the servants of righteousness.-KJV)

(You have been set free from sin and have become slaves to righteousness.-NIV)

(Freed from sin, you have become slaves of righteousness.-NAB)

(But thank God you've started listening to a new master, one whose commands set you free to live openly in his freedom!-THE MESSAGE)

⑲ 여러분들은 본성이 약하기 때문에 내가 부드러운 말로 말합니다. 여러분들은 이제까지 여러분들의 육신을 불결함의 노예로 넘겨서 사악함을 증가시켰음과 똑같이, 이제는 그것들을 의의 종으로 바쳐 거룩함에 이르도록 하십시요.

(I speak after the manner of men, because of the infirmity of your flesh: for as ye have yielded your members servants to uncleanness and to iniquity, unto iniquity; even so now yield your members servants to righteousness unto holiness.-KJV)

(I put this in human terms because you are weak in your natural selves. Just as you used to offer the parts of your body in salvery to impurity and to ever-increasing wickedness, so now offer them in salvery to righteousness leading to holiness.-NIV)

(I am speaking in human terms because of the weekness of your nature. For just as you presented the parts of your bodies as slaves to impurity and to lawlessness, so now present them as slaves to righteousness for sanctification.-NAB)

(I'm using this freedom language because it's easy to picture. You can readily recall, can't you, how at one time the more you did just what you felt like doing-not caring about others, not caring about God.-the worse your life became and less freedom you had? And how much different is it now as you live in God's freedo, your lives healed and expansive in holiness?-THE MESSAGE)

⑳ 여러분들이 죄의 종이 되었을 때에는 의로움으로부터 멀어져 있었습니다.

㉑ 여러분들은 여러분들이 지금 부끄러워 하는 것들로부터 그 때에 무슨 이익을 얻었습니까? 그러한 것들은 사망으로 귀착합니다.

㉒ 그러나 이제는 여러분들이 죄에서 해방되고 하나님을 경배하게 되었으니, 여러분들이 얻는 이익은 거룩함입니다. 그리고 그 결과는 영생입니다.

㉓ 죄의 삯은 사망이요. 하나님의 은사는 그리스도 예수 우리 주 안에 있는 영생입니다.

● 7장

① 형제 여러분! 내가 율법을 아는 자들에게 말합니다. 여러분들은 율법은 사람이 살아있는 동안만 사람에게 영향을 미친다는 사실을 모릅니까?

② 남편 있는 여인은 그 남편 생전에는 율법으로 그에게 매인바 되나, 만일 그 남편이 죽으면 남편과 관련된 율법으로부터 벗어납니다.

③ 따라서 만일 여자가 그 남편 생전에 다른 남자에게 가면 간통한 여자라 이르되, 남편이 죽으면 그 법에서 벗어나므로 다른 남자에게 갈지라도 간통한 여자가 되지 않습니다.

④ 마찬가지로, 나의 형제들이여, 여러분들은 그리스도의 육신의 죽음으로 율법에서 벗어나서 죽은자들로부터 살아나신 분에게 속하게 되었습니다. 이는 우리가 하나님을 위한 의의 열매를 맺게 하려는 것입니다.

(Wherefore, my brethren, ye also are become dead to the law by the body of Christ; that ye should be married to another, even to him who is raised from the dead, that we should bring forth unto God.-KJV)

(So, my brother, you also died to the law through the body of Christ, that you might belong to another, to him who was raised from the dead, in order that we might bear fruit to God.-NIV)

(In the same way, my brothers, you also were put to death to the law through of the body of Christ, so that you might belong to another, to the one who was raised from the dead in order that we might bear fruit for God.-NAB)

(So, my friends, this is something like what has taken place with you. When Christ died he took that entire rule-dominated way of life down with him and left it in the tomb, leaving you free to "marry" a resurrection life and bear "offspring" of faith for God.-THE MESSAGE)

⑤ 우리가 죄많은 육신에 의하여 지배되었을 때에는, 율법으로 말미암는 죄의 정욕이 우리 육체중에 작용하여 우리로 사망의 열매를 맺게 하였습니다.

⑥ 그러나 이제는 우리가 얽매였던 것에 대하여 죽었으므로 율법에서 벗어났으니, 이러므로 우리가 새로운 길인 영을 섬길 것이요, 필사된 법인 낡은 옛길을 섬길것이 아닙니다.

⑦ 그러면 우리가 무엇이라고 말해야 합니까? 율법이 죄냐구요? 아닙니다. 율법으로 말미암지 않았다면 나는 죄를 알지 못하였을 것이고, 곧 율법에서 탐내지 말라 하지 아니하였더면 내가 탐심을 알지 못하였을 것입니다.

⑧ 그러나 죄가 계명으로 말미암은 기회를 타서, 내 속에서 각양 탐심을 이루었나니, 이는 율법을 별개로 치면 죄는 죽은 것입니다.

⑨ 전에 율법을 깨닫지 못할 때에는 내가 살았는데, 계명이 이르매, 죄는 살아나고 나는 죽었습니다.

⑩ 생명에 이르게 하여야 할 바로 그 계명이 내게 대하여 실제로 사망에 이르게 하는 것이 되었습니다.

(And the commandment which was ordained to life, I found to be unto death.-KJV)

(I found that the very commandment that was intended to bring life actually brought death.-NIV)

(then I died, and the commandment that was for life turned out to be death for me.-NAB)

(The law code, instead of being used to guide me, was used to seduce me.-THE MESSAGE)

⑪ 죄가 계명으로 말미암은 기회를 타서 나를 속이고, 그 계명을 통하여 나를 죽였습니다.

⑫ 이로 보건대 원래 율법이나 계명은 거룩하고 의로우며 선합니다.

⑬ 그러면 선한 것이 내게 사망이 되었습니까? 그렇지 않습니다. 오직 죄를 죄로 알게 하기 위하여 선한 그것으로 말미암아 나를 죽게 만들었습니다. 이는 계명으로 말미암아 죄를 심히 죄되게 하려함입니다.

⑭ 우리는 율법이 영적인 것으로 알고 있습니다. 그러나 나는 죄의 노예로서 팔렸으므로 육적인 존재입니다.

⑮ 나의 행하는 것을 내가 이해하지 못합니다. 나는 내가 하기를 원하는 것을 행하지 아니하고, 도리어 미워하는 것을 행하기 때문입니다.

⑯ 그리고 만일 내가 하기를 원치 아니하는 것을 하면, 나는 율법이 선하다고 시인하는 것입니다.

⑰ 사실 이제 그 것을 행하는 자는 더 이상 내가 아니요, 내 속에 거하는 죄입니다.

⑱ 나는 내 안에 즉 죄많은 내 육신 속에 선한 것이 거하지 않는 것을 압니다. 왜냐하면 내가 선한 일을 하려고 욕망하나, 내가 그 것을 할 수 없기 때문입니다.

⑲ 내가 하는 것이 내가 하기를 원하는 선이 아니고, 내가 하기를 원하지 않은 악입니다. 나는 이렇게 계속 하고 있습니다.

⑳ 그래서 만일 내가 원치 아니하는 그것을 하면, 이를 행하는 자는 내가 아니요, 내 속에 거하는 죄입니다.

㉑ 여기에서 나는 하나의 법칙을 알았습니다. 내가 선을 행하기를 원할 때

에는 악이 바로 나와 함께 있다는 것입니다.

㉒ 나는 나 자신의 영적인 내면에서 하나님의 법에 기쁨을 느끼기 때문입니다.

㉓ 그러나 나는 내 지체 속에서 다른 한 법이 내 이성의 법과 싸우고, 나를 내 지체 속에 거하는 죄의 율법의 포로로 만드는 것을 압니다.

(But I see another law in my members, warring against the law of my mind, and bringing me into captivity to the law of sin, which in my members.-KJV)

(But I see another law at work in the members of my body waging war against the law of my mind and making me a prisoner of the law of sin at work within my members.-NIV)

(but I see in my members another principle at war with the law of my mind, taking me captive to the law of sin that dwells in my members.-NAB)

(but it's pretty obvious that not all of me joins in that delight. Parts of me covertly revel, and just when I least except it, they take charge.-THE MESSAGE)

㉔ 오호라! 나는 비참한 사람입니다. 누가 나의 이 죽어야 할 육신으로부터 나를 구원해 줄 수 있습니까?

㉕ 우리 주 예수 그리스도로 말미암아 하나님께 감사합니다. 이렇게 나는 내 자신의 이성으로는 하나님의 법을 섬기나, 죄많은 육신으로는 죄의 법을 섬기는 노예가 되어 있습니다.

● 8장

① 그러므로 그리스도 예수 안에 있는 자에게는 결코 정죄함이 없나니, 이들은 육신을 따라 행하지 아니하고 성령을 따라 행합니다.

② 이는 그리스도 예수 안에서 생명을 주시는, 성령의 법이 나를 죄와 사망의 법에서 자유롭게 하였기 때문입니다.

③ 율법이 육신으로 말미암아 약하여져 이룰 수 없던 것을 하나님께서 이루셨습니다. 곧 당신의 친 아드님을 죄 많은 육신의 모습을 지닌 속죄

제물로 보내시어 그 육신 안에서 죄를 처단하셨습니다.

④ 이는 육신을 따라 행하지 아니하고, 오히려 성령을 따라 행하는 우리 안에서 율법의 의가 성취되게 하려 하심입니다.

(That the righteousness of the law might be fulfilled in us, who walk not after the flesh, but after the Spirit.-KJV)

(in order that the righteous requirements of the law might be fully met in us, who do not live according to the sinful nature but according to ths Spirit.-NIV)

(so that the righteous decree of the law might be fulfilled in us, who live not according to the flesh but according the spirit.-NAB)

(The law always ended up being used as a Band-Aid on sin instead of a deep healing of it. And now what the law code asked for but we couldn't deliver is accomplished as we, instead of redoubling our own efforts, simply embrace what the Spirit is doing in us.-THE MESAGE)

⑤ 육신을 좇는 자는 육신의 일을 영을 좇는 자는 영의 일을 생각합니다.

⑥ 육욕적인 생각은 사망이요. 영적인 생각은 생명과 평화입니다.

⑦ 육욕적인 생각은 하나님에게 적대적이고, 하나님의 법에 복종하지 아니할뿐 아니라, 또한 그렇게 할 수도 없습니다.

⑧ 육욕적인 마음을 가진 자들은 하나님을 기쁘게 할 수 없습니다.

⑨ 만일 여러분들 안에 하나님의 영이 거하시면, 여러분들은 육욕적인 정신에 의하여 지배되지 아니하고, 성령에 의하여 지배됩니다. 그리고 만일 어떤 사람이 그리스도의 영을 가지지 않았으면, 그는 그리스도에 속하지 않습니다.

⑩ 또 그리스도께서 여러분들 안에 계시면, 몸은 죄로 인하여 죽은 것이나, 영은 의로 인하여 산 것입니다.

⑪ 만일 죽은 자들 가운데서 예수님을 살리신 영이 여러분 안에 거하면, 그 영, 즉 여러분 안에 거하는 그 영을 통하여 여러분의 죽을 운명의 육신에게 생명을 불어 넣어 줄 것입니다.

(But if the Spirit of him that raised up Jesus from the dead, dwell in you, he that raised up Christ from the dead shall also quicken your mortal bodies by his Spirit that dwelleth in you.-KJV)

(And if the Spirit of him who raised Jesus from the dead is living in you, he who raised Christ from the dead will also give life to your mortal bodies through his Spirit, who lives in you.-NIV)

(If the Spirit of the one who raised Jesus from the dead dwells in you, the one who raised Christ from the dead will give life to your mortal bodies also, through his Spirit that dwells in you.-NAB)

(When God lives and breathes in you(and he does, as surely as he did in Jesus), you are delivered from that dead life. With his Spirit living in you, your body will be as alive as Christ's!-THE MESSAGE)

⑫ 그러므로 형제 여러분 우리는 육에 따라 살도록 육에 빚을 진 사람이 아닙니다.

⑬ 여러분들이 사악한 본성대로 살면 반드시 죽을 것이로되, 선한 영으로써 몸의 나쁜 행실을 극복하면 살 것입니다.

⑭ 무릇 하나님의 영으로 인도함을 받는 그들은 곧 하나님의 아들입니다.

⑮ 여러분들은 여러분들에게 다시 두려움을 주는 종의 영을 받지 아니하였고, 하나님의 아들이 되는 영을 받았으므로 우리는 아바 아버지라 부르짖습니다.

⑯ 성령이 친히 우리 영으로 더불어 우리가 하나님의 자녀인 것을 증거하십니다.

⑰ 만일 우리들이 자녀이면 우리들은 상속자요, 곧 하나님의 상속자며, 그리스도와 공동상속자입니다. 그래서 만일 우리가 정말로 그분과 고통을 같이 한다면, 그분의 영광을 누릴 것입니다.

⑱ 생각건대, 현재의 고난은 장차 우리에게 나타날 영광과 족히 비교할 수

없습니다.

⑲ 하나님의 창조물인 인간은 하나님의 자손들이 드러나길 열렬히 기대하고 있습니다.

⑳ 하나님의 창조물인 인간이 헛된 것의 지배 아래 든 것은 자기 뜻이 아니요, 오직 굴복케 하시는 이로 말미암은 것입니다.

㉑ 그 바라는 것은 하나님의 창조물도 썩어짐의 종노릇에서 해방되어, 하나님의 자녀들의 영광의 자유에 이르는 것입니다.

㉒ 우리는 모든 하나님의 창조물이 이제까지 출산의 고통 안에서 신음하고 있는 것을 압니다.

㉓ 그들 뿐만 아니라 성령의 첫 열매를 가진 우리 자신들까지도 속으로 갈망하여 아들들이 되는 것, 곧 우리 육신의 구속(구원)을 갈망하여 기다리고 있습니다.

(And not only they, but ourselves also which have the firstfruits of the Spirit, even we ourselves groan within ourselves, waiting for the adoption, to wit, the redemption of our body.-KJV)

(Not only so, but we ourselves, who have the firstfruits of the Spirit, groan inwardly as we wait eagerly for our adoption as sons, the redemption of our bodies.-NIV)

(and not only that, but we ourselves, who have the firstfruits of the Spirit, we also groan within ourselves as we wait for adoption, the redemption of our bodies.-NAB)

(But it's not only around us; it's within us. The Spirit of God is arousing us within. We're also feeling the birth pangs. These sterile and barren bodies of ours are yearning for full deliverance.-THE MESSAGE)

㉔ 이러한 소망안에서 우리는 구원을 얻었습니다. 소망은 보이는 것이 아닙니다. 이미 본 것은 소망이 아닙니다.

㉕ 하지만 우리가 아직 보지 못하고 있는 것을 소망하면, 우리는 인내를 가지고 그 것을 기다려야 합니다.

㉖ 같은 방법으로 우리의 약함을 도우십니다. 또 우리는 어떻게 기도하여

야 하는지 모릅니다. 그러나 성령 그 자체가 표현할 수 없는 신음으로 친히 우리를 위하여 간구하십니다.

㉗ 우리의 마음 속을 깊이 탐색하는 사람은 성령의 영적 상태를 압니다. 왜냐하면 성령은 하나님의 뜻에 일치하게 성도들을 위하여 간구하시기 때문입니다.

㉘ 우리는 모든 일에서 하나님은 자기를 사랑하는 자들과, 하나님의 목적에 따라 부름 받고 있는 자들을 위하여 일하시는 것을 압니다.

㉙ 하나님은 미리 아신 자들이 그 아들의 심상과 일치하도록 미리 정하셨으니, 이는 그가 많은 형제 들에서 첫 열매가 되게 하려 하심입니다.

㉚ 그리고 미리 정하신 그들을 역시 부르시고 또한 부르신 그들을 죄없다 하시고, 죄없다 하신이들을 영화롭게 하셨습니다.

㉛ 그런즉, 이 일에 대하여 우리가 무슨 말을 하겠습니까? 만일 하나님이 우리를 위하시면 누가 우리를 대적하겠습니까?

㉜ 자기 아들을 아끼지 아니하시고, 우리 모든 사람을 위하여 내어주신 이가 어찌 그 아들과 함께 모든 것을 우리에게 은사로 주지 아니하시겠습니까?

㉝ 누가 하나님으로부터 선택받은 자들을 죄 있다 하겠습니까? 죄가 없다 하시는 이는 하나님이십니다.

㉞ 누가 그들을 정죄할 수 있습니까? 이는 죽으셨다가 다시 살아나셨고 하늘에 오르사 하나님 우편에 앉아 계시고 우리를 위하여 간구하시고 있는 예수 그리스도만이 하실 수 있습니다.

㉟ 무엇이 우리를 그리스도의 사랑에서 갈라놓을 수 있겠습니까? 환난입니까? 역경입니까? 박해입니까? 굶주림입니까? 헐벗음입니까? 위험입니까? 칼입니까?

㊱ 기록된바 "우리가 종일 주를 위하여 죽임을 당케 되며 도살당할 양처럼 취급되었나이다" 함과 같습니다

㊲ 그러나 이 모든 일에 우리를 사랑하시는 이로 말미암아 우리가 넉넉히 이기고 있습니다.

㊳ 내가 확신하노니, 사망이나, 생명이나, 천사들이나, 권세자들이나, 현재 일이나, 장래일이나, 능력이나,

㊵ 높음이나, 깊음이나, 다른 어떤 창조물이라도 우리를 우리 주 그리스도 예수 안에 있는 하나님의 사랑으로부터 분리할 수 없습니다.

● 9장

① 나는 그리스도 안에서 진리를 말하며. 거짓말을 하지 않고, 나의 양심이 성령안에서 그 것을 진실하다고 확증합니다.

(I say the truth in Christ, I lie not, my conscience also bearing me witness in the Holy Ghost,-KJV)

(I speak the truth in Christ-I am not lying, my conscience confirms it in the Holy Spirit.-NIV)

(I speak the truth in Christ, I do not lie; my conscience joins with the Holy Spirit in bearing me witness.-NAB)

(At the same time, you need to know that I carry with me at all times a huge sorrow. It's an enormous pain deep within me, and I'm never free of it. I'm not exaggerating-Christ and the Holy Spirit are my witnesses.-THE MESSAGE)

② 나는 마음 속에 큰 슬픔과 쉴새없는 고뇌를 가지고 있습니다.

③ 나는 나 자신이 나의 형제들, 곧 혈족들 때문에 저주를 받아 그리스도로부터 분리되어지기를 원하지 않습니다.

(For I could wish that I myself were accursed and separated from Christ for the sake of my brothers, my kin according to the flesh.-NAB)

(For I could wish that myself were accursed from Christ, for my brethren my kinsmen according to the flesh:-KJV)

(For I could wish that I myself were cursed and cut off from Christ for the sake of my brothers, those of my own race,-NIV)

④ 그들은 이스라엘 사람들이라 그들에게는 양자 됨과 영광과 언약들과 율법을 세우신 것과 예배와 약속들이 있습니다.

⑤ 그들은 그 조상들의 후손입니다. 그리스도께서도 육으로는 그들에게서 태어나셨습니다. 그 분은 만물 위에 계신 하나님이십니다, 영원히 찬양

하옵나이다. 아멘!

⑥ 또한 하나님의 말씀이 헛되어진 것 같지는 않습니다. 이스라엘에게서 난 그들이 다 이스라엘이 아니기 때문입니다.

⑦ 아브라함의 후손이라고 해서 다 그의 자녀가 아닙니다. 오직 이삭으로부터 난 자라야 너의 이름을 물려받을 것이다 하셨습니다.

⑧ 달리 말하면 육신의 자녀가 하나님의 자녀가 되는 것이 아니라, 아브라함의 후손으로 여김을 받는 약속의 자녀가 하나님의 자녀가 되는 것입니다.

⑨ 약속의 말씀은 이것입니다. 내가 돌아오는 그 때에 사라에게 아들이 있으리라 하신 것입니다.

⑩ 이뿐 아니라 또한 리브가가 우리 조상 이삭 한 사람으로 말미암아 잉태하였는데

⑪ 두 쌍둥이가 태어나기도 전에 또 그들이 무슨 선이나 악을 행하지 아니한 때에 하나님은 그의 선택에 있어 결심을 확고히 하고,

⑫ 행위가 아니라 그가 선택하여 부르는 자를 통해서 이루어짐을 나타내시려고 "형이 동생을 섬기리라"고 리브가에게 이르셨습니다.

⑬ 성경에 "내가 야곱은 사랑하고 에서는 미워하였다"고 정확히 기록되어 있습니다.

⑭ 그러면 우리가 하나님께서 불공정하다고 말할 수 있습니까? 전혀 그렇지 않습니다.

⑮ 하나님은 모세에게 이르시되, 내가 긍휼히 여길만한 자를 긍휼히 여기고, 불쌍히 여길만한 자를 불쌍히 여기리라 하셨습니다.

⑯ 그러므로 모든 것이 인간의 바람이나 노력으로만 되는 것이 아니고, 하나님의 긍휼에 따라서 이루어 지는 것입니다.

⑰ 성경에서 하나님은 파라오(고대에집트왕)에게 말합니다. "내가 너를 세웠는데 이는 내가 너에게 나의 능력을 보여서 내 이름이 온 지구에 나타나게 함이로다"

⑱ 그러므로 하나님께서는 자비를 베풀고자 하는자에게는 자비를 베푸시고, 비정하게 하시고자 하는 자에는 잔인하게 하십니다.

⑲ 그러면 여러분들 중의 한분이 내게 이렇게 말할 것입니다. "하나님은

왜 아직도 우리를 책망하고 계십니까? 또 누가 그의 뜻을 반항할 수 있습니까?"

⑳ 이 사람아 네가 뉘기에 감히 하나님을 힐문하느뇨? 지음을 받은 물건이 지은 자에게 어찌 나를 이같이 만들었느냐 말하겠습니까?

㉑ 토기장이가 진흙 한 덩이로 하나는 귀히 쓸 그릇을 하나는 천히 쓸 그릇을 만드는 권이 없습니까?

㉒ 하나님께서 그분의 진노를 보이시고, 그분의 능력을 알게 하고자, 멸하기로 준비된 진노의 그릇을 오래 참으심으로 관용하시고,

㉓ 또한 영광 받기로 예비하신 자비의 그릇들에 대하여 당신의 풍성한 영광을 알리려 그리하셨다면, 무엇이라고 대답하렵니까?

㉔ 그래서 하나님께서는 우리를 유다인 가운데서만이 아니라 다른 민족들 가운데서도 불러 주셨습니다.

㉕ 호세아 글에도 이르기를, 내가 내 백성 아닌 자를 내 백성이라, 사랑치 아니한 자를 사랑한 자라, 부르리라 하였습니다.

㉖ 너희는 내 백성이 아니라 한 그 곳에서, 저희가 살아 계신 하나님의 아들들이라 불릴 것입니다.

(And it shall come to pass, that in the place where it was said unto them, Ye are not my people; there shall they be called the children of the living God.-KJV)

(and, "It will happen that in the very place where it was said to them, 'You are not my people,' they will be called sons of the living God.'"-NIV)

㉗ 또 이사야가 이스라엘에 관하여 이렇게 외쳤습니다. "이스라엘 뭇자손의 수가 비록 바다의 모래 같을지라도 얼마 남지 않은 소수의 자만 구원을 얻을 것이다."

㉘ 주께서 신속하고 종국적으로 지구 위에서 그 말씀을 실행하실 것입니다.

㉙ 또한 이사야가 미리 이렇게 말했습니다. "만일 만군의 주께서 우리에게 자손들을 남겨 두시지 아니하셨더면, 우리가 소돔과 같이 되고 고모라와 같았을 것이다."

㉚ 그런즉 우리가 무슨 말 하겠습니까? 의를 좇지 아니한 이방인들이 의를 얻었으니, 그 의는 곧 신앙에서 난 의입니다.

㉛ 그러나 율법으로서 의를 추구한 이스라엘은 의를 얻지 못하였습니다.

㉜ 왜 이스라엘이 의를 얻지 못했을까요? 이는 그들이 신앙에 의지하지 않고 마치 인위적으로 의를 얻을 수 있다고 생각하였기 때문입니다. 그들은 걸림 돌에 걸려 넘어진 것입니다.

㉝ 성경에 기록된바, "보라 내가 사람들이 넘어지게 하는 걸림 돌과, 사람들을 추락하게 하는 바위를 시온에 두노니, 만약 너희가 나를 흠숭하면, 너희는 넘어지거나 추락하는 치욕을 당하지 않을 것이니라." 하시니라.

(As it is written, Behold, I lay in Sion a stumblingstone, and rock of offence: and whosoever believeth on him, shall not be ashamed.-KJV)

("See, I lay in Zion a stone that causes men to stumble and a rock that makes them fall, and the one who trusts in him will never be put to shame."-NIV)

(as it is written: "Behold, I am laying a stone in Zion that will make people stumble and a rock that will make them fall, and whoever believes in him shall not be put to shame."-NAB)

(Careful! I've put a huge stone on the road to Mount Zion, a stone you can't get around. But the stone is me! If you are looking for me, you,ll find me on the way, not in the way.-THE MESSAGE)

● 10장

① 형제 여러분! 이스라엘인을 위한 하나님을 향한 나의 소원과 기도는 그들이 구원을 얻는 것입니다.

② 나는 그들이 하나님에 대한 열정은 있으나, 그 열정이 내적인 깨달음으로 부터 오는 열정이 아니라는 것을 분명히 말할 수 있습니다.

③ 그들은 하나님으로부터 오는 의를 모른채, 자기 자신의 의를 세우려고

만 힘쓰고, 하나님의 의에 복종하지 않았기 때문입니다.

④ 그리스도는 모든 믿는 자에게 의를 이루기 위한 율법의 마지막이 되십니다.

⑤ 모세는 율법에서 오는 의로움에 대하여 이렇게 기록하고 있습니다. "율법의 깨달음으로부터 오는 의로움을 실천 하는 자는 그로 인하여 살것이다."

⑥ 그러나 신앙으로 인한 의로움은 말합니다. "네 마음속으로라도 '누가 하늘나라에 올라갈까?'라고 말하지 말라. (그 것은 예수님을 하늘로부터 끌어 내리는 것이기 때문입니다.)

⑦ " 또 '누가 음부로 내려갈까?" 하지 마십시요 "(이는 그리스도를 죽은 자 가운데서 모셔 올리는 것입니다.)"

⑧ 그러면 무엇을 말하느뇨? "그 말씀은 여러분들에게 가까이 와서 여러분들의 입과 마음에 있습니다." 즉 그것은 우리가 전파하는 신앙(faith)의 말씀입니다.

⑨ 여러분들이 만일 여러분들 입으로 "예수를 주님'이라 고백하며 여러분들 마음속에서 예수님은 죽은 자 가운데서 다시 살아나셨다고 믿으면 여러분들은 구원을 받을 것입니다.

⑩ 여러분들은 마음으로 믿어 의에 이르고 입으로 고백하여 구원을 받기 때문입니다.

⑪ 성경에서 말합니다. "누구든지 그를 존숭하는 자는 부끄러움을 당하지 아니하리라."

⑫ 유대인이나 헬라인이나 차별이 없습니다. 모든 사람의 주는 다 같은 주이시며 주에게 호소하는 모든 사람에게 충만한 복을 주십니다.

⑬ 누구든지 주의 이름을 부르며 호소하는 자는 구원을 얻을 것입니다.

⑭ 그런데 그들이 존숭하지 아니하는 이를 어찌 부르겠습니까? 듣지도 못한 이를 어찌 존숭하겠습니까? 누가 그들에게 전파하는 자가 없이 어찌 듣겠습니까?

⑮ 보내심을 받지 아니하였으면 사람들이 어찌 전도하겠습니까? 기록된 바, "복음을 전하는 자들의 발이 얼마나 아름다운고?" 함과 같습니다.

⑯ 그러나 모든 이스라엘들이 복음을 받아들인 것은 아니하였습니다. 이

사야가 말합니다. " 주여 우리의 메씨지를 누가 믿고 있습니까?"

⑰ 결론적으로, 신앙은 메씨지(message)를 들음으로서 생겨나며, 그 메씨지는 그리스도의 말씀을 통하여 들려집니다.

(So then, faith cometh by hearing, and hearing by the word of God.-KJV)

(Consequently, faith comes from hearing the message, and the message is heard through the word of Christ.-NJV)

(Thus faith comes from what is heard, and what is heard comes through the Word of Christ.-NAB)

(The point is: Before you trust, you have to listen. But unless Christ's Word is preached. There,s nothing to listen.-THE MESSAGE)

⑱ 그러면 나는 묻습니다. 그들이 듣지 아니하였습니까? 아니오 그들은 들었습니다. "메시지를 전하는 자들의 소리는 온 지구에 퍼졌고 그들의 말은 세상의 끝까지 이르렀도다"하였습니다.

⑲ 다시 내가 묻습니다. 이스라엘이 깨닫지 못하였습니까? 우선 모세는, "내가 이스라엘 민족이 아닌 자들에 의해서 여러분들이 부러움을 사게 하며, 또 깨닫지 못하는 민족으로 인히여 여러분들을 분노케 할 것이니라." 라고 말하였습니다.

(But I say, Did not Israel know? First, Moses saith, I will provoke you to jealousy by them that are no people, and by a foolish nation I will anger you.-KJV)

(Again I ask: Did Israel not understand? First, Moses says, "I will make you envious by those who are not a nation; I will make you angry by a nation that has no understanding."-NIV)

(But I ask, did not Israel understand? First Moses says: "I will make you jealous of those who are not a nation; with senseless nation I will make you angry."-NAB)

(Moses had it right when he predicted, When you see God reach out to those you consider your inferiors −outsiders!−

you'll become insanely jealous. When you see God reach out to people you think are religiously stupid, you'll throw temper tantrums. -THE MESSAGE)

⑳ 또한 이사야가 매우 담대하게 이르되 "내가 나를 찾지도 않는 자들을 만나게 되었고 나에게 구하지 아니하는 자들에게 나 자신을 나타냈노라." 하였습니다.

㉑ 그러나 이사야는 이스라엘에 대하여 이렇게 말합니다. "복종하지 않고 반항하는 백성에게 나는 온 종일 내 손을 내밀었노라."

● 11장

① 그러면 내가 묻습니다. 하나님이 자기 백성을 버리셨습니까? 결코 아닙니다. 나자신도 이스라엘인이요. 아브라함의 씨에서 난 자요. 베냐민 지파입니다.

② 하나님은 미리 아신 자기 백성을 버리지 아니하셨습니다. 여러분들은 성경 엘리야서에서 그가 어떻게 이스라엘에 반하여 하나님께 간구했는지를 압니까?

③ 주여! 그들이 주의 선지자들을 죽였으며, 주의 제단들을 헐어 버렸고, 나만 남았는데 내 목숨도 찾나이다! 하였습니다.

④ 그에게 하신 대답이 무엇인지 압니까? "내가 나를 위하여 바알에게 무릎을 꿇지 아니한 사람 칠천을 남겨 두었다" 입니다.

⑤ 이와 같이 지금 이 시대에도 은혜로 선택 받은 남은 자들이 있습니다.

⑥ 만일 은혜로 선택된 것이면, 일 함으로 선택되지 않은 것입니다. 만약 일함으로 선택된 것이면 은혜는 더 이상 은혜가 되지 못 할 것입니다.

⑦ 그렇게 되면 어떻게 되었을까요? 이스라엘은 그가 구하는 것을 얻지 못하고, 오직 택하심을 입은 자들만 얻었으며 택하심을 입지 못한 자들은 장님이 되었습니다.

⑧ 이것은 이렇게 기록되어 있습니다. "하나님이 그들에게 마비된 영과 보지 못하는 눈과 듣지 못하는 귀를 주시고 오늘날까지 이르게 하셨다."

⑨ 또 다윗도 이렇게 말합니다." 그들의 밥상이 올가미와 덫이 되고 걸림돌과 응보가 되게 하소서.

⑩ 그들의 눈은 흐려 보지 못하고 그들의 등은 늘 굽어 있게 하옵소서."

⑪ 다시 내가 묻습니다. 그들은 회복못할 정도로 걸려 넘어졌습니까? 절대 아닙니다. 오히려 그들의 넘어짐으로 이방인들은 구원을 얻었고, 그 것을 이스라엘은 시기하게 되었습니다.

⑫ 그러나 만일 그들의 넘어짐이 세상의 부요함이 되며, 그들의 손실이 이방인의 부요함이 된다면, 그들의 충만함은 얼마나 큰 부요함이 되겠습니까!

⑬ 제가 이방인인 여러분들에게 말합니다. 나는 이방인들의 사도인 만큼 나의 사도직분을 영광스럽게 생각합니다.

⑭ 이는 나의 민족들에게 어느정도 시기심을 불러 일으켜 그들의 일부라도 구원하려는 희망에서 입니다.

⑮ 그들의 버림이 이 세상의 화목이 되었다면, 그들의 받아들임은 죽은 자 가운데서 살아나 생명을 얻는 것이 아니겠습니까?

⑯ 첫수확으로서 만들어지는 반죽이 거룩하다면, 그 것으로서 만들어진 빵도 거룩합니다. 그리고 만일 그 뿌리가 거룩하다면 그 가지도 거룩합니다.

⑰ 만일 올리브 나무에서 몇몇 가지가 잘려나가고 야생 올리브나무인 그대가 그 가지들 자리에 접붙여져 그 올리브 나무 뿌리의 기름진 수액을 같이 받게 되었다면

⑱ 그대는 그 잘려 나간 그 가지들을 얕보며 자만해서는 안 됩니다.

⑲ 그러면 여러분들은 이렇게 말할 것입니다. " 가지가 잘려 나간 것은 나를 접 붙이기 위한 것이었다."

⑳ 그렇습니다. 그러나 그들은 믿지 아니하므로 잘려나가고, 여러분들은 신앙으로 서 있습니다. 교만하지 말고 두려워 하십시요.

㉑ 하나님께서 원래의 가지들도 용서하지 않았다면, 하나님께서는 여러분들도 용서하지 않을 것이기 때문입니다..

㉒ 그러므로 하나님의 인자하심과 엄격함에 대하여 깊이 생각해 보십시요. 즉 떨어져나간 자들에게는 엄격하지만, 여러분들이 그의 인자하심에 계속 머물러 있는 한 여러분들에게 인자하십니다. 만일 그렇지 않으면 여러분들도 역시 잘려 나갈 것입니다.

㉓ 그리고 만일 그들이 믿는다면, 그들은 접붙여질 것입니다. 왜냐하면 하나님은 다시 접붙이실 능력이 있으시기 때문입니다.

㉔ 결국 만일 여러분들이 본래 야생인 올리브 나무 가지에서 잘려서 전혀 야생이 아닌 재배된 올리브나무 가지에 접붙여 졌다면, 야생의 가지들을 그들의 원래 올리브나무 가지에 접 붙이는 것이 얼마나 수월하겠습니까!

㉕ 형제 여러분! 나는 여러분들이 자만하지 않기 위하여 이 신비를 알기를 원합니다. 즉 이스라엘은 어느정도 완악함을 경험하였으며 그 때까지 아주 많은 이방인들이 들어왔습니다.

㉖ 그 다음에는 온 이스라엘이 구원을 얻을 것입니다. 이는 성경에 기록되어 있습니다. "구원자가 시온으로부터 올 것이고 그가 야곱의 집으로부터 불신앙을 떼어 낼 것이다.

㉗ 그리고 이것은 내가 그들의 죄를 없이 할 때에 그들과 맺은 나의 언약이니라."

㉘ 복음으로 말하면 그들은 여러분들의 관점에서는 적대자요. 그러나 선택의 관점에서는 그들은 그들의 조상의 덕분으로 하나님의 사랑을 받고 있습니다.

㉙ 하나님의 은사와 부르심은 취소할 수 없기 때문입니다.

㉚ 여러분들은 전에 하나님께 순종하지 아니하였지만, 유대인들이 하나님께 순종치 아니하므로 인하여 여러분들은 이제 은총을 입었습니다.

(For as ye in times past have not believed God, yet have now obtained mercy through their unbelief:-KJV)

(Just as you who were at one time disobedient to God have now received mercy as a result of their disobedience,-NIV)

(Just as you once disobeyed God but have now received mercy because of their disobedience,-NAB)

(There was a time no so long ago when you were on the outs with God. But when the Jews slammed the door on him and things opened up for you. Now they are on the outs.-THE MESSAGE)

㉛ 그래서 그들 역시 지금은 순종치 아니하나, 여러분들이 하나님의 은총을 얻듯이 그들 역시 이제 은총을 얻을 것입니다.

㉜ 하나님이 모든 사람을 순종치 아니하는 가운데 가두어 두심은 모든 사람에게 은총을 베풀려 하심입니다.

㉝ 깊도다! 하나님의 지혜와 지식의 부요함이여! 그의 판단은 측량치 못할 것이며, 그의 지나간 길은 찾지 못할 것입니다.

㉞ "누가 주의 마음을 알고 있습니까? 또 누가 주의 상담자 입니까?"

㉟ "또 누가 하나님께 먼저 무엇을 드려서 하나님으로부터 보답을 받겠습니까?"

㊱ 이는 만물이 주에게서 나오고 주로 말미암고, 주에게로 돌아가기 때문입니다. 영광이 그 분에게 영원히 계시기를 기원합니다. 아멘!

● 12장

① 그러므로 형제 여러분 내가 하나님의 긍휼하심으로 여러분들에게 권고합니다. 여러분들의 몸을 하나님에 만족스럽고 거룩한 산 제물로 드리십시요. 이것이 여러분들의 영적 예배입니다.

② 여러분들은 더 이상 이 세상의 세태에 따르지 마십시요. 여러분들의 마음을 새롭게 함으로써 변화하십시요.

③ 하나님께서 나에게 주신 은총으로 여러분들 각 자에게 말합니다. 자신에 관하여 마땅히 생각되는 이상으로 분수에 넘치는 상상을 하지 마십시요. 하나님이 여러분들에게 주신 신앙의 양에 따라서 냉정한 판단으로 여러분들을 생각하십시요.

④ 우리가 한 몸에 많은 지체를 가졌으나 모든 지체가 같이 기능을 하고 있지 않듯이,

⑤ 이와 같이 우리 많은 사람이 그리스도 안에서는 한몸이나 각자는 다른 사람들에게 지체가 됩니다.

⑥ 우리는 우리에게 주어진 은총에 따라 각각 다른 은사를 가지고 있습니다. 만약 어떤 사람이 예언의 은사를 받았다면 신앙에 상응하게 예언을 하게 합니다.

⑦ 혹 섬기는 일이면 섬기는 일로, 혹 가르치는 자면 가르치는 일로

⑧ 혹 격려하는 자면 격려하는 일로, 구제하는 자는 성실함으로, 다스리는 자는 부지런함으로, 자비를 베푸는 자는 즐거움으로 할 것입니다.

⑨ 사랑은 거짓이 없어야 합니다. 여러분들은 악을 혐오하고 선에 꼭 매달리십시요.

⑩ 형제애로서 서로 서로 헌신하며 서로를 자신 이상으로 존경하십시요.

⑪ 결코 열성이 식지 않게 하며 주를 섬기는 영적 열정을 유지하십시요.

⑫ 소망안에서 기뻐하며 고난에 인내하고 기도에 충실하십시요.

⑬ 궁핍한 성도들과 함께 나누며 손님을 후대하십시요.

⑭ 여러분들을 핍박하는 자를 축복하십시요. 저주하지 말고 축복하십시요.

⑮ 기뻐하는 자들과 함께 즐거워하고, 슬퍼하는 자들과는 함께 슬퍼하십시요.

⑯ 서로서로 어울려서 조화롭게 사십시요. 교만하지 마시고 지위가 낮은 사람들과도 기꺼이 교제하십시요.

⑰ 어떤 사람에게도 악을 악으로 되갚지 마십시요. 모든 사람들이 보기에 옳은 일을 하는데 유의하십시요.

⑱ 여러분들이 할수 있는한 가능하다면 다른 사람들과 화평하게 사십시요.

⑲ 나의 친구 여러분! 여러분들이 친히 복수를 하지 마십시요. 그 것은 하나님의 진노에 맡기십시요. 성경에서 주께서 다음과 같이 말합니다. "복수하는 것은 내 몫이다. 내가 되 갚아 주겠다."

⑳ 오히려 "여러분들의 적이 주리거든 먹이고, 목마르거든 마실 것을 주십시요. 이렇게 함으로써 여러분들은 적의 머리에 활활타는 석탄을 쌓아 놓는 것입니다."

㉑ 악에게 지지 말고 선으로 악을 이기십시요.

• 13장

① 모든 사람은 권세(정당한 권위)에 복종하여야 합니다. 하나님이 제정하지 않은 권세는 없기 때문입니다. 현재 존재하는 권세도 하나님이 세우신 것입니다.

② 따라서 권세에 도전하는 자는 하나님이 제정하신 것에 도전하는 것으로 그렇게 하는 자들은 스스로 심판을 불러오게 됩니다.

③ 사실 지배자들은 선한 일을 하는 자는 두려워하지 않고, 악한 일을 하는 자를 두려워하기 때문입니다. 여러분들은 권세자의 두려움으로부터 벗어나기를 원하십니까? 그러면 옳은 일을 하십시요. 그러면 그가 여러분들을 칭찬하실 것입니다.

④ 왜냐하면 권세자는 여러분들에게 선을 행하는 하나님의 사자입니다. 그러나 여러분들이 악을 행할 경우에는 두려워하십시요. 그가 공연히 칼을 차고 있는 것이 아닙니다. 그는 악을 행하는 자에게 하나님의 진노를 집행하는 그 분의 일꾼이며 대리인입니다.

⑤ 그러므로 하나님의 진노 때문이 아니라 양심 때문에 권세에 복종하는 것이 필요합니다.

⑥ 여러분들이 세금을 바치는 것도 이 때문입니다. 그들은 하나님의 일에 그들의 전 시간을 쏟는 하나님의 일꾼들입니다.

⑦ 그러므로 모든 사람에게 줄 것을 주되, 공세 받을 자에게 공세를 내고, 관세 받을 자에게 관세를 내고, 두려워 할 자를 두려워하며, 존경할 자를 존경하십시요.

⑧ 서로 사랑하는 것 외에는 아무에게 어떤 빚도 지지 마십시요. 다른 사람을 사랑하는 자는 율법을 이룬 것이기 때문입니다.

⑨ 간음하지 말라 살인하지 말라, 도적질 하지 말라, 탐내지 말라 한 것과 그 외에 다른 계명이 있을지라도 그 계명들은 "네 이웃을 네 자신과 같이 사랑하라"로 요약해서 말할 수 있습니다.

⑩ 사랑은 이웃에게 악을 행치 아니하나니, 그러므로 사랑은 율법의 완성입니다.

⑪ 따라서 사랑을 하십시요. 여러분들은 지금이 어떤 때인가를 알고 있습니다. 여러분들이 잠에서 깨어날 시간이 왔습니다. 지금 우리들의 구원이 우리가 처음 믿을 때보다 더 가까이 와 있습니다.

⑫ 밤이 거의 지나고 낮이 가까이 왔습니다. 그러므로 어두움의 행실을 던져버리고 광명의 갑옷을 입읍시다.

⑬ 대낮에서와 같이 온당하게 행동합시다. 방탕과 만취 음탕 호색하지 말

며 분쟁과 시기하지 맙시다.

⑭ 오히려 여러분들 자신이 예수 그리스도의 옷을 입으십시요. 그리고 육신의 욕망을 어떻게 채우나에 대하여 생각하지 마십시요.

● 14장

① 여러분들과 생각이 다른 신자들을 여러분들은 받되, 그들이 여러분들과 다른 말과 행동을 한다고 해서 그들을 질책하지 마십시요.

② 어떤 사람의 신앙은 그에게 모든 것을 먹게 하나, 신앙이 약한 다른 사람의 신앙은 오직 채소만 먹을 수 있게 합니다.

③ 식탁에서 모든 것을 먹는 자는 모든 것을 먹지 아니하는 자를 없신 여기지 말고, 또 모든 것을 먹지 아니하는 자는 모든 것을 먹는 자를 비난하지 말아야 합니다. 왜냐하면 하나님은 그들을 똑 같이 받아들이셨기 때문입니다.

④ 여러분들이 누구기에 딴 사람의 하인을 평가합니까? 그 하인이 섰는 것이나 넘어지는 것은 다 제 주인에게 달려 있습니다. 그리고 그는 서 있게 될 것 입니다. 하나님이 그를 서 있을 수 있게 하셨기 때문입니다.

⑤ 어떤 사람은 어떤 한 날을 다른 날보다 신성하게 여기고, 다른 사람은 모든 날이 같다고 여깁니다. 양쪽 모두 나름의 이유가 있습니다. 각자는 그의 마음속에 충분히 확신을 가지고 있으면 됩니다.

⑥ 어떤 날을 특별하게 여기는 자도 주를 위하여 중히 여기고, 음식물을 먹는 자도 주를 위하여 먹습니다. 이는 하나님께 감사함이요. 먹지 않는 자도 주를 위하여 먹지 아니하며 하나님께 감사합니다.

⑦ 우리 중에 누구든지 자기를 위하여 사는 자가 없고, 자기를 위하여 죽는 자도 없습니다

⑧ 우리가 살아도 주를 위해 살고 죽어도 주를 위해 죽나니, 그러므로 우리가 사나 죽으나 우리는 주의 것입니다.

⑨ 바로 이 이유 때문에 그리스도께서는 죽었다가 다시 생명을 얻으셨습니다. 이는 그리스도께서 산자와 죽은 자의 주가 되려 하심입니다.

⑩ 여러분들은 그런데 어찌하여 여러분들의 형제를 판단합니까? 또 어찌하여 여러분들의 형제를 업신여깁니까? 우리는 모두 다 하나님의 심

판 앞에 설 것입니다.

⑪ 기록되었으되 "주님께서 말씀하시되 나는 확실히 살아있느니 모두가 내 앞에 무릎을 꿇을 것이요 모든 혀가 하나님께 고해성사 할 것이다"고 하였습니다.

⑫ 그러므로 우리 각자는 우리가 한 일을 하나님께 직접 말할 것입니다.

⑬ 그런즉 우리가 다시는 서로서로 판단하는 것을 중지합시다. 도리어 여러분들의 형제들 앞에 부딪힐 것이나 장애물을 두지 않는다는 결심을 합시다.

⑭ 내가 주 예수 안에서 알고, 확신하는 것은 무엇이든지 스스로 속된 것이 없으되, 다만 속되게 여기는 그 사람에게는 속된 것입니다.

⑮ 만일 여러분들이 먹는 음식으로 인하여 여러분들의 형제가 고심하게 되면 여러분들은 더 이상 사랑안에 있지 않은 것입니다. 여러분들의 먹는 것으로 여러분들의 형제를 파멸시키지 마십시요. 그 형제들을 위하여 그리스도께서 죽으셨습니다.

⑯ 그러므로 여러분들이 선하다고 여긴 것이 나쁘게 말하여 지도록 허용하지 마십시요.

⑰ 하나님의 나라는 먹는 것과 마시는 것의 실체가 아니요. 오직 성령안에서 의로움과 평화와 기쁨입니다.

⑱ 이렇게 그리스도를 섬기는 자는 하나님께 기뻐하심을 받으며 사람에게도 칭찬을 받습니다.

⑲ 그러므로 평화와 상호 교화에 이르는 일을 하는데 모든 노력을 기울입시다.

⑳ 음식으로 인하여 하나님 하시는 일을 넘어지게 하지 마십시요. 모든 음식은 깨끗합니다. 다만 어떤 사람이 다른 사람을 걸려 넘어지게 하려고 먹는 것은 옳지 않습니다.

㉑ 고기도 먹지 아니하고, 포도주도 마시지 아니하고, 무엇이든지 여러분들의 형제가 거리끼게 하는 일을 아니함이 좋습니다.

㉒ 그래서 여러분들이 이 것들에 대하여 믿는 무엇이든지 여러분들 자신과 하나님 사이에서 간직하십시요. 본인이 좋다고 인정하는 바를 자책하지 않는 자는 복이 있습니다.

㉓ 의심하고 먹는 자는 정죄 되었나니, 왜냐하면 그는 신앙에 의하여 먹은 것이 아니기 때문이고 신앙으로 부터 오지 않는 모든 것은 죄이기 때문입니다.

● 15장

① 신앙이 강한 우리는 마땅히 신앙이 나약한 자의 약점을 보살펴 주어야 하고, 자기 좋을대로만 해서는 아니됩니다.

② 우리 각 자는 이웃사람들에게 좋은일을 하여서 그들을 기쁘게 하고, 그들의 신앙을 세우도록 하여야 합니다.

③ 그리스도께서도 자기 좋을대로만 하지 아니하셨나니, 성경에 "너희를 비방하는 자들의 비방이 내게 미쳤나니."로 기록되어있습니다.

④ 과거에 기록된 모든 기록은 우리의 교훈을 위하여 기록된 것으로 성경을 통한 인내와 위로는 우리로 하여금 소망을 가지게 합니다.

⑤ 여러분들에 대하여 인내하시고 안위하시는 하나님께서 여러분들이 하나님과 동행하시어 서로서로 같은 마음을 갖게 하시기를 기원합니다.

⑥ 그리하여 여러분들이 한 마음과 한 입으로 하나님 곧 우리 주 예수 그리스도의 아버지께 영광을 돌리려 함입니다.

⑦ 그러므로 그리스도께서 하나님을 찬양하기 위하여 여러분들을 기꺼이 받아들임과 같이 여러분들도 서로 서로를 용납하십시요.

⑧ 나는 여러분들에게 이것을 말합니다. 즉 그리스도께서는 하나님이 이스라엘의 조상들에게 하신 약속을 확증하기 위하여 이스라엘의 일군이 되신것입니다.

⑨ 또 이방인들로 자비하신 하나님을 찬미케 하려 합니다. 이는 성경에 "그러므로 나는 이방인들 중에서 당신을 찬미하며 당신의 찬송가를 부릅니다."라고 기록되어 있습니다.

⑩ 또 "오 이방인들이여 주의 백성들과 기뻐하라"고 하였고

⑪ 또 "모든 열방들아 주를 찬양하며 모든 이스라엘 백성들아 그를 칭송하라"고 하였으며

⑫ 그리고 다시 이사야가 "이새의 뿌리가 솟아나서 그가 이스라엘 민족들을 다스릴 것이고 이방인들도 그에게 소망을 둘 것이다."고 말하였습니

다.

⑬ 소망이신 하나님이 여러분들이 그를 신뢰하는 바대로 여러분들에게 모든 기쁨과 평화가 충만하게 하시어 성령의 능력에 의한 소망이 넘쳐 흐르기를 간절히 기원합니다.

⑭ 내 형제 여러분! 여러분들 스스로 선함이 가득하고 모든 지식이 차서 능히 서로 권하는 자들임을 나는 확신합니다.

⑮ 나는 하나님께서 나에게 주신 은총에 힘입어 여러분의 기억을 새롭게 하려고 어떤 부분에서는 상당히 대담하게 썼습니다.

⑯ 이 은총은 곧 나로 이방인들을 위하여 그리스도 예수의 일군이 되어 하나님의 복음을 전파하는 제사장 직무를 하게 하사, 이방인들이 성령에 의하여 성화되어 하나님께 순종할 때 받아들여지는 제물이 되게 하려 하심입니다.

⑰ 그러므로 나는 그리스도 예수 안에서 하나님의 일을 하는 것을 자랑스럽게 생각합니다.

⑱ 그리스도께서 이방인들을 하나님께 순종케 하기 위하여 나의 말과 행동으로 나를 통하여 성취하신 것 이외에는 감히 말하지 않겠습니다.

⑲ 이는 표적과 기사의 능력이며 성령의 능력으로 역사하신 것입니다. 그리하여 나는 예루살렘으로부터 두루 행하여 일루리곤까지 그리스도의 복음을 충분히 전하였습니다.

⑳ 또 나는 이미 그리스도의 이름을 부르는 곳에는 복음을 전하지 않기로 힘 썼습니다. 이는 다른 사람이 닦은 터 위에 집을 짓는 것과 같기 때문입니다.

㉑ 이는 성경에 "주에 관하여 들은 적 없는 자들이 보고 그의 소문을 들어 본 적이 없는 자들이 깨달으리라"로 기록되어 있습니다.

㉒ 이 것이 여러분들에게 가려다가 가끔 못 간 이유입니다.

㉓ 그러나 지금은 이 지방에서 내가 사역할 곳이 더 이상 없고, 내가 수년 동안 여러분들을 만나기를 갈망하고 있었기 때문입니다.

㉔ 그래서 내가 스페인으로 갈 때에, 즉 내가 지나가는 도중에 잠깐 여러분을 방문하여 여러분들과 잠시동안 만남의 기쁨을 나누고, 여러분의 도움을 받아 그 곳으로 가기를 기대하고 있습니다.

㉕ 그러나 지금은 예루살렘으로 성도들에게 봉사하러 가는 중입니다.

㉖ 이는 마케도냐와 아가야 사람들이 예루살렘 성도들 중 가난한 자들을 위하여 기쁨으로 기부하였기 때문입니다.

㉗ 그들은 기쁨으로 그렇게 하였습니다. 그리고 사실 그들은 예루살렘 성도들에게 빚을 지고 있습니다. 그들이 예루살렘 성도들의 신령한 것을 나눠 가졌으면 그들은 그들의 물질적인 축복으로 예루살렘 성도들을 섬기는 것이 마땅합니다.

㉘ 그래서 나는 이 일을 마치고, 이 모금을 그들에게 확실하게 전한 후에 스페인으로 갈 것인데 가는 중에 여러분들을 방문할 것입니다.

㉙ 나는 내가 여러분들에게 갈 때에 그리스도의 충만한 축복을 가지고 가리라는 것을 압니다.

㉚ 형제 여러분! 나는 여러분들이 우리 주 예수 그리스도와 성령의 사랑에 의하여 나를 위하여 하나님께 기도함으로써 나의 투쟁에 함께 해 주시기를 간청합니다.

㉛ 또 내가 유대에 있는 믿지 아니하는 자들로부터 해를 당하지 않고, 예루살렘에서의 나의 사역이 거기에 있는 성도들로부터 환영받을 수 있도록 여러분들이 기도해 주시기 바랍니다.

㉜ 그래서 나는 하나님의 뜻을 좇아 기쁨으로 여러분들에게 갈 것이고, 여러분들과 함께 재 충전하고자 합니다.

㉝ 평화의 하나님께서 여러분들 모두와 항상 함께 계실것을 기원합니다. 아멘!

● 16장

① 내가 겐그레아 교회에서 사역하는 우리들의 자매 포에베를 여러분들에게 천거합니다.

② 여러분들이 주 안에서 성도들의 합당한 예절로 그를 영접하고, 무엇이든지 그에게 소용되는 바를 도와 주십시요. 이는 그가 여러 사람과 나에게 큰 도움을 주었기 때문입니다.

③ 여러분들은 그리스도 예수 안에서 나의 동역자들인 브리스가와 아굴라에게 문안하십시요.

④ 그들은 생명의 위험을 무릅쓰고 나의 목숨을 구해 주었습니다. 나뿐만 아니라 이방인들 교회의 신자들도 다 그들에게 감사하고 있습니다.

⑤ 또 그들의 집에서 모이는 교인들에게도 문안하십시요. 나의 사랑하는 에배네도에게도 문안하십시요. 저는 아시아 지역안에서 처음으로 그리스도교로 개종한 사람입니다.

⑥ 여러분들을 위하여 대단히 열심히 일한 마리아에게 문안하십시요.

⑦ 내 친척이요, 나와 함께 갇혔던 안드로니고와 유니아에게 문안하십시요. 그들은 사도들 중에서도 뛰어난 사람들로써 나보다 먼저 그리스도 안에 있는 자들입니다.

⑧ 또 내가 주 안에서 사랑하는 암블리아에게 문안하십시요.

⑨ 그리스도 안에 있는 우리의 동역자인 우르바노와 나의 친한 친구 스다구에게 문안하십시요.

⑩ 그리스도 안에서 인정함을 받은 아벨레에게 문안하십시요. 그리고 아리스도불로의 집안 사람들에게 문안하십시요.

⑪ 내 친척 헤로디온에게 문안하십시요. 그리고 그리스도 안에 있는 나깃수의 집안 사람들에게 문안하십시요.

⑫ 주 안에서 열심히 사역한 여인 드루베나와 드루보사에게 문안하십시요. 그리고 주 안에서 많이 수고하고 사랑하는 여인 버시에게 문안하십시요.

⑬ 주 안에서 택하심을 입은 루포와 그 어머니에게 문안하십시오! 그 어머니는 곧 나에게도 어머니입니다.

⑭ 아순그리도와 블레곤과 허메와 바드로바와 허마와 저희와 함께 있는 형제들에게 문안하십시요.

⑮ 빌롤로고와 율리아와 또 네레오와 그 자매와 올름바와 저희와 함께 있는 모든 성도에게 문안하십시요.

⑯ 여러분들은 거룩한 입맞춤으로 서로 서로 문안하십시요. 우리 모든 그리스도를 믿는 교인들이 여러분들에게 문안을 드립니다.

⑰ 형제 여러분 내가 여러분들에게 간청합니다. 즉 여러분들이 배운 것에 반대로 여러분들의 진로에 장애물을 놓고 분파를 일으키는 사람들을 주의하고 그들을 멀리 하십시요.

⑱ 그러한 사람들은 우리 주를 섬기지 아니하고, 이 같은 자들은 우리 주 그리스도를 섬기지 아니하고, 그들의 욕망을 위하여 일하기 때문입니다. 알랑거리고 아첨하는 말로 그들은 순진한 사람들의 마음을 속이고 있습니다.

⑲ 모든 사람들이 여러분들의 순종함에 대하여 듣고 있습니다. 그래서 여러분들에 대한 기쁨으로 충만해 있습니다. 그러나 나는 여러분들이 선한 것에 지혜롭고 악한 것에 물들지 않기를 바랍니다.

⑳ 평화의 하나님께서 사탄을 곧 여러분들의 발 아래 부수어버릴 것입니다. 그리고 우리 주 예수 그리스도의 은총이 여러분들과 함께 하시기를 기원합니다.

㉑ 나의 동역자 디모데와 나의 친척 누기오와 야손과 소시바더가 여러분들에게 문안합니다.

㉒ 이 편지를 대서하는 나 터디스도 주안에 있는 여러분들에게 문안합니다.

(Tertius, who wrote this epistle, salute you in the Lord.-KJV)

(Tertius, who wrote down this letter, greet you in the Lord.-NIV)

(I, Tertius, the writer of this letter, greet you in the Lord.-NAB)

(I, Tertius, who wrote this letter at Paul's dictation, send you my personal greetings.-THE MESSAGE)

㉓ 나와 온 교회의 집 주인인 가이오스가 여러분들에게 문안합니다. 이 도시의 재정관 에라스토수 그리고 콰르투스 형제가 여러분들에게 문안합니다.

㉔ (없음)

㉕ 이제 모두, 여러분의 신앙을 강하게 하신 그분께 찬양을 드립니다. 이는 창세 이래로 감추어져 있던 신비의 계시에 서 나의 복음과 예수가 구세주라는 여러분들의 믿음의 힘을 강하게 하셨기 때문입니다.

(Now to him that is power to stablish you according to my gospel and the preaching of Jesus Christ, (according to the revelation of the mystery, which was kept secret since the the world began,-KJV)

(Now to him who is able to establish you by my gospel and the proclamation of Jesus Christ, according to the revelation of the mystery hidden for long ages past,-NIV)

(Now to him who can strengthen you, according to my gospel and the proclamation of Jesus Christ, according to the revelation of the mystery kept secret for long ages-NAB)

(All of our praise rises to the One who is strong enough to make you strong, exactly as preached in Jesus Christ, precisely as revealed in the mystery kept secret for so long but now an open book through the prophetic Scriptures.-THE MESSAGE)

㉖ 이제 세상 모든 나라들이 진리를 알수 있고 순종하는 믿음 속으로 인도되어 영원하신 하나님의 명령을 따라 살 수 있게 되었습니다.

(But now is made manifest, and by the Scriptures of the prophets according to the commandment of the everlasting God, made known to all nations for the obedience of faith:-KJV)

(but now revealed and made known through the prophetic writings by the command of the eternal God, so that all nations might believe and obey him.-NIV)

(but now manifested through the prophetic writings and, according to the command of the eternal God, made known to all nations to bring about the obedience of faith,-NAB)

(All the nations of the world can now know the truth and be brought into obedient belief, carrying out the orders of God, who got all this started, down to the very last letter.-THE MESSAGE)

㉗ 유일하게 지혜로우신 하나님께 예수 그리스도를 통하여 영광이 세세무궁토록 있기를 기원합니다.

고린도 전서(사도 바울의 교리서신)

 · 본 성경듣기는 QR코드 인식으로 들을 수 있습니다

● 1장
① 하나님의 뜻을 따라 그리스도 예수의 사도로 부르심을 받은 바울과 소스테네 형제는,
② 고린도에 있는 하나님의 교회, 곧 그리스도 예수안에서 거룩하여지고 성도라 부르심을 받은 자들과 또 각처에서 우리의 주, 곧 그들과 우리의 주 되신 예수 그리스도의 이름을 부르는 모든자들에게,
③ 하나님 우리 아버지와 주 예수 그리스도로부터 은혜와 평강이 있기를 기원합니다.
④ 나는 항상 예수 그리스도안에서 여러분에게 주신 하나님의 은총을 생각하며, 늘 하나님께 감사를 드립니다.
⑤ 이는 여러분이 그 안에서 모든 일 곧 모든 언변과 모든 지식에 풍족하므로,
⑥ 그리스도에 대한 우리의 증거가 여러분 중에 견고하게 되어,
⑦ 여러분들은 어떤 영적 은사도 부족함이 없이 우리 주 예수 그리스도의 나타나심을 기다리는 것입니다.
⑧ 그분은 끝까지 여러분들을 견고하게 하시어, 여러분들은 우리 주 예수 그리스도의 날에 책망 받을 것이 없을 것입니다.
⑨ 여러분을 불러 그분의 아들인 우리의 주 예수 그리스도와 교제케 하신 하나님은 믿을 만한 분이십니다.
⑩ 형제들아, 내가 우리 주 예수 그리스도의 이름으로 여러분들을 권하노니, 모두가 서로 동의하여 여러분 가운데 분쟁이 없이 같은 마음과 같

은 뜻으로 온전히 합하십시요.

⑪ 내 형제들 글로애의 집안의 몇 사람이 나에게 알려 주길 여러분 가운데 분쟁이 있다는 것입니다.

⑫ 내가 말하는 것은 이것이니, 여러분 중에 누구는 "나는 바울을 따른다", 다른 사람은 "나는 아볼로를 따른다", 또 다른 사람은 "나는 게바를 따른다", 또 다른 사람은 "나는 예수를 따른다."고 말하는 것입니다.

⑬ 그리스도께서 어찌 나뉘었느냐? 바울이 여러분을 위하여 십자가에 못 박혔느냐? 여러분이 바울의 이름으로 세례를 받았습니까?

⑭ 나는 그리스보와 가이오 외에는 여러분들 중에 여러분 중 아무에게도 세례를 주지 아니한 것을 감사합니다.

⑮ 그러므로 여러분 중 누구도 나의 이름으로 세례를 받았다 말하지 못할 것입니다.

⑯ 내가 또한 스데바나 집안 사람들에게 세례를 베풀었고, 그 외에는 다른 누구에게 세례를 베풀었는지 기억하지 못합니다.

⑰ 그리스도께서 나를 보내심은 세례를 베풀게 하려 하심이 아니요, 오직 복음(인간의 지식에 근거한 말이 아닌)를 전하게 하려 하심입니다. 그리하여 그리스도의 십자가의 보혈의 공로가 헛되지 않게 하려 하심입니다.

⑱ 십자가의 보혈의 공로의 메시지는 멸망하는 자들에게는 어리석은 말로 들리고, 구원을 받는 우리에게는 그것은 하나님의 능력입니다.

⑲ 기록된 바 "내가 지혜있는 자들의 지혜를 파괴하고, 총명한 자들의 총명을 헛되게 하리라" 하셨으니,

(For it is written, I will destroy the wisdom of the wise, and will bring to nothing the understanding of the prudent.-KJV)

(For it is written: "I will destroy the wisdom of the wise; the intelligence of the intelligent I will frustrate."-NIV)

(For it is written: "I will destroy the wisdom of the wise, and the learning of the learned I will set aside."-NAB)

(It's written, I'll turn conventional wisdom on its head, I'll expose so-called experts as crackpots.-THE MESSAGE)

⑳ 지혜 있는 자는 없습니다.(어디 있습니까?) 학자도 없습니다.(어디 있습니까?) 이 세대에 변론가 또한 없습니다.(어디 있습니까?) 하나님께서 이 세상의 지혜를 어리석게 만들지 아니 하셨습니까?

(Where is the wise? Where is the scribe? Where is the disputer of this world? Hath not God made foolish the wisdom of this world?-KJV)

(Where is the wise man? Where is the scholar? Where is the philosopher of this age? Has not God made foolish the wisdom of the world?-NIV)

(Where is the wise one? Where is the scribe? Where is the debater of this age? Has not God made the wisdom of the world foolish?-NAB)

(So where can we find someone truly wise, truly educated, truly intelligent in this day and age? Hasn't God exposed it all as pretentious nonsense?-THE MESSAGE)

㉑ 그후로 세상 사람들이 자기 지혜로 하나님을 알지 못한 것은 하나님의 지혜에 따른 것입니다. 그리고 하나님은 어리석어 보이는 초보적인 설교로 신앙을 가진 자들을 구원하시기를 기뻐하셨습니다.

(For after that, in the wisdom of God, the world by wisdom knew not God, it pleased God by the foolishness of preaching to save them that believe.-KJV)

(For since in the wisdom of God the world through its wisdom did not know him, God was pleased through the foolishness of what was preached to save those who believe.-NIV)

(For since in the wisdom of God the world did not come to know God through wisdom, it was the will of God through the foolishness of the proclamation to save those who have faith.-NAB)

(Since the world in all its fancy wisdom never had a clue when it came to knowing God, God in his wisdom took delight in using what the world considered stupid-preaching, of all things!-to bring those who trust him into the way of salvation.-THE MESSAGE)

㉒ 유대인은 표적을 구하고 헬라인은 지혜를 찾습니다.

㉓ 우리는 십자가에 못 박힌 그리스도를 전하니 유대인에게는 거리끼는 것이요. 이방인에게는 미련한 것입니다.

㉔ 오직 부르심을 받은 자들에게는 유대인이나 헬라인이나 그리스도는 하나님의 능력이요 지혜입니다.

㉕ 하나님의 어리석음이 사람의 지혜로움보다 지혜롭고 하나님의 약함이 사람의 강함 보다 강합니다.

㉖ 형제들 여러분들이 부름 받았을 때 여러분을 생각해 보십시요. 인간 기준으로도 지혜있는 자가 많지 아니하며, 영향력 있는 자도 많지 아니하며, 문벌 좋은 자도 많지 아니합니다.

㉗ 오히려 하나님께서는 세상의 미련한 것들을 택하사, 지혜있는 자들을 부끄럽게 하시고, 세상의 약한 것들을 택하사 강한 것들을 부끄럽게 하시며,

㉘ 하나님께서는 세상의 천한 것들과 멸시 받는 것들과 없는 것들을 택하사, 천하지 않은 것들과 멸시하는 것들과 있는 것들을 폐하려 하십니다.

㉙ 이는 어떤 사람도 하나님 앞에서 자랑하지 않게 하려하심입니다.

㉚ 왜냐하면 여러분들은 여러분들을 위하여 하나님의 지혜와 의와 거룩함과 구원함이 되신 예수그리스도안에 있기 때문입니다.

㉛ 기록된 바 자랑하는 자는 주 안에서 자랑하라 함과 같게 하려 함입니다.

● 2장

① 형제 여러분, 내가 여러분에게 나아가 하나님의 증거를 전할 때에 말과 지혜의 아름다운 것으로 아니하였습니다

② 나는 내가 여러분과 함께 있을 때에는, 예수는 그리스도라는 것과 그가 십자가에 못 박혀 죽으신 것외에는 아무 것도 모르는 것으로 작정하였

습니다

③ 내가 여러분한테 왔을 때, 나는 약하고 두려워하고 심히 떨었습니다

④ 내 말과 내 전도함이 설득력 있는 지혜의 말로 하지 아니하고, 다만 성령의 나타나심과 능력으로 하여,

⑤ 여러분의 신앙이 사람의 지혜에 의지하지 아니하고 하나님의 권세에 있게 하려 함이었습니다.

⑥ 그러나 우리는 성숙한 자들 중에서의 지혜에 대하여 말하노니, 이는 이 세상의 지혜가 아니요, 또 이 세상에서 없어질 통치자들의 지혜도 아니요

⑦ 우리는 하나님의 신비롭고 또 감추어져 있던 지혜를 말합니다. 그것은 세상이 시작되기 전, 하나님께서 우리의 영광을 위하여 미리 정하신 지혜입니다.

⑧ 이 지혜는 이 시대의 통치자들이 한 사람도 알지 못하였나니, 만일 알았더라면 영광의 주를 십자가에 못 박지 아니하였을 것입니다

⑨ 기록된 바, 하나님이 자기를 사랑하는 자들을 위하여 예비하신 모든 것은 눈으로 보지 못하고 귀로 듣지 못하고, 사람의 마음으로 생각하지도 못하였다 함과 같습니다

⑩ 오직 하나님이 성령으로, 이것을 우리에게 보이셨으니, 성령은 모든 것 곧 하나님의 깊은 곳까지도 알게 하십니다

⑪ 사람의 생각을 사람 속에 있는 사람의 영외는 누가 알겠습니까 이와 같이 하나님의 생각도 하나님의 영외에는 알지 못합니다

⑫ 우리가 세상의 영을 받지 아니하고, 오직 하나님으로부터 온 영을 받았으니, 이는 우리로 하여금 하나님께서 우리에게 은혜로 주신 것을 알게 하려하심입니다

⑬ 우리는 이 선물에 관하여 인간의 지혜가 가르쳐 준 것이 아니라, 성령께서 가르쳐 주신 말로 이야기합니다. 영적인 적은 영적인 표현으로 설명하는 것입니다.

⑭ 육에 속한 사람은 하나님의 성령의 일들을 받지 아니하나니, 이는 그것들이 그에게는 어리석게 보임이요. 또 그는 그것들을 알 수도 없나니, 그러한 일은 영적으로 분별되기 때문입니다

⑮ 신령한 자는 모든 것에 대하여 판단하나, 자기는 어떤 다른 사람의 판단을 받지 않습니다.

⑯ 누가 주의 마음을 알아서 주를 가르치겠습니까? 그러나 우리는 그리스도의 마음을 가졌습니다

● 3장

① 형제들아, 나는 여러분들을 영적인 사람들로 대하여 말할 수 없어서, 육신에 속한자, 곧 그리스도안에서 어린아이들을 대함과 같이 합니다.

② 내가 여러분을 젖으로 먹이고 밥으로 아니 하였노니, 이는 여러분이 감당하지 못하였음이거니와 지금도 못할 것입니다

③ 여러분은 아직도 세상에 속한 자입니다. 여러분 가운데 시기와 분쟁이 있으니 여러분들은 세속적이 아닙니까? 어찌 세상에 속한 사람같이 행하지 않을 수 있습니까?

④ 어떤 사람이 나는 바울을 따르겠소, 또 다른 사람은 아볼로를 따른다고 하는 데 여러분은 세상에 속한 사람이 아닙니까?

⑤ 그런즉 아볼로는 무엇이며? 바울은 무엇이냐? 그들은 주께서 각각 주신대로 여러분으로 하여금 믿게 하려한 사역자들입니다.

⑥ 나는 심었고 아볼로는 물을 주었으되 오직 하나님께서 자라나네 하셨습니다.

⑦ 그런즉, 심는 이나 물을 주는 이는 아무 것도 아니로되 오직 자라게 하시는 이는 하나님뿐이십니다.

⑧ 심는 이와 물 주는 이는 한가지이나 각각 자기가 일한대로 자기의 상을 받습니다.

⑨ 우리는 하나님의 일을 하는 자들이요. 여러분은 하나님의 밭이요, 빌딩입니다.

⑩ 내게 주신 하나님의 은혜에 따라 내가 지혜로운 건축자로서 터를 닦고, 다른 사람이 그위에 건축을 하나, 각자는 그위에 세울 건물에 세심한 주의을 기울여야 합니다.

⑪ 아무도 이미 놓인 기초외에 다른 기초를 놓을 수 없기 때문입니다. 그 기초는 예수 그리스도이십니다.

⑫ 만일 누구든지 금이나 은이나 보석이나 나무나 풀이나 짚으로 이 터 위에 세우면,

⑬ 각 사람의 공적이 나타날 터인데, 그날이 공적을 밝히리니 이는 불로 나타내고 그 불이 각 사람의 공적이 어떠한 것인가를 평가할 것입니다.

⑭ 만일 누구든지 그 위에 세운 공적이 그대로 있으면 상을 받고,

⑮ 누그든지 그 공적이 불타면 손실을 입을 것입니다. 그러나 그 자신이 그 불 화염으로부터 피할 때에는 구원을 받을 것입니다.

⑯ 여러분은 여러분이 하나님의 성전이며 성령이 여러분안에 계시는 것을 알지 못합니까?

⑰ 누구든지 하나님의 성전을 더럽히면 하나님이 그 사람을 멸하시리라, 하나님의 성전은 거룩하니라, 여러분은 하나님의 성전입니다.

⑱ 아무도 자신을 속이지 말라, 여러분 중에 누구든지 이 세상의 기준에서 지혜 있는 줄로 생각하거든 순진한자가 되라, 그리하여야 지혜로운 자가 될 것입니다.

(Let no man deceive himself. If anyman among you seemeth to be wise in this world, let him become a fool, that he may be wise.-KJV)

(Do not deceive yourselves. If any one of you thinks he is wise by the standards of this age, he should become a "fool" so that he may become wise.-NIV)

(Let no one deceive himself. If any one amoung you considers himself wise in this age, let him become a fool so as to become wise.-NAB)

(Don't fool yourself. Don't think that you can be wise merely by being up-to-date with the times. Be God's fool-that's the path to true wisdom.-THE MESSAGE)

⑲ 이 세상 지혜는 하나님이 보시기에 어리석은 것이니, 기록된 바, "하나님은 (세상)지혜있는 자들로 하여금 자기 꾀에 빠지게 하시니라" 하였습니다.

(For the wisdom of this world is foolishness with God. For it is written, He taketh the wise in their own craftiness.-KJV)

(For the wisdom of this world is foolishness in God's sight. As it
is written: "He catches the wise in their craftiness"-NIV)

(For the wisdom of this world is foolishness in the eyes of God,
for it is written: "He catches the wise in their own ruses,"-NAB)

(What the world calls smart, God calls stupid. It's written
in Scripture, He exposes the chicanery of the chic.-THE
MESSAGE)

⑳ 또 주께서는 (세상의)지혜 있는 자들의 생각을 아시며, 그것들은 부질
없는 것들이라, 하셨습니다.

(And again, The Lord knoweth the thoughts of the wise that
they are vain.-KJV)

(and again, "The Lord knows that the thoughts of the wise are
futile."-NIV)

(and again: "The Lord knows the thoughts of the wise, that
they are vain."-NAB)

(The Master sees through the smoke screens of the know-it-
alls.-THE MESSAGE)

㉑ 그런 즉, 인간에 대하여 누가 학식이 있다 없다 왈가왈부 할 필요가 없
습니다. 만물이 여러분의 것이므로 여러분도 같습니다.

㉒ 바울이나 아볼로나 게바나, 세계나 생명이나 사망이나 지금의 것이나
장래의 것이나 다 여러분의 것입니다.

㉓ 여러분은 그리스도의 것이고, 그리스도는 하나님의 것입니다.

● 4장

① 그리하여 사람들은 마땅히 우리를 그리스도의 일군이요, 하나님의 비
밀을 맡은 자로 여길 것입니다.

② 이제 맡은 자들은 자신들의 신앙심을 증명하여야 합니다.

③ 여러분에게서나 다른 인간의 법정으로부터 판단 받는 것을 나는 개의
치 않습니다. 따라서 나도 나를 판단치 아니합니다.

④ 나의 양심은 깨끗합니다. 그러나 그것이 나를 순수하다고 하지는 않습니다. 나를 판단하실 이는 오직 주이십니다.

⑤ 그러므로 때가 이르기 전, 곧 주께서 오시기까지 아무것도 판단치 마십시요. 그가 어두움에 감추인 것들을 드러내고 마음의 뜻을 나타내시리니. 그 때에 각 사람에게 하나님께로부터 칭찬이 있을 것입니다.

⑥ 형제들아, 내가 여러분을 위하여 이 일에 나와 아볼로를 가지고 본을 보였으니, 이는 여러분으로 하여금 기록한 말씀 밖에 넘어가지 말라, 한 것을 우리에게서 배워 서로 대적하여 교만한 마음을 먹지 말게 하려 함입니다.

⑦ 누가 여러분을 구별하였습니까? 네게 있는 것 중에 받지 아니한 것이 무엇입니까? 네가 받았은 즉, 어찌하여 받지 아니한 것 같이 과장하여 말 합니까?

⑧ 여러분은 이미 여러분이 원하는 모든 것을 가졌습니다. 부자가 되었으며 왕같이 되었습니다. 우리가 여러분과 함께 왕같이 되기 위하여 여러분이 진실로 왕같이 되기를 원합니다.

⑨ 내가 생각건대, 하나님이 사도인 우리를 죽이기로 작정한 자 같이 끄트머리에 두셨으며, 우리는 세계, 곧 천사와 사람에게 구경거리가 되었습니다.

⑩ 우리는 그리스도를 위하여 미련하고, 여러분은 그리스도안에서 현명하며, 우리는 약하되 여러분은 강하고, 여러분은 존귀하되 우리는 비천하여,

⑪ 바로 이 시간까지 우리가 주리고 목마르며 헐 벗고 매 맞으며 정처가 없고,

⑫ 우리는 친히 우리 손으로 열심히 일하고, 욕을 당하면 축복하고 핍박을 당한 즉 이를 참고,

⑬ 비방을 당한 즉 권면하니, 우리가 지금까지 세상의 더러운 것과 만물의 찌끼같이 되었습니다.

⑭ 내가 여러분을 부끄럽게 하려고 이것을 쓰는 것이 아니라, 오직 여러분을 내 사랑하는 자녀 같이 권하려 하는 것입니다.

⑮ 비록 여러분이 그리스도 안에서 일만의 안내자가 있어도, 여러분은 많

은 아버지를 가지지는 못하였나니, 그리스도안에서 내가 복음으로써 여러분의 아버지가 되었습니다.

⑯ 그러므로 내가 여러분에게 권하노니, 여러분은 나를 본 받은 자 되십시요.

⑰ 이런 연유로 인하여 내가 주안에서 내 사랑하고 신실한 아들 디모데를 여러분에게 보내었노니, 저가 여러분으로 하여금 그리스도 예수안에서 나의 행사, 곧 내가 각처 각 교회에서 가르치는 것을 생각나게 할 것입니다.

⑱ 어떤이들은 내가 여러분에게 다시 가지 아니할 것 같으로 생각하고 스스로 교만하여 함부로 말하고 있으나,

⑲ 그러나 주께서 허락하시면, 내가 여러분에게 속히 나아가서 교만한 자들이 어떻게 말하는지와 그들이 무슨 능력을 가졌는지를 알아 보겠습니다.

⑳ 하나님의 나라(하나님뜻을 따라 사는것)는 단순한 말에 있지 아니하고, 하나님의 뜻에 따라 사는 우리의 생에 있습니다.

(For the kingdom of God is not in word, but in power.-KJV)

(For the kingdom of God is not a matter of talk but of power.-NIV)

(For the kingdom of God is not a matter of talk but of power.-NAB)

(God's way is not a matter of mere talk; it's an empowered life.-THE MESSAGE)

㉑ 여러분은 무엇을 더 좋아합니까? 내가 매를 가지고 여러분에게 나아가야 합니까? 사랑과 온유한 마음으로 나아가야 합니까?

● 5장

① 여러분 중에 심지어 음행이 있다 함을 들었습니다. 이런 음행은 이방인 중에라도 없는 것이라, 누가 그 아비의 아내를 취하였다 합니다.

② 그리하고도 여러분이 오히려 교만하여져서 어찌하여 통한이 여기지 아니하고, 그 일 행한자를 여러분 중에서 물리치지 아니하였습니까?

③ 내가 실로 몸으로는 떠나 있으나, 영으로는 함께 있어서 거기 있는 것 같이 이 일 행한 자를 이미 판단하였습니다.

④ 주 예수의 이름으로 너희가 내 영과 함께 모여서 우리 주 예수의 능력으로

⑤ 이런 자를 사단에게 내어 주었으니, 이는 육신은 멸하고 영은 주 예수의 날에 구원을 얻게 하려 함입니다.

⑥ 여러분은 자랑하는 것이 옳지 않습니다. 적은 누룩이 온 덩어리에 퍼지는 것을 알지 못합니까?

⑦ 새 반죽을 만들기 위하여 묵은 누룩을 내어버리십시요. 우리의 유월절 양 곧 그리스도께서 희생이 되셨기 때문입니다.

⑧ 그러므로 묵은 누룩도 말고 상하고 썩은 누룩이 아니며, 오직 순전함과 진실함의 누룩 없는 떡으로 우리의 명절을 지내십시다.

⑨ 내가 여러분에게 쓴 것에 음행하는 자와 사귀지 말라 하였습니다.

⑩ 이 말은 이 세상의 음행하는 자들이나 탐하는 자들과 토색하는 자들이나 우상 숭배하는 자들을 도무지 사귀지 말라 하는 것은 아니니, 만일 그리 하려면 이 세상 밖으로 나가야 할 것입니다.

⑪ 이제 내가 여러분에게 쓴 것은 만일 어떤 형제라 일컫는 자가 음행하거나 탐람하거나 우상 숭배를 하거나 후욕하거나 술 취하거나 토색하거든 사귀지도 말고 그런 자와는 함께 먹지도 말라 함입니다.

⑫ 교회 밖에 있는 사람들을 판단하는데 내게 무슨 상관이 있으리요,마는 교회안에 있는 사람들은 여러분들이 판단하여야 하지 않겠습니까?

⑬ 여러분 밖에 있는 사람들은 하나님이 판단하려시니와 여러분들 중에 있는 악한 사람은 여러분들 중에서 내어 쫓으십시요.

● 6장

① 여러분 중의 누가 다른 사람과 분쟁이 있다면, 성도들 앞에서 송사하지 세상적인 사람들 앞에서 하겠습니까?

② 성도들이 세상일을 판단하는 것을 여러분은 알지 못합니까? 그리고 여러분이 세상을 판단한다면 여러분들이 사소한 일들을 판단하는 일을 감당치 못하겠습니까?

③ 우리가 천사를 판단한 것을 여러분은 알지 못합니까? 그러하거든 세상 일이랴,

④ 그러므로 여러분이 그러한 사건들에 대하여 분규가 있을 때 교회에서 거의 인정을 받지 못하는 자 일지라도 판단관으로 세우십시요.

⑤ 내가 여러분을 부끄럽게 하려 하여 이 말을 하노니, 여러분 가운데 그 형제간 일을 판단할 만한 지혜있는 자가 하나도 없습니까?

⑥ 그러나 한 형제가 다른 형제에 대하여 송사하는 데, 이 것을 믿지 아니하는 자들 앞에서 하는군요.

⑦ 여러분이 피차 송사 함으로 여러분 가운데 이미 완연한 허물이 있나니, 차라리 불의를 당하는 것이 낫지 아니하며 차라리 속는 것이 낫지 아니합니까?

⑧ 대신 여러분 자신들은 불의를 행하고 속이는구나, 여러분들은 여러분 형제들에게 이것을 행하는 군요.

⑨ 불의한 자가 하나님의 나라를 유업으로 받지 못할 줄을 알지 못합니까? 속임을 당하지 말라, 음란하는 자나, 우상 숭배하는 자나, 간음하는 자나, 탐색하는 자나, 남색하는 자나,

⑩ 도적이나, 탐람하는 자나, 술 취하는 자나, 후욕하는 자나, 토색하는 자들은 하나님의 나라를 유업으로 받지 못합니다.

⑪ 여러분들 중에 이와 같은 자들이 있습니다. 나는 예수 그리스도의 이름 안에서 우리 하나님의 성령에 의하여 여러분들이 씻음 받고 성화되고 정당화 거룩하게 되기를 바랍니다.

⑫ 모든 것이 내가 허용되었더라도 모든 것이 나에게 유익한 것은 아닙니다. 또 모든 것이 허용되었다하더라도 나는 어떤 것에 의하여 지배받지는 아니합니다.

⑬ 음식은 배를 위하여 있고 배는 음식을 위하여 있습니다. 하지만 하나님께서는 둘다 없에 버리실 것입니다. 몸은 불륜이 아니라 주님을 위하여 있습니다. 그리고 몸을 위해 주시는 분은 주님이십니다.

⑭ 하나님이 주를 다시 살리셨고, 또한 그의 권능으로 우리를 다시 살리십니다.

⑮ 여러분의 몸이 그리스도의 지체인 줄을 알지 못합니까? 내가 그리스도

의 지체를 가지고 창기의 지체를 만들겠습니까? 결코 그럴 수 없습니다.

⑯ 창기와 합하는 자는 창기와 한 몸인 줄을 알지 못합니까? 일렀으되 둘이 한 육체가 된다 하셨나니,

⑰ 주와 합하는 자는 주와 한영이 됩니다.

⑱ 음행을 피하십시요. 사람이 범하는 죄마다 몸 밖에 있거니와 음행하는 자는 자기 몸에게 죄를 범하는 것입니다.

⑲ 여러분의 몸은 여러분이 하나님께로부터 받은 바, 여러분 가운데 계신 성령의 전인 줄을 알지 못합니까? 여러분은 여러분의 것이 아닙니다.

⑳ 여러분은 값을 주고 산 것과 같습니다. 그런즉 여러분의 몸으로 하나님께 영광을 돌리십시요.

● 7장

① 여러분이 나에게 써 보낸 것들에 대하여는 남자가 결혼하지 아니함이 좋습니다

② 그러나 음행을 피하기 위하여 남자마다 자기 아내를 두고, 여자마다 자기 남자를 두십시요.

③ 남편은 그 아내에게 대한 의무를 다하고 아내도 그 남편에게 그렇게 할 것 입니다.

④ 아내가 자기 몸을 주장하지 못하고 오직 그 남편이 하며, 남편도 이와 같이 자기 몸을 주장하지 못하고 오직 그 아내가 하는 것입니다.

⑤ 서로 방을 나누어 자지 말라. 다만 기도할 틈을 얻기 위하여 합의상 얼마 동안은 하되 다시 합하십시요. 이는 여러분의 절제 못함을 인하여 사단으로 여러분을 유혹하지 못하게 하려 함입니다.

⑥ 그러나 내가 이 말을 함은 권도요 명령은 아닙니다.

⑦ 나는 모든 사람이 나와 같기를 원합니다. 그러나 각각 하나님께 받은 자기의 은사가 있으니 하나는 이러하고 하나는 저러합니다.

⑧ 내가 혼인하지 아니한 자들과 및 과부들에게 말합니다. 나와 같이 그냥 지내는 것이 좋습니다.

⑨ 만일 절제할 수 없거든 혼인하십시요. 정욕이 불같이 타는 것보다 혼인

하는 것이 낳습니다.

⑩ 혼인한 자들에게 내가 명하노니 (명하는 자는 내가 아니라 주시라) 여자는 남편에게 갈리지 말고,

⑪ (만일 갈릴지라도 그냥 지내든지 다시 그 남편과 화합하든지 하라) 남편도 아내를 버리지 말 것입니다.

⑫ 그 남은 사람들에게 내가 말하노니 (이는 주의 명령이 아니라) 만일 어떤 형제에게 믿지 아니하는 아내가 있어 남편과 함께 살기를 좋아하거든 저를 버리지 말며,

⑬ 어떤 여자에게 믿지 아니하는 남편이 있어 아내와 함께 살기를 좋아하거든 그 남편을 버리지 마십시요.

⑭ 믿지 아니하는 남편이 아내로 인하여 거룩하게 되고, 믿지 아니하는 아내가 남편으로 인하여 거룩하게 되나니, 그렇지 아니하면 여러분의 자녀도 깨끗지 못합니다. 그러나 이제 거룩합니다.

⑮ 혹 믿지 아니하는 자가 헤어지고자 하거든 헤어지는 것을 허락하라. 형제나 자매나 이런 일에 구속 받을 것이 없습니다. 그러나 하나님은 화평 중에서 여러분을 부르셨습니다.

⑯ 아내된 자여, 네가 남편을 구원할는지 어찌 알 수 있으며, 남편된 자여, 네게 네 아내를 구원할는지 어찌 알 수 있으리요?

⑰ 오직 주께서 각 사람에게 나눠 주신대로, 하나님이 각 사람을 부르신 그대로 행하십시요. 내가 모든 교회에게 이와 같이 명합니다.

⑱ 할례자로 부르심을 받은 자가 있느냐? 무할례자가 되지 말며 무할례자로 부르심을 받은 자가 있느냐? 할례를 받지 마십시요.

⑲ 할례 받는 것도 아무 것도 아니요. 할례 받지 아니하는 것도 아무 것도 아니로되, 오직 하나님의 계명을 지킬 따름입니다.

⑳ 각 사람은 부르심을 받은 그 부르심대로 지내십시요.

㉑ 여러분은 종으로 있을 때에 부르심을 받았느냐? 염려하지 말라 그러나 자유할 수 있거든 차라리 사용하십시요.

㉒ 주 안에서 부르심을 받은 자는 종이라도 주께 속한 자유자요, 또 이와 같이 자유자로 있을 때에 부르심을 받은 자는 그리스도의 종입니다.

㉓ 너희는 값으로 사신 것이니 사람들의 종이 되지 마십시요.

㉔ 형제들아 각각 부르심을 받은 그대로 하나님과 함께 거하십시요.

㉕ 처녀에 대하여는 내가 주께 받은 계명이 없으되, 주의 자비를 받아 믿을만한 자가 되어 의견을 내 놓으니,

㉖ 내 생각에는 이것이 좋으니, 곧 임박한 환난을 인하여 사람이 그냥 지내는 것이 좋습니다.

㉗ 네가 아내에게 매였느냐? 놓이기를 구하지 마십시요.

㉘ 그러나 장가 가도 죄 짓는 것이 아니요, 처녀가 시집 가는 것이 죄 짓는 것이 아니로되, 이런 이들은 육신에 고난이 있으리니 나는 여러분을 아낍니다.

㉙ 형제들아 내가 이 말을 하노니, 때가 단축하여진고로 이 후부터 아내 있는 자들은 없는 자 같이 하며,

㉚ 우는 자들은 울지 않는 자 같이 하며, 기쁜 자들은 기쁘지 않는 자 같이 하며 매매하는 자들은 없는 자 같이 하며,

㉛ 세상 물건을 쓰는 자들은 다 쓰지 못하는 자 같이 하십시요. 이 세상의 형적은 지나감입니다.

㉜ 여러분이 염려 없기를 원합니다. 장가 가지 않은 자는 주의 일을 염려하여 어찌하여야 주를 기쁘게 할꼬 하되,

㉝ 장가 간 자는 세상일을 염려하여 어찌하여야 아내를 기쁘게 할꼬 하여 마음이 나누이며,

㉞ 시집가지 않은 자와 처녀는 주의 일을 염려하여 몸과 영을 다 거룩하게 하려 하되, 시집 간 자는 세상 일을 염려하여 어찌하여야 남편을 기쁘게 할꼬 합니다.

㉟ 내가 이것을 말함은 여러분의 유익을 위함이요, 여러분에게 올무를 놓으려 함이 아니니, 오직 여러분으로 하여금 이치에 합하게 하여 분요함이 없이 주를 섬기게 하려 함입니다.

㊱ 누가 자기의 처녀딸에 대한 일이 이치에 합당치 못한 줄로 생각할 때에 혼기도 지나고 그같이 할 필요가 있거든 마음대로 하라, 이것은 죄 짓는 것이 아니니 혼인하게 하십시요.

㊲ 그러나 그 마음을 굳게 하고, 또 부득이한 일도 없고, 자기 뜻대로 할 권리가 있어서 그 처녀 딸을 머물러 두기로 마음에 작정하여도 잘하는

것입니다.

㊳ 그러므로 처녀 딸을 시집 보내는 자도 잘 하거니와 시집 보내지 아니하는 자가 더 잘하는 것입니다.

㊴ 아내가 그 남편이 살 동안에 매여 있다가 남편이 죽으면 자유하여 자기 뜻대로 시집 갈것이나 주 안에서만 할 것입니다.

㊵ 그러나 내 뜻에는 그냥 지내는 것이 더욱 복이 있습니다. 나도 또한 하나님의 영을 받은 줄로 생각합니다.

● 8장

① 우상에게 바쳐진 제물에 대하여, 우리가 다 그에 대한 지식이 있는 줄 압니다. 지식은 교만을 부풀리나, 사랑을 하면 덕을 쌓게 됩니다.

(Now as touching things offered unto idols, we know that we all have knowledge. Knowledge puffeth up, but charity edifieth.-KJV)

(Now about food sacrificed to idols: We know that we all possess knowledge. Knowledge puffs up, but love builds up.-NIV)

(Now in regard to meat sacrificed to idols: we realize that "all of us have knowledge" ; knowledge inflates with pride, but love builds up.-NIV)

(The question keeps coming up regarding meat that has been offered up to an idol: Should you attend meals where such mest is served, or not? We sometimes tend to think we know all we need to know to answer these kinds of questions-THE MESSAGE)

② 그리고 만일 어떤 사람이 무엇을 잘 아는 줄로 생각하면, 아직도 마땅히 알 것을 알지 못하는 것입니다.

(And if any man think that he knoeeth anything, he knoweth nothing yet as he ought to know.-KJV)

(The man who thinks he knows something does not yet know

as he ought to know.-NIV)

(If anyone supposes he knows something, he does not yet know as he ought to know.-NAB)

(but sometimes our humble hearts can help us more than our proud minds.-THE MESSAGE)

③ 누구든지 하나님을 사랑(흠숭)하면, 이 사람은 하나님에 의하여 아시는 바 됩니다.

(But if any man love God, the same is known of him.-KJV)

(But the man who loves God is known by God.-NIV)

(But if one loves God, one is known by him.-NAB)

(We never really know enough until we recognize that God alone knows it all.-THE MESSAGE)

④ 우상에게 제공된 제물을 먹는 일에 대하여, 우리는 우상은 세상에서 전혀 아무 것도 아니며, 하나님은 한 분 밖에 없는줄로 압니다.

(As concerning therefore the eating of those things that are offered in sacrifice unto idols, we know that an idol is nothing in the world, and that there is none other God but one.-KJV)

(So then, about eating food sacrificed to idols: We know that an idol is nothing at all in the world and there is no God but one.-NIV)

(So about the eating of meat sacrificed to idols: we know that "there is no idol in the world ," and that "there is no God but one."-NAB)

(Some people say, quite rightly, that idols have no actual existence, that there's nothing to them, that there is no God other than our one God,-THE MESSAGE)

⑤ 비록 하늘에나 지구에 소위 신들이 있을지라도(실제로 많은 신들과 주들이 있습니다.)

(For though there be that are called gods, whether in heaven or in earth,(as there be gods many, and lords many,)-KJV)

(For even if there are so called gods, whether in heaven or on earth(as indeed there are many
"gods" and many "lords"-NIV) (Indeed, even though there are so called gods in heaven and on earth(there are, to be sure, many "gods" and many "lords"),-NAB)
(that no matter how many of these so-called gods are named and worshiped they still don't add up to anything but a tall story.-THE MESSAGE)

⑥ 우리에게는 한 하나님 곧 아버지가 계시니, 만물이 그분에게서 났고, 우리도 그분을 위하며, 또한 한 주 예수 그리스도께서 계시니 만물이, 그분으로 말미암고, 우리도 그분으로 말미암았습니다.

⑦ 그러나 모든 사람들이 이것을 알지는 못합니다. 어떤이들은 지금까지 우상에 익숙해 있어 우상의 제물로 알고 먹는고로 그들의 양심이 약하여지고 더러워집니다.

(Howbeit there is not in every man that knowledge: for some with conscience of the idol unto this hour, eat it as a thing offered unto an idol; and their conscience being weak is defiled.-KJV)

(But not everyone knows this. Some people are still so accustomed to idols that when they eat such food they think of it as having been sacrificed to an idol, and since their conscience is weak, it is defiled.-NIV)

(But not all have this knowledge. There are some who have been so used idolatry up until now that, when they eat meat sacrificed to idols, their conscience, which is weak, is defiled.-NAB)

(In strict logic, then, nothing happened to the meat when it was offered up to an idol. It's just like any other meat. I know that, and you know that. But knowing isn't everything. If it becomes everything, some people end up as knoit-alls who treat others as know nothings. Real knowledge isn't that insensitive.-THE MESSAGE)

⑧ 음식은 우리를 하나님 앞에 세우지 못하나니, 우리가 먹지 아니하여도 부족함이 없고 먹어도 풍성함이 없습니다.

⑨ 그런즉 여러분 자유함이 약한 자들에게 거치는 것이 되지 않도록 조심하십시요.

⑩ 지식 있는 네가 우상의 집에 앉아 먹는 것을 누구든지 보면 그 약한 자들의 양심이 담력을 얻어 어찌 우상의 제물을 먹게 되지 않겠습니까?

⑪ 그러면 여러분 지식으로 그 약한 자가 멸망하나니, 그는 그리스도께서 그를 위하여 죽으신 형제입니다.,

⑫ 이같이 여러분이 형제에게 죄를 지어 그 약한 양심을 상하게 하는 것이 곧 그리스도에게 죄를 짓는 것입니다.

⑬ 그러므로 만일 음식이 내 형제로 실족케 하면, 나는 영원히 고기를 먹지 아니하여 내 형제를 실족치 않게 할 것입니다

●9장

① 나는 자유롭습니다. 나는 사도입니다. 그리고 나는 우리 주 예수님을 뵈었습니다. 그리고 우리 주님안에서의 나의 일의 결과가 여러분들입니다.

(Am I not an apostle? am I not free? have I not seen Jesus Christ our Lord? are ye in the Lord?-KJV)

(Am I not free? Am I not an apostle? Have I not seen Jesus our Lord? Are you not the result of my work in the Lord?-NIV)

(Am I not free? Am I not an apostle? Have I not seen Jesus our Lord? Are you not my work in the Lord?-NAB)

(And don't tell me that I have no authority to write like this. I'm perfectly free to do this-isn't that obvious? Haven't I been given a job to do? Wasn't I commissioned to this work in a face-to-face meeting with Jesus, our Master? Aren't you yourselves proof of the good work that I've done for the

Master?-THE MESSAGE)

② 다른 사람들에게는 내가 사도가 아닐지라도, 여러분에게는 사도니, 나의 사도 됨을 주 안에서 봉인한 것이 여러분입니다.

③ 나를 힐문하는 자들에게 해명할 것이 이것이니

④ 우리가 먹고 마시는 권리가 없겠습니까?

⑤ 우리가 다른 사도들과 주의 형제들과 게바와 같이 자매 된 아내를 데리고 다닐 권리가 없겠습니까?

⑥ 어찌 나와 바나나만 일하지 아니할 권리가 없겠습니까?

⑦ 누가 자비로 군 복무를 하겠고, 누가 포도를 심고 그 실과를 먹지 않겠으며, 누가 양떼를 기르고 그 양떼의 젖을 먹지 않겠습니까?

⑧ 내가 단순히 사람의 관점에서 이것을 말합니까? 율법도 이것을 말하지 않습니까?

⑨ 모세 율법에 곡식을 밟아 떠는 소에게 망을 씌우지 말라, 기록하였으니 하나님께서 어찌 소들만을 위하여 염려하심입니까?

⑩ 확실히 우리를 위하여 말씀하심이 아닙니까? 과연 우리를 위하여 기록된 것이니, 밭가는 자나 곡식 떠는 자는 함께 그들의 몫을 받을 소망을 가지고 일하는 것입니다.

⑪ 우리가 여러분에게 영적인 것을 심었는 데, 여러분에게서 추수한 곡식을 좀 도움 받는 것이 크게 과하다 하겠습니까?

⑫ 다른 주체들도 여러분으로부터 도움 받는 권리을 가졌다면, 우리는 더욱 더 여러분으로부터 도움 받을 권리가 있지 않겠습니까? 그러나 우리가 이 권리을 쓰지 아니하고 범사에 참는 것은 그리스도의 복음에 아무 장애가 없게 하려 함입니다.

⑬ 성전의 일을 하는 이들은 성전에서 나는 것을 먹으며, 제단을 모시는 이들은 제단과 함께 나누는 것을 여러분이 알지 못합니까?

⑭ 이와 같이 주께서도 복음 전하는 자들이 복음으로 말미암아 살리라 명하셨습니다.

⑮ 그러나 나는 이 권리를 하나도 쓰지 아니하였고, 또 이 말을 쓰는 것이 내게 이같이 하여 달라는 것이 아닙니다. 어떤 사람이 이러한 나의 자부심을 빼앗으면 그럴바엔 차라리 내가 죽는 것이 낫습니다.

⑯ 내가 복음을 전할지라도 자랑할 것이 없음은 내가 부득불 할 일임이라, 만일 복음을 전하지 아니하면 내게 화가 있을 것입니다.

⑰ 내가 자발적으로 이것을 행하면 보상을 받습니다. 그러나 내 의사에 반하더라도 복음, 즉 신의 섭리를 전파하는 것은 나의 직분입니다.

⑱ 그러면 그 보상이 무엇이냐? 그것은 내가 복음을 전할 때에 그 값을 받지 아니하고 복음안에서 내게 있는 권세를 남용하지 않는 것입니다.

⑲ 내가 모든 사람으로부터 자유로울 수 있으나, 스스로 모든 사람에게 종이 된 것은 더 많은 사람에게 복음을 전하려 함입니다.

⑳ 유대인들에게는 내가 유대인과 같이 된 것은 유대인들을 얻고자 함이요, 율법 아래 있는 자들에게는 내가 율법 아래 있지 아니하나 율법 아래 있는 자 같이 된 것은 율법 아래 있는 자들을 얻고자 함이요.

㉑ 율법 없는 자에게는 내가 하나님께는 율법 없는 자가 아니요, 도리어 그리스도의 율법 아래 있는 자나 율법 없는 자와 같이 된 것은 율법 없는 자들을 얻고자 함입니다.

㉒ 약한 자들에게는 내가 약한 자와 같이 된 것은 약한 자들을 얻기 위함이요, 여러 사람에게 내가 여러 모양이 된 것은 아무쪼록 몇몇 사람들을 구원코자 함입니다.

㉓ 내가 복음을 위하여 모든 것을 행함은 복음에 참예하고자 함입니다.

㉔ 운동장에서 달음질 하는 자들이 모두 열심히 달릴지라도 오직 상 얻는 자는 하나인 줄을 여러분은 알지 못합니까?

㉕ 이기기를 다투는 자마다 모든 일에 절제하나니, 저희는 썩을 면류관을 얻고자 하되, 우리는 썩지 아니할 것을 얻고자 합니다.

㉖ 그러므로 나는 방향없이 달리지 아니하고, 싸울때도 허공을 치는 것 같이 싸우지 아니합니다.

㉗ 내가 내 몸을 억제하여 복종하게 함은 내가 남에게 전파한 후에 도리어 버림이 될까 두려워 함입니다.

● 10장

① 형제들아! 여러분들이 알지 못하기를 내가 원치 아니하노니, 곧 우리 조상들이 다 구름 아래 있고 바다 가운데로 지나갔으며,

② 구름과 바다에서 그들은 모두 세례를 받아 모세에게 속하였고,

③ 그들은 다 같은 신령한 음식을 먹었으며,

④ 다 같은 신령한 음료를 마셨으니(이것은 그들을 따르는 신령한 반석으로부터 마셨으니 그 반석은 곧 그리스도이셨느니라)

⑤ 그러나, 그들의 다수를 하나님은 기뻐하지 아니하신고로 저희가 광야에서 멸망을 받았느니라.

⑥ 이러한 일은 우리의 본보기가 되어, 우리로 하여금 그들이 악을 즐겨한 것 같이 즐겨 하는 자가 되지 않게 하려 함입니다.

⑦ 그들 중의 어떤 자들과 같이 여러분들은 우상 숭배하는 자가 되지마십시요. 기록된바, 그 백성이 앉아서 먹고 마시며 일어나서 뛰논다, 함과 같습니다.

⑧ 저희 중에 어떤이들이 간음하다가 하루에 이만 삼천명이 죽었나니, 우리는 저희와 같이 간음하지마십시요.

⑨ 저희 중에 어떤이들이 주를 시험하다가 뱀에게 멸망하였나니, 우리는 저희와 같이 시험하지 마십시요.

⑩ 저들의 어떤 자들 같이 원망하지 마십시요. 그들은 파괴의 천사에 의하여 죽음을 당하였습니다.

⑪ 저희에게 당한 이런 일이 거울이 되고, 또한 말세를 만난 우리의 경계로 기록되었습니다.

⑫ 그런즉, 확실하게 선 줄로 생각하는 자는 넘어질까 조심하십시요.

⑬ 사람들에게 일반적인 시험외에는 너희는 시험에 들지 아니하나니, 하나님은 신실하사 여러분들이 감당치 못할 시험 당함을 허락지 아니하시고, 그러나 여러분이 시험을 당할 즈음에 또한 피할 길을 내사 여러분으로 능히 감당하게 하십니다.

⑭ 그러므로 나의 사랑하는 여러분 우상숭배하는 일을 피하십시요.

⑮ 나는 여러분들이 분별있는 사람들로 여겨 말하노니, 여러분들은 내가 하는 말을 스스로 판단하십시요.

⑯ 우리가 감사해서 주는 감사의 잔은 그리스도의 피에 참여함이 아닙니까? 또한 우리가 떼는 빵도 그리스도의 몸에 참여하는 것이 아닙니까?

⑰ 왜냐하면, 떡은 한 덩어리고 우리들은 많으나 하나의 몸이라, 따라서

우리 모두는 한 떡에 참여하는 것입니다.

⑱ 옛 이스라엘 민족을 보십시오. 제사 음식을 먹는 자들이 제단에 참여하지 않았습니까?

(Behold Israel after the flesh: are not they which eat of the sacrifices, partakers of the altar?-KJV)

(Consider the people of Israel: Do not those who eat the sacrifices participate in the altar?-NIV)

(Look at Israel according to the flesh; are not those who eat the sacrifices participants in the altar?-NAB)

(That's basically what happened even in ald Israel-those who ate the sacrifices offered to on God's altar entered into God's action at the altar-THE MESSAGE)

⑲ 그러면 우상의 제물은 무엇입니까? 그것은 아무것도 아닌 것에 바친 것입니다. 그러나 우상은 무엇입니까? 마귀입니다.

(What say I then? That the things which the Gentiles sacrifice to devils and not to God: and I would not that ye should have fellowship with devils.-KJV)

(Do I mean then that a sacrifice offered to an idol is anything, or that an idol is anything?-NIV)

(So what am I saying? That meat sacrificed to idols is anything? Or that an idol is anything?-NAB)

(Do you see the difference? Sacrifices offered to idols are offered to nothing, for what's the idol but a nothing?-THE MESSAGE)

⑳ 그런즉, 이교도들이 바치는 제물은 마귀들에게 하는 것이요. 하나님께 하는 것이 아닙니다. 나는 여러분들이 마귀들과 교제하는 자 되기를 원치 아니합니다.

㉑ 여러분들이 주님의 잔과 마귀의 잔을 겸하여 마시지 못하고, 주님의 상과 마귀의 상에 겸하여 참여치 못합니다.

㉒ 우리가 주님의 질투를 불러 일으키셔야 쓰겠습니까? 우리가 주님보다

강합니까?

㉓ 모든 것이 허용되나 모든 것이 유익한 것이 아니며, 모든 것이 허용되나 모든 것이 건설적인 것은 아닙니다.

㉔ 어떤 사람도 자기 유익을 구치 말고 남의 유익을 구하십시요.

㉕ 식육시장에서 파는 어떤 고기라도 꺼리끼지 말고 먹으십시요.

(Whatever is sold in the shambles, that eat, asking no question for conscience sake.-KJV)

(Eat anything sold in the meat market without raising questions of conscience,-NIV)

(Eat anything sold in the market, without raising questions on grounds of conscience,-NAB)

(With that as a base to work from, common sense can take you the rest of the way. Eat anything sold at the butcher shop, for instance; you don't have to run an "idolatry test" on every item.-THE MESSAGE)

㉖ 이는 지구와 지구에 있는 모든 것이 주님의 것이기 때문입니다.

㉗ 어떤 불신자가 여러분을 식사에 초대하거든 여러분은 거기에 가면 꺼리낌 없이 먹으십시요.

㉘ 그러나 누가 여러분들에게 이 것이 제물이라 말하거든 알게 한 자의 체면을 위하여 먹지마십시요.

㉙ 내가 말한 체면은 여러분들 것이 아니요. 남의 것이니, 어찌하여 내 자유가 남의 체면으로 말미암아 판단을 받겠습니까?

㉚ 만일 내가 감사한 마음으로 식사에 참여하면, 왜 내가 하나님께 감사하였다고 비방을 받겠습니까?

㉛ 그런즉 여러분들이 먹든지 마시든지 무엇을 하든지 다 하나님의 영광을 위하여 하십시요.

㉜ 유대인에게나 헬라인에게나 하나님의 교인들에게 방해를 놓는 자가 되지 마십시요.

㉝ 여러분들은 자기 자신의 유익을 구하지 말며, 많은 사람의 유익을 구하여 모든 일들에서 모든 사람들을 기쁘게 하여 그들로 하여금 구원을 얻

게 하십시오.

● 11장

① 내가 그리스도를 본 받는 자 된 것같이 여러분은 나를 본 받는 자 되십시오.

(Be ye followers of me, even as I am of Christ.-KJV)

(Follow my example, as I follow the example of Christ.-NIV)

(Be imitators of me, as I am of Christ.-NAB)

(It pleases me that you continue to remember and honor me by keeping up the traditions of the faith I taught you.-THE MESSAGE)

② 여러분이 모든 일에 나를 기억하고, 또 내가 여러분에게 전하여 준대로 그 가르침을 여러분이 지키므로 여러분을 칭찬합니다.

③ 지금 나는 여러분이 각 남자의 머리는 그리스도요. 각 여자의 머리는 남자요. 그리스도의 머리는 하나님임을 알기를 원합니다.

④ 무릇 남자로서 머리에 무엇을 쓰고 기도나 예언을 하는 자는 그 머리를 욕되게 하는 것이요.

⑤ 무릇 여자로서 머리에 쓴 것을 벗고 기도나 예언을 하는 자는 그 머리를 욕되게 하는 것이니 이는 머리 민 것과 다름이 없습니다.

⑥ 만일 여자가 머리에 쓰지 않거든 깎을 것이요, 만일 깎거나 미는 것이 여자에게 부끄러움이 되거든 가리십시오.

⑦ 남자는 하나님의 심상과 영광이니, 그 머리에 마땅히 쓰지 않거니와 여자는 남자의 영광입니다.

⑧ 실상은 남자는 여자에게서 난 것이 아니고 여자가 남자에게서 났습니다.

⑨ 남자가 여자를 위하여 지음을 받지 아니하고, 여자가 남자를 위하여 지음을 받은 것입니다.

⑩ 이러한 이유와, 천사들 때문에 여자들은 그의 머리에 권위의 표시를 가져야만 하는 것입니다.

⑪ 그러나 주안에서는 남자 없이 여자만 있지 아니하고 여자 없이 남자만

있지 아니합니다.

⑫ 여자가 남자에게서 난 것같이 남자도 여자로 말미암아 났으나 모든 것이 하나님에게서 났습니다.

⑬ 여러분은 스스로 판단하십시요. 여자가 쓰지 않고 하나님께 기도 하는 것이 마땅합니까?

⑭ 남자가 긴 머리를 하고 있으면 자기에게 수치가 되는 것을 본성자체가 여러분에게 알려주지 아니합니까?

⑮ 여자가 긴 머리가 있으면 자기에게 영광이 되나니, 긴머리는 쓰는 것을 대신하여 주신 것입니다.

⑯ 이 문제에 대하여 알아보려는 자가 있을지라도, 우리를 포함하여 하나님의 모든 교회에는 이런 실예가 없습니다.

⑰ 내가 말하는 이 일에는 여러분을 칭찬하지 아니합니다. 그렇게 하면 여러분의 모임에 유익이 못되고 도리어 해로웁기 때문입니다.

⑱ 첫째는 여러분이 교회에 모일 때에 여러분들 중에 분쟁이 있다 함을 들었는데 어느정도 사실이라 고 믿습니다.

⑲ 여러분들 중에 분파가 있어야 여러분들 중에 참된 자들이 드러날 것입니다.

⑳ 그런즉 너희가 함께 모여서 주의 만찬을 먹을 수 없습니다.

㉑ 이는 먹을 때에 각각 자기의 만찬을 먼저 갖다 먹으므로 어떤이는 시장하고 어떤이는 취합니다.

㉒ 여러분들이 먹고 마실 집이 없습니까? 여러분들이 하나님의 교회를 업신여기고 빈궁한 자들을 부끄럽게 합니까? 내가 여러분들에게 무슨 말을 합니까? 여러분들을 칭찬하여야 합니까? 이것으로 칭찬할 수가 없습니다.

㉓ 내가 여러분들에게 전한 것은 주께 받은 것이니, 곧 주 예수께서 잡히시던 밤에 떡을 가지사,

㉔ 축사하시고, 떼어 가라사대 이것은 너희를 위하는 내 몸이니, 이것을 행하여 나를 기념하라, 하시고

㉕ 식후에 또한 이와 같이 잔을 가지시고, 가라사대 이 잔은 내 피로 세운 새 언약이니 이것을 행하여 마실 때마다 나를 기념하라 하셨으니,

㉖ 여러분들이 이 떡을 먹으며 이 잔을 마실 때마다 주의 죽으심을 오실 때까지 전하는 것입니다.

㉗ 그러므로 누구든지 주의 떡이나 잔을 합당치 않게 먹고 마시는 자는 주의 몸과 피를 범하는 죄가 있습니다.

㉘ 사람이 자기를 살피고 그 후에야 이 떡을 먹고 이 잔을 마실지니,

㉙ 주의 몸을 분변치 못하고, 먹고 마시는 자는 자기의 죄를 먹고 마시는 것입니다.

㉚ 이러므로 여러분들 중에 약한 자와 병든 자가 많고 잠자는 자도 적지 아니하니,

㉛ 우리가 우리를 살폈으면 판단을 받지 아니하려니와,

㉜ 우리가 판단을 받는 것은 주의 징계를 받는 것이니, 이는 우리로 세상과 함께 죄 정함을 받지 않게 하려 하심입니다.

㉝ 그런즉 내 형제들아 먹으러 모일 때에 서로 기다립시요.

㉞ 만일 누구든지 배 고프면 먼저 집에서 먹고 올지니, 이는 여러분의 모임이 은혜가 적은 어수선한 모임이 되지 않게 하려 함입니다. 그외 것은 내가 돌아가서 말씀드리겠습니다.

● 12장

① 영적 은사에 대하여 나는 형제 여러분들이 알기를 원합니다.

② 여러분들도 알거니와 여러분들은 무종교인으로 있을 때, 무언의 우상들에게서 영향을 받고 잘못 이끌려 갔습니다.

③ 그러므로 내가 여러분들에게 알게 하노니, 하나님의 영으로 말하는 자는 누구든지 예수를 저주할 자라 하지 않고, 또 성령으로 아니하고는 누구든지 예수를 주시라 할 수 없습니다.

④ 은사는 여러가지나 성령은 같고,

⑤ 직임은 여러가지나 주는 같으며,

⑥ 또 역사는 여러 가지나, 모든 것을 모든 사람 가운데서 역사하시는 하나님은 같습니다.

⑦ 각 사람에게 성령의 나타남을 주심은 유익하게 하려 하심입니다.

⑧ 어떤이에게는 성령으로 말미암아 지혜의 말씀을, 어떤이에게는 같은

성령을 따라 지식의 말씀을,

⑨ 다른이에게는 같은 성령을 따라 신앙을, 어떤이에게는 한 성령으로 병 고치는 은사를

⑩ 어떤이에게는 능력 행합을, 어떤이에게는 예언함을, 어떤이에게는 영 들 분별함을, 다른이에게는 각종 각종 방언 말함을, 어떤이에게는 방언 들 통역함을 주십니다.

⑪ 이 모든 일은 같은 한 성령이 행하사, 그 뜻대로 각 사람에게 나눠 주십 니다.

⑫ 몸은 하나인데 많은 지체가 있고, 몸의 지체가 많으나 한 몸임과 같이 그리스도도 그러합니다.

⑬ 우리가 유대인이나, 헬라인이나, 종이나, 자유자나 다 한 성령으로 세 례를 받아 한 몸이 되었고, 또 다 한 성령을 마시게 하셨습니다.

⑭ 몸은 한 지체뿐 아니요, 여럿이니,

⑮ 만일 발이 이르되 나는 손이 아니니 몸에 붙지 아니하였다 할지라도 이 로 인하여 몸에 붙지 아니한 것이 아닙니다.

⑯ 또 귀가 이르되 나는 눈이 아니니 몸에 붙어 있지 아니하였다 할지라도 이로 인하여 몸에 붙지 아니한 것이 아닙니다.

⑰ 만일 온 몸이 눈이면 듣는 곳은 어디며 온 몸이 든 곳이면 냄새 맡는 곳은 어디입니까?

⑱ 그러나 이제 하나님이 그 원하시는대로 지체를 각각 몸에 두셨으니,

⑲ 만일 다 한 지체뿐이면 몸은 어디입니까?

⑳ 이제 지체는 많으나 몸은 하나입니다.

㉑ 눈이 손더러 내가 너를 쓸데 없다 하거나, 또한 머리가 발더러 내가 너 를 쓸데 없다 하거나 하지 못합니다.

㉒ 이뿐 아니라 몸의 더 약하게 보이는 지체가 도리어 요긴하고,

㉓ 우리가 몸의 덜 귀히 여기는 그것들을 더욱 귀한 것들로 입혀 주며, 우 리의 아름답지 못한 지체는 더욱 아름다운 것을 얻고,

㉔ 우리의 아름다운 지체는 요구할 것이 없으니 오직 하나님이 몸을 고르 게 하여 부족한 지체에게 존귀를 더하사,

㉕ 몸 가운데서 분쟁이 없고, 오직 여러 지체가 서로 같이하여 돌아보게

하셨으니,

㉖ 만일 한 지체가 고통을 받으면 모든 지체도 함께 고통을 받고, 한 지체가 영광을 얻으면 모든 지체도 함께 즐거워하나니,

㉗ 너희는 그리스도의 몸이요, 지체의 각 부분입니다.

㉘ 하나님이 교회 중에 몇을 세우셨으니, 첫째는 사도요, 둘째는 선지자요, 셋째는 교사요, 은사와 서로 돕는 것과 다스리는 것과 각종 방언을 하는 것입니다.

㉙ 다 사도겠느냐? 다 선지자겠느냐? 다 교사겠느냐? 다 능력을 행하는 자겠습니까?

㉚ 다 병 고치는 은사를 가진 자겠습니까? 다 방언을 말하는 자겠습니까? 다 통역하는 자겠습니까?

㉛ 여러분들은 더 큰 은사를 사모하십시요! 내가 또한 제일 좋은 길을 여러분들에게 보이겠습니다.

• 13장

① 내가 인간적이고 천사 같은 말들을 할지라도, 사랑(자비, 자선)이 없으면, 나는 울리는 징이나 꽹과리가 되고 맙니다.

(Though I speak with rhe tongues of men and of angels, and have not charity, I am become as sounding brass, or a tinkling cymbal.-KJV)

(If I speak in the tongues of men and of angels, but have not love, I am only a resounding gong or a clanging cymbal.-NIV)

(If I speak in human and angelic tongues but do not have love, I am a resounding gong or a clashing cymbal.-NAB)

(If I speak with human eloquence and angelic ecstasy but don't love, I'm nothing but the creaking of a rusty gate.-THE MESSAGE)

② 내가 예언하는 은사가 있어 모든 신비와 지식을 알고 또 산을 옮길 수 있는 신앙(faith)이 있을지라도 사랑(자비,자선)이 없으면 내가 아무것도 아니요.

③ 내가 내게 있는 모든 것으로 구제하고 또 내 몸을 불사르게 내어 줄지라도 사랑(자비,자선)이 없으면 내 행위는 아무 것도 이루지 못한 것입니다.

④ 사랑은 오래 참고 친절하며 시샘하지 않고 뽐내지 아니하며 교만하지 아니하고,

⑤ 무례히 행치 아니하며 자기의 유익을 구치 아니하고 성내지 아니하며 악한 것을 생각지 아니하고,

⑥ 불의를 기뻐하지 아니하며 진리와 함께 기뻐하고,

⑦ 모든 것을 참으며 모든 것을 믿고, 모든 것을 바라며 모든 것을 견디는 것입니다.

⑧ 사랑은 결코 없어지지 않습니다. 그러나 예언은 끝이 있고 방언도 그치며 아는 것도 지나갑니다.

⑨ 우리는 불완전하게 알고, 불완전하게 예언합니다.

⑩ 그러나 완전한 것이 올 때에는 불완전한 것은 사라집니다.

⑪ 내가 어렸을 때에는 말하는 것이 어린 아이와 같고, 깨닫는 것이 어린 아이와 같으며 생각하는 것이 어린 아이와 같다가, 장성한 사람이 되어서는 어린 아이와 같은 그러한 생의 태도를 버렸습니다.

⑫ 지금, 우리는 거울로 보는 것 같이 희미하게 보나, 그 때에는 얼굴과 얼굴을 대하는 것 같이 생생하게 볼 것이요. 지금 나는 부분적으로 아나, 그 때에는 주께서 나를 아신 것 같이 내가 온전히 알게 될 것입니다.

⑬ 그런즉 신앙, 소망, 사랑(자비,자선), 이 세 가지는 우리를 완성(극치)으로 이끄는데, 그 중에서도 으뜸은 사랑(자비,자선)입니다.

(And now abideth faith, hope, charity, these three; but the greatest of these is charity.-KJV)

(And now these three remain: faith, hope and love. But the greatest of these is love.-NIV)

(So faith, hope, love remain, these three, but the greatest of these is love.-NAB)

(But for right now, until that completeness, we have three things to do to lead us toward that consummation: Trust steadily in God, hope unswervingly, love extravagantly. And the best of the three is love.-THE MESSAGE)

● 14장

① 사랑(자비, 자선)을 행하면서 영적인 은총, 특히 예언의 은사를 소망하십시요.

(Follow after charity, and desire spiritual gifts, but rather that ye may prophesy.-KJV)

(Follow the way of love and eagerly desire spiritual gifts, especially the gift of prophecy.-NIV)

(Pursue love, but strive eagerly for the spiritual gifts, above all that you may prophesy.-NAB)

(Go after a life of love as if your life depended on it-because it does. Give yourselves to the gifts God gives you. Most of all, try to proclaim his truth.-THE MESSAGE)

② 혀로 말(방언)하는 자는 사람에게 하지 아니하고, 하나님께 하나니, 이를 알아 듣는 자가 없으니 이는 그의 영안에서 신비들을 말하기 때문입니다.

(For he that speaketh in an unknown tongue, speaketh not unto men, but unto God: for no man understandeth him, howbeit in the spirit he speakenth mysterys.-KJV)

(For anyone who speaks in a tongue does not speak to men but to God. Indeed, no one understands him; he utters mysterys with his spirit.-NIV)

(For one who speaks in a tongue does not speak to human beings but to God. For no one listens; he utters mysterys in spirit.-NAB)

(If you praise him in the private language of tongues, God understands you but no one else does, for you are sharing intimacies just between you and him.-THE MESSAGE)

③ 그러나 예언하는 자는 사람을 강하게 하고, 고무하며 위안하는 말을 합니다.

④ 혀로 말(방언)을 하는 자는 자신만을 함양시키나, 예언하는 자는 교인들의 신앙심을 높입니다.

⑤ 나는 여러분들이 다 혀로 말(방언) 하기를 원하나 특별히 예언하기를 원합니다. 그러나 방언을 하는 자가 만일 교회의 신앙심을 높이기 위하여 그 방언을 타인에게 해석하지 않으면 예언하는 자만 못합니다.

⑥ 그런즉, 형제들아 내가 여러분들에게 가서 방언은 말하는데, 계시나 지식이나 예언이나 교훈을 말하지 아니하면 여러분들에게 무엇이 유익하겠습니까?

⑦ 피리나 하프같이 생명 없는 것이 소리를 낼 때에 그 음의 분별을 내지 아니하면 피리부는 것인지 하프를 타는 것인지 어찌 알게 되리요?

⑧ 만일 나팔이 분명치 못한 소리를 내면 누가 전쟁을 예비하리요?

⑨ 이와 같이 여러분들도 알아 듣기 쉽게 신령한 말을 하지 아니하면 듣는 사람들이그 말하는 것을 어찌 알리요? 이는 허공에다 말하는 것입니다.

⑩ 세상에 수많은 종류의 소리가 있지만, 의미없는 소리는 하나도 없습니다.

⑪ 그래서 만일 내가 어떤 사람이 말하는 뜻을 알지 못한다면, 내가 그 사람에게 외국인이 되고 그리고 그도 나에게 외국인이 되는 것입니다.

⑫ 여러분도 마찬가지입니다. 여러분은 성령의 은사를 열심히 구하는 사람들이니, 교회의 성장을 위하여 그것을 더욱 많이 받도록 애쓰십시오.

⑬ 이러한 이유로 방언을 말하는 사람은 그가 말하는 것을 통역하기 위하여 기도하여야만 합니다.

⑭ 내가 만일 방언으로 기도하면 나의 영이 기도하거니와 나의 마음은 열매를 맺히지 못합니다.

⑮ 그러면 어떻게 할 꼬 나는 영으로 기도하고 또 마음으로 기도하며 또 영으로 찬미하고 또 마음으로 찬미하려합니다.

⑯ 그렇지 아니하면 여러분이 영으로 축복할 때에 무식한 처지에 있는 자가 여러분이 무슨 말을 하는지 알지 못하고 네 감사에 어찌 아멘 하겠

습니까?.

⑰ 여러분은 충분히 감사를 하였으나 다른 사람은 신앙심을 함양하지 못합니다.

⑱ 내가 여러분들 모두보다 방언을 더 말하므로 하나님께 감사합니다.

(I thank my God, I speak with tongues more than ye all:-KJV)

(I thank God that I speak in tongues more than all of you.-NIV)

(I give thanks to God that I speak in tongues more than any of you,-NAB)

(I'm grateful to God for the gift of praying in tongues that he gives us for praising him, which leads to wonderful intimacies we enjoy with him.-THE MESSAGE)

⑲ 그러나 교회에서 나는 일만 마디의 방언보다 다른 이들을 가르치기 위하여 다섯 마디의 분명한 말을 하고자 합니다.

⑳ 형제들아 생각하는 일에는 아이가 되지 말고, 악에는 어린아이가 되라, 생각하는 일에 어른이 되십시요.

㉑ 율법에 기록된 바, 주께서 말씀하시기를 방언하는 자와 다른 나라 언어로 말하는 자를 통하여 주께서 이 백성에게 말할지라도 저희는 듣지 아니할 것이다,라고 말씀하셨습니다.

㉒ 그렇다면, 방언은 믿는 자들이 아니고 믿지 아니하는 자들을 위하는 신호이나, 예언은 믿지 아니하는 자가 아니고 믿는 자들을 위한 신호입니다.

㉓ 그래서 만약 온 교인이 함께 모여, 모든 사람들이 방언을 하면 이해못하는 자들이나 불신자들이 들어와서, 여러분들을 제 정신이 아니라고 하지 아니하겠습니까?

㉔ 그러나, 모두가 예언을 하고 있는데 불신자나 초심자가 들어 온다면 그는 모든 사람으로부터 깨달음을 얻게되고 판단을 받게 됩니다.

㉕ 그리고 그 마음의 신비로움이 드러납니다. 그러면 그는 얼굴을 땅에대고 엎드리어 하나님께 경배하면서 하나님이 여러분들 가운데 진실로 계시다,고 선언할 것입니다.

㉖ 여러분들이 모이면 모든 사람들이 찬송도 하고 가르침의 말도 하며 경

이로운 말도 하고 생각도 말하는데, 그때에 우리는 무엇을 말해야 합니까? 그때에는 위 모든 것이 교회가 견고해지도록 하여야 합니다.

㉗ 만일 어떤 사람들이 방언을 한다면 두사람이나 세사람이더라도 차례에 따라 하고 한 사람은 통역을 하여야 하느니라

㉘ 만약 통역하는 자가 없으면, 말하는 자는 교회에서 조용히 그 자신과 하나님께 말하여야 합니다.

㉙ 예언하는 자들은 둘이나 셋이서 말하고, 다른 이들은 신중히 분별할 것이요.

㉚ 만일 곁에 앉은 다른이에게 계시가 있거든, 먼저 하던 자는 잠잠하여야 합니다.

㉛ 여러분이 하나씩 차례로 예언을 함으로써, 모든 사람이 배움을 받게 되고 권면을 받게 됩니다.

㉜ 예언자들의 영은 예언자들에게 종속되어 있습니다.

㉝ 하나님은 무질서의 하나님이 아니시고, 오직 화평의 하나님이십니다.

㉞ 성도들의 모든 모임에서 와 같이 여자들은 교회에서 조용해야 합니다. 저희는 말하는 것을 허락함이 없나니 율법에 이른것 같이 오직 복종 할 것이요.

㉟ 만일 여자가 무엇을 배우려거든 집에서 자기 남편에게 물을지니, 여자가 교회에서 말하는 것은 부끄러운 일입니다.

㊱ 하나님의 말씀이 여러분으로부터 나타난 것이냐? 아니면 여러분에게만 임한 것입니까?

㊲ 만일 자기가 선지자나 영적인 은사를 받은자로 생각하거든, 그는 내가 여러분들에게 편지한 것이 주의 계명인줄을 알아야 합니다.

㊳ 만일 그가 이것을 무시하면, 그 자신도 무시당하게 됩니다.

㊴ 그런즉 내 형제들아 예언하기를 열망하며 방언 말하는 것을 금하지 마십시요.

㊵ 그러나 모든 일들은 적절하고 순서에 따라 이루어져야 합니다.

● 15장

① 형제 여러분, 나는 여러분들이 내가 전한 복음을 상기하기를 원합니다.

그 복음을 여러분들은 받아들여서 지금 그 안에 굳건히 서 있습니다.

② 여러분들이 내가 전한 복음을 확고히 지킨다면, 여러분들은 그 복음에 의하여 구원을 얻을 것입니다. 그렇지 않으면 여러분들은 헛되이 믿은 것입니다.

③ 내가 받은 것 중 첫번째 중요한 것을 여러분들에게 전하노니 성경에 따라 그리스도께서 우리 죄를 위하여 죽으셨습니다.

④ 또 성경에 의하면 죽은 후 장사되었다가 죽은 후 3일만에 다시 살아나셨습니다.

⑤ 그리고 베드로에게 보이시고 그 후에 다시 열두 제자에게 보이셨습니다.

⑥ 그 후에 오백여 형제들에게 같은 시간에 보이셨나니 그 중에 대부분은 지금까지 살아 있고 어떤 이들은 잠들었습니다.

⑦ 그리고 야고보에게 그리고 모든 제자들에게 보이셨습니다.

⑧ 그리고 맨 나중에 팔삭동이 같은 나에게도 나타나셨습니다.

⑨ 내가 교회를 핍박하였음으로 나는 사도 중에 지극히 보잘 것 없는 자며 사도라 칭함을 받기에 감당치 못할 자입니다.

⑩ 그러나 나의 나된 것은 하나님의 은혜로 된 것이니, 내게 주신 그의 은혜가 헛되지 아니하여 내가 모든 사도보다 더 많이 수고하였으나, 이는 내가 아니요 나와 함께하신 하나님의 은혜입니다.

⑪ 그러므로 내나 그들이나 우리는 이렇게 전도하였고, 여러분들은 믿었습니다.

⑫ 그리스도께서 죽은 자 가운데서 다시 살아나셨다 전도되었는데, 여러분들중에서 어떤이들은 그러면 어찌하여 죽은 자 가운데서 부활이 없느냐고 합니다.

⑬ 만약 죽은 자들의 부활이 없다면 그리스도도 다시 살지 못하였습니다.

⑭ 만일 그리스도께서 부활하지 아니하셨으면, 우리의 전도하는 것도 소용이 없고, 여러분의 신앙도 마찬가지입니다.

⑮ 만일 죽은 자가 다시 사는 것이 없으면, 하나님이 그리스도를 다시 살리시지 아니하셨습니다. 그러면 우리가 하나님이 그리스도를 다시 살리셨다고 증언한 것은 거짓 증언이 되는 것입니다.

⑯ 이는 만약 죽은 자가 다시 사는 것이 없으면 그리스도도 다시 살아나지 않은 것입니다.

⑰ 그리스도께서 다시 사신 것이 없으면 여러분의 신앙도 헛되고, 여러분들이 여전히 죄 가운데 있을 것입니다.

⑱ 만약 그렇다면 그리스도 안에서 잠자고 있는 자들도 다 지옥에 떨어진 것입니다.

⑲ 만일 우리 그리스도인들이 현세만을 위하여 그리스도께 희망을 걸고 있다면, 모든 인간 가운데서 가장 불쌍한 자입니다.

⑳ 그러나 이제 그리스도께서 죽은 자 가운데에서 다시 살아나셔서 잠자는 자들의 첫 열매가 되셨습니다.

㉑ 사망이 사람으로 말미암았으니 죽은 자의 부활도 사람으로 말미암습니다.

㉒ 아담안에서 모든 사람이 죽은 것같이 그리스도안에서 모든 사람이 살아 날 것입니다.

㉓ 그러나 각각 자기 차례대로 되리니 먼저는 첫 열매인 그리스도요, 다음에는 그가 강림하실 때에 그리스도인에게 속한자들입니다.

㉔ 그리고 종말이 옵니다. 그때에 모든 주권과 권위와 권세를 멸하시고 그가 하늘의 왕국을 아버지 하나님께 넘겨 줍니다.

㉕ 그가 모든 적들을 제압할 때까지는 그들을 통제 하셔야 합니다.

㉖ 맨 나중에 멸망받을 원수는 사망입니다.

㉗ 모든 것을 그의 발 아래에 두셨다 하셨으니, 모든 것을 아래에 둔다 말씀하실 때에는 모든 것을 그의 아래에 두신이가 그 중에 들지 아니한 것은 분명합니다.

㉘ 모든 것을 그에게 복종하게 하실 때에는 아들 자신도 모든 것을 자기에게 복종하게 하신 이에게 복종하게 되리니, 이는 하나님이 만유의 주로서 만유안에 계시려 하심입니다.

㉙ 만일 부활이 없다면, 세례를 받은 사람들이 죽은 자들을 위하여 무엇을 하겠습니까? 다시말하면 만약 죽은 자가 전혀 살아나지 못한다면 왜 사람들이 죽은자들을 위하여 세례를 받습니까?

㉚ 그리고 우리로서도 왜 매 시간 위험을 무릅쓰고 세례를 받겠습니까?

㉛ 나는 하루도 빠짐없이 죽음과 직면합니다. 여러분은 내가 부활하신 메시아 예수님께서 보증해 주신 여러분의 부활과 나의 부활에 대한 확신도 없이 이 일을 하고 있다고 생각하십니까?

㉜ 만일 일반사람들의 방식대로 에베소서에서 맹수와 싸웠다면, 그것이 내게 무슨 유익이 있겠습니까? 만일 죽은 자들이 일어나지 못한다면, 그냥 내일이면 죽을 터이니 먹고 마시자 할 것입니다.

㉝ 옳은 길에서 벗어나지 마십시요. 잘못된 교제는 선한 도덕율을 더럽힙니다.

㉞ 깨어 의를 행하고 죄를 짓지 마십시요. 하나님을 알지 못하는 자가 있기로 내가 여러분들이 그들과 교제하는 것을 부끄럽게 여겨서 그만두게 하기 위하여 이말을 합니다.

㉟ 그러나 어떤이들은 죽은 자들이 어떻게 다시 살아나며, 어떠한 형태의 몸으로 오느냐고 물어 볼수 있습니다.

㊱ 어리석은 자들이여, 여러분들이 뿌린 씨가 죽지 아니하면 어떻게 생명으로 돌아오겠습니까?

㊲ 그리고 여러분들이 뿌리는 것은 장래 생겨날 몸체가 아니요, 다만 밀이든 다른 것의 씨앗일 뿐입니다.

㊳ 하나님이 그 뜻대로 그에게 몸체를 각 씨앗에 따라 그 몸체를 주십니다.

㊴ 모든 육체가 다 같은 육체는 아니니, 사람은 사람의 육체를, 짐승은 짐승의 육체를, 새는 새의 육체를, 물고기는 물고기의 육체를,

㊵ 하늘에 속한 형체도 있고, 땅에 속한 형체도 있으니, 하늘에 속한 영광이 따로 있고, 땅에 속한 영광이 따로 있습니다.

㊶ 해의 영광이 다르고, 달의 영광이 다르며, 별의 영광도 다른데, 별과 별의 영광도 다릅니다.

㊷ 죽은 자의 부활도 그와 같으니, 심어진 개체는 썩고 다시 살아 나는 것은 썩지 아니합니다.

㊸ 욕된 것으로 심고 영광스러운 것으로 다시 살아나며, 약한 것으로 심고 강한 것으로 다시 살아나며,

㊹ 육의 몸으로 심고 신령한 몸으로 다시 살아나나니, 육의 몸이 있은 즉

영의 몸도 있습니다.

㊺ 기록된 바, 첫 아담은 생명체가 되었고 마지막 아담은 생명을 주는 영이 되었습니다.

㊻ 그러나 먼저는 신령한 자가 아니요, 육 있는 자요, 그 다음에 신령한 자입니다.

㊼ 첫 사람은 땅의 먼지에서 났고, 두번째 사람은 하늘에서 나셨습니다.

㊽ 무릇 흙에 속한 자들은 저 흙에 속한 자와 같고, 무릇 하늘에 속한 자들은 저 하늘에 속한 이와 같습니다.

㊾ 그래서 우리가 지구 사람의 모습을 가진 것과 똑같이 또한 하늘로부터 온 분의 모습을 가질 것입니다.

(And as we have borne the image of the earthy, we shall also bear the image of the heavenly.-KJV)

(And just as we have borne the likeness of the earthly man, so shall we bear the likeness of the man from heaven.-NIV)

(Just as we have borne the image of the earthly one, we shall also bear the image of the heavenly one.-NAB)

(In the same way that we've worked from our earthly origins, Let's embrace our heavenly ends.-THE MESSAGE)

㊿ 형제 여러분, 내가 이것을 말하노니, 혈과 육은 하나님 나라를 이어 받을 수 없고, 또한 썩는 것은 썩지 아니하는 것을 유업으로 받지 못합니다.

㉛ 보라, 내가 여러분들에게 신비를 말하노니 우리가 완전히 잠들지(죽지) 않고, 우리는 홀연히 변화될 것입니다.

(Behold, I shew you a mystery; We shall not all sleep, but we shall all be changed.-KJV)

(Listen, I tell you a mystery: We will not all sleep, but we will all be changed,-NIV)

(Behold, I tell you a mystery. We shall not all fall asleep, but we will be changed,-NAB)

(But let me tell you something wonderful, a mystery I'll

probably never fully understand. We're not all going to die-but we are all going to be changed.-THE MESSAGE)

(52) 눈 깜짝할 사이, 마지막 나팔 소리에 그리될 것입니다. 나팔이 울리면 죽은 이들이 썩지 않은 몸으로 되살아 나고, 우리는 변화할 것입니다.

(53) 이 썩을 것이 반드시 썩지 아니할 것을 입겠고, 이 죽을 것이 죽지 아니함을 입을 것입니다.

(54) 이 썩을 것이 썩지 아니함을 입고, 죽을 것이 죽지 아니함을 입을 때에는 사망을 삼키고 이기리라고 기록된 말씀이 이루어집니다.

(55) 승리가 사망을 삼켜 버렸습니다. 사망아, 너의 승리가 어디 있느냐? 죽음아, 너의 쏘는 것이 어디 있느냐?

(56) 사망이 쏘는 것은 죄요, 죄의 권능은 율법입니다.

(The sting of death is sin; and the strength of sin is the law.-KJV)

(The sting of death is sin, and the power of sin is the law.-NIV)

(The sting of death is sin, and the power of sin is the law.-NAB)

(It was sin that made death so frightening and law-code guilt that gave sin its leverage, its destructive power.-THE MESSAGE)

(57) 감사하게도 그분은 우리에게 예수 그리스도를 통하여 승리를 주셨습니다.

(58) 그러므로 내 사랑하는 형제 여러분, 견실하며 흔들리지 말고, 항상 주의 일에 더욱 힘쓰는 자들이 되십시요. 여러분들도 아시다시피 여러분들의 수고가 주안에서 헛되지 않습니다.

• 16장

① 하나님의 사람들(성도들)을 위하는 모금에 대하여는, 내가 갈라디아 교인들에게 말한 것 같이 여러분들도 그렇게 하십시요.

② 매주일 첫날에, 너희 각 사람이 이를 얻은대로 저축하여 두어서 내가 갈 때에야 모금을 하지 않게 하십시요.

③ 내가 이를 때에, 여러분들이 인정한 사람에게 편지를 주어 여러분들의

충만한 선물을 예루살렘으로 가지고 가게 하겠습니다.

④ 만일 나도 가는 것이 합당하면 저희가 나와 함께 가면 됩니다.

⑤ 내가 마게도냐를 지날 터이니 마게도냐를 지난 후에 여러분들에게 가겠습니다.

⑥ 혹은 여러분들과 함께 머물며 겨울을 지낼듯도 합니다. 그리고 여러분들이 내가 가려는 곳으로 보내어 줄지도 모르지요.

⑦ 이제는 지나는 길에 잠시 여러분들을 보기를 원치 아니하고, 주께서 만일 허락하시면 얼마 동안 여러분들과 함께 지내고 싶습니다.

⑧ 내가 오순절까지 에베소에 머물려고 하는 것은,

⑨ 전도하는데 넓고 효율적인 문이 나에 열려 있기 때문입니다. 물론 대적하는 자도 많이 있습니다.

⑩ 디모데가 이르거든, 여러분들이 조심하여 저로 두려움이 없이 여러분들 가운데 있게 하십시요. 이는 저도 나와 같이 주의 일을 하고 있기 때문입니다.

⑪ 그러므로 누구든지 저를 멸시하지 말고, 평안히 보내어 내게로 오게 하십시오. 나는 저가 형제들과 함께 오기를 기다리겠습니다.

⑫ 형제 아볼로에 대하여는, 저더러 형제들과 함께 여러분들에게 가라고 내가 많이 권하되, 지금은 갈 뜻이 일절 없으나 기회가 있으면 갈 것입니다.

⑬ 깨어 신앙에 굳게 서서 남자답게 강건하십시요.

⑭ 여러분들의 모든 일을 사랑으로 행하십시요.

⑮ 형제들아 스데바나의 집은 곧 아가야의 첫 열매요. 또 성도 섬기기로 작정한 줄을 여러분들은 아는지라, 내가 여러분들에게 권합니다.

⑯ 이 같은 자들과 또 함께 일하며 수고하는 모든 자에게 온전히 따르십시요.

⑰ 내가 스데바나와 브도나도와 아가이고의 온 것을 기뻐하노니, 저희가 여러분들의 부족한 것을 보충하였음니다.

⑱ 저희가 나와 여러분들의 마음을 시원케 하였으니, 그러므로 여러분들은 이러한 자들을 인정해 주어야 합니다.

⑲ 아시아 지방에 있는 교인들이 여러분들에게 문안합니다. 아굴라와 브

리스가와 및 그 집에 있는 교인들도 주 안에서 여러분들에게 문안합니다.

㉑ 모든 형제도 여러분들에게 문안합니다. 여러분들도 거룩한 입맞춤으로 서로 문안하십시요.

㉑ 나, 바울은 나의 친필로 친히 여러분들에게 문안합니다.

㉒ 만일 누구든지 주를 사랑하지 아니하면, 주님께서 임하심으로 저주를 받습니다.

㉓ 주 예수 그리스도의 은혜가 여러분들과 함께 계시고,

㉔ 나도 메시아 이신 예수님 안에서 여러분 모두를 사랑합니다. 아멘!!!

고린도후서(사도 바울의 교리서신)

· 본 성경듣기는 QR코드 인식으로 들을 수 있습니다

● 1장

① 하나님의 뜻에 의하여 예수 그리스도의 사도 된 바울과 우리 형제 디모데는 고린도에 있는 하나님의 교회와 또 아가야에 있는 모든 성도들에게 편지하노니,

(Paul an apostle of Jesus Christ by the will of God, and Timothy our brother, unto the church of God which is at Corinth, with all the saints which are in all Achaia:-KJV)

(Paul, an apostle of Christ Jesus by the will of God, and Timothy our brother, To the church of God in Corinth, together with all the saints throughout Achaia:-NIV)

(Paul, an apostle of Christ Jesus by the will of God, and Timothy our brother, to the church of God that is in Corinth, with all the holy ones throughout Achaia:-NAB)

(I, Paul, have been sent on a special by the Messiah, Jesus, planned by God himself. I write this to God's congregation in Corinth, and to believers all over Achaia province.-THE MESSAGE)

② 여러분들에게 하나님 우리 아버지와 주 예수 그리스도로 부터 은혜와 평강이 있기를 기원합니다.

③ 찬송하리로다! 그는 우리 주 예수 그리스도의 하나님이시요, 자비의 아버지시요, 모든 위로의 하나님이시며,

447

④ 우리의 모든 환난 중에서 우리를 위로하사, 우리로 하여금 하나님께 받는 위로로써 모든 환난 중에 있는 자들을 능히 위로하게 하시는 이십니다.

⑤ 그리스도의 고난이 우리에게 넘친 것 같이 우리의 위로도 그리스도로 말미암아 넘칩니다.

⑥ 우리가 환난 받는 것도 여러분의 위로와 구원을 위함이요, 혹 위로 받는 것도 여러분의 위로를 위함이니, 이 위로가 여러분 속에 역사하여, 우리가 받는 것 같은 고난을 여러분도 견디게 하려 함 입니다.

⑦ 여러분을 위한 우리의 소망이 견고함은, 여러분이 고난에 참예하는 자가 된 것 같이 위로에도 그러할 줄을 앎입니다..

⑧ 형제들아, 우리가 아시아에서 당한 환난을 여러분이 알지 못하기를 원치 아니하노니, 힘겹도록 심한 고생을 받아 살 소망까지 끊어지고,

⑨ 우리 마음에 사형 선고를 받을 줄 알았으니, 이는 우리로 자기를 의뢰하지 말고 오직 죽은 자를 다시 살리시는 하나님만 의뢰하게 하심입니다.

⑩ 그가 이 같이 큰 사망에서 우리를 건지셨고, 또 건지시리라, 또한 이후에라도 건지시기를 그를 의지하여 기도합니다.

⑪ 여러분도 우리를 위하여 간구함으로 우리를 도와주십시요! 우리가 많은 사람의 기도로 얻은 은사로 인하여 많은 사람도 우리를 위하여 감사하게 하려 함입니다.

⑫ 우리가 세상에서 특별히 여러분에 대하여 하나님의 거룩함과 진실함으로써 하되, 육체의 지혜로 하지 아니하고, 하나님의 은혜로 행함은 우리 양심의 증거하는 바니 이것이 우리의 자랑입니다.

⑬ 오직 여러분이 읽고 아는 것 외에 우리가 다른 것을 쓰지 아니하노니, 여러분이 끝까지 알기를 내가 바라는 것은,

⑭ 여러분이 대강 우리를 아는 것 같이, 우리 주 예수의 날에 여러분이 우리의 자랑이 되고 우리가 여러분의 자랑이 되는 것입니다.

⑮ 내가 이 확신을 가지고, 여러분에게 두번 은혜를 얻게 하기 위하여 먼저 여러분에게 이르렀다가,

⑯ 여러분을 지나 마게도냐에 갔다가, 다시 마게도냐에서 여러분에게 가

서 여러분이 보내줌으로 유대로 가기로 하였습니다.

⑰ 이것을 계획할 때에 어찌 경솔히 하였으리요? 또는 세상적인 방법으로 동시에 예, 예하고 아니오, 아니라 하는 계획을 내가 하였겠습니까?

⑱ 하나님은 신실하십니다. 우리가 여러분에게 한 말씀들은 예, 그리고 아니다, 함이 아닙니다.

⑲ 우리 곧 나와 실루아노와 디모데로 말미암아, 여러분 가운데 전파된 하나님의 아들 예수 그리스도는, 예! 하고 아니라 함이 되지 아니하였으니 저에게는 예만 되었습니다.

⑳ 하나님의 약속은 얼마든지 그리스도 안에서 예가 되니, 그런즉 그로 말미암아 우리가 아멘!하여 하나님께 영광을 돌리게 되었습니다.

㉑ 우리를 여러분과 함께 그리스도 안에서 견고케 하시고, 우리에게 기름을 부으신 이는 하나님이시니,

㉒ 저가 또한 우리에게 인장을 찍고, 보증으로 성령을 우리 마음에 주셨습니다.

㉓ 내가 내 영혼을 두고, 하나님을 불러 증거하시게 하노니, 다시 고린도에 가지 아니한 것은 여러분을 아끼려 함입니다.

㉔ 우리가 여러분들의 신앙을 주관하려는 것이 아니요, 오직 여러분들의 기쁨을 돕는 자가 되려 함이니, 이는 신앙에 의해서 여러분들이 견고하게 섰음입니다.

● 2장

① 그래서 나는 곤란한 상황에서는 다시 여러분에게 나아가지 않기로 결심하였습니다.

② 만약 내가 단순히 나타남으로써, 여러분을 몹시 곤란한 처지에 빠지게 한다면, 그때 여러분 중 누가 나를 기쁘게하고 생기를 주는데 자유롭겠습니까?

(For if I make you sorry, who is he then that maketh me glad, but the same which is made sorry by me?-KJV)

(For if I grieve you, who is left to make me glad but you whom I have grieved?-NIV)

(For if I inflict pain upon you, then who is there to cheer me except the one pained by me?-NAB)

(If by merely showing up I would put you in an embarrassingly painful position, how would you then be free to cheer and refresh me?-THE MESSAGE)

③ 내가 이같이 쓴 것은 내가 갈 때에 마땅히 나를 기쁘게 할 자로부터 도리어 슬픔을 얻을까 염려함입니다. 여러분 모두에 대하여 나의 기쁨이 여러분의 기쁨인줄 확신함입니다.

④ 내가 큰 환난과 애통한 마음이 있어 많은 눈물로 여러분에게 썼노니, 이는 여러분으로 근심하게 하려 한것이 아니요. 오직 내가 여러분을 향하여 넘치는 사랑이 있음을 여러분으로 알게 하려 함입니다.

⑤ 근심하게 한 자가 있었을지라도 나를 근심하게 한 것이 아니요. 어느 정도 여러분을 근심하게 한 것이니, 어느 정도라 함은 내가 너무 심하게 하지 아니하려 함입니다.

⑥ 그러한 사람이 많은 사람으로부터 이러한 벌을 받은 것은 족합니다.

(Sufficient to such a man is this punishment, which was inflicted of many.-KJV)

(The punishment inflicted on him by the majority is sufficient for him.-NIV)

(This punishment by the majority is enough for such a person,--NAB)

(What the majority of you agreed to as punishment is punishment enough.-THE MESSAGE)

⑦ 그런즉, 여러분은 차라리 그를 용서하고 위로할 것이니, 그가 너무 많은 근심에 잠길까 두려워함 입니다.

⑧ 그러므로 여러분에게 권하노니, 여러분들은 그를 향한 여러분의 사랑을 그에게 나타내십시요.

⑨ 여러분이 범사에 순종하는지, 그 증거를 알고자하여, 내가 이것을 여러분에게 썼습니다.

⑩ 여러분이 무슨 일이든지 뉘게 용서하면, 나도 그리하고, 내가 만일 용

서한 일이 있으면 용서한 그것은, 여러분을 위하여 그리스도 앞에서 안 것입니다.

⑪ 이는 우리가 사단에게 속지 않게 하려 함입니다. 왜냐하면 우리가 사탄의 계획을 알지 못하는바가 아니기 때문입니다.

(Lest Satan should get an advantage of us: for we are not ignorant of his devices.-KJV)

(in order that Satan might not outwit us. For we are not unaware of his schemes.-NIV)

(so that we might not be taken advantage of by Satan, for we are not unaware of his purposes.-NAB)

(After all, we don't want to unwittingly give Satan an opening for yet more mischief-we're not oblivious to his sly ways!-THE MESSAGE)

⑫ 내가 그리스도의 복음을 위하여 드로아에 이르매, 주 안에서 문이 내게 열렸으되,

⑬ 내가 내 형제 디도를 만나지 못하므로, 내 심령이 편치 못하여 저희를 작별하고 마게도냐로 갔습니다.

⑭ 항상 우리를 그리스도 안에서 이기게 하시고, 우리로 말미암아 각처에서 그리스도를 아는 냄새를 나타내시는 하나님께 감사합니다.

⑮ 우리는 구원 얻는 자들에게나, 망하는 자들에게나, 하나님 앞에서 그리스도의 향기입니다.

⑯ 이 사람에게는 사망으로 좇아 사망에 이르는 냄새요. 저 사람에게는 생명으로 좇아 생명에 이르는 냄새라, 누가 이것을 감당하리요.

⑰ 우리는 많은 사람과 같이 하나님의 말씀을 혼잡하게 하지 아니하고, 곧 순전함으로 하나님께 받은 것 같이 하나님 앞에서와 그리스도 안에서 말합니다.

● 3장

① 우리가 우리 자신들의 칭찬을 다시 시작하고 있습니까? 또는 어떤 사람들처럼 여러분들로 부터 추천서를 받거나 부칠 필요가 우리에게 있습

니까? 그럴 필요가 없습니다.

(Do we begin again to commend ourselves? Or need we, as some others, epistles of commendation to you, or letters of commendation from you?-KJV)

(Are we beginning to commend ourselves again? Or do we need, like some people, letters of recommendation to you or from you?-NIV)

(Are we beginning to commend ourselves again? Or do we need, as some do, letters of recommendation to you or from you?-NAB)

(Does it sound like we're patting ourselves on the back, insisting on our credentials, asserting our authority? Well, we're not. Neither do we need letters of endorsement, either to you or from you.-THE MESSAGE)

② 이 편지는 우리 마음으로 썼고 모든 사람들에 의해서 알려지고 읽혀졌습니다.

(Ye are our epistle written in our hearts, known and read of all men:-KJV)

(You yourselves are our letter, written on our hearts, known and read by everybody.-NIV)

(You are our letter, written on our hearts, known and read by all,-NAB)

(You yourselves are all the endorsement we need. Your very lives are a letter that anyone can read by just looking at you.-THE MESSAGE)

③ 여러분은 우리의 사역으로 말미암아 나타난 그리스도의 편지니, 이는 먹으로 쓴 것이 아니요, 오직 살아계신 하나님의 영으로 한 것이며, 또 돌판에 쓴 것이 아니요, 오직 육신의 마음판에 쓴 것입니다.

④ 우리가 그리스도로 말미암아 하나님을 향하여 이 같은 확신이 있으니,

⑤ 이는 우리가 무슨 일이든지 우리에게서 난것 같이 생각하여 스스로 만

족할 것이 아니니 우리의 만족은 오직 하나님께로서 난것이기 때문입니다.

⑥ 저가 또 우리로 새 언약의 일군 되기에 만족케 하셨으니 의문으로 하지 아니하고, 오직 영으로 함이니 의문은 죽이는 것이요 영은 살리는 것임입니다.

⑦ 돌에 써서 새긴 죽게 하는 의문의 직분도 영광이 있어 이스라엘 자손들이 모세의 얼굴의 없어질 영광을 인하여 그 얼굴을 주목하지 못하였거든,

⑧ 하물며 영의 직분이 더욱 영광이 있지 아니하겠습니까?

⑨ 정죄의 직분도 영광이 있은즉, 의의 직분은 영광이 더욱 넘칩니다.

⑩ 영광되었던 것이 더 큰 영광을 인하여 이에 영광될 것이 없으나,

⑪ 없어질 것도 영광으로 말미암았은 즉, 길이 있을 것은 더욱 영광 가운데 있습니다.

⑫ 우리가 이 같은 소망이 있으므로 담대히 말하노니,

⑬ 우리는 모세와 같지 않습니다. 모세는 자기 얼굴에 나타난 영광이 사라져 가는 것을 이스라엘 자손들이 주목치 못하게 하려고 수건을 썼습니다. 그래서 그들은 알아채지 못했습니다. 그러나 우리는 숨길 것이 없습니다. 모든 것이 우리와 함께 환히 드러나 있습니다.

(And not as Moses which put a veil over his face, that the children of Israel could not stedfastly look to the end of that which is abolished:-KJV)

(We are not like Moses, who would put a veil over his face to keep the Israelites from gazing at it while the radiance was fading away.-NIV)

(and not like Moses, who put a veil over his face so that the Israelites could not look intently at the cessation of what was fading.-NAB)

(Unlike Moses, we have nothing to hide. Everything is out in the open with us. He wore a veil so the children of Israel wouldn't notice that the glory was fading away-and they didn't notice.-THE MESSAGE)

⑭ 그러나 저희 마음이 완고하여 오늘까지라도 구약을 읽을 때에 그 수건이 오히려 벗어지지 아니하고 있으니 그 수건은 그리스도 안에서 없어질 것입니다.

⑮ 오늘까지 모세의 글을 읽을 때에 수건이 오히려 그 마음을 덮었습니다.

⑯ 그러나 언제든지 주께로 돌아가면 그 수건이 벗어집니다.

⑰ 주는 영이시니 주의 영이 계신 곳에는 자유함이 있습니다.

⑱ 우리가 다 수건을 벗은 얼굴로 거울을 보는 것 같이 주의 영광을 보매, 저와 같은 형상으로 화하여 영광으로 영광에 이르니 곧 주의 영으로 말미암음입니다.

● 4장

① 그러므로 우리가 하나님의 긍휼하심을 통하여 이 직분을 받았으므로 우리는 단념하거나 포기하지 않습니다.

(Therefore seeing we have this ministry, as we have received mercy we faint not;-KJV)

(Therefore, since through God's mercy we have this ministry, we do not lost heart.-NIV)

(Therfore, since we have this ministry through the mercy shown us, we are not discouraged.-NAB)

(Since God has so generously let us in on what he is doing, we're not about to throw up our hands and walk off the job just because we run into occasional hard times.-THE MESSAGE)

② 우리는 가면을 쓰고 속이는 짓을 하지 않습니다. 술수를 쓰거나 배후에서 조작하는 짓도 하지 않습니다. 우리는 하나님의 말씀을 왜곡하지 않습니다. 오히려 우리가 행하고 말하는 모든 것을 사람들 앞에 훤히 드러내고 진리를 모두 공개하여 , 원하는 사람은 누구든지 보고 하나님 앞에서 스스로 판단할 수 있게 합니다.

(But have renounced the hidden things of dishonesty, not walking in craftiness, nor handling the word of God deceitfully;

but by manifestation of the truth, commending ourselves to every man's conscience in the sight of God.-KJV)

(Rather, we have renounced secret and shameful ways; we do not use deception, nor do we distort the word of God. On the contrary, by setting forth the truth plainly we commend ourselves to every man's conscience in the sight of God.-NIV)

(We refuse to wear masks and playgames. We don't maneuver and manipulate behind the scenes. And we don't twist God's Word to suit ourselves. Rather, we keep everything we do and say out in the open, the whole truth on display, so that who wanr to can see and judge for themselves in the presence of God.-THE MESSAGE)

(Rarher, we have renounced shameful, hidden things; not acting deceitfully or falsifying the word of God, but by the open declaration of the truth we commended ourselves to everyone's conscience in the sight of God.-NAB)

③ 만일 우리의 복음이 어떤 사람에게 불분명하다면 이는 우리가 그것을 감추어서가 아니라 , 그들이 잘못된 길을 바라보거나 가므로 복음에 주의를 기울이지 않았기 때문입니다.

(But if our gospel be hid, it is hid to them that are lost:-KJV)

(And even if our gospel is veiled, it is veiled to those who are perishing.-NIV)

(And even if our gospel veiled, it is veiled for those who are perishing,-NAB)

(If our message is obscure to anyone, it is not because we're holding back in any way. No, it's because these other people are looking or going the wrong way and refuse to give it serious attention.-THE MESSAGE)

④ 이 시대의 신(하나님이 아닌 신)은 믿지 아니하는자들의 이성을 마비시켜서 그들이 하나님의 표상인 그리스도의 영광의 복음의 빛을 볼 수 없

도록 하였습니다.

(In whom the god of this world hath blinded the minds of them which believe not, lest the light of the glorious 해네지 of Christ, who is the image of God, should shine unto them.-KJV)

(The god of this age has blinded the minds of unbelievers, so that they can not see the light of the gospel of the glory of Christ, who is the image of God.-NIV)

(in whose case the god of this ages has blinded the minds of the unbelievers, so that they may not see the light of the gospel of the glory of Christ, who is the image of God.-NAB)

(All they have eyes for is the fashionable god of darkness. They think he can give them what they want, and that they won't have to bother believing a Truth they can't see. They're stone-blind to the dayspring brightness of the Message that shines with Christ, who gives us the best picture of God we'll ever get.-THE MESSAGE)

⑤ 이는 우리가 우리를 전파하는 것이 아니라, 오직 그리스도 예수의 주 되신 것과 또 예수를 위하여 우리가 여러분의 종 된 것을 전파함입니다.

⑥ 어두운데서 빛이 비취리라 하시던 그 하나님께서 예수 그리스도의 얼굴에 있는 하나님의 영광을 아는 빛을 우리 마음에 비취셨습니다.

⑦ 우리가 이 보배를 질그릇에 가졌으니, 이는 능력의 심히 큰 것이 하나님께 있고 우리에게 있지 아니함을 알게 하려 함입니다.

⑧ 우리가 사방으로 우겨쌈을 당하여도 싸이지 아니하며, 답답한 일을 당하여도 낙심하지 아니하며,

⑨ 핍박을 받아도 버린바 되지 아니하며, 거꾸러 뜨림을 당하여도 망하지 아니하고,

⑩ 우리가 항상 예수 죽인 것을 몸에 짊어짐은 예수의 생명도 우리 몸에 나타나게 하려 함입니다.

⑪ 우리 산 자가 항상 예수님을 위하여, 죽음에 넘기움은, 예수님의 생명

이 또한 우리 죽을 육체에 나타나게 하려 함입니다.

⑫ 그런즉, 우리가 가장 최악을 가고 있는 동안에 여러분들은 최상의 길을 얻어 가고 있습니다.

(So then, death worketh in us, but life in you.-KJV)

(So then, death is at work in us, but life is at work in you.-NIV)

(So death is at work in us, but life in you.-NAB)

(While we're going through the worst, you're getting in on the best!-THE MESSAGE)

⑬ 기록한바 내가 믿는 고로 말하였다. 한 것 같이 우리가 같은 신앙의 영을 가졌으니, 우리도 믿고 또한 말합니다.

⑭ 주 예수를 다시 살리신 이가 예수와 함께 우리도 다시 살리사, 여러분과 함께 그 앞에 서게 하실줄을 압니다.

⑮ 모든 것을 너희를 위하여 하는 것은 은혜가 많은 사람의 감사함으로 말미암아 더하여 넘쳐서 하나님께 영광을 돌리게 하려 함입니다.

⑯ 그러므로 우리는 낙심하지 아니합니다. 표면상으로는 우리는 점점 소멸하나 내면적으로는 날로날로 새로워집니다.

⑰ 우리가 지금 겪는 일시적이고 가벼운 고난이 지극히 크고 영원한 영광을 우리에게 이루게 함입니다.

⑱ 그래서 우리는 보이는 것에 눈을 고정하지 않고 보이지 않는 것을 바라봅니다. 보이는 것은 잠간이요 보이지 않는 것은 영원하기 때문입니다.

● 5장

① 우리가 아는 것은 만일 땅에 있는 우리의 이 장막 집이 무너지면, 하나님의 건축물, 곧 손으로 짓지 아니한 하늘에 있는 영원한 집이 우리에게 있는 줄 알기 때문입니다.

② 이는 우리가 여기 있어 탄식하며, 하늘로부터 오는 우리 처소로 덧입기를 간절히 사모하노니,

③ 이렇게 입음은 벗은 자들로 발견되지 않으려 함입니다.

④ 이 장막에 있은 우리가 짐 진 것 같이 탄식하는 것은 벗고자 함이 아니요, 오직 덧입고자 함이니 죽을 것이 생명에게 삼킨바 되게 하려 함입

니다.

⑤ 곧, 이것을 우리에게 이루게 하시고 보증으로 성령을 우리에게 주신 이는 하나님이십니다.

⑥ 이러므로 우리가 항상 담대하여 몸에 거할 때에는 주와 따로 거하는 줄을 아노니,

⑦ 이는 우리가 신앙으로 행하고 보는 것으로 하지 아니함입니다.

⑧ 우리가 담대하여 원하는 바는 차라리 몸을 떠나 주와 함께 거하는 그것입니다.

⑨ 그런즉, 우리는 거하든지, 떠나든지, 주를 기쁘시게 하는 자 되기를 힘씁니다.

⑩ 이는 우리가 다 반드시 그리스도의 심판대 앞에 드러나, 각각 선악간에 그 몸으로 행한 것을 따라 받으려 함입니다 .

⑪ 우리가 주의 두려우심을 알므로 사람을 권하노니, 우리가 하나님 앞에 알리워졌고 또 여러분들의 양심에도 알리워졌기를 바랍니다.

⑫ 우리가 여러분들에게 자천하는 것이 아니요, 오직 우리를 인하여 자랑할 기회를 여러분들에게 주어, 마음으로 하지 않고, 외모로 자랑하는 자들을 대하게 하려 하는 것입니다.

⑬ 우리가 만일 미쳤어도 하나님을 위한 것이요, 만일 정신이 온전하여도 여러분들을 위한 것입니다.

⑭ 그리스도의 사랑이 우리를 강권하시는도다, 우리가 생각건대 한 사람이 모든 사람을 대신하여 죽었은즉, 모든 사람이 죽을 것입니다.

⑮ 저가 모든 사람을 대신하여 죽으심은 산 자들로 하여금, 다시는 저희 자신을 위하여 살지 않고 오직 저희를 대신하여 죽었다가 다시 사신 자를 위하여 살게 하려 함입니다.

⑯ 그러므로 이제부터 우리는 그리스도를 세상적인 기준으로 주목하지 않습니다. 우리가 그리스도를 속된 기준으로 이해하였을지라도 이제는 그렇게 이해하지 않습니다.

⑰ 그런즉, 누구든지 그리스도 안에 있으면 새로운 창조물이라 이전 것은 지나갔으니 보라 새 것이 되었습니다.

⑱ 모든 것이 하나님께로 났나니, 저가 그리스도로 말미암아 우리를 자기

와 화목하게 하시고, 또 우리에게 화목하게 하는 직책을 주셨습니다.

⑲ 이는 하나님께서 그리스도 안에 계시사, 새상을 자기와 화목하게 하시며, 저희의 죄를 저희에게 돌리지 아니하시고, 화목하게 하는 말씀을 우리에게 부탁하셨습니다.

⑳ 이러므로 우리가 그리스도를 대신하여 사절이 되어, 하나님이 우리로 여러분들을 권면하시는 것 같이 그리스도를 대신하여 간구하노니, 여러분들은 하나님과 화목하십시요

㉑ 하나님이 죄를 알지도 못하신 자로 우리를 대신하여 죄를 삼으신 것은 우리로 하여금 여러분들 안에서 하나님의 의가 되게 하려 하심입니다.

● 6장

① 우리가 하나님과 함께 일하는 자로서 여러분들에게 권하노니, 하나님의 은혜를 헛되이 받지 마십시요.

② 이는 내가 은혜를 베풀 때에 여러분의 말을 듣고, 구원의 날에 여러분을 도왔다 하셨으니, 보라 지금은 은혜받을 만한 때요. 보라 지금은 구원의 날입니다.

③ 우리가 이 직책이 훼방을 받지 않게 하려고, 무엇에든지 아무에게도 거리끼지 않게 하고,

④ 오직 모든 일에 우리 자신을 하나님의 사역자로 입증하되, 많은 인내와 고통과 궁핍과 곤경도 잘 참아내었고,

⑤ 매 맞음과 갇힘과 요란한 것과 수고로움과 자지 못함과 먹지 못함을 잘 견뎌내었고,

⑥ 깨끗함과 지식과 오래 참음과 자비함과 성령의 감화와 거짓이 없는 사랑과,

⑦ 진리의 말씀과 하나님의 능력 안에 있어 의의 병기로 좌우하고,

⑧ 영광과 욕됨으로 말미암으며 악한 이름과 아름다운 이름으로 말미암으며 속이는 자 같으나 참되고,

⑨ 무명한 자 같으나 유명한 자요, 죽은 자 같으나 보라 우리가 살고, 징계를 받는 자 같으나 죽임을 당하지 아니하고,

⑩ 근심하는 자 같으나 항상 기뻐하고, 가난한 자 같으나 많은 사람을 부

요하게 하고, 아무 것도 없는 자 같으나 모든 것을 가진 자입니다.

⑪ 고린도인들이여 여러분들을 향하여 우리의 입이 열리고 우리의 마음이 넓었으니,

⑫ 여러분들이 우리 안에서 좁아진 것이 아니라 오직 여러분들의 심정에서 좁아진 것입니다.

⑬ 내가 자녀에게 말하듯 하노니, 보답하는 뜻으로 여러분들도 마음을 활짝 여십시요.

⑭ 여러분들도 믿지 않는 자와 멍에를 같이 하지 말라, 의와 불법이 어찌 함께하며 빛과 어두움이 어찌 사귀며,

⑮ 그리스도와 벨리알이 어찌 조화되며, 믿는 자와 믿지 않는 자가 어찌 같을수 있습니까?

⑯ 하나님의 성전과 우상이 어찌 일치가 되리요! 우리는 살아 계신 하나님의 성전이라, 이와 같이 하나님께서 말씀하시기를, 내가 저희 가운데 거하며 두루 행하여 나는 저희 하나님이 되고, 저희는 나의 백성이 되리라 하셨습니다.

⑰ 그러므로 주께서 말씀하시기를, 여러분들은 저희 중에서 나와서 따로 있고, 부정한 것을 만지지 말라, 내가 여러분들을 영접하여,

⑱ 여러분들에게 아버지가 되고, 여러분들은 내게 자녀가 되리라, 전능하신 주의 말씀이니라, 하셨습니다.

● 7장

① 그런즉 사랑하는 여러분, 우리는 이러한 약속들을 받았으니, 육과 영의 모든 더러움에서 우리 자신을 깨끗이 하여, 하나님을 경외하며 온전히 거룩하게 됩시다.

② 마음으로 우리를 영접하십시요. 우리가 아무에게도 불의를 하지 않고, 아무에게도 해롭게 하지 않고, 아무에게도 속여 빼앗은 일이 없습니다.

③ 내가 정죄하려고 이 말을 하는 것이 아니라, 이전에 말하였거니와, 여러분이 우리 마음에 있어 함께 죽고 함께 살게 하고자 함입니다.

④ 내가 여러분들을 향하여 하는 말이 담대한 것도 많고, 여러분들을 위하여 자랑하는 것도 많으니, 내가 우리의 모든 환난 가운데서도 위로가

가득하고 기쁨이 넘쳐 있습니다.

⑤ 우리가 마게도냐에 이르렀을 때에도, 우리의 육체가 편치 못하고 사방으로 환난을 당하여 밖으로는 다툼이요, 안으로는 두려움이었습니다.

⑥ 그러나 비천한 자들을 위로하시는 하나님이 티투스를 도착케 하시어 우리를 위로해 주셨습니다.

⑦ 저의 온 것이 아니요, 오직 저가 너희에게 받은 그 위로로 위로하고, 여러분의 사모함과 애통함과 나를 위하여 열심 있는 것을 우리에게 고함으로 나로 더욱 기쁘게 하였습니다.

⑧ 그러므로 내가 편지로 여러분들을 슬퍼하게 한 것을 후회하지 아니합니다. 다만 그 편지가 여러분들을 잠시나마 슬퍼하게 한 줄을 압니다.

⑨ 내가 지금 기뻐함은 여러분들로 슬프게 한 까닭이 아니요, 도리어 여러분들이 슬퍼함으로 회개함에 이른 까닭이라, 여러분들이 하나님의 뜻대로 슬퍼하게 된 것은 우리에게서 아무 해도 받지 않게 하려함입니다.

⑩ 하나님의 뜻대로 하는 슬픔은 후회할 것이 없는 구원에 이르게 하는 회개를 이루는 것이요, 세상 슬픔은 사망을 이루는 것입니다.

(For godly sorrow worketh repentance to salvation not to be repented of: but the sorrow of the world worketh death.-KJV)

(Godly sorrow brings repentance that leads to salvation and leaves no regret, but worldly sorrow brings death.-NIV)

(For godly sorrow produces a salutary repentance without regret, but wordly sorrow produces death.-NAB)

(Distress that drives us to God does that. It turns us around. It gets us back in the way of salvation. We never regret that kind of pain. But those who let distress drive them away from God are full of regrets, end up on a deathbed of regrets.-THE MESSAGE)

⑪ 보라, 하나님의 뜻대로 하게 한 이 슬픔이 여러분들로 얼마나 간절하게 하며, 얼마나 변명하게 하며, 얼마나 분하게 하며, 얼마나 두렵게 하며, 얼마나 사모하게 하며, 얼마나 열심있게 하며, 얼마나 벌하게 하였는가? 여러분들이 저 일에 대하여 일절 여러분들 자신의 깨끗함을 나타

내었습니다.

⑫ 그런즉 내가 여러분들에게 쓴 것은 그 불의 행한 자를 위한 것도 아니요, 그 불의 당한 자를 위한 것도 아니요, 오직 우리를 위한 여러분들의 간절함이 하나님 앞에서 여러분들에게 나타나게 하려 함입니다.

⑬ 이로 인하여 우리가 위로를 받았고, 우리의 받은 위로 위에 티토스의 기쁨으로 우리가 더욱 많이 기뻐함은 그의 마음이 여러분들 무리를 인하여 안심함을 얻었음입니다.

⑭ 내가 그에게 여러분들을 위하여 자랑한 것이 있더라도 부끄럽지 아니하니, 우리가 너희에게 이른 말이 다 참된 것 같이 티토스 앞에서 우리의 자랑한 것도 참되게 되었습니다.

⑮ 저가 여러분들의 모든 사람들이 두려워하고, 떪으로 자기를 영접하여 순종한 것을 생각하고, 여러분들을 향하여 그의 심정이 더욱 깊었습니다.

⑯ 내가 여러분들을 인하여 범사에 담대한 고로 기뻐합니다.

● 8장

① 형제 여러분, 이제 나는 하나님께서 마케도니아 지역 교인들 가운데에서 행하고 계신 놀랍고 은혜로운 방식들에 대하여 여러분들이 알기를 원합니다.

② 극심한 시련이 교회 교우들에게 닥쳐서, 그들을 극한 상황으로까지 내몰았습니다. 결국 시련이 그들의 참 모습을 여실히 보여주었습니다. 그들은 지독한 가난에 시달리면서도 믿을 수 없을 만큼 즐거워했습니다. 그들의 곤경이 오히려 뜻밖의 결과를 낳았는데, 곧 순수하고 풍성한 선물을 흘려보내도록 만들었습니다.

(How that in a great trial of affliction the abundance of their joy, and their deep poverty, abounded unto the riches of their liberality.KJV)

(Out of most severe trial, their overflowing joy and their extreme poverty welled up in rich generosity.-NIV)

(For in a severe test of affliction, the abundance of their

joy and their propound poverty overflowed in a wealth of generosity on their part.-NAB)

(Fierce troubles came down on the people of those churches, pushing them to the very limit. The trial exposed their true colors: They were incredibly happy, through desperately poor.-THE MESSAGE)

③ 내가 거기 있으면서 직접 그 모습을 보았습니다. 직접 그 모습을 보았습니다.

④ 그들은 가난한 그리스도인들을 구제하는 활동에 참여할 특권을 달라고 간청하면서, 자신들이 베풀 수 있는 것이면 무엇이나 베풀고, 자신들이 베풀 수 있는 것 그 이상을 베풀었습니다.

⑤ 우리의 바라던 것뿐 아니라, 저희가 먼저 자신을 주께 드리고, 또 하나님 뜻을 좇아 우리에게 주었습니다.

⑥ 이러므로 우리가 티토스를 권하여 여러분들 가운데서 시작하였은즉, 이 은혜를 그대로 성취케 하라 하였습니다.

⑦ 오직 여러분들은 신앙과 말과 지식으로 모든 간절함과 우리를 사랑하는 이 모든 일에 풍성한 것 같이 이 은혜에도 풍성하게 되기를 바랍니다.

⑧ 내가 명령으로 하는 말이 아니요, 오직 다른이들의 간절함을 가지고 여러분들 사랑의 진실함을 증명코저 함입니다.

⑨ 우리 주 예수 그리스도의 은혜를 여러분들이 알거니와 부요하신 자로서 여러분들을 위하여 가난하게 되심은 그의 가난함을 인하여 여러분들로 부요케 하려 하심입니다.

⑩ 이 일에 내가 뜻만 보이노니, 이것은 여러분들에게 유익함이라, 여러분들이 일년 전에 행하기를 먼저 시작할 뿐 하니라 원하기도 하였은즉,

⑪ 이제는 행하기를 성취할지니, 마음에 원하던 것과 같이 성취하되 있는 대로 하십시오.

⑫ 할 마음만 있으면 있는 대로 받으실 터이요, 없는 것을 받지 아니하실 것입니다.

⑬ 이는 다른 사람들은 평안하게 하고 여러분들은 곤고하게 하려는 것이

아니요, 평등케 하려 함입니다.

⑭ 이제 여러분들의 풍부한 것으로 저희 부족한 것을 보충함은 후에 저희 풍부한 것으로 너희 부족한 것을 보충하여 평등하게 하려함입니다.

⑮ 기록한것 같이 많이 거둔 자도 남지 아니하였고, 적게 거둔자도 모자라지 아니하였습니다.

⑯ 여러분들을 위하여 같은 간절함을 티토스 마음에도 주시는 하나님께 감사합니다.

⑰ 저가 권함을 받고, 더욱 간절함으로 자원하여 여러분들에게 나아갔고,

⑱ 또 저와 함께 한 형제를 보내었으니, 이 사람은 복음으로서 모든 교회에서 칭찬을 받는 자요,

⑲ 이뿐 아니라, 저는 동일한 주의 영광과 우리의 원을 나타내기 위하여 여러 교회의 택함을 입어 우리의 맡은 은혜의 일로 우리와 동행하는 자라,

⑳ 이것을 조심함은 우리가 맡은 이 거액의 연보로 인하여, 아무도 우리를 훼방하지 못하게 하려 함입니다.

㉑ 이는 우리가 주 앞에서만 아니라, 사람 앞에서도 선한 일에 조심하려 함입니다.

㉒ 또 저희와 함께 우리의 한 형제를 보내었노니, 우리가 여러가지 일에 그 간절한 것을 여러번 시험하였거니와 이제 저가 너희를 크게 믿으므로 더욱 커졌습니다.

㉓ 티토스로 말하면 나의 동무요, 여러분들을 위한 나의 동역자요, 우리 형제들로 말하면 여러 교회의 사자들이요 그리스도의 영광입니다.

㉔ 그러므로 여러분들은 여러 교회 앞에서 여러분들의 사랑과 여러분들에 대한 우리 자랑의 증거를 그들에게 보이십시요. 그들의 눈으로 직접 보게 해주십시오!

● 9장

① 성도를 섬기는 일에 대하여는 내가 여러분들에게 쓸 필요가 없습니다.

② 이는 내가 너희의 마음의 열심을 알기 때문이라. 내가 너희를 마게도냐 인들에게 자랑하기를, 아가야는 일년 전부터 예비하였다 하였으니, 여

러분들의 열심이 참으로 많은 사람들을 감동시켰습니다.

③ 그런데 이 형제들을 보낸 것은, 이 일에 여러분들을 위한 우리의 자랑이 헛되지 않고 내 말한 것 같이 준비하게 하려 함입니다.

④ 혹 마게도냐인들이 나와 함께 가서 여러분들의 준비치 아니한 것을 보면, 여러분들은 고사하고 우리가 이 믿던 것에 부끄러움을 당할까 두려워합니다.

⑤ 이러므로 내가 이 형제들로 먼저 여러분들에게 가서 여러분들의 전에 약속한 연보를 미리 준비케 하도록 권면하는 것이 필요한 줄 생각하였노니, 이렇게 준비하여야 참 연보답고 억지가 아닙니다.

⑥ 이것이 곧 적게 심는 자는 적게 거두고, 많이 심는 자는 많이 거둔다 하는 말입니다.

⑦ 각각 그 마음에 정한대로 할 것이요, 마지못해 하거나 억지로 하지 말지니, 하나님은 즐겨내는 자를 사랑합니다.

⑧ 하나님이 능히 모든 은혜를 여러분들에게 넘치게 하시나니, 이는 여러분들로 모든 일에 항상 모든 것이 넉넉하여 모든 착한 일을 넘치게 하려 하심입니다.

⑨ 기록된바, 저가 흩어 가난한 자들에게 주었으니, 그의 의가 영원토록 있느니라 함과 같습니다.

⑩ 심는 자에게 씨와 먹을 양식을 주시는 이가 여러분들의 심을 것을 주사 풍성하게 하시고 여러분들의 의의 열매를 더하게 하십니다.

⑪ 여러분들이 모든 일에 부유하여 너그럽게 연보를 함은 저희로 우리로 말미암아 하나님께 감사하게 하는 것입니다.

⑫ 이 봉사의 직무가 성도들의 부족한 것만 보충할 뿐 아니라, 사람들의 하나님께 드리는 많은 감사를 인하여 넘쳤습니다.

⑬ 이 직무로 증거를 삼아 여러분들이 그리스도의 복음을 진실히 믿고, 복종하는 것과 여러분들과 모든 사람을 섬기는 여러분들의 후한 연보를 인하여 하나님께 영광을 돌리고,

⑭ 또 저희가 여러분들을 위하여 기도하며, 하나님이 여러분들에게 주신 지극한 은혜를 인하여 여러분들을 사모할 것입니다.

⑮ 말할 수 없는 그의 은사를 인하여 하나님께 감사드립니다.

● 10장

① 여러분들과 같이 있으면 소심하고, 떠나 있으면 담대한 나, 바울은 이제 그리스도의 온유와 관용으로 친히 여러분들에게 권고합니다.

② 또한 우리를 육체대로 행하는 자로 여기는 자들에 대하여, 내가 담대히 대하려는 것 같이 여러분들과 함께 있을 때에는 나로 하여금 이 담대한 태도로 대하지 않게 하기를 구합니다.

③ 이는 우리가 육신 안에서 행하지만, 육신을 따라 싸우지 아니하노니,

④ 우리의 싸우는 병기는 육신에 속한 것이 아니요, 오직 하나님 앞에서 견고한 요새도 무너뜨리는 강한 힘이기 때문입니다.

⑤ 모든 이론을 파하며 하나님 아는 것을 대적하여 높아진 것을 다 파하고, 모든 생각을 사로잡아 그리스도에게 복종케 하나니,

⑥ 여러분들의 복종이 온전히 될 때에 모든 복종치 않는 것을 벌하려고 예비하는 중에 있습니다.

⑦ 너희는 외모만 보는도다, 만일 사람이 자기가 그리스도에게 속한 줄을 믿을진대, 자기가 그리스도에게 속한 것 같이 우리도 그러한 줄을 자기 속으로 다시 생각할 것입니다.

⑧ 주께서 주신 권세는 여러분들을 파하려고 하신 것이 아니요, 세우려고 하신 것이니, 내가 이에 대하여 지나치게 자랑하여도 부끄럽지 아니합니다.

⑨ 이는 내가 편지들로 여러분들을 놀라게 하려는 것 같이 생각지 않게 함이니,

⑩ 저희 말이 그 편지들은 중하고 힘이 있으나, 그 몸으로 대할 때는 약하고 말이 시원치 않다 하니,

⑪ 그러한 사람들은 우리가 떠나 있을 때에는 편지들로 말하고, 우리가 같이 있을 때에는 행함을 하는 자들임을 필히 이해하여야 합니다.

(Let such an one think this, that such as we are in word by letters when we are absent, such we will be also in deed when we are present.-KJV)

(Such people should realize that what we are in our letters when we are absent, we will be in our actions when we are present.-NIV)

(Such a person must understand that what we are in word through letters when absent, that we also are in action when present.-NAB)

(Such talk won't survive scrutiny. What we write when away, we do when present, in letter or in person.-THE MESSAGE)

⑫ 우리가 어떤 자기를 칭찬하는 자로 더불어 감히 짝하며 비교할 수 없노라, 그러나 저희가 자기로서 자기를 헤아리고 자기로서 자기를 비교하니 지혜가 없습니다.

⑬ 그러나 우리는 분량 밖의 자랑을 하지 않고, 오직 하나님이 우리에게 분량으로 나눠주신 그 분량의 한계를 따라 하노니, 곧 여러분들에게까지 이른 것입니다.

⑭ 우리가 여러분들에게 미치지 못할 자로서 스스로 지나쳐 나아간 것이 아니요, 그리스도의 복음으로 여러분들에게까지 이른 것입니다.

⑮ 우리는 남의 수고를 가지고 분량 밖에 자랑하는 것이 아니라, 오직 여러분들의 신앙이 더할수록 우리의 한계를 따라 여러분들 가운데서 더욱 위대하여지기를 바랍니다.

⑯ 이는 남의 한계 안에 예비한 것으로 자랑하지 아니하고, 너희 지경을 넘어 복음을 전하려 함입니다.

⑰ 자랑하려는 자는 주 안에서 자랑해야 합니다.

⑱ 옳다 인정함을 받는 자는 자기를 칭찬하는 자가 아니요, 오직 주께서 칭찬하시는 자입니다.

● 11장

① 나는 여러분들이 내가 좀 어리석더라도 참아주기를 바랍니다. 그러나 여러분들은 이미 그렇게 하고 있습니다.

② 내가 하나님의 열심으로 여러분들을 위하여 열심 내노니, 내가 여러분들을 정결한 처녀로 한 남편인 그리스도께 드리려고 중매함입니다.

③ 뱀이 그 간계로 이브를 미혹케 한 것 같이, 여러분들의 마음이 그리스도를 향하는 진실함과 깨끗함에서 떠나 부패할까 두려워합니다.

④ 만일 누가 가서 우리의 전파하지 아니한 다른 예수를 전파하거나, 혹 여러분들의 받지 아니한 다른 복음을 받게 할 때에는 여러분들은 그것을 잘 참으십시요.

⑤ 나는 일류의 사도들보다 부족한 것이 조금도 없는줄로 생각합니다.

⑥ 내가 비록 언변에는 서투르나 지식에는 그렇지 아니하니, 우리가 모든 사람 가운데서 모든 일로 여러분들에게 나타내 보였습니다.

⑦ 내가 여러분들을 높이려고 나를 낮추어 하나님의 복음을 무료로 여러분들에게 너희에게 전함으로 죄를 지었습니까?

⑧ 내가 여러분들에게 사역하려고 다른 여러 교회에서 도움을 받는 바람에 내가 그들을 탈취한 꼴이 되었습니다.

⑨ 또 내가 여러분들에게 있어 필요한 것이 부족하되, 아무에게도 누를 끼치지 아니함은 마게도냐에서 온 형제들이 나의 부족한 것을 보충하였음이라, 내가 모든 일에 여러분들에게 폐를 끼치지 않기 위하여 스스로 조심하였습니다.

⑩ 그리스도의 진리가 내 속에 있으니 아가야 지방에서 나의 이 자랑이 막히지 아니합니다.

⑪ 왜 그렇게 하였겠습니까? 내가 여러들을 사랑하지 않아서겠습니까? 하나님께서는 내가 여러분들을 사랑한다는 것을 아십니다.

⑫ 나는 내가 하고 있는 것을 계속하려 합니다. 그리하여 우리와 같은 방식으로 일한다고 자랑할 기회를 노리는 자들에게 그 기회를 없애려 합니다.

⑬ 저런 사람들은 거짓 사도요, 속이는 사람들이니 자기를 그리스도의 사도로 가장하는 자들입니다.

⑭ 이것은 이상한 일이 아닙니다, 사탄도 자기를 광명의 천사로 가장합니다.

⑮ 그러므로 사탄의 일군들도 자기를 의의 일군으로 가장하는 것이 또한 놀라운 일이 아닙니다, 그들의 종국은 그 행위대로 됩니다.

⑯ 내가 다시 말하노니, 누두든지 나를 어리석은 자로 여기지 마십시요! 만일 나를 어리석다고 생각하더라도 나를 어리석은대로 여러분들이 받아 준다면 나는 조금 자랑스럽게 생각하겠습니다.

⑰ 이러한 자랑하는 일에 있어서는 내가 말하는 것은 주를 따라 하는 말이 아니요, 오직 어리석은 자를 따라 하는 것입니다.

⑱ 많은 사람들이 세상 기준으로 자랑을 합니다, 나도 역시 그렇게 자랑하려 합니다.

⑲ 여러분들은 지혜로운 자들로서 어리석은 자들의 행위를 참아줍니다.

⑳ 누가 여러분들로 종을 삼거나, 잡아 먹거나, 사로잡거나, 자고하다 하거나, 뺨을 칠지라도 여러분들은 참아 줍니다.

㉑ 부끄럽게도 우리는 너무 약했다는 것을 말합니다, 그러나 어떤 사람이 내가 어리석지만 말한 것을 감히 자랑스러워 한다면 나도 역시 감히 자랑하겠습니다.

㉒ 그들이 히브리인이냐? 나도 그러하며, 그들이 이스라엘인이냐? 나도 그러하며, 그들이 아브라함의 씨냐? 나도 그러합니다.

㉓ 그들이 그리스도의 일꾼입니까? 이렇게 말하면 정신 나간 말 같지만 나도 더한 일꾼입니다. 나도 수고를 넘치도록 하고, 옥에 갇히기도 더 많이 하고, 매도 수 없이 맞고 여러 번 죽을뻔 하였습니다.

㉔ 유대인들로부터 사십에서 하나 감한 매를 다섯번 맞았으며,

㉕ 세번은 장대로 맞고, 한번은 돌로 맞았으며, 세번은 배가 난파되었는데 망망대해에서 밤과 낮을 보냈습니다.

㉖ 나는 자주 이동을 하고 있습니다, 강을 건널 때의 위험, 강도의 위험, 동족에게서 오는 위험, 이방인의 위험과 도시에서의 위험과 시골에서의 위험과 바다를 항행할때의 위험과 거짓 형제 중의 위험을 당하고 있습니다.

㉗ 또 수고하며 애쓰고 여러 번 자지 못하고, 주리며 목마르고, 여러 번 굶고, 춥고 헐벗었기도 하였습니다.

㉘ 위 열거한 고난들을 별개로 하고도 모든 교회를 위한 염려가 날마다 나를 짓 누르고 있습니다.

㉙ 누가 약하면 내가 약해지지 아니하겠습니까? 누가 죄를 지으면 내가 속으로 애타지 않겠습니까?

㉚ 만약 내가 부득불 자랑하여야 한다면 나의 약함을 보여주는 것을 자랑할 것입니다.

㉛ 영원무궁토록 복되신 하나님, 곧 우리 주 예수 그리스도의 아버지께서 내가 거짓말 아니하는 줄을 아십니다.

㉜ 다메섹에서 아레다 왕의 신하 장수가 나를 잡으려고 다메섹 성을 지켰으나.

㉝ 나는 광주리를 타고 벽에 있는 창문을 통해서 성벽을 내려가, 그의 손에서 벗어났습니다.

● 12장

① 나는 자랑거리를 계속 말하려 합니다. 그렇게 하는 것이 나에게 유익한 것은 아닙니다. 이제 주로부터 본 환상과 계시를 말하겠습니다.

② 나는 그리스도 안에 있는 한 사람을 압니다. 십 사년 전에 그가 셋째 하늘에 이끌려 간 자입니다. 그가 몸 안에 있었는지 몸 밖에 있었는지 나는 모르나 하나님은 아십니다.

(I knew a man in Christ above fourteen years ago, (whether in the body, out of body, I can not tell; God knoweth;) such an one caught up to the third heaven.-KJV)

(I know a man in Christ who fourteen years ago was caught up to the third heaven. Whether it was in the body or out of body I do not know-God knows.-NIV)

(For instance, I know a man who, fourteen years ago, was seized by Christand swept in ecstasy to the heights of heaven. I really don't know if this took place in the body or out of it; only God knows.-THE MESSAGE)

(I know someone in Christ who, fourteen years ago(whether in the body or out of the body I do not know, God knows), was caught up to the third heaven.-NAB)

③ 나는 이런 사람을 압니다. 그런데 그가 몸안에 있었는지 몸 밖에 있었는지 나는 모릅니다. 그러나 하나님은 아십니다

④ 그가 낙원으로 이끌려 올라가서 표현할 수 없는 것들을 들었는데, 그것들은 사람이 말하도록 허용되지 않은 것들입니다.

⑤ 나는 그러한 사람을 자랑합니다. 그러나 나 자신에 대하여는 나의 약함만을 자랑합니다.

⑥ 내가 진실을 말하면, 내가 나를 자랑하여도 나는 바보가 되지는 않을 것입니다. 그러나 누가 나를 보는 것과 나에 관하여 듣는 것 이상으로 나를 생각하지 아니할까 하여 더 이상 말을 아니하겠습니다.

⑦ 이러한 놀라운 계시들 때문에 내가 자만해지는 것을 막으시려고, 내 육체에 사탄의 전령인 가시를 주셨으니 이는 나를 쳐서 너무 자만하지 않게 하려 하심입니다.

⑧ 이것이 내게서 떠나게 하기 위하여 내가 세번 주께 간구하였습니다.

⑨ 그러나 주께서 내게 이르시기를, 내 능력은 약한데서 완전하여지므로, 내 은혜가 너에게 충만하도다, 하신지라, 그러므로 나는 도리어 크게 기뻐함으로, 나의 여러 약한 것들에 대하여 기쁨을 가지리니, 이는 그리스도의 능력이 내게 머물게 하려함입니다.

⑩ 그러므로 나는 그리스도의 이름으로 약한 것들과 능욕과 궁핍과 핍박과 곤란을 기뻐합니다. 이는 내가 약할 그 때가 내가 강하기 때문입니다.

⑪ 내가 나 자신을 바보되게 하였습니다. 여러분들이 그렇게 한 면이 있습니다. 비록 나는 아무것도 아니나 우두머리 사도들이라는 사람들보다 부족하지 아니하므로, 여러분들은 나를 내세워주어야 했습니다.

(I am become a fool in glorying; ye have compelled me: for I ought to have been commended of you: for in nothing am I behind the very chiefest apostles, though I be nothing.-KJV)

(I have made a fool of myself, but you drove me to it. I ought to have been commended by you, for I am not in the least inferior to the "super apostles," even though I am nothing.-NIV)

(I have been foolish. You compelled me, for I ought to have been commended by you. For I am in no way inferior to these "superapostles," even though I am nothing.-NAB)

(Well, now I've made a complete fool of myself by going on

like this. But it's not all my fault; you put me up to it. You should have been doing this for me, sticking up for me and commending me instead of making me do it for myself. You know from personal experience that even if I'm a nobody, a nothing, I wasn't second-rate compared to those big-shot apostles you're so taken with.-THE MESSAGE)

⑫ 사도의 표징인 전조의 나타남(표적), 놀라운 일의 나타남(기적), 권세의 나타남(이적)이 내가 여러분들과 함께 있으면서 복된 시기와 힘겨운 시기를 보내는 동안, 여러분들 가운데서 행해졌습니다.

(Truly the signs of an apostle were wrought among you in all patience, in signs, and wonders, and mighty deeds.-KJV)

(The things that mark an apostle-signs, wonders and miracles-were done among you with great perseverance.-NIV)

(The signs of an apostle were performed among you with all endurance, signs and wonders, and mighty deeds.-NAB)

(All the signs that mark a true apostle were in evidence while I was with you through both good times and bad: signs of portent, signs of wonders, signs of power.-THE MESSAGE)

⑬ 여러분들이 나나 하나님께로부터 다른 교회들에 비하여 덜 부담받은 것이 있습니까? 여러분이 덜 부담 받은 것은 나의 생활 유지비입니다. 여러분에게 그 부담을 덜 준것에 대하여 관대히 보아 주시기를 바랍니다.

(For what is it wherein ye were inferior to other churches, except it be that I myself was not burdensome to you? Forgive me this wrong,-KJV)

(How were you inferior to the other churches, except that I was never a burden to you? Forgive me this wrong.-NIV)

(In what way were you less privileged than the rest of the churches, except that on my part I did not burden you? Forgive me this wrong!-NAB)

(Did you get less of me or of God than any of the other churches? The only thing you got less of was less responsibility for my upkeep. Well, I'm sorry. Forgive me for depriving you.- THE MESSAGE)

⑭ 이제 세번째로 여러분들에게 가기로 하였으나, 여러분들에게 폐를 끼치지는 아니할 것입니다. 나의 구하는 것은 여러분들의 재물이 아니요, 오직 여러분들입니다. 그렇습니다, 자녀가 부모를 위하여 재물을 저축하는 것이 아니요, 부모가 어린 아이를 위하여 저축하는 것입니다.

⑮ 내가 크게 기뻐함으로 내가 가진 모든 것과 마찬가지로, 내 자신까지도 여러분들을 위하여 내 놓으려 합니다. 내가 더 많이 여러분들을 사랑하는데, 여러분들이 나를 덜 사랑하겠습니까?

⑯ 그것은 그렇다치고 나는 여러분들에게 짐을 지우지는 아니하였습니다. 그러나 내가 교활하여 여러분들을 속임수로 사로잡았다고 합니다만,

⑰ 내가 여러분들에게 보낸자 중에서 누구를 통해서 여러분들에게서 무슨 이득을 취했습니까?

⑱ 내가 티토를 그곳으로 가라고 권하면서 그 형제도 함께 보냈습니다. 티토가 여러분을 기만하기라도 하였습니까? 우리는 동일한 성령으로 행하지 않습니까? 또 같은 길을 걷지 않습니까?

⑲ 여러분들은 우리가 우리를 위해 여러분들에게 변명하는 줄로 생각하고 있습니다. 우리는 그리스도안에 있는 자들로서 하나님의 판단안에서 말합니다. 사랑하는 친구들 여러분! 모든 것은 여러분들이 견고해지도록 하기 위함입니다.

⑳ 나는 내가 갔을 때에 여러분들이 내가 원하는 여러분들이 아니고, 나도 여러분들이 원하는 내가 아님을 발견하는 것을 두려워합니다. 또 분쟁과 시기와 격분과 이기심과 중상과 험담과 거만과 무질서가 있지나 않을까 걱정합니다.

㉑ 또 내가 다시 갈 때에 내 하나님이 나를 여러분들 앞에서 챔피를 주지 아니할까 걱정이 됩니다. 그리고 나는 전에 죄를 짓고, 그들이 빠졌던 부도덕한 행위, 음란함과 방종함을 회개치 아니하는 자들 때문에 슬퍼하지 아니할까 걱정이 됩니다.

● 13장

① 내가 이제 세번째 여러분에게 갈 것입니다. 모든 사실은 두명 또는 세명 증인의 증언으로 증명될 것입니다.

② 내가 두번째 대면하였을 때, 말한 바와 같이 지금은 떠나 있으나 말합니다. 내가 다시 가면 이미 죄지은자들 또는 다른 모든이들에게 관대하지 아니할 것입니다

③ 이는 그리스도께서 나를 통하여 말씀하시는 증거를 여러분들이 구하고 있기 때문입니다. 그리스도는 여러분과 함께 있을 때 약하지 않고 도리어 여러분 안에서 강하십니다.

④ 그리스도께서 약하심으로 십자가에 못 박히셨으나, 하나님의 능력으로 살아나셨으며, 우리도 저의 안에서 약하나, 여러분을 향하여서는 하나님의 능력으로 우리는 그와 함께 살것입니다.

⑤ 여러분이 신앙(faith)에 있는가 여러분 자신을 평가하십시요! 예수 그리스도께서 여러분들 안에 계시다는 것을 깨닫지 못합니까? 물론 깨닫지 못한다면 여러분들은 버리운 자들입니다.

⑥ 그리고 우리가 버리운 자 되지 아니한 것을 여러분들이 발견하리라고 나는 믿습니다.

⑦ 지금 우리는 여러분들이 나쁜일을 행하지 않게 하기를 하나님께 기도합니다. 그렇다고 우리가 합격자임을 드러내려 함이 아니라, 우리가 실격자처럼 보일지라도 여러분들만은 선을 행하게 하고자 함입니다.

⑧ 이는 우리가 진리를 거스려 아무것도 할 수 없고, 오직 진리를 위해서만 할 수 있을뿐이기 때문입니다.

⑨ 우리가 약할 때에라도 여러분이 강건한 것을 기뻐하고, 또 이것을 위하여 구하니 여러분이 온전하게 되는 것입니다.

⑩ 그래서 내가 떨어져 있는 동안에 이렇게 편지를 써 보냅니다. 내가 여러분들에게 가서 곁에 있을 때, 주님께서 나에게 주신 권위를 가지고, 여러분들을 준엄하게 다룰 필요가 없게 하려는 것입니다.

⑪ 마지막으로 인사드립니다! 온전함을 목표하십시요! 나의 호소의 말에 귀를 기울이십시요! 마음을 하나로 하십시요! 그리고 평강안에서 생활하십시요! 사랑과 평강의 하나님이 여러분들과 함께 하시기를 기원합

니다!

⑫ 거룩하게 입맞춤으로 서로 서로 문안하십시요!

⑬ 여기에 있는 모든 성도가 여러분들에게 문안인사를 드립니다!

⑭ 주 예수 그리스도의 은혜와 하나님의 사랑과 성령과의 교감이 여러분
들 모두에게 있기를 기원합니다! 아멘!

갈라디아서(사도 바울의 교리서신)

 · 본 성경듣기는 QR코드 인식으로 들을 수 있습니다

● 1장

① 사람들에게서 난 것도 아니요, 사람으로 말미암은 것도 아니요, 오직 예수 그리스도와 죽은 자 가운데서 그리스도를 살리신 하나님 아버지로 말미암아 사도된 바울은,

② 함께 있는 모든 형제로 더불어 갈라디아 여러 교회 교인들에게,

③ 우리 하나님 아버지와 주 예수 그리스도로부터의 은혜와 평화 있기를 기원합니다.

④ 그리스도께서 하나님 곧 우리 아버지의 뜻을 따라 이 악한 세대에서 우리를 건지시려고 우리 죄를 위하여 자기 몸을 드리셨으니,

⑤ 영광이 세세토록 그 분에게 있기를 기원합니다. 아멘!

⑥ 나는 여러분들이 그리스도의 은총으로 여러분을 불러낸 분을 그렇게 빨리 버리고, 다른 메시지(신조)로 돌아섰다는 것에 놀라지 않을 수 없습니다.

(I marvel, that ye are so soon removed from him that called you into the grace of Christ unto another gospel:-KJV)

(I am astonished that you are so quickly deserting the one who called you by the grace of Christ and are turning to a different gospel-NIV)

(I am amazed that you are so quickly forsaking the one who called you by [the] grace [of Christ] for a different gospel-NAB)

(I can't believe your fickleness-how easily you have turned

traitor to him who called you by the grace of Christ by
embracing a variant message!-THE MESSAGE)

⑦ 진실로 다른 그것은 전혀 복음이 아닙니다. 명백히 몇몇 사람들이 여러
분들을 혼란에 빠뜨려 그리스도의 복음을 오해 하도록 하고 있습니다.

⑧ 그러나 우리 또는 하늘로부터 온 천사라도 우리가 여러분들에게 전한
복음 외에 다른 메시지를 설법하면 영원히 저주를 받을 것입니다.

⑨ 우리가 이미 말하였지만 이제 다시 말합니다. 즉 만일 누구든지 여러분
들이 받아들였던 복음과 다른 메시지를 여러분들에게 전파하면 그는
영원히 저주를 받을 것입니다.

⑩ 자 이제 내가 사람들의 호의를 얻으려고 노력해야 합니까? 하나님의 호
감을 얻으려 노력해야 합니까? 만약 내가 아직도 사람들을 즐겁게 하
려고 한다면 나는 그리스도의 종일 수가 없습니다.

⑪ 형제여러분 나는 여러분들이 내가 설파하는 복음은 사람들이 만들어낸
것이 아니라는 것을 알기를 원합니다.

⑫ 이는 내가 사람에게서 받은 것도 아니요, 배운 것도 아니요, 오직 예수
그리스도의 계시로 말미암은 것입니다.

⑬ 내가 이전에 유대교에 있을 때 행한 일을 여러분들은 들었을 것입니다.
나는 하나님의 교회를 심히 핍박하고 그 것을 파괴하려고 하였습니다.

⑭ 나는 유대교를 신봉하는 일에 있어서 동족인 동년배의 유대인들 보다
더 앞서 있었고, 우리 조상들의 전통에 대해서도 극단적으로 열광적이
었습니다.

⑮ 그러나 그 때 나를 태어날 때부터 택정하여 주시고, 그의 은총으로 부
르신 하나님께서 기꺼이

⑯ 내 안에 그의 아들을 나타내사, 내가 그를 이방인들에게 전도하게 하
셨습니다. 나는 그것에 대하여 누구와도 상의하지 않았습니다.

⑰ 또 나보다 먼저 사도된 자들을 만나려고 예루살렘으로 가지 아니하고,
오직 아라비아로 갔다가 다시 다메섹으로 돌아갔습니다.

⑱ 그 후 삼년만에 내가 게바를 심방하려고 예루살렘에 올라가서 그와 함
께 십 오일을 유했습니다.

⑲ 그 때 주의 형제 야고보 외에 다른 사도들은 만나보지 못했습니다.

⑳ 나는 내가 지금 여러분들에게 쓰고 있는 것이 거짓이 아님을 하나님 앞에서 단언합니다.

㉑ 그 후에 나는 수리아와 길리기아 지방으로 갔습니다.

㉒ 그래서 유대지방 그리스도 안에 있는 교회 교인들이 나의 얼굴을 개인적으로 알지 못하고 있습니다.

㉓ 다만 그들은 전에 우리를 핍박하던 자가 전에 한 때 말살시키려한 그 신앙을 지금은 전도한다는 소문을 듣고 있습니다.

㉔ 그리고 그들은 나로 말미암아 하나님을 찬양하였습니다.

● 2장

① 십 사년 후에 내가 바나바와 함께 디도를 데리고 다시 예루살렘에 올라 갔었습니다.

② 나는 계시에 따라 그리로 갔습니다. 그리고 내가 이방인들에게 전도한 복음을 그들에게 설명하였는데, 그곳 지도자들로 보이는 사람들에는 개인적으로 설명하였습니다. 이는 내가 이제까지 한 일이나 하고 있는 일이 허사가 되지 않게 하려함이었습니다.

③ 더욱이 나와 함께 있는 티토스는 비록 헬라인 이었지만 억지로 할례를 강요받지 아니하였습니다.

④ 몰래 들어온 거짓 형제들 때문에 문제가 있기는 하였습니다. 그들은 우리를 다시 종으로 만들기 위하여 우리가 그리스도 안에서 누리는 자유를 엿보려고 몰래 들어온 자들입니다.

⑤ 우리는 단 한 시각도 그들에게 굴복하지 않았으니, 이것은 복음의 진리가 여러분들과 함께 꾸준히 있게 하려 함입니다.

⑥ 그 곳에서 유명 인사들에 관하여, 그들이 어떻든 나는 관계가 없습니다. 하나님은 사람을 외모로 판단하지 않으십니다. 그들은 내 복음에 전혀 보탬이 된 것은 없습니다.

⑦ 도리어 그들은 내가 이방인들에게 복음 전하는 일을 맡고, 베드로는 유대인들에게 복음 전한다는 것을 알았습니다.

⑧ 하나님은 유대인들의 사도인 베드로가 하는 사역에 역사하시고, 또한 이방인들의 사도로써 내가 하는 사역에도 역사하시기 때문입니다.

⑨ 중심 인물들로 간주되는 야고보 베드로 요한 그들은 나에게 주어진 하나님의 은총을 알았을 때 나와 바나바에게 우정의 오른손을 내밀었습니다. 그리고 그들은 우리는 이방인들에게 가서 복음을 전도하고 그들은 유대민족에게 복음을 전파하는데 동의하였습니다.

⑩ 그리고 그들 모두는 우리가 가난한 자들 생각하는 것을 잊지 말것을 부탁하였습니다. 그러나 바로 그 일은 내가 갈망하는 바입니다.

⑪ 베드로가 안디옥에 왔을 때 나는 그가 명백하게 잘못했기 때문에 면박을 주었습니다.

⑫ 야고보로부터 보내진 사람들이 오기전에는 베드로는 이방인들과 같이 식사도 하였습니다. 그러나 그들이 도착한 후 부터는 그 자신 뒤로 빠져서 이방인들과 자신을 분리시켰습니다. 이는 그가 할례받은자들의 집단을 두려워하였기 때문입니다.

⑬ 다른 유대인들도 그와 같은 위선에 참여하였고 바나바까지도 그들의 위선에 의하여 잘못 인도되었습니다.

⑭ 그러나 나는 그들이 복음의 진리를 따라 행하지 아니함을 보고 그들 모두 앞에서 베드로에게 말하였습니다. "당신은 유대인인데 유대 방식으로 살지 않고 이방인과 같이 살면서 어떻게 이방인들에게 유대 관습에 따라 살라고 할 수 있습니까?"

⑮ 우리는 태생부터 본래 유대인이요 이방 죄인이 아닙니다.

⑯ 그런 우리는 사람은 율법을 준수하므로써 의롭게(죄없는 것으로 하나님이 여김) 되는 것이 아니요 오직 예수 그리스도에 대한 신앙으로 말미암는 줄을 압니다. 그래서 우리는 역시 예수그리스도에 대한 신앙을 가져서 율법의 준수가 아니라 그리스도의 신앙에 의하여 의롭게 되어야 합니다. 왜냐하면 율법의 준수로써는 누구도 의롭게 할 수가 없기 때문입니다.

⑰ 그런데 만일 우리가 그리스도 안에서 의롭게 되려 하였는데 우리가 죄인이라는 것이 명백해졌다면 그리스도께서 죄를 짓게 하였다는 것입니까? 절대로 그런 것은 아닙니다.

⑱ 만일 내가 낡아서 헐었던 것을 다시 세운다고 되는 것이 아닙니다. 이는 나를 범법자라고 인정하는것일 뿐입니다.

⑲ 나는 율법으로 말미암아 율법을 향하여 죽었나니 이는 하나님을 향하여 살려 함입니다.

⑳ 내가 그리스도와 함께 십자가에 못 박혔나니 그런 즉 이제는 내가 산 것이 아니요 오직 내 안에 있는 그리스도께서 사신 것이라 이제 내가 육체 가운데 사는 것은 나를 사랑하사 나를 위하여 자기 몸을 버리신 하나님의 아들을 믿는 신앙 안에서 사는 것입니다.

㉑ 내가 하나님의 은혜를 폐하지 아니하노니 만일 의롭게 되는 것이 율법으로 말미암으면 그리스도께서 헛되이 죽으셨기 때문입니다.

• 3장

① 어리석도다 갈라디아 사람들아 예수 그리스도께서 십자가에 못 박히신 것이 여러분들 눈 앞에 밝히 보이거늘 누가 여러분들을 꾀었습니까?

② 내가 여러분들에게 다만 이것을 알려 하노니 여러분들이 성령을 받은 것은 율법을 지킴으로 입니까? 여러분들이 들은 것을 믿었기 때문입니까?

③ 여러분들은 그렇게도 어리석습니까? 성령으로 시작하였는데 육으로 마칠 셈입니까?

④ 만일 그것이 정말로 헛되다면 여러분들이 그렇게 많이 겪었던 체험도 헛 일이라는 것입니까?

⑤ 하나님이 여러분들에게 성령을 주시고 여러분들 가운데 기적을 행하시는 것이 여러분들이 율법을 준수하기 때문입니까? 여러분들이 들은 것을 믿기 때문입니까?

⑥ 아브라함을 생각해보십시요. 그는 하나님을 믿었습니다. 그것이 그에게 의로움으로 인정되었습니다.

⑦ 그런즉 믿는 자들은 아브라함의 자녀인 것으로 이해하십시요.

⑧ 성경은 하나님이 신앙으로 이방인을 의롭게 하신다는 것을 예견하였고 아브라함에게 "모든 민족들이 너를 통하여 복을 받을 것이다."라고 미리 말하였습니다.

⑨ 이와 같이 신앙을 가진 사람은 신앙의 사람인 아브라함을 따라 복을 받습니다.

⑩ 율법 준수에만 의지하는 모든 사람들은 저주 아래 있습니다. 성경에 '율법 책에 기록된 모든 것을 계속해서 행하지 않는 사람은 저주를 받는다."라고 기록되어있습니다.

⑪ 명백하게 하나님 앞에서는 어떤 사람도 율법으로 말미암아 의롭게 되지 못함이 분명합니다. "의인은 신앙으로 살리라"고 기록되어 있기 때문입니다.

⑫ 율법은 신앙에 기초한 것이 아닙니다. 반대로 율법을 준수하는 사람은 율법에 의하여 살 것입니다.

⑬ 그리스도께서는 우리를 위하여 스스로 저주를 받으셔서 우리를 율법의 저주에서 속량하셨습니다. 성경에 '나무에 달린 자는 저주 받은 자다." 라고 기록되어있습니다.

⑭ 이는 그리스도 예수 안에서 아브라함의 복이 이방인에게 미치게 하고 또 우리로 하여금 신앙으로 말미암아 성령의 약속을 받게 하려 함입니다.

⑮ 형제여러분 사람의 일상생활의 예로 말해 보겠습니다. 누구도 정당하게 성립된 사람사이의 계약을 제쳐두거나 더할 수 없는 것과 같이 이 경우도 마찬가지입니다.

⑯ 이 약속들은 아브라함과 그 자손에게 말씀하신 것입니다. 그런데 성경은 많은 사람들을 의미하는 자손들이라 하지 않고 한 사람을 의미하는 너의 자손이라 하였는데 그 분은 그리스도이십니다.

⑰ 내가 말하는 것은 이것입니다. 즉 430년 후에 생겨난 율법이 하나님에 의해서 이미 확립된 언약을 없이 하지 못하여 그 약속을 헛되게 하지 못한 다는 것입니다.

⑱ 만일 유업이 율법에서 난 것이면 그 것은 더 이상 약속에서 난 것이 아닙니다. 하나님은 그의 은총으로 아브라함에게 약속을 통하여 유업을 주셨습니다.

⑲ 그러면 율법의 목적은 무엇입니까? 약속에서 언급한 자손이 올 때까지 사람들의 죄 때문에 더해진 것입니다. 율법은 중보자에 의하여 천사들을 통하여 제정되었습니다.

⑳ 중보자는 양편이 있을 때 가능하며 한편만 있을 때는 중보자가 없지요.

그리고 중보자인 하나님은 한 분이십니다.

㉑ 그러면 율법이 하나님의 약속에 반하는 것입니까? 절대 그렇지는 않습니다. 만일 생명을 줄 수 있는 무엇이 율법에 주어졌었더라면 확실하게 율법에 의하여도 의로움을 얻을 수 있었을 것입니다.

㉒ 그러나 성경은 온 세상이 죄의 포로들이라고 밝히고 있는데 그것은 예수 그리스도 안에 있는 신앙을 통하여 주어진 약속된 모든것이 믿는 자들에게 주어지게 하려는 것입니다.

㉓ 이 신앙이 오기 전에는 우리는 율법에 의하여 포로가 되어있었고 또 신앙이 드러내질 때까는 우리는 숨겨져 있는 것입니다.

㉔ 이같이 율법은 우리를 그리스도에게로 인도하는 역할을 담당하여 우리가 신앙에 의하여 의롭다 함을 얻게 하려 함입니다.

㉕ 이제 신앙이 온 후로는 우리는 더 이상 율법의 지휘 아래 있지 아니합니다.

㉖ 여러분들 모두는 그리스도 예수 안에 있는 신앙으로 하나님의 자녀가 되었습니다.

㉗ 그리스도 안에서 세례를 받은 여러분 모두는 여러분 자신 그리스도의 옷을 입으셨습니다.

㉘ 따라서 유대인이나 헬라인이나 종이나 자유인이나 남자나 여자나 구별이 없이 다 그리스도 예수 안에서 하나입니다.

㉙ 여러분들이 그리스도께 속한 자면 곧 아브라함의 자손이며 약속에 따른 상속자입니다.

● 4장

① 이제 내가 또 말하노니 유업을 이을 자가 모든 것의 주인일지라도, 그가 어렸을 동안에는 종과 다름이 없어서,

② 그 아버지가 그 아들의 후견 청산 때까지 후견인과 관리인의 관리 아래 있나니,

(But is under tutors and governors, until the time appointed of the father.-KJV)

(He is subject to guardians and trustees until the time set by his father.-NIV)

(but he is under the supervision of guardians and administrators until the date set by his father.-NAB)

(Though legally he owns the entire inheritance. He is subject to tutors and administrators until whatever date the father has set for emancipation.-THE MESSAGE)

③ 이와 같이 우리도 어렸을 때에 이 세상 초등 학문 아래 있어서 하인들 같이 하인 하였더니,

④ 때가 차매 하나님이 그 아들을 보내사, 여자에게서 나게 하시고, 율법 아래 나게 하신 것은

⑤ 율법 아래 있는 자들을 속량하시고, 우리로 아들의 권리를 얻게 하려 하심입니다.

⑥ 여러분들은 하나님의 아들이기 때문에, 하나님은 그의 아들의 영을 여러분들의 마음 가운데 보내시어서 우리가 그분을 "아바! 아버지!"라 부르게 하셨습니다.

(And because ye are sons, God hath sent forth the Spirit of his Son into your hearts, crying, Abba, Father.-KJV)

(Because you are sons, God sent the spirit of his Son into our hearts, the spirit who calls out, "Abba, Father."-NIV)

(As proof that you are children, God sent the spirit of his Son into our hearts, crying out, "Abba, Father!"-NAB)

(You can tell for sure that you are now fully adopted as his own children because God sent the Spirit of his Son into our lives crying out, "Papa! Father!"-THE MESSAGE)

⑦ 그래서 여러분들은 더 이상 종이 아니요, 아들입니다. 그리고 여러분들이 아들이므로 하나님은 여러분들을 상속자로 삼으셨습니다.

⑧ 전에 여러분들이 하나님을 알지 못하였을 때에는 신성과는 아무 상관이 없는 신들에게 종살이 했지만,

(Howbeit then, when ye knew not God, ye did service unto them which by nature are no gods.-KJV)

(Formerly, when you did not know God, you were slaves to those who by nature are not gods.-NIV)

(At a time when you did not know God, you became slaves to things that by nature are not gods;-NAB)

(Earlier, before you know God personally, tou were enslaved to socalled gods that had nothing of the divine about them.-THE MESSAGE)

⑨ 이제는 여러분들이 하나님을 알았고, 오히려 하나님도 여러분을 아신 바 되었거늘, 어찌하여 다시 약하고 천한 초보원리로 다시 돌아가 그들에게 다시 종노릇 하기를 원합니까?

⑩ 여러분들은 특별한 날, 달, 절기, 해를 잘 알고 있습니다.

⑪ 나는 내가 어쨌던 여러분들을 위하여 쏟았던 노력이 헛되지 않을까 걱정이 됩니다.

⑫ 형제 여러분 내가 여러분들과 같이 되었은즉, 여러분들도 나와 같이 되기를 간청합니다. 여러분들은 나에게 해롭게 하지 않았습니다.

⑬ 여러분들도 아시다시피, 내가 여러분들에게 복음을 처음 전한 것은 나의 질병 때문이었습니다.

⑭ 나의 질병이 여러분들에게는 귀찮은 일이었지만, 여러분들은 나를 멸시나 조롱도 아니하고 대접하여 주었으며, 대신 여러분들은 나를 내가 마치 하나님의 천사인양 또 내가 예수 그리스도 자신인양 환영해주셨습니다.

⑮ 기뻐하는 여러분들에게 무슨일이 일어났을까요? 나는 여러분들이 여러분들의 눈을 빼서 나에게 줄 수 있었다면 여러분들은 그렇게 하였을 것이라는 것을 증명할 수 있습니다.

⑯ 그리고 지금 내가 여러분들에게 진리를 말함으로써 내가 여러분들의 적이 되었습니까?

⑰ 그들이 여러분들에게 열성을 내고 있으나 선의는 아닙니다. 그들이 원하는 것은 여러분들을 우리와 이간시켜 여러분들이 그들에게 열성을 기울이도록 하려는 것입니다.

⑱ 목적이 선의라면 열성은 좋은 것입니다. 그리고 나는 여러분들과 같이

있을 때만이 아니라 항상 좋습니다.

⑲ 나의 어린 자녀들아, 너희 속에 그리스도의 형성을 이루기까지 다시 너희를 위하여 해산하는 수고를 하노니,

⑳ 내가 여러분들에 대하여 혼란스럽기 때문에 이제라도 너희와 함께 있어 내 말의 어조라도 바꾸었으면 좋겠는데,

㉑ 내게 말하십시요. 율법 아래 있기를 원하는 여러분들은 율법이 말하는 바를 알지 못합니까?

㉒ 기록된바, 아브라함이 두 아들이 있으니 하나는 계집 종에게서 하나는 자유의 몸인 여자에게서 났다 하였으나,

㉓ 계집 종에게서는 통상적인 방법으로 낫고, 자유의 몸인 여자에게서는 약속으로 말미암았느니라.

㉔ 이것은 비유니, 이 여자들은 두 언약이라 하나는 시내산으로부터 종을 낳은 자니 곧 하가르라,

㉕ 이 하가르는 아라비아에 있는 시내산을 나타내며, 그리고 현재의 예루살렘 도시와 대응 되나니, 왜냐하면 그녀는 그들의 자녀들과 함께 종노릇하기 때문이니라.

㉖ 오직 위에 있는 예루살렘은 자유자니, 곧 우리 어머니라.

㉗ 기록된바, 아이를 갖지 못하는 불임의 여인들아 기뻐하라, 해산의 고통을 겪지 않은 여인들아 소리질러 외쳐라, 홀로 있는 여인들의 자녀들이 남편이 있는 여인들의 자녀들 보다 많기 때문이니라.

㉘ 형제여러분! 이제는 여러분들은 이삭과 같이 약속의 자녀들입니다.

㉙ 그 때에 육체를 따라 난 자가 성령을 따라 난 자를 핍박한 것 같이 지금도 똑 같습니다.

㉚ 그러나 성경은 무엇을 말합니까? 계집 종과 그 아들을 내어 쫓으라, 계집 종의 아들이 자유하는 여자의 아들로 더불어 유업을 결코 나누어 갖지 못하리라 하였느니라.

㉛ 그러즉, 형제여러분 우리는 계집노예의 자녀들이 아니고 자유의 몸인 여자의 자녀들입니다.

● 5장

① 그리스도께서 우리로 자유케 하려고 자유를 주셨으니, 그러므로 굳세게 서서 다시는 노예의 멍에를 메지 마십시요.

② 보십시오! 나 바울은 여러분들에게 말합니다. 여러분들이 만일 할례를 받으면 그리스도는 여러분들에게 중요하지 않을 것입니다.

(Behold, I, Paul say unto you, that if ye be circumcised, Christ shall profit you nothing.-KJV)

(Mark my words! Paul, tell you that if you let yourselves be circumcised, Christ wll be no value to you at all.-NIV)

(It is I, Paul, who am telling you that if you have yourselves circumcised, Christ will be of no benefit to you.-NAB)

(I am emphatic about this. The moment any one of you submits to circumcision or any other rule-keeping system, at that same moment Christ,s hard-won gift of freedom is squandered. I repeat my worning:-THE MESSAGE)

③ 내가 분명하게 말합니다. 할례를 받는 모든 사람은 율법 전체에 복종할 의무를 지는 것입니다.

④ 율법에 의하여 의롭다 함을 얻으려 하는 여러분들은 그리스도와 멀어지고 은혜로부터 떨어진 자입니다.

⑤ 그러나 우리는 신앙으로 우리가 소망하는 성령을 통한 의로움을 간절히 기다리고 있습니다.

⑥ 그리스도 예수 안에서는 할례를 받았느냐 받지 않았느냐가 중요하지 않습니다. 오직 중요한 것은 사랑으로 역사하는 신앙뿐입니다.

⑦ 여러분들은 달음질을 잘 하고 있었습니다. 그런데 누가 여러분들을 막아 진리에 순종치 못하게 하였습니까?

⑧ 그러한 설득이 여러분들을 부르신 이에게서 난 것은 아닙니다.

⑨ 적은 누룩이 온 반죽을 부풀게 합니다.

⑩ 여러분들이 다른 견해를 취하지는 않으리라고 나는 주님안에서 확신합니다. 그리고 여러분들을 요동케 하는 사람은 그가 누구든지 죄값을 치를 것입니다.

⑪ 형제들아 내가 아직도 할례를 공공연히 찬양하고 있다면 왜 핍박을 받 겠습니까? 그 경우에는 십자가라는 장애물도 폐하여 졌을 것입니다.

⑫ 선동자들에 대하여는 나는 그들이 아예 끝까지 가서 스스로를 거세하 였으면 좋겠습니다.

⑬ 형제 여러분, 여러분들은 자유함을 위하여 부르심을 입었습니다. 그러 나 여러분들의 자유를 죄 많은 육신을 탐익하는데 사용하지 말고, 서로 서로 사랑하는데 사용하십시요.

⑭ 율법 전체에 흐르는 뜻은 "네 이웃을 네 몸과 같이 사랑하라."라는 하나 의 명령으로 요약됩니다.

⑮ 만약 여러분들이 서로 물고 뜯고를 계속하면 조심하십시요. 조심하지 않으면 여러분들은 서로에 의하여 파멸될 것입니다.

⑯ 그래서 내 말은 이렇습니다. 성령의 인도에 따라 사십시요. 그러면 여 러분들은 죄많은 육의 욕망을 채우려 하지 않을 것입니다.

⑰ 육체는 성령에 반하는 것을 욕구하고, 성령은 육체에 반하는 것으로 원 합니다. 그들은 서로 충돌합니다. 그래서 여러분들은 여러분들이 원하 는 것을 얻지 못합니다.

(For the flesh lusteth against the Spirit, and the Spirit against the flesh; and these are contrary the one to the other: so that ye cannot do the things that ye would.-KJV)

(For the sinful nature desires what is contrary to the Spirit, and the Spirit what is contrary to the sinful nature. They are in conflict with each other, so that you do not do what you want.-NIV)

(For the flesh has desires against the Spirit, and the Spirit against the flesh; these are opposed to each other, so that you may not do what you want.-NAB)

(For there is a root of sinful self-interest in us that is at odds with a free sprit, just as the free spirit is incompatible with selfishness. These two ways of life are antithetical, so that you cannot live at times one way and at times another way according to how you feel on any given day.-THE MESSAGE)

⑱ 그러나 여러분들이 성령에 의하여 인도되면 여러분들은 율법 아래에 있지 아니합니다.

⑲ 육체의 행실은 자명합니다. 그것은 곧 불륜, 더러움, 방탕,

⑳ 우상 숭배, 마술, 적개심, 분쟁, 분쟁, 시기, 격분, 이기심, 분열, 분파,

㉑ 질투, 만취, 흥청대는 습관, 그 밖에 이와 비슷한 것들입니다. 내가 전에 경고한 바와 같이 경고합니다. 이와 같이 사는 사람들은 하나님의 나라를 물려받지 못할 것입니다.

㉒ 오직 성령의 열매는 사랑과 희락과 화평과 오래 참음과 자비와 선의와 신실과,

㉓ 온유와 절제니 이 같은 것들에 반하는 율법은 없습니다.

㉔ 그리스도 예수에 속한 사람들은 정욕과 욕망의 육신을 십자가에 못 박은 것입니다.

㉕ 우리는 성령의 인도로 살고 있으므로 성령과 발 맞추어 갑시다.

㉖ 우리는 자만하지 말고, 서로 격동하지 말고, 서로 투기하지 맙시다.

● 6장

① 형제 여러분, 만일 어떤 사람이 죄에 빠져 있거든 신령한 여러분들이 그를 친절하게 회복시켜야 합니다. 그러나 여러분 자신들을 경계하십시요. 그렇지 않으면 여러분들이 역시 유혹을 받을 수도 있습니다.

② 여러분들은 서로 상대방의 짐을 운반하십시요. 그리하여 이러한 방법으로 여러분들은 그리스도의 계율을 성취할 것입니다.

③ 만일 누가 아무것도 되지 못하고 된 줄로 생각하면 스스로를 속이는 것입니다.

④ 각자는 자기자신의 행위를 세심히 살피십시요. 그러면 그는 자신을 다른 사람과 비교하지 않고도 그 자신에 자긍심을 갖게 될 것입니다.

⑤ 각자는 각각 자기의 짐을 운반하여야 하기 때문입니다.

⑥ 요컨데, 가르침을 받은 자는 그의 스승님과 좋은 것 모두를 함께 나누어야 합니다.

⑦ 속지 마십시요: 즉 하나님은 속으실 수 없습니다. 그리고 사람은 그가

뿌린 것을 수확합니다.

⑧ 자기의 육신을 즐겁게 하기위하여 심는 자는 육신으로부터 썩어진 것을 거두고, 성령을 위하여 심는 자는 성령으로부터 영생을 거둘것입니다.

⑨ 우리가 선을 행하는데 싫증을 내지 맙시다. 우리가 포기하지 않고 적절한 때가 이르면 우리는 수확을 하게 될 것이기 때문입니다.

⑩ 그러므로 우리는 기회 있는대로 모든 이에게 특히 신앙의 가정들에게 선을 행합시다.

⑪ 내가 여러분들에게 손수 쓴 큰 글자들을 보십시요.

⑫ 외부적으로 좋은 인상을 만들기 원하는 사람들은 여러분들이 할례 받기를 강요하려고 합니다. 그 유일한 이유는 그들이 이렇게 함으로써 그리스도의 십자가 때문에 받는 핍박을 피하려는 것입니다.

⑬ 할례 받은 그들도 율법에 복종하지 않으나, 그들은 여러분들이 할례 받음으로써 여러분들의 육체를 자랑하려 함입니다.

⑭ 그러나 내게는 우리 주 예수 그리스도의 십자가 외에 결코 자랑할 것이 없습니다. 그리스도의 십자가를 통하여 세상이 나에게 못박히고, 또한 나도 세상에 못박혔습니다.

⑮ 사실 할례를 받았느냐, 안 받았느냐는 중요한 것이 아닙니다. 오직 중요한 것은 창조적이고 자유로운 삶입니다.

(For in Christ Jesus neither circumcision availeth any thing, nor uncircumcision, but a new creature.-KJV)

(Neither circumcision nor uncircomcision means anything; what counts is a new creature.-NIV)

(For neither does circumcision mean anything, nor does uncircumcision, but only a new creation.-NAB)

(Can't you see the central issue in all this? It is not what you and I do-submit to circumcision, reject circumcision. It is what God is doing, and he is creating something totally new, a free life!-THE MESSAGE)

⑯ 이 규례를 따르는 모든 이들과 하나님의 백성 이스라엘에게 평화와 자

비가 같이 하시기를 기원합니다.

⑰ 이 후로는 누구든지 나를 괴롭게 하지 마십시요. 나는 내 몸에 예수를 증거하다가 핍박받아 얻은 상처 자국을 가지고 있습니다.

⑱ 형제 여러분, 우리 주 예수 그리스도의 은총이 여러분들의 심령과 함께 하시기를 기원합니다. 아멘

하나님의 숨소리인 성경말씀을 2000년 5월부터 2017년 12월까지 다시 듣고 기존 한국어번역 성경을 일부 수정하여 기록합니다.

하나님의 은혜에 감사를 드리옵나이다.!
아멘, 할렐루야!
정남덕.

이 내용의 일부나 전부의 복사를 엄격히 금지합니다.
　이 내용을 이용하여 다른 형태의 제품을 만드는 것도 금지합니다.

에베소서(사도 바울의 옥중서신)

· 본 성경듣기는 QR코드 인식으로 들을 수 있습니다

● 1장

① 하나님의 뜻에 의하여 예수 그리스도의 사도 된 바울은 에베소에 있는 성도들과 그리스도 예수 안의 신실한 자들에게 편지합니다.

② 하나님 아버지와 주 예수 그리스도로 부터 은총과 평화가 여러분들과 함께 하시길 기원합니다.

③ 하나님, 우리 주 예수 그리스도의 아버지를 찬송하리로다. 그 분께서는 그리스도의 모든 신령한 은총으로 하늘왕국에서 우리에게 복을 주셨습니다.

④ 아버지께서는 창세 전에 그리스도 안에서 우리를 택하사, 그가 보시기에 거룩하고, 흠이 없게 하셨습니다.

⑤ 사랑안에서 그분께서는 우리들을 그의 희망과 의지에 일치하게 예수 그리스도를 통하여 그의 자녀로 삼으실 것을 미리 정하셨습니다.

⑥ 그분의 영광스러운 은총을 찬양합니다. 그 은총은 그분께서 그분이 사랑하는 자 안에서 우리에게 거저 주신 것입니다.

⑦ 우리는 그리스도 안에서 그의 피와 죄 사함을 통하여 구원을 받았습니다. 이는 하나님의 풍부한 은총에 일치합니다.

⑧ 이는 그분께서 우리에게 지혜와 깨달음으로 넘치도록 주셨습니다.

⑨ 그리고 그분께서는 우리에게 그의 의지의 신비를 알게 하셨습니다. 그 의지의 신비는 그분께서 예수안에서 의도하셨던 선한 희망에 따른 것이었습니다.

⑩ 그리고 그때가 왔을 때 그의 성취를 달성하는 것입니다. 그것은 하늘에

있는 것이나 지구에 있는 모든 것을 공평한 그리스도의 머리 아래로 가져오는 것입니다.

⑪ 그분안에서 우리는 역시 선택을 받았습니다. 그리고 또 우리는 그분의 의지의 목적에 맞추어 모든 것을 역사하시는 그분의 계획에 따라서 운명지어졌습니다.

⑫ 이는 처음으로 그리스도를 믿었던 우리가 그의 영광을 찬양하는 사람이 되게하려 함이었습니다.

⑬ 여러분들이 진리의 말씀, 즉 구원의 복음을 들었을 때 역시 그리스도 안에 속하게 되었습니다. 또 그것을 믿었을 때 여러분들은 성령의 약속으로 봉인되었습니다.

⑭ 이 성령은 우리가 하나님의 소유로써 속량될 때까지 우리가 받을 유업의 보증이 되어 주시어 하나님의 영광을 찬미하게 하려 하심입니다.

⑮ 이를 인하여 나는 주 예수님에 대한 여러분들의 신앙과 모든 성도를 향한 여러분들의 사랑을 전해듣고,

⑯ 기도를 하는 중에 여러분들을 기억하고 끊임없이 감사를 드립니다.

⑰ 나는 우리주 예수 그리스도의 하나님, 즉 영광의 아버지께서 그를 좀 더 잘 알도록 여러분들에게 지혜와 계시의 영을 주시기를 계속 간구하고 있습니다.

⑱ 나는 여러분들이 마음의 눈이 밝아져서 그분의 부르심으로 여러분들이 지닌 소망과 성도들에게 주어진 많은 영광스러운 유업이 얼마나 풍성한지,

⑲ 그리고 믿는자들에 대한 그의 비교할 수 없는 거대한 힘을 알게 되기를 또한 기도드립니다. 그 힘은 강력한 능력의 작용입니다.

⑳ 그분께서 그리스도 안에서 그 강력한 능력을 행사하시어, 그리스도를 죽은자들 가운데 살리시고 하늘왕국에서 자기의 오른편에 앉히셨습니다.

㉑ 그리고 그분께서는 그리스도를 모든 규율과 권위 힘과 통치권을 현세에서 뿐만 아니라 역시 다가올 세대에도 주어질수 있는 모든 칭호를 뛰어 넘게 하셨습니다.

㉒ 그리고 하나님은 만물을 그리스도 발 아래 놓으시고, 그를 모든일에 있

어서 교회의 머리되게 하셨습니다.

㉓ 교회는 그의 몸이니 그 몸은 모든면에서 전부를 채우는 자의 충만함입
니다.

● 2장

① 그분께서 허물과 죄로 죽었던 여러분들을 살리셨습니다..

② 지나간 때에는 여러분들은 세상의 방식과 불순종하는 자들에게 작용하
는 영인 공중왕국의 지배자의 방식을 따라서 허물과 죄 안에서 살아왔
습니다.

③ 우리도 다 한때 허물과 죄 가운데서 우리 육체의 욕심을 따라 이끌려
살면서 육과 감각이 원하는 것을 따랐습니다. 그리하여 우리도 본디 다
른 사람들과 마찬가지로 하나님의 진노를 살 수 밖에 없었습니다.

④ 그러나 자비가 풍성하신 하나님은 우리를 향한 크신 사랑으로,

⑤ 우리가 죄 안에서 죽어 있을 때에 그리스도와 함께 살리셨습니다. 즉
여러분들은 그 분의 은총으로 인하여 구원을 받은 것입니다.

⑥ 또 하나님께서 우리를 그리스도 예수안에서 그와 함께 일으키시고, 그
와 함께 하늘왕국에 앉히셨습니다.

⑦ 이는 그 분께서 그리스도 예수 안에서 우리에게 그분의 사랑을 보임으
로써 앞으로 오는 세대에게 그 분의 지극히 풍성한 은혜를 보여주려
함 입니다.

⑧ 여러분들은 하나님의 은총으로 신앙을 통하여 구원을 얻었으므로, 이
것은 여러분들 자신에서 난 것이 아니요, 하나님의 선물입니다.

⑨ 이는 우리의 노력으로 된 것이 아닙니다. 그래서 누구도 자신의 힘으로
구원 얻었다고 자랑할 수 없습니다.

⑩ 우리는 하나님의 작품입니다. 이는 그리스도 안에서 우리가 선한 일을
하기 위하여 창조하신 것으로, 그 선한 일은 하나님께서 우리를 위하여
미리 예비하신 것입니다.

⑪ 그러므로 이방인들인 여러분들이 사람의 손으로 육체에 행해진 할례로
그들 자신을 할례당이라 불렀던 자들로부터 무할례당이라 한 때 불렸
음을 기억하십시요.

⑫ 그 때에 여러분들은 그리스도 밖에 있었고 이스라엘 나라 밖의 사람이며 약속의 언약들에 대하여는 외인이요, 세상에서 소망이 없고, 하나님도 없는 자이었음을 기억하십시요.

⑬ 그러나 이제는 한때 멀리 떨어져 있던 여러분이 그리스도 예수 안에서 그리스도의 피로 가까워졌습니다.

⑭ 그 자신이 우리의 평화이시기 때문입니다. 즉 그분은 우리 둘을 하나로 만드시고 우리를 분리시켜 적개심을 가져온 장애물을 파괴하셨습니다.

⑮ 그분은 그의 육신으로 율법의 모든 계명과 율례를 폐하셨습니다. 그렇게 하신 그분의 목적은 그분 자신안에서 두인간으로부터 새로운 하나의 인간을 창조하시어 평화를 이룩하시는 것이었습니다.

⑯ 그리고 또 이 한 몸 안에서 십자가를 통하여 하나님에게 그들 둘을 화해시키는 것이었습니다. 즉 그 십자가에 의하여 그분은 그들의 적개심을 소멸시켰습니다.

⑰ 그분은 오셔서 먼데 있는 여러분들에게 평화를 전하시고, 가까이 있는 자들에게도 평화를 전하셨습니다.

⑱ 이는 그분을 통하여 우리 둘이 한 성령으로써 아버지께 나아가게 되었습니다.

⑲ 따라서 여러분들은 이제는 더 이상 외국인 이방인도 아니고, 하나님의 사람들, 즉 하나님 가정의 구성원인 같은 시민들입니다.

⑳ 그 가정은 사도들과 선지자들의 기초 위에 세워졌으며, 예수 그리스도께서는 친히 주된 주춧돌이 되셨습니다.

㉑ 그분 안에서 전 건물이 함께 연결되고 주님의 거룩한 성전으로 되어가고 있습니다.

㉒ 그리고 여러분들도 그리스도 안에서 성령을 통하여 하나님의 성전으로 함께 건축되어지고 있습니다.

● 3장

① 이러한 이유로, 여러분 이방인들을 위하여 예수님을 전파하다가 죄수가 된 나 바울이 말합니다.

② 틀림없이, 여러분들은 여러분들을 위하여 내게 주신 하나님의 은총의

역할에 대하여 듣고 있습니다.

③ 즉, 내가 이미 간단하게 기록한 바와 같이 신비는 계시에 의해서 나에게 알려졌습니다.

④ 이것을 읽은 그 때부터 여러분들은 그리스도의 신비에 관한 나의 통찰력을 이해하게 될 것입니다.

⑤ 그 신비는 지금 성령에 의하여 하나님의 거룩한 사도와 선지자들에게 계시된 바와 같이 다른 세대의 사람들에게는 나타나지 않았습니다.

⑥ 이 신비는 복음을 통하여 이방인들이 이스라엘인과 함께 상속인이 되고, 함께 한 조직을 이루고 예수그리스도의 약속에 동참하는 자가 되는 것입니다.

⑦ 나는 그분의 능력의 역사하심으로 주어진 하나님의 은총에 의하여 이 복음의 일꾼이 되었습니다.

⑧ 비록 나는 하나님의 사람들 중에서 제일 작은 자보다 더 작지만, 이 신비는 나에게 주어졌습니다. 즉, 측량할수 없는 풍성한 그리스도를 이방인에게 전하게 하셨습니다.

⑨ 또 지나간 세대 동안 만물을 창조하신 하나님 안에 감취었던 신비의 실체를 모든 사람들에게 명백하게 하였습니다.

⑩ 그분의 의도는 이제 교회를 통하여 다양한 하나님의 지혜가 하늘왕국의 지배자들과 권위자들이 알게하는 것이었고.

⑪ 그분이 우리 주 그리스도 예수 안에서 성취하신 그의 영원하신 목적에 따르게 하는 것이었습니다.

⑫ 그 분 안에서 그리고 그분을 믿는 신앙에 의하여 우리는 자유함과 신뢰를 가지고 하나님에게 가까이 나아갈 것입니다.

⑬ 그러므로 나는 여러분들을 위한 나의 고난으로 인하여 여러분들이 낙심하지 않기를 부탁합니다. 그것은 바로 여러분들의 영광입니다.

⑭ 이러한 이유로 나는 하늘과 지구에 있는 전 가족에게

⑮ 그의 이름을 주신 아버지 앞에 무릎을 꿇고 기원합니다.

⑯ 나는 그분의 풍성한 영광에 따라 그 분께서 여러분들의 내면에 있는 성령으로 여러분들을 강건하게 하시고,

⑰ 신앙을 통하여 그리스도께서 여러분들 마음에 살아계시기를 기도드립

니다. 또 나는 사랑에 뿌리내려 사랑을 확립한 여러분들이

⑱ 모든 성도들과 함께 그리스도의 사랑이 얼마나 넓고 길며 높고 깊은지를 파악하는 능력을 가지기를 기도드립니다.

⑲ 그리고 이 사랑은 인간의 지식을 초월한다는 것을 알아서 여러분들이 하나님의 온갖 충만하심으로 충만하게 되기를 기도합니다.

⑳ 이제 우리안에서 역사하시는 그분의 능력에 따라 우리가 요구하거나 상상할 수 있는 모든것보다 측량할 수 없는 많은 일을 하실 수 있는 그 분에게

㉑ 또 모든 세대를 통하여 교회와 예수 그리스도안에 있는 그분에게 세세토록 영광이 있기를 기도드립니다! 아멘!

● 4장

① 이러한 모든 면에서, 나, 주를 위하여 죄수된 바울은, 여러분들이 받은 소망의 가치있는 삶을 살기를 원합니다.

② 충분히 겸손하고 온유하며 참음으로 사랑 가운데서 서로 용납하십시요.

③ 평화의 끈으로 성령의 하나 되게 하신 것을 지키는데 모든 노력을 하십시요.

④ 여러분들이 부르심을 받았을 때, 여러분들은 소망으로 부르심을 받은 것처럼 여러분들의 몸은 하나이고 성령도 하나입니다.

⑤ 주님도 한분이시요, 신앙도 하나이요(one faith), 세례도 하나입니다.

⑥ 하나님도 하나이시니, 곧 만유의 아버지시라 만유 위에 계시고, 만유를 통일하시고, 만유 가운데 계십니다.

⑦ 그러나 우리 각 사람은 그리스도께서 나누어 주시는 양 만큼의 은총을 받았습니다.

⑧ 이것을 성경에서 말합니다. "그가 높은 곳에 올라 갔을 때 한 줄로 그의 포로들을 끌고 가서 사람들에게 선물로 주셨다."고

⑨ 그분께서 올라가셨다 함은 그 분이 낮은 지역 즉 지구에 내려오셨다는 것을 제외하고 무엇을 의미하겠습니까?

⑩ 내려오셨던 그분은 만물을 충만케 하시려고 모든 하늘들 보다 높이 오

르신 딱 한분이십니다.

⑪ 그분께서 어떤 사람은 사도로, 어떤 사람은 선지자로, 어떤 사람은 복음 전하는 자로, 어떤 사람은 목사로, 어떤 사람은 성경가르치는 교사로 주셨습니다.

⑫ 이는 성도들이 봉사하는 일을 준비케하여 그리스도의 몸을 세우려 하심입니다.

⑬ 그리하여 우리 모두가 하나님의 아들을 신앙하고 아는 일에 일치가 되며 온전한 사람이 되어 성숙하여져서 그리스도의 완전한 충만함을 얻게 되는 것 입니다.

⑭ 그리하면 우리는 더이상 사람들의 속임수나 간교한 계략에서 나온 가르침의 온갖 풍랑에 흔들리고 이리 저리 밀려다니는 어린이가 아닐 것입니다.

⑮ 그 대신에 우리는 사랑으로 진리를 말하고, 모든 면에서 성장하여 머리이신 그리스도에게까지 이르러야 합니다.

⑯ 그분 덕분에 영양을 공급하는 각각의 관절로 온몸이 잘 결합되고 연결됩니다. 또한 각 기관이 알맞게 기능을 하여 온몸이 자라나게 됩니다. 그리하여 사랑으로 성장하는 것입니다.

⑰ 그래서 나는 이 것을 주안에서 분명하게 말합니다. 즉 여러분들은 이방인들이 헛된 생각으로 살은 것처럼 더 이상 살지 않아야 한 다는 것입니다.

⑱ 그들은 깨달음에 어두워지고 그의 심정을 모질게 함으로써 그들안에 내재하는 무지로 인하여 생명의 하나님으로부터 분리되어 집니다.

⑲ 그들은 모든 감각을 잃어서 더 많은 욕심으로 계속 온갖 더러운 일에 탐임하도록 그들 자신을 방임한 바 있습니다.

⑳ 그러나 여러분들은 그리스도를 그렇게 알지는 않았습니다.

㉑ 틀림없이 여러분들은 그분에 대하여 들었고 그분 예수안에 진리가 있다라고 배웠습니다.

㉒ 또 여러분들은 지난날의 생활방식에 젖어 사람을 속이는 욕망으로 인해 멸망해 가는 옛 인간을 벗어 버리고

㉓ 여러분들의 마음 가짐을 새롭게 하라고 배웠습니다.

㉔ 그리고 참 의로움과 거룩함의 하나님같이 창조된 새로운 사람이 되어야 한다고 배웠습니다.

㉕ 그러므로 여러분들 각자는 거짓을 버리고, 각자의 이웃들에게 진실되게 말하여야 합니다. 우리 모두는 한 집단의 멤버들이기 때문입니다.

㉖ 여러분들이 분노할 때 죄짓지 않도록 하십시요. 여러분들이 아직도 분노하는 동안에는 해가 지지 않도록 하십시요.

㉗ 마귀에게 설 땅을 주지 마십시요.

㉘ 도적질을 해 왔던 자도 도적질을 더 이상 하지 않아야 하고 일을 하여야 하며, 그 자신의 손으로 무엇인가 유익한 일을 하여 가난한 자들과 나눌수 있는 무엇인가를 가져야 합니다.

㉙ 불건전한 말은 여러분들 입밖에도 내지 말고, 타인들의 필요시 그들의 성장에 유용한 말을 하여야 합니다. 그러면 그것을 듣는 자들에게 유익이 될 것입니다.

㉚ 성령 하나님을 슬프게 하지 마십시요. 여러분들은 성령 하나님으로 인하여 구원의 봉인을 받았습니다.

㉛ 여러분들은 모든 원한과 격분과 분노와 폭언과 중상을 온갖 악의와 함께 버리십시요.

㉜ 여러분들은 서로에 대하여 친절하고, 자비로우며, 그리스도 안에서 하나님이 여러분들을 용서하심과 같이 서로를 용서하십시요.

● 5장

① 그래서 사랑을 입은 자녀 같이 여러분들은 하나님을 본받은 자가 되십시요.

② 그리고 그리스도께서 우리들을 사랑하사, 우리를 위하여 하나님께 향기로운 희생제물로써 자신을 바치신 것과 같이 사랑의 삶을 사십시요.

③ 여러분들 사이에서는 불륜이나 온갖 더러움이나 탐욕은 입에 올리지 말아야 합니다. 이 것들은 하나님의 거룩한 백성들에게는 적절하지 않는 것이기 때문입니다.

④ 음란함과 어리석은 말이나 희롱의 말은 마땅치 아니하니, 차라리 감사하는 말을 하십시요.

⑤ 우상 숭배하는 자와 같이 비도덕적인 사람, 순수하지 못한 사람, 또는 탐욕스러운 사람은 하나님과 그리스도의 왕국에서 어떠한 유업도 얻지 못한다는 것을 여러분들은 확신할 수 있을 것입니다.

⑥ 어떤 사람도 헛된 말로 여러분들을 현혹하지 못하게 하십시요. 그렇게 현혹되어 불순종하는 이들에게 하나님의 진노가 임하고 있습니다.

⑦ 그러므로 현혹하는 자들과 동료가 되지 마십시요.

⑧ 여러분들은 한 때는 아무것도 몰랐으나, 지금은 주님 안에서 빛입니다. 빛의 자녀들과 같이 사십시요.

⑨ (빛의 열매는 모든 착함과 의로움과 진실함에 있기 때문입니다.)

⑩ 그리고 주를 기쁘시게 하는 것을 찾아 보십시요.

⑪ 여러분들은 어두움의 헛된 일에 관여하지 말고, 도리어 그 것들의 정체를 밝히십시요.

⑫ 왜냐하면 불순종하는 자들이 은밀히 행하는 것을 언급하는 것 조차도 부끄러운 일이기 때문입니다.

⑬ 그러나 빛에 의하여 드러내는 모든 것은 명백합니다.

⑭ 왜냐하면 모든 것을 명백하게 만드는 것은 빛이기 때문입니다. 그래서 이런 말씀이 있습니다. "잠자는 자여 죽은자들 가운데서 일어나라 그리스도께서 네게 비추시리라."

⑮ 그런즉 여러분들은 지혜없는 자들 같이 살 지 않고, 지혜있는 자들과 같이 사는 방법을 항상 유의하십시요.

⑯ 모든 좋은 기회를 놓치지 마십시요, 지금 때는 악하기 때문입니다.

⑰ 그러므로 어리석은 자가 되지 말고, 주의 뜻이 무엇인가 이해하십시요.

⑱ 술 취하지 마십시요. 이는 방탕으로 이끕니다. 대신에 성령으로 충만하십시요.

⑲ 시와 찬미와 신령한 노래들로 서로 화답하며, 너희의 마음으로 주께 노래하며 찬송하며,

⑳ 범사에 우리 주 예수 그리스도의 이름으로 항상 아버지 하나님께 감사하십시요.

㉑ 그리스도를 경외함으로 피차 복종하십시요.

㉒ 아내들이여 자기 남편에게 복종하기를 주께 하듯하십시요.

㉓ 남편이 아내의 머리 됨은 그의 몸인 교회(교인들)의 구원자이신 그리스도께서 그의 몸인 교회(교인들)의 머리 됨과 같기 때문입니다.

㉔ 그러므로 교회의 교인들이 그리스도에게 복종하듯, 아내들도 범사에 그 남편에게 복종하여야합니다.

㉕ 남편들아, 아내 사랑하기를 그리스도께서 교회의 교인들을 사랑하사, 그 자신을 교회의 교인들을 위하여 내어주심 같이 하십시요.

㉖ 이는 곧 말씀의 물로 씻어 교회를 깨끗하게 하시고 거룩하게 하시고,

㉗ 자기 앞에 영광스러운 교회로 세우사, 티나 주름잡힌 것이나 이런 것들이 없이 거룩하고, 흠이 없게 하려 하심입니다.

㉘ 이와 같이 남편들도 자기 아내 사랑하기를 제몸 같이 할지니 자기 아내를 사랑하는 자는 자기를 사랑하는 것입니다.

㉙ 어떤 사람도 자기 몸을 학대하지 않으며, 오히려 그리스도가 교회(교인들)를 양육하고 보호하듯 자기 몸을 양육하고 보호합니다.

㉚ 우리 교회의 교인들은 그리스도 몸의 지체들이기 때문입니다.

㉛ 이러한 이유로 한 남자는 그의 부모를 떠나 그 아내에 합하여 져서 그 둘이 한 육체가 되는 것입니다.

㉜ 이 것은 심오한 신비입니다. 그래서 나는 알 수 없습니다. 다만 나는 이를 그리스도와 교회(교인들)를 참조하여 말하는 것입니다.

㉝ 어찌됐던 여러분들의 각자는 아내 사랑하기를 자기를 사랑하는 것과 같이 하고 아내는 그녀의 남편을 존경하여야합니다.

● 6장

① 자녀 여러분 주 안에서 여러분들의 부모에게 순종하십시요. 이것이 옳은 것입니다.

② "여러분들의 아버지와 어머니를 공경하라" 이것은 약속이 부수된 첫 계명입니다.

③ 이 약속은 여러분들이 위 계명을 지키면 세상에서 잘 되고 장수하리라는 것입니다.

④ 또 아비되는 여러분, 여러분들의 자녀를 분노하게 하지 마십시요,. 대신에 주의 교양과 훈계안에서 그들을 양육하십시요.

⑤ 종들아, 그리스도에게 복종하듯 진실한 마음을 가지고 존경과 경의로써 속세의 주인들에게 복종하십시오.

⑥ 주인들이 너희들을 주시할 때만 그들의 호의를 얻기 위하여 복종하지 말고, 그리스도의 종들이 충심으로 그리스도의 뜻을 행하는 것처럼 복종하십시오.

⑦ 여러분들이 사람이 아니라 주를 섬기듯 충심으로 주인을 섬기십시요.

⑧ 이는 여러분들이 주는 선을 행한 자가 노예든 자유인이든 모든사람에게 보상한다는 것을 알고 있기 때문입니다.

⑨ 주인 여러분들도 같은 방법으로 여러분들의 노예를 대하십시요. 그들을 위협하여 일을 시키지 마십시요. 여러분들은 그들의 주나 여러분들의 주가 다 하늘에 계시고 그분에게는 편애가 없다는 것을 알기 때문입니다.

⑩ 마지막으로 말합니다. 주안에서 그리고 그의 강력한 힘 안에서 강건하여지십시요.

⑪ 여러분들은 마귀의 음모를 대적하기 위하여 하나님의 전신갑주를 입으십시요.

⑫ 우리의 싸움은 혈과육(인간들)에 대한 것이 아니어서 쉽게 이기고 금세 잊고 마는 운동경기가 아닙니다. 이 싸움은 어두운 세상의 지배자, 권위자, 권력자와 하늘 왕국에 있는 악의 영적 세력들에게을 상대로 끝까지 싸우는 죽느냐 사느냐의 싸움입니다.

(For we wrestle not against flesh and blood, but against principalities, against powers, against the rulers of the darkness of this world, against spiritual wickedness in high places.-KJV)

(For our struggle is not against flesh and blood, but against the rulers, against authorities, against the powers of this dark world and against spiritual forces of evil in the heavenly realms.-NIV)

(For our struggle is not with flesh and blood but with the principalities, with the powers, with the world rulers of this

501

present darkness, with the evil spirits in the heavens.-NAB)
(This is no afternoon athletic contest that we'll walk away
from and forget about in a couple of hours. This is for keeps,
a life-or-death fight to the finish against the Devil and all his
angels.-THE MESSAGE)

⑬ 그러므로 하나님의 전신갑주를 입으십시요. 이는 악한 날이 왔을 때 여
러분들이 능히 대적하고 모든 일을 행한 후에 그들에게 맞설 수 있도록
하기 위함입니다.

⑭ 그런즉, 진리의 허리 띠를 두르고, 의로움의 가슴받이를 어김없이 하고
서 견고히 서십시요.

⑮ 또 복음의 평안으로부터 오는 준비된 신발을 신고서, 견고히 서십시요.

⑯ 위 모든 것에 덧 붙여 말합니다. 신앙의 방패를 가지고 여러분들은 악
한 자의 불붙은 화살을 끌 수 있을 것입니다.

⑰ 구원의 투구와 성령의 검을 붙잡으십시요. 이는 하나님 말씀입니다.

⑱ 여러가지 기원과 간청을 때가 되는대로 하십시요. 또 이것을 마음에 새
기고서 항상 깨어서 모든 성도들을 위하여 기도하십시요.

⑲ 내가 나의 입을 열 때마다, 내가 두려움없이 성령의 신비를 알리는 말
씀이 나에게 주어지도록 나를 위하여 역시 기도해주십시요.

⑳ 위의 일 때문에 나는 구금되어 있습니다. 그래서 여러분들은 내가 전에
하였던 것처럼 복음의 신비를 두려움없이 전파하도록 기도해주십시요.

㉑ 사랑스러운 형제며 주의 신실한 일꾼인 두기고가 모든 것을 여러분들
에게 말할 것입니다. 이로써 여러분들은 내가 무엇을 어떻게 현재 하고
있고 앞으로 할 것인지를 알 것입니다.

㉒ 우리가 어떻게 지내는지 여러분들이 알게 하고, 또 그가 여러분들에게
희망을 주려는 목적으로 나는 그를 여러분들에게 보냅니다.

㉓ 형제들에게 평화와 하나님 아버지와 주 예수그리스도부터의 신앙과 사
랑이 함께 하시길 기원합니다.

㉔ 영원한 사랑을 가진 우리 주 예수 그리스도를 사랑하는 모든 이에게 하
나님의 은총이 함께 하시길 기원합니다.

빌립보서(사도 바울의 옥중서신)

· 본 성경듣기는 QR코드 인식으로 들을 수 있습니다

● 1장

① 그리스도 예수의 종 바울과 디모데는 그리스도 예수 안에서 빌립보에 사는 모든 성도와 그리고 감독들과 집사들에게 편지합니다.

② 하나님, 우리 아버지와 주 예수 그리스도로부터 은혜와 평강이 여러분들과 함께 하시길 기원합니다.

③ 내가 여러분들을 생각하는 매 순간 나는 하나님께 감사합니다.

④ 내가 여러분 모두를 위하여 하는 모든 기도에서 내가 항상 기쁨으로 기도함은,

⑤ 첫날부터 지금까지 여러분들이 복음을 전하는데 협조하였기 때문입니다.

⑥ 그리고 나는 여러분들 중에서 좋은 일을 시작한 사람은 그 것을 그리스도 예수의 날까지 완성하리라는 것을 확신하기 때문입니다.

⑦ 내가 여러분 모두에 대하여 이와 같이 생각하는 것은 당연합니다. 이는 여러분들이 내 마음에 있기 때문이고, 내가 옥에 갇혀 있을 때나 복음을 수호하고, 확증할 때나 여러분들은 모두 나와 함께 하나님의 은총에 참예한 자들이기 때문입니다.

⑧ 내가 그리스도의 애정으로 여러분들을 얼마나 사모하는지를 하나님은 증언하실 수 있습니다.

⑨ 그리고 나의 기도는 이렇습니다. 즉 여러분들의 사랑이 지식과 식견의 깊음 안에서 더욱더 풍성하여져,

⑩ 여러분들이 무엇이 최고인가를 분별할 수 있고, 예수님이 오시는 그날

까지 순수하고 비난할 수 없게 되기를 기도하는 것입니다.

⑪ 또 예수 그리스도를 통하여 오는 의로움의 열매가 가득하여 하나님께 영광과 찬양을 드릴수 있게되기를 기도합니다.

⑫ 형제여러분! 나에게 이제까지 일어났던 일들이 진실로 복음 전파에 도움이 되었다는 것을 여러분들이 알기를 원합니다.

⑬ 그렇습니다. 내가 예수님을 전파하다가 구금되었다는 사실이 전 궁궐 경비병과 그외 다른 사람들에게도 알려졌습니다.

⑭ 내가 구금되었다는 사실로 인하여 주안에 있는 대부분의 형제들이 용기를 가지고, 두려움 없이 하나님의 말씀을 전하게 되었습니다.

⑮ 사실 어떤 이들은 시기심과 경쟁심으로 그리스도를 전파하나, 어떤 이들은 착한 뜻으로 그 일을 합니다.

⑯ 후자는 내가 복음을 옹호하기 위하여 세우심을 받은줄 알고, 사랑으로 복음을 전파합니다.

⑰ 그러나 전자는 내가 구금되어 있는 동안에 나를 곤란하게 하려는 생각으로, 진심이 아닌 이기적인 공명심을 가지고 그리스도를 전파합니다.

⑱ 그러나 그것이 문제가 되겠습니까? 중요한 것은 거짓 동기든 진실한 동기든 모든 방법으로 그리스도가 전도가 되는 것입니다. 이러한 이유 때문에 나는 기뻐하고 계속해서 기뻐할 것입니다.

⑲ 나는 여러분들의 기도와 예수그리스도의 성령의 도우심으로 이제까지 나에게 일어났던 일들이 나의 구원을 위하여 라는 것을 알기 때문입니다.

⑳ 내가 간절히 기대하고 소망하는 것은 내가 부끄럽지 아니하고, 온전히 담대하여 언제나 그러하였듯이 죽든지 살든지 내 몸안에서 그리스도가 찬양되는 것입니다.

㉑ 나로써는 사는 것은 그리스도요, 죽어도 여한이 없습니다.

㉒ 만약 내가 육신의 삶을 계속한다면 이 또한 세상에서의 나의 유익한 소임일 것입니다. 그러나 내가 무엇을 선택하여야 할까요? 나는 알지 못합니다!.

㉓ 나는 둘 사이에서 찢어져 있습니다. 나는 죽어서 그리스도와 함께 있는 것이 지금보다 훨씬 좋습니다.

㉔ 그러나 내가 살아 있는 것이 여러분들에게는 더욱더 필요합니다.

㉕ 이러한 확신이 있기에 여러분의 신앙이 깊어지고, 신앙의 기쁨을 누릴 수 있도록 내가 살아남아 여러분 모두의 곁에 있어야 한다는 것을 압니다.

㉖ 그리하여 내가 여러분들과 다시 같이 있으므로 그리스도 예수 안에서 여러분들의 기쁨이 나로 인하여 넘칠 것이라는 것을 압니다.

㉗ 무슨 일이 있더라도 그리스도의 복음에 합당한 생활을 하십시요. 그러면 내가 가서 여러분들을 보든 떨어져 있어 여러분들의 소식만을 들을 수 있든지, 나는 여러분들이

㉘ 여러분들에 반대하는 자들에 의한 어떠한 방해에도 놀라지 않고, 굳건히 서서 복음의 신앙을 위하여 한 마음 한 뜻으로 싸운다는 것을 알 것입니다.

㉙ 그리스도를 위하여 여러분들에게 주신 것은 그를 믿을 뿐만 아니라, 그를 위하여 고난을 받는 것이기 때문입니다.

㉚ 그래서 여러분들도 여러분들이 아는 내가 과거에 겪었던 고투와 지금 듣고 있는 내가 아직 겪고 있는 고투와 같은 고투를 겪고 있는 것입니다.

● 2장

① 만약 여러분들이 그리스도에 연합됨으로써 고무되거나, 그의 사랑으로 어떤 위로를 받거나, 성령과 교제하거나, 유연함과 동정심을 가진다면,

② 마음을 같이 하고, 동일한 사랑을 가지며 뜻을 합하며, 마음과 목적이 하나가 되어 나의 기쁨이 성취되도록 하여주십시요.

③ 이기적인 공명심이나 헛된 자만심으로 어떤 일을 하지 마시고, 스스로를 낮추어 여러분들 자신보다 남을 더욱 배려하십시요.

④ 여러분들 각자는 여러분들 자신들의 이익만을 돌보지 말고, 다른 사람들의 이익도 생각해주어야 합니다.

⑤ 여러분들의 마음가짐은 예수그리스도의 마음가짐과 같아야 합니다.

⑥ 그분은 본성상 바로 하나님이시나 하나님과 동등하다고 생각지 않으시고, 자기가 중요한 인물이라고 이해하지도 않으셨습니다.

⑦ 오히려 자기를 비어 종의 형체를 가져 사람들과 같이 되었고,

⑧ 사람의 모양으로 나타나셨으며, 자기를 낮추시고, 죽음에 복종하셔서 십자가에 죽으심까지 이르렀습니다.

⑨ 그러므로 하나님께서 그분을 가장 높은 곳으로 높이사, 모든 민족 위에 뛰어난 이름을 주사,

⑩ 하늘과 지구 위와 밑에 있는 모든 것들이 예수라는 이름에 무릎을 꿇게 하시고,

⑪ 모든 입으로 예수 그리스도를 주라 시인하여, 하나님 아버지께 영광을 돌리게 하셨습니다.

⑫ 그러므로 나의 사랑하는 친구 여러분, 여러분들은 내가 여러분들과 같이 있을 때와 마찬가지로 없을 때에도 항상 순종하여 경외심과 떨리는 마음으로 여러분들의 구원을 계속하여 이루십시요.

⑬ 그분의 선한 목적에따라 결심하고, 행하는 이는 여러분들 안에서 역사 하시는 하나님이시기 때문입니다.

⑭ 모든 일을 하는데 불평과 언쟁을 하지 마십시요.

⑮ 이는 여러분들이 악하고, 타락한 세대에서 허물없고, 순수하며 흠없는 자녀가 되게 하여 이 세상에서 별처럼 빛날 수 있게 하기 위함입니다.

⑯ 여러분이 생명의 말씀을 지속하여 붙들어 지키는 한에 있어서는 내가 달리거나 일한 것이 헛되지 아니하여, 내가 그리스도가 오시는 날에 자랑할 수 있게 될 것입니다.

⑰ 그러나, 여러분의 신앙에서 우러나오는 봉사와 희생위의 술로써 내가 부어질지라도, 나는 즐겁고 여러분 모두와 함께 기뻐합니다.

(Brethren, be followers together of me, and mark them which walk so, as ye have us for anensample.-KJV)

(But even if I am being poured out like a drink offering on the sacrifice and service coming from your faith, I am glad and rejoice with all of you.-NIV)

(But, even if I am poured out as a libation upon the sacrificial service of your faith, I rejoice and share my joy with all of you.-NAB)

(Even if I am executed here and now, I'll rejoice in being an element in the offering of your faith that you make on Christ's altar, a part of your rejoicing.-THE MESSAGE)

⑱ 이와 같이 여러분들도 또한 즐거워하고, 나와 함께 기뻐하십시요.

⑲ 내가 주 예수안에서 희망하는 것은 디모데를 속히 여러분들에게 보내어, 내가 여러분들의 소식을 듣고 기운을 얻으려는 것입니다.

⑳ 여러분들의 일들에 순순한 마음으로 관여할 자는 나에게는 디모데외에 어떤 사람도 없습니다.

㉑ 모든 사람들은 자기 자신의 관심사만을 유의하지 그리스도의 일은 소홀히 하기 때문입니다.

㉒ 그러나 여러분들은 디모데가 아버지와 함께하는 아들과 같이 복음을 전하는 일에 나와 함께 하고 있음을 아시기 바랍니다.

㉓ 그러므로 나는 내 사정상 보낼수 있게 되면, 곧 디모데를 보내기를 원합니다.

㉔ 그리고 나 자신도 곧 여러분들에게 가기를 주 안에서 확신하고 있습니다.

㉕ 그러나, 나는 에바브로디도를 여러분들에게 보내는 것이 필요한 줄로 생각하노니, 그는 나의 형제요 동업자요, 전우이며, 여러분들이 나의 곤궁을 보살펴 주기 위하여 보낼 여러분들의 봉사자가 되기도 합니다.

㉖ 그는 여러분들 모두를 간절히 사모하고 자기가 병든 것을 여러분들 들었기 때문에 걱정을 하고 있습니다.

㉗ 정말로 저가 병 들었고, 거의 죽게 되었으나, 하나님께서 그에게 자비를 베푸셨습니다. 그리고 그 뿐만 아니라, 나에게도 자비를 베푸사 많은 슬픔을 맛보지 않게 하셨습니다.

㉘ 그러므로 나는 더욱더 그를 보내기를 바랍니다. 그래서 여러분들이 다시 그를 만났을 때 여러분들은 즐거우며 나는 염려를 덜려 함입니다.

㉙ 큰 기쁨으로 주안에서 그를 환영하십시요. 그리고 그와 같은 사람들을 예우하여 주십시요.

㉚ 그는 그리스도의 일을 위하여 거의 죽을뻔 하였고, 여러분들이 나에게 줄 수 없었던 도움을 위하여 그의 목숨을 걸기도 하였습니다.

(Because for the work of Christ he was nigh unto death, not regarding his life to supply your lack of service toward me.-KJV)

(because he almost died for the work of Christ, risking his life to make up for the help you could not give me.-NIV)

(because for the sake of the work of Christ he came close to death, risking his life to make up for those services to me that you could not perform.-NAB)

(Remember the ministry to me that you started bur weren't able to complete? Well, in the process of finishing up that work, he put his life on the line and nearly died doing it.-THE MESSAGE)

• 3장

① 끝으로 나의 형제 여러분 주 안에서 기뻐하십시요. 동일한 내용을 여러분들에게 쓰는 것에 대하여 나는 괜찮습니다.이렇게 하는 것이 여러분들에게도 유익합니다.

② 그러한 개들, 즉 행악하는 자들, 육적인 거짓 할례 시행자들을 주의 하십시요.

③ 우리는 하나님의 영으로 봉사하고, 그리스도 예수안에서 기뻐하며, 육적인 것을 신뢰하지 않기 때문입니다. 곧 우리는 영적으로 깨끗해진 할례받은 자들이기 때문입니다.

④ 비록 내 자신도 육적인 것을 신뢰한 이유들이 있지만, 만약 어떤 다른 사람들이 육체를 신뢰할만한 이유들이 있다고 생각한다면 나는 더욱 그렇습니다.

⑤ 나는 팔일만에 할례를 받고, 이스라엘의 족속이요, 베냐민의 지파요, 히브리인중의 히브리인이요, 율법으로는 바리새인이요.

⑥ 열정으로 말하면 교회를 핍박하고, 율법의 의로움으로 말하면 흠이 없는 사람이었습니다.

⑦ 그러나 과거에 나에게 유익했던 모든 것들을 지금은 내가 그리스도를

위하여 해로 여기고 있습니다.

⑧ 게다가 더욱 중요한 것은 나는 과거의 모든 것을 나의 주 예수그리스도를 아는 놀라운 위대함과 비교하여 손실이라 생각합니다. 그분을 위하여 나는 모든 것을 버리겠습니다. 나는 그것들을 쓰레기라 생각합니다. 그리하여 나는 그리스도를 품고,

⑨ 그 분 안에서 발견됩니다. 그 때 나는 율법으로부터 오는 나 자신의 의로움이 아니고, 예수 그리스도를 통하여 오는 의로움, 즉, 하나님과 신앙으로부터 오는 의로움을 가지고 있습니다.

⑩ 나는 그분이 죽으실 때의 그분과 같이 되어 그리스도를 알기 원하며, 그리고 부활의 힘과 고난에 참예함을 알아서,

⑪ 어찌하든지 나는 죽은 자 가운데서 부활 되기를 원합니다.

⑫ 내가 이미 모든 것을 얻은 것도 아니고, 또 완벽하게 된 것도 아닙니다. 그러나 나는 예수 그리스도께서 나를 잡으신 연유, 즉 그것을 잡으려고 혼신의 노력을 하고 있습니다.

⑬ 형제 여러분, 나는 나 자신 이제까지 그것을 잡았다고 생각하지 않습니다. 그러나 내가 하는 한가지 일은 뒤에 있는 것은 잊고, 앞에 있는 것은 앞으로 더 끌어당기는 것입니다.

⑭ 나는 상을 타기 위하여 푯대를 향하여 밀고 나아갑니다. 그런데 하나님께서는 그 상을 주기위하여 예수 안에서 나를 하늘로 부르셨습니다.

⑮ 성숙한 우리 모두는 그러한 견해를 가져야 합니다. 그리고 만일 여러분들이 어떤 점에서 달리 생각한다면, 하나님께서 또한 이것을 여러분들에게 분명하게 하실 것입니다.

⑯ 오직 우리가 이미 이루었던 것에 따라 살아갑시다.

⑰ 형제 여러분, 나를 본 받아 타인들과 연합하십시요. 그리고 우리가 여러분들에게 준 예에 따라서, 살고있는 자들을 주목하십시요.

⑱ 내가 전에 여러분들에게 가끔 말한바와 같이, 이제 다시 눈물을 흘리면서 말합니다. 많은 사람들이 그리스도의 적으로써 살아가고 있습니다.

⑲ 그들의 운명은 멸망이요 그들의 신은 그들의 욕망이며, 그들이 영광이라고 하는 것은 그들의 수치입니다. 그들의 마음은 세상사에만 몰두하고 있습니다.

(Whose end is destruction, whose God is their belly, and whose glory is in their shame, whose mind earthly things.-KJV)

(Their destiny is destruction, their god is their stomach, and their glory is in their shame. Their mind is on earthly things.-NIV)

(Their end is destruction. Their God is their stomach; their glory in their "shame." Their minds are occupied with earthly things.-NAB)

(But easy street is a dead-end street. Those who live there make their bellies their gods; belches are their praise; all they can think of is their appetites.-THE MESSAGE)

⑳ 그러나 우리의 시민권은 하늘에 있습니다. 그리고 우리는 열렬히 거기로부터 구원자, 주, 예수 그리스도를 기다리고 있습니다.

㉑ 그분은 만물을 그의 지배 아래 둘 수 있는 가능한 힘으로 우리들의 비천한 육신을 그분의 영광스러운 형체와 같이 되도록 변케 하실 것입니다.

● 4장

① 그러므로 나의 사랑하고 사모하는 형제들, 나의 기쁨이요 면류관인 사랑하는 여러분, 이와 같이 주 안에 서십시요.

② 내가 유오디아 와 순두게에게 권합니다. 주안에서 서로 화목하게 지내십시요.

③ 그렇습니다. 그리고 나의 동료인 여러분들에게 이 여자들을 도와주도록 당부합니다. 그들은 클레멘트 및 그외의 나의 동역자들과 함께 복음 전파하는데 나의 편에 섰던 사람들입니다. 그리고 그들의 이름은 생명책에 있습니다.

④ 주 안에서 항상 기뻐하십시요. 다시 말합니다. 주안에서 기뻐하십시요.

⑤ 모든 사람들에게 꼭 친절히 대하십시요. 주님 오실날이 가깝습니다.

⑥ 어느 것도 염려하지 말고, 모든 일에 기도와 간구로 여러분들의 구할 것을 감사하는 마음으로 하나님께 아뢰십시요.

⑦ 그러면 우리의 이해를 초월하는 평화의 하나님이 그리스도 예수 안에서 여러분들의 마음(감성)과 지성을 지켜주실 것입니다.

⑧ 결론으로 말씀드립니다. 형제 여러분 참된 것, 고귀한 것, 옳은 것, 사랑스러운 것, 칭찬할만한 것은 무엇이든지 즉, 어떤 것이 좋고 갸륵한 것이라면 그러한 것들을 마음에 품고 묵상하십시요.

⑨ 여러분들은 나로부터 배웠거나, 나의 의견을 받아들였던 거나, 나로부터 들었거나, 나에게서 본 무엇이든지 실행하십시요. 그러면 평화의 하나님이 여러분들과 동행하실 것입니다.

⑩ 내가 주 안에서 크게 기뻐함은 드디어 여러분들이 나에 대한 관심을 새롭게 하였다는 것입니다. 사실로 말하면 여러분들이 나에 대한 관심은 있었지만 그 것을 나타낼 기회가 없었던 것입니다.

⑪ 나는 내가 곤궁한 처지에 있어서 이것을 말하는 것이 아닙니다. 나는 어떠한 환경에서도 만족하는 것을 배웠기 때문입니다.

⑫ 나는 곤궁에 처한 것이 무엇인지를 압니다. 그리고 풍부한 것이 무엇인지도 압니다. 나는 잘 먹던 굶주리던 풍족하게 살던 궁핍하게 살던지 어떤 상황 아니 모든 상황에서 만족하는 비밀을 배웠습니다.

⑬ 내게 능력주시는 자 안에서 내가 모든 것을 할수 있습니다.(나는 현재의 나를 만드신 이 안에서 모든 것을 할 수 있습니다. 나는 여러분의 도움이 나에게 많은 보탬이 되지 않았다는 의미가 아니고 많은 보탬이 되었습니다.)

(I can do all things through Christ which strengtheneth me.-KJV)

(I can do everything through him who gives me strength.-NIV)

(I have the strength for everything through him who empowers me,-NAB)

(I can make it through anything in the One who makes me who I am. I don't mean that your help didn't mean a lot to me-it did.-THE MESSAGE)

⑭ 아무튼 여러분들이 나의 수고에 참여함은 잘한 일입니다.

⑮ 더욱이 빌립보 교인 여러분들도 알다시피 여러분들이 복음을 처음 알

앗던 시절, 내가 복음을 전하기 위하여 마케도니아를 출발할 때에 여러분들 외에는 어떤 교회도 이 일에 도움을 준 교회는 없었습니다.

⑯ 또한 내가 데살로니카에 있을 때에도 여러분들은 내가 곤궁할 시기에 여러 번 도움을 주었습니다.

⑰ 그것은 내가 여러분들로부터 어떤 기부를 바라는 것이 아닙니다. 나는 그로 인하여 여러분이 복 받게 되기를 바랄뿐입니다.

⑱ 나는 충분히 받았고 그 이상 받았습니다. 그리고 지금 에바브로디 편에 여러분들이 보내준 기부품을 받아 나는 지금 풍족합니다. 그것들은 향기로운 헌물이며 하나님을 기쁘시게 하는 만족스러운 제물입니다.

⑲ 그리고 하나님은 그리스도 예수 안에서 그분의 영광스러운 풍요로움으로 여러분들의 모든 필요를 채워주실 것입니다.

⑳ 우리 하나님 아버지께 세세 무궁토록 영광을 있으시길 기원합니다. 아멘.

㉑ 그리스도 예수 안에 있는 모든 성도들에게 인사드립니다. 그리고 나와 함께 있는 형제들이 여러분들에게 인사드립니다.

㉒ 모든 성도들이 여러분들에게 인사합니다. 특히 황제궁에 있는 성도분들이 여러분들에게 인사드립니다.

㉓ 주 예수 그리스도의 은총이 여러분들의 심령에 함께 하시기를 기원합니다.

골로새서(사도 바울의 옥중서신)

· 본 성경듣기는 QR코드 인식으로 들을 수 있습니다

● 1장

① 하나님의 뜻으로 말미암아 그리스도 예수의 사도 된 바울과 우리 형제 디모데는

② 골로새에서 그리스도를 믿는 거룩하고, 신실한 형제들에게 편지합니다. 하나님 우리 아버지로부터 은혜와 평화가 여러분들에게 있기를 간절히 기원합니다.

③ 우리는 여러분들을 위하여 기도할 때 우리주 예수 그리스도의 아버지 하나님께 항상 감사드립니다.

④ 이는 우리가 그리스도 예수를 믿는 여러분들의 신앙과 여러분들이 모든 성도에 대하여 가지는 사랑에 대해서 듣고 있기 때문입니다.

⑤ 그 신앙과 사랑은 여러분들을 위하여 하늘에 쌓여 있는 소망으로부터 나오며, 또 그것은 이미 여러분들이 진리의 말씀인 복음에서 듣고 있습니다.

⑥ 복음이 여러분들에게 와서 온세상에서 열매를 맺고 자라고 있습니다. 이는 마치 여러분들이 그 복음을 듣고, 그 안에 있는 진리인 하나님의 은혜를 깨달은 날로부터 여러분들 안에서 작용하는 것과 같습니다.

⑦ 여러분들은 그것을 우리의 동료이며, 우리를 대표하는 그리스도의 신실한 사역자인 에바브라에게서 배웠습니다.

⑧ 또 에바브로는 성령 안에 있는 여러분들의 사랑을 우리에게 말하였습니다.

⑨ 이러한 이유로 우리는 여러분들에 대하여 들은 날로부터 여러분들을

위한 기도와 간구를 계속하고 있습니다. 즉, 여러분들이 모든 영적인 지혜와 깨달음을 통하여 그분의 뜻을 아는 지식으로 충만하길 기도하며 간구합니다.

⑩ 그리고 우리는 여러분들이 주께 합당한 생을 살아서 매사에 열매를 맺고, 하나님을 알음으로써 성장하여 모든 면에서 그분을 기쁘게 하기를 간구하며 기도합니다.

⑪ 그리고 여러분들이 그분의 영광스러운 힘에 의한 모든 능력으로 강하게 되어, 고난과 인내를 감당하게 되기를 기도합니다.

⑫ 그리고 여러분들이 빛의 왕국의 성도들이 받는 유업을 나눌 수 있게 해주신 아버지께 즐거이 감사드립니다.

⑬ 그분께서 우리를 흑암의 권세에서 구출하사, 그분이 사랑하는 아들의 나라로 데려오셨습니다.

⑭ 그 아들 안에서 우리가 구속, 곧 죄사함을 얻었습니다.

⑮ 그는 보이지 아니하시는 하나님의 심상이요, 모든 창조물을 초월하는 최초의 결과물이십니다.

⑯ 만물이 그에 의해서 창조되었기 때문입니다. 하늘에 있는 것이든, 지구에 있는 것이든, 보이는 것이든, 보이지 않는 것이든, 권력자든, 지배자든, 권위자든, 모든 것들이 그에 의하여 그를 위하여 창조되었습니다.

⑰ 그분께서는 만물에 앞서 계시고 만물은 그분안에서 함께 존속합니다.

⑱ 그리고 그분은 몸 즉 교회의 머리요, 그분은 시작이며 죽은 자 가운데서 살아나신 첫번째 결과물이십니다. 이는 모든 면에서 그분이 최고의 지배권을 가지게 하려는 것입니다.

⑲ 하나님은 그분의 모든 충만함이 예수 안에 거하는 것에 기뻐하셨습니다.

⑳ 그리고 십자가에서 흘리신 그의 피를 통하여 화평을 이루사, 지구에 있는 것들이나 하늘에 있는 것들 모두를 그 안에서 그로 말미암아 화목케 되는 것을 기뻐하셨습니다.

㉑ 여러분들은 한때 여러분들의 악행 때문에 하나님으로부터 멀어져서 여러분들의 마음속에서는 하나님의 적이었습니다.

㉒ 그러나 이제 하나님께서는 당신 아드님의 죽음을 통하여, 그분의 육체

로 여러분들과 화해하시어, 여러분들이 거룩하고, 흠없고, 나무랄 데 없는 사람으로 당신 곁에 설 수 있게 해 주셨습니다.

㉓ 만일 여러분들이 여러분들의 신앙안에서 복음 안에서 지속된 소망으로 부터 이동하지 않고, 계속하여 확고히 정착한다면 위와 같이 설 수 있게 해주셨습니다. 이것이 여러분들이 들었던 그리고 하늘아래의 모든 창조물에게 선포된 복음입니다. 나 바울은 그 복음의 일꾼이 되었습니다.

㉔ 이제 나는 여러분들을 위하여 고통받는 것을 기뻐합니다. 그리고 나는 그분의 몸인 교회를 위하여 그리스도의 고난에서 부족된 것을 나의 육체로 채우고 있습니다.

㉕ 나는 하나님이 그분의 말씀을 충만하게 여러분들에게 전하라고 나에게 주신 임무에 의하여 교회의 일꾼이 되었습니다.

㉖ 이 신비는 과거의 모든 시대와 세대 동안 감추어져 있었으나, 이제 성도들에게 명확하게 드러내고 있습니다.

㉗ 하나님께서는 이방인들중에서 선택된 성도들에게 이 신비의 영광스러운 부요함을 알게 하셨습니다. 그 신비는 여러분들 안에 있는 그리스도입니다. 곧 영광스러운 소망입니다.

㉘ 우리가 모든 지혜를 모아 모든 사람을 권고하고, 가르쳐서 그 분을 전파하는 것은 모든 사람들이 그리스도 안에서 완벽하게 하려 함입니다.

㉙ 이를 위하여 나는 내 속에서 힘차게 역사하는 그분의 모든 에너지를 가지고 힘을 다하여 일하고 있습니다.

● 2장

① 나는 여러분들이 내가 얼마나 여러분들과 라오디게아 있는 자들과 나를 개인적으로 만나지 못한 모든 자들을 위하여 열심히 노력하는지를 알기를 원합니다.

② 나의 목적은 그들이 마음속으로 용기를 얻고, 사랑으로 연합하여 풍부하고, 온전한 깨달음을 얻어 그들이 하나님의 신비, 즉 그리스도를 알게 하려 함입니다.

③ 그리스도 안에 지혜와 지식의 모든 보화가 숨기어져 있습니다.

④ 나는 누구도 그럴듯한 주장으로 여러분들을 속이지 못하게 하려고, 여러분들에게 이 것을 말하는 것입니다.

⑤ 비록 나는 육적으로는 여러분들로부터 떠나 있으나, 영적으로는 여러분들과 같이 있어 여러분들이 순종하고, 그리스도안에서 여러분들의 신앙이 확고하다는 것을 알고 기뻐합니다.

⑥ 그러므로 여러분들이 그리스도 예수를 주로 받아들인 것 같이 그분 안에서 살아가십시요.

⑦ 그분 안에 뿌리를 내려 자신을 세우고, 여러분들이 배운 신앙안에서 강해져서 감사함이 넘치게 하십시요.

⑧ 누구도 공허하고 거짓된 철학으로 여러분들을 사로잡지 않도록 주의하십시요. 그러한 철학은 인간과 세상의 기본 원리에 의존하지 그리스도에 의존하지 않습니다.

⑨ 그리스도 안에서 온전히 충만한 신성이 육신의 형태로 살아가기 때문입니다.

⑩ 그리고 여러분들은 모든 힘과 권력의 우두머리이신 그리스도 안에서 충만함이 주어졌기 때문입니다.

⑪ 또 그분안에서 여러분들이 육적 몸을 벗고 인간의 손으로 행해진 할례가 아니라 그리스도에 의하여 행해진 할례를 받았기 때문입니다.

⑫ 여러분들이 세례로 그리스도와 함께 장사한 바 되었고, 죽은자 가운데서 그분을 살리신 하나님의 역사를 믿음으로 말미암아 그분 안에서 일으킴을 받았기 때문입니다.

⑬ 여러분들이 여러분들의 죄와 육신의 무할례로 죽었을 때 하나님께서는 그리스도와 함께 여러분들을 살리시고 우리의 모든 죄를 사하여 주셨습니다.

⑭ 그분께서 우리에게 불리하고 적대적인 율법을 합법적인 규례로써 취소시키시고 그리고 그것을 떼어내어 십자가에 못 박으셨습니다.

⑮ 그분께서는 권세와 권력을 무장해제 시키고 그것들을 공개적인 구경거리로 만드사 십자가에 의하여 그들에게 승리하셨습니다.

⑯ 그러므로 먹고 마시는 것과 또는 종교적인 축제나 음력 초하룻날 축제 또는 안식일에 관해서는 누구든지 여러분들을 판단하지 않도록 하십시

요.

⑰ 이것들은 장래 다가올 일들의 그림자이나 그 실체는 그리스도 안에 있습니다.

⑱ 거짓 겸손함과 거짓 천사 숭배하는 자들이 여러분의 상을 빼앗지 못하게 하십시요. 그러한 사람은 그가 알고 있는 아주 사소한 일에 빠져들고 그의 세속적인 마음은 그가 무의미한 신념으로 자만에 빠지게 합니다.

⑲ 그는 머리되시는 분과 연결이 되지 않습니다. 머리되시는 분을 통하여 인대와 힘줄로 지지받고 유지되는 온 몸은 하나님이 자라게 하시는 대로 따라 자라게 됩니다.

⑳ 여러분들은 이 세상의 근본의 원칙에서 그리스도와 함께 죽었습니다. 그런데 왜 여러분들이 마치 아직도 세상에 속한 것처럼 세상의 규칙에 복종합니까?

㉑ 왜 다루지 말라 맛보지도 말라 만지지도 말라 합니까?

㉒ 이 모든 것은 쓰면 없어지게 운명지어진 것입니다. 왜냐하면 그 것들은 인간의 명령과 가르침에 근거하기 때문입니다.

㉓ 그러한 것들은 자의적 숭배와 거짓 겸손과 육신의 고행을 내세워 외관상 지혜롭게 보입니다. 그러나 그 것들은 육체적인 욕망을 제어하는 어떤 가치도 가지고 있지 않습니다.

● 3장

① 여러분들이 진심으로 그리스도와 함께 이 새로운 부활의 사람을 살고자 한다면, 그렇게 행하십시오. 위에 있는 것을 추구하십시오. 거기는 그리스도께서 하나님의 우편에 앉아 있는 곳입니다.

(If ye then be risen with Christ, seek those things which are above, where Christ sitteth on the right hand of God.-KJV)

(Since, then, you have been raised with Christ set your hearts on things above, where Christ is seated at the right hand of God.-NIV)

(If then you were raised with Christ, seek what is above, where

Christ is seated at the right hand of God.-NAB)
(So if you're serious about living this new resurrection life with Christ, act like it. Pursue the things over which Christ presides.-THE MESSAGE)

② 하늘의 것을 여러분들의 마음에 두고 지구의 것을 생각지 마십시요.

③ 이는 여러분들이 죽었고, 이제 여러분들의 생명이 하나님 안에서 그리스도와 함께 감추어졌기 때문입니다.

④ 우리 생명이신 그리스도께서 나타나실 때 여러분들도 역시 그분과 함께 영광 중에서 나타날 것입니다.

⑤ 그러므로 여러분들의 세속적인 본성에 속하는 불륜, 더러움, 욕정, 나쁜 욕망, 탐욕 모두를 죽이십시요. 탐욕은 우상숭배 입니다.

⑥ 이것들 때문에 하나님의 진노가 임합니다.

⑦ 여러분들도 한때 살았던 생에서는 이러한 방법으로 행동을 하곤 했습니다.

⑧ 그러나 이제 여러분들은 이 모든 것을 벗어버리십시요. 곧 격분, 악의, 중상, 또 여러분의 입에서 나오는 불결한 말들입니다.

⑨ 여러분들은 서로 거짓말을 하지 마십시요. 여러분들은 옛날 자아의 습관과 함께 옛날 자아를 벗어버리고,

⑩ 새로운 자아를 입었습니다. 그 새로운 자아는 자기를 창조하신 창조주의 심상을 알므로써 나날이 새로워집니다.

⑪ 여기에는 헬라인이나, 유대인이나, 할례 받은자나, 무 할례자나, 야만인이나, 스키디안인이나, 종이나, 자유인이나 구별이 없습니다. 그러나 그리스도는 만유이시고 그리스도는 만유 안에 계십니다.

⑫ 그러므로 여러분들은 거룩하고 극진히 사랑받아, 하나님의 선택을 받은 자들로써 여러분 자신들을 긍휼과 친절함과 겸손함과 관대함과 인내로써 옷을 입으십시요.

⑬ 서로 서로 용납하고, 어떤 사람에게 노여움이 있을지라도 용서하십시요. 주께서 여러분들을 용서하신 것 같이 용서하십시요.

⑭ 이 모든 선행 위에 사랑을 더하십시요. 이 사랑은 그들 모두를 함께 묶어 완전한 동일체로 만듭니다.

⑮ 그리스도의 평화가 여러분들의 마음에서 유지되도록 하십시요. 한 몸의 지체들로써 여러분들은 평화에 부르심을 받았기 때문입니다. 그리고 감사하십시요.

⑯ 여러분들이 최대한의 지혜로써 서로를 가르치고, 권면하고, 여러분들의 마음 속에 하나님에 대한 감사함을 가지고, 시와 찬송가와 영적인 노래들을 노래하는 것과 같이 여러분들 안에 그리스도의 말씀이 풍성히 거하도록 하십시요.

⑰ 또 무엇을 하든지 말이나 행위에 있어 그 분을 통하여 하나님 아버지께 감사하면서 주 예수 이름으로 모든 일을 하십시요.

⑱ 아내되시는 여러분들 남편에게 복종하십시요. 이는 주님을 믿는 자들에게 어울리는 것입니다.

⑲ 남편되시는 여러분들 아내들을 사랑하십시요. 아내들에게 가혹하게 하지 마십시요.

⑳ 자녀들아 모든 일에서 부모님들에게 순종하라. 이것들이 주님을 기쁘게 하는 것이니라.

㉑ 아버지 여러분 자녀를 마음 상하게 하지 마십시요. 그렇지 않으면 그들이 실망할 것입니다.

㉒ 노예들아 모든 일에서 현세의 주인들에게 복종하라. 주인들이 여러분들을 주시할 때만 그들의 호의를 얻기 위하여 일을 하지 말고 주님에 대한 경외심과 진실한 마음으로 하라.

㉓ 여러분들이 무슨 일을 하든지 사람에게 하듯 하지 말고, 주께 하듯 전심으로 하십시요.

㉔ 이는 여러분들이 보상으로써 주의 유업을 받을 것이라는 것을 알기 때문입니다. 그 것은 여러분들이 섬기는 주 그리스도 안에 있습니다.

㉕ 불의를 행하는 자는 누구든지 그의 불의를 돌려 받습니다. 거기에는 예외가 없습니다.

● 4장
① 주인들 여러분들도 하늘에 주인이 계신다는 것을 알고, 여러분들의 하인들을 의와 공평으로써 대해 주십시요.

② 감사하는 마음으로 깨어서 기도에 전념하십시요.

③ 동시에 또한 우리를 위하여 기도해 주십시요. 즉 하나님이 우리가 전하는 메시지에 문을 열어주사 우리로 하여금 그리스도의 신비를 전파할 수 있도록 기도해 주십시요. 나는 그 일 때문에 감옥에 구금되어 있습니다.

④ 그리고 내가 그 것을 명백하게 전파할 수 있도록 기도해 주십시요. 그 것은 내가 꼭 해야할 일입니다.

⑤ 교인이 아닌 자들에 대해서 여러분들은 분별있게 행동하십시요. 그리고 모든 주어진 기회를 유용하십시요.

⑥ 여러분들의 대화가 소금으로 맛을 내듯, 항상 은혜가 충만하도록 하십시요. 그리하면 여러분들은 각 사람에게 마땅히 대답할 것을 알 것입니다.

⑦ 두기고가 나에 대한 모든 소식을 여러분들에게 말할 것입니다. 그는 사랑하는 형제요, 신실한 일군이요, 주 안에 있는 동역자입니다.

⑧ 내가 저를 특별히 여러분들에게 보낸 것은 여러분들이 우리 사정을 알게 하고, 여러분들의 마음을 격려하기 위함입니다.

⑨ 두기고는 우리들의 신실하고, 사랑스러운 형제 오네시모와 함께 갑니다. 오네시모는 여러분들과 동향이지요. 그들이 여기에서 일어나는 모든 일을 여러분들에게 말할 것입니다.

⑩ 나와 함께 갇혀있는 아리스다고와 바나바의 생질인 마가가 여러분들에게 안부를 전합니다. (여러분들은 이미 마가에 대하여는 알고 있습니다. 만약 그가 여러분들게 가면 그를 환영해 주십시요.)

⑪ 유스도라 하는 예수도 여러분들에게 문안합니다. 이런분들은 하나님 나라를 위하여 일하는 나의 동역자들 중에서 유일한 할례당입니다. 그래서 그분들은 나에게 위안이 됩니다.

⑫ 여러분들과 동향이며 그리스도 예수의 종인 에바브라가 여러분들에게 문안합니다. 그는 항상 여러분들이 하나님의 뜻 안에서 굳건하고 성숙되며 확실하도록, 여러분들을 위한 기도에 매달리고 있습니다.

⑬ 에바브라가 여러분들과 라오디게에와 히애라볼리에 있는 자들을 위하여 많이 수고하는 것을 내가 보증합니다.

⑭ 우리의 사랑하는 친구인 의사 누가와 데마가 여러분들에게 문안합니다.

⑮ 라오디게아에 있는 형제들과 눔바와 그 여인의 집에 있는 교인들에게 문안합니다.

⑯ 이 편지를 여러분들이 읽은 후에 라오디게아인의 교회 교인들에게도 읽어 주고, 마찬가지로 여러분들은 라오디게아에서 우리에게 오는 편지도 읽으십시요.

⑰ 아킵보에게 말합니다. "당신은 주로부터 받은 사명을 성취하도록 하십시요."

⑱ 나 바울은 친필로 문안합니다. 내가 감옥에 구금되어 있는 것을 기억하여 주십시요. 하나님의 은혜가 여러분들과 함께 하시기를 기원합니다.

데살로니가전서(사도 바울의 일반서신)

· 본 성경듣기는 QR코드 인식으로 들을 수 있습니다

● 1장

① 바울과 실루아노와 디모데는 하나님 아버지와 주 예수 그리스도 안에 있는 데살로니가의 교회의 신자들에게 문안합니다. 은혜와 평화가 여러분들에게 있기를 기원합니다.

② 우리들은 기도할 때 여러분들을 언급하며, 여러분들 모두를 위하여 항상 하나님께 감사를 드립니다.

③ 주 예수 그리스도 안에서 여러분들의 신앙의 역사와 사랑의 노고와 소망의 인내를 우리들은 아버지 하나님 앞에서 계속적으로 기억합니다.

④ 우리는 하나님께서 그분이 사랑하는 형제 여러분들을 선택하셨다는 것을 알기 때문입니다.

⑤ 이는 우리 복음이 단순히 말로만이 아니라, 힘과 성령과 깊은 확신으로 여러분들에게 전해졌기 때문입니다. 여러분들은 우리가 여러분들을 위하여 어떻게 처신하였는지를 알고 있습니다.

⑥ 여러분들은 가혹한 고난에도 불구하고, 성령에 의하여 주어진 기쁨으로 메시지를 받아들여서, 우리와 주를 본받은 사람들이 되었습니다.

⑦ 그래서 여러분들은 마게도냐와 아가야에 있는 모든 믿는자들에게 본보기가 되었습니다.

⑧ 주의 메시지는 여러분들로부터 마게도냐와 아가야에만 울려퍼진게 아닙니다. 여러분들의 하나님에 대한 신앙은 모든 곳에 알려졌습니다. 그러므로 우리는 그 것에 대하여 더 말할 필요가 없습니다.

⑨ 그 곳 사람들이 스스로 우리에 관한 이야기를 합니다. 즉 여러분들이

어떻게 우리를 받아들였는지 와 어떻게 우상 숭배로부터 살아있는 참 하나님을 섬기게 되었는지를 이야기합니다.

⑩ 그리고 그들은 여러분들이 어떻게 하늘로부터 하나님의 아들을 기다리게 되었는지를 이야기합니다. 그 아들은 하나님께서 죽은자들 가운데서 살리신 다가오는 진노에서 우리를 구원해 주시는 예수님이십니다.

● 2장

① 형제 여러분, 여러분들은 우리가 여러분들을 방문한 것이 헛되지 않았음을 잘 알고 있습니다.

② 여러분들도 아시다시피 우리는 전에 빌립보에서 고난과 능욕을 당하였으며, 강한 반대에도 불구하고 하나님의 소망으로 복음을 과감히 여러분들에게 전하였습니다.

③ 우리의 권면은 그릇된 생각에서 나온 것도 아니고, 불순한 동기에서 나온 것도 아니며, 속임수로 한 것도 아니기 때문입니다.

④ 오히려 우리는 하나님으로부터 인정되어 복음을 전하도록 위탁된 자들로써 말합니다. 우리는 사람들을 기쁘게 하려고 노력하지 않고, 우리 마음을 살펴보시는 하나님을 기쁘게 하려고 노력합니다.

⑤ 여러분들도 알다시피, 우리는 결코 아첨을 하지 않았고, 탐욕을 덮기 위하여 가면을 쓰지도 않았습니다. 하나님께서 우리의 증인이십니다.

⑥ 그리스도의 사도로서 우리가 여러분들의 부담이 될 수도 있었을 것입니다. 그래서 우리는 사람들, 즉 여러분들이나 어떤 다른 사람들로부터 칭찬을 구하지 않았습니다.

⑦ 오직 우리는 어린 자녀들을 염려하는 어머니같이 여러분들 가운데서 온화하게 처신하였습니다.

⑧ 우리는 이같이 여러분을 사랑하였기에 하나님의 복음을 전할 뿐만 아니라 우리 자신의 목숨까지도 기꺼이 여러분에게 주고 싶었습니다. 그것은 여러분이 우리의 사랑을 받는 사람들이 되었기 때문입니다.

⑨ 형제 여러분들은 우리의 수고와 고초를 기억하고 있을 것입니다. 우리는 어떤 사람들에게도 누를 끼치지 아니하려고, 밤과 낮으로 일하면서 여러분들에게 하나님의 복음을 선포하였습니다..

⑩ 우리가 믿는 여러분들에게 얼마나 경건하고, 의롭게 또 흠 잡힐 데 없이 처신하였는지 여러분들이 증인이고, 하나님이 증인이십니다.

⑪ 여러분들은 우리가 아버지가 자신의 자녀들을 대하듯 여러분들 각자를 대하면서,

⑫ 여러분들이 하나님의 왕국과 영광으로 부르는 하나님에 합당한 삶을 살 것을 격려하고, 위안하며 권면하였다는 것을 알고 있습니다.

⑬ 그래서 우리는 여러분들에게 계속해서 감사드립니다. 왜냐하면 여러분들이 우리로부터 들은 복음을 받아들일때, 그 것을 사람의 말이 아니고, 믿는 사람들에게 역사하는 있는 그대로의 하나님의 말씀으로 받아들였기 때문입니다.

⑭ 형제 여러분, 여러분들은 그리스도 예수가 있는 유대 안에서 하나님의 교회를 본 받은 자들이 되었습니다. 즉 여러분들은 그 곳 교회 신자들이 유대인으로부터 받았던 것과 똑같은 고난을 여러분들의 동족에게서 받았기 때문입니다.

⑮ 유대인들은 주 예수와 선지자들을 죽이고, 우리를 박해하였습니다. 그들은 하나님을 기쁘시게 아니하고 모든 사람에게 대적이 되어,

⑯ 우리가 이방인들에게 말씀을 전하여 구원을 받게 하려는 일을 방해합니다. 이렇게 그들은 항상 그들의 죄를 끝까지 쌓아 갑니다. 그리하여 하나님의 진노가 그들에게 드디어 임하였습니다.

⑰ 그러나, 형제 여러분, 우리가 잠시 여러분들과 떨어져 있었으나, 몸 만 떨어져 있었을 뿐, 마음은 아니었습니다. 우리는 간절한 열망으로 여러분들을 만나기 위하여 모든 노력을 하였습니다.

⑱ 그래서 우리는 여러분들에게 가기를 원했고, 나 바울도 여러 번 여러분들에게 가려고 하였으나 사탄이 이를 방해하였습니다.

⑲ 예수님이 다시 오실 때 누가 과연 그분 앞에서 희망과 기쁨과 자랑스러운 왕관이 되겠습니까? 바로 여러분들이 아니겠습니까?

⑳ 정말로 여러분들은 우리의 영광이요 기쁨입니다.

● 3장

① 그래서 우리가 더 이상 그것을 참을 수가 없을 때 우리는 우리만이라도

아텐에 남아 있는 것이 최선이라고 생각했습니다.

② 우리는 우리 형제이며 그리스도의 복음을 전파하는데 하나님의 동역자인 디모데를 보냈습니다. 그는 여러분을 신앙안에서 강하게 하고 격려할 것입니다.

③ 우리가 디모데를 보낸 것은 누구든지 이러한 시련에 요동치 않게 하려함이었습니다. 여러분들은 우리가 운명적으로 그러한 시련을 겪는다는 것을 잘 알고 있습니다.

④ 사실 우리가 여러분들과 함께 있을 때 우리는 우리가 박해받을 것이라고 계속해서 말했습니다. 그리고 그것은 여러분들이 잘 알다시피 그렇게 되었습니다.

⑤ 이러한 이유로 내가 더 이상 참을 수 없어 여러분들의 신앙을 알아보기 위하여 디모데를 보낸 것입니다. 나는 어떤 면에서 악마가 여러분들을 유혹해 버려서 우리의 노력이 헛 수고가 되지 않을까 두렵습니다.

⑥ 그러나 디모데가 지금 막 여러분들로부터 우리에게 와서 여러분들의 신앙과 사랑에 대한 좋은 소식을 전하였습니다. 그리고 그는 여러분들이 항상 우리와의 추억을 즐거워하며 우리가 여러분들을 보고 싶어 하듯이 여러분들도 우리를 보고싶어 한다고 말하였습니다.

⑦ 형제 여러분 우리는 많은 곤궁과 박해속에서도 여러분들의 신앙으로 말미암아 위로를 받았습니다.

⑧ 그러므로 여러분들이 주안에서 굳게 선 즉, 이제야 우리는 사는 것이기 때문입니다.

⑨ 여러분들 때문에 우리 하나님 안에서 우리가 가지는 모든 기쁨의 보답으로 우리는 여러분들을 위하여 하나님께 어떻게 감사를 드려야 하겠습니까?

⑩ 우리는 여러분들을 다시 만나기를 바라며, 여러분들의 신앙의 부족함을 온전케하려고, 주야로 아주 간절히 기도합니다.

⑪ 이제 우리 하나님 아버지와 우리 주 예수님께서 우리가 여러분들에게 가는 길을 명확하게 열어 주시기를 기도합니다.

⑫ 또 주께서 역사하시어 여러분들의 사랑을 자라게 하사, 서로 서로 충만한 사랑을 하게 하시고 마찬가지로 우리도 여러분들을 위하여 그렇게

될 수 있도록 기도합니다.

⑬ 주께서 여러분들의 마음을 견고하게 하사, 우리 주 예수님께서 그의 영광스러운 성도들과 함께 강림하실 때에 여러분들이 우리 하나님 아버지 앞에서 흠 없이 거룩한 사람으로 나설 수 있게 되기를 간절히 기도합니다.

● 4장

① 마지막으로 형제 여러분, 우리는 여러분들이 하나님을 기쁘시게 하기 위하여는 어떻게 하여야 하는지를 알려주었습니다. 그리고 여러분들은 그렇게 살고 있습니다. 이제 우리는 여러분들이 주 예수안에서 더욱더 그렇게 살기를 구하고 권면합니다.

② 여러분들은 우리가 주 예수의 권위로 여러분들에게 알려준 모든 가르침을 알고 있습니다.

③ 하나님의 뜻은 여러분들이 신성하게 되는 것입니다. 즉 여러분들이 음란을 피하는 것입니다.

④ 여러분들 각자는 거룩하고, 존귀한 방법으로 자기 자신의 몸을 조절하는 것을 배워야 합니다.

⑤ 하나님을 모르는 야만인과 같이 강렬한 정욕에 빠지지 말고,

⑥ 이 일에 있어서 어느 누구도 그의 형제를 중상하거나 속여서는 안됩니다. 우리가 이미 여러분들에게 말하고, 경고한 바와 같이 주께서는 모든 그러한 죄들에 대하여 벌하는 분이십니다.

⑦ 하나님께서는 우리가 불결함에 빠지지 않고, 거룩한 삶을 살도록 부르셨습니다.

⑧ 그러므로 이 교훈을 배척하는 자는 사람을 배척하는 것이 아니라 여러분들에게 성령을 주신 하나님을 배척하는 것입니다.

⑨ 지금 형제 사랑에 관하여는 여러분들에게 편지로 알릴 필요가 없습니다. 이는 여러분들 자신이 하나님으로부터 배워서 서로 사랑하고 있기 때문입니다.

⑩ 그리고 사실 여러분들은 모든 마케도냐 형제들을 사랑합니다. 그러나 우리는 형제 여러분들에게 더욱 더 사랑하도록 권면합니다.

⑪ 여러분들은 우리가 여러분들에게 말한 바와 같이 평화로운 인생을 보내고, 자기 일에 정신을 차리며 손수 자기 일을 하고자 하는 열망을 가지십시요.

⑫ 그리하면 여러분들은 일상 생활에서 다른 사람들로부터 신망을 얻고, 어떤 사람들에게도 신세를 지는 일이 없을 것입니다.

⑬ 형제 여러분 우리는 여러분들이 잠에 떨어진(죽은) (fall asleep)자들에 관하여 무지하기를 원하지 않습니다. 또한 소망없는 나머지 사람들처럼 슬퍼하지 않기를 원합니다.

⑭ 우리는 예수가 죽었다가 다시 살아나셨음을 믿습니다. 그래서 우리는 하나님께서 예수님안에서 잠에 떨어진(죽은)자들을 예수님과 함께 데리고 오신다는 것을 믿습니다.

⑮ 주님 자신의 말씀에 의하여 우리가 여러분들에게 말합니다. 아직까지 살아 있어서 주님 오실 때까지 남아 있을 우리는 죽은 자들을 확실히 앞지르지 못할것입니다.

⑯ 주님께서 호령과 천사장의 소리와 하나님의 나팔로 친히 하늘로부터 강림하시리니, 그리스도 안에서 죽은 자들이 먼저 일어납니다.

⑰ 그 후에 우리 아직 살아 남은 자도 그들과 함께 구름 속으로 끌어 올려 공중에서 주를 영접하게 됩니다. 그리하여 우리는 영원히 항상 주와 함께 거할 것입니다.

⑱ 그러므로 위의 말씀으로 서로를 격려하십시요.

● 5장

① 형제 여러분, 주님이 오실 시간과 날짜에 관하여는 우리가 여러분들에게 쓸 필요가 없습니다.

② 이는 여러분들이 주의 날이 밤에 도적과 같이 올 것이라는 것을 잘 알고 있기 때문입니다.

③ 사람들이 "평화롭다 안전하다"고 말하는 때에 아이 벤 여인에게 해산의 진통이 오듯이 갑자스런 멸망이 그들위에 올 것입니다. 그리고 그들은 그것을 피하지 못할 것입니다.

④ 그러나 형제여러분, 여러분들은 어두움에 있지 아니하므로 이 날이 도

적 같이 여러분들을 놀라게 하지는 않을 것입니다.

⑤ 여러분들은 빛의 아들, 즉 낮의 아들입니다. 그래서 우리는 밤이나 또는 어두움에 속하지 않습니다.

⑥ 그래서 우리는 다른 잠자는 이들과 같이 되지 말고, 깨어서 근신하는 자가 됩시다.

⑦ 자는 자들은 밤에 자고 취하는 자들도 밤에 취하기 때문입니다.

⑧ 그러나 우리는 낮에 속하여 있으므로 근신하여 신앙과 사랑의 흉판을 가슴에 붙이고 구원의 소망의 투구를 씁시다.

⑨ 하나님이 우리에게 징벌을 받기를 명한 것이 아니고, 예수 그리스도를 통하여 구원을 받기를 명하셨기 때문입니다.

⑩ 그리스도께서는 우리가 살아있던지 죽어있던지 당신과 함께 살게 하시려고, 우리를 위하여 죽으셨습니다.

⑪ 그러므로 여러분들이 사실상 지금 하는 것 같이 서로 용기를 북돋우고 상대방을 성장할 수 있도록 힘을 주십시요.

⑫ 형제 여러분, 이제 우리는 주님안에서 여러분들을 훈육하고 이끌며 여러분들 중에서 열심으로 수고하는 자들을 존중하기를 여러분들에게 당부합니다.

⑬ 그들이 하는 일을 생각하여 사랑으로 극진히 존경하십시요. 그리고 서로 평화롭게 사십시요.

⑭ 그리고 형제 여러분, 여러분들에게 권면합니다. 게으른자들을 타이르고 소심한 이들을 격려하며 약한 자들을 도우고 모든 사람들에게 인내하십시요.

⑮ 명심하십시요. 어떤 사람에게도 악을 악으로 갚지 말고, 오직 서로 와 모든사람들에게 친절하도록 항상 노력하십시요.

⑯ 항상 기뻐하십시요.

⑰ 계속해서 규칙적으로 기도하십시요.

⑱ 모든 상황에서 감사하라. 이는 그리스도 예수 안에 있는 여러분들을 향한 하나님의 뜻이기 때문입니다.

⑲ 성령의 불을 끄지 마십시요.

⑳ 예언을 멸시치 마십시요.

㉑ 범사에 헤아려 선한 것은 간직하십시요.

㉒ 모든 종류의 악을 멀리하십시요.

㉓ 평화의 하나님께서 친히 여러분들을 온전히 거룩하게 하사, 여러분들의 영과 혼 그리고 육체가 우리 주 예수 그리스도 강림하실 때까지 흠 없이 보전되기를 기원합니다.

(And the very God of peace sanctify you wholly; and I pray God your whole spirit and soul and body be preserved blameless unto the coming of our Lord Jesus Christ.-KJV)

(May God himself, the God of peace, sanctify you through and through. May your whole spirit, soul and body be kept blameless at the coming of our Lord Jesus Christ.-NIV)

(May the God of peace himself make you perfectly holy and may you entirely, spirit, soul, and body, be preserved blameless for the coming of our Lord Jesus Christ.-NAB)

(May God himself, the God who makes everything holy and whole, make you holy and whole, put you together-spirit, soul, and body – and keep you fit for the coming of our Master, Jesus Christ.-THE MESSAGE)

㉔ 여러분들을 부르시는 분은 믿을 수 있는 분이셔서 그 분이 그렇게 해 주실 것입니다.

㉕ 형제 여러분, 우리들을 위하여 기도해주십시요.

㉖ 거룩한 입맞춤으로 모든 형제들에게 인사하십시요.

㉗ 나는 여러분들이 이 편지를 모든 형제들이 돌려 읽어 볼수 있기를 주의 이름으로 여러분들에게 부탁드립니다.

㉘ 우리 주 예수 그리스도의 은혜가 여러분과 함께 하시기를 기원합니다.

데살로니가후서(사도 바울의 일반서신)

· 본 성경듣기는 QR코드 인식으로 들을 수 있습니다

● 1장

① 바울과 실루아노와 디모데는 하나님 우리 아버지와 주 예수 그리스도 안에 있는 데살로니가 교회의 교인들에게 편지 합니다.

② 하나님 아버지와 주 예수 그리스도로부터 은혜와 평화가 여러분들과 함께 하시기를 기원합니다.

③ 형제 여러분, 우리는 여러분들 때문에 하나님께 감사를 드리지 않을 수 없습니다. 그 것은 맞습니다. 왜냐하면 여러분들의 신앙이 점점 자라나고 여러분들이 서로에게 베푸는 사랑이 증가하고 있기 때문입니다.

④ 그러므로 우리는 여러분들이 모든 박해와 시련을 겪으면서도 보여준 인내와 신앙에 관하여 하나님의 여러 교회에서 자랑합니다.

⑤ 모든 이것은 하나님의 판단이 옳다는 증거이고 그 결과로써 여러분들은 하나님의 나라에 합당한 자가 될 것입니다. 여러분들은 지금 그 나라를 위하여 고난을 받고 있습니다.

⑥ 하나님은 공평하십니다. 즉 그분은 여러분들에게 환난을 겪게 하는 자들에게는 환난으로 갚으시고,

⑦ 그리고 환난 중에 있는 여러분들에게 위안을 주십니다. 마찬가지로 우리에게도 위안을 주십니다.그리고 이것은 주 예수께서 그분의 막강한 천사들을 거느리고 활활 타는 불꽃 속에서 하늘로부터 나타나실 때에 일어날 것입니다.

⑧ 그 분은 하나님을 알지 못하는 자들과 그 분의 복음에 순종하지 않은 자들을 벌할 것입니다.

⑨ 그들은 주님 앞과 주님의 열광의 권능으로부터 떠나 영원한 멸망의 벌을 받을 것입니다.

⑩ 그 분은 강림하신 그 날에 그의 거룩한 성도들로부터 영광을 얻으시고, 모든 믿는 자들 중에서 경탄을 받을 것입니다. 여기에 여러분들도 포함됩니다. 왜냐하면 여러분들은 우리의 증언을 믿었기 때문입니다.

⑪ 이에 우리는 끊임없이 여러분을 위하여 기도합니다. 즉 하나님이 여러분을 그의 부르심에 합당하게하시고 여러분의 모든 선한 의지와 신앙에 의한 촉발된 모든 행동이 그분의 힘으로 이루어 지기를 기도합니다.

⑫ 또 우리는 우리 하나님과 주 예수 그리스도의 은혜에 따라 우리 주 예수의 이름이 여러분 안에서 영광을 받고, 여러분이 그 분안에서 영광을 받기를 기도드립니다.

● 2장

① 형제 여러분 우리가 여러분에게 구하는 것은 우리 주 예수 그리스도의 강림하심과 우리가 그 분 앞에 모이는 것에 관하여,

② 누가 예언이나 설교로 또 우리로부터 왔다고 하는 편지를 가지고 주의 날이 이미 왔다고 말하더라도 쉽게 동요되거나 놀라지 마십시요,.

③ 여러분은 어느 누구에게도 속아 넘어가지 마십시요. 왜냐하면 배교하는 사태가 일어나고 무법자 곧 멸망될 운명에 있는 자가 나타날 때까지는 그 날은 오지 않을 것이기 때문입니다.

④ 무법자는 하나님이라 불리는 모든 것에 대적하고 그 위에 그 자신을 높일 것입니다. 그리하여 그는 그 자신을 하나님의 성전에서 높이고 그 자신이 하나님이라고 선언할 것입니다.

⑤ 여러분은 내가 여러분과 함께 있었을 때, 이것을 여러분에게 계속해서 말한 것을 기억하지 못합니까?

⑥ 그리고 여러분은 지금 어떤 것이 그가 나타나는 것을 막고 있으나, 때가 되면, 그가 나타나리라는 것을 알고 있습니다.

⑦ 무법 상태의 숨은 힘이 이미 작동하고 있으나, 지금 그것을 막는 자가 물러날 때까지는 그렇게 하는 것을 계속할 것입니다.

⑧ 그리고 그 때 불법한 자가 나타날 것입니다. 주 예수께서는 그 불법한

자를 입의 숨으로 불어버리고 그의 재림의 광채로써 멸망시킬 것입니다.

⑨ 무법한 자는 모든 종류의 속임수의 이적과 기적과 표적으로 나타나는 사탄의 작용에 따라 올 것입니다.

⑩ 그리고 또 무법한 자는 멸망당하는 자들을 속이는 모든 종류의 악 안에서 올 것입니다. 그들은 진리를 사랑하는 것과 구원받는 것을 거절하였기 때문에 멸망당합니다.

⑪ 이러한 이유로 하나님은 그들에게 강력한 망상을 넣어주사 그들이 거짓을 믿게 하셨습니다.

⑫ 진리를 믿지 않고 불의에 탐익한 모든 자를 심판 받게 하려 하심입니다.

⑬ 그러나 우리는 주님으로부터 사랑받는 여러분들을 위하여 하나님께 항상 마땅히 감사합니다. 왜냐하면 하나님께서 처음부터 여러분을 택하시어 진리의 믿음과 성령의 거룩한 역사를 통하여 구원에 이르게 하셨기 때문입니다.

⑭ 이를 위하여 여러분을 우리의 복음을 통하여 부르사 여러분이 우리 주 예수 그리스도의 영광에 참여하게 하려 하셨습니다.

⑮ 그러므로 형제 여러분, 굳건히 서서 말이나 편지로 우리가 여러분에게 전해준 가르침을 굳게 지키십시요.

⑯ 우리를 사랑하셨고 그의 은혜로 우리에게 격려와 선한 소망을 주신 우리 주 예수그리스도 자신과 하나님 우리 아버지께서,

⑰ 여러분의 마음을 권면하시고 여러분의 모든 선한 일과 말에 힘을 북돋아 주시기를 간절히 기원합니다.

● 3장

① 끝으로 형제 여러분, 주님의 메시지(말씀)가 급속히 퍼지고 여러분들 사이서와 같이 예우 받게 되도록 우리를 위하여 기도하여 주십시요.

② 그리고 모든 사람이 신앙을 가지고 있지는 않습니다. 그렇기 때문에 우리를 부도덕하고 사악한 사람들로부터 벗어 나도록 기도하여 주십시요.

③ 주님은 신실하십니다. 그래서 여러분을 강화시키시고 악인으로부터 보호해 주실 것입니다.

④ 우리는 우리의 명한 것을 여러분이 행하며 계속 행하리라는 것을 주 안에서 확신합니다.

⑤ 주께서 여러분의 마음을 하나님의 사랑과 그리스도의 구원으로 인도하시기를 간절히 기원합니다.

⑥ 형제 여러분, 우리 주 예수 그리스도의 이름으로 말합니다. 게으르고 우리에게서 받은 배움대로 살지 않는 모든 형제를 멀리 하십시요.

⑦ 여러분 자신들은 우리의 모범을 따르는 방법을 알고 있습니다. 우리는 여러분들과 같이 있을 때 항상 열심히 일을 했습니다.

⑧ 또한 우리는 값을 지불하지 않고 어떤 것도 먹지 아니하였습니다. 오히려 우리는 여러분 누구에게도 부담을 주지 않으려고 밤 낮으로 일하며 수고하였습니다.

⑨ 우리가 이렇게 한 것은 우리가 그러한 도움을 받을 권리가 없어서가 아니라 우리 자신이 스스로 모범을 보여 여러분이 본받게 하려는 것이었습니다.

⑩ 우리가 여러분들과 함께 있었을 때에도 우리는 여러분들에게 "만일 어떤 사람이 일하지 않으면 그 사람은 먹지도 않아야한다"는 규칙을 말한 바 있습니다.

⑪ 우리는 여러분들 가운데 상당수는 게으르고 일은 하지않고 남의 일에 참견만 한다고 들었습니다.

⑫ 우리는 그러한 사람들이 터전을 잡아 그들이 먹는 빵을 얻도록 주 예수 안에서 명하고 권고합니다.

⑬ 형제 여러분 옳은 일을 하다가 지치지 마십시요.

⑭ 누가 이 편지에 한 우리 말을 순종치 아니하거든 그 사람을 지목하여 사귀지 말고 저로 하여금 부끄럽게 하십시요.

⑮ 그러나 원수와 같이 그를 취급지 말고 형제 같이 따뜻하게 대하십시요.

⑯ 이제 평화의 주께서 친히 여러분들에게 언제나 모든 방식으로 평화를 주시며 여러분 모두와 함께 하시기를 기원합니다.

⑰ 나 바울은 친필로 이 편지를 씁니다. 이는 나의 편지의 특징입니다. 이

것이 나의 편지쓰는 방식입니다.

⑱ 우리 주 예수 그리스도의 은혜가 여러분 모두에게 함께 하시기를 간절히 기원합니다.

디모데전서(사도 바울의 목회서신)

· 본 성경듣기는 QR코드 인식으로 들을 수 있습니다

● 1장

① 우리 구주이신 하나님과 우리 소망이신 그리스도 예수의 명령으로, 예수 그리스도의 사도 된 바울은,

② 신앙 안에서 참 아들 된 디모데에게 편지하노니, 하나님 아버지와 예수 그리스도 우리 주님으로부터, 은총과 자비와 평화가 네게 있기를 바라노라!

③ 내가 마게도냐로 갈 때에 너를 권하여 에베소에 머물라 한 것은 어떤 사람들을 명하여 거짓 교훈을 가르치지 말며,

④ 꾸며낸 이야기들과 끝 없는 족보 연구에 집착하지 말라 함이라, 이러한 것은 신앙 안에 있는 하나님의 경륜을 이룸보다 도리어 논쟁만 이르키는 것이라,

⑤ 이 지시의 목적은 사랑이라, 이는 청결한 마음과 선한 양심과 신실한 신앙에서 나오는 것이라.

(Now the end of the commandment is charity, out of a pure heart, and of a good conscience, and of faith unfeigned:-KJV)

(The goal of this command is love, which comes from a pure heart and a good conscience and a sincere faith.-NIV)

(The aim of this instruction is love from a pure heart, a good conscience, and a sinsere faith.-NAB)

(The whole point of what we're urging is simply love-love uncontaminated by self-interest and counterfeit faith, a life open to God.-THE MESSAGE)

⑥ 어떤 사람들은 이에서 벗어나 배회하고 의미 없는 말에 빠져,

⑦ 그들은 율법의 선생이 되려 하나, 그들이 말하는 것이나 그들이 대담하게 우겨대는 것도 그들은 알지 못하는도다

⑧ 만약 사람이 율법을 잘 이용하면 율법은 좋은 것인줄을 우리는 아노라,

⑨ 알것은 이것이니, 율법은 의로운 사람을 위하여 생긴 것이 아니요, 오직 불법한 자와, 복종치 아니하는 자며, 경건치 아니한 자와, 죄인이며, 거룩하지 아니한 자와, 망령된 자며, 아비를 치는 자와, 어미를 치는 자며, 살인하는 자며,

⑩ 음행하는 자며, 남색하는 자며, 사람을 탈취하는 자며, 거짓말 하는 자며, 거짓 맹세하는 자와, 기타 바른 가르침을 거스리는 자에 대하여 만들어진 것이니,

(For whoremongers, for them that defile themselves with mankind, for menstealers, for liars, for perjured persons, and if there be any other thing that is contrary to sound doctrine;-KJV)

(for adulterers and perverts, for slave traders and liars and perjurers-and for whatever else is contrary to the sound doctrine.-NIV)

(the unchaste, sodomites, kidnapers, liars, perjurers, and whatever else is opposed to sound teaching,-NAB)

(but for the irresponsible, who defy all authority, riding roughshod over God, life, sex, truth, whatever!-THE MESSAGE)

⑪ 복되신 하나님의 영광스러운 복음에 의하여, 하나님이 나에게 이 바른 가르침의 사역을 맡기신 것으로 확신하노라.

(According to the glorious gospel of the blessed God, which was committed to my trust.-KJV)

(that confirms to the glorious gospel of the blessed God, which he entrusted to me.-NIV)

(according to the glorious gospel of the blessed God, with

which I have been entrusted.-NAB)

(They are contemptuous of this great Message I've been put in charge of by this great God.-THE MESSAGE)

⑫ 내가 나에게 능력주시는 하나님께 감사함은, 그가 나를 신실되이 여겨 내게 직분을 맡기심이니,

⑬ 비록 내가 전에는 훼방자요, 핍박자요, 포행자이었으나, 내가 무지하여서 믿지 못하고 행하였기 때문에 하나님께서 나에게 은총을 주셨음이라,

⑭ 우리 주의 은혜가 그리스도 예수 안에 있는 신앙과 사랑으로 우리에게 풍부하게 부어졌도다!

⑮ 여기에 모든 사람들이 받아들일 수 있는 수긍할만한 말이 있습니다. 즉 그리스도 예수께서 죄인들을 구원하시려고 세상에 임하셨다, 그 죄인들 중에서 내가 가장 나쁜 죄인이니라,

⑯ 그러나 내가 사면을 받은 까닭은, 죄인들 중 가장 나쁜 나에게서 그리스도 예수께서 그 분을 믿어 영생을 얻는 자들의 모범으로써 그분의 끊없는 인내를 나타내려 하려는 것이었노라.

⑰ 이제 영원하시며 불멸하시고, 보이지 않는 왕이나 유일하신 참 하나님께 존귀와 영광이 세세토록 있을지어다. 아멘.

⑱ 아들 디모데야! 내가 너에게 이 지시로써 명하노니, 전에 너를 지도한 예언을 따라 그것으로 선한 싸움을 싸우며,

⑲ 신앙과 착한 양심을 가지라. 어떤 이들이 이 양심을 버렸고, 그래서 그들의 신앙을 파멸시켰느니라.

⑳ 그들 가운데 후메내오와 알렉산더가 있으니, 내가 그들을 사탄에게 내어 준 것은 저희로 신성을 모욕하지 않도록 교육받게 하려 함이니라.

● 2장

① 그러므로 내가 먼저 권하노니, 무엇보다도 모든 사람을 위하여 간구와 기도와 중보와 감사를 드리되,

② 모든 사람, 즉 임금들과 높은 지위에 있는 모든 사람에 대하여 하라, 이는 우리가 경건함과 신성함 중에 조용하고 평안한 생활을 하려 함이니

라.

③ 이렇게 하는 것이 올바른 일이고, 우리 구주 하나님을 기쁘시게 하는 것이니,

④ 하나님은 모든 사람이 구원을 받으며, 진리를 아는데 이르기를 원하시느니라.

⑤ 하나님은 한 분이시고, 하나님과 사람 사이의 중재자도 사람으로 오신 예수 그리스도 한분이시니,

⑥ 그가 모든 사람을 위하여 자기를 속죄 제물로 주셨으니, 이는 특정한 때에 증명되었나니,

⑦ 이를 위하여, 나는 전도자, 그리고 사도, 그리고 이방인들에게 참 신앙의 교사가 되었노라, 이는 거짓말이 아니고 진실이니라.

⑧ 그러므로 각 처에서 남자들이 분노와 다툼이 없이 거룩한 손을 들어 기도하기를 원하노라.

⑨ 또 역시 여자들도 아담한 옷을 입으며 얌전하고 단정하게 자기를 단장하고, 땋은 머리와 금이나 진주나 값진 옷으로 하지 말고,

⑩ 하나님을 공경한다 하는 여인들에게 적합한 선행을 하는 것이 마땅하니라.

⑪ 여자는 조용함과 완전한 복종 안에서 배우고 익혀야 하느니라.

⑫ 나는 여자가 가르치는 것과 여자가 남자를 주관하는 것을 허락지 아니하노니, 여자는 오직 조용할지니라.

⑬ 이는 아담이 먼저 지음을 받고 이브가 그 후며,

⑭ 이는 아담이 꾀임을 받지 아니하고 여자가 꾀임에 빠져 죄인이 되었음이라,

⑮ 그러나 만일 여자들이 올바른 신앙과 사랑과 신성함 속에서 계속하여 산다면, 자녀의 출산과 양육을 통하여 구원을 얻으리라.

● 3장

① 이 것은 맞는 말이니, 어떤 사람이 교회에서 지도자(감독)의 직분을 얻어야 하겠다면, 그는 훌륭한 일을 할 수 있는 전제조건을 갖추어야 하느니라.

(This is a true saying, If a man desire the office of a bishop, he desireth a good work.-KJV)

(Here is a trustworthy saying: If anyone sets his heart on being an overseer, he desires a noble task.-NIV)

(This saying is trustworthy: whoever aspires to the office of bishop desires a noble task.-NAB)

(If anyone wants to provide leadership in the church, good! But there are preconditions: A leader must be well-thought-of, committed to his wife, cool and collected, accessible, and hospitable.-THE MESSAGE)

② 그래서 그(감독)는 흠이 없어야 하고, 오직 한 아내의 남편이어야 하며, 절도가 있고 자제심이 있으며 존경할 만 하고 후하며 가르칠 수 있고

③ 술 중독에 빠지지 아니하고, 폭력적이지 아니하며 온화하고, 다투기 좋아하지 아니하며 돈을 좋아하지 아니하고,

④ 감독은 자기 가족을 잘 이끌고, 그의 자녀들이 진정한 존경을 가지고, 그에게 순종하는 것을 보여주어야 할지며

⑤ (사람이 자기 가족을 잘 이끌 줄을 알지 못하면서, 어찌 하나님의 교회를 돌 볼 수 있으리요)

⑥ 감독은 최근에 개종한 자가 아니어야 하나니, 그렇지 않으면 그는 자만해져서 마귀들이 받는 심판과 같은 심판을 받을까 함이요.

⑦ 감독은 믿지 않는 자들에게도 좋은 평판을 가진 자여야 하나니, 그래야 불명예스러운 일에나 마귀의 속임수에 빠지지 않을 것이라,

⑧ 마찬가지로 집사들도 진실하고 술에 빠지지 아니하고, 부정한 수익을 추구하지 아니하며 존경받을 만하여야 하나니,

⑨ 그들은 깨끗한 양심을 가지고, 신앙의 깊은 진리를 유지하여야 할지니,

⑩ 이에 이 사람들을 먼저 시험하여 보고, 그 후에 흠 잡을 데가 없으면 집사의 직분을 하게 할 것이요.

⑪ 그들의 아내들도 마찬가지로 존경받을 만하고, 악의적인 수다쟁이가 아니고, 절제할 줄 알고, 모든일에서 신뢰할 수 있는 자라야 할지니라,

⑫ 집사 각자는 한 아내의 남편이 되어야 하며, 그의 자녀와 가족을 잘 이

끌어야 하나니,

⑬ 집사의 직분을 잘한 자들은 좋은 명성을 얻고, 그리스도 예수에 대한 신앙에 큰 확신을 얻느니라,

⑭ 내가 속히 네게 가기를 바라나, 이것을 네게 쓰는 것은,

⑮ 만일 내가 지체하면 너로 하여금 사람들이 하나님의 집에서 어떻게 행하여야 할 것을 알게 하려 함이니, 이 집은 살아계신 하나님의 교회요, 진리의 기둥과 터전이니라,

⑯ 의심할 여지 없이 신앙심의 신비는 광대하느니라, 즉 그는 육신으로 나타난 바 되었으나, 영적으로 죄 없다 하심을 입으시며, 천사들에게 보이시고, 만국에 전파되어 세상에서 믿은바 되시고, 영광 가운데서 올리우셨음이니라.

● 4장

① 성령은 명백히 말 하나니, 나중에 어떤 사람들은 신앙에서 떠나, 속이는 영과 마귀의 가르침을 좇으리라 하셨으니

② 그러한 가르침은 양심이 뜨거운 쇳물로 덮여진 위선적인 거짓말쟁이로부터 오나니,

③ 그들은 사람들이 결혼하는 것을 금하고, 어떤 음식을 먹지 말라고 말할 것이나 음식은 하나님이 지으신 것이니, 진리를 믿는 자들과 진리를 아는 자들에 의하여 감사히 받아들여지나니,

④ 하나님의 지으신 모든 것이 선하매 감사함으로 받으면 버릴 것이 없나니,

⑤ 하나님의 말씀과 기도로 거룩하여짐이니라,

⑥ 네가 이것으로 형제를 깨우치면 너는 그리스도 예수의 선한 사역자가 되고, 네가 추종하고 있는 신앙과 선한 교훈의 진리로써 양육을 받으리라,

⑦ 불경스럽고 세속적인 신화와 나이든 부녀자들이 구며낸 이야기에 귀 기울이지 말고, 차라리 너 자신을 경건에 이르도록 훈련하라.

(But refuse profane and old wives' fables, and exercise thyself rather unto godliness.-KJV)

(Have nothing to do with godless myths and old wives'tales;
rather train yourself to be godly.-NIV)
(Avoid profane and silly myths. Train yourself for devotion,
-NAB)
(Stay clear of silly stories that get dressed up as religion.
Exercise daily in God-no spiritual flabbiness, please!-THE
MESSAGE)

⑧ 육적인 연마는 어느정도 가치가 있으나, 영적인 연마는 모든 일에 가치가 있으며 현생과 내생에 약속이 있느니라,

⑨ 이 말은 온전히 받아들일 만한 신뢰할 수 있는 말이니라.

⑩ 이를 위하여 우리가 수고하고 진력하는 것은 우리 소망을 살아 계신 하나님께 둠이니 그 분은 모든 사람 특히 믿는 자들의 구주시라,

⑪ 네가 이것들을 명하고 가르치라,

⑫ 누구든지 네가 젊다고 업신여기지 못하게 하고, 말이나 행실에서 또 사랑과 신앙 순결에서 믿는 자들의 모범이 되어라,

⑬ 내가 갈 때까지 너 자신을 성경 봉독과 전도하는 것과 가르치는 것에 전념하도록 하라,

⑭ 장로회가 그들의 손으로 너에게 안수 하면서 예언적인 메시지로써 너에게 주어진 은사를 게을리 하지 말라,

⑮ 너는 이러한 문제들에 관심을 기울이고, 그러한 것들에 전심전력하여 모든 사람들이 너의 나아지는 모습을 알게 하라,

⑯ 너 자신과 너의 가르침을 면밀하게 주시하라, 그리고 그 일들을 버티고 해 나가라, 왜냐하면 네가 그렇게 하면 너는 너 자신과 너의 가르침을 받은 자들을 구원할 것이라.

● 5장
① 나이 들은 사람을 모질게 질책하지 말고, 권면하되 그를 아버지에게 하듯 하며 젊은 남자들은 형제들에게 하듯하고,

② 순결한 마음을 가지고, 나이들은 여자는 어머니 같이 젊은 여자는 누이 같이 대접하라.

③ 실제로 곤궁한 과부들을 잘 보살펴 주어라.

④ 그러나 만일 어떤 과부에게 자녀나 손자들이 있거든, 그들로 하여금 먼저 자기 집에서 효를 행하여 부모에게 보답하는 것을 배우게 하라. 이것이 하나님를 기쁘게 하는 것이니라.

⑤ 실제로 빈곤하며 홀로 남겨졌으나 하나님께 소망을 둔 과부는 주야로 항상 간구와 기도를 하거니와,

⑥ 즐거움 만을 위하여 사는 과부는 그녀가 살아있는 동안에도 죽은 것과 같으니라.

⑦ 네가 이 교훈을 사람들에게 교육하여 어떤 사람도 비난받지 않게 하라.

⑧ 누구든지 자기 친족 특히 자기 가족을 돌보지 아니하면 신앙을 부인하는 것이며 불신자보다 더 나쁘니라.

⑨ 과부명부(the list of widows)에 올리는 자는 나이 육십이 넘고 한 남편의 신실한 아내이였던 자로서,

⑩ 선한 행실의 증거가 있어 혹은 자녀를 양육하며, 혹은 나그네를 대접하며, 혹은 성도들의 발을 씻기며, 혹은 환난 당한 자들을 구제하며, 혹은 모든 선한 일을 좇는 자라야 할것이요.

⑪ 젊은 과부에 대해서는 과부명부 올리지 마라. 그녀들의 정욕이 그들의 그리스도에 대한 헌신을 넘어설 때에는 그들은 결혼하기를 원하기 때문이라.

⑫ 그래서 그들은 처음의 서약을 깨뜨렸기 때문에 심판을 받느니라.

⑬ 게다가 저희가 게으름을 익혀 집집에 돌아 다니고, 게으를뿐 아니라 망령된 폄론을 하며 일을 만들며 마땅히 아니할 말을 하나니,

⑭ 그러므로 젊은 과부들이 재혼하여 자녀를 낳고 집안을 꾸려 나가 대적에게 훼방할 기회를 조금도 주지 말기를 원하노라.

⑮ 사실 어떤 자들은 이미 돌아서서 사탄에게 간 자들도 있도다.

⑯ 만일 어떤 믿는 여인에게 과부 친척들이 있거든 자기가 도와주고 교회로 짐지지 말게 하라, 그리함으로 교회가 진실로 곤궁에 처한 과부들을 도와주게 하려 함이니라.

⑰ 교회 일들을 잘 관리하는 장로들은 갑절의 존경을 받아 마땅하니, 그들의 일이 전도하고 가르치는 장로들이 특히 그러하니라.

⑱ 성경에 일렀으되, 곡식을 밟아 떠는 소의 입에 망을 씌우지 말라 하였고, 또 일군이 그 삯을 받는 것이 마땅하다 하였느니라.

⑲ 장로에 대한 송사는 두 세 증인이 없으면 받지 말 것이요.

⑳ 범죄한 자들을 모든 사람 앞에 꾸짖어 나머지 사람으로 두려워하게 하라.

㉑ 내가 하나님과 주 예수 그리스도와 택하심을 받은 천사들 앞에서 네게 엄히 명령하노니, 너는 아무 일에도 치우치게 행하지 말고 편견없이 이것들을 준행하며,

㉒ 아무에게나 경솔히 안수하지 말고, 다른 사람들의 죄에 간섭지 말고 네 자신을 지켜 정결케 하라.

㉓ 이제부터는 물만 마시지 말고, 네 위장과 자주 일어나는 병을 생각하여 포도주를 좀 마셔라.

㉔ 어떤 사람들의 죄는 밝히 드러나 먼저 심판에 나아가고 다른 사람들의 죄는 그 뒤를 좇나니,

㉕ 이와 같이 선행도 밝히 드러나고 그렇지 아니한 것도 숨길 수 없느니라.

● 6장

① 종의 신분 아래 있는 모든자들은 그들의 주인이 충분히 존경할 가치가 있다고 생각하여야 할지니, 이는 하나님의 이름과 우리들의 가르침이 훼손을 받지 않게 하려 함이라.

② 믿는 상전이 있는 자들은 그 상전을 형제라고 경히 여기지 말고, 더 잘 섬기게 하라, 이는 그들의 봉사로 유익을 받는 자들이 믿는 자요, 그들에게 사랑을 받는 자임이니라, 이것들이 네가 가르치고 권할 것이니라.

③ 만약 어떤 사람이 거짓 교리를 가르치고, 우리 주 예수그리스도의 건전한 가르침과 신성한 교리에 동의하지 않으면,

④ 그는 자만하여 어느것도 깨닫지 못하고, 시기 투쟁 악담 악의적인 의심을 가져오는 말들에 대하여 논쟁과 싸움에 유해한 호기심을 가지며,

⑤ 진리를 잃어버리고, 신성한 것이 경제적인 이익을 위한 수단이라고 생각하는 사람들 사이에서의 되풀이 되는 불화에 유해한 호기심을 가지

느니라.

⑥ 그러나 마음이 평온하면 신앙심에 큰 이익이 되느니라.

⑦ 왜냐하면 우리는 세상에 아무것도 가지고 오지 않았고, 그래서 우리는 아무것도 세상으로부터 가지고 갈 수 없기 때문이니라.

⑧ 만일 우리가 먹을 것과 입을 것이 있으면 그 것으로 만족하여야 할 것이니라.

⑨ 부자가 되려고 하는 사람들은 사람을 파멸과 멸망으로 몰아넣는 유혹과 함정, 그리고 여러가지 어리석고 해로운 욕망에 무너지느니라.

⑩ 왜냐하면 돈에 대한 애착은 모든 종류의 악의 뿌리가 되나니, 돈을 열망하는 다수의 사람들은 신앙에서 떠나 방황하고 많은 근심과 슬픔으로 자신들을 몰아 넣었느니라.

(For the love of money is the root of all evil; which while some coveted after, they have erred from the faith, and pierced themselves through with many sorrows.-KJV)

(For the love of money is a root of all kinds of evil. Some people, eager for money, have wandered from the faith and pierced themselves with many griefs.-NIV)

(For the love of money is the root of all evils, and some people in their desire for it have strayed fron the faith and have pierced themselves with many pains.-NAB)

(Lust for money brings trouble and nothing but trouble. Going down that path, some lose their footing in the faith completely and live to regret it bitterly ever after.-THE MESSAGE)

⑪ 그러나 하나님의 사람인 너는 모든 이런것들을 피하라, 그리고 의로움과 경건과 신앙과 사랑과 인내와 관대함을 좇으며,

⑫ 신앙의 선한 싸움을 싸우라, 그리고 네가 많은 사람들이 보는 데서 숭고한 고해를 하였을 때 너에게 오는 영생을 꼭 붙들어라.

⑬ 만물에게 생명을 주신 하나님과 본디오 빌라도 앞에서 증언하는 동안 선한 고백을 한 그리스도 예수 앞에서 내가 너에게 구하노니,

⑭ 우리 주 예수 그리스도 나타나실 때까지 흠도 없으며 또는 비난도 받지

않고 이 명령을 지키라.

⑮ 기약이 이르면 하나님이 그분의 나타나심을 보이시리니, 하나님은 복되시고 홀로 한 분이신 능하신 자이며 만왕의 왕이시며 만주의 주시요.

⑯ 오직 그분에게만 죽지 아니함이 있고, 가까이 가지 못할 빛에 거하시고, 아무 사람도 보지 못하였고, 또 볼 수 없는 자시니 그에게 존귀와 영원한 능력을 돌릴지어다.

⑰ 네가 이 세대에 부한 자들을 명하여 마음을 높이지 말고, 정함이 없는 재물에 소망을 두지 말고, 오직 우리에게 모든 것을 후히 주사 누리게 하시는 하나님께 두며,

⑱ 선한 일을 행하고, 선한 일들에 부요하고 나눠주기를 좋아하며 동정하는 자기 되게 하라.

⑲ 이것이 장래에 자기를 위하여 좋은 터를 쌓아 참된 생명을 취하는 것이니라.

⑳ 디모데야! 네게 부탁한 것을 지키되 거짓되이 일컫는 지식의 망령되고 허한 말과 변론을 피하라.

㉑ 어떤 사람들은 이러한 것들을 좇고, 그렇게 행동함으로써 신앙으로부터 이탈하고 있느니라,

하나님의 은혜가 너와 함께 할지어다.

디모데후서(사도 바울의 목회서신)

· 본 성경듣기는 QR코드 인식으로 들을 수 있습니다

● 1장

① 그리스도 예수안에 있는 생명의 약속을 전파하기 위하여, 하나님의 뜻에 의하여 그리스도 예수의 사도된 된 바울은,

② 사랑하는 아들 디모데에게 편지하노니, 하나님 아버지와 그리스도 예수 우리 주로부터 은혜와 자비와 평화가 네게 있을 지어다.

③ 나는 나의 조상들이 하였던 것과 같이 내가 깨끗한 양심으로 경배하는 하나님께 감사드리며, 마찬가지로 나는 밤 낮으로 나의 기도에서 끈임없이 너를 생각하고,

④ 너의 눈물을 상기하면서 내가 너를 보기를 갈구함은 그렇게 함으로서 내가 기쁨으로 충만하게 되고자 함이니라.

⑤ 나는 너의 진실한 신앙을 기억하고 있나니, 이 진실한 신앙은 먼저 네 외조모 로이스와 네 어머니 유니게에도 있었으며, 그 진실한 신앙이 지금 네 안에서 살아있다는 것을 나는 믿게 되었노라.

⑥ 이러므로 내가 너를 기억하는 것은, 나의 안수를 통하여 네 속에 있는 하나님의 은사를 너로 하여금 불일 듯 일어나게 하려 함이라.

⑦ 왜냐하면 하나님은 우리에게 비겁한 영을 주신 것이 아니고, 능력과 사랑과 절제의 영을 주셨기 때문이니라.

⑧ 그러므로 너는 우리 주를 증언하는 것에 대하여 부끄러워하지 말고, 또한 그를 증언하다 구금된 나를 부끄러워 말고, 오직 하나님의 능력에 의지하여 복음을 위한 고난에 나와 함께 참예하라.

⑨ 하나님은 우리가 한 어떤 행실에 의해서가 아니라, 그분 자신의 목적과

은혜에 따라 우리를 구원하시고, 거룩한 생을 영위하게 하시나니, 이 은혜는 창세 전에 그리스도 예수안에서 우리에게 주어진 것이니라.

⑩ 그러나 이제는 그 은혜가 우리 구주 그리스도 예수의 나타나심으로 말미암아 드러났으니, 저는 사망을 폐하시고, 복음으로써 생명과 영원히 삶을 밝고 환하게 하신지라.

⑪ 내가 이 복음을 위하여 반포자와 사도와 교사로 세우심을 입었노라.

⑫ 그로 인하여 나는 지금과 같은 고난을 받느니라, 그러나 나는 부끄러워하지 않노라, 왜냐하면 나는 내가 믿는 분을 알며 그분이 내가 맡은 것을 그날까지 보호해주실 것을 확신하기 때문이라.

⑬ 너는 그리스도예수 안에서 주어지는 신앙과 사랑으로써 네가 나로부터 배운 것을 건전한 가르침의 모범으로써 간직하라.

⑭ 너에게 신탁된 하나님의 선한 신임을 지켜라, 즉 우리안에 살아있는 성령의 도움으로 그 것을 지켜라,

⑮ 아시아에 있는 모든 사람이 나를 버린 이 일을 네가 아나니 그 중에 부겔로와 허모게네가 있느니라,

⑯ 주께서 오네시보로의 가족에게 자비를 베풀어 주시옵기를 기원하나니, 그가 가끔 나를 기운이 나게 하였고, 내가 구금된 것을 부끄러워하지 않았기 때문이니라,

⑰ 반대로 그는 내가 구금된 것을 부끄러워 하지 않고 내가 로마에 있을 때 나를 만날 때까지 열심히 나를 찾았느니라.

⑱ 주께서 저로 하여금 그날에 주의 자비를 얻게 하여 주시기를 기원하노라.
그리고 너는 그가 에베소서에서 얼마나 많은 방법으로 나를 도운 것을 잘 아느니라.

● 2장

① 그러므로 내 아들아 너는 그리스도 예수 안에서 주어지는 은혜로써 강하여져라.

② 또 네가 많은 증인 앞에서 내게 들은바를 신뢰할 수 있는 사람들에게 부탁하라, 저희가 또 다른 사람들을 가리칠 수 있으리라.

③ 그리스도 예수의 선한 군사같이 우리와 함께 고난을 견디어라.

④ 군인으로 복무하는 자는 누구도 자기의 일상사에 관여하는 자는 없나니, 이는 그가 그의 지휘장교의 마음에 들려함이라.

⑤ 마찬가지로 운동경기하는 선수가 있는데 그가 경기 규칙에 따르지 아니하면 그는 승리의 면류관을 얻지 못하리라,

⑥ 열심히 일한 농부가 소출의 첫 몫을 받는 것이 마땅하니라,

⑦ 내 말하는 것을 무엇인지 깊이 생각하라, 주께서 너에게 모든 이 일에 대한 통찰력을 주시리라.

⑧ 예수 그리스도를 기억하라, 그 분은 죽은자 가운데서 다시 살아나셨고, 그 분은 다윗의 후손이다, 이것이 나의 복음이니라.

⑨ 이 복음을 위하여 나는 죄수와 같이 쇠사슬에 매여 구금되는 지경까지 고통을 당하고 있으나, 하나님의 말씀은 매이지 아니하니라.

⑩ 그러므로 내가 선민들을 위하여 모든 것을 견디어 냄은 그들이 또한 그리스도 예수 안에 있는 구원을 얻어 영원한 영광에 이르게 하려 함이로다.

⑪ 그것은 신실한 말씀이라, 즉 우리가 주와 함께 죽으면 우리 역시 주와 함께 살 것이기 때문이라.

⑫ 우리가 참고 견디어 내면 우리가 역시 주와함께 지배할 것이요, 우리가 주를 부인하면 주도 우리를 부인할 것이라,

⑬ 우리가 신실하지 못해도 주는 언제나 신실하시니, 주는 자기자신을 부인하실 수 없으시리라.

⑭ 너는 그들로 하여금 이러한 일들을 계속 상기시키고, 말씀에 대하여 적개심을 갖는 것에 대하여 하나님 앞에서 경고하라. 그것은 전혀 유익치 아니하며 도리어 그것을 듣는 자들을 망하게 하느니라.

⑮ 너는 하나님이 인정하는 자로써 너 자신을 하나님께 드리기를 최선으로 하라. 즉 부끄럽지 않고 진리의 말씀을 올바르게 전하는 일꾼으로 인정받으라.

⑯ 경건치 못한(신을부인하는) 말들을 피하라, 그 것은 점점 경건치 못한 무신론으로 나아가기 때문이라,

⑰ 그들의 말은 악성종양 처럼 퍼져갈 것이라 그들 중에 후메내오와 빌레

도가 있느니라.

⑱ 그들은 진리로 부터 멀리 떨어진 자들로써 그들은 부활은 이미 나타났다고 말하는데 이는 다른 사람들의 신앙을 파멸시키느니라.

⑲ 그럼에도 불구하고, 하나님의 견고한 토대는 변함없이 확고하나니, 이러한 문장들이 돌에 새겨져 있나니, "하나님은 자기 백성을 아시고, 하나님을 부르는 자마다 악을 피하게 하신다."라고,

(Nevertheless, the foundation of God standeth sure, having this seal, The Lord knoweth them that are his. And, Let every one that nameth the name of Christ depart from iniquity.-KJV)

(Nevetheless, God's solid foundation stands firm, sealed with this inscription: "The Lord knows those who are his," and "Everyone who confesses the name of the Lord must turn away from wickedness."-NIV)

(Nevertheless, God's solid foundation stands, bearing this inscription, "The Lord knows those who are his"; and, "Let everyone who calls upon the name of the Lord avoid evil."-NAB)

(Meanwhile, God's firm foundation is as firm as ever, these sentences engraved on the stones:

GOD KNOWS WHO BELONGS TO HIM. SPURN EVIL, ALL YOU WHO NAME GOD AS GOD.

⑳ 넓은 집에는 금과 은의 그릇이 있을 뿐 아니라, 나무와 질그릇도 있어 어떤 것은 귀히 쓰이고 어떤 것은 천히 쓰는 것도 있나니,

㉑ 그러므로 누구든지 이런 것에서 자기를 깨끗하게 하면 귀히 쓰는 그릇이 되어 거룩하고, 주인의 쓰심에 합당하며 모든 선한 일에 예비함이 되리라.

㉒ 젊음의 좋지 않은 욕망으로부터 달아나라, 그리고 주를 순수한 마음으로 부르는 자들과 함께 의로움과 신앙 사랑 평화를 추구하라,

㉓ 어리석고 우둔한 논쟁에 관여하지 마라, 왜냐하면 이에서 싸움이 나는 줄을 너는 앎이라,

㉔ 그리고 주의 종은 다투지 아니하고, 모든 사람을 대하여 온유하며 가르치기를 잘하고, 화를 내지 않으며,

㉕ 반대하는 자를 온유함으로 가르칠지니, 혹 하나님이 저희에게 회개함을 주사, 진리를 알게 하실까 하며,

㉖ 저희로 깨어 마귀의 올무에서 벗어나 하나님께 사로잡힌바 되어 그 뜻을 좇게 하실까 함이라.

● 3장

① 너는 이것을 알라, 즉 말세에 몹시 고통스러운 때가 있을것이니,

② 사람들은 자기를 사랑하며, 돈을 사랑하며, 자긍하며, 교만하며, 훼방하며, 부모를 거역하며, 감사치 아니하며, 거룩하지 아니하며,

③ 무정하며, 원통함을 풀지 아니하며, 참소하며, 절제하지 못하며, 사나우며, 선한 것을 좋아 하지 아니하며,

④ 배반하여 팔며, 조급하며, 자고하며, 쾌락을 사랑하기를 하나님 사랑하는 것보다 더하며,

⑤ 외형상 신앙심이 있는 것 같으나 신앙의 힘을 부인하는 자들과는 아무런 관계도 갖지 말라.

(Having a form of godliness, but denying the power thereof: from such turn away.-KJV)

(Having a form of godliness but denying its power. Having nothing to do with them.-NIV)

(as they make a pretense of religion but deny its power. Reject them.-NAB)

(They'll make a show of religion, but behind the scenes they're animals. Stay clear of these people.-THE MESSAGE)

⑥ 그들은 가운데에는 이집 저집 몰래 들어가, 갖가지 욕정에 이끌리어 죄에 빠져 있는 어리석은 여자들을 유인하는 자들이 있으니,

⑦ 그리고 그 여자들은 항상 배우기는 하나 진리는 깨닫지 못하느니라.

⑧ 얀네와 얌브레가 모세를 대적한 것 같이 저희도 진리를 대적하니, 이 사람들은 그 마음이 타락한 자요, 신앙에 관하여는 버려진자들이라,

⑨ 그러나 그들은 더 나가지 못할 것이니, 그것은 저 두사람의 사례에서와 같이 그들의 어리석음이 모든 사람들에게 드러날 것이기 때문이라,

⑩ 그러나 너는 나의 모든 가르침과 나의 인생 행로, 나의 인생의 목적, 신앙, 인내, 사랑, 참을성, 시련,

⑪ 핍박과 고난과 또한 안디옥과 이고니온과 루스드라에서 나에게 일어났던 모든 종류의 일과 내가 겪었던 박해를 알고 함께 하였느니라,. 그렇지만 주께서 그 모든 것으로부터 나를 구해 주셨느니라,

⑫ 사실 그리스도를 믿는 신앙으로 살고자 하는 모든 사람은 핍박을 받고 있느니라.

⑬ 그리고 한편 악한 사람들과 사기꾼들은 속이기도 하고 속기도 하면서 더욱 사악해 질 것입니다.

⑭ 그러나 너로서는 네가 배워서 확신한 것 안에서 정진하라, 왜냐하면 너는 네가 배운 것으로부터 그러한 것들을 분별하기 때문이니라.

⑮ 그리고 너는 유아기부터 성경을 알았나니, 성경은 너를 그리스도 예수의 신앙을 통하여 구원을 받는 지혜가 있게 하느니라,

⑯ 모든 성경은 하나님의 영감으로 나타난 숨소리로 가르침과 훈계 바르게 함과 의로움을 교육하기에 유익하나니,

(All scripture is God-breathed and is useful for teaching, rebuking, correcting and training in righteousness.-NIV)

(Every part of Scripture is God-breathed and useful one way or another - showing us truth, exposing our rebellion, correcting our mistakes, training us to live God's way.-THE MESSAGE)

(All scripture is given by inspiration of God and is profitable for doctrine, for reproof, for correction, for instruction in righteousness.-KJV)

(All scripture is inspired by God and is useful for teaching, for refutation, for correction, and for training in righteousness.-NAB)

⑰ 이는 하나님을 믿고 신앙하는 사람이 모든 선한 일을 할 능력을 갖춘 유능한 사람이 되게하려 함이니라.

● 4장

① 내가 너에게 하나님과 예수 그리스도 앞에서 이 의무를 주노라, 그분 예수 그리스도는 그의 왕국과 함께 나타나셔서 죽은 자와 산 자를 심판하실 것이니라.

(I charge thee therefore before God, and the Lord Jesus Christ, who shall judge the quick and the dead at his appearing, and his kingdom;-KJV)

(In the presence of God and of Christ Jesus, who will judge the living ane the dead, and in view of his appearing and his kingdom, I give yoy this charge:-NIV)

(I charge you in the presence of God and of Christ Jesus, who will judge the living and the dead, and by his appearing and his kingly power:-NAB)

(I can't impress this on you too strongly. God is looking over your shoulder. Christ himself is the judge, with the final say on everyone, living and dead.-THE MESSAGE)

② 때를 가리지 않고 끈기있게 말씀을 전파하라, 오래 참음과 가르침으로 잘못을 지적하고, 질책하며 격려하라.

③ 때가 이르리니 사람이 바른 교훈을 받아들이지 아니하며, 귀가 가려워서 자기의 사욕을 좇을 스승을 많이 두고,

④ 또 그 귀를 진리에서 돌이켜 신화 같은 상상의 이야기를 좇으리라.

⑤ 그러나 너는 모든 일에 근신하여 고난을 받으며, 전도인의 일을 하며 네 직무를 다하라.

⑥ 관제와 같이 벌써 내가 부음이 되고, 나의 떠날 기약이 가까왔도다.

⑦ 내가 선한 싸움을 싸우고, 나의 달려갈 길을 마치고 신앙을 지켰으니,

⑧ 이제 후로는 나를 위하여 의의 면류관이 예비되었으므로, 주, 곧 의로우신 재판장이 그 날에 내게 주실 것이니 내게만 아니라 주의 나타나심을 사모하는 모든 자에게니라.

⑨ 너는 어서 속히 내게로 오라,

⑩ 데마스는 이 세상을 사랑하여 나를 버리고 데사로니가로 갔고, 그레스

게는 갈라디아로, 디도는 달마디아로 갔고,

⑪ 누가만 나와 함께 있느니라, 네가 올 때에 마가를 데리고 오라, 저가 나의 일에 유익하니라.

⑫ 두기고는 에베소로 보내었노라,

⑬ 네가 올때에 내가 드로아 가보의 집에 둔 것옷을 가지고 오고, 또 책은 특별히 가죽 종이에 쓴 것을 가져오라.

⑭ 구리 세공자 알렉산더가 내게 많은 악을 끼쳤나니, 주께서 행한대로 저에게 갚으시리라,

⑮ 너도 저를 주의하라, 저가 우리 말을 심히 대적하였느니라,

⑯ 내가 처음 변명할 때에 나와 함께한 자가 하나도 없고, 다 나를 버렸으나 저희에게 허물을 돌리지 않기를 원하노라.

⑰ 주께서 내 곁에 서서 나를 강건케 하심은, 나로 말미암아 전도의 말씀이 온전히 전파되어 이방인으로 듣게 하려 하심이니, 내가 사자의 입에서 건지웠느니라,

⑱ 주께서 나를 모든 악한 일에서 건져내시고, 또 그의 천국에 들어가도록 구원하시리니, 그에게 영광이 세세 무궁토록 있을지어다! 아멘!

⑲ 브리스가와 아굴라와 및 오네시보로의 집에 문안하라,

⑳ 에라스도는 고린도에 머물렀고, 드로비모는 병듦으로 밀레도에 두었노니,

㉑ 겨울 전에 너는 어서 오라, 으불로와 부데와 리노와 글라우디아와 모든 형제가 다 네게 문안하느니라,

㉒ 주께서 너의 심령에 함께 계시기를 기원하느니라. 또한 은혜가 너와 함께하기를 기원하느니라.

디도서(사도 바울의 목회서신)

 · 본 성경듣기는 QR코드 인식으로 들을 수 있습니다

● 1장

① 하나님의 종이요, 예수 그리스도의 사도인 바울, 곧 나의 사도 된 것은 하나님의 택하신 자들의 신앙과 경건함에 속한 진리의 지식과

② 영생의 소망을 인함이라, 이 영생은 거짓이 없으신 하나님이 영원한 때 전부터 약속하신 것인데,

③ 하나님의 약속된 계절에 우리의 구주이신 하나님의 명령에 따라 나에게 주어진 설교를 통하여 하나님은 자기의 말씀을 나타내셨느니라.

④ 같은 신앙을 따라 된 나의 참 아들 디도에게 편지 하노니, 하나님 아버지와 그리스도 예수 우리 구주로 좇아 은혜와 평강이 네게 있을지어다,

⑤ 내가 너를 그레데에 떨어뜨려 둔 이유는 부족한 일을 바로잡고, 나의 명한대로 각 성에 장로들을 세우려 하려 함이니,

⑥ 책망할 것이 없고, 한 아내의 남편이며 방탕하다 하는 비방이나 불순종하는 일이 없는 믿는 자녀를 둔 자라야 할지라,

⑦ 감독은 하나님의 청지기로서 책망할 것이 없고, 제 고집대로 하지 아니하며 급히 분내지 아니하며 술을 즐기지 아니하며 구타하지 아니하며 더러운 이를 탐하지 아니하며,

⑧ 오직 나그네를 대접하며 선을 좋아하며 근신하며 의로우며 거룩하며 절제하며,

⑨ 미쁜 말씀의 가르침을 그대로 지켜야 하리니, 이는 능히 바른 교훈으로 권면하고 거스려 말하는 자들을 책망하게 하려 함이라,

⑩ 복종치 아니하고 헛된 말을 하며 속이는 자가 많은 중 특별히 할례당

가운데 심하니,

⑪ 저희의 입을 막을 것이라, 이런 자들이 더러운 이를 취하려고 마땅치 아니한 것을 가르쳐 집들을 온통 엎드러치는도다,

⑫ 그레데인 중에 어떤 선지자가 말하되, 그레데인들은 항상 거짓말쟁이며 악한 짐승이며 배만 위하는 게으름장이라 하니,

⑬ 이 증거가 참되도다, 그러므로 네가 저희를 엄히 꾸짖으라, 이는 저희로 하여금 신앙을 온전케 하고,

⑭ 유대인의 허탄한 이야기와 진리를 배반하는 사람들의 명령을 좇지 않게 하려 함이라,

⑮ 깨끗한 자들에게는 모든 것이 깨끗하나, 더럽고 믿지 아니하는 자들에게는 아무 것도 깨끗한 것이 없고, 오직 저희 마음과 양심이 더러운지라,

⑯ 저희가 하나님을 시인하나 행위로는 부인하니 가증한 자요, 복종치 아니하는 자요, 모든 선한 일을 버리는 자니라,

● 2장
① 오직 너는 바른 교훈에 합한 것을 말하여,

② 늙은 남자로는 절제하며 경건하며 근신하며 신앙과 사랑과 인내함에 온전케 하고,

③ 늙은 여자로는 이와 같이 행실이 거룩하며 참소치 말며 술의 종이 되지 말며 선한 것을 가르치는 자들이 되고,

④ 저들로 젊은 여자들을 교훈하되 그 남편과 자녀를 사랑하며,

⑤ 근신하며 순전하며 집안 일을 하며 선하며 자기 남편에게 복종하게 하라, 이는 하나님의 말씀이 훼방을 받지 않게 하려 함이니라,

⑥ 너는 이와 같이 젊은 남자들을 권면하여 근신하게 하되,

⑦ 범사에 네 자신으로 선한 일의 본을 보여 교훈의 부패치 아니함과 경건함과

⑧ 책망할 것이 없는 바른 말을 하게 하라, 이는 대적하는 자로 하여금 부끄러워 우리를 악하다 할 것이 없게 하려 함이라,

⑨ 종들로는 자기 상전들에게 범사에 순종하여 기쁘게 하고 거스려 말하

지 말며,

⑩ 떼어 먹지 말고 오직 선한 충성을 다하게 하라, 이는 범사에 우리 구주 하나님의 교훈을 빛나게 하려 함이라,

⑪ 모든 사람에게 구원을 주시는 하나님의 은혜가 나타나,

⑫ 우리를 양육하시되 경건치 않은 것과 이 세상 정욕을 다 버리고 근신함과 의로움과 경건함으로 이 세상에 살고,

⑬ 복스러운 소망과 우리의 크신 하나님 구주 예수 그리스도의 영광이 나타나심을 기다리게 하셨으니,

⑭ 그가 우리를 대신하여 자신을 주심은 모든 불법에서 우리를 구속하시고, 우리를 깨끗하게 하사 선한 일에 열심하는 친 백성이 되게 하려 하심이니라,

⑮ 너는 이것을 말하고 권면하며 모든 권위로 책망하여 누구에게든지 업신여김을 받지 말라.

● 3장

① 너는 저희로 하여금 정사와 권세 잡은자들에게 복종하며 순종하며 모든 선한 일 행하기를 예비하게 하며,

② 아무도 훼방하지 말며 다투지 말며 관용하며 범사에 온유함을 모든 사람에게 나타낼 것을 기억하게 하라,

③ 우리도 전에는 어리석은 자요 순종치 아니한 자요, 속은 자요, 각색 정욕과 행락에 종 노릇한 자요, 악독과 투기로 지낸 자요, 가증스러운 자요, 피차 미워한 자 이었으나,

④ 우리 구주 하나님의 자비와 사람 사랑하심을 나타내실 때에

⑤ 우리를 구원하시되, 우리의 행한바 의로운 행위로 말미암지 아니하고, 오직 자비하심을 좇아 중생의 씻음과 성령의 새롭게 하심으로 하셨나니,

⑥ 성령과 우리 구주 예수 그리스도로 말미암아 우리에게 풍성히 부어 주사,

⑦ 우리로 저의 은혜를 입어 의롭다 하심을 얻어 영생의 소망을 따라 후사가 되게 하려 하심이라,

⑧ 이 말이 미쁘도다, 원컨대 네가 이 여러 것에 대하여 굳세게 말하라, 이는 하나님을 믿는 자들로 하여금 조심하여 선한 일을 힘쓰게 하려 함이라, 이것은 아름다우며 사람들에게 유익하니라.

⑨ 그러나 어리석은 변론과 족보 이야기와 분쟁과 율법에 대한 다툼을 피하라, 이것은 무익한 것이요, 헛된 것이니라.

⑩ 불화를 일으키는 사람은 한 두번 훈계한 후 다시 불화를 일으키면 상종하지 마라.

⑪ 이러한 사람은 네가 아는 바와 같이 부패하여서 스스로 정죄한 자로서 죄를 짓느니라.

⑫ 내가 아데마나 두기고를 네게 보내리니, 그 때에 네가 급히 니고볼리로 내게 오라, 내가 거기서 겨울을 지내기로 작정하였노라,

⑬ 교법사 세나와 및 아볼로를 급히 먼저 보내어 저희로 궁핍함이 없게 하고,

⑭ 또 우리 사람들도 열매 없는 자가 되지 않게 하기 위하여 필요한 것을 예비하는 좋은 일에 힘쓰기를 배우게 하라.

⑮ 나와 함께 있는 자가 다 네게 문안하니, 신앙 안에서 우리를 사랑하는 자들에게 너도 문안하라, 은혜가 너희 모두에게 있기를 기원하노라.

빌레몬서(사도 바울의 옥중서신)

· 본 성경듣기는 QR코드 인식으로 들을 수 있습니다

● 1장
① 그리스도 예수를 위하여 갇힌 자 된 바울과 및 형제 디모데는 우리의 사랑을 받는 자요, 동역자인 빌레몬에게

② 그리고 우리의 사랑스런 압비아와 우리의 동료 군사인 아킵보와 그 집에 있는 교인들에게 편지하노니,

③ 하나님 우리 아버지와 주 예수 그리스도로 좇아 은총과 평강이 여러분에게 함께 하시기를 기원하노라,

④ 내가 항상 내 하나님께 감사하고, 기도할 때에 너를 말함은

⑤ 주 예수와 및 모든 성도에 대한 네 사랑과 신앙이 있음을 들음이니,

⑥ 이로써 네 신앙의 교제가 우리 가운데 있는 선을 알게 하고, 그리스도께 미치도록 역사하느니라.

⑦ 형제여, 성도들의 마음이 너로 말미암아 평안함을 얻었으니, 내가 너의 사랑으로 많은 기쁨과 위로를 얻었노라.

⑧ 이러므로 내가 그리스도 안에서 많은 담력을 가지고, 네게 마땅한 일로 명할 수 있으나,

⑨ 사랑을 인하여 도리어 간구하노니, 나이 많은 나 바울은 지금 또 예수 그리스도를 위하여 갇힌 자 되어,

⑩ 갇힌 중에서 얻은 아들 오네시모를 위하여 네게 간구하노라,

⑪ 저가 전에는 네게 무익하였으나, 이제는 나와 네게 유익하므로,

⑫ 네게 저를 돌려 보내노니, 저는 내 심복이라,

⑬ 저를 내게 머물러 두어 내 복음을 위하여 갇힌 중에서 네 대신 나를 섬

기게 하고자 하나,

⑭ 다만 네 승낙이 없이는 내가 아무 것도 하기를 원치 아니하노니, 이는 나의 선한 일이 억지 같이 되지 아니하고, 자의로 되게 하려 함이로라.

⑮ 저가 잠시 떠나게 된 것은 이를 인하여 저를 영원히 두게 함이니,

⑯ 이후로는 종과 같이 아니하고, 종에서 뛰어나 곧 사랑 받는 형제로 둘 자라, 내게 특별히 그러하거든 하물며 육신과 주 안에서 상관된 네게는 그가 얼마나 더욱 그러하겠느냐?

⑰ 그러므로 네가 나를 동무로 알진대, 저를 영접하기를 내게 하듯하고,

⑱ 저가 만일 네게 불의를 하였거나 네게 진 것이 있거든 이것을 내게로 회계하라.

⑲ 나 바울이 친필로 쓰노니, 내가 그 빚을 갚으리라. 그러나 나는 네가 비록 나에게 빚진 것이 있다 하여도 말하지 아니하노라.

⑳ 오 형제여, 나로 주 안에서 너를 인하여 기쁨을 얻게 하고, 그리스도 안에서 내 마음을 활기차게 하기를 바라노라.

㉑ 나는 네가 순종함을 확신하므로 내게 썼노니, 네가 나의 말보다 더 행할 줄을 아노라.

㉒ 오직 너는 나를 위하여 처소를 예비하라, 너희 기도로 내가 너희에게 나아가게 하여 주시기를 바라노라.

㉓ 그리스도 예수 안에서 나와 함께 갇힌 자 에바브라와

㉔ 또한 나의 동역자 마가 아리스다고 데마 누가가 문안하느니라.

㉕ 우리 주 예수 그리스도의 은혜가 너희 심령과 함께하시기를 기원하노라.

하나님의 숨소리인 성경말씀을 2000년 5월부터 2017년 12월까지 다시 듣고 기존 한국어번역의 일부를 수정하여 기록합니다.

하나님의 은혜에 감사를 드리옵나이다.
아멘, 할렐루야!

히브리서(사도서신)

· 본 성경듣기는 QR코드 인식으로 들을 수 있습니다

● 1장
① 과거에는 하나님이 여러번에 걸쳐서 여러가지 방법으로 선지자들을 통하여 말씀하셨으나,

② 이 마지막 날들에는 그 아들을 통하여 우리에게 말씀하십니다, 하나님께서는 그 아들을 만유의 상속자로 지정하시고 그 아들을 통하여 세상을 지으셨습니다.

③ 그 아들은 하나님의 광채시며, 그분의 강력한 말씀에 의하여 만유를 지탱하는 그분의 본체의 심상이십니다. 그 후에 아드님은 죄를 정화하셨습니다. 그리고 하늘에 오르사 존엄하신 하나님의 우편에 앉으셨습니다.

④ 아들이 상속받은 이름이 천사들의 이름보다 뛰어남으로 아들께서는 천사들보다 그만큼 위대하게 되었습니다.

⑤ 하나님께서 천사 중 누구에게도 너는 나의 아들이고 오늘 내가 너의 아버지가 될것이다, 또는 나는 너의 아버지고 너는 나의 아들이 될것이라고 여태까지 한번이라도 말하십니까?

⑥ 또 맏아들을 이끌어 세상에 오게 하실 때 하나님의 모든 천사가 저에게 경배할지어다, 말씀하시며,

⑦ 또 천사들에 관하여 말씀하시길, 그는 그의 천사들을 바람으로 그의 종들을 불의 화염으로 만드신다 하셨으되,

⑧ 그러나 아들에 관하여는 성경에 이르기를, 오 하나님이여, 주의 보좌가 영원히 지속될 것이며 의로움이 당신의 궁전의 왕위가 될 것입니다.

⑨ 네가 의로움을 사랑하고 있고 사악함을 미워하였느니라, 그리하여 하나님 즉 너의 하나님께서 너에게 기쁨의 기름을 부으므로써 너의 동료들보다 너를 높이셨다 하셨습니다.

⑩ 또 성경에 말씀하시길 "맨 처음에 주께서 지구의 토대를 세우셨고 하늘들은 그 분의 작품이라

⑪ 그것들은 소멸할 것이나 오직 주는 영존할 것이요, 그것들은 다 옷과 같이 낡아지리니,

⑫ 주는 그 것들을 의복 처럼 갈아 입을 것이요, 그것들은 옷과 같이 바뀔 것이나 주는 여전하며 주의 시대는 결코 끝나지 않을 것이라."라 하였습니다.

⑬ 하나님께서 천사들 중 누구에게 "내가 너의 적들을 너의 발의 발판으로 만들 때까지 나의 오른쪽에 앉아 있어라."고 하신 적이 있습니까?

⑭ 모든 천사들은 구원을 받는 사람들을 도와주기 위하여 보내진 집행하는 영들이 아닙니까?

● 2장

① 그러므로 우리가 표류하지 않기 위하여는 들은 모든 것에 더욱 세심한 주의을 기울여야 합니다.

② 왜냐하면 천사들에 의하여 전해진 소식이 사람들의 의무가 되어 그 소식을 범한자와 순종치 않은자가 그에 상응한 벌을 받았다면,

③ 만약 우리가 그런 주요한 구원을 무시하면 우리가 어떻게 그러한 벌을 피할 수 있겠습니까? 그 구원은 최초로 주에 의해서 선언되었고, 그 분의 말씀을 들은 자들에 의하여 확증되었습니다.

④ 하나님도 역시 표시들과 불가사의한 일들과 여러가지 놀라운 일들과 그분의 의지에 따라 나누어진성령의 은사로써 그 것을 증명하셨습니다.

⑤ 하나님은 우리가 말하고 있는 앞으로 오는 세상을 천사들의 지배하에 둔 것이 아닙니다.

⑥ 성경에 이렇게 기록되어 있습니다. 즉 "인간이 무엇이관대 그들을 걱정하시며 그들의 길을 거듭 살피십니까?

(But one in a certain place testified, saying, What is man, that thou art mindful of him? or the son of man that thou visitest him?-KJV)

(But there is a place where someone has testified: "What is man that you are mindful of him, the son of man that you care for him?-NIV)

(Instead, someone has testified somewhere: "What is man that you are mindful of him, or the son of man that you care for him?-NAB)

(It says in Scripture, What is man and woman that you bother with them; why take a second look their way?-THE MESSAGE)

⑦ 당신은 그들을 천사보다 조금 못하게 지으시고 에덴의 새벽빛으로 빛나게 하셨고,

⑧ 만물을 그들의 발 아래 두셨습니다." 하나님은 그들에게 복종하지 않게 한 것이 없습니다. 그런데도 현재까지 우리는 만물이 그들에게 복종하는 것을 보지 못하고 있습니다.

⑨ 그러나 우리는 그가 죽음을 겪으면서 모든 사람들이 피할 수 없는 죽음을 하나님의 은총에 의하여 맛보았기 때문에 천사들보다 조금 낮게 세워졌으나, 지금은 영광과 존귀로 관 씌워진 예수를 보고 있습니다.

⑩ 많은 아들들을 영광으로 이끌어 내는데 하나님이 그들의 구원의 장본인을 고통을 통하여 완전하게 하신 것은 당연합니다. 만유가 하나님을 위하여 그리고 하나님을 통하여 존재하고 있습니다.

⑪ 거룩하게 하시는 자와 거룩함을 입은 자들은 같은 가족이니라, 그러므로 예수님은 그들을 형제들이라 부르는 것을 부끄러워 하지 아니합니다.

⑫ 예수님은 말씀하시길, 내가 당신의 이름을 내 형제들에게 선포하고 신도들이 있는 앞에서 내가 당신을 찬송하리라 하셨습니다.

⑬ 다시 "나는 하나님을 신뢰함으로 살아갑니다." 그리고 또 그분은 "내가 여기 있고 하나님이 주신 자녀들도 여기 있다."고 말씀하십니다.

⑭ 자녀들은 살과 피를 가지고 있습니다. 그분도 역시 살과 피를 가지고

있습니다. 그래서 그의 죽음으로 죽음의 권세를 가진 자 즉 마귀를 멸
망시켜서,

⑮ 죽음의 공포에 의하여 노예로 잡혀있는 그들의 삶을 자유케 하려하셨
습니다.

⑯ 이는 확실히 천사들을 도와주려 하심이 아니고, 아브라함의 자손들을
도와주려 하심입니다.

⑰ 이러한 이유 때문에 그분은 모든 면에서 그의 형제들과 같이 되셨어야
했으며, 이는 그분이 하나님을 섬기는 일에 자비롭고, 신실한 대제사장
이 되어 사람들의 죄를 속죄하게 하려 하심입니다.

⑱ 왜냐하면 그분 자신이 유혹을 받아 고난을 당하셨기 때문에 그분은 유
혹을 받는 자들을 능히 도우실 수 있습니다.

● 3장

① 그러므로 함께 하늘의 부르심에 참예하는 자들인 성스러운 형제 여러
분, 우리가 고백하는 사도이시며 대제사장인 예수에 대해 깊이 숙고하
십시요.

② 모세가 하나님의 온 집안에서 신실하였듯이 예수님께서는 그를 세우신
이에게 신실하였습니다.

③ 예수님께서는 집을 지은 자가 집 자체 보다 더 존귀한 것과 같이 모세
보다 더욱 존귀를 받을만한 가치가 있는 것으로 밝혀졌습니다.

④ 모든 집은 어떤 사람에 의하여 지어졌습니다. 그러나 하나님은 만물의
건설자 이십니다.

⑤ 또한 모세는 오로지 하나님의 집의 종으로써 신실하였기에 장래에 말
하여 질 것을 증언하였습니다.

⑥ 그러나 그리스도는 하나님의 집을 맡은 아들로써 신실하십니다. 그리
고 만약 우리가 자랑하는 대담함과 희망을 끝까지 견고히 잡으면 우리
는 그 분의 집입니다.

⑦ 그러므로 성령이 이르신 바와 같이 오늘날 너희가 그분의 음성을 듣거
든,

⑧ 광야에서 시험을 받던 때에 네가 반항하던 것과 같이 여러분의 마음을

강퍅케 하지 마십시오.

⑨ 그 광야에서 여러분의 열조가 나를 시험하고 괴롭혔으며 사십년 동안 내가 하는 모든 것을 보았습니다.

⑩ 그것이 내가 그 세대에 화를 내는 이유입니다. 그리고 나는 말하기를 그들의 마음이 항상 방황하여 그들이 나의 길을 알지 못하는도다, 하였습니다.

⑪ 그래서 나는 분노해서 그들은 나의 안식처에 결코 들어오지 못하리라고 맹세하며 선언하였습니다.

⑫ 형제 여러분, 여러분들 중 누구도 악하고 믿지 않는 마음을 품어 살아 있는 하나님으로부터 멀어지지 않도록 주의하십시요..

⑬ 그 외에 오늘이라 일컬어지는 동안 매일 피차 권면하여 여러분들중에 누구든지 죄의 유혹으로 마음이 강퍅케 되지 않도록 하십시요.

⑭ 우리가 처음에 가졌던 신뢰를 끝까지 확고하게 가진다면, 우리는 그리스도와 함께 참예한 자가 됩니다.

⑮ 성경에 일렀으되 오늘날 너희가 그의 음성을 듣거든, 노하심을 격동할 때와 같이 너희 마음을 강퍅케 하지 말라 하였으니,

⑯ 듣고 격노케 하던 자가 누구뇨? 모세를 좇아 에집트에서 나온 모든 이가 아니냐?

⑰ 또 하나님이 사십 년 동안에 누구에게 노하셨느뇨? 범죄하여 그 시체가 광야에 엎드러진 자에게가 아니냐?

⑱ 또 하나님이 누구에게 맹세하사 그의 안식에 들어오지 못하리라 하셨느뇨? 곧 순종치 아니하던 자에게가 아니냐?

⑲ 이로 보건대 저희가 믿지 아니하므로 능히 들어가지 못한 것이라.

● **4장**

① 그러므로 하나님의 안식의 약속이 유효하므로, 우리는 여러분들 중에서 누구도 안식에 이르지 못하지 않도록 주의를 기울이려 합니다.

② 왜냐하면 우리도 그들과 마찬가지로 우리에게 전파된 복음을 받아들였습니다. 그러나 그들이 들은 복음은 더 이상 가치가 없어졌습니다. 왜냐하면 그들은 복음을 신앙으로써 융합시키지 않았기 때문입니다.

③ 이제 믿고 있는 우리는 바로 그 안식에 들어갑니다. 그 것은 하나님께서 "그래서 내가 화가 나서 선언하노니, 그들은 결단코 나의 안식에 들어가지 못하리라."라고 말씀하신 것과 같습니다. 그리고 아직도 창세이래로 그 일은 계속 완성되고 있습니다.

④ 이 말들의 제 칠일에 관하여는 성경에 이렇게 일렀습니다. 즉 "하나님은 일곱째 되는 날에 그의 모든 일로부터 안식하셨다."

⑤ 그리고 다시 위의 귀절에서 하나님은 말씀하시길 "그들은 결단코 나의 안식에 들어올 수 없느니라."고 하셨습니다.

⑥ 아직도 약간의 사람들은 그 안식에 들어가는 것이 유효합니다. 그러나 전에 그들에게 전파된 복음을 들었던 자들도 그들의 불순종 때문에 안식에 들어가지 못하였습니다.

⑦ 그러므로 하나님은 다시 오늘이라고 부르는 확실한 날을 정하셨습니다. 오랜 세월 후에 하나님은 다윗을 통하여 "오늘 만약 네가 나의 목소리를 듣거든 너의 강퍅한 마음을 풀어라."고 말씀하셨습니다.

⑧ 만일 여호수아가 그들에게 안식을 주었더면, 하나님은 그 후에 다른 날을 말씀하지 아니하셨을 것입니다.

⑨ 그래서 안식일이 하나님의 백성을 위하여 여전히 있는 것입니다.

⑩ 하나님께서 하시던 일을 마치고 쉬신 것처럼 그분의 안식처에 들어가는 이도 자기가 하던 일을 마치고 쉬는 것입니다.

⑪ 그러므로 우리는 저 안식에 들어가기 위하여 모든 노력을 합시다. 그래서 누구도 불순종의 예를 따르므로써 실패하지 않도록 하여야 합니다.

⑫ 하나님의 말씀은 살아있고 활동력이 있기 때문입니다. 그리고 그 말씀은 양날의 검보다 더 예리하여 혼과 영 관절과 골수를 찔러 분리 시키기까지 합니다. 그리고 그 말씀은 마음의 생각과 태도를 판단합니다.

⑬ 모든 창조물의 어떤 것도 하나님의 시야에서 숨겨지지 않습니다. 모든 것은 우리와 관계하시는 하나님 앞에 덮음이 없이 벌거벗고 누워있는 것입니다.

⑭ 그러므로 우리에게는 하늘을 통하여 올라가신 큰 제사장, 하나님의 아들인 예수가 있으니 우리가 신봉하는 신앙을 견고하게 붙듭시다.

⑮ 왜냐하면 우리는 우리의 약함에 동감 할 수 없는 대 제사장을 가지지

못한 것이 아니라, 우리와 같이 모든 면에서 유혹을 받았던 그러나 죄
는 없으신 대제사장을 가지고 있습니다.

⑯ 그러므로 우리는 자신을 가지고 은혜의 옥좌로 다가갑시다. 그러함으
로써 우리는 긍휼하심을 받고 우리가 필요한 때에 우리를 도우는 은혜
를 발견할 것입니다.

● 5장

① 모든 대제사장은 사람들 가운데서 선출되고, 하나님과 관련된 문제, 즉
죄 사함을 위한 헌물과 희생물을 바치는 일들에서 사람들을 대표하기
위하여 지명됩니다.

② 그는 그 자신도 약한 면이 있기 때문에 모르는 자와 방황하는 자들을
너그러이 대할 수 있습니다.

③ 이것이 대제사장이 사람들의 죄에 대해서 뿐만 아니라, 그 자신의 죄에
대해서도 희생제를 드려야 하는 이유입니다.

④ 어느 누구도 자신 위에 이 영예를 붙잡지 못하며, 아론이 그랬던 것과
같이 대제사장은 하나님에 의하여 부르심을 입은 자라야 합니다.

⑤ 그래서 그리스도도 역시 대제사장 되는 영광을 그 자신 스스로 취한 것
이 아닙니다. 하나님께서는 "너는 내 아들이며 오늘 내가 너를 낳았
다"고 말씀 하셨습니다.

⑥ 그리고 하나님은 성경 다른 곳에서 "너는 멜기세덱의 반열에 의하여 영
원한 제사장이다."고 말씀하셨습니다.

⑦ 지상에서의 예수의 생애 동안 그분은 죽음으로부터 그분을 구원하실
분에게 큰 부르짖음과 눈물로 기도하며 탄원하였습니다. 그분의 기도
와 탄원이 그분의 존경하는 복종 때문에 하나님께서 들으셨습니다.

⑧ 비록 그는 아들이었지만 고난을 받음으로써 순종을 배웠습니다.

⑨ 그분은 일찍이 온전하게 되셨으며, 순종하는 모든자에게 영원한 구원
의 원천이 되셨습니다.

⑩ 그리고 멜기세덱의 관습 안에서 하나님에 의하여 대제사장으로 지정되
셨습니다.

⑪ 우리는 이 것에 관하여 할 말이 많습니다. 그러나 여러분들이 듣고 알

기가 어려우므로 그것을 설명하기가 어렵습니다.

⑫ 사실 지금 이 때에는 여러분들이 교사가 되어 있어야만 하였는데, 여러분들은 여러분들에게 하나님의 초보적인 진리를 모두를 다시 가르칠 사람을 필요로 합니다. 여러분들은 단단한 음식이 아니라 우유를 먹어야 합니다.

⑬ 우유를 먹는 사람은 누구나 아직 갓난아기여서 의로움을 가르치는 것에 대해서는 미숙합니다.

⑭ 변함없이 단단한 음식을 먹는 자들은 성숙한 자들로써 선과 악을 구별하는데 그들 자신을 계속해서 훈련을 시킵니다.

●6장

① 그러므로 우리는 그리스도에 대한 초보적인 교리를 떠나서 성숙한 단계로 나아갑시다. 즉 죽음으로 이끄는 행위로부터의 후회,

② 하나님에 대한 신앙, 침례에 대한 교훈, 안수, 죽은자의 부활, 영원한 심판에 대하여 터를 다시 닦지 말고 나아갑시다.,

③ 하나님께서 허락하시면 우리는 그렇게 할 것입니다.

④ 한때 교화되었던 사람들, 하늘로부터의 은사를 맛본 사람들, 성령에 참예하였던 사람들,

⑤ 하나님의 말씀의 자양분과 앞으로 올 세상의 힘을 맛본 사람들은

⑥ 만약 그들이 타락하면 회개로 되돌아 오게하는 것이 불가능합니다. 왜냐하면 그들은 그들의 손해되는 일에서 하나님의 아들을 되풀이해서 십자가에 못박고, 그분에게 공개적인 모욕을 당하게 하기 때문입니다.

⑦ 땅이 그 위에 자주 내리는 비를 흡수하여 농사짓는 자들에게 유용한 수확물을 내면 그것은 하나님의 축복을 받은것입니다.

⑧ 그러나 가시와 엉경퀴를 내는 땅은 쓸모없이 되어 저주되는 위험에 직면합니다. 결국에는 그것은 버려진 땅이 됩니다.

⑨ 사랑하는 친구 여러분, 비록 우리가 이같이 말은 하지만 우리는 여러분들의 경우에는 구원을 수반하는 좋은 일들이 있으리라고 확신합니다.

⑩ 하나님은 불공정하지 않으십니다. 그래서 하나님은 여러분들이 하나님의 백성을 도우면서 여러분들이 보여준 섬김과 사랑을 잊지 않을 것입

니다.

⑪ 우리는 여러분들 각자가 여러분들의 소망을 이루기 위하여 이러한 노력을 끝까지 보여주기를 바랍니다.

⑫ 우리는 여러분들이 게으른 것을 원하지 않으며, 신앙과 오래 참음으로 말미암아 약속된 모든 것을 상속받는 자들을 본 받기를 원합니다.

⑬ 하나님이 아브라함에게 그의 약속을 하실 때에 하나님은 가리켜 맹세할 자기보다 큰 자가 없었으므로 스스로 맹세하여

⑭ 말씀하시길 "내가 확실히 너를 복주고 너에게 많은 자손을 주리라." 하셨습니다.

⑮ 그리고 그렇게 아브라함은 끈기있게 기다린 후에 아브라함은 약속된 모든 것을 받았습니다.

⑯ 사람들은 자기보다 더 저명한 자의 이름으로 맹세하므로 그 맹세는 말하여진 것을 확인하고 모든 논쟁을 끝내는 것입니다.

⑰ 왜냐하면 하나님은 약속되어진 것을 받는 상속자들에게 그가 뜻한 바가 변하지 않는 다는 것을 명확히 하시기를 원하셨기 때문에 그는 그 일에 맹세로써 확증하셨습니다.

⑱ 하나님은 거짓말을 하실수 없습니다. 따라서 이 두가지는 변할 수 없는 일입니다. 그래서 하나님은 이렇게 함으로써 우리에게 주어진 소망을 꼭 잡도록 우리를 크게 고무하려 함입니다.

⑲ 우리는 이 소망을 영혼의 닻으로써 견고하고 안전하게 가집니다. 이 소망은 장막뒤에 있는 성소의 중심부 곧 내밀한 곳으로 들어갑니다.

⑳ 우리보다 먼저 가신 예수님께서 우리를 위하여 그 곳으로 들어가셨습니다. 그분은 멜기세덱의 반열에 의하여 영원한 대제사장이 되셨습니다.

● 7장

① 이 멜기세덱은 살렘 왕이요, 지극히 높으신 하나님의 제사장입니다. 그는 여러 왕을 패배시키고 돌아오는 아브라함을 만나 아브라함을 축복하였습니다.

② 아브라함이 모든 것의 십분의 일을 그에게 주었습니다. 첫째 그의 이름

은 의로움의 왕을 의미하고 그리고 역시 살렘 왕은 평화의 왕을 의미
합니다.

③ 그는 아버지, 어머니도 없고 가계도 없으며 생의 시작 날과 생애의 끝
도 없이 하나님의 아들과 같이 영원히 제사장으로 남아 있습니다.

④ 이 사람이 얼마나 높은지 생각해보십시요. 우리 조상 아브라함까지도
약탈물의 십분의 일을 그에게 주었습니다.

⑤ 그 때 율법은 제사장이 된 레위의 자손들은 사람들 비록 아브라함의 자
손일지라도 그 형제들로부터 십분의 일을 징수하라고 명하고 있습니
다.

⑥ 그러나 멜기세댁은 완전히 레위자손이 아니었지만(아브라함-이삭-야
곱-레위임), 그는 아브라함에게서 십분의 일을 징수하고 약속을 받은
아브라함을 축복하였습니다.

(But he whose descent is not counted from them, received titjes
of Abraham, and blessed him that had the promises.-KJV)

(This man, however, did not trace his descent from Levi, yet
he collected a tenth from Abraham and blessed him who had
promises.-NIV)

(But he who was not of their ancestry received tithes from
Abraham and blessed him who had received the promises.-
NAB)

(But this man, a complete outsider, collected tithes from
Abraham and blessed him, the one to whom the promises had
been given.-THE MESSAGE)

⑦ 그리고 의심의 여지없이 낮은 자가 높은 자로부터 복을 받는 것입니다.

⑧ 한 경우에는 십일조가 죽을 운명인 자들에 의하여 징수되었으나, 다른
경우에는 영원히 산다고 선언된 자에 의하여 징수되었습니다.

⑨ 어떤 사람은 십일조를 받는 레위지파도 아브라함을 통하여 십일조를
냈다고 말하기도 합니다.

⑩ 왜냐하면 멜기세덱이 아브라함을 만났을 때 레위는 아직 그의 조상의
몸안에 있었기 때문입니다.

⑪ 사람들에게 주어진 율법에 근거한 레위족의 사제직이 완벽하였더라면 어찌하여 아론의 반열에 의하지 않고 멜기세덱의 반열에 따른 제사장을 세울 필요가 있습니까?

⑫ 성직의 변화가 있을 때는 율법의 변화도 있어야 하기 때문입니다.

⑬ 이러한 것들이 말하여지는데 있는 그분은 다른 지파에 속하였으며, 그 지파의 누구도 이제까지 제단에서 일을 한 바가 없습니다.

⑭ 우리 주께서는 유다의 지파이고 모세는 유대지파의 제사장에 관하여는 아무말도 하지 않았다는 것이 명백하기 때문입니다.

⑮ 만약 멜기세덱과 같은 다른 한 제사장이 나타나면, 우리가 말한 모든 것이 더욱더 분명한데, 그 분이 나타나셨습니다.

⑯ 그 분은 그의 조상에 관한 계명에 기초하여 제사장이 된 것이 아니고, 불멸의 생명의 힘에 기초하여 제사장이 되신 것입니다.

⑰ 왜냐하면 성경에 "너는 멜기세덱의 반열에 있는 영원한 제사장이다."라고 언명되어 있습니다.

⑱ 전의 계명이 약화돼서 소용이 없으므로 제쳐두고

⑲ (율법은 완벽함을 이루지 못하기 때문입니다.) 그리고 더 나은 소망이 우리에게 소개되었으니 그 소망으로 우리는 하나님께 가까이 갑니다.

⑳ 그리고 그것은 맹세없이 되는 것이 아닙니다. 다른이들은 맹세 없이 제사장이 되었습니다.

㉑ 그러나 그 분은 하나님이 그에게 "너는 서약하고 너의 마음을 변치 않을 것이라. 즉 너는 영원한 제사장이라."말씀하셨을 때 제사장이 되었습니다.

㉒ 이 맹세 때문에 예수는 더 좋은 언약의 보증인이 되셨습니다.

㉓ 죽음은 제사장들이 직무를 계속하는 것을 막았으므로 이를 대신할 많은 제사장들이 있어왔습니다.

㉔ 그러나 예수는 영원히 사시므로 그분은 영원한 제사장직을 가지십니다.

㉕ 그러므로 그분은 그분을 통하여 하나님께 오는 자들을 완벽하게 구원하실 수 있습니다. 왜냐하면 그분은 그들을 위하여 하나님께 간구하시기 위하여 항상 살아계시기 때문입니다.

㉖ 거룩하시고, 흠이 없으시고, 순수하시고, 죄인들과 떨어져 계시고, 하늘 위로 찬양받으시는 그러한 대제사장이 우리에게 합당합니다.

㉗ 그분은 다른 대제사장들과 달리, 첫번째는 자기 자신의 죄를 위하여, 다음번에는 사람들의 죄를 위하여 날마다 제사를 지낼 필요가 없습니다. 그분은 그분이 그 자신을 바쳤을 때 단번에 그들의 모든 죄를 위하여 희생하셨습니다.

㉘ 율법은 부족한 면을 가진 사람들을 제사장으로 세웠으나, 율법 후에 온 맹세는 영원히 완벽하게 만들어진 자 곧 아들을 대제사장으로 세웠습니다.

● 8장

① 우리가 말하는 중요한 점은 이것입니다. 즉 우리는 그러한 위대한 대제사장을 가지고 있으며, 그 분은 하늘의 존엄의 보좌 우편에 앉아계신다는 것입니다.

② 그리고 그분은 인간이 아니고, 주님에 의하여 세워진 참 성막 즉 성소에서 사역하십니다는 것입니다.

③ 모든 대제사장 각자는 예물과 제물을 바치도록 임명된 것입니다. 그래서 위 각 제사장은 무엇인가 바칠 것이 있어야 할 필요가 있습니다.

④ 만약 그분께서 지구에 계셨다면 제사장이 되지 아니하셨을 것입니다. 왜냐하면 이미 지구에는 율법에 정해진 예물을 제공한 제사장이 있기 때문입니다.

⑤ 그들은 하늘에 있는 것의 모형과 그림자인 성소에서 일합니다. 이것은 모세가 성막을 막 지으려고 할 때 경고받은 이유입니다. 즉 "산위에서 너에게 보여지는 견본에 따라 모든 것을 만든다는 것을 명심하라."라고 경고하셨습니다.

⑥ 그러나 이제 그분은 더 나은 약속을 성립시키는 좋은 언약의 조정자로써 훨씬 훌륭한 직무를 얻으셨습니다.

⑦ 만약 첫 언약이 잘못된 것이 없었다면 다른 언약을 찾을 이유가 없었기 때문입니다.

⑧ 그러나 하나님은 사람들의 결함을 발견하시고 말씀하셨습니다. 즉 "주

께서 선언하시길 그 때가 오리니, 그 때 내가 이스라엘의 집과 유다의 집에 새로운 언약을 세울 것이다.

⑨ 그리고 그것은 내가 너희 선조들을 손을 잡고, 에집트로부터 이끌어 낼 때 그들과 맺은 언약과는 같지 않을 것이다. 왜냐하면 그들이 나의 언약에 신실하지 않으므로 내가 그들을 돌아보지 않았기 때문이라.

⑩ 또 주께서 선언하시길, 이것은 그 때 이후에 이스라엘의 집과 맺을 언약이니라. 내가 그들의 마음에 나의 언약들을 놓고 그들의 심장에 그들을 쓰리라. 그래서 나는 그들의 하나님이 되고 그들은 나의 백성이 되리라.

⑪ 이제 더 이상 어떤 사람이 그의 이웃이나 그의 형제에게 "주님을 알라" 고 가르치지 않아도 되나니, 이는 그들 모두가 작은자로부터 큰 자까지 모두 나를 알기 때문이니라.

⑫ 왜냐하면 내가 그들의 불의를 용서하고, 그들의 죄를 더 이상 기억하지 아니하기 때문이니라.

⑬ 이 언약을 "새로운 것"이라 부름으로써, 그분이 첫번째 것은 낡게 하시고, 그리고 낡은 것과 오래된 것은 곧 살아지게 하실 것입니다.

● 9장

① 최초의 언약에도 예배의 규례와 역시 지상 성소에 관한 규례가 있었습니다.

② 성막이 위치합니다. 그 첫번째 방은 등잔대와 탁자 성결한 빵이 있었습니다. 이곳은 성스러운 곳(성소)으로 불리웠습니다.

③ 둘째 휘장 뒤에 가장 성스러운 곳(지성소)이라 불리우는 방이 있었습니다.

④ 그 방에는 향을 피우는 금 제단과 금으로 싼 언약궤가 있었습니다. 이 언약궤 안에는 만나를 담은 금 항아리와 싹이난 아론의 지팡이와 언약을 적은 석판들이 있었습니다.

⑤ 그 위에 속죄판을 흐릿하게 하는 영광의 체루비움이 있었습니다. 그러나 우리는 지금 이것들에 대하여 낱낱이 말할 수가 없습니다.

⑥ 이와 같이 모든 것이 갖추어졌을 때 제사장들은 규칙적으로 바깥 방으

로 들어가 성직을 수행하였습니다.

⑦ 그러나 안방은 대제사장만 들어갔는데 그것도 오직 일년에 한번 들어 갔습니다. 그리고 그 곳에서 그는 그 자신과 모르고 죄를 범한 사람들의 죄를 사하기 위하여 꼭 피의 제사를 드렸습니다.

⑧ 첫번째 성막이 아직 세워져 있는 동안에는 지성소로 가는 길이 아직은 드러나지 않았다는 것을 성령은 이것으로써 나타내고 있었습니다.

⑨ 이 성막은 현 시대의 실례입니다. 즉 드려지는 헌물과 희생물이 경배하는 자들의 마음을 완벽하게 나타낼 수 없다는 것입니다.

⑩ 그것들은 새로운 질서의 때가 올 때까지 적용되는 외부적인 규율로써 오직 먹고 마시고 의례적인 몸 씻음의 문제 일뿐입니다.

⑪ 그리스도께서 이미 여기에 있는 선한 일의 대제사장으로 오셨을 때, 그분은 인간에 의하여 만들어지지 않은 더 위대하고 완벽한 성막을 통하여 나가셨습니다. 다시 말해서 그 성막은 창조물이 아닙니다.

⑫ 그분은 염소와 송아지의 피를 수단으로 하여 들어가지 아니하시고, 그 자신의 피로 모든 자를 위하여 한번에 지성소로 들어가사 영원한 속죄를 이루셨습니다.

⑬ 염소와 황소의 피와 및 암송아지의 재로 부정한 자에게 뿌려 그 육체를 정결케 하여 거룩케 하거든,

⑭ 하물며 영원하신 성령으로 말미암아 흠 없는 자기를 하나님께 드린 그리스도의 피가 어찌 너희 양심으로 죽은 행실에서 깨끗하게 하고 살아 계신 하나님을 섬기게 못하겠느뇨?

⑮ 이러한 이유로 새 언약의 중개자입니다. 이제 그분은 첫번째 언약 아래 범했던 죄들로 부터 사람들을 속량하시려고 속죄양으로써 죽으셨습니다. 그리하여 부르심을 받은 자들로 하여금 약속된 영원한 유업을 받게 하셨습니다.

⑯ 유언이 있는 경우에는 유언을 한 자의 죽음을 증명하는 것이 필요합니다.

⑰ 유언은 그 사람이 죽은 후에야 효력이 있으며, 유언한 자가 살아 있는 동안에는 결코 효력이 없습니다.

⑱ 이러한 이유로 첫번째 언약도 피 없이 세워진 것이 아닙니다.

⑲ 모세가 율법대로 모든 계명을 온 백성에게 말한 후에, 송아지와 염소의 피와 및 물과 붉은 양털과 우슬초를 취하여 그 책과 온 백성에게 뿌려,

⑳ 이르되, 이는 하나님이 너희에게 명하신 언약의 피라 하고,

㉑ 또한 이와 같이 피로써 장막과 섬기는 일에 쓰는 모든 그릇에 뿌렸습니다.

㉒ 사실상 율법을 좇아 거의 모든 물건이 피로써 정결케 되나니, 피흘림이 없으면 사함이 없습니다.

㉓ 그러므로 하늘에 있는 것들의 모조물들은 이런 것들로써 정결케 하여도 되나, 하늘에 있는 그것자체들은 이런 것들보다 더 나은 제물로 정결케 하는 것이 필요합니다.

㉔ 왜냐하면 그리스도께서는 참 성소의 모조품인 인간이 만든 성소에 들어가지 않으셨고, 하늘 그 자체에 들어가셨습니다. 이제 하나님의 입회 아래 우리에게 나타나실 것입니다.

㉕ 대제사장이 해마다 자기 것이 아닌 피를 가지고 지성소를 들어갔습니다. 그러나 예수님은 그 자신을 바치려고 결코 여러번 하늘에 들어가시지는 않으셨습니다.

㉖ 그렇다면, 그가 창세 이후로 여러 번 고난을 받았어야 하였습니다. 그러나 그는 그 자신의 희생에 의하여 모든 사람의 죄를 없이 하기 위하여 세상의 끝에 한번 나타나셨습니다.

㉗ 한번 죽는 것은 사람에게 정하신 것이요, 그 후에는 심판이 있으리니,

㉘ 이와 같이 그리스도는 많은 사람들의 죄을 없이 하기 위하여 단번에 희생되셨습니다. 그리고 두번째는 죄를 없이하기 위하여가 아니라 그분을 기다리는 자들에게 구원을 가져오시기 위하여 오실것입니다.

● 10장

① 율법은 오직 다가오는 좋은 일의 그림자요, 그 자체 현실이 아닙니다. 이러한 이유로 율법은 해마다 쉬지 않고, 바치는 동일한 제물로서 하나님께 나아오는 자들을 완전케 할 수 없습니다.

② 만약 율법이 완전케 할 수 있으면 그들은 동일한 제물을 해마다 바치는 일을 계속하지 않았겠습니까?. 왜냐하면 경배자들이 한번에 깨끗하여

졌다면 그들은 더 이상 그들의 죄에 대하여 죄의식을 느끼지 않았을 것이기 때문입니다.

③ 그러나 그 제물들은 해마다 죄를 생각나게 하는 것이었습니다.

④ 왜냐하면 황소와 염소의 피가 죄를 없이 하는 것은 불가능하기 때문입니다.

⑤ 그러므로 그리스도께서 세상에 오셨을 때 그분은 말씀하시기를, "너희들은 희생물과 헌물을 바라지 않고, 희생물로써 나의 육신을 준비하였느니라." 하시었습니다.

(Wherefore when he cometh into the world, he saith, Sacrifice and offering thou wouldest not, but a body hast thou prepared me:-KJV)

(Therefore, when Christ came into the world, he said: "Sacrifice and offering you did not desire, but a body you prepared for me;-NIV)

(For this reason, when he came into the world, he said: "Sacrifice and offering you did not desire, but a body you prepared for me;-NAB)

(That is what is meant by this prophecy, put in the mouth of Christ: You don't want sacrifices and dfferings year after year; you've prepared a body for me for a sacrifice.-THE MESSAGE)

⑥ 당신은 번제와 속죄제를 기뻐하지 아니하셨습니다.

⑦ 그래서 내가 말하였습니다. 오 하나님이시여! 내가 여기 있나이다. 성경에 나에 대해서 기록된 바와 같이 나는 당신의 뜻을 이루려고 여기에 왔습니다."

⑧ 첫번째로 그분은 말씀하셨습니다. "당신은 제물 헌물 번제 속죄제를 원하지 않으시고, 또한 그것들을 기뻐하지도 않으셨습니다." (비록 율법은 죄로부터 완전케 되기 위하여 그것들은 요구하였습니다만)

⑨ 그 후에 그는 말씀하셨습니다. 내가 여기 있습니다. 내가 당신의 뜻을 이루기 위하여 왔습니다." 그리고 그분은 첫째 것을 폐하시고 둘째 것을 세우셨습니다.

⑩ 그리고 그 뜻에 의하여 최종적으로 한번에 그리스도의 육신의 희생을 통하여 우리는 거룩하게 된 것입니다.

⑪ 날마다 모든 제사장은 서서 그의 성직을 수행하고, 다시 또 같은 제물을 드립니다. 그러나 그 것은 결코 죄를 없이 할 수 없습니다.

⑫ 그러나 그리스도는 죄를 위하여 한 희생물로써 영원히 드려졌고, 하나님 우편에 앉아계십니다.

⑬ 그리고 그 때 이후로 그분은 그의 원수들이 그의 발판이 되기까지 기다리십니다.

⑭ 왜냐하면 그분은 거룩하게 된 자들을 한 희생에 의하여 영원히 완전하게 하셨습니다.

⑮ 성령이 역시 이것에 대하여 우리에게 증거하십니다. 첫째로 그 분은 말하십니다.

⑯ "주님께서 말씀하시기를 그것은 그 때 이후에 내가 그들과 맺을 언약이니라. 그리고 그 언약을 그들의 가슴안에 놓고 그들의 마음에 그들을 기록하리라."

⑰ 그리고 그분은 "그들의 죄와 무법적인 행위를 더 이상 기억하지 않을 것이라."고 덧붙여 말씀하셨습니다.

⑱ 그래서 이러한 것들이 사하여졌은즉, 이제 더 이상 죄를 사하기 위한 어떤 희생도 필요가 없습니다.

⑲ 그러므로 형제 여러분 우리들은 예수의 보혈로 인하여 지성소에 들어간다는 확신을 가지게 되었습니다.

⑳ 예수의 보혈은 그의 육신인 장막을 통하여 우리들에게 열려진 새롭고 살아있는 길입니다.

㉑ 그리고 우리는 하나님의 집을 다스리는 위대한 제사장이 계시므로,

㉒ 신앙의 충분한 확신안에서 진실한 마음을 가지고 하나님께 다가갑시다. 그리하여 죄에 물든 우리의 양심으로부터 우리를 깨끗케 하기 위하여 우리의 마음에 물을 뿌리고, 우리의 몸을 개끗한 물로 씻읍시다.

㉓ 또 약속하신 이는 신실하시니, 우리가 믿는 소망을 굳게 잡읍시다.

㉔ 그리고 우리가 얼마나 서로서로를 사랑과 선행으로 향하도록 고무하는지를 생각하여 봅시다.

㉕ 습관적으로 모이기를 단념하는 사람들과 같이 모이기를 포기하지 말고, 서로 서로를 격려합시다. 그리고 여러분들이 아시다시피 그 날이 다가오고 있으므로 더욱더 모이기를 힘씁시다..

㉖ 만약 우리가 진리를 알게된 후에도 고의로 죄를 계속하여 범함다면 어떠한 희생물로도 죄를 씻을 수 없을 뿐만 아니라

㉗ 오직 심판과 하나님의 적들을 소멸시키는 분노의 불꽃의 무시무시한 가능성만이 있습니다.

㉘ 모세의 율법을 범한 자는 누구나 두명 또는 세명의 증언만 있으면 무자비하게 처형되었습니다.

㉙ 그런데 하물며 하나님 아들을 그의 발 아래 밟으며 자기를 거룩하게 한 언약의 피를 부정한 것으로 여기고, 은혜의 성령을 모욕한 자는 얼마나 중한 벌을 마땅히 받아야하는지를 여러분들은 생각해보십니까?

㉚ 우리는 "복수하는 것은 나니 내가 갚아주리라,"라 하신 분을 알며 다시 "주께서 그의 백성을 판단하시리라" 하신 것을 압니다.

㉛ 사실 살아계신 하나님의 관리하에 떨어지는 것은 두려운 일입니다.

㉜ 여러분들이 빛을 받은 후에 큰 고난을 겪은 지난 날들을 기억하십시요.

㉝ 어떤 때는 여러분들이 모욕과 박해에 노출되기도 했고, 다른 어떤 때에는 여러분들이 모욕과 박해 당하는 자들과 나란히 서 있었습니다.

㉞ 여러분들은 감옥에 갇힌 자들을 동정하며, 여러분들의 재산의 압수에도 기쁘게 이를 받아들였습니다. 이는 여러분 자신들이 더 좋고 영원한 재산을 가지고 있다는 것을 알았기 때문입니다.

㉟ 그러므로 여러분들은 위와 같은 확신을 버리지 마십시요. 그러면 그 확신은 충분히 보상될 것입니다.

㊱ 여러분들에게 인내가 필요함은 여러분들이 하나님의 뜻을 행한 때에 그분이 약속하신 모든 것을 받게 하기 위함입니다.

㊲ 잠시 잠깐 후면 "올 이가 올 것이며 지체하지 아니하리라.

㊳ 그리고 내가 말하는 의인은 신앙으로 말미암아 살 것이며, 그가 만일 뒤로 물러나면 나는 그를 기뻐하지 아니하리라." 하셨습니다.

㊴ 그러나 우리는 뒤로 물러가 멸망당할 자가 아니며 믿어 구원을 얻을 자들입니다.

● 11장

① 신앙은 우리가 희망하는 것들이 이루어진다고 확실히 믿으며, 우리가 보지 못하는 것도 있다고 확신하는 것입니다.

(Now faith is the substance of things hoped for, the evidence of things not seen.-KJV)

(Now faith is being sure of what we hope for and certain of what we do not see.-NIV)

(Faith is the realization of what is hoped for and evidence of things not seen.-NAB)

(The fundamental fact of existence is that this trust in God, this faith, is the firm foundation under every thing that makes life worth living. It's our handle on what we can't see.-THE MESSAGE)

② 옛 사람들도 이 신앙으로써 보지 못하는 것을 확신하였습니다.

③ 신앙으로써 우주가 하나님의 말씀으로 지어진 것과 보이는 것이 보일 수 없는 것으로부터 나왔다는 것을 우리는 깨닫게 됩니다.

④ 신앙으로 아벨은 가인보다 더 나은 희생물을 하나님께 드렸습니다. 하나님이 그의 헌물을 칭찬하셨었을 때 신앙으로 그는 의로운 사람으로 칭찬받았습니다. 그리고 비록 그는 죽었지만 아직도 신앙으로 말합니다.

⑤ 신앙으로써 애녹은 산채로 옮기워졌으니, 그는 죽음을 경험하지 않았고, 하나님이 데려갔기 때문에 그는 발견될 수가 없었습니다. 그가 데려가지기 전에 그는 하나님을 즐겁게 하는 사람으로 인정을 받았습니다..

⑥ 신앙이 없으면 하나님을 기쁘게 하는 것은 불가능합니다. 왜냐하면 하나님에게 오는 사람은 하나님이 존재하신 다는 것과 그분을 열심히 찾는 자들에게 상을 주신다는 것을 믿어야 하기 때문입니다.

⑦ 신앙으로써 노아는 아직 보이지 않는 것들에 대하여 경고를 받았을 때, 경외함으로 그의 가족을 구원하기 위하여 방주를 마련하였습니다. 신앙으로써 그는 세상을 정죄하고, 신앙에 따라 받는 의로움의 상속인이

되었습니다.

⑧ 아브라함이 어떤 곳으로 가라고 부르심을 받아, 비록 그는 그가 가는 곳을 알지 못하였지만 신앙으로써 복종하여, 그리로 갔을 때, 그는 후에 그의 유업을 받을 수 있었던 것입니다.

⑨ 신앙으로 그는 외국에서 이방인 같이 약속된 땅에서 그의 가정을 마련하였고, 그는 장막에서 살았습니다. 마찬가지로 동일한 약속으로 함께 상속자된 이삭과 야곱도 장막에 거하였습니다.

⑩ 왜냐하면 그는 하나님이 설계하시고, 지으시는 기초가 튼튼한 성을 기대하고 있었기 때문이었습니다.

⑪ 신앙으로 아브라함은 비록 그가 나이가 많고 사라 자신도 단산되었으나, 그에게 약속을 하신 이를 신실하다고 생각하였기 때문에 아버지가 될 수 있었습니다.

⑫ 그래서 이 한 사람 즉 거의 죽은 자와 같은 이 사람으로부터 하늘의 수많은 별들과 바닷가의 모래와 같이 헤아릴 수 없는 많은 자손들이 나왔습니다.

⑬ 이 모든 사람들은 그들이 죽었을 때 신앙으로써 살고 있었습니다. 그들은 약속된 것을 받지는 않았습니다만, 그들은 그 약속을 알았고, 세월이 흘렀지만 그 약속을 받아들였습니다. 그리고 그들은 그들이 지상에서 이방인이며 낯선자 임을 인정하였습니다.

⑭ 그러한 일들을 말하는 사람들은 그들이 그들 자신의 나라를 찾고 있다는 것을 보여줍니다.

⑮ 만약 그들이 그들이 떠났던 나라를 생각하였더라면, 그들은 그 곳에 돌아가는 행운을 얻었을 수도 있었을 것입니다.

⑯ 대신에 그들은 더 좋은 나라를 사모하니, 즉 하늘에 있는 나라입니다. 그러므로 하나님은 그들의 하나님이라 불리우시는 것이 부끄럽지 않으십니다. 왜냐하면 하나님은 그들을 위하여 한 성을 예비하시기 때문입니다.

⑰ 아브라함은 하나님이 그를 테스트 하였을 때, 신앙으로 이삭을 희생 제물로 드렸습니다. 약속을 받았던 그는 그의 하나이며 유일한 아들을 희생시키려 하였습니다.

⑱ 그런데 하나님은 아브라함에게 "너의 자손들은 이삭으로부터 시작되리라."라고 말씀하셨습니다.

⑲ 아브라함은 하나님은 죽은 자을 살리신다고 판단하였습니다. 비유적으로 말하면 그는 죽음으로부터 이삭을 돌려 받은 것입니다.

⑳ 신앙으로 이삭은 장차 오는 일에 대하여 야곱과 에서에게 축복하였습니다.

㉑ 신앙으로 야곱은 죽을 때에 요셉의 각 아들에게 축복하고 그 지팡이 머리에 의지하여 경배하였습니다.

㉒ 신앙으로 요셉은 그의 임종이 가까워 졌을 때, 애굽으로부터 이스라엘의 떠남에 대하여 말하였고 그의 유골을 이스라엘로 가져가라고 유언하였습니다.

㉓ 신앙으로 모세의 부모들은 모세가 태어난 후 3개월 동안 숨겼습니다. 왜냐하면 그들은 모세가 보통아이가 아니라는 것을 알았기 때문입니다. 그리고 그들은 왕의 명령을 두려워하지 않았습니다.

㉔ 신앙으로 모세는 장성하였을 때, 왕의 딸의 아들로 알려지는 것을 거절하였습니다.

㉕ 모세는 잠시 동안 죄악의 낙을 누리기 보다는 차라리 하나님의 백성과 함께 학대 받는 것을 선택하였습니다.

㉖ 모세는 그리스도를 위하여 받는 능욕을 애굽의 모든 보화보다 더 귀한 것으로 여겼으니, 이는 하나님의 보상을 예견하였기 때문입니다.

㉗ 신앙으로 모세는 에집트왕의 분노를 무서워하지 아니하고, 에집트를 떠났으며 모세는 보이지 않는 그분을 보았기 때문에 인내하였습니다.

㉘ 신앙으로 모세는 유월절을 지키고, 피 뿌리는 의식을 계속하였는데, 이는 장자의 파괴자가 이스라엘의 장자에게 해를 주지 않게 하려 한 것입니다.

㉙ 신앙으로 이스라엘 사람들은 홍해를 마른 땅 같이 건넜으나 애굽 군인들도 마른 땅으로 생각하고 건너가다가 물에 빠져 죽었습니다.

㉚ 신앙으로 이스라엘 사람들이 7일 동안 여리고 성 주위를 행진한 후에 성이 무너졌습니다.

㉛ 신앙으로 기생 라합은 정탐군을 기꺼이 맞이하였기 때문에 불순종한

자들과 함께 죽임을 당하지 않았습니다.

㉜ 내가 무슨 말을 더 하겠습니까? 내가 기드온 바락 삼손 입다와 다윗과 사무엘과 및 선지자들에 대하여 말하자면 시간이 없습니다.

㉝ 그들은 신앙으로 왕국들을 정복하였고 정의를 행하였으며 약속된 것을 얻기도 하였고, 사자들의 입을 막기도 하였습니다.

㉞ 또한 맹렬한 불길을 멸하기도 하고 칼날을 피하기도 하며 연약한 가운데서 강하게 되기도 하며 전쟁에서는 강대해져서 적군을 물리치기도 하였습니다.

㉟ 어떤 여자들은 자기의 죽음을 앞으로 올 부활로써 되돌려 보상 받았습니다. 다른이들은 고문을 당하면서도 석방되는 것을 거부하였습니다. 이는 그들이 확실히 부활할 것이라고 믿었기 때문입니다.

㊱ 어떤 사람들은 조롱과 매질을 당했으며 그리고 아직도 다른 사람들은 포중줄에 묶여 감옥에 들어가 있습니다.

㊲ 그들은 돌로 맞아 죽기도 하였고 톱으로 둘로 잘리기도 하였으며 검으로 죽임을 당하기도 하였습니다. 그들은 양 가죽과 염소 가죽을 입고 궁핍한 상태로 돌아다녔으며 박해를 받고 학대를 받았습니다.

㊳ 그들에게는 세상은 가치가 없었습니다. 그들은 사막과 산속을 유랑하였고 동굴과 땅굴에서 생활하였습니다.

㊴ 이 분들 모두는 그들의 신앙으로 말미암아 칭찬을 받았습니다. 그러나 그들의 누구도 약속된 것을 받지는 못하였습니다.

㊵ 하나님께서는 우리를 위하여 더 좋은 것을 예비하셨는데, 그들은 오직 우리와 함께 함으로써 온전하여 질 수 있는 것입니다.

● 12장

① 그러므로 우리는 그러한 많은 구름 같은 증인들에 의하여 둘러싸여 있으므로, 우리를 방해하는 모든 것과 우리를 그렇게 쉽게 얽히게 하는 죄를 던져버리고, 인내로써 우리가 하여야 하는 경주를 내 달립시다.

② 우리의 눈을 들어 신앙의 창시자이시며 완성자이신 예수님을 바라봅시다. 그분은 그분 앞에 놓여있는 기쁨을 위하여 십자가의 고통을 참으셨으며, 그 부끄러움도 개의치 않으셨습니다. 그리고 그분은 하나님 보좌

의 오른쪽에 앉았습니다..

③ 죄인들로부터 그러한 거역함을 참으신 그 분을 생각하십시요. 이는 여러분들이 피곤하지 않고 낙심하지 않게 하려 하심입니다.

④ 여러분들이 죄에 대하여 투쟁하는데 있어서 여러분들은 아직 피를 흘리는 데까지는 이르지 않으셨습니다.

⑤ 그리고 여러분들은 아들들로써 여러분들에게 말씀하신 그분의 권면의 말씀을 잊고 있습니다. 일렀으되 "내 아들아 주의 훈계하심을 경히 여기지 말며 그에게 꾸지람을 받을 때에 낙심하지 말라

⑥ 왜냐하면 주는 사랑하는 자들을 훈육하시고, 그분이 아들로써 받아들이는 모든 자를 벌하시기 때문이니라."

⑦ 훈육으로서의 고난을 견디십시요. 하나님은 여러분들을 아들로써 대우하십니다. 어떤 아들이 그의 아버지에 의하여 훈육을 안받습니까?

⑧ 모든 아들들은 훈계를 받습니다. 만약 여러분들이 훈계를 받지 않는다면 여러분들은 사생자들이거나 참 아들들이 아닙니다.

⑨ 더욱이 우리 모두에게는 우리를 훈육하는 육신의 아버지가 계시는데 우리는 그러한 아버지를 공경하였습니다. 그렇다면 우리는 우리의 영적인 아버지에게 복종하여 살아야 하지 않겠습니까?

⑩ 우리의 육신의 아버지들은 그들이 최상이라고 생각한대로 잠시동안 우리를 훈육하였습니다. 그러나 하나님은 우리의 유익을 위하여, 즉 우리를 그분의 거룩함에 참예시키기 위하여 우리를 훈육시킵니다.

⑪ 어떤 훈육도 그 당시에는 즐겁지 않고 고통스럽지만, 그러나 후에는 훈육에 의하여 연단받은 사람들에게 의로움과 평화의 열매를 맺게 합니다.

⑫ 그러므로 허약한 팔과 약한 무릎을 강화시키십시요.

⑬ "여러분들의 발을 위하여 평탄한 길을 만드십시요," 그리하여 절름발이가 무능력하게 되지 않고 치유되도록 하십시요.

⑭ 모든 사람과 함께 평화롭게 살도록 최선의 노력을 하여서 거룩함에 거하십시요. 거룩함이 없이는 누구도 주를 보지 못할 것입니다.

⑮ 여러분들은 어느 누구도 하나님의 은혜를 기다리지 않는 사람이 없고, 가증스런 뿌리는 성장해서 문제를 일으키고, 많은 사람을 더럽힌다는

것을 명심하십시요.

⑯ 또한 여러분들은 어떤 사람도 성적으로 비도덕적이지 않고, 한 그릇의 죽으로 맞 아들로써 가지는 상속권을 팔아버린 에서와 같이 불경건 하지 않도록 명심하십시요.

⑰ 여러분들도 아시다시피, 그 후에 에서가 그의 아버지의 축복을 다시 상속받기를 원했을 때 그는 거절되었습니다. 비록 그가 눈물로써 그 축복을 구했지만 그의 아버지의 마음을 되돌릴 수는 없었습니다.

⑱ 그리고 지금 여러분들은 조상들처럼 손으로 닿을 수 있으며 불타고 있는 산에 이르지 않았습니다. 또한 암흑과 어두움과 폭풍에 이르지도 않았습니다.

⑲ 그 곳은 나팔이 울리고 말소리가 들리는 곳이 아닙니다. 그런데 그 말소리를 들은 이들은 더 이상 자신들에게 그러한 말씀이 내리지 않게 해 달라고 간청하였습니다.

⑳ 왜냐하면 "하나의 동물이라도 그 산에 들어가면 돌로 쳐죽여야 한다."는 명을 그들은 지킬수 없었기 때문이었습니다.

㉑ 그 광경은 대단히 무시무시 했습니다. 그래서 모세도 "내가 두려움으로 떨고 있다."고 말하였습니다.

㉒ 그러나 여러분들은 살아있는 하나님의 성이며 하늘의 예루살렘인 시온산에 왔습니다. 여러분들은 기쁨에 넘쳐 모여있는 수백만의 천사들에게 와 있습니다.

㉓ 여러분들은 그들의 이름들이 하늘 나라에 기록된 장자들의 모임에 와 있습니다. 그리고 여러분들은 의로운 사람들의 영을 완벽하게 하시며 우리 모두를 판단하시는 하나님에게 와 있습니다.

㉔ 여러분들은 새로운 언약의 중보자이신 예수님과 아벨의 피 보다 더 나은 말씀으로 말하여지는 예수님의 흘린 피에 와 있는 것입니다.

㉕ 여러분들은 복음 전하는 분의 말씀에 귀를 막지 않도록 명심하십시요. 지구상에서 그들을 경고하는 자들의 말씀을 거역한 자들이 벌을 피할 수 없었다면, 하물며 하늘로부터 우리에게 한 경고를 우리가 거역한다면 우리는 어떻게 되겠습니까?

㉖ 그 때에는 그분의 목소리가 땅의 뿌리까지 흔들겠지만 그러나 지금 그

분은 "한번 더 내가 지구뿐만아니라 하늘도 뒤흔들리게 하리라." 라고 말씀하셨습니다.

㉗ "한번 더"라는 이 말은 흔들릴 수 있는 것 즉 창조된 것의 이동을 가리키는 것입니다. 그러므로 흔들릴 수 없는 것은 영원히 존속할 것입니다.

㉘ 그러므로 우리는 흔들릴 수 없는 왕국을 받았으므로 하나님께 감사하며 존경과 외경심을 가지고 마음을 다해 하나님을 경배합시다.

㉙ 왜냐하면 우리 하나님은 모든 것을 태워버리는 불이시기 때문입니다.

• 13장

① 형제같이 서로 사랑하기를 계속하고,

② 낯선 방문객 대접하는 것을 잊지 마십시요. 이로써 부지 중에 천사들을 대접한 이들도 있었습니다.

③ 감옥에 갇힌 사람들을 마치 여러분들도 함께 갇혀 있는 것처럼 기억하여 주십시요. 그리고 학대 받는 자들도 여러분들이 학대 받는 것 처럼 기억하여 주십시요.

④ 혼인은 모든 사람에 의하여 존귀히 여겨져야 하고, 부부의 잠자리는 순수함을 유지하여야 합니다. 왜냐하면 하나님은 간통자와 음행하는 자들을 심판하시기 때문입니다.

⑤ 돈을 사랑하는 것으로부터 자유로운 생활을 유지하고, 여러분들이 가지고 있는 것에 만족하십시요. 왜냐하면 하나님은 "내가 결코 너희를 떠나지 않을 것이며 결단코 너희를 포기하지 아니하리라."고 말씀하셨기 때문입니다.

⑥ 그러므로 우리는 확신을 가지고 이렇게 말합니다. "주는 나를 돕는 자시니 나는 두려워하지 아니하노라. 사람이 나에게 무엇을 할 수 있느뇨?"

⑦ 하나님의 말씀을 전해준 여러분들의 지도자들을 기억하십시요. 그리고 그들의 인생 행로의 결과를 생각해 보시고 그들의 신앙을 본 받으십시요.

⑧ 예수 그리스도는 어제나 오늘이나 영원토록 같은 분이십니다.

⑨ 모든 종류의 이상한 교리에 휘둘리지 마십시요. 의식적인 음식들 즉 그
   것들을 먹은 자들에게 전혀 가치가 없는 교리들에 의하기 보다는 은혜
   로써 마음을 견고하게 하는 것이 좋습니다.

⑩ 우리에게는 제단이 있는데 성막에서 섬기는 자들은 그 위에 있는 제물
   을 먹을 수 없습니다.

⑪ 대제사장은 동물들의 피를 속죄 제물로 지성소 안에 가지고 갑니다. 그
   러나 동물의 몸은 성소 밖에서 태워집니다.

⑫ 그래서 예수도 자기 피로써 백성을 거룩케 하려고 성문 밖에서 고난을
   받으셨습니다.

⑬ 그러므로 우리는 진영 밖으로 나가서 그분이 진 불명예를 같이 짊어집
   시다.

⑭ 우리는 여기에서 영원히 지속되는 성을 가지지 못하므로 우리는 앞으
   로 올 영원한 도성을 기다리고 있습니다.

⑮ 그러므로 예수를 통하여 그의 이름을 고백하는 입술의 열매인 찬양을
   계속적으로 하나님께 드립시다.

⑯ 그리고 선을 행하는 것과 다른 사람들과 나누는 것을 잊지 마십시요.
   왜냐하면 그러한 희생을 하나님은 기뻐하시기 때문입니다.

⑰ 여러분들을 지도하는 자들의 말을 따르고 그들의 권위에 복종하십시
   요. 그들은 여러분들을 그들이 책임져야할 사람들 처럼 계속 보살피고
   있습니다. 그들이 일을 하면 기쁨을 느끼도록 순종하십시요. 부담이 되
   지 않도록 하십시요. 그들에게 부담이 된다면 여러분들에게 전혀 도움
   이 되지 않습니다.

⑱ 여러분들은 우리를 위하여 기도해주십시요. 우리는 맑은 마음을 가지
   고 있으며 모든 면에서 명예롭게 살기를 바라고 있다는 것을 확신합니
   다.

⑲ 나는 특별히 여러분들에게 간절히 부탁드립니다. 내가 여러분들에게
   속히 돌아가도록 기도해 주십시요.

⑳ 영원한 약속의 피를 통하여 양들의 큰 목자이신 우리 주 예수님을 죽은
   자들 가운데서 살려내신 평화의 하나님께서

㉑ 여러분들이 하나님의 뜻을 행하는 데 필요한 모든 선한 일을 마련해주

시기를 기원합니다. 그리고 또 예수 그리스도를 통해서 하나님을 기쁘게 하는 모든 일에 하나님께서 우리와 함께하시기를 기원합니다. 또한 예수 그리스도에게 영광이 영원히 무궁토록 있으시기를 기원합니다. 아멘.

㉒ 형제 여러분 나는 최대한 간략하게 여러분들에게 편지를 썼으니, 나의 권고의 말을 마음속게 간직하기를 강조합니다.

㉓ 나는 여러분들에게 우리 형제 디모데가 감옥으로부터 석방된 것을 알려드립니다. 그가 곧 도착하면 나는 그와 함께 여러분들을 만나러 갈 것입니다.

㉔ 여러분들의 모든 지도자들과 모든 성도들에게 문안드립니다. 이곳 이탈리아 출신 사람들도 여러분들에게 문안합니다.

㉕ 하나님의 은혜가 여러분 모두에게 함께 하시기를 기원합니다.

야고보서(사도서신)

· 본 성경듣기는 QR코드 인식으로 들을 수 있습니다

● 1장
① 하나님과 주 예수 그리스도의 종, 야고보는 여러곳에 널리 흩어져 있는 열 두 지파에게 문안합니다.
② 나의 형제 여러분, 여러분들이 온갖 시련을 겪을 때마다 그것을 진정한 기쁨으로 생각하십시요.
③ 여러분들도 알고 있듯이, 여러분들이 신앙의 시험을 받으면 인내가 더욱 강해지기 때문입니다.
④ 인내는 그의 역할을 다 해야합니다. 그리하여야 여러분들이 어느 하나 부족함이 없이 성숙하고 완전할 수 있습니다.
⑤ 만약 여러분들 중에서 어느 사람이 지혜가 부족하면, 그 사람은 모든 것을 주시는 하나님께 구하십시요. 하나님은 너그러우시고 흠 잡지 않으시므로 그에게 지혜를 주실 것입니다.
⑥ 그러나 구하였을 때에는 믿고 의심하지 안해야 합니다. 왜냐하면 의심하는 자는 바람에 의하여 출렁이는 바다의 파도와 같기 때문입니다.
⑦ 그러한 사람은 주로부터 어떤 것을 받으리라고 생각하지 말아야 합니다.
⑧ 그는 두 마음을 품어 그가 하는 모든 일에서 안정을 찾지 못합니다.
⑨ 비천한 상황에 있는 형제들은 그가 높은 지위에 올라가는데 자긍심을 가지면 됩니다.
⑩ 그러나 부유한 사람은 그가 낮은 지위에 떨어지더라도 자긍심을 가져야 합니다. 왜냐하면 사람은 야생의 꽃과 같이 사라질 것이기 때문입

니다.

⑪ 왜냐하면 시들게 하는 뜨거운 열을 가진 태양이 뜨면 식물을 시들게 하고, 그 꽃은 떨어지고 그 아름다움은 사라지기 때문입니다. 마찬가지로 부자도 그가 그의 사업에 열중하는 동안 이와 같이 쇠잔할 것입니다.

⑫ 시련하에서 견디는 자는 복이 있도다, 왜냐하면 그가 시험을 받을 때에 그는 하나님이 그를 사랑하는 자들에게 약속하신 생명의 왕관을 받을 것이기 때문입니다.

⑬ 어떤 사람이 유혹을 받을 때, "하나님이 나를 유혹하고 계신다."고 말하지 않아야 합니다. 왜냐하면 하나님은 악의 유혹을 받으실 수 없고, 또한 그분은 아무도 유혹하지 않으십니다.

⑭ 그러나 각자는 그 자신의 나쁜 욕망에 의하여 끌려가거나 유인되었을 때 유혹을 받습니다.

⑮ 그러므로 욕심이 잉태한즉 죄를 낳고, 죄가 장성한즉 사망을 낳습니다.
(Then when lust hath conceived, it bringeth forth sin: and sin when it is finished, bringeth forth death.-KJV)
(Then, after desire has conceived, it gives birth to sin; and sin, when it is fullgrown, gives birth to death.-NIV)
(Then desire conceives and brings forth sin, and when sin reaches maturity it gives birth to death.-NAB)
(Lust gets pregnant, and has a baby: sin! Sin grows up to adulthood, and become a real killer.-THE MESSAGE)

⑯ 내 사랑하는 형제 여러분, 속지 마십시요.

⑰ 각양 좋고 온전한 은사는 위로부터 내려옵니다. 즉 하늘의 빛이신 아버지로부터 내려오십니다. 그분은 변동이 없으시고 그림자처럼 변하지 않으십니다.

⑱ 그분은 우리를 선택하사, 진리의 말씀을 통하여 우리를 낳게 하사, 우리는 그분이 창조한 모든 것들의 일종의 첫 열매들이 될 것입니다.

⑲ 나의 사랑하는 형제 여러분, 여러분들이 아시다시피 이것을 명심하십시요. 즉 사람마다 듣기는 속히 하고, 말하기는 더디하며, 분노하는 것은 천천히 하십시요.

⑳ 왜냐하면 사람의 분노는 하나님이 바라는 의로운 생활을 가져오지 못하기 때문입니다.

㉑ 그러므로 모든 도덕적인 불결함과 만연하는 악을 버리고, 여러분들 안에 뿌리내린 말씀을 겸손히 받아들이십시요. 그것이 여러분들을 구원할 수 있습니다.

㉒ 말씀을 듣기만 하여 여러분 자신들을 속이지 마십시요. 말씀으로 들은 바를 행하십시요.

㉓ 말씀을 듣고 행하지 아니하는 자는 거울안에 자기의 얼굴을 비추어 보는 사람과 같습니다.

㉔ 그리고 그 자신을 본 후에 돌아서면, 즉시 그가 어떻게 생겼는지를 잊어버립니다.

㉕ 그러나 집중하여 자유를 주는 온전한 법을 들여다보고, 그것을 계속하여 행하는 자, 그리하여 그가 들은 바를 잊지 않고, 그것을 행하는 자, 그는 그가 하는 모든 일에 복을 받을 것입니다.

㉖ 어떤 사람이 스스로 경건하다 생각하고, 자기 혀를 재갈 먹이지 아니하면, 그는 그 자신을 속이는 것으로 그의 경건은 헛것입니다.

㉗ 하나님 아버지께서 순수하고 결점없는 것으로 받아들이는 경건은 이것입니다. 즉 고아와 과부를 그들의 곤궁에서 돌보아 주고, 자기 자신을 세상으로부터 물들지 않도록 지키는 것입니다.

● 2장

① 나의 형제 여러분, 여러분들은 영광스러운 주 예수 그리스도의 신봉자로서 사람들을 편애하지 마십시요.

(My brethren, have not the faith of our Lord Jesus Christ the Lord of glory, with respect of persons.-KJV)

(My brothers, as believers in our glorious Lord Jesus Christ, don't show favoritism.-NIV)

(My brothers, show no partiality as you adhere to the faith in our glorious Lord Jesus Christ.-NAB)

(My dear brothers, don't let public opinion influence how you live out our glorious. Christ-originated faith.-THE MESSAGE)

② 만일 여러분의 회당에 금 가락지를 끼고, 아름다운 옷을 입은 사람이 들어 오고, 또 더러운 옷을 입은 가난한 사람이 들어올 때에,

③ 여러분이 아름다운 옷을 입은 자를 돌아보며 말하기를, 여기 좋은 자리에 앉으소서 하고, 또 가난한 자에게는 말하기를, 너는 거기 섰든지 내 발등상 아래 앉으라 하면,

④ 여러분들 자신들끼리 서로 차별하며 악한 생각으로 판단하는 자가 되는 것이 아닙니까?

⑤ 나의 사랑하는 형제 여러분 들으십시요. 하나님은 세상이 보기에는 가난한 자를 택하사 신앙에서 부요하게 하시고, 자기를 사랑하는 자들에게 약속하신 하늘왕국을 유업으로 받게 아니하셨습니까?

⑥ 그러나 여러분들은 가난한 자들을 업신여겼습니다. 여러분들을 착취하는 자가 부자들이 아닙니까?그리고 그들은 여러분들을 법정으로 끌고 가지 않았습니까?

⑦ 그들은 여러분들이 속해 있는 분의 그 존귀한 이름을 모욕하는 자들이 아닙니까?

⑧ 만약 여러분들이 성경에 기록된 "너희 이웃을 네 자신과 같이 사랑하라" 라는 최고의 법을 진실로 지키고 있다면 여러분들은 바르게 하고 있는 것입니다.

⑨ 만일 여러분들이 차별을 한다면 여러분들은 죄를 짓는 것이고, 율법에 의하여 범죄자로 되는 것입니다.

⑩ 왜냐하면 율법 전체를 지키는 누구라도 한 조문을 위반하면 율법의 전부를 범한 것으로 되기 때문입니다.

⑪ 왜냐하면 "간음하지 말라."고 말씀하신 이가 역시 "살인하지 말라."고 하셨기 때문입니다. 만약 여러분들이 간음은 하지 않았으나 살인을 하였다면 여러분은 율법을 어긴 범법자가 됩니다.

⑫ 여러분들은 자유를 주는 법에 의하여 판단되어지는 자들로써 말하고 행동하십시요.

⑬ 이는 자비를 배풀지 않은 자에게는 무자비한 심판이 있을 것이기 때문입니다. 자비는 심판을 이깁니다.

(For he shall have judgment without mercy, that hath shewed no mercy; and mercy rejoiceth against judgment-KJV)

(Because judgment without mercy will be shown to anyone who has not been merciful. Mercy triumphs over judgment!-NIV)

(For judgment is merciless to one who has not shown mercy; mercy triumphs over judgment.-NAB)

(For if you refuse to act kindly, you can hardly expect to be treated kindly. Kind mercy wins over harsh judgment every time.-THE MESSAGE)

⑭ 나의 형제 여러분, 만약 어떤 사람이 신앙은 있다고 주장하면서 행함이 없으면 무슨 유익이 있습니까? 그러한 신앙이 그 사람을 구원할 수 있습니까?

⑮ 만일 형제나 자매가 헐벗고 일용할 양식이 없는데,

⑯ 여러분들 중에 누가 그에게 이르되 "편안히 가십시요. 몸을 더웁게 하십시요. 배부르게 먹으십시요." 하면서 그가 실질적으로 필요로하는 물품에 대해서 아무런 조치도 하지 않으면 무슨 소용이 있습니까?

⑰ 마찬가지로 만약 신앙이 행함이 수반되지 않는다면 신앙 그 자체가 죽은 것입니다.

⑱ 그래서 어떤 사람은 이렇게 말할지도 모릅니다. "너는 신앙이 있고 하고 나는 행함이 있다." "그러면 행함이 없이 네 신앙을 내게 보이라 보일 수 없을 것이나 나는 행함으로 인하여 내 신앙을 네게 보일 수 있느니라."

⑲ 여러분은 하나님이 유일한 참 신이신 것을 믿습니다. 맞습니다! 마귀들도 떨면서 그렇게 믿습니다.그러나 그 것만으로는 의미가 없는 것입니다.

⑳ 행함이 없는 신앙이 헛 것이라는 증거를 원합니까? 그렇다면 여러분은 어리석은 인간입니다.

㉑ 즉 우리 조상 아브라함이 그 아들 이삭을 제단에 드리는 행함으로 의롭다 하심을 받은 것이 아닙니까?

㉒ 여러분들은 아브라함의 신앙은 행위가 함께 하여 아브라함의 행함으로 아브라함의 신앙이 완전케 되었다는 것을 압니다.

㉓ 그래서 "아브라함이 하나님의 말씀을 믿고 행하니 그것으로 하나님은 아브라함을 의롭다 하셨습니다."는 성경 말씀이 이루어졌고, 그는 하나님의 벗이라 칭함을 받았습니다.

(And the scripture was fulfilled which saith, Abraham believed God, and it was imputed unto him for righteousness: and he was called the Friend of God.-KJV)

(And the scripture was fulfilled that says, "Abraham believed God, and it was credited to him as righteousness," and he was called God' friend.-NIV)

(Thus the scripture was fulfilled that says, "Abraham believed God, and it was credited to him as righteousness," and he was called "the friend of God."-NAB)

(That the works are "works of faith?" The full meaning of "believe" in the Scripture sentence, "Abraham believed God and was set right with God," includes his action. It's that mesh of believing and acting thay got Abraham named "God's friend."-THE MESSAGE)

㉔ 이로 보건대 사람이 행함으로 의롭다 하심을 받는 것이지 오직 신앙으로만 아니라는 것을 여러분들은 압니다..

㉕ 마찬가지로 기생 라합이 정탐꾼들을 접대하고 그들을 다른 방향으로 나가게 보냈을 때 그녀가 한 행위로써 의롭다 하심을 받은 것이 아닙니까?

㉖ 영혼 없는 몸이 죽은 것 같이 행함이 없는 신앙은 죽은 것입니다.

● 3장

① 형제 여러분, 여러분들 중 많은 분이 선생님이 되리라고 생각하지 마십시요. 왜냐하면 여러분들도 아시다시피 가르치는 우리는 더욱 엄격한 판단을 받을 것이기 때문입니다.

② 우리 모두는 많은 면에서 잘못을 하고 있습니다. 만약 어떤 사람이 그가 말하는 것에서 결코 실수하지 않으면 그는 그의 전 육체를 계속 관리할 수 있는 완전한 사람입니다.

③ 우리가 말들을 우리에게 복종하게 하려고, 말들의 입에 재갈을 물렸을 때 우리는 그 말을 완전히 조종할 수 있습니다.

④ 또 예를들어 배들을 보십시요. 비록 배들이 대단히 커서 강풍이 불면 떠밀려 다니지만 배들은 선장이 가기를 원하는 곳으로 지극히 작은 키에 의하여 조종됩니다.

⑤ 마찬가지로 혀도 몸의 작은 부분이나 그것은 큰 허세를 만들어 냅니다. 큰 수풀이 작은 불씨에 의하여 태워지는 것을 생각해 보십시요.

⑥ 혀는 역시 몸의 지체 중에서 악의 영역인 화염입니다. 우리는 말로 세상을 파괴할 수도 있고, 조화를 무질서로 바꿀 수도 있으며, 명성에 먹칠을 할 수 있고, 지옥구덩이로부터 올라오는 연기처럼 온 세상을 혼란에 빠지게 할 수 있습니다.

(And the tongue is a fire, a world of iniquity: so is the tongue among our members, that it defileth the whole body, and setteth on fire the course of nature; and it is set on fire of hell.-KJV)

(The tongue also is a fire, a world of evil among the parts of the body. It corrupts the whole person, sets the whole course of his life on fire, and is itself set on fire by hell.-NIV)

(The tongue is also a life, It exists among our members as a world of malice, defiling the whole body and setting the entire course of our lives on fire, itself set on fire by Gehenna.-NAB)

(By our speech we can ruin the world, turn harmony to chaos, throw mud on a reputation, send the whole world up in smoke and go up in smoke with it, smoke right from the pit of hell.-THE MESSAGE)

⑦ 모든 종류의 들 짐승과 날 짐승과 길 짐승과 바다 생물이 인간에 의하여 길들여지고 있고 길들여졌습니다.

⑧ 그러나 어떤 사람도 혀를 길들일 수는 없습니다. 혀는 치명적인 독이 가득한 항상 움직이는 악입니다.

⑨ 혀로써 우리는 우리 주 아버지를 찬양하며 또 하나님으 형상 안에서 지음 받은 사람들을 저주합니다.

⑩ 같은 입으로부터 찬미와 저주가 나오고 있습니다. 나의 형제 여러분 이렇게 돼서는 안됩니다.

⑪ 어떻게 같은 샘으로부터 단 물과 쓴 물이 흘러 나올 수 있습니까?

⑫ 나의 형제 여러분 무화과 나무가 올리브 열매를 포도 나무가 무화과 열매를 맺을 수 있습니까? 또 쓴물이 단 물을 낼 수 있습니까?

⑬ 여러분들 중에서 누가 슬기롭고 이해심이 있습니까? 그는 인생을 선하게 살며 지혜롭고 겸손한 행위에 의하여 자신이 슬기롭고 이해심이 있다는 것을 나타내십시요.

⑭ 그러나 여러분들이 마음 속에 독한 시기심과 이기적인 자부심을 품고 있으면 그것을 자랑스럽게 말하지 마십시요. 자랑스럽게 말하면 진리를 부인하는 것입니다.

⑮ 그러한 지혜는 하늘로부터 내려 온 것 아니요, 세상적이고 현세적이며 마귀적인 것입니다.

⑯ 왜냐하면 시기심과 이기적인 자부심이 있는 곳에서는 혼란과 온갖 악행이 있기 때문입니다.

⑰ 그러나 하늘로부터 내려온 지혜는 무엇보다 먼저 순수하고, 평화를 사랑하며 인정있고, 순종하며 자비와 좋은 열매가 충만하고 공정하며 성실합니다.

⑱ 평화의 씨를 뿌려 화평케 하는 자들은 의로움의 열매를 거둡니다.

● 4장

① 무엇이 여러분들 사이에서 싸움과 다툼을 일으킵니까? 그것들은 여러분들 안에서 싸우는 정욕으로부터 오는 것이 아닙니까?

② 여러분들이 하나님께 구하지 않기 때문에, 어떤 것을 원하나 얻지 못하고, 죽이고 탐내도 원하는 것을 가질 수 없으며, 싸우고 다투어도 가지지 못합니다.

③ 여러분들이 구하여도 받지 못함은, 여러분들이 정욕에 쓰려고 그것을 구하기 때문입니다.

④ 간음하는 남자들과 여자들아, 여러분 세상과 가까이 하는 것이 하나님을 향한 혐오심의 표시라는 것을 알지 못합니까? 따라서 세상의 친구가 되기를 선택하는 자는 하나님의 원수가 됩니다.

⑤ 또는 여러분들은 성경은 "그 분께서 우리 안에 살게 한 영이 격렬히 질투한다."라고 이유없이 말 한다고 생각합니까?

⑥ 그러나 그분은 우리에게 더많은 은혜를 주십니다. 그것은 성경이 "하나님은 교만한 자를 물리치시고 겸손한 자에게 은혜를 주신다."라고 말한 이유입니다.

⑦ 그러므로 여러분들 자신은 하나님께 복종하십시요. 그리고 마귀에 대적하십시요. 그러면 마귀가 여러분들로부터 달아날 것입니다.

⑧ 하나님께 가까이 가십시요. 그러면 하나님이 여러분들에게 오실 것입니다. 여러분들은 죄인들입니다. 손을 깨끗이 씻으십시요. 그리고 두 마음을 품은 자들은 여러분들의 마음을 정화하십시요.

⑨ 슬퍼하고 애통하며 우십시요. 여러분들의 웃음을 애통으로 여러분들의 즐거움을 근심으로 바꾸십시요.

(Be afflicted, and mourn, and weep: let your laughter be turned to mourning, and your joy to heaviness.-KJV)

(Grieve, mourn and wail. Change your laughter to mourning and your joy to gloom.-NIV)

(Begin to lament, to mourn, to weep. Let your laughter be turned into mourning and your joy into dejection.-NAB)

(Hit bottom, and cry your eyes out, The fun and games are over. Get serious, really serious.-THE MESSAGE)

⑩ 주님 앞에서 여러분들 자신을 낮추십시요, 그리하면 주님께서 여러분들을 높이실 것입니다.

⑪ 형제 여러분 서로서로 비방하지 마십시요. 그의 형제를 비방하거나 그를 판단하는 자는 율법을 비난하고 율법을 판단합니다. 여러분들이 율법을 판단한 때에는 여러분들은 율법을 지키는 자가 아니라, 율법을 판

단하는 자리에 있는 것입니다.

(Speak not evil one of another, (brethren.) He that speaketh evil of the law, and judgeth the law: but if thou judge the law, thou are not a doer of the law, but a judge.-KJV)

(Brothers, do not slander one another. Anyone who speaks against his brother or judges him speaks against the law and judges and judges it. When you judge the law, you are not keeping it, but sitting in judgment on it.-NIV)

(Do not speak evil of one another, brothers. Whoever speaks evil of a brother or judges his brother speaks evil of the law and judge the law. If you judge the law, you are not a doer of the law but a judge.-NAB)

(Don't bad-mouth each other, friends. It's God's Word, his Message, his Royal Rule, that takes a beating in that kind of talk. You're supposed to be honouring the Message, not writing graffiti all over it.-THE MESSAGE)

⑫ 입법자와 재판자는 오직 한분이십니다. 그분은 구원할 수도 있으시고 멸망시킬 수도 있습니다. 여러분들이 누구인데 여러분들의 이웃을 심판합니까?

⑬ "오늘이나 내일 이 도시 또는 저 도시로 가서 거기서 한 일년을 머무르며 장사를 해서 돈이나 벌자." 라고 말하는 분들은 들으십시요.

(Go to now, ye that say, To day or tomorrow we will go into such a city, and continue there a year, and buy and sell, and get gain:-KJV)

(Now listen, you who say, "Today or tomorrow we will go to this or that city, spend a year there, carry on business and make money."-NIV)

(Come now, you who say, "Today or tomorrow we shall go into such and such a town, spend a year there doing business, and make a profit"-NAB)

(And now I have a word for you who brashly announce, "Today-at the latest, tomorrow-we're off to such such a city for the year. We're going to start a business and make a lot of money.-THE MESSAGE)

⑭ 왜냐구요? 여러분들은 내일 무엇이 일어날지를 전혀 모릅니다. 그리고 여러분들의 인생은 무엇입니까? 여러분들은 잠시동안 나타났다가 없어지는 안개입니다.

⑮ 도리어 여러분들은 "만약 주의 뜻이면 우리가 살고 이것도 저것도 하리라."고 말을 해야 합니다.

⑯ 사실상 여러분들은 자랑하고 허풍을 떱니다. 그러한 모든 자랑은 악입니다.

⑰ 그러므로 누구나 선을 행하여야 한다는 것을 알면서 선을 행하지 않으면 죄를 짓는 것입니다.

● 5장

① 이제 거만한 부자들은 들으십시요. 여러분들은 다가오는 고통으로 인하여 울고 통곡할 것입니다.

(And a final word to you arrogant rich: Take some lessons in lament. You'll need buckets for the tears when the crash comes upon you.-THE MESSAGE)

(Go to now ye rich men, weep and howl for your miseries that shall come upon you.-KJV)

(Now listen, you rich people, weep and wail because of the misery that is coming upon you.-NIV)

(Come now, you rich, weep and wail over your impending miseries.-NAB)

② 여러분들의 재산은 썩어 없어졌고 옷들은 좀이 먹었습니다.

③ 여러분들의 금과 은은 녹이 습니다. 그 녹이 여러분들에게 불리한 증거가 되어 불과 같이 여러분들의 육체를 먹습니다. 여러분들은 종말의 때에도 재산을 사재기 하고 있습니다.

④ 살펴보십시요! 여러분들의 밭을 수확한 농부들에게 여러분들이 지급하지 아니한 노임들이 여러분들을 향하여 울부짖고 있습니다. 추수군들의 울부짖음이 만군의 주의 귀에 들렸습니다.

⑤ 여러분들은 지구상에서 사치와 탐익에 빠져 살았습니다. 여러분들은 심판의 날이 왔는데도 여러분들 자신만을 살지게 하였습니다.

⑥ 여러분들은 여러분들에게 적대하지도 않은 무고한 자들을 정죄하고 살해하였습니다.

⑦ 그러므로 형제 여러분 주님이 오실 때까지 참으십시요. 그리고 어떻게 농부가 땅이 가치있는 농작물의 산출하는 것을 기다리는지와 농부가 봄비와 가을 비를 기다리며 인내하는지를 생각해보십시요.

⑧ 여러분들도 역시 인내하며 마음을 견고히 가지십시요. 주님의 오심이 가까이 와 있습니다.

⑨ 형제 여러분 서로서로 불평하지 맙시다. 그렇지 않으면 여러분들은 판단을 받습니다. 판단자께서 문에 서 계십니다.

⑩ 형제 여러분 주의 이름으로 전도한 선지자들이 고난에 직면해서 보인 인내를 본 받으십시요.

⑪ 여러분들도 아시다시피 우리는 인내하는 자가 복을 받는다고 생각합니다. 여러분들은 욥의 인내를 들었고 주께서 마지막에 욥에게 준 모든 것을 알고 있습니다. 주님께서는 동정심과 자비가 충만하십니다.

⑫ 형제 여러분 특히 맹세하지 마십시요. 하늘을 두고도 지구를 두고도 그 밖의 무엇을 두고도 맹세하지 마십시요. 여러분들이 그렇다 할 것은 그렇다 하고 아니다 할 것은 아니다 하면 됩니다. 그렇지 않으면 여러분들은 정죄 당할 것입니다.

⑬ 여러분들 중에 누가 괴로움에 있습니까? 그는 기도하여야 합니다. 어떤 사람은 행복합니까? 그는 찬송하여야 합니다.

⑭ 여러분들 중에 병든 자가 있습니까? 그는 교회의 장로들을 청해서 그를 위하여 기름을 바르며 기도하도록 하여야 합니다.

⑮ 신앙안에서 주어지는 기도는 아픈 사람을 낫게 하실 것이고, 주는 그를 일으키실 것입니다. 만약 그가 죄를 지었다면 그는 용서를 받을 것입니다.

⑯ 그러므로 여러분들의 죄를 서로 고백하고, 서로를 위하여 기도하십시요. 그러면 여러분들은 치유될 것입니다.

⑰ 엘리야는 우리와 똑 같은 사람이었습니다. 그는 비가 오지 않기를 진정으로 기도하였습니다. 그래서 3년 6개월 동안 땅에 비가 오지 않았습니다.

⑱ 다시 엘리야는 기도했습니다. 하늘은 비를 주셨고 지구는 소출을 생산해 냈습니다.

⑲ 나의 형제 여러분 여러분들 중의 한 사람이 진리로 부터 떠나 방황하는데, 어떤 사람이 그를 진리로 돌아오도록 한다면,

⑳ 이것을 기억하십시요. 즉 죄인을 잘못된 길에서 돌아오게 하는 자는 그를 죽음에서 구원하고 무수한 죄를 덮을 것입니다.

베드로전서(사도서신)

· 본 성경듣기는 QR코드 인식으로 들을 수 있습니다

● 1장

① 예수 그리스도의 사도 베드로는, 본도와 갈라디아와 갑바도기아와 아시아와 비두니아에 흩어져 있는 나그네들,

② 곧 하나님 아버지의 예지에 따라 선택되었고, 성령의 거룩한 역사를 통하여 예수 그리스도에게 순종하게 되었으며, 그에 의하여 피 뿌림을 얻기 위하여 택하심을 입은 분들에게 편지 합니다. 은혜와 평화가 여러분들에게 풍성하시기를 기원합니다.

③ 우리 주 예수 그리스도의 아버지이신 하나님께 찬양을 드립니다. 하나님은 그의 광대한 자비 안에서 예수 그리스도를 죽은자 가운데서 부활시킴으로써 우리를 살아있는 소망으로 거듭나게 하셨습니다.

④ 그리고 여러분들을 위하여 하늘에 간직되고 있던 썩지 않고, 더러워지지 않으며 시들지 않는 상속 재산을 얻게 하셨습니다.

⑤ 여러분들은 말세에 나타나기로 준비되어 있는 구원의 도래 시까지 신앙을 통하여 하나님의 힘으로 보호를 받고 있습니다.

⑥ 지금은 여러분들이 잠시 동안 갖가지 시련들로 슬픔을 겪을지 모르지만 하나님의 보호가 있으므로 크게 기뻐하십시요.

⑦ 이러한 것들은 불로 정제되기도 하지만, 결국 없어지는 금 보다 더 가치있는 여러분들의 신앙이 순수한 것으로 증명되고, 예수 그리스도가 다시 오실 때에 찬양과 영광과 존귀를 얻게 하려함입니다.

⑧ 비록 여러분들은 예수님을 보지 못하였으나 여러분들은 그분을 사랑합니다. 그리고 여러분들은 지금 보지 못하고 있으나 여러분들을 그분을

믿고 표현할 수 없는 영광스러운 기쁨으로 충만되어 있습니다.

⑨ 왜냐하면 여러분은 여러분의 신앙의 목적인 영혼의 구원을 얻을 것이기 때문입니다.

⑩ 이 구원에 관하여는 여러분에게 임한 은혜를 예언한 선지자들이 열심히 그리고 지대한 관심을 가지고 탐구하였습니다.

⑪ 그리고 선지자들은 그리스도의 영이 그리스도의 고난과 그 후에 오는 영광을 예언할 때에 그들 안에 임재한 그리스도의 영이 가리키는 때와 상황을 알아내려고 시도하였습니다.

⑫ 하늘로부터 온 성령에 의하여 여러분에게 복음을 전도하고 있는 자들을 통하여 여러분이 듣고 있는 것들을 선지자들이 말할 때 선지자들은 그 일이 자신들이 아니고 여러분을 위하여라고 계시를 받았습니다. 그리고 천사들까지도 이러한 것들을 들여다보기를 갈망합니다.

⑬ 그러므로 여러분의 마음을 가다듬고 정신을 차려서 예수 그리스도가 나타나실 때 여러분에게 주어지는 은혜에 풍성한 소망을 가지십시요.

⑭ 여러분은 하나님에 순종하는 자녀로써 여러분이 모르고 살 때 가졌던 나쁜 욕망에 순응하지 마십시요.

⑮ 오직 여러분을 부르신 이가 거룩한 것 같이 여러분도 거룩하고 여러분이 하는 모든 일에 거룩하십시요.

⑯ 성경에 기록되어 있습니다. "거룩하라 왜냐하면 내가 거룩하기 때문이니라."

(Because it is written, Be ye holy; for I am holy.-KJV)

("Be holy, because I am holy."-NIV)

(for it is written, "Be holy because I [am] holy."-NAB)

(God said, "I am holy; you be holy."-THE MESSAGE)

⑰ 여러분은 각 사람의 일을 차별없이 판단하시는 분을 아버지라 부르므로 여기에서 나그네로서 경외심 안에서 살아가십시요.

⑱ 여러분이 알다시피 여러분이 조상들로부터 물려받은 헛된 행실로부터 구속(save)된 것은 은이나 금과 같이 없어질 것으로 된 것이 아니고,

⑲ 흠 없고 약점 없는 어린 양 예수의 보혈로 된 것입니다.

⑳ 그분은 창세 전에 선택되셨고, 이 마지막 때에 여러분을 위하여 오셨습

니다.

㉑ 그분을 통해서 그분을 죽은 자 가운데서 살리시고, 영광을 주신 하나님을 여러분은 믿으므로 여러분의 신앙과 소망은 하나님 안에 거하고 있습니다.

㉒ 이제 여러분은 진리에 순종하므로서 여러분 자신을 깨끗하게 하여 여러분의 형제들을 진실로 사랑하게 되었습니다. 충심으로 뜨겁게 서로 사랑하십시요.

㉓ 여러분은 살아있고 영속적인 하나님의 말씀을 통하여 소멸할 씨가 아니라 소멸하지 아니할 씨로 다시 태어났기 때문입니다.

㉔ 즉 "모든 사람은 풀과 같고 그리고 그들의 영광은 들판의 꽃과 같으니 풀은 시들고 꽃은 떨어지나

㉕ 주님의 말씀은 세세토록 있도다." 하였으니 여러분에게 전한 복음이 이 말씀입니다.

● 2장

① 그러므로 여러분 자신에서 모든 악의와 모든 거짓, 위선, 시기와 온갖 비방을 제거하십시요.

② 갓난 아이들 같이 순전하고 신령한 젖을 사모하십시요, 이로 말미암아 여러분은 구원에 이를 것입니다.

③ 그리하여 여러분이 주의 선하심을 맛보게 하려함입니다.

④ 사람들에 의해서는 거절되었지만 하나님에 의해 선택되었으며 그분이 사랑하는 소중한 살아있는 돌인 예수님에게 여러분이 나가므로써,

⑤ 여러분도 역시 살아있는 돌들로써 영적인 집을 짓는데 쓰이도록 하십시요. 그리하여 하나님 마음에 드는 영적제물을 예수 그리스도를 통하여 바치는 거룩한 사제단이 되십시요.

⑥ 이는 이미 성경에서 말합니다. "보라 내가 시온에 돌을 놓으리라 그 돌은 선택되고 중요한 주춧돌이라, 따라서 그를 신뢰하는 자는 결코 부끄러움을 당하지 아니하리라."

⑦ 그러므로 믿는 여러분에게는 이 돌이 중요합니다. 그러나 믿지 아니하는 자들에게는 건축자들의 버린 돌입니다. 그러나 코너의 머릿돌이 되

는 것은 같습니다.

⑧ 그리고 또한 믿지 않는 자들에게는 사람들을 넘어지게 하는 돌이고, 그들을 추락하게 하는 바위입니다. 그들은 전해진 말씀에 순종하지 아니하므로 넘어집니다. 그러한 것은 그들에게 운명지워져 있습니다.

⑨ 그러나 여러분은 선택된 백성이고, 위엄있는 사제단이며, 거룩한 국민이고, 하나님께 속하는 백성들입니다. 그러므로 여러분은 여러분을 어둠으로부터 놀라운 빛속으로 불러주신 그분에게 찬양을 해야하는 것입니다.

⑩ 한때 여러분은 하나님의 백성이 아니었으나 지금은 하나님의 백성입니다. 또 한때 여러분은 자비를 받지 못하였으나 지금은 자비를 입은 사람들입니다.

(Which in time past were not a people, but are now the people of God: which had not obtained mercy, but now have obtained mercy.-KJV)

(Once you were not a people, but now you are the people of God; once you had not received mercy, but now you have received mercy.-NIV)

(Once you were "no people" but now you are God's people; you "had not received mercy" but now you have received mercy.-NAB)

(God's instruments to do his work and speak our for him, to tell others of the night-and-day difference he made for you-from nothing to something, from rejected to accepted.-THE MESSAGE)

⑪ 사랑하는 친구 여러분 세상에서 이방인과 나그네들인 여러분에게 권합니다. 여러분의 영혼에 대하여 싸우고 있는 사악한 욕망을 제어하십시요.

⑫ 이방인들 중에서 그러한 삶을 살으십시요. 그러하면 그들이 여러분을 악행한다고 비방할지라도 그들은 여러분의 선행을 볼 것이고, 예수님이 오시는 날에는 하나님의 영광을 찬송할 것입니다.

⑬ 사람들 사이에 세운 모든 제도에 대하여 여러분 자신들을 주님을 위하여 복종시키십시요. 즉 최고의 권위자로서 임금에게나,

⑭ 또는 악을 행하는 자를 벌하고 선을 행하는 자를 상을 주기 위하여 보내진 방백에게도 복종하십시요.

⑮ 왜냐하면 여러분이 선행을 함으로써 어리석을 사람들의 무식한 말을 침묵시키는 것이 하나님의 뜻입니다.

⑯ 자유인으로 사십시요. 그러나 여러분의 자유를 악을 덮는데 쓰지 말고 하나님의 종으로써 사십시요.

⑰ 모든 사람을 존경하고 믿는 형제들을 사랑하며 하나님을 경외하고 왕을 예우하십시요.

⑱ 노예들아, 진정 존경하는 마음으로 선하고 관용있는 주인들 뿐만 아니라 가혹한 주인들에도 복종하라.

⑲ 왜냐하면 만약 어떤 사람이 하나님의 존재를 의식하기 때문에 부당한 고난의 수고를 참는다면 그것은 칭찬할만하기 때문입니다.

⑳ 그러나 여러분이 잘못을 하고서 매를 맞고 참는다고 하더라도 무슨 칭찬이 있겠습니까? 그러나 만약 여러분이 선을 행함으로써 고통을 받고 참는다면 이것은 하나님 앞에서 칭찬받을만 합니다.

㉑ 이를 위하여 여러분이 부르심을 받았습니다. 왜냐하면 그리스도께서도 여러분을 위하여 고통을 받으셨고, 여러분에게 하나의 모범을 남겼습니다. 여러분은 그의 발자취를 따라야 합니다.

㉒ "그분은 죄를 짓지 아니하셨고 그의 입에는 거짓이 없습니다."

㉓ 그들이 그분을 모욕하였을 때에도 그분은 모욕으로 갚지 않으시고, 고통을 당하셨을 때에도 위협하지 않으셨습니다. 대신에 그분은 그분 자신을 공정하게 판단하시는 분에게 위탁하셨습니다.

㉔ 그분은 나무 위에서 그의 몸 안에 우리들의 죄를 친히 떠 맡으셨으니, 이는 우리로 하여금 죄에 죽고 의로움을 위하여 살게 하려 하심입니다.

㉕ 왜냐하면 여러분은 길을 잃은 양들과 같았으나, 이제 여러분의 목자이며 감독자에게 돌아왔기 때문입니다.

● 3장

① 아내 여러분, 마찬가지로 여러분의 남편들에게 순종하십시요. 이는 혹 말씀에 순종하지 아니하는 자라도, 그들은 말이 아니고 아내들의 행위에 의하여 감화를 받을 것입니다.

② 그때 그들은 아내들의 삶의 순수함과 경건함을 봅니다.

③ 여러분의 아름다움이 머리를 길게 땋거나 금 치장이나 좋은 옷 같은 외부적인 장식으로 와서는 아니됩니다.

④ 대신에 그것은 여러분의 정신적인 자기자신의 것, 즉 너그럽고 평온한 영의 신선한 미여야 합니다. 그것이 하나님이 보시기에 큰 가치가 있는 것입니다.

⑤ 왜냐하면 이것이 하나님께 소망을 두었던 지난날의 여인들이 그들 자신들을 아름답게 만들었던 방법이기 때문입니다. 그리고 그들은 자신들의 남편들에게 순종하였습니다.

⑥ 사라는 아브라함에게 순종하였고, 아브라함을 주인이라 칭하였습니다. 만약 여러분이 의로운 것을 행하고 두려움에 무너지지 않으면 여러분은 사라의 딸들입니다.

⑦ 마찬가지로 남편된 여러분, 아내들과 살면서 이해심을 가지고, 연약한 배우자로서, 또 생명의 은혜를 함께 상속받을 자로서 존경심을 가지고 대우하십시요. 그리하면 어느것도 여러분의 기도를 방해하지 않을 것입니다.

⑧ 마지막으로 말합니다. 서로서로 사이좋게 사십시요. 서로 동정하며 형제들로서 사랑하며 자비를 베풀며 겸손하게 사십시요.

⑨ 악을 악으로 욕을 욕으로 갚지 말고, 도리어 복을 빌어 주십시요. 왜냐하면 이를 위하여 여러분이 부르심을 받았고, 그리하여 여러분은 복을 상속받을 것입니다.

⑩ 그러므로 생명을 사랑하고, 좋은 날들을 보기를 원하는 자는 악으로부터 그의 혀를 지키고, 거짓 연설로부터 그의 입술을 지켜야하며,

⑪ 악에서 떠나 선을 행하여야 하고, 평화를 구하고 추구하여야 합니다.

⑫ 왜냐하면 주의 눈은 의로운 자들에 있으시고, 그분은 그들의 기도에 귀를 기울이시나 악을 행하는 자들로부터 얼굴을 돌리시기 때문입니다.

⑬ 만약 여러분이 열심히 선을 행하면 누가 여러분을 해하겠습니까?

⑭ 그러나 만약 여러분이 의로운 것을 위하여 고난을 받는다면 여러분은 복을 받습니다. "그들이 두려워하는 것을 두려워하지 마십시요. 그리고 놀라지 마십시요."

⑮ 여러분의 마음에 그리스도를 주로 삼으십시요. 그리고 여러분이 가진 소망에 대한 이유를 묻는 모든 자들에게 답하는 것을 항상 준비하십시요. 그러나 이것은 친절하고 존중심을 가지고 하십시요.

⑯ 그리고 깨끗한 양심을 가지고 대답하십시요. 그리하여 그리스도 안에서 행하는 여러분의 선행을 악의적으로 말하는 사람들에게 그 비방하는 일에 뿌끄러움을 당하게 하려 함입니다.

⑰ 만약 하나님의 뜻이라면 선을 행하여 고난 받는 것이 악을 행하여 고난 받는 것보다 낫습니다.

⑱ 그리스도께서 딱 한번으로 죄를 위하여 죽으사, 의인으로서 불의한 자를 대신하였고, 여러분을 하나님에게 인도하셨습니다. 그분은 육신으로는 죽었으나 영적으로는 살아계십니다.

⑲ 또한 그분은 영을 통하여 가셔서 감옥에 있는 영들에게 전도하셨습니다.

⑳ 그들은 오래 전에 방주가 건설되는 동안, 즉 노아의 날에 하나님께서 참고 기다리실 때 불순종한 자들입니다. 그 안에서 오직 몇 사람 즉 모든 사람들 중에서 여덟만이 물로부터 구원을 받았습니다.

㉑ 그리고 이물은 지금 여러분을 구원하는 세례를 상징합니다. 물은 육체로부터 더러움을 제거할 뿐만 아니라, 하나님을 향한 선한 양심의 서약입니다. 물은 예수 그리스도의 부활하심에 의하여 여러분을 구원합니다.

㉒ 예수 그리스도께서는 하늘에 오르사, 그분께 복종하는 천사들과 지배자들과 권력자들을 거느리시고 하나님 우편에 앉아 계십니다.

● 4장

① 그리스도께서 우리를 위하여 육체로 고난을 받으셨으니, 여러분들도 자신을 위해 역시 같은 마음가짐으로 무장하십시요. 왜냐하면 육체의

고난을 격은 자는 죄와의 관계가 끝나기 때문입니다.

② 그 결과로서, 그는 그의 지상에서의 남은 생을 사악한 인간 욕망을 위하여 살지 않고, 하나님의 뜻을 위하여 사는 것입니다.

③ 왜냐하면 여러분은 이방인들이 기꺼이 한 모든 것들을 하는데 과거에 많은 시간을 허비하였기 때문입니다. 이방인들은 방탕 욕정 주정 술잔치 폭음 불경스런 우상숭배에 빠져 살았습니다.

④ 그래서 이방인들은 여러분이 그들과 같은 방탕의 홍수에 빠져들지 않은 것을 이상하게 생각합니다. 그리고 그들은 여러분에 대한 비방을 계속하고 있습니다.

⑤ 그러나 이방인들은 죽은 자와 산 자를 판단하시기로 예비되신 분에게 설명을 하여야 할 것입니다.

⑥ 왜냐하면 이는 지금 죽어 있는 자들에게까지도 복음이 전파되었기 때문으로 죽은 자들이 육적으로는 인간으로서 심판되나 영적으로는 하나님에 따라 살기 때문입니다.

⑦ 만물의 끝이 가까이 와 있습니다. 그러므로 정결한 마음을 가지고 여러분이 기도할 수 있도록 마음을 가다듬으십시요.

⑧ 무엇보다도 먼저 서로 열렬하게 사랑하십시요. 왜냐하면 사랑은 허다한 죄를 덮기 때문입니다.

⑨ 불평없이 서로를 대접하십시요.

⑩ 각자는 그가 받은 은사가 무엇이던지, 여러가지 형태로 하나님의 은사를 신실하게 관리하여 다른 사람들을 위하여 봉사하는데 사용하여야 합니다.

⑪ 만약 어떤 사람이 말한다면, 그는 하나님의 말씀을 말하는 사람으로서 말을 하여야 합니다. 또 만약 어떤 사람이 봉사한다면, 하나님이 마련한 힘을 가지고 봉사를 하여야 합니다. 이는 범사에 하나님이 예수 그리스도를 통하여 찬양을 받으시게 하려 함입니다. 그분에게 영광과 권능이 세세무궁토록 있으시길 기원합니다. 아멘.

⑫ 사랑하는 친구 여러분, 마치 어떤 이상한 일이 여러분에게 일어난 것처럼 여러분이 겪는 아픔을 수반하는 시련에 놀라지 마십시요.

⑬ 오히려 그리스도의 고난에 동참하는 것이니 기뻐하십시요. 그러면 그

분의 영광이 나타날 때 여러분은 몹시 기뻐할 것입니다.

⑭ 만약 여러분이 그리스도의 이름 때문에 모욕을 당하면 여러분은 복이 있습니다. 왜냐하면 영광의 영, 하나님의 영이 여러분 위에 임재하시기 때문입니다.

⑮ 만약 여러분이 고난을 당하더라도 살인자 도둑 어떤 다른 종류의 죄인 또는 모략꾼으로 되어 고난을 겪어서는 안됩니다.

⑯ 그러나 여러분이 그리스도인으로서 고통을 당한다면 부끄러워하지 마십시요. 도리어 여러분이 그 이름을 품고 있는 하나님을 찬양하십시요.

⑰ 왜냐하면 하나님에 속하는 가족의 판단의 때이기 때문입니다. 그리고 만약 우리를 먼저 판단한다면 하나님의 복음에 복종하지 않은 자들의 결과는 어떻게 될까요?

⑱ 그리고 "만약 의인들도 구원받는 것이 대단히 어렵다면 경건치 아니한 자와 죄인은 어떻게 될까요?"

⑲ 그래서 하나님의 뜻에 따라 고통을 당하는 자들은 그들 자신들을 신실하신 창조주에게 위탁하여야 하며 선행을 계속하여야 합니다.

● 5장
① 나는 여러분 가운데에 있는 장로들에게 그리스도의 고난의 증인이며 앞으로 나타날 영광에 동참할 동료 장로로서 호소합니다.

② 여러분이 돌보는 하나님의 양 무리의 목자가 되십시요. 어머니 같이 돌보고 의무감으로 하지말며 자원하는 마음으로 하십시요. 하나님은 그렇게 하는 것을 원하십니다. 그리고 돈의 욕심이 아닌 봉사하는 열정으로 하십시요.

③ 여러분에게 위탁된 사람들 위에 군림하지 말고 양떼들에게 모범이 되십시요.

④ 그리하면 우두머리 목자가 나타나실 때 여러분은 결코 시들지 않는 영광의 면류관을 얻을 것입니다.

⑤ 젊은이 여러분 마찬가지로 연장자에게 복종하십시요. 여러분 모두는 서로에게 겸손하십시요. 성경에 "하나님은 교만한 자들을 대적하시고 겸손한 자들에게 은총을 베푸십니다."라고 기록되어 있습니다.

⑥ 그러므로 하나님의 능하신 손 아래서 겸손하십시요. 적정한 때가 되면 그분은 여러분을 높이실 것입니다.

⑦ 그분이 여러분을 보살펴주시므로 여러분의 모든 걱정을 그분께 맡기십시요.

⑧ 정신을 차리고 깨어 있도록 하십시요. 여러분의 적 마귀가 먹을 사람을 찾아 으르렁거리는 사자 같이 배회하고 있습니다.

⑨ 여러분은 신앙안에 굳게 서서 마귀에 대적하십시요. 여러분도 아시다시피 세상에 널리 흩어져있는 여러분의 형제들도 같은 종류의 고난을 겪고 있기 때문입니다.

⑩ 그리고 그리스도 안에서, 그분의 영원한 영광에 여러분을 부르신 모든 은총의 하나님이 여러분이 잠시동안 고난을 겪은 후에 손수 여러분을 회복시키고, 강하게 하시며 견고하게 하시고 변치않게 하실 것입니다.

⑪ 권력이 세세무궁토록 그분에게 있습니다. 아멘.

⑫ 내가 신실한 형제로 아는 실루아노의 도움으로 나는 간략히 여러분에게 편지를 썼습니다. 이는 여러분을 권면하고 이것이 하나님의 참된 은혜임을 증거하기 위하여서 입니다. 그 은혜안에 견고히 서 계십시요.

⑬ 여러분과 함께 택하심을 받은 바벨론에 있는 교인들이 여러분에게 문안합니다. 나의 아들 마가도 문안합니다.

⑭ 사랑의 입맞춤으로 서로 인사하십시요. 그리스도 안에 있는 여러분 모든에게 평화가 깃드시기를 기원합니다.

베드로후서(사도서신)

· 본 성경듣기는 QR코드 인식으로 들을 수 있습니다

● 1장

① 예수 그리스도의 종이며 사도인, 시몬 베드로는 하나님과 예수 그리스 도의 의로움을 통하여 우리와 같이 귀한 신앙을 받아 들인 이들에게 편 지합니다.

② 하나님과 우리 주 예수의 앎을 통하여, 은혜와 평화가 여러분에게 풍성 하시길 기원합니다.

③ 그분의 신기한 능력은 우리가 생명과 경건을 위하여 필요한 모든 것을 우리에게 주셨습니다. 이는 그 자신의 영광과 미덕으로 우리를 부르신 그분을 앎으로서 이루어졌습니다.

④ 이러한 것들을 통하여, 그분은 우리에게 그의 지극히 크고 보배로운 약 속들을 주셨습니다. 그 약속들을 통하여, 여러분은 하나님의 본성에 참 예할 수 있을 것이며, 악한 욕망으로부터 야기된 세상에서 썩어질 것을 피할 수 있을 것입니다.

⑤ 바로 이러한 이유로 여러분은 여러분의 신앙에 후덕함을 더하고, 후덕 함에 앎을,

⑥ 앎에 절제를, 절제에 인내를, 인내에 경건을,

⑦ 경건에 형제에 대한 우애를, 형제 우애에 사랑을 더하십시요.

⑧ 만약 여러분이 이러한 소양들을 가지고 있고, 또 증가시킨다면, 그것들 이 여러분이 우리 주 예수 그리스도를 아는데 비효과적이거나 비생산 적으로 되는 것을 막을 것이기 때문입니다.

⑨ 만약 어떤 사람이 그러한 소양들을 가지지 않는다면, 그는 근시이고 맹

인으로 그가 과거의 죄들로부터 깨끗해졌음을 잊고 있는 것입니다.

⑩ 그러므로 형제 여러분, 더욱더 열심으로 여러분이 부르심을 받은 것과 선택된 것을 확실히 하는데 열심하십시요. 왜냐하면 여러분이 그렇게 하면 여러분은 실족하지 않을 것이기 때문입니다.

⑪ 그리하면 여러분은 우리 주이시며, 구세주 이신 예수 그리스도의 영원한 왕국에 들어가서 충분한 환영을 받을 것입니다.

⑫ 그래서 비록 여러분이 그것을 알고, 또 여러분의 처한 현실안에서 확실하게 확립하였을지라도, 나는 항상 여러분에게 이러한 것들을 생각나게 할 것입니다.

⑬ 나는 내가 육신의 장막안에서 살아있는 있는 한, 여러분의 기억을 일깨우는 것이 옳다고 생각합니다.

⑭ 왜냐하면 나는 우리 주 예수 그리스도께서 나에게 명백하게 하신 것 같이, 내가 곧 그 장막을 벗어난다는 것을 알기 때문입니다.

⑮ 그리고 나는 내가 죽은 후에라도, 여러분이 항상 이러한 것들을 기억할 수 있는 것을 보기 위하여 모든 노력을 경주할 것입니다.

⑯ 우리가 여러분에게 우리 주 예수의 다시 오심과 권능을 말할 때, 우리는 빈틈없이 만든 이야기를 따른 것이 아닙니다. 우리는 그분의 장엄함을 목격한 자들입니다.

⑰ 위엄있는 영광의 하나님으로부터 "이는 내 사랑하는 아들이다. 내가 그를 사랑하며 나는 그에게 만족하느니라."라는 말씀이 그분에게 왔을 때 그분은 아버지 하나님으로부터 존귀와 영광을 받으셨습니다.

⑱ 우리가 그분과 함께 신성한 산에 있을 때, 하늘로부터 나온 이 소리를 우리 자신이 직접 들은 것입니다.

⑲ 그래서 우리는 선지자의 말씀을 더욱 확신하게 됩니다. 따라서 여러분은 아침이 되어 여러분의 마음에 샛별이 떠오를 때까지 어둠을 밝히는 빛으로서 그것에 귀를 기울이는 것이 좋을 것입니다.

⑳ 특히, 여러분은 성경의 어떤 예언도 선지자 자신의 생각에 의하여 나온 것이 아니라는 것을 알아야 합니다.

(Knowing this first, that no prophecy of the scripture is of any private interpretation.-KJV)

(Above all, you must understand that no prophecy of Scripture came about by the prophet's own interpretation.-NIV)

(Know this first of all, that there is no prophecy of scripture that is a matter of personal interpretation,-NAB)

(The main thing to keep in mind here is that no prophecy of Scripture is a matter of private opinion.-THE MESSAGE)

㉑ 왜냐하면 예언은 사람의 뜻에 그 원천이 있는 것이 아니고, 성령의 감동하심을 입은 사람들이 하나님의 뜻을 받아 말한 것입니다.

● 2장

① 그러나 역시 사람들 사이에 거짓 선지자들이 있었습니다. 똑같이 여러분 사이에서도 거짓 선생들이 있을 것입니다. 그들은 파멸을 가져오는 이단을 가만히 끌어들일 것입니다. 그리고 그들을 구원한 주님을 부인까지 하며 그들 자신의 파멸을 재촉할 것입니다.

② 많은 사람들이 그들의 부도덕한 길을 따를 것이고, 그리하여 진리의 길을 불명예로 빠뜨릴 것입니다.

③ 이러한 선생들은 탐욕에 빠져 그들이 지어낸 이야기들을 가지고 여러분을 이용할 것입니다. 그들의 심판은 그들에게 임박해 있으며 그들의 파멸도 잠자고 있지 않습니다.

④ 왜냐하면 하나님이 죄를 범한 천사들을 용서치 않으시고, 지옥에 보냈을 경우 그들을 음침한 지하 감옥에 두어 심판받을 때까지 갇혀있게 하셨기 때문입니다.

⑤ 하나님은 옛 세상을 용서치 않으셔서 그 세상의 무신론적인 사람들에게 홍수를 내렸지만, 하나님은 의로움의 전도자인 노아와 다른 일곱사람을 보호하셨습니다.

⑥ 그리고 하나님은 소돔과 고모라 성을 심판하사 불태워 재로 되게 하셨지만, 이는 그 일들을 무신론자들에게 무엇이 일어날 수 있는가의 본으로 만드셨습니다.

⑦ 그리고 하나님은 사람들의 방종한 생활에 의하여 괴로움을 당하고 있던 의로운 사람인 롯을 구해주었습니다.

⑧ (왜냐하면 그들 사이에서 하루하루 살아가는 의로운 사람은 그가 보고 듣는 무법한 행동에 의하여 그의 의로운 영혼에 몹시 고통을 받기 때문입니다.)

⑨ 주님께서는 어떻게 경건한 자들을 시련으로부터 구하며, 불의한 자들을 심판의 날까지 유치해 두셔서, 형벌에 처하는 방법을 알고 계십니다.

⑩ 이것은 특히 죄 많은 육신의 썩어질 욕망을 따르고, 권위를 몹시 싫어하는 자들에게는 진실로 그렇게 됩니다. 도전적이고 무례한 이러한 사람들은 하늘에 존재하는 분을 중상하는 것을 두려워하지 않습니다.

⑪ 비록 천사들이 더 힘이 있고 강렬하나 천사들까지도 주 앞에서 그러한 하늘에 존재하는 분에 대하여서 중상하는 비난의 말들은 하지 않습니다.

⑫ 그러나 이러한 사람들은 그들이 이해하지 못하는 문제들에 대하여 신성을 모독합니다. 그들은 오직 잡혀서 멸망되기 위하여 태어난 본능의 창조물인 짐승과 같습니다. 그리고 그들은 역시 짐승들과 같이 멸망할 것입니다.

⑬ 그들은 그들이 행한 해악에 대하여 되 갚음을 받을 것입니다. 그들은 대낮에 흥청대고 떠들석하게 노는 것을 기쁨이라 생각합니다. 그들은 여러분을 대접하는 동안에도 그들의 즐거움에 겨워 야단법석 떠는 흠 있는 자들입니다.

⑭ 부정한 음심이 가득한 눈으로 그들은 결코 죄 짓는 것을 멈추지 않습니다. 그들은 불안정한 자들을 유혹합니다. 그들은 저주 받은 병아리들인 탐욕에 물든 자들입니다.

⑮ 그들은 올바른 길을 떠나 길을 잃고 방황하다가 악인의 삶을 사랑했던 브올의 아들 발람의 길을 따랐습니다.

⑯ 그러나 그는 말 못하는 짐승인 당나귀에 의하여 그의 나쁜 행위에 대하여 질책을 받았습니다. 당나귀는 사람의 소리로서 말하였고 선지자의 미친짓을 못하게 하였습니다.

⑰ 이 사람들은 물 없는 샘들이요, 폭풍에 휩쓸린 안개들입니다. 그들에게는 깊은 암흑이 예비되어 있습니다.

⑱ 왜냐하면 그들은 공허하고 자화자찬의 말을 뽐내며 말합니다. 그리고 그들은 죄 많은 인간의 음험한 욕망을 자극하여 잘못 사는 것으로부터 막 벗어난 사람들을 유혹합니다.

⑲ 그들은 그들에게 자유를 준다고 약속합니다만, 그들 자신들은 악의 노예들입니다. 왜냐하면 어떤 사람도 그를 지휘하는 자의 노예이기 때문입니다.

⑳ 만일 그들이 우리 주 예수 그리스도를 앎으로서 세상의 더러움을 피하였다가 다시 그것에 얽혀들어 그것을 극복하지 못한다면 그들은 처음의 상황부터 나중의 상황이 더 나빠진 것입니다.

㉑ 그들이 의로움의 도를 깨달은 후에 그들에게 요구되는 신성한 명령을 저버리는 것 보다는 차라리 의로움의 도를 알지 못한 것이 더 나았을 것입니다.

㉒ 속담들 중에 "개가 그 토하였던 것을 먹으러 돌아간다." "깨끗이 씻은 돼지가 진흙 속에서 딩굴기 위하여 돌아간다."라는 말이 있는데 이는 진실입니다.

● 3장

① 사랑하는 친구 여러분, 이것은 내가 여러분에게 두번째 보내는 편지입니다. 나는 이 두 편지를 여러분의 건전한 생각을 일깨우는 독촉장으로서 보냈습니다.

② 나는 여러분이 거룩한 선지자들에 의하여 과거에 말하여진 말씀과 여러분의 사도들을 통하여 우리 주 구원자에 의하여 주어진 명령을 회상하기를 원합니다.

③ 무엇보다 먼저 여러분은 말세에는 조소하는 자들이 올 것이라는 것을 깨달아야 합니다. 그들은 조소하며 그들 자신의 나쁜 욕망을 따를 것입니다.

④ 그들은 "그가 다시 오신다는 약속은 어떻게 되었느냐? 그리고 우리 조상들이 죽은 이후에도 모든 것들이 창조할 때와 같이 그대로 진행되고 있다." 라고 말 할것입니다.

⑤ 그러나 그들은 오래 전에 하나님의 말씀에 의하여 하늘들이 존재하게

되었고 지구가 물로부터 그리고 물에 의하여 형성되었다는 것을 의도적으로 잊고 있었습니다.

⑥ 그때 이 물들에 의하여 그 때의 세상은 범람하였으며 파멸되었습니다.

⑦ 하나님의 동일한 말씀에 의하여 하늘들과 지구는 불신자들의 심판과 멸망의 날까지 보존하여, 불사르기 위하여 남겨두었습니다.

(But the heavens and the earth which are now, by the same word are kept in store, reserved unto fire against the day of judgment and perdition of ungodly men.-KJV)

(By the same word the present heavens and earth are reserved for fire, being kept for the day of judgment and destruction of ungodly men.-NIV)

(The present heavens and earth have been reserved by the same word for fire, kept for the day of judgment and destruction of the godless.-NAB)

(The current galaxies and earth are fuel for the final fire. God is poised, ready to speak his word again, ready to give the signal for the judgment and destruction of the desecrating skeptics.-THE MESSAGE)

⑧ 그러나 사랑하는 친구 여러분, 주님에게는 하루가 천년 같고 천년이 하루 같다는 이 한가지를 잊어서는 안됩니다.

⑨ 주님은 그의 약속을 지키시는데 느리지 않으나 어떤 사람은 주는 약속을 지키시는데 느리다고 생각하고 있습니다. 그분은 여러분이 멸망하지 않고 다 회개하기를 원하셔서 여러분을 위하여 인내하고 계십니다.

⑩ 그러나 주의 날이 도적같이 올 것입니다. 하늘들은 꿍음과 함께 사라질 것입니다. 그리고 그 구성요소들은 불에 의하여 파괴될 것입니다. 지구와 지구안에 있는 모든것들이 드러날 것입니다.

⑪ 이렇게 모든것이 파괴될 것이므로 여러분은 어떤 종류의 사람들이 되어야 하겠습니까? 여러분은 거룩하고 신성한 생을 살아야 합니다.

⑫ 마찬가지로 여러분은 하나님의 날이 임하는 것과 그 날이 오는 속도를 생각하십시요. 그 날에는 불에 의하여 하늘들의 파괴를 가져올 것이고

그 구성 요소들은 열에 의하여 녹아버릴 것입니다.

⑬ 그러나 그분의 약속에 따라서 우리는 의로움이 거하는 새 하늘과 새로운 지구를 기대하고 있습니다.

⑭ 그러므로 사랑하는 친구 여러분, 여러분은 이러한 것들을 기다리고 있으니 흠이 없고 비난받지 않는 사람으로 평화로이 그분과 함께 할 수 있도록 모든 노력을 하십시요.

⑮ 우리의 사랑하는 형제 바울이 하나님이 그에게 주신 지혜로써 여러분에게 편지한 바와 같이 우리 주의 인내심이 구원을 의미한다는 것을 명심하십시요.

⑯ 그는 그의 모든 편지들에서 같은 방식으로 편지를 씁니다. 이 문제들도 그의 편지안에서 말하고 있는데 그의 편지들은 이해하기 어려운 약간의 내용을 포함하고 있습니다. 그런데 무식하거나 이해하지 못하는 사람들은 다른 성경들을 왜곡하여 그들 자신이 파멸한 것과 같이 다시 그것들을 왜곡하고 있습니다.

⑰ 그러므로 사랑하는 친구 여러분, 여러분은 이미 이것을 알고 있으므로 여러분이 무법한 자들의 잘못에 의하여 휩쓸리지 않고 여러분의 안전한 지위를 잃지 않도록 주의하십시요.

⑱ 우리 주이신 구주 예수 그리스도의 앎과 은혜안에서 성장하십시요. 그분에게 이제와 영원까지 영광이 있기를 기원합니다. 아멘.

요한일서(사도서신)

· 본 성경듣기는 QR코드 인식으로 들을 수 있습니다

● 1장

① 태초로부터 있었던 것, 우리가 듣고 있는 것, 우리 눈으로 우리가 보고 있는 것, 우리가 살펴보아 우리의 손이 만지고 있는 것, 우리는 생명의 말씀에 관한 이것을 말하고자 합니다.

② 그 생명이 나타나셨습니다. 우리는 그것을 보고 있고 그것을 증언합니다. 그리고 우리는 여러분에게 영생을 선포합니다. 그 영생은 하나님과 함께 계시다가 우리에게 나타나셨습니다.

③ 우리는 우리가 보고 있고 듣고 있는 바를 여러분에게 선포합니다. 그리하여 여러분이 역시 우리와 교제를 갖게 하려함입니다. 그리고 우리의 교제는 아버지와 그의 아들 예수 그리스도와의 교제입니다.

④ 우리는 우리의 기쁨을 온전하게 하기 위하여 이 서신을 씁니다.

⑤ 이것은 우리가 그분에게서 들은 소식으로 여러분에게 선언합니다. 즉 하나님은 빛이시라는 것입니다. 그분에게는 전혀 어둠이 없습니다.

⑥ 만일 우리가 하나님과 교제하고 있다고 주장하면서 어둠 안에서 걸으면 우리는 거짓말을 하는 것이고 진리에 의하여 살지 않는 것입니다.

⑦ 그러나 만일 우리가 빛 가운데 걸으면 그분은 빛 안에 계시므로 우리는 그분과 서로 교제를 하는 것입니다. 그리고 그분의 아들인 예수의 보혈로써 우리를 모든 죄로부터 정화시켜 줍니다.

⑧ 만일 우리가 원래는 죄 없었다 주장하면, 우리는 우리 자신을 함정에 빠뜨리는 것이고, 진리가 우리 안에 거하지 않는 것입니다.

⑨ 만일 우리가 우리 죄를 인정하면 그분은 공정하고, 신의가 두터운 분이

시므로 우리의 모든 죄를 사하여 주실 것이고, 우리를 모든 의롭지 않은 일들로부터 정화시켜주실 것입니다.

⑩ 만일 우리가 죄짓지 아니하였다 주장하면, 우리는 하나님을 거짓말 하시는 분으로 만드는 것입니다. 그러면 그분의 말씀이 우리의 인생안에 자리하지 않습니다.

● 2장

① 나의 사랑하는 어린 자녀들아, 내가 이 서신을 너희에게 쓰는 것은 너희들로 하여금 죄를 짓지 않게 하려 함입니다. 만약 어떤 사람이 죄를 범하면, 우리는 우리를 대변하여 말씀하실 분이 있습니다. 그 분은 의로우신 분이신 예수 그리스도이십니다.

② 그분은 우리의 죄를 위한 속죄 제물이니 우리들의 죄뿐만아니라 온 세상의 죄를 위한 속죄 제물입니다.

③ 우리는 우리가 그의 계명을 지키면, 우리는 그 분을 알고 있는 것으로 알고 있습니다.

④ "내가 그분을 안다"고 말하면서 그분이 명하는 것을 지키지 않는 자는 거짓말쟁이 이며 진리가 그 사람속에는 없습니다.

⑤ 그러나 어떤 사람이 그분의 말씀을 지키면 하나님의 사랑이 그 사람 안에서 진실로 완성됩니다. 이것이 우리가 그분 안에 있다는 것을 아는 방법입니다.

⑥ 그분 안에서 살고 있다고 주장하는 자는 누구나 예수께서 행하신 대로 행하여야 합니다.

⑦ 사랑하는 친구 여러분 나는 여러분에게 새로운 계명을 써보내는 것이 아니라, 여러분이 창세 이래로 가지고 있는 옛 계명을 써 보냅니다. 이 옛 계명은 여러분이 듣고 있는 말씀입니다.

⑧ 그러나 나는 새로운 계명을 쓰고 있습니다. 새 계명의 진리는 그분과 여러분 안에서 참된 것입니다. 왜냐하면 어둠이 지나가고 참 빛이 이미 비추고 있기 때문입니다.

⑨ 빛 안에 있다고 주장하면서 그의 친구를 미워하는 자는 아직도 어둠 안에 있는 것입니다.

⑩ 그의 형제를 사랑하는 자는 누구나 빛 가운데 거하여 그 안에 그를 넘어뜨리게 하는 것이 없습니다.

⑪ 그러나 그의 형제를 미워하는 자는 누구나 어둠 안에서 헤매며, 그는 어디로 가야할 지를 모릅니다. 왜냐하면 어둠이 그를 눈 멀게 하기 때문입니다.

⑫ 자녀 여러분, 내가 여러분에게 쓰는 것은 여러분의 죄가 그의 이름으로 말미암아 사함을 얻었기 때문입니다..

⑬ 아비들아, 여러분 내가 여러분에게 쓰는 것은 여러분이 태초로부터 계신 그 분을 알고 있었기 때문이며, 내가 젊은이 여러분에게 쓰는 것은 여러분이 악인을 싸워 이겼기 때문입니다. 그리고 또 내가 자녀들에게 쓰는 것은 자녀들이 아버지를 알고 있기 때문입니다.

⑭ 아비들아, 내가 여러분에게 쓰는 것은 여러분이 태초부터 계신 이를 알고 있기 때문이고, 젊은이 들아, 내가 여러분에게 쓰는 것은 여러분이 강하며 하나님의 말씀이 여러분 안에 살아있고, 여러분이 악인을 싸워 이겼기 때문입니다.

⑮ 이 세상이나 세상에 있는 어떤 것들에도 애착을 가지지 마십시요. 만약 어떤 사람이 세상에 애착을 가지면 아버지의 사랑이 그 사람 안에는 있지 아니합니다.

⑯ 왜냐하면 세상에 있는 모든 것, 즉 육신의 욕망과 눈으로 보는 정욕과 가진 것과 행한 것의 자랑은 하나님으로부터 온 것이 아니고, 세상으로부터 오는 것이기 때문입니다.

⑰ 세상도 지나가고, 세상의 정욕도 지나갑니다. 그러나 하나님의 뜻을 행하는 자는 영원히 삽니다.

⑱ 자녀 여러분 지금이 마지막 때입니다. 적그리스도가 오리라고 여러분이 들은 것과 같이 지금 많은 적그리스도가 와 있습니다. 이것으로 우리는 지금이 마지막 때인 줄을 압니다.

⑲ 그들은 우리로부터 도망하여 나갔습니다. 그러나 그들은 실제로는 우리에게 속한 자들이 아니었습니다. 왜냐하면 만약 그들이 우리에게 속했다면 그들은 우리와 함께 거하였을 것이고, 또 그들의 도망은 그들의 누구도 우리에게 속하지 아니했다는 것을 보여주고 있기 때문입니다.

⑳ 그러나 여러분은 거룩하신이로부터 기름부음을 받고 여러분 모두 진리를 알고 있습니다.

㉑ 내가 여러분에게 이 글을 쓰는 것은 여러분이 진리를 모르기 때문이 아니라, 진리를 알기 때문입니다. 그리고 어떤 거짓말도 진리로부터 나오지 않기 때문입니다.

㉒ 누가 거짓말쟁이 인가? 예수가 그리스도임을 부인하는 자가 거짓말쟁이 입니다. 그러한 사람이 적그리스도입니다. 그는 아버지와 그 아들을 부인합니다.

㉓ 아들을 부인하는 자에게는 또한 아버지가 없으되, 아들을 인정하는 자에게는 아버지도 있습니다.

㉔ 여러분은 처음부터 들을 것을 여러분안에 거하게 하십시요. 만약 그리하면 여러분은 마찬가지로 아들안과 아버지안에 거할 것입니다.

㉕ 그리고 그분이 우리에게 약속하신 것은 이것이니 곧 영원한 생명입니다.

㉖ 나는 여러분을 타락의 길로 인도하는 자들과 관련하여 여러분에게 이 편지를 쓰고 있습니다.

㉗ 여러분에 관해 말하면 그분으로부터 받은 기름부음이 여러분 안에 있으며, 어떤 사람이 여러분을 가르칠 필요가 없습니다. 그러나 그분의 기름 부음이 모든 것에 관하여 여러분을 가르치고 기름부음이 참이고 거짓이 없으니 기름부음이 여러분을 가르친대로 그분안에 거하십시요.

㉘ 사랑하는 자녀 여러분, 자 이제 그분 안에 계속 거하십시요. 그리하여 그분이 나타나실 때 우리는 확신할 것이고 그분의 오심에 그분 앞에서 부끄러워하지 않를 것입니다.

㉙ 만약 여러분이 그분이 의로우시다는 것을 알고 있다면, 여러분은 옳은 일을 행하는 모든 사람이 하나님으로부터 태어난 줄을 알고 있는 것입니다.

● 3장

① 하나님이 우리에게 베푸신 사랑이 한량없이 커서 우리가 하나님의 자녀로 일컬음을 얻게 하였습니다! 우리는 바로 그런 사람들입니다! 따라

서 세상 사람들이 우리를 알지 못하는 이유는 그들이 그분을 알지 못하였기 때문입니다.

② 사랑하는 친구 여러분, 지금 우리는 하나님의 자녀입니다. 그리고 우리가 어떻게 될 지는 아직 알려지지 않았습니다. 그러나 우리는 그분이 나타나시면 우리가 그분과 같이 될 것을 압니다. 왜냐하면 우리는 그분의 현상 그대로 그분을 볼 것이기 때문입니다.

③ 그분 안에서 이 소망을 가진 모든 사람은 순수하신 그분과 똑같이 그 자신을 순화하여야 합니다.

④ 죄를 짓는 모든 사람은 율법을 어깁니다. 사실 죄는 율법을 어기는 것입니다.

⑤ 그러나 여러분은 그분이 우리의 죄를 없이하려고 나타나신 것을 알고 있습니다. 그리고 그분안에서는 죄가 없습니다.

⑥ 그분안에 거하는 모든 사람은 죄 지음을 계속하지 아니합니다. 죄 지음을 계속하는 자는 누구도 그분을 보지도 못하였고 알지도 못하고 있습니다.

⑦ 사랑하는 자녀 여러분, 아무도 여러분을 빗나가게 하지 못하도록 하십시요. 옳은 일을 하는 사람은 그분이 의로우신 것과 똑 같이 의롭습니다.

⑧ 죄를 짓는 자는 마귀에게 속합니다. 왜냐하면 마귀는 처음부터 죄를 짓고 있기 때문입니다. 하나님의 아들이 오신 것은 마귀의 역사를 파괴하려는 것이었습니다.

⑨ 하나님의 뜻으로 태어난 자는 죄 짓는 것을 계속하지 않을 것입니다. 왜냐하면 하나님의 씨가 그 안에 거하고 있기 때문입니다. 그리고 그는 죄 짓는 것을 계속할 수 없습니다. 왜냐하면 그는 하나님으로부터 태어났기 때문입니다.

⑩ 이것이 누가 하나님의 자녀들이고, 누가 마귀의 자녀들인지를 우리가 아는 방법입니다. 즉 의로운 일을 행하지 아니하는 자는 하나님의 자녀가 아니며, 또한 그의 형제를 사랑하지 아니하는 자도 하나님의 자녀가 아닙니다.

⑪ 이것이 우리가 태초로부터 들은 소식입니다. 우리는 서로서로 사랑하

여야 합니다.

⑫ 가인 같이 되지 마십시요. 그는 악한 자에게 속하여 그 아우를 살해하였습니다. 왜 그는 그의 아우를 살해했을까요? 그 자신의 행위는 악하고 그의 아우의 행위는 의로웠기 때문입니다.

⑬ 형제 여러분 세상 사람들이 여러분을 싫어하더라도 놀라지 마십시요.

⑭ 우리는 우리가 사망으로부터 생명으로 넘어간 것을 압니다. 왜냐하면 우리가 우리의 형제들을 사랑하기 때문입니다. 어떤 사람도 사랑하지 않으면 죽음 안에 거합니다.

⑮ 그의 형제를 미워하는 자는 살인자입니다. 그리고 여러분은 어떤 살인자도 그 안에 영생이 거하지 않는다는 것을 알고 있습니다.

⑯ 이것 즉 예수 그리스도가 우리를 위하여 그의 목숨을 내 놓으신 것으로 우리는 사랑이 무엇인지를 알게 되었습니다. 그래서 우리는 우리의 형제들을 위하여 우리의 목숨을 내 놓을 수 있어야 합니다.

⑰ 만약 어떤 사람이 물질적인 재산을 가지고 있으면서 궁핍한 그의 형제를 보고도 그를 도와줄 마음을 가지지 않으면 어떻게 하나님의 사랑이 그 사람 안에 거할수 있습니까?

⑱ 사랑하는 자녀 여러분 말과 혀로만 사랑하지 말고 행위와 진리 안에서 사랑합시다.

⑲ 이것으로써 우리는 우리가 진리에 속한 것을 알게되며,

⑳ 우리 마음이 우리를 책망할 일이 있을 때는 언제나 그분 앞에서 우리 마음을 편하게 할수 있습니다. 왜냐하면 하나님은 우리의 마음보다 원대하시고 그분은 모든 것을 아시기 때문입니다.

㉑ 사랑하는 친구 여러분, 만약 우리의 마음이 우리를 책망할 것이 없으면 우리는 하나님 면전에서 신임을 얻는 것입니다.

㉒ 그리고 우리는 우리가 구하는 것을 그분으로부터 얻습니다. 왜냐하면 우리는 그분의 명령에 복종하고, 그분이 기뻐하시는 것을 하기 때문입니다.

㉓ 그리고 이것이 그분의 계명입니다. 즉 그분의 아드님이신 예수 그리스도의 이름을 믿고, 그분이 우리에게 명령하신대로 서로 사랑하는 것입니다.

㉔ 그분의 계명들을 지키는 자들은 그분 안에 거하고, 동시에 그분이 그들 안에 거합니다. 그리고 이것으로써 그분이 우리 안에 거하신다는 것을 압니다. 즉 우리는 그분이 우리에게 주신 성령에 의하여 그것을 아는 것입니다.

● 4장

① 사랑하는 친구 여러분, 모든 영을 믿지 마시고 그 영들이 하나님으로부터 오는 지를 알기 위하여 영들을 테스트하십시요. 왜냐하면 많은 거짓 선지자들이 세상으로 나왔기 때문입니다.

② 이것이 여러분이 하나님의 영을 알아볼 수 있는 방법입니다. 즉 예수 그리스도가 성육신으로 오셨다고 인정하는 모든 영은 하나님으로부터 온 영입니다.

③ 그러나 예수를 인정하지 않는 모든 영은 하나님으로부터 온 영이 아닙니다. 이것은 적 그리스도의 영입니다. 이 영이 오리라고 여러분은 들었습니다. 그리고 이미 지금 세상에 와 있습니다.

④ 사랑하는 자녀 여러분, 여러분은 하나님으로부터 왔고, 적 그리스도 영을 극복하였습니다. 왜냐하면 여러분 안에 있는 영이 세상 사람들 안에 있는 영보다 강대하기 때문입니다.

⑤ 그들은 세상으로부터 왔고, 그리하여 세상의 관점에서 말합니다. 그리고 세상 사람들은 그들에게 귀를 기울입니다.

⑥ 우리는 하나님으로부터 왔나니, 누구나 하나님이 우리에게 귀를 기울이신다는 것을 압니다. 그러나 하나님으로부터 오지 않은 자는 누구나 우리에게 귀를 기울이지 않습니다. 이것이 우리가 진리의 영과 거짓의 영을 평가하는 방법입니다.

⑦ 사랑하는 친구 여러분, 우리 서로 사랑합시다. 왜냐하면 사랑은 하나님으로부터 오기 때문입니다. 사랑을 하는 모든 사람은 하나님으로부터 났고, 하나님을 알고 있습니다.

⑧ 사랑하지 아니하는 모든 사람은 하나님을 알지 못합니다. 왜냐하면 하나님은 사랑이시기 때문입니다.

⑨ 이것이 하나님이 그분의 사랑을 우리 중에서 나타냈던 방법입니다. 즉

그분은 그분의 하나인 유일한 아들을 세상에 보내시어 우리가 그를 통하여 살도록 하셨습니다.

⑩ 이것은 사랑입니다. 즉 우리가 하나님을 사랑한 것이 아니고, 그분이 우리를 사랑하사 우리의 죄를 위하여 그분의 아들을 속죄 제물로써 보내셨습니다.

⑪ 사랑하는 친구 여러분, 하나님이 우리를 그렇게 사랑하였으므로 우리도 역시 서로 사랑하여야 합니다.

⑫ 어떤 사람도 이제까지 하나님을 보지 못하였습니다. 그러나 만약 우리가 서로 사랑하면 하나님은 우리 안에 살아계시고 그의 사랑이 온전히 이루어집니다.

⑬ 우리는 우리가 그분안에 거하고, 그분이 우리안에 거하시는 것을 압니다. 왜냐하면 그분은 우리에게 그분의 영을 아낌없이 내어 주셨기 때문입니다.

⑭ 그리고 아버지께서 그의 아들을 보내셔서 세상의 구원자가 되게 하신 것을 우리는 보았고 증언합니다.

⑮ 누구든지 예수를 하나님의 아들이라 시인하면, 하나님이 그 안에 거하시고, 그도 하나님 안에 거하십니다.

⑯ 그래서 우리는 우리를 향한 하나님의 사랑을 알고 이를 믿습니다. 하나님은 사랑이십니다. 사랑 안에 거하는 자는 누구나 하나님 안에 거하고 하나님은 그 안에 거하십니다.

⑰ 이러한 방법으로 사랑은 우리 안에서 온전히 이루어집니다. 그리하여 우리는 심판의 날에 대하여 신뢰를 가질 것입니다. 왜냐하면 세상안에서는 우리는 그분과 유사하기 때문입니다.

⑱ 사랑 안에는 두려움이 없습니다. 완전한 사랑은 두려움을 몰아냅니다. 왜냐하면 두려움은 징벌과 관련이 있기 때문입니다. 두려워하는 자는 사랑안에서 온전해지지 않습니다.

⑲ 그분이 최초에 우리를 사랑하셨기 때문에 우리는 사랑합니다.

⑳ 어떤 사람은 "나는 하나님을 사랑합니다."라고 말합니다. 그러나 그의 형제들을 미워하면 그는 거짓말쟁이입니다. 왜냐하면 보고 있는 형제를 사랑하지 않는 사람은 보지 못하는 하나님을 사랑할 수 없기 때문입

니다.

㉑ 그리고 그분은 우리에게 이 계명을 주었습니다. 즉 하나님을 사랑하는 자는 그의 형제를 역시 사랑하여야 하느니라.

● 5장

① 예수께서 그리스도임을 믿는 모든 자는 하나님께로서 난 자입니다. 그리고 하나님을 사랑하는 모든 자는 그의 아들을 마찬가지로 사랑합니다.

② 우리가 하나님을 사랑하고 그분의 계명들을 지킬 때에 이로써 우리가 하나님의 자녀들을 사랑하는 것입니다.

③ 하나님을 향한 사랑은 그분의 계명들을 지키는 것입니다. 그리고 그분의 계명들은 지키기가 힘든 것이 아닙니다.

④ 왜냐하면 하나님께로서 난 모든 자는 세상을 극복하기 때문입니다. 세상을 극복하는 것이 승리이고 우리의 신앙입니다.

⑤ 세상을 극복하는 자가 누구입니까? 오직 예수님이 하나님의 아들임을 믿는 자입니다.

⑥ 이분은 물과 피로써 오신 분이십니다. 즉 예수 그리스도이십니다. 그분은 오직 물로만 오신 것이 아니고 물과 피로써 오셨습니다. 그리고 성령이 그것을 증명합니다. 왜냐하면 성령은 진리이기 때문입니다.

⑦ 증명하는 이는 셋이 있습니다.

⑧ 즉 성령과 물과 피입니다. 이 셋은 하나의 조화를 이루고 있습니다.

⑨ 우리는 사람들이 증언하면 그것을 받아들입니다. 그러나 하나님의 증언은 사람들의 증언보다 훨씬 강대합니다. 왜냐하면 그것은 하나님의 증언이기 때문이고, 그 증언은 그분의 아들에 대하여 하신 것이기 때문입니다.

⑩ 하나님의 아들을 존숭하는 자는 자기 마음 안에 이 증언을 간직하고 있습니다. 그러나 하나님의 말씀을 믿지 아니하는 자는, 하나님이 그분의 아들에 관하여 하신 증언을 믿지 아니하므로써 하나님을 거짓말쟁이로 만들어 버렸습니다.

(He that believeth on the Son of God, hath the witness in

himself: he that believeth not God, hath made him a liar; because he believeth not the record that God gave of his Son,- KJV)

(Anyone who believes in the Son of God has this testimony in his heart. Anyone who does not believe God has made him out to be a liar, because he has not believed the testimony God has given about his Son.-NIV)

(Whoever believes in the Son of God has this testimony within himself. Whoever does not believe God has made him a liar by not believing the testimony God has given about his Son.-NAB)

(Whoever believes in the Son of God inwardly confirms God's testimony. Whoever refuses to believe in the effect calls God a liar, refusing to believe God's own testimony regarding his Son.-THE MESSAGE)

⑪ 그리고 이것이 그 증언입니다. 즉 "하나님이 우리에게 영원한 생명을 주셨나니 이 생명은 그분의 아들안에 있느니라."

⑫ 하나님의 아들을 마음에 모시는 자는 생명을 얻고, 하나님의 아들을 마음에 모시지 않는 자는 생명을 얻지 못합니다.

⑬ 나는 하나님의 아들의 이름을 믿는 여러분이 영원한 생명을 가지고 있다는 것을 알게 하려고 이글을 쓰고 있습니다.

⑭ 이것은 우리가 하나님께 다가감으로써 가지는 확신입니다. 즉 우리가 그분의 뜻에 따라 어떤 것을 구하면 그분은 우리의 간구를 들어주신다는 것입니다.

⑮ 그리고 우리가 구하는 무엇이든지 그분이 들으시는 것을 우리가 안다면 우리는 우리가 그분께 구한 모든 것을 얻는다는 것을 압니다.

⑯ 어떤 사람이 그의 형제가 죽음에 처할 죄가 아닌 죄를 범한 것을 알거든 그는 기도하여야 합니다. 그러면 하나님이 그에게 생명을 주실 것입니다. 나는 그의 죄가 죽음에 처할 죄가 아닌 사람들을 유의하여 말하는 것입니다. 그리고 죽음에 처해질 죄가 있습니다. 나는 그러한 죄에 대하여 기도하여야 한다고 말하지 않습니다.

⑰ 모든 비행이 죄입니다. 그러나 죽음에 이르게 하지 않는 죄가 있습니다.

⑱ 우리는 하나님께로써 난 자는 계속하여 죄를 짓지 않고, 그를 안전하게 하며 악인이 그를 해할 수 없게 한다는 것을 압니다.

⑲ 또 우리는 우리가 하나님의 자녀들인것을 압니다. 그리고 온 세상이 악한 자의 지배아래 있는 것도 압니다.

⑳ 우리는 역시 하나님의 아들이 오셔서 우리에게 깨달음을 주사, 우리가 그분이 참인 것을 알게 하려함을 알고 있습니다. 그리고 우리는 참 이신 그분 즉 예수 그리스도 안에 있습니다. 그분은 참 하나님이시고 영원한 생명이십니다.

㉑ 자녀들 여러분, 여러분 자신을 우상들로부터 지키십시요. 아멘!

요한이서(사도서신)

· 본 성경듣기는 QR코드 인식으로 들을 수 있습니다

● 1장

① 장로인 나는 선택 받은 부녀들과 그의 자녀들에게 편지합니다. 나는 진리안에서 여러분을 사랑합니다.나 뿐만 아니라 진리를 사랑하는 모든 사람들이 여러분을 사랑합니다.

② 이는 우리안에서 살아 있고 우리와 영원히 함께 있을 진리 때문입니다.

③ 하나님 아버지와 아버지의 아들인 예수 그리스도로부터의 은혜와 자비와 평화가 진리와 사랑 안에서 우리와 함께 있을 것입니다.

④ 여러분의 자녀 중 상당 수가 아버지가 우리에게 명한대로 진리 안에서 살아가는 것을 보고 대단히 기뻤습니다.

⑤ 그리고 사랑하는 부녀 여러분, 내가 지금 여러분에게 새로운 계명을 쓰는 것이 아니고 처음부터 우리가 가지고 있던 계명을 쓰는 것입니다. 즉 우리가 서로 사랑하라는 것입니다.

⑥ 또 사랑은 이것이니 우리가 그분의 계명에 따라 살아가는 것이요. 여러분이 처음부터 들은 바와 같이 그분의 계명은 여러분이 사랑안에서 살아가라는 것입니다.

⑦ 많은 속이는 자들이 세상으로 나왔습니다. 그들은 예수 그리스도가 인간의 몸으로 오신 것을 인정하지 않습니다. 그러한 사람들이 속이는 자들이요, 적그리스도 입니다.

⑧ 여러분은 여러분이 일하여 이룩한 것을 잃지 않고, 오직 온전한 보상을 받을수 있도록 주의를 기울이십시요.

⑨ 너무 앞서 달려서 그리스도의 가르침에 계속 따르지 아니하는 자는 하

나님을 모시지 않습니다. 그러나 가르침에 따르는 자는 아버지와 아들을 모십니다.

⑩ 만약 어떤 사람이 여러분에게 와서 이 가르침을 내 놓지 않는다면, 그를 집에 들이지 말거나 환영하지 마십시요.

⑪ 그를 환영하는 사람은 그의 나쁜 행위에 참예하는 것입니다.

⑫ 나는 여러분에게 쓸것이 많으나 종이와 잉크로 쓰기를 원치 아니합니다. 그 대신에 나는 여러분을 방문하여 얼굴을 맞대고 담화하여 우리들의 기쁨이 충만케 되기를 희망합니다.

⑬ 택하심을 입은 여러분의 자매의 자녀들이 여러분에게 안부를 전합니다.

요한삼서(사도서신)

· 본 성경듣기는 QR코드 인식으로 들을 수 있습니다

● 1장
① 장로인 내가 사랑하는 친구 가이오에게 편지합니다. 나는 그를 진리안에서 사랑합니다.
② 사랑하는 친구여 나는 그대가 건강하고, 그대의 영혼이 잘 됨 같이 모든 일이 형통하기를 기도합니다.
③ 몇몇 형제들이 와서 진리에 대한 그대의 신실함과 그대가 어떻게 진리 안에서 살았는지를 말하는 것을 듣고 나는 몹시 기뻤습니다.
④ 나는 내 자녀들이 진리 안에서 행한다 함을 듣는 것보다 더 큰 즐거움은 없습니다.
⑤ 사랑하는 친구 여러분 여러분은 친구들 특히 낯선 사람들까지도 위하여 하는 일에 신실하십니다.
⑥ 그들은 교인들에게 여러분의 사랑에 대하여 말하였습니다. 여러분이 그들이 하나님에게 가치있는 방법으로 여행을 하도록 하는 것은 잘하는 일일 것입니다.
⑦ 그들이 여행을 한 것은 주의 이름을 위하여 였고, 이방인들에게서는 전혀 도움을 받지 아니하였습니다.
⑧ 그러므로 우리가 그러한 사람들을 환대하여야 하는 것이 마땅하니, 이는 우리로 진리를 위하여 함께 수고하는 자가 되게 하려함입니다.
⑨ 나는 교인들에게 편지를 썼습니다. 그러나 우두머리 되기를 좋아하는 디오드레베는 우리와 관계를 가지지 않을 것입니다.
⑩ 그래서 만약 내가 가면 나는 우리를 악의적으로 험담하는 등의 그가 하

는 일에 주의를 환기시킬 것입니다. 그것도 모자라 그는 형제들을 받아들이는 것을 거절하고 있습니다. 그는 역시 그러한 일을 하기를 원하는 사람들을 못하게 하고, 그들을 교회 밖으로 몰아내고 있습니다.

⑪ 사랑하는 친구 여러분 악한 것을 본받지 말고, 선한 것을 본받으십시요. 선을 행하는 자는 하나님께 속하고 악을 행하는 자는 하나님을 뵈옵지 못합니다.

⑫ 데메드리오는 뭇사람으로부터 평판이 좋습니다. 진리 자체에 의해서도 좋습니다. 우리도 역시 그를 좋게 말합니다. 그리고 여러분은 우리의 증언이 진실이라는 것을 알고 있습니다.

⑬ 나는 그대에게 쓸 것이 많습니다. 그러나 나는 펜과 잉크로 그것을 쓰기를 원하지 않습니다.

⑭ 나는 속히 그대를 만나기를 희망합니다. 그래서 우리는 얼굴을 마주하고 대화할 것입니다.

⑮ 그대에게 평화가 있기를 기원합니다. 여기에 있는 친구들이 그들의 인사를 전합니다. 그 곳에 있는 친구들 각자 각자에게 인사드립니다.

유다서(사도서신)

· 본 성경듣기는 QR코드 인식으로 들을 수 있습니다

● 1장

① 예수 그리스도의 종이요, 야고보의 형제인 유다는 부르심을 입은 자, 곧 하나님 아버지에 의하여 사랑을 받고 예수 그리스도에 의하여 보호하심을 받는 사람들에게 편지합니다.

② 자비와 평화와 사랑이 여러분에게 풍성하시기를 기원합니다.

③ 사랑하는 친구 여러분, 비록 내가 우리가 각자 나누어 가지는 구원에 대하여 여러분에게 편지하려고 하였습니다만 하지 않았습니다. 그리고 나는 성도들에게 최종적으로 전해진 신앙을 위하여 싸울 것을 여러분에게 편지하고 권면하여야 한다고 느끼게 되었습니다.

④ 왜냐하면 그들의 정죄가 오래전에 기록된 몇몇 사람이 비밀리에 여러분 가운데로 숨어들어 왔기 때문입니다. 그들은 무신론자들이고 우리 하나님의 은혜를 악행의 허가로 바꾸고 유일하신 주권자이시며 주이신 예수 그리스도를 부인하는 자들입니다.

⑤ 비록 여러분이 이미 이 모든 것을 알고 있지만, 나는 여러분에 이것을 다시 생각나게 하기를 원합니다. 즉 하나님께서 에집트로부터 그의 백성을 구원하셨으나 이를 믿지 아니하는 그들을 후에 멸하셨습니다.

⑥ 그리고 자기 권위의 위치를 지키지 아니하고, 자기 처소를 포기한 천사들을 중대한 날의 심판까지 영원한 쇠사슬로 묶어 흑암에 가두어 두었습니다.

⑦ 유사한 방법으로 소돔과 고모라와 그 주변 도시들도 그들 자신을 성적 불륜과 타락에 빠뜨렸다가 영원한 불 형벌을 받으므로써 지금도 여전

히 본보기가 되고 있습니다.

⑧ 대단히 같은 방법으로 이러한 몽상가들도 그들 자신의 육신을 더럽히며 권위를 거부하고 천상의 존재를 중상합니다.

⑨ 그러나 천사장 미카엘까지도 그가 모세의 시체에 대하여 마귀와 언쟁할 때, 마귀에 대하여 중상적인 말을 감히 하지 못하고 "주께서 너를 질책한다."라고 말하였습니다.

⑩ 그러나 이러한 사람들은 그들이 이해하지 못하는 모든 것들에 대하여 함부로 말합니다. 또 이러한 사람들은 비 이성적인 동물들 같이 그들이 하는 모든 것을 본능에 의하여 이해합니다. 이러한 것들 이 바로 그들을 파괴하는 것입니다.

⑪ 그들에게 화 있을진저! 그들은 가인의 길을 취하였고, 이익을 위하여 발람의 잘못된 길로 급히 갔으며 그들은 고라의 반란과 같이 멸망을 받았습니다.

⑫ 이 사람들은 조금의 양심가책도 없이 여러분과 함께 먹으니 여러분의 좋은 잔치에 흠집이며 자기 자신만을 먹이는 목자들과 같은 존재입니다. 또 그들은 비는 내리지 못하고 바람에 의하여 불려다니는 구름이며 과실을 맺지 못하고 두번이나 죽어 뿌리가 뽑힌 가을 나무입니다.

⑬ 그들은 그들의 수치를 뿜어내는 바다의 거친 파도들이고, 영원히 예비된 깜깜한 흑암에 돌아갈 떠돌이 별들입니다.

⑭ 아담의 칠세 손 에녹이 이들에 대하여 이렇게 예언하였습니다. " 보라 주님께서 수백만 명이나 되는 당신의 거룩한 이들과 함께 오시어,

⑮ 모든 사람을 심판하시고, 저마다 불경스럽게 저지른 모든 행실에 따라 불경한 죄인들이 당신을 거슬러 지껄인 모든 무엄한 말에 따라 각자에게 벌을 내리신다. "

⑯ 이 사람들은 불평하는 자며 흠 잡는 자들입니다. 그들은 그들의 정욕에 따라 행합니다. 그들은 자신들에 대해서 뽐내면서도 그들 자신의 이익을 위해서는 타인들에게 아첨을 합니다.

⑰ 그러나 사랑하는 친구 여러분 우리 주 예수 그리스도의 사도들이 예언한 것들을 기억하십시요.

⑱ 사도들은 여러분에게 이렇게 말했습니다. " 마지막 때에 조롱꾼들이 있

을 것이고 조롱꾼들은 그들 자신의 불경한 욕망에 따라 살 것입니다. ”

⑲ 이 사람들은 여러분을 분열시키고 단순히 타고난 본능을 따르며 영을 가지고 있지 아니합니다.

⑳ 그러나 사랑하는 나의 친구들인 여러분, 여러분의 최고의 거룩한 신앙 안에 여러분 자신을 세우십시요. 그리고 성령안에서 기도하십시요.

㉑ 여러분에게 영생을 가져다 주는 우리 주 예수 그리스도의 자비를 기다리는 자들로써 하나님의 사랑안에서 여러분 자신들을 지키십시요.

㉒ 의심하는 자들에게 자비롭게 대하십시요.

㉓ 그리고 불로부터 타인들을 끌어내어 그들을 구하십시요. 더러운 육체에 의하여 오염된 옷까지 싫어하더라도 다른 사람에게 자비를 베풀어서 그들이 걱정거리를 조절하도록 하십시요.

㉔ 여러분이 낙마하지 않도록 지켜주실 수 있고, 그분의 영광스러운 존재 앞에 흠 없이 큰 기쁨으로 여러분을 소개시킬 수 있는 분에게,

㉕ 그리고 유일하신 우리의 구원자 하나님에게 영광과 존엄과 능력과 권위가 우리 주 예수 그리스도를 통하여 만고 전부터 이제와 영원히 있으시기를 기원합니다. 아멘.

창세기와 신약 전체(사도행전제외) 유튜브방송용 하나님의 음성 듣기가 오늘 2021년 6월16일 10:00시에 완성되었습니다. 하나님의 은혜에 감사드립니다. 아멘! 할렐루야!

요한계시록(사도 요한이 받은 계시의 기록)

· 본 성경듣기는 QR코드 인식으로 들을 수 있습니다

● 1장

①예수 그리스도에 대한 놀랄만한 사실입니다. 이는 하나님이 그분에게 주사 곧 필연적으로 일어나는 일들을 그분의 종들에게 보여주기 위함입니다. 그분은 사자 천사를 그분의 종 요한에게 보내심으로 이 계시를 알려지게 하셨습니다.

(The Revelation of Jesus Christ, which God gave unto him, to shew unto his servants things which must shortly come to pass; and he sent and signified it by his angel unto his servant John:- KJV)

(The Revelation of Jesus Christ, which God gave him to show his servants what must soon take place. He made it known by sending his angel to his servant John.-NIV)

(The Revelation of Jesus Christ, which God gave to him, to show his servants what must happen soon. He made it known by sending his angel to his servant John.-NAB)

(A revealing of Jesus, the Messiah. God gave it to make plain to his servants what is about to happen. He published and delivered it by Angel to his servant John.-THE MESSAGE)

② 요한은 그가 보았던 모든 것 즉 하나님의 말씀과 예수 그리스도의 증거를 말하였습니다.

(Who bare record of the word of God, and of the testimony of

Jesus Christ, and of all things that he saw.-KJV)

(who testifies to everything he saw-that is, the word of God and the testimony of Jesus Christ.-NIV)

(who gives witness to the word of God and to the testimony of Jesus Christ by reporting what he saw.-NAB)

(And John told everything he saw: God's word-the witness of Jesus Christ!-THE MESSAGE)

③ 이 예언의 말씀을 읽는 자와 그것을 읽고, 그 안에 쓰여 있는 것을 마음에 새기는 자는 복이 있나니 때가 가까이 와 있기 때문입니다.

④ 요한은 아시아에 있는 일곱 교회에 편지합니다. 이제도 계시고 전에도 계셨고 장차 오실 분과 그분의 보좌 앞에 있는 일곱 영과

⑤ 예수 그리스도로부터 은혜와 평화가 여러분에게 있기를 기원합니다. 예수 그리스도는 신실한 증인이시고 죽은 자들로 부터 부활하신 첫 열매이시며 지구상의 왕들의 지배자이십니다. 우리를 사랑하시고 그분의 보혈로서 우리의 죄로부터 우리를 자유케 하시고

⑥ 우리를 한 나라가 되게 하사 그분의 하나님 아버지를 섬기기 위하여 제사장으로 삼으신 그분에게 영광과 능력이 세세토록 있기를 기원합니다. 아멘!

⑦ 보십시요 그분이 구름에 둘러싸여 오시고 있습니다. 모든 눈이 그분을 볼 것이고 그분을 창으로 찌른 자들도 볼 것입니다. 그리고 지구상의 모든 사람들이 그분 때문에 애곡할 것입니다. 그렇게 될 것입니다. 아멘!

⑧ 주 하나님이 말씀하십니다. 나는 알파요 오메가요 현재도 있고 과거에도 있었고 장차에도 있는 전능한 자이니라.

⑨ 여러분의 형제요 예수 안에서 우리가 겪는 고난과 나라와 끊임없는 인내에 있어서 여러분의 동료인 나 요한은 하나님의 말씀을 전하고 예수님을 증거함 때문에 밧모섬에 유배되었습니다.

⑩ 어느 주님의 날에 내가 성령에 감동하여 있는데 나는 내 뒤에서 나팔소리 같은 큰 소리를 들었습니다.

⑪ 그 큰 소리는 네가 보는 것을 두루마리 양피지에 써서 에베소, 서머나,

버가모, 두아디라, 사데, 빌라델비아, 라오디게아 일곱 교회들에 보내라.고 하셨습니다.

⑫ 나는 나에게 말하는 음성을 알아 보려고 사방을 둘러 보았습니다. 내가 사방을 둘러 보았을 때 나는 일곱 금 촛대를 보았는데,

⑬ 촛대들 사이에 사람인아들(사람모습의 하나님 아들)이 있었습니다. 그 분은 그 분의 발까지 끌리는 정장을 입고 가슴에 금으로 만든 장식 띠를 두르고 있었습니다.

(And in the midst of the seven candlesticks, one like unto the Son of man, clothed with garment down to the foot, and girt about the paps with golden candlesticks;-KJV)

(And among the lampstands was someone "like a son of man," dressed in a robe reaching down to his feet and with a golden sash around his chest.-NIV)

(and in the midst of the lampstands one like a son of man, wearing an ankle-length robe, with gold sash around his chest.-NAB)

(And in the center, the Son of Man, in a robe and gold breastplate,-THE MESSAGE),

⑭ 그분의 머리와 머리 털은 양모와 같이 희고 마치 눈과 같이 희었으며 그분의 눈은 활활 타는 불꽃 같았습니다.

⑮ 그분의 발은 용광로에서 달아오른 청동 같았고 그분의 목소리는 내달리는 물소리 같았습니다.

⑯ 그분의 오른손에는 일곱 별들이 있었고 그분의 입에서는 양날의 날카로운 검이 나왔습니다. 그리고 그분의 얼굴은 가장 밝게 빛날 때의 태양과 같았습니다.

⑰ 내가 그분을 보았을 때 나는 죽은 것 같이 그분의 발 앞에 엎드려져 있었습니다. 그 때 그분은 그분의 손을 나에게 얹으시고, 두려워 말라. 나는 처음이고 마지막이니라.

⑱ 나는 죽었다. 그러나 나는 지금 살아있다. 그리고 지켜보라 내가 영원히 영원히 살아있을 것이다. 그리고 나는 사망과 음부의 열쇠를 가지고

있느니라. 라고 말씀하셨습니다.

⑲ 또 그러므로 네 본 것과 이제 있는 것과 장차 일어날 모든 것들을 기록하라.

⑳ 네가 나의 오른손 안에서 보았던 일곱 별들과 일곱 금 촛대의 신비는 이것이니라. 즉 일곱 별들은 일곱 교회의 천사들이요 일곱 촛대는 일곱 교회이니라. 라고 말씀하셨습니다.

● 2장

① 에베소 교회의 천사에게 이것을 써서 보내라. 즉 이것들은 오른손에 일곱 별을 쥐고 일곱 금 촛대 사이를 거니는 이의 말씀들이니라

② 내가 네 행위와 수고와 네 인내를 알고 또 악한 자들을 용납지 아니한 것과 자칭 사도라 하되 아닌 자들을 시험하여 그 거짓된 것을 네가 드러낸 것을 안다.

③ 더우기 너는 인내심이 있어서 나의 이름을 위하여 어려움을 겪으면서도 지치는 일이 없었다.

④ 그러나 너를 책망할 것이 있나니 너는 처음에 지녔던 사랑을 버렸느니라.

⑤ 그러므로 너는 네가 얼마나 높은 곳으로부터 떨어졌나를 기억하라. 그리고 회개하라, 그리고 먼저 네가 할일을 하여라. 만일 그리하지 아니하면 내가 네게 임하여 네 촛대를 그 자리에서 옮길것이다.

(Remember therefore from whence thou art fallen, and repent, and do the first works; or else I will come unto thee quickly, and will remove thy candlestick out of his place, except thou repent.-KJV)

(Rember the height from which you have fallen! Repent and do this things you did at first. If you do not repent, I will come to you and remove your lampstand from its place.-NIV)

(Realize how far you have fallen. Repent, and do the works you did at first. Otherwise, I will come to you and remove your lampstnd from its place, uncless you repent.-NAB)

(Do you have any idea how far you,ve fallen? A Lucifer fall! "Turn back! Recover your dear early love. No time to waste, for I'm well on my way to removing your light from the golden circle.-THE MESSAGE)

⑥ 그러나 너에게 좋은 점도 있다. 네가 니골라당의 행위를 미워한다. 나도 이것을 미워하노라.

⑦ 귀 있는 자는 성령이 교회의 신자들에게 하시는 말씀을 들을지어다 극복하는 자에게는 내가 하나님의 낙원에 있는 생명나무의 과실을 주어 먹게 하리라.

(He that hath an ear, let him hear what the Spirit saith unto the churches; To him that overcometh will I give to eat of the tree, which is in the midst of the paradise of God.-KJV)

(He who has an ear, let him hear what the Spirit says tho churches. To him who overcomes, I will give the right to eat from the tree of life, which is in the paradise of God.-NIV)

("Whoever has ears ought to hear what the Spirit says to the churches. To the victor I will give the right to eat from the tree of life that is in the garden of God."-NAB)

("Are your ears awake? Listen. Listen to the Wind Words, the Spirit blowing through the churches. I'm about to call each conqueror to dinner. I'm spreading a banquet of Tree-of-Life fruit, a supper plucked from God's orchard."-THE MESSAGE)

⑧ 서머나 교회의 천사에게 이것을 써서 보내라. 즉 이것들은 처음이고 나중이며 죽었다가 다시 살아나신 이의 말씀들이니라.

⑨ 내가 네 환난과 궁핍을 아노니 실상은 네가 부요한 자니라 자칭 유대인이라 하는 자들의 훼방도 아노니 실상은 유대인이 아니요 이들은 사탄의 무리니라.

(I know thy works, and tribulation, and poverty,(but thou art rich) and I know the blasphemy of them which say they are Jews and are not, but are the synagogue of Satan.-KJV)

(I know your afflictions and your poverty-yet you are rich! I know the slander of those who say they are Jews and are not, but are a synagogue of Satan.-NIV)

("I know your tribulation and poverty, but you are rich. I know the slander of those who claim to be Jews and are not, but rather are members of the assembly of Satan.-NAB)

("I can see your pain and poverty-constant pain, dire poverty-but I also see your wealth. And I hear the lie in the claims of those who pretend to be good Jews, who in fact belong to Satan's crowd.-THE MESSAGE)

⑩ 네가 장차 받을 고난을 두려워 말지어다 마귀가 장차 너희 가운데서 몇 사람을 옥에 던져 시험을 받게 하리니, 너희가 십일 동안 환난을 받으리라 네가 죽는 시점까지 신실하라 그리하면 내가 생명의 면류관을 네게 주리라.

⑪ 귀 있는 자는 성령이 교인들에게 하시는 말씀을 들을지어다 극복하는 자는 두번째 죽음의 해를 받지 아니하리라.

⑫ 버가모 교회의 천사에게 이것을 써서 보내라. 즉 이것들은 날카로운 양날의 검을 가진 이의 말씀들이니라.

⑬ 나는 네가 어디에 사는지를 안다. 곧 사탄의 왕좌가 있는 곳이다. 그렇지만 너는 내 이름을 굳게 지키고 있다. 나의 충실한 증인 안디바가 사단이 사는 너희 고을에서 죽임을 당할 때에도, 너는 나에 대한 신앙을 저버리지 않았다.

⑭ 그러나 네게 두어가지 책망할 것이 있나니 거기 네게 발람의 교훈을 지키는 자들이 있도다 발람이 발락을 가르쳐 이스라엘 앞에 올무를 놓아 우상의 제물을 먹게 하였고 또 행음하게 하였느니라.

⑮ 이와 같이 네게도 니골라당의 교훈을 지키는 자들이 있도다.

⑯ 그러므로 회개하라 그리하지 아니하면 내가 네게 속히 임하여 내 입의 검으로 그들과 싸우리라.

⑰ 귀 있는 자는 성령이 교인들에게 하시는 말씀을 들을지어다. 극복하는 자에게는 내가 감추었던 만나를 주고 또 흰 돌을 줄 터인데 그 돌 위에

새 이름을 기록한 것이 있나니 받는 자 밖에는 그 이름을 알 사람이 없느니라.

⑱ 두아디라 교회의 천사에게 이것을 써서 보내라. 즉 이것들은 그의 눈들이 불타는 화염 같고 그의 발들이 번쩍 번쩍하는 구리와 같은 하나님의 아들의 말씀들이니라.

⑲ 내가 네 사업과 사랑과 신앙과 섬김과 인내를 아노니, 네 나중 행위가 처음 것보다 많도다.

⑳ 그러나 네게 책망할 일이 있노라 자칭 선지자라 하는 여자 이세벨을 네가 용납함이니, 그가 내 종들을 가르쳐 꾀어 행음하게 하고 우상의 제물을 먹게 하는도다.

㉑ 또 내가 그에게 회개할 기회를 주었으되 그 음행을 회개하고자 아니하는도다.

㉒ 볼지어다 내가 그를 침상에 던질터이요 또 그로 더불어 간음하는 자들도 만일 그의 행위를 회개치 아니하면 큰 환난 가운데 던지고,

㉓ 또 내가 사망으로 그의 자녀를 죽이리니 모든 교인들이 나는 사람의 뜻과 마음을 살피는 자인줄 알지라 내가 너희 각 사람의 행위대로 갚아주리라.

㉔ 두아디라에 남아 있어 이 교훈을 받지 아니하고 소위 사탄의 깊은 것을 알지 못하는 너희에게 말하노니 다른 짐으로 너희에게 지울 것이 없노라.

㉕ 다만 내가 갈 때까지 너희가 가진 것을 굳게 지켜라.

㉖ 극복하는 자와 끝까지 내 일을 지키는 자에게 만국을 다스리는 권세를 주리니,

㉗ 그가 철장을 가지고 저희를 다스려 질그릇 깨뜨리는 것과 같이 하리라. 나도 내 아버지께 받은 것이 그러하니라.

㉘ 나도 역시 그에게 새벽 별을 주리라.

㉙ 귀 있는 자는 누구나 성령이 교인들에게 하는 말씀을 들어야 하느니라.

● 3장
① 사데 교회의 천사에게 이것을 써서 보내라. 이것들은 하나님의 일곱 영

들과 일곱 별들을 가진이의 말씀이니라. 나는 너희의 행위들을 아노니 너희는 살아있다 하나 죽은 자로다.

② 너는 일깨워 그 남은바 죽게 된 것을 굳게 하라. 내 하나님 앞에 네 행위의 온전한 것을 찾지 못하였노니,

③ 그러므로 네게 어떻게 받았으며 어떻게 들었는지 생각하고 지키어 회개하라. 만일 일깨지 아니하면 내가 도적 같이 이르리니 어느 시에 네게 임할른지 네가 알지 못하리라.

④ 그러나 사데에 그 옷을 더럽히지 아니한 자 몇명이 네게 있어 흰 옷을 입고 나와 함께 다니리니 그들은 합당한 자인 연고라,

⑤ 극복하는 자는 이와 같이 흰 옷을 입을 것이요 내가 그 이름을 생명책에서 반드시 지우지 아니하고 그 이름을 내 아버지 앞과 그 천사들 앞에서 시인하리라.

⑥ 귀 있는 자는 성령이 교인들에게 하는 말씀을 들을지어다.

⑦ 빌라델비아 교회의 사자에게 이것을 써 보내라. 이것들은 성스럽고 진실하며 다윗의 열쇠를 가지신 이의 말씀이니라. 그가 열면 닫을 사람이 없고 닫으면 열 사람이 없느니라.

(And to the angel of the church in Philadelphia, write; These things saith he that is holy, he that is true, he that hath the key of David, he that openeth, and no man shutteth; and shutten, and no man openth;-KJV)

("To the angel of the church in Philadelphia write: These are the words of him who is holy and true, who holds the key of David. What he opens no one can shut, and what he shuts no one can open.-NIV)

("To the angel of the church in Philadelphia, write this: 'The holy one, the true, who holds the key of David, who opens and no one shall close, who closes and no one shall open.-NAB)

(Write this to Philadelphia, to the angel of the church. The Holy, the True-David's key in his hand, opening doors no one can lock, lockings doors no one can open-speaks;-THE

MESSAGE)

⑧ 볼지어다 내가 네 앞에 열린 문을 두었으되 능히 닫을 사람이 없으리라. 내가 네 행위를 아노니 네가 적은 능력을 가지고도 내 말을 지키며 내 이름을 배반치 아니하였도다.

⑨ 보라 사탄의 무리라 곧 자칭 유대인이라 하나 그렇지 않고 거짓말 하는 자들 중에서 몇을 네게 주어 저희로 와서 네 발 앞에 절하게 하고 내가 너를 사랑하는 줄을 알게 하리라.

⑩ 네가 나의 인내의 말씀을 지켰은즉, 내가 또한 너를 지키어 시험의 때를 면하게 하리니 이는 장차 온 세상에 임하여 지구에 거하는 자들을 시험할 때라.

⑪ 내가 속히 임하리니 네가 가진 것을 굳게 잡아 아무나 네 면류관을 빼앗지 못하게 하라.

(Behold I come quickly: hold that fast which thou hast, that no man take thy crown.-KJV)

(I am coming soon. Hold on what you have, so that no one will take your crown.-NIV)

(I am coming quickly. Hold fast what you have, so that no one may take your crown.-NAB)

("I'm on my way; I'll be there soon. Keep a tight grip on what you have so no one distracts you and steals your crown.-THE MESSAGE)

⑫ 극복하는 자는 내 하나님 성전에 기둥이 되게 하리니 그가 결코 다시 나가지 아니하리라 내가 하나님의 이름과 하나님의 성 곧 하늘에서 내 하나님께로부터 내려 오는 새 예루살렘의 이름과 나의 새 이름을 그분 위에 기록하리라.

⑬ 귀 있는 자는 성령이 교인들에게 하시는 말씀을 들을지어다.

⑭ 라오디게아 교회의 천사에게 이것을 써 보내라. 이것들은 신실하시고 참된 목격자시며 하나님 창조의 지배자이신 아멘신의 말씀들이니라.

(And unto the angel of church of the Laodiceans write: These things saith the Amen, the faithful and true witness, the beginning of the creation of God;-KJV)

("To the angel of the church in Laodicea write: These are the words of the Amen, the faithful and true witness, the ruler of rhe God's creation.-NIV)

("To the angel of the church in Ladoicea, write this: The Amen, the faithful and true witness, the source of God's creation, says this.-NAB)

(Write to Laodicea, to the Angel of the church, God's Yes, the faithful and Accurate Witness, the First of God's creation, says."-THE MESSAGE)

⑮ 내가 네 행위를 아나니 네가 차지도 아니하고 더웁지도 아니하도다. 네가 차든지 더웁든지 하기를 원하노라.

⑯ 네가 이같이 미지근하여 더웁지도 아니하고 차지도 아니하니 내 입에서 너를 토하여 내치리라.

⑰ 네가 말하기를 나는 부자라 부요하여 부족한 것이 없다. 하나 네 곤고한 것과 가련한 것과 가난한 것과 눈 먼 것과 벌거벗은 것을 알지 못하도다.

⑱ 내가 너를 권하노니 내게서 불로 연단한 금을 사서 부요하게 하고, 흰 옷을 사서 입어 벌거벗은 수치를 보이지 않게 하고 안약을 사서 눈에 발라 보게 하라.

⑲ 무릇 내가 사랑하는 자를 책망하여 징계하노니 그러므로 네가 열심을 내라 회개하라.

⑳ 볼지어다 내가 문 밖에 서서 두드리노니 누구든지 내 음성을 듣고 문을 열면 내가 그에게로 들어가 그로 더불어 먹고 그는 나로 더불어 먹으리라.

㉑ 극복하는 자에게는 내가 나의 보좌에 함께 앉을 권리를 주겠노라, 이는 마치 내가 극복하고 나의 아버지와 함께 그분의 보좌에 함께 앉은 것과 같은 것이니라.

㉒ 귀 있는 자는 성령이 교인들에게 하시는 모든 것들을 들을지어다.

● 4장

① 이 일 후에 나는 하늘에서 하나의 문이 열린채로 서있는 환상을 보았습니다. 그리고 내가 처음에 들었던 그 소리가 나팔소리 같이 울리며 나에게 이리로 올라오라 이 후에 확실히 일어날 모든 것을 내가 네게 보이리라 하시었습니다.

② 내가 곧 성령에 감동하였더니 보라 하늘에 보좌를 베풀었고 그 보좌 위에 앉으신 이가 있는데

③ 앉으신 이의 모양이 벽옥과 홍보석 같고 또 무지개가 있어 보좌에 둘렸는데 그 모양이 녹보석 같았습니다.

④ 그 보좌 둘레에는 또 다른 이십 사 보좌들이 있고 그 위에 이십 사 장로들이 앉아 있었습니다. 그들은 흰옷을 입고 있었으며 머리에는 금 면류관을 쓰고 있었습니다.

⑤ 그 보좌로부터 번개와 우르르 소리와 계속되는 천둥이 터져 나왔습니다. 그리고 그 보좌 앞에는 일곱 횃불이 타고 있었습니다. 이것들은 하나님의 일곱 영들입니다.

(And out of the throne proceed lightings, and thundering, and voices: and there were seven lamps of fire burning before the throne, which are the seven Spirits of God.-KJV)

(From the throne came flashes of lightning, rumblings and peals of thunder. Before the throne, seven lamps were blazing. These are the seven Spirits of God.-NIV)

(Lightning flash and thunder crash pulsed from the Throne. Seven fire-blazing torches fronted the Throne(these are the Sevenfold Spirit of God).-THE MESSAGE)

(From the throne came flashes of lightning, rumblings, and peals of thunder. Seven flaming torches burned in front of the throne, which are the seven spirits of God.-NAB)

⑥ 또한 그 보좌 앞에는 수정과 같이 맑은 유리 바다같이 보이는 무엇이 있었습니다. 그리고 중앙에는 그 보좌를 둘러싸고 네 생물이 있었는데 그들은 앞과 뒤에 눈들로 덮여 있었습니다.

⑦ 그 첫째 생물은 사자 같고 그 둘째 생물은 황소 같으며 그 세째 생물은 사람과 같은 얼굴을 가졌고 그 네째 생물은 날고 있는 독수리 같았습니다.

⑧ 네 생물들 각자는 여섯 날개들을 가지고 있었습니다. 그리고 그들의 몸의 모든곳, 그의 날개들 밑에까지도 눈들로 덮여있었습니다. 그리고 그들은 밤낮 쉬지 않고, 거룩하시도다, 거룩하시도다, 거룩하시도다, 전능하신 주 하느님, 과거에도 계셨고 이제도 계시며 장차 오실 분. 이라고 외쳤습니다.

⑨ 그 생물들이 영광과 존귀와 감사를 보좌에 앉으셔서 영원히 사시는 분에게 돌릴 때마다,

⑩ 이십 사 장로들이 보좌에 앉으신 분 앞에 엎드려 영원토록 살아 계신 그 분에게 경배하였습니다. 그리고 자기들의 금관들을 보좌 앞에 던지며 외쳤습니다.

⑪ 우리 주 하나님이시여 영광과 존귀와 능력을 받으시기에 합당하오니 주께서 만물을 지으신지라 만물이 주의 뜻대로 지으심을 받았고 그대로 있었느니라. 하였습니다.

● 5장
① 그때 나는 보좌에 앉으신 이의 오른손에 앞뒤 양면에 글이 적혀 있는 두루마리를 보았습니다. 그 두루마리는 일곱번 봉인되어 있었습니다.

② 그리고 나는 한 힘센 천사가 큰 소리로 누가 봉인을 뜯어 책을 펴기에 합당한가 하고 소리치는 것을 보았습니다.

③ 그러나 하늘에도 지구 위에나 지구 아래에도 두루마리를 펴거나 두루마리를 살펴볼 자가 하나도 없었습니다.

④ 이 책을 펴거나 보거나 하기에 합당한 자가 보이지 않기로 나는 울었습니다.

⑤ 그때 장로들 중의 한분이 내게 말하되 울지 말라 유대 지파의 사자인 다윗의 뿌리가 승리하였으니 이 책과 그 일곱 봉인을 떼시리라 하였습니다.

(And one of the elders saith unto me, Weep not: behold, the

Lion of the tribe of Juda, the Root of David, hath prevailed to open the book, and to loose the seven seals thereof.-KJV)

(Then one of the elders said to me, "Do not weep! See, the Lion of the tribe of Judah, the Root of David, has triumphed, He is able to open the scrool and its seven seals.-NIV)

(One of the elders said to me, "Do not weep. The Lion of the tribe of Judah, the root of David, has triumphed, enabling him to open the scrool with its seven seals."-NAB)

(One of the elders said, "Don't weep. Look-The Lion from Tribe Judah, the Root of David's Tree, has conquered. He can open the scrool, can rip through the seven seals."-THE MESSAGE)

⑥ 그때 나는 보좌의 가운데에 서있는 어린양을 보았는데, 그 어린양은 이전에 살해된 것 같았고, 네 생물들과 장로들에 의해 둘러싸여 있었습니다. 그 어린양은 일곱개의 뿔들과 눈들을 가지고 있었는데 그것들은 온 지구에 보내진 하나님의 일곱 영들이었습니다.

⑦ 어린 양이 나와서 보좌에 앉으신 이의 오른손에서 책을 취하셨습니다.

⑧ 어린양이 두루마리를 받으시자, 네 생물과 스물네 장로가 그 앞에 업드렸습니다. 그들은 저마다 수금과, 또 향이 가득 담긴 금 대접을 가지고 있었습니다. 향이 가득 담긴 금 대접들은 성도들의 기도입니다.

⑨ 그리고 그들은 새 노래를 불렀습니다. 주님께서는 두루마리를 받아 봉인을 뜯기에 합당하십니다. 주님께서 살해되시고 또 주님의 피로 모든 종족과 언어와 백성과 민족 가운데에서 사람들을 속량하시어 하느님께 바치셨기 때문입니다.

⑩ 주님께서는 그들이 우리 하나님을 위하여 한 나라를 이루고 제사장들이 되게 하셨으니 그들이 지구를 다스릴 것입니다.

⑪ 나는 또 보좌와 생물들과 원로들을 에워싼 많은 천사들을 보고 그들의 목소리도 들었습니다. 그들의 수는 수백만 수억만이었습니다.

⑫ 그들이 큰 소리로 말하였습니다. 살해된 어린양은 권능과 부와 지혜와 힘과 영예와 영광과 찬송을 받으시기에 합당하십니다.

⑬ 그때 나는 하늘과 지구위와 지구 밑 그리고 바다 안에 있는 모든 짐승 즉 우주에 있는 모든 것들이 소리치는 것을 들었습니다. 보좌에 앉아 계신 분과 어린양께 찬미와 영광과 권세가 영원무궁하기를 기원합니다.

⑭ 그러자 네 살아있는 생물들이 아멘! 하고 화답하고 장로들은 엎드려 경배하였습니다.

● 6장

① 나는 어린 양이 일곱 봉인 중에서 첫번째 봉인을 떼시는 것을 지켜보았습니다. 그때 네 생물 중에서 하나가 천둥 같은 소리로 오너라 하고 말하는 것을 들었습니다.

② 이에 내가 보니 흰 말이 있는데 그 탄 자가 활을 가졌고 면류관을 받았고 나가서 이기고 또 이기려고 하였습니다.

③ 어린양이 두번째 봉인을 떼실 때에 내가 들으니 둘째 살아있는 동물이 말하되 오너라 하였습니다.

④ 그러자 다른 붉은 말이 나왔는데 그 탄 자가 허락을 받아 땅에서 화평을 제하여 버리며 서로 죽이게 하고 또 큰 칼을 받았습니다.

⑤ 어린양이 세번째 봉인을 떼실 때에 내가 들으니 셋째 살아있는 동물이 말하되 오너라 하기로 내가 보니 검은 말이 나오는데 그 탄 자가 손에 저울을 들고 있었습니다.

⑥ 내가 네마리의 살아있는 동물들 사이로서 나는듯하는 음성을 들으니 가로되 한 데나리온에 밀 한되요 한 데나리온에 보리 석되로되 또 감람유와 포도주는 해치 말라 하였습니다.

⑦ 어린양이 네번째 봉인을 떼실 때에 내가 넷째 살아있는 동물의 음성을 들으니 가로되 오너라 하기로

⑧ 내가 보매 청황색 말이 나오는데 그 탄 자의 이름은 사망이었습니다. 그리고 그 뒤에 저승이 따르고 있었습니다. 그들은 지구의 사분일을 죽일 수 있는 권세를 얻었으니 즉 검과 기근과 역병과 지구의 짐승들로 사람들을 죽일 수 있는 권세입니다.

⑨ 어린양이 다섯째 봉인을 떼실 때에 나는 하나님의 말씀과 저희의 가진

증거를 인하여 죽임을 당한 영혼들이 제단 아래 있는 것을 보았습니다.

⑩ 그런데 그들이 큰 소리로 외쳤습니다. 거룩하시고 참되신 주님, 저희가 흘린 피에 대하여 지구의 주민들을 심판하고 복수하시는 것을 언제까지 미루시렵니까?

⑪ 그러자 그들 각자에게 희고 긴 겉옷이 주어졌습니다. 그리고 그들은 자기들처럼 죽임을 당할 동료 종들과 형제들의 수가 찰 때까지 조금 더 쉬고 있으라는 분부를 받았습니다.

⑫ 내가 보니 여섯째 봉인을 떼실 때에 큰 지진이 나며 해가 검은 삼베옷 같이 검어지고 달은 온통 피 처럼 되었습니다.

⑬ 창공의 별들은 무화과나무가 강풍에 흔들려 설익은 과실이 떨어지는 것 같이 땅에 떨어졌습니다.

⑭ 그때 창공은 두루마리가 말리듯 사라져 버리고, 산과 섬은 제자리에 남아 있는 것이 하나도 없었습니다.

⑮ 그리고 지구의 임금들, 고관들, 장군들, 부자들 그리고 모든 노예와 자유인들이 그들 자신들을 동굴 안과 산악바위 틈 사이에 숨겼습니다.

⑯ 그리고 그들은 산들과 바위들에게 소리치기를, 우리 위로 내려 덮으사 보좌에 앉으신 이의 얼굴과 어린양의 진노로부터 우리를 숨겨주십시오.

⑰ 그분들의 진노가 드러나는 그 날이 이르렀고 누가 능히 그것을 견디어 내겠습니까? 하였습니다.

● 7장

① 이 일 후에 나는 네 천사들이 지구의 네 귀퉁이에 서 있는 것을 보았습니다. 그들은 지구의 바람들을 저지하여 땅이나 바다나 어떤 나무에도 불지 못하게 하였습니다.

② 그때 나는 다른 한 천사가 살아계신 하나님의 인을 가지고 동쪽으로부터 올라오는 것을 보았습니다. 그가 땅과 바다를 해칠 권한을 받은 네 천사에게 큰 소리로 외쳤습니다.

③ 우리가 우리 하나님 종들의 이마들위에 인을 칠때까지 땅이나 바다나 나무를 해하지 말라 하였습니다.

④ 그리고 나는 인을 받은 자들의 숫자를 들었습니다. 즉 이스라엘 자손들의 모든 지파들로부터 144,000명이었습니다.

(And I heard the number of them which were sealed: and there were sealed an hundred and forty and four thousand, of all the tribes of the children of Israel.-KJV)

(Then I heard the number of those who were sealed: 144,000 from all the tribes of Israel.-NIV)

(I heard the number of those who had been marked with the seal, one hundred and forty-four thousand marked from every tribe of the Israelites:-NAB)

(I heard the count of those who were sealed: 144,000! They were sealed out of every Tribe:-THE MESSAGE)

⑤ 유다 지파 중에 인를 받은 자가 일만 이천이요 르우벤 지파 중에 일만 이천이요 갓 지파 중에 일만 이천이요

⑥ 아셀 지파 중에 일만 이천이요 납달리 지파 중에 일만 이천이요 므낫세 지파 중에 일만 이천이요

⑦ 시므온 지파 중에 일만 이천이요 레위 지파 중에 일만 이천이요 잇사갈 지파 중에 일만 이천이요

⑧ 스불론 지파 중에 일만 이천이요 요셉 지파 중에 일만 이천이요 베냐민 지파 중에 인 맞은 자가 일만 이천이라

⑨ 이 일 후에 내가 환상으로 보니, 아무도 수를 셀 수 없을 만큼 큰 무리가 있었습니다. 모든 민족과 종족과 백성과 언어권에서 나온 그들은 희고 긴 겉옷을 입고 손에는 야자나무 가지를 들고서 보좌 앞과 어린양 앞에 서 있었습니다.

⑩ 그들이 큰 소리로 외쳤습니다. 구원은 보좌에 앉아 계신 우리 하나님과 어린양으로부터 오는 것이다.

⑪ 그러자 모든 천사가 보좌와 장로들과 네 살아있는 동물의 주위에 섰다가, 보좌 앞에 엎드려 절하고 하나님께 경배하였습니다.

⑫ 그리고 외치기를 찬송과 영광과 지혜와 감사와 존귀와 능력과 힘이 우리 하나님께 세세토록 있을지로다 아멘! 하였습니다.

⑬ 그때 장로들 중에 한 사람이 이 흰옷 입은 자들이 누구며 또 어디서 왔는지 아느냐고 내게 물었습니다.

⑭ 내가 대답하기를 장로님은 아시지요 하니 이에 그는 나에게 말하기를 이분들은 대단히 큰 환난을 겪고 나온 자들인데 그들은 그들의 옷을 어린 양의 피로 씻어 그들의 옷을 희게 하였느니라 하였습니다.

(And I said unto him, Sir, thou knowest. And he said to me, These are they which came out of greast tribulation, and have washed their robes, and made them white in the blood of the Lamb.-KJV)

(I answered, "Sir, you know." And he said, "These are they who have come out of the greatest tribulation; they have washed their robes and made them white in the blood of the Lamb.-NIV)

(I said to him, "My lord, you are the one who knows." He said to me, "These are the ones who have survived the time of great distress; they have washed their robes and made them white in the blood of the Lamb.-NAB)

(I said, O Sir, I have no idea-but you must know." Then he told me, These are those who come from the great tribulation, and they've washed their robes, scrubbed them clean in the blood of the Lamb.-THE MESSAGE)

⑮ 그러므로 그들이 하나님의 보좌 앞에 있고 또 그의 성전에서 밤낮 하나님을 섬기매 보좌에 앉으신 이가 그들 위에 장막을 치실 것이니라

⑯ 그들이 다시 주리지도 아니하며 목마르지도 아니하고 해나 아무 뜨거운 기운에 상하지 하니할지니

⑰ 이는 보좌 가운데 계신 어린 양이 저희의 목자가 되사 생명수 샘으로 인도하시고 하나님께서 저희 눈에서 모든 눈물을 씻어 주실 것임이러라 하였습니다.

● 8장

① 어린 양이 일곱째 봉인을 떼실 때에 하늘이 반시 동안쯤 고요하였습니다.

(When he had opened the seventh seal, there was silence about the space of half an hour.-KJV)

(When eh opened the seventh seal, there was silence in heaven for about half an hour.-NIV)

(When he broke open the seventh seal, there was silence in heaven for about half an hour.-NAB)

(When the Lamb ripped off the seventh seal, Heaven fell quiet-complete silence for about half an hour.-THE MESSAGE)

② 그리고 나는 하나님앞에 일곱 천사가 서 있는 것을 보았는데, 그들에게 일곱 나팔이 주어졌습니다.

③ 다른 천사 하나가 금 향로를 들고 나와 제단 앞에 서자, 그에게 많은 향이 주어졌습니다. 이는 모든 성도들의 기도들과 함께 보좌 앞에 있는 금 제단에 바치라는 것이었습니다.

(And another angel came and stood at the alter, having a golden censer; and there was given unto him much incense, that he should offer it with the prayers of all saints upon the golden altar, which was before the throne.-KJV)

(Another angel, who had a golden censer, came and stood at the alter. He was given much incense to offer, with the prayers of all the saints, on the golden altar before the throne.-NIV)

(Another angel came and stood at the altar, holding a gold censer. He was given a great quantity of incense to offer, along with the prayers of all the holly ones, on the gold altar that was before the throne.-NAB)

(Then another angel, carrying a gold censer, came and stood at the Alter. He was given a great quantity of incense so that he could offer up the prayers of all the holy people of God on the

Golden Altar before the Throne.-THE MESSAGE)

④ 그리하여 향 연기가 성도의 기도와 함께 천사의 손으로부터 하나님 앞으로 올라갔습니다.

⑤ 그 뒤에 천사가 향로를 가지고 단 위의 불을 담아다가 땅에 쏟으매 뇌성과 음성과 번개와 지진이 일어났습니다.

⑥ 그때에 나팔 하나씩 가진 일곱 천사가 나팔 불기를 예비하였습니다.

⑦ 첫째 천사가 나팔을 부니 피섞인 우박과 불이 나서 땅에 쏟아지매 땅의 삼분의 일이 타서 재로되고 따라서 수목의 삼분의 일과 각종 푸른 풀도 타서 재로 되었습니다.

⑧ 둘째 천사가 나팔을 부니 불붙는 큰 산과 같은 것이 바다에 던지우매 바다의 삼분의 일이 피가 되고

⑨ 바다 가운데 생명 가진 피조물들의 삼분의 일이 죽고 배들의 삼분의 일이 깨어졌습니다.

⑩ 셋째 천사가 나팔을 부니 횃불 같이 타는 큰 별이 창공에서 떨어져 강들의 삼분의 일과 샘들을 덮쳤습니다.

⑪ 이 별 이름은 쓴쑥입니다. 물들의 삼분의 일이 독성이 있게되었습니다. 그리고 많은 사람들이 물들이 독성이 있게 됨을 인하여 죽었습니다.

⑫ 넷째 천사가 나팔을 부니 해 삼분의 일과 달 삼분의 일과 별들의 삼분의 일이 타격을 받아 그 삼분의 일이 어두워지니 낮 삼분의 일은 비췸이 없고 밤도 그러하였습니다.

⑬ 내가 다시 살펴보니 공중에 날아가는 독수리가 큰 소리로 말하는 것을 들었는데 지구에 거하는 자들에게 화 화 화가 있으리로다 하였습니다. 왜냐하면 남아있는 다른 세 천사들에 의하여 나팔소리가 울릴 예정이기 때문이었습니다.

(And I beheld, and heard an angel flying through the midst of heaven, saying with a loud voice, Woe, woe, woe, to the inhabiters of the earth by reason of the other voices of the trumpet of the three angels which are yet to sound!-KJV)

(As I watched, I heard an angel that was flying in midair call out in a loud voice: "Woe! Woe! Woe to the inhabitants of the earth, because of the trumpet blasts about to be sounded by the other three angels!"-NIV)

(Then I looked again and heard an angel flying high overhead cry out in a loud voice, "Woe! Woe! Woe to the inhabitants of the earth from the rest of the trumpet blasts that the three angels are about to blow!"-NAB)

(I looked hard; I heard lone eagle, flying through Middle-Heaven, crying out ominously, "Doom! Doom! Doom to everyone left on earth! There are three more Angels about to blow their trumpets. Doom is on its way!"-THE MESSAGE)

● 9장

① 다섯째 천사가 나팔을 불었습니다. 그리고 나는 별 하나가 창공으로부터 지구에 떨어지는 것을 보았습니다. 그런데 그 별에게 밑바닥이 없는 구덩이를 여는 열쇠가 주어졌습니다.

(And the fifth angel sounded, and I saw a star fall from heaven unto the earth: and to him was given the key of bottomless pit.-KJV)

(The fifth angel sounded his trumpet, and I saw a star that had fallen from the sky to the earth. The star was given the key to the shaft of the Abyss.-NIV)

(Then the fifth angel blew his trumpet, and I saw a star that had fallen from the sky to the earth. It was given the key for the passage to the abyss.-NAB)

(The fifth Angel trumpeted. I saw a Star plummet from heaven to earth. The Star was handed a key to the Well of the Abyss.-THE MESSAGE)

② 저가 밑이 없는 구덩이를 여니 그 구멍에서 큰 풀무의 연기 같은 여기가 올라오매 해와 공기가 그 구멍의 연기로 인하여 어두워지며

③ 또 메뚜기 떼들이 연기 가운데로부터 땅 위에 나오매 저희가 땅에 있는

전갈의 권세와 같은 권세를 받았습니다.

④ 저희에게 이르시되 땅의 풀이나 푸른 것이나 각종 수목은 해하지 말고 오직 이마에 하나님의 기호를 표시 아니한 사람들만 해하라 하시었습니다.

(And it was commanded them that they shuld not hurt the grass of the earth, neither any green thing, neither any tree; but only those men which have not the seal of God in their foreheads.-KJV)

(They were told not to harm the grass of the earth or any plant or tree, but only those people who did not have the seal of God on their foreheads.-NIV)

(They were told not to harm the grass of the earth or any plant or any tree, but only those people who did not have the seal of God on their foreheads;-NAB)

(They were given their orders: "Don't hurt the grass, don't hurt any thing green, don't hurt a single tree-only men and women, and then only those who lack the seal of God on their foreheads."-THE MESSAGE)

⑤ 그러나 그들을 죽이지는 못하게 하시고 다섯달 동안 괴롭게만 하게 하시는데 그 괴롭게 함은 전갈이 사람을 쏠 때에 괴롭게 함과 같았습니다.

⑥ 그날에는 사람들이 죽기를 구하여도 얻지 못하고 죽고 싶으나 죽음이 저희를 피하였습니다.

⑦ 메뚜기 떼들의 모양은 전쟁을 위하여 예비한 말들 같고 그 머리에 금 같은 면류관 비슷한 것을 썼으며 그 얼굴은 사람의 얼굴 같고

⑧ 또 여자의 머리털 같은 머리털이 있고 그 이는 사자의 이 같으며

⑨ 또 철흉갑 같은 흉갑이 있고 그 날개들의 소리는 병거와 많은 말들이 전장으로 달려 들어가는 소리 같으며

⑩ 또 전갈과 같은 꼬리와 쏘는 살이 있어 그 꼬리에는 다섯달 동안 사람들을 해하는 권세가 있었습니다.

⑪ 저희에게 임금이 있으니 밑바닥이 없는 구덩이의 사자라 히브리 음으로 이볼루온입니다.

⑫ 첫째 화는 지나갔으나 보라 아직도 이 후에 화 둘이 더 닥칠 것입니다.

⑬ 여섯째 천사가 나팔을 불었습니다. 그때에 내가 들으니 하나님 앞 금단 네 뿔에서 한 음성이 나서

⑭ 나팔 가진 여섯째 천사에게 말하기를 큰 강 유브라데에 결박한 네 천사를 놓아 주라 하였습니다.

⑮ 네 천사가 풀려났습니다. 그들은 그 년 월 일 시에 이르러 사람 삼분의 일을 죽이기로 예비한 자들이었습니다.

⑯ 기병대의 수는 이억이었습니다. 나는 그 수를 들었습니다.

⑰ 이같이 이상한 가운데 그 말들과 그 탄 자들을 보니 불빛과 자주빛과 유황빛 흉갑이 있고 또 말들의 머리는 사자 머리 같고 그 입에서는 불과 연기와 유황이 나왔습니다.

⑱ 이 세 재앙 곧 저희 입에서 나오는 불과 연기와 유황을 인하여 사람 삼분의 일이 죽임을 당하였습니다.

⑲ 이 말들의 힘은 그 입과 그 꼬리에 있었습니다. 그 꼬리는 뱀 같고 또 꼬리에 머리가 있어 이것으로 해하였습니다.

⑳ 이 재앙에 죽지 않고 남은 사람들도 그 손으로 행하는 일을 회개치 아니하고 오히려 여러 마귀들과 또는 보거나 듣거나 다니거나 하지 못하는 금 은 동과 목석의 우상에게 절하였습니다.

㉑ 또 그들은 살인과 복술과 음행과 도적질을 회개하지도 않았습니다.

• 10장

① 그때 나는 다른 한 힘센 천사가 구름에 휩싸여 하늘에서 내려 오는 것을 보았습니다. 그의 머리 위에는 무지개가 둘려있고 그 얼굴은 해와 같고 그 발은 불기둥 같았습니다.

② 그는 손에 작은 두루마리를 펴 들고 있었습니다. 그 오른 발은 바다를 밟고 왼 발은 땅을 밟고

③ 사자의 부르짖는 것 같이 큰 소리로 외쳤습니다. 그가 외치자 일곱 우뢰가 그 소리를 발하였습니다.

④ 일곱 우뢰가 소리를 발할 때에 나는 기록하려고 하였습니다. 그때에 나는 하늘로부터 일곱 우뢰가 발한 것을 인봉하고 기록하지 말라 라는 소리를 들었습니다.

⑤ 그때 내가 보았던 바다와 땅을 밟고 서있던 천사가 하늘을 향하여 그의 오른손을 들었습니다.

⑥ 그리고 그는 세세토록 영생하시는 분, 하늘들과 그 가운데 있는 모든 것과 땅과 그 가운데 있는 모든 것, 바다와 그 가운데 있는 모든 것을 창조하신 분을 걸고 맹세하였습니다. 더 이상 지체할 수없을 것이다.라고,

(And sware by him that liveth for ever and ever, who created heaven and the things that therein are, and the earth, and the things that therein are, and the sea and the things which are therein, that there should be time no longer:-KJV)

(And he swore by him who lives for ever and ever, who created the heavens and all is in them, the earth and all that is in it, and the sea and all that is in it, and said, "There will be no more delay!-NIV)

(and swore by the one who lives forever and ever, who created heaven and earth and sea and all that is in them, " There shall be no more delay.-NAB)

(and swore by the One Living Forever and Ever, who created Heaven and everything in it, sea and everything in it, that time was up.-THE MESSAGE)

⑦ 일곱째 천사가 그 나팔을 불게 될 날들에 하나님께서 당신의 종들인 선지자들에게 선포하신 대로 그분의 신비가 완전히 이루어질 것.이라고 말하였습니다.

⑧ 하늘에서 들려온 그 목소리가 다시 나에게 말하였습니다. 가서 바다와 땅을 디디고 서 있는 그 천사의 손에 펼쳐진 두루마리를 받아라.라고,

⑨ 그래서 내가 그 천사에게 가서 작은 두루마리를 달라고 하자, 그가 나에게 말하였습니다. 이것을 받아 삼켜라. 이것이 네 배를 쓰리게 하겠

지만 입에는 꿀같이 달 것이다.라고

⑩ 그래서 나는 그 천사의 손에서 작은 두루마리를 받아 삼켰습니다. 과연
그것이 입에는 꿀같이 달았지만 먹고 나니 배가 쓰렸습니다.

⑪ 그때에, 너는 많은 백성과 민족과 언어와 임금들에 관하여 다시 예언해
야 한다. 하는 소리가 나에게 들려왔습니다.

● 11장

① 그때 나에게 지팡이 같이 생긴 잣대가 주어지면서 이런 말씀이 들려왔
습니다. 일어나 하나님의 성전과 제단을 측정하고 그곳에서 경배하는
자들의 수를 세어라.

② 성전 밖 마당은 측정하지 말고 그냥 두라 이것을 이방인들에게 주었은
즉 저희가 거룩한 성을 마흔 두달 동안 짓밟으리라.

③ 내가 나의 두 증인을 내세워 천이백육십 일 동안 자루옷을 입고 예언하
게 할 것이다.라고,

④ 그들은 지구의 주님 앞에 서 있는 두 올리브 나무이며 두 등잔대이다.

⑤ 만일 누구든지 저희를 해하고자 하면 그들의 입에서 불이 나와 그 원수
들을 삼켜버릴지니, 누가 그들을 해치려고 하면, 그는 반드시 이렇게
죽임을 당하고 말 것이다.

⑥ 그들은 자기들이 예언하는 동안 비가 내리지 않게 하늘을 닫는 권한을
가지고 있고 또한 물을 피로 변하게 하며 원할 때마다 온갖 재앙으로
이 지구를 치는 권한을 가지고 있느니라.

(These have power to shut heaven, that it rain not in the days
of their prophesy: and have power over waters to turn them to
blood, and to smite the earth with all plagues as often as they
will.-KJV)

(These men have power to shut up the sky so that it will not
rain during the time they are prophesying; and they have
power to turn the waters into blood and to strike the earth with
every kind of plague as often as they want.-NIV)

(They have the power to close up the sky so that no rain can fall during the time of their prophesying. They also have power to turn water into blood and to afflict the earth with any plague as often as they wish.-NAB)

(They'll have power to seal the sky so that it doesn't rain for the time of their prophesying, power to turn rivers and springs to blood, power to hit earth with any and every disaster as often as they want.-THE MESSAGE)

⑦ 그러나 그들이 증언을 끝내면, 지하에서 올라오는 짐승이 그들과 싸워 이기고서는 그들을 죽일 것이니라.

⑧ 그들의 주검은 그 큰 도성의 길에 내버려질 것이고, 그 도성은 영적으로 소돔이라고도 하고 에집트라고도 하는데, 그곳에서 그들의 주님도 십자가에 못박히셨고,

⑨ 민족, 종족, 언어, 국가를 초월한 모든 사람들이 삼일 동안 그들의 주검들을 볼것이며 그들이 묻히는 것을 거부할 것이니라.

⑩ 이 두 선지자가 지구에 거하는 자들을 괴롭게 한고로 지구에 거하는 자들이 저희의 죽음을 즐거워하고 기뻐하여 서로 예물을 보내리라 하였습니다.

⑪ 삼일 반 후에 하나님께로부터 생기가 저희 속에 들어가매 저희가 발로 일어서니 구경하는 자들이 크게 두려워하였습니다.

⑫ 하늘로부터 큰 음성이 있어 이리로 올라오라 함을 저희가 듣고 구름을 타고 하늘로 올라가니 저희 원수들도 구경하였습니다.

⑬ 바로 그때에 큰 지진이 나서 도성 십분의 일이 무너지고 지진에 죽은 사람이 칠천이라 그 남은 자들이 두려워하여 영광을 하늘의 하나님께 드렸습니다.

⑭ 둘째 화는 나갔으나 그러나 셋째 화가 곧 닥칠 것입니다.

⑮ 일곱째 천사가 나팔를 불매 하늘에서 큰 소리가 났습니다. 세상 나라가 우리 주와 그 그리스도의 나라가 되어 그가 세세토록 왕노릇 하시리로다.

⑯ 하나님 앞의 그들의 자리에 앉은 이십 사 장로들이 엎드려 얼굴을 대고 하느님께 경배하면서

⑰ 말하기를, 옛적에도 계셨고 시방도 계신 주 하나님 곧 전능하신이여 친히 큰 권능을 잡으시고 친히 다스리기 시작하셨으니 저희가 하나님께 감사드립니다.

⑱ 이방인들이 분개하였지만 오히려 하나님의 진노가 닥쳤습니다. 이제 죽은이들이 심판받을 때가 왔습니다. 하나님의 종 예언자들과 성도들에게, 그리고 낮은 사람이든 높은 사람이든 하나님의 이름을 경외하는 자들에게 상을 주시고 지구를 파괴하는 자들을 파멸시키실 때다 왔습니다.

(And the nations were angry, and thy wrath is come, and the time of the dead that they should be judged, and that thou shouldest give reward unto thy servants the prophets, and to the saints, and them thay fear my name, small and great; and shouldest destroy them which destroy the earth.-KJV)

(The nations were angry; and your wrath has come. The time has come for judging the dead, and for rewarding your servants the prophets and your saints and those who reverence your name, both small and great- and for destroying those who destroy the earth."-NIV)

(The nations raged, but your wrath has come, and the time for the dead to be judged, and to recompense your servants, the prophets, and the holy ones and those who fear your name, the small and the great alike, and to destroy those who destroy the earth."-NAB)

(The angry nations now get a taste of your anger. The time has come to judge the dead, to reward your servants, all prophets and saints, Reward small and great who fear your Name, and destroy the destroyers of earth.-THE MESSAGE)

⑲ 이에 하늘에 있는 하나님의 성전이 열리니 성전 안에 하나님의 언약궤가 보이며 또 번개와 음성들과 뇌성과 지진이 일어나고 큰 우박이 떨어졌습니다.

● 12장

① 그리고 하늘에 하나의 대단하고 경이로운 표적이 나타났습니다. 즉 한 여인이 태양을 휘감고 발로 달을 밟으며 머리 위에는 열 두개의 별이 있는 면류관을 썼습니다.

(And there appeared a great wonder in heaven; a woman clothed with the sun, and the moon under her feet, and upon her head a crown of twelve stars:-KJV)

(A great and wondrous sign appeared in heaven: a woman clothed with the sun, with the moon under her feet and a crown of twelve stars on her head.-NIV)

(A great sign appeared in the sky, a woman clothed with the sun, with the moon under her feet, and on her head a crown of twelve stars.-NAB)

(A great Sign appeared in Heaven: a Woman dressed all in sunlight, standing on the moon, and crowned wirh Twelve Stars.-THE MESSAGE)

② 이 여인이 아이를 배어 해산하게 되매 아파서 울부짖고 있었습니다.

③ 그때 하늘에 또 다른 표적이 보였습니다. 보라 한 큰 붉은 용이 있어 머리가 일곱이요 뿔이 열이라 그 여러 머리에 일곱 면류관이 있었습니다.

④ 그 꼬리가 하늘 별 삼분의 일을 끌어다가 땅에 던졌습니다. 그리고 그 용은 막 해산하려는 여자가 아이를 낳자마자 그 아이를 삼키려고 그녀 앞에 서있었습니다.

(And his tail drew third part of the stars of heaven, and did cast them to the earth: and the dragon stood before the woman which was ready to be delivered, for to devour her child as soon as it was born.-KJV)

(His tail swept a third of the stars out of the sky and flung them to the earth. The dragon stood in front of the woman who was about to give birth, so that he might devour her child the moment it was born.-NIV)

(Its tail swept away a third of the stars in the sky and hurled them down to the earth. Then the dragon stood before the woman about to give birth, to devour her child when she give birth.-NAB)

(With one flick of its tail it knocked a third of Stars from the sky and dumped them on earth. The Dragon crouched before the woman in childbirth, poised to eat up the Child when it came.-THE MESSAGE)

⑤ 이윽고 여인이 아들을 낳았습니다. 그 사내아이는 장차 쇠 지팡이로 만국을 다스릴 분입니다. 그런데 그 여인의 아이가 하나님께로 그분의 보좌 앞으로 올려졌습니다.

⑥ 그 여인은 황야로 도망하였습니다. 거기에는 일천 이백 육십일 동안 그녀를 보살피기 위하여 하나님이 예비하신 곳이 있었습니다.

⑦ 그때 하늘에 전쟁이 있었습니다. 미카엘과 그의 천사들이 용으로 더불어 싸운 것입니다. 용과 그의 부하들도 함께 맞서 싸웠습니다.

⑧ 그러나 그 용은 충분히 강하지 못하여 하늘에서 저희의 있을 곳을 잃었습니다.

⑨ 그리하여 그 큰 용, 그 옛날의 뱀, 악마라고도 하고 사탄이라고 하는 자, 온 세계를 속이던 자가 지구로 내동댕이 쳐졌습니다. 그리고 그의 부하들도 큰 용과 함께 지구로 내동댕이 쳐졌습니다.

⑩ 그때 나는 하늘에서 큰 음성이 나는 것을 들었습니다. 이제 우리 하나님의 구원과 능력과 나라와 또 그리스도의 권세가 이루어졌도다. 이는 우리 형제들을 참소하던 자 곧 우리 하나님 앞에서 밤낮 참소하던 자가 쫓겨났고,,

(And I heard a loud voice saying in heaven, Now is come salvation, and strength, and kingdom of our God, and the power of his Christ: for the accuser of our brethren is cast down, which accused them before our God, day and night.-KJV)

(Then I heard a loud voice in heaven say: "Now have come the salvation and the power and the kingdom of our God, and the authority of his Christ. For the accuser of our brothers, who accuses them before our God day and night, has been hurled down.-NIV)

(Then I heard a loud voice in ehaven say: Now have salvation and power come, and the kingdom of our God and the authority of his Anointed. For the accuser of our brothers is cast out, who accuses them before our God day and night.-NAB)

(Then I heard a strong voice out of Heaven saying, Salvation and power are established! Kingdom of our God authority of his Messiah! The accuser of our brothers and sisters thrown out, who accused them day and night before God.-THE MESSAGE)

⑪ 또 여러 형제가 어린 양의 피와 자기의 증거하는 말을 인하여 저를 이기었으니 그들은 죽기까지 자기 생명을 아끼지 아니하였으니,

⑫ 그러므로 하늘과 그 가운데 거하는 자들은 즐거워하라 그러나 땅과 바다는 화 있을진저 이는 마귀가 자기의 때가 얼마 못된 줄을 알므로 크게 분내어 너희에게 내려 갔음이라 하더라.

⑬ 용이 자기가 지구로 내동댕이쳐진 것을 알고 사내 아이를 낳은 여인을 쫓아갔습니다.

⑭ 그러나 그 여인에게 큰 독수리의 두 날개가 주어졌습니다. 그리하여 그 여인은 황야에 있는 자기 처소로 날아가, 그 뱀의 추적을 벗어나 그곳에서 일년, 이년, 그리고 반년 동안을 보살핌을 받았습니다.

⑮ 그러나 그 뱀은 여인의 뒤에 그 입으로 물을 강 같이 토하여 여인을 물에 휩쓸어 버리려 하였습니다.

⑯ 그러나 지구가 여자를 도왔습니다. 지구는 그 입을 벌려 용의 입에서 토한 강물을 삼켜버렸습니다.

⑰ 그러자 용은 그 여인에게 분노하였습니다. 그리하여 용은 그 여인의 남은 자손들 곧 하나님의 계명을 지키며 예수님을 증언하는 자들과 싸우

려고 그곳을 떠나갔습니다.

⑱ 그리고 용은 바닷가 모래 위에 자리를 잡았습니다.

● 13장

① 그때 나는 바다로부터 짐승 하나가 나오는 것을 보았습니다. 그 짐승은 뿔이 열이요 머리가 일곱이라 그 뿔에 열 면류관이 있고 각 머리들에는 불손한 이름들이 쓰여 있었습니다.

② 그 짐승은 표범과 비슷하고 그 발은 곰의 발 같고 그 입은 사자의 입 같은데 용이 자기의 능력과 보좌와 큰 권세를 그에게 주었습니다.

③ 그 짐승의 머리들 중의 하나가 죽을 정도로 상하였으나 그 죽게 되었던 상처가 나으매 온 세상 사람들이 놀라워하며 그 짐승을 추종하였습니다.

④ 온 세상 사람들은 짐승에게 권세를 준 용을 경배하였고 짐승도 경배하였습니다. 그리고 그들은 짐승 같이 권세를 가진 어떤 것도 존재하지 않도다 누구도 감히 짐승과 전쟁을 할 수 있으리요 라고 외쳤습니다.

(And they worshiped the dragon which gave power unto the beast; and they worshiped the beast, saying, Who is like unto the beast? Who is able to make war with him?-KJV)

(Men worshiped the dragon because he had given authority to the beast, and they also worshiped the beast and asked, "Who is like the beast? Who can make war against him?"-NIV)

(They worshiped the dragon because it gave its authority to the beast; they also worshiped the beast and said, "Who can compare with the beast or who can fight against it?"-NAB)

(They worshiped the Dragon who gave the beast authority, and they worshiped the Beast, exclaiming, "There's never been anything like Beast! No one would dare go to war with the Beast!"-THE MESSAGE)

⑤ 또 짐승은 거만하고 불손한 말을 하는 웅얼거리는 입을 받았으며 마흔 두달 동안 행사할 권세를 받았습니다.

⑥ 짐승은 입을 벌려 하나님을 모독하고 하나님의 이름과 하나님의 장막과 하늘에 거하는 자들을 비방하였습니다.

(And he opened his mouth in blasphemy against God, to blaspheme his name, and his tabernacle, and them that dwell in heaven.-KJV)

(He opened his mouth to blaspheme God, and to slander his name and his dwelling place and those who live in heaven.-NIV)

(It opened its mouth to utter blasphemies against God, blaspheming his name and his dwelling and those who dwell in heaven.-NAB)

(It yelled blasphemies against God, blasphemed his Name, blasphemed his Church, especially those already dwelling with God in Heaven.-THE MESSAGE)

⑦ 또 권세를 받아 성도들과 싸워 이기게 되고 각 족속과 백성과 방언과 나라를 다스리는 권세를 받았습니다.

⑧ 죽임을 당한 어린 양의 생명책에 창세 이후로 기록되지 못하고 이 땅에 사는 자들은 다 짐승에게 경배하습니다.

(And all that dwell upon the earth shall worship him, whose names are not written in the book of life of the Lamb slain from the foundation of the world.-KJV)

(All inhabitants of the earth will worship the beast-all whose names have not been written in the book of life belonging to the Lamb that was slain from the creation of the world.-NIV)

(All the inhabitants of the earth will worship it, all whose names were not written from the foundation of the world in the book of life, which belongs to the Lamb who was slain.-NAB)

(Everyone on earth whose name was not written from the world's foundation in the slaughtered Lamb's Book of Life will worship the beast.-THE MESSAGE)

⑨ 누구든지 귀가 있거든 들으십시오.

⑩ 사로잡힐 운명인 자는 사로잡힐 것이요 칼로 죽음을 당할 운명인 자는
칼에 죽으리니 이에 성도들에게는 끊임없는 참을성과 성실함이 필요한
까닭이 있습니다.

(He that leadeth into captivity, shall go into captivity: he that
killeth with the sword, must be killed with the sword. Here is
patience and the faith of saints.-KJV)

(If anyone is to go into capavity, into capavity he will go. If
anyone is to be killed with the sword, with the sword he will be
killed. This calls for patient endurance and faithfulness on the
part of the saints.-NIV)

(Anyone destined for captive goes into captivity. Anyone
destined to be slain by the sword shall be slain by the sword.
Such is the faithful endurance of the holy ones.-NAB)

(Anyone marked for prison goes straight to prison; anyone
pulling a sword goes down by the sword. Meanwhile, God's
holy people passionately and faithfully stand their ground.-
THE MESSAGE)

⑪ 나는 또 지구에서 다른 짐승 하나가 올라오는 것을 보았습니다. 그 짐
승은 어린양처럼 뿔이 둘이었는데 용처럼 말하였습니다.

⑫ 그리고 첫째 짐승의 모든 권한을 첫째 짐승이 보는 앞에서 행사하여,
치명상이 나은 그 짐승에게 지구와 지구의 주민들이 경배하게 만들었
습니다.

⑬ 큰 이적을 행하여 심지어 사람들 앞에서 불이 하늘로부터 땅에 내려 오
게 하였습니다.

⑭ 이렇게 첫째 짐승이 보는 앞에서 일으키도록 허락된 표적들을 가지고
지구의 주민들을 현혹시켰습니다. 그러면서 지구의 주민들에게 칼을
맞고도 살아난 그 짐승의 상을 세우라고 말하였습니다.

⑮ 둘째 짐승에게는 첫째 짐승의 상에 숨을 불어넣는 것이 허락되었습니

다. 그리하여 그 짐승의 상이 말을 하기도 하고 자기에게 경배하지 않는 사람은 누구나 죽임을 당하게 할 수도 있었습니다.

⑯ 또 저가 모든 자 곧 작은 자나 큰 자나 부자나 빈궁한 자나 자유한 자나 종들로 그 오른손에나 이마에 표를 받게 하였습니다.

⑰ 누구든지 이 표를 가진 자 외에는 매매를 못하게 하니 이 표는 곧 짐승의 이름이거나 또는 그 이름의 수를 뜻하는 숫자입니다.

(And that no man might buy or sell, save he that had the mark, or the name of the beast, or the number of his name.-KJV)

(so that no one could buy or sell unless he had the mark, which the name of the beast or the number of his name.-NIV)

(so that no one could buy or sell except one who had the stamped image of the beast's name or the number that stood for its name.-NAB)

(Without the mark of the name of the Beast or the number of its name, it was impossible to buy or sell anything.-THE MESSAGE)

⑱ 여기에 지혜가 필요하니 명석한 자는 그 짐승의 수를 셀 수 있습니다. 이는 그 수는 어떤 사람을 상징하는 수이기 때문입니다. 그리고 그분의 수는 육백육십육(666)입니다.

(Here is wisdom. Let him that hath understanding count the number of the beast: for it is the number of a man, his number is, Six hundred threescore and six.-KJV)

(This calls for wisdom. If anyone has insight, let him calculate the number of the beast, for it is man's number. His number is 666.-NIV)

(Wisdom is needed here; one who understands can calculate the number of the beast, for it is a number that stands for a person. His number is six hundred and sixty-six.-NAB)

(Solve a riddle: Put your heads together and figure out the meaning of the number of the Beast. It's a human number:666.-THE MESSAGE)

● 14장

① 그때 내가 둘러보니 어린 양이 시온산에 서 있었습니다. 그와 함께 십
사만 사천이 섰는데 그 이마에 어린 양의 이름과 그 아버지의 이름이
써 있었습니다.

(And I looked, and lo, a Lamb stood on the mount Sion and
with him an hundred forty and four thousand, having his
Father's name written in their foreheads.-KJV)

(Then I looked, and there before me was the Lamb, standing
on Mount Zion, and with him 144,000 who had his name and
his Father's name written on their foreheads.-NIV)

(Then I looked and there was the Lamb standing on Mount
Zion, and with him a hundred and forty-four thousand
who has his name and his Father's name written on their
foreheads.-NAB)

(I saw-it took my breath away!-the Lamb standing on Mount
Zion, 144,000 standing there with him. His Name and
the name of his Father inscribed on their foreheads.-THE
MESSAGE)

② 그리고 큰 물소리 같기도 하고 요란한 천둥소리 같기도 한 소리가 하늘
에서 울려오는 것을 들었습니다. 내가 들은 그 소리는 거문고를 타며
노래하는 이들의 목소리 같았습니다.

③ 그들은 보좌와 네 생물과 장로들 앞에서 새노래를 부르고 있었습니다.
지구에서 구속함을 얻은 십 사만 사천인 밖에는 능히 이 노래를 배울
자가 없었습니다.

④ 이 사람들은 여자로 더불어 더럽히지 아니하고 정절이 있는 자라 어린
양이 어디로 인도하든지 따라가는 자며 사람 가운데서 구속을 받아 처
음 익은 열매로 하나님과 어린 양에게 속한 자들입니다.

(These are they which were not defiled with women; for

they are virgins. These are they which follow the Lamb whithersoever he goeth. These were redeemed from men, being the firstfruits unto God, and to the Lamb.-KJV)

(These are those who did not defile themselves with women, for they kept themselves pure. They follow the Lamb wherever he goes. They were purchased from among men and offered as firstfruits to God and the Lamb.-NIV)

(These are they who were not defiled with women; they are virgins and these are the ones who follow the Lamb wherever he goes. They have been ransomed as the firstfruits of the humanrace for God and the Lamb.-NAB)

(They were brought from earth, lived without compromise, virgin-fresh before God. Wherever the Lamb went, they followed. They were brought from humankind, firstfruits of the harvest for God and the Lamb.-THE MESSAGE)

⑤ 그 입에 거짓말이 없고 흠이 없는 자들입니다.

⑥ 그때 나는 어떤 다른 천사가 공중에서 날고 있는 것을 보았습니다. 그런데 그는 지구에 살고 있는 자들의 나라 종족 언어 민족들을 구별하지 않고 다 지구에 살고 있는 모든 자들에게 선포할 영원한 복음을 가지고 있었습니다.

(And I saw another angel fly in the midst of heaven, having the everlasting gospel to preach unto them that dwell on earth, and to every nation, and kindred, and tongue, and people.-KJV)

(Then I saw another angel flying in midair, and he had the eternal gospel to proclaim tho those who live on earth-to every nation, tribe, language and people.-NIV)

(Then I saw another angel flying high overhead, with everlasting good news to announce to those who dwell on earth, to every nation, tribe, tongue, and people.-NAB)

(I saw another Angel soaring in Middle-Heaven. He had an Eternal Message to preach to all who were still on earth, every nation and tribe, every tongue and people.-THE MESSAGE)

⑦ 그가 큰 음성으로 말하였습니다. 하나님을 경외하고 그에게 영광을 돌리라 이는 그분의 심판하실 시간이 이르렀음이니 하늘과 땅과 바다와 물들의 근원을 만드신 그분께 경배하라 하였습니다.

⑧ 또 다른 천사 곧 둘째가 그 뒤를 따라 말하였습니다. 무너졌도다! 큰 성 바벨론이 무너졌도다, 모든 나라들을 그녀의 음행을 위하여 포도주를 먹이던 자로다 하였습니다.

⑨ 또 다른 천사 곧 셋째가 그들을 따라 큰 음성으로 말하였습니다. 만일 누구든지 짐승과 그의 우상에게 경배하고 이마에나 손에 짐승의 표를 받으면

⑩ 그도 하나님의 진노의 포도주를 마실 것이다. 하나님의 진노의 잔에 섞인 것이 없이 부은 술이다. 그런 자는 또한 거룩한 천사들 앞과 어린 양 앞에서 불과 유황으로 고통을 받을 것이다.

⑪ 그 고난의 연기가 세세토록 올라가리로다 짐승과 그의 우상에게 경배하고 그 이름의 표를 받는 자는 누구든지 밤낮 쉼을 얻지 못하리라 하였습니다.

⑫ 여기에 성도들의 인내가 있나니 저희는 하나님의 계명과 예수님께 대한 신앙을 지키는 자입니다.

⑬ 나는 또 이제부터 주님 안에서 죽는 이들은 행복하다고 기록하여라 하고 하늘에서 울려오는 목소리를 들었습니다. 그러자 성령께서 그렇다, 그들은 고생 끝에 이제 안식을 누릴 것이다. 그들이 한 일이 그들을 따라가기 때문이다.고 말씀하셨습니다.

⑭ 또 내가 보니 흰 구름이 있고 구름 위에 사람인아들(성육신한 하나님의 아들)과 같은 분이 앉았는데 그 머리에는 금 면류관이 있고 그 손에는 날카로운 낫을 들고 계셨습니다.

⑮ 또 다른 천사가 성전으로부터 나와 구름 위에 앉아 계신 분을 향하여 큰 음성으로 외쳤습니다. 낫으로 수확을 시작하십시오. 땅의 곡식이 무르익어 수확할 때가 왔습니다.

⑯ 그러자 구름 위에 앉으신 이가 낫을 땅에 휘두르매 곡식이 거두어졌습니다.

⑰ 또 다른 천사가 하늘에 있는 성전에서 나오는데 또한 날카로운 낫을 들고 있었습니다.

⑱ 또 불을 다스리는 다른 천사가 제단으로부터 나와 날카로운 낫을 가진 천사를 향하여 큰 음성으로 외쳤습니다. 네 날카로운 낫을 대어 땅의 포도나무에서 포도송이를 거두어 들이라 포도가 다 익었느니라 하였습니다.

⑲ 그러자 그 천사가 낫을 땅에 휘둘러 땅의 포도를 거두어 들이고서는 하나님의 진노의 큰 포도주 틀에 던져 넣었습니다.

⑳ 도성 밖에서 그 틀을 밟아 누르니 그 틀에서 말굴레까지 올라가는 피가 나와서 일천육백 스타디온의 먼 거리까지 피가 퍼졌습니다.

● 15장

① 그때 나는 하늘에서 거대하고 놀라운 다른 한 징조를 보았습니다. 즉 일곱 천사들이 각자 재앙을 가졌는데, 이는 마지막 재앙이라 하나님의 진노가 이것으로 끝나게 될 것입니다.

② 그리고 나는 불과 혼합된 유리 바다 같은 무엇을 보았습니다. 그런데 그 유리 바다 위에 짐승과 짐승의 우상과 짐승의 이름을 나타내는 수를 이긴 자들이 서 있었습니다. 그들은 하나님이 그들에게 준 거문고를 들고 있었습니다.

(And I saw as it were a sea of glass, mingled with fire; and them that had gotten the victory over the beast, and over his image, and over his mark, and over the number of his name, stand on the sea of glass, having the harps of God.-KJV)

(And I saw what looked like a sea of glass mixed with fire and, standing beside the sea, those who had been victrious over the beast and over his image and over the number of his name. They held harps given them by God.-NIV)

(Then I saw something like a sea of glass mingled with fire. On the sea of glass were standing those who had won the victory over the beast and its image and the number that signified its name. They were holding God's harps.-NAB)

(I saw something like a sea made of glass, the glass all shot through with fire. Carrying haros of God, triumphant over the Beast, its image, and the number of its name, the saved ones stood on the sea of glass.-THE MESSAGE)

③ 하나님의 종 모세의 노래 어린 양의 노래를 불러 가로되 주 하나님 곧 전능하신이여 하시는 일이 크고 기이하시도다 만국의 왕이시여 주의 길이 의롭고 참되십니다.

④ 주여 누가 주의 이름을 두려워하지 아니하며 영화롭게 하지 아니하오리까 오직 주만 거룩하시니이다 주의 의로우신 일이 나타났으매 만국이 와서 주께 경배할 것입니다.

⑤ 또 이 일 후에 내가 살펴보니 하늘에서 성전 즉 고백의 성막이 열리었습니다.

(And after that I looked, and behold, the temple of the tabernacle of the testimony in heaven was opened.-KJV)

(After this I looked and in heaven the temple, that is, the tabernacle of the Testimony, was opened.-NIV)

(After this I had another vision. The Temple that is heavenly tent of testimony opened,-NAB)

(Then I saw the doors of the Temple, the Tent of Witness in Heaven, open wide.-THE MESSAGE)

⑥ 일곱 재앙을 가진 일곱 천사가 성전으로부터 나와 맑고 빛난 세마포 옷을 입고 가슴에 금띠를 띠고

⑦ 네 생물 중에 하나가 세세에 계신 하나님의 진노를 가득히 담은 금대접 일곱을 그 일곱 천사에게 주었습니다.

⑧ 그때 성전은 하나님 영광과 능력으로부터 나온 연기로 가득하여 일곱 천사들로부터 나오는 일곱 재앙들이 완성되기까지는 누구도 성전에 능히 들어갈 수가 없었습니다.

• 16장

① 그때 나는 성전으로부터 일곱 천사들에게 말하는 큰 소리를 들었습니다. 즉 가서 하나님의 분노의 일곱 대접을 지구에 쏟아라. 라는 소리였습니다.

② 첫째 천사가 그 대접을 지구에 쏟으매 고약하고 독한 종기가 동물의 표시를 가진 사람들과 동물의 우상에게 경배한 자들에게 나타났습니다.

(And the first went, and poured out his vial upon the earth; ane there fell a noisome and grievous sore upon the men which had the mark of the beast, and upon them which worshipped his image.-KJV)

(The first angel went and poured out his bowl on the land, and ugly and painful sores broke out on the people who had the mark of the beast and worshiped his image.-NIV)

(The first angel went and poured his bowl on the earth. Festering and ugly sores broke out on those who had the mark of the beast or worshiped its image.-NAB)

(The first angel stepped up and poured his bowl out on earth: Loathsome, stinking sores erupted on all who had taken the mark of the Beast and worshiped its image.-THE MESSAGE)

③ 둘째 천사가 그 대접을 바다에 쏟았습니다. 그러자 바다는 죽은 자로부터 나온 피같이 변했고 바다 안에 있는 모든 생물이 죽었습니다.

④ 셋째 천사가 그 대접을 강들과 물의 근원지들에게 쏟았는데 이것들 역시 피로 변했습니다.

⑤ 그때에 나는 물을 주관하는 천사가 말하는 것을 들었습니다. 전에도 계셨고 시방도 계신 거룩하신이여 이렇게 심판하시니 주님께서는 의로우십니다.

⑥ 저들이 성도들과 선지자들의 피를 흘렸으므로 주님께서 저들에게 피를 마시게 하셨습니다. 저들은 이렇게 되어 마땅합니다.

⑦ 이어서 나는 제단이 응답하여 말하는 것을 들었습니다. 그렇습니다, 전능하신 주 하나님, 당신의 심판은 참되고 정의로우십니다. 라고 제단은

소리질렀습니다.

(And I heard another out of the altar say, Enen so, Lord God Almighty, true and righteous are thy judgments.-KJV)

(And I heard the altar respond: "Yes, Lord God Almighty, true and just are your judgments."-NIV)

(Then I heard the altar cry out, "Yes, Lord God almighty, your judgments are true and just."-NAB)

(Just then I heard the Altar chime in, Yes, O God, the Sovereign-Strong! Your judgments are thrue and just!-THE MESSAGE)

⑧ 넷째 천사가 그 대접을 해에 쏟았습니다. 그러자 해가 사람들을 불로 태우는 권세를 받았습니다.

⑨ 사람들이 크게 태워졌습니다. 그래도 그들은 이 재앙들을 행하는 권세를 가지신 하나님의 이름을 모독할뿐, 회개하여 영광을 주께 돌리지 아니하였습니다.

⑩ 다섯째 천사가 그의 대접을 짐승의 왕좌에 쏟았씁니다. 그러자 그 짐승의 왕국은 어둠에 빠져들었고 백성들은 괴로움에 자기 혀를 깨물었습니다.

⑪ 그리고 그들의 아픔과 상처로 인하여 하늘에 계신 하나님을 모독하였습니다. 그러나 그들은 저희들의 행위들을 회개치 아니하였습니다.

⑫ 여섯째 천사가 그의 대접을 큰 강 유브라데에 쏟았습니다. 유프라테스의 강물이 마르매 동방에서 오는 왕들의 길이 마련되었습니다.

⑬ 그때 나는 개구리들 같은 더러운 영들 셋이 용의 입과 동물의 입과 거짓 선지자의 입에서 나오는 것을 보았습니다.

⑭ 그들은 놀라운 표적을 행하는 마귀들의 영들이었습니다. 그들은 세상의 왕들에게 나아가서 왕들을 모았습니다. 이는 전능하신 하나님과의 싸움의 날 그 중요한 날을 대비하기 위해서였습니다.

(For they are the spirits of devils, working miracles, which go forth unto the kings of the earth, and of the whole world, to gather them to the battle of that great day of God Almighty.-

KJV)

(They are spirits of demons performing miraculous signs, and
they go out to the kings of the world, to gather them for the
battle on the great day of God Almighty.-NIV)

(These were demonic spirits who performed signs. They went
out to the kings of the whole world to assemble them for the
battle on the great day of God almighty.-NAB)

(These are demon spirits performing signs. They're after the
kings of the whole world to get them gathered for battle on the
Great Day of God, the Sovereign-Strong.-THE MESSAGE)

⑮ 그러므로 보라 내가 도적 같이 오리니 누구든지 깨어 자기 옷을 지켜
벌거벗고 다니지 아니하며 자기의 부끄러움을 보이지 아니하는 자가
복이 있도다. 하셨습니다.

⑯ 그때 그들은 히브리어로 아마겟돈이라 하는 곳으로 왕들을 모았습니
다.

⑰ 일곱째 천사가 그 대접을 공기 속으로 쏟았습니다. 그러자 다 되었다.
라는 큰 음성이 성전에 있는 보좌로부터 나왔습니다.

⑱ 그때 번개와 요란한 소리들과 뇌성이 울리고 큰 지진이 일어났습니다.
그 지진은 지구에 인간이 존재한 이래 결코 존재하지 않았던 그러한 강
력한 지진이었습니다.

⑲ 그 위대한 성이 세 갈래로 쪼개졌고 이방의 도시들은 무너졌습니다. 그
러나 하나님은 큰 성 바벨론 의 악행을 상기하시어서 바벨론에게 그분
의 분노와 징벌의 포도주로 채워진 잔을 주었습니다.

⑳ 모든 섬이 없어지고 산들도 사라졌습니다.

㉑ 매우 큰 포환 같은 우박들이 창공으로부터 사람들에게 떨어졌습니다.
그들은 이 우박의 재앙때문에 하나님을 저주하였습니다. 왜냐하면 그
재앙이 매우 끔찍하였기 때문이었습니다.

● 17장

① 그때 각 자기 대접을 가진 일곱 천사들 중 한 천사가 와서, 이리 오너

라. 내가 많은 호수들 위에 받들여져 자리한 대탕녀의 벌 받는 것을 네게 보여주겠노라. 하고 내게 말하였습니다.

(And there came, one of the seven angels which had the seven vials, and talked with me, saying unto me, Come hither; I will shew unto thee the judgment of the great whore, that sitteth upon many waters:-KJV)

(One of the seven angels who had the seven bowls came and said to me, "Come, I will show you the punishment of the great prostitute, who sits on many waters.-NIV)

(The one of the seven angels who were holding the seven bowls came and said to me, "Come here. I will show you the judgment on the great harlot who lives near the many waters.-NAB)

(One of Seven Angels who carried the seven bowls came and invited me, "Come, I'll show you the judgment of the great Whore who sits enthroned over many waters,-THE MESSAGE)

② 지구의 임금들도 그녀와 더불어 음행하였고 지구에 거하는 자들도 그녀의 음행의 포도주에 취하였다 하고

③ 그때 그 천사는 성령으로 나를 황야로 데리고 갔습니다. 나는 진홍색 짐승을 탄 여자를 보았습니다. 그 짐승의 몸에는 하나님을 모독하는 이름들이 가득한데, 머리가 열이고 뿔이 열이었습니다.

④ 그 여자는 자주 빛과 붉은 빛 옷을 입고 금과 보석과 진주로 치장하였습니다. 손에는 자기가 저지른 불륜의 그 역겹고 더러운 것이 가득찬 금잔을 들고 있었습니다.

⑤ 그리고 이마에는 지구의 혐오스러운 것과 음녀들의 어머니인 큰 성 바벨론이라는 이름이 쓰여있었는데 그 이름은 하나의 신비였습니다.

(And upon her forehead was a name written, MYSTERY, BABYLON THE GREAT, THE MOTHER OF HARLOTS, AND ABOMINATIONS OF THE EARTH.-KJV)

(This title was written on her forehead: MYSTERY BABYLON

THE GREAT THE MOTHER OF PROSTITUTES AND OF ABOMINATIONS OF THE EARTH.-NIV)

(On her forehead was written a name, which is mystery, "Babylon the great, the mother of harlots and of the abominations of the earth."-NAB)

(A riddle-name was branded on her forehead: GREAT BABYLON, MOTHER OF WHORES AND ABOMINATIONS OF THE EARTH.-THE MESSAGE)

⑥ 또 내가 보매 그 여자는 성도들의 피와 예수님의 증인들의 피에 취해있었습니다. 이에 나는 그 여자를 보았을 때 대단히 놀랐습니다.

⑦ 그때에 천사가 나에게 말하였습니다. 왜 놀라느냐? 내가 저 여자의 신비와 저 여자를 태우고 다니는 짐승 곧 머리가 일곱이고 뿔이 열인 짐승의 신비를 너에게 알려주마 하였습니다.

⑧ 네가 본 짐승은 전에 있었다가 지금 없으나 장차 밑이 없는 구덩이로부터 올라와 멸망으로 들어갈 것이니라. 지구에 거하는 자들(창세 이후로 생명책에 기록되지 못한 자들)은 그 짐승을 보고 놀랄 것이니라 왜냐하면 그 짐승이 전에 한때 있었고 지금은 없으나 이제 올 것이기 때문이니라 하였습니다.

(The beast that thou sawest, was, and is not; and shall ascend out of the bottomless pit, and go into prediction: and they that dwell on the earth shall wonder,(whose names were not written in the book of life from the foundation of the world,) when they behold the beast that was, and is not, and yet is.-KJV)

(The beast, which you saw, once was, now is not, and will come up out of the Abyss and go to his destruction. The inhabitants of the earth whose names have not been written in the book of life from the creation of the world will be astonished when they see the beast, because he once was, now is not, and yet will come.-NIV)

(The beast that you saw existed once but now exists no longer.

It will come up from the Abyss and is headed for destruction. The inhabitants of the earth whose names were not written in the book of life from the foundation of the world shall be amazed when they see the beast, because it existed once but exists no longer, and yet it will come again.-NAB)

(The beast you saw once was, is no longer, and is about to ascend from the Abyss and head straight for hell. Earth dwellers whose names weren't written in the Book of Life from the foundation of the world will be dazzled when they see the Beast that once was, is no longer, and is to come.-THE MESSAGE)

⑨ 지혜 있는 뜻이 여기 있으니 그 일곱 머리는 여자가 앉은 일곱 산이요

⑩ 또 일곱 왕이라 다섯은 망하고 하나는 있고 다른 이는 아직 이르지 아니하였으나 이르면 반드시 잠간 동안 계속하리라

⑪ 전에 있었다가 시방 없어진 짐승은 여덟째 왕이니 일곱 중에 속한 자라 저가 멸망으로 들어가리라

⑫ 네가 보던 열 뿔은 열 왕이니 아직 나라를 얻지 못하였으나 다만 짐승으로 더불어 임금처럼 권세를 일시 동안 받으리라

⑬ 저희가 한 뜻을 가지고 자기의 능력과 권세를 짐승에게 주더라

⑭ 저희가 어린 양으로 더불어 싸우려니와 어린 양은 만주의 주시요 만왕의 왕이시므로 저희를 이기실터이요 또 그와 함께 있는 자들 곧 부르심을 입고 빼내심을 얻고 진실한 자들은 이기리로다. 라고 말하였습니다.

⑮ 그때 천사가 매춘부가 살고 있는 물들은 수많은 백성들과 언어가 다른 나라들을 나타낸다고 나에게 말하였습니다.

(And he saith unto me, The waters which thou sawest, where the whore sitteth, are peoples and multitudes, and nations, and tongues.-KJV)

(Then the angel said to me, "The waters you saw, where the prostitute sits, are peoples, multitudes, nations and languages.-NIV)

(Then he said to me, "The waters that you saw where the harlot lives represent large numbers of peoples, nations, and tongues.-NAB)

(The angel continued, "The waters you saw on which the Whore was enthroned are peoples and crowds, nations and languages.-THE MESSAGE)

⑯ 네가 본 열 뿔 있는 짐승이 매춘부를 미워하여 매춘부를 비참하게 만들어 놓고 발가벗겨서 그녀의 살을 먹고 그녀를 불로 태워 없애버릴 것이니라. 라고 말하였습니다.

(And the ten horns which thou sawest upon the beast, these shall hate the whore, and shall make her desolate, and naked, and shall eat her fresh, and burn her with fire.-KJV)

(The beast and the ten horns you saw will hate the prostitute. They will bring her to ruin and leave her naked; they will eat her fresh and burn her with fire.-NIV)

(The ten horns that you saw and the beast will hate the harlot; they wii leave her desolate and naked; they will eat her fresh and consume her with fire.-NAB)

(And the ten horns you saw, together with the beast, will turn on the Whore-they'll hate her, violate her, strip her naked, rip her apart with their teeth, then set fire to her.-THE MESSAGE)

⑰ 위의 말을 한 이유는 하나님이 하나님의 말씀이 완성될 때까지 많은 사람들과 국가의 왕권을 짐승에게 넘겨준다는 생각을 그들의 머리에 넣어 주셨기 때문입니다.

(For God hath put in their hearts to fulfil his will, and to agree, and give their kingdom unto the beast, until the words of God shall be fulfilled.-KJV)

(For God has put it into their hearts to accomplish his purpose by agreeing to give the beast their power to rule, until God's words are fulfilled.-NIV)

(For God has put it into their minds to carry out his purpose and to make them come to an agreement to give their kingdom to the beast until the words of God are accomplished.-NAB)

(It was God who put the idea in their heads to turn over their rule to the Beast until the words of God are completed.-THE MESSAGE)

⑱ 네가 본 여자는 지구의 임금들을 다스리는 거대한 성이니라 라고 말씀하셨습니다.

● 18장

① 이 일 후에 나는 다른 한 천사가 하늘에서 내려오는 것을 보았습니다. 그는 거대한 권세를 가졌고 지구는 그의 영광에 의하여 빛나고 있었습니다.

② 그 천사는 힘있는 음성으로 소리쳤습니다. 큰 성 바벨론이 무너졌도다 무너졌도다! 큰 성 바벨론은 마귀들의 거처가 되었고 모든 악영의 소굴이 되었으며 모든 더럽고 혐오스러운 새의 소굴이 되었도다.

③ 이는 모든 나라가 그녀의 음탕한 욕망의 포도주를 마셨기 때문이라 그리고 지구의 왕들은 그녀와 더불어 음행하였고 지구의 상인들도 그녀의 과도한 사치로 인하여 부자가 되었도다 하였습니다.

(For all nations have drunk of the wine of the wrath of her fornication, and rhe kings of the earth have committed fornication with her, and the merchants of the earth are waxed rich through the abundance of her delicacies.-KJV)

(For all the nations have drunk the maddening wine of her adulteries. The kings of the earth committed adultery with her, and the merchants of the earth grew rich from her excessive luxuries."-NIV)

(For all the nations have drunk the wine of her licentious passion. The kings of the earth had intercourse with her, and the merchants of the earth grew rich from her drive for luxury."-NAB)

(All nations drank the wild wine of her whoring; kings of the earth went whoring with her; entrepreneurs made millions exploiting her.-THE MESSAGE)

④ 그때 나는 하늘로부터 오는 다른 한 소리를 들었습니다. 그녀로 부터 나와라, 나의 백성들아, 너는 그녀의 죄에 참예하지 말고 그녀에게 내리는 어떤 재앙도 받지 말라,

⑤ 이는 그녀의 죄가 하늘에 사무쳤기 때문이며 하나님이 그녀의 불의한 짓들을 기억하시고 계시기 때문이다.

⑥ 그녀가 준 그대로 그녀에게 주고 그녀의 행위대로 갑절을 갚아주고 그녀의 섞은 잔에도 갑절이나 섞어 그녀에게 주라.

⑦ 그녀가 어떻게 자기를 영화롭게 하였으며 사치하였든지 그만큼 고난과 애통으로 갚아 주라. 그녀가 마음에 말하기를 나는 여왕으로 앉은 자요. 과부가 아니라 결단코 애통을 당하지 아니하리라 하니,

⑧ 그러므로 하루 동안에 그 재앙들이 이르리니 곧 사망과 애통과 흉년이라 그녀가 또한 불에 살라지리니 그를 심판하신 주 하나님은 강하신 자이심이니라.

⑨ 그녀와 함께 음행하고 사치하던 지구의 왕들이 그 불붙는 연기를 보고 위하여 울고 가슴을 치며,

⑩ 그 고난을 무서워 하여 멀리 서서 가로되 화 있도다 화 있도다 큰 성 견고한 성 바벨론이여 일시간에 네 심판이 이르렀다 하리로다

⑪ 지구의 상인들이 그녀를 위하여 울고 애통하는 것은 다시 그 상품을 사는 자가 없음이라,

⑫ 그 상품은 금과 은과 보석과 진주와 세마포와 자주 옷감과 비단과 붉은 옷감이요 각종 향목과 각종 상아 기명이요 값진 나무와 진유와 철과 옥석으로 만든 각종 기명이요,

⑬ 계피와 향료와 향과 향유와 유향과 포도주와 감람유와 고운 밀가루와 밀과 소와 양과 말과 수레와 종들과 사람의 영혼들이라,

⑭ 네 영혼의 탐하던 과실이 네게서 떠났으며 맛있는 것들과 빛난 것들이 다 없어졌으니 사람들이 결코 이것들을 다시 보지 못하리로다.

(And the fruits that thy soul lusted after, are departed from thee, and thou shalt find them no more at all.-KJV)

("They will say, The fruit you longed for is gone from you. All your riches and solendor have vanished, never to be recovered."-NIV)

("The fruit you carved has left you. All your luxury and splendor are gone, never again will one find them."-NAB)

(Everything you've lived for, gone! All delicate and delectable luxury, lost! Not a scrap, not a thread to be found!-THE MESSAGE)

⑮ 이 상품들을 취급하고 그녀로부터 부유해진 상인들이 그녀로부터 오는 고난을 무서워하여 멀리 서서 울고 애통할 것이니라.

⑯ 가로되 화 있도다 화 있도다 큰 성이여 세마포와 자주와 붉은 옷을 입고 금과 보석과 진주로 꾸민 것인데,

⑰ 그러한 부가 일시간에 망하였도다 모든 선장과 배로 여행하는 선객들과 선원들과 바다에서 수입을 위하여 일하는 모든자들이 멀리 서서,

⑱ 그 도성을 태우는 불의 연기를 보고 외쳐기를 저 큰 성과 같은 성이 어디 있느뇨 하였더라.

⑲ 그들은 먼지를 자기 머리에 뿌리고 울고 애통하여 외쳐 가로되 화 있도다 화 있도다 이 큰 성이여 바다에서 배 부리는 모든 자들이 너의 보배로운 상품을 인하여 치부하였더니 일시간에 망하였도다.

⑳ 하늘과 성도들과 사도들과 선지자들아 그녀를 인하여 즐거워하라 하나님이 너희를 신원하시는 심판을 그녀에게 하셨음이라 하더라.

㉑ 이에 한 힘센 천사가 큰 맷돌 같은 돌을 들어 바다에 던져 가로되 큰 성 바벨론이 이같이 몹시 떨어져 결코 다시 보이지 아니하리로다.

㉒ 또 거문고 타는 자와 풍류하는 자와 통소 부는 자와 나팔 부는 자들의 소리가 결코 다시 네 가운데서 들리지 아니하고 물론 어떠한 세공업자든지 결코 다시 네 가운데서 보이지 아니하고 또 맷돌 소리가 결코 네 가운데서 들리지 아니하고,

㉓ 등불 빛이 결코 다시 네 가운데서 비취지 아니하고 신랑과 신부의 음성

이 결코 다시 네 가운데서 들리지 아니하리로다. 너의 상인들은 세상의 세력자들이라 네 복술로 인하여 모든 나라들이 길을 잃었도다.

㉔ 선지자들과 성도들과 및 지구 위에서 죽임을 당한 모든 자의 피가 이 성 중에서 발견되었도다 하였습니다.

● 19장

① 이 일 후에 나는 하늘에 있는 많은 무리들의 아우성 같은 소리를 들었습니다. 그 소리들은 알렐루야 구원과 영광과 존귀와 권능은 우리 하느님의 것이시다.

(And after these things I heard a great voice of much people in heaven, saying, Alleluia; Salvation, and glory and honour, and power unto the Lord our God:-KJV)

(After this I heard what sounded like the roar of a great multitude in heaven shouting: "Hallelujah! Salvation and glory and power belong to our God,-NIV)

(After this I heard what sounded like the loud voice of a great multitude in heaven, saying: "Alleluia! Salvation, glory, and might belong to our God,-NAB)

(I heard a sound like massedchoirs in Heaven singing, Hallelujah! The salvation and glory and power are God's-THE MESSAGE)

② 이는 그분의 심판이 참되고 공정하기 때문이니라. 그분은 대 탕녀에게 벌을 주었는데 그녀는 매춘으로써 지구를 타락시켰기 때문이니라. 그리고 그분은 자기 종들의 피를 그녀에게 되갚아 주셨다. 하였습니다.

③ 그들은 두번째로 말하기를 할렐루야! 연기가 그녀로부터 영원히 올라가더라 하였습니다.

④ 또 이십 사 장로와 네 생물이 엎드려 보좌에 앉으신 하나님께 경배하여 가로되 아멘 할렐루야 하니

⑤ 보좌에서 음성이 나서 가로되 하나님의 종들 곧 그를 경외하는 너희들아 무론대소하고 다 우리 하나님께 찬송하라 하였습니다.

(And a voice came out of the throne, saying, Praise our God all ye his servants, and ye that fear him, both amall and great.-KJV)

(Then a voice came from the throne, saying: "Praise our God, all you his servants, you who fear him, both small and great."-NIV)

(A voice coming from the throne said: "Praise our God, all you his servants, [and] you who revere him, small and great."-NAB)

(From the Throne came a shout, a command: Praise our God, all you his servants, All you who fear him, small and great!-THE MESSAGE)

⑥ 그때 나는 또 많은 사람들의 목소리 같기도 하고 큰 물소리 같기도 하고 요란한 천둥소리 같기도 한 소리를 들었습니다. 그들은 알렐루야 전능하신 우리 주 하나님께서 통치하시도다 하고 말하였습니다.

⑦ 우리가 즐거워하고 크게 기뻐하여 그에게 영광을 돌리세 어린 양의 혼인기약이 이르렀고 그분의 신부가 단장하였으니

⑧ 그녀에게 허락하사 빛나고 깨끗한 세마포를 입게 하셨은즉 이 세마포는 성도들의 옳은 행실이로다 하였습니다.

⑨ 천사가 내게 말하기를 기록하라 어린 양의 혼인 잔치에 청함을 입은 자들은 복이 있도다 하고 또 내게 말하되 이것은 하나님의 참되신 말씀이라 하였습니다.

⑩ 이에 내가 그 발 앞에 경배하러 엎드렸습니다. 그러나 그 천사는 나에게 그렇게 하지 마라 나는 예수님의 고백을 믿는 너나 너의 형제들과 같은 동류인 종일뿐이다 라고 말하였습니다. 또 하나님께 경배하라. 예수님의 고백은 예언의 영이기 때문이니라. 라고 말하였습니다.

(And I fell at his feet to worship him. And he said unto me, See thou do it not: I am thy fellowservant, and of thy brethren, that have the testimony of Jesus; worship God: for the testimony of Jesus is the spirit of prophecy.-KJV)

(At this I fell at his feet to worship him. But he said to me,

"Do not do it! I am a fellow servant with you and with your brothers who hold to the testimony of Jesus. Worship God! For thestimony of Jesus is the spirit of prophecy."-NIV)

(I fell at his feet to worship him. But he said to me, "Don't! I am a fellow servant of yours and of your brothers who bear witness to Jesus. Worship God. Witness to Jesus is the spirit of prophecy."-NAB)

(I fell at his feet to worship him, but he wouldn't let me. "Don't do that," he said. "I'm a servant just like you, and like your brothers and sisters who hold the witness of Jesus. The witness of Jesus is the spirit of prophecy."-THE MESSAGE)

⑪ 나는 또 하늘이 열려 있는 것을 보았습니다. 그곳에 백마가 있었는데 그 말을 타신 분은 신실하시고 진실하신 분이라고 불리십니다. 그분은 의로움 안에서 심판하시고 싸우시는 분이십니다.

⑫ 그분의 눈이 불꽃 같고 그분의 머리에 많은 면류관이 있고 또 이름 쓴 것이 하나가 있으니 자기 밖에 아는자가 없습니다.

⑬ 또 그가 피 뿌린 옷을 입었는데 그 이름은 하나님의 말씀이라 칭하였습니다

⑭ 하늘에 있는 군대들이 희고 깨끗한 세마포를 입고 백마를 타고 그를 따랐습니다.

⑮ 그분의 입에서는 날카로운 칼이 나왔습니다 그 칼로 만국을 치겠고 친히 저희를 철장으로 다스리며 또 친히 하나님 곧 전능하신 이의 맹렬한 진노의 포도주 틀을 밟으실 것입니다.

⑯ 그분의 옷과 그 다리에 이름 쓴 것이 있으니 만왕의 왕이요 만주의 주라 하였습니다

⑰ 그때 나는 한 천사가 해 위에 서 있는 것을 보았습니다 그는 공중에 나는 모든 새를 향하여 큰 음성으로 외쳐 말하기를 와서 하나님의 큰 잔치에 모여라.고 하였습니다

⑱ 그래서 왕들의 살, 장군들의 살, 말들과 그 탄 자들의 살, 자유한 자들이나 종들이나 무론대소하고 모든 자의 살을 먹으라 하였습니다.

⑲ 나는 또 그 짐승과 지구의 임금들과 그 군대들이 말을 타신 분과 그분의 군대에 맞서서 전투를 벌이려고 모여 있는 것을 보았습니다.

⑳ 그러다가 그 짐승과 그를 대신하여 놀라운 이적들을 행하던 거짓 선지자도 함께 잡혔습니다. 이러한 이적들로 거짓 선지자는 짐승의 표시를 받았던 자들과 그 짐승의 우상에 경배했던 자들을 속였습니다. 이 둘은 타는 유황불로 이글거리는 연못에 산채로 던져졌습니다.

(And the beast was taken, and with him the false prophet that wrought miracles before him, with which he deceived them that had received the mark of the beast, and them that worshiped his image. These both were cast alive into a lake of fire burning with brimstone.-KJV)

(But the beast was captured, and with him the false prophet who had performed the miraculous signs on his half. With these signs he had delued those who had received the mark of the beast and worshiped his image. The two of them thrown into the fiery lake of burning sulfer.-NIV)

(The beast was caught and with it the false prophet who had performed in its sight the signs by which he led astray those who had accepted the mark of the beast and those who had worshiped its image. The two were thrown alive into the fiery pool burning with sulfur.-NAB)

(The beast was taken, and with him, his puppet, the False Prophet, who used signs to dazzle and deceive those who had taken the mark of the Beast and worshiped his image. They were thrown alive, those two, into Lake Fire and Brimstone.-THE MESSAGE)

① 그 나머지는 말을 타신 분의 입에서 나온 칼에 맞아 죽었습니다. 그리고 모든 새들이 그들의 살을 베불리 먹었습니다.

● 20장

① 그리고 나는 한 천사가 하늘로부터 내려오는 것을 보았습니다. 그 천사는 밑이 없는 구덩이의 열쇠와 거대한 쇠사슬을 손에 가지고 있었습니다.

② 그 천사가 오래된 뱀이었고 악마며 사탄이었던 용을 잡았습니다. 그리고 그는 그 뱀을 천년동안 묶어두었습니다.

③ 그 천사는 용을 밑바닥 끝이 없는 구덩이에 던졌습니다. 그리고 열쇠를 잠그고 그곳을 봉인하였습니다. 이는 그 용이 천년이 되기까지 더 이상 나라 사람들을 속이지 못하게 하기 위함이었습니다. 그 후에 용은 잠시동안 풀려나도록 되어 있었습니다.

④ 그때 나는 보좌들을 보았습니다. 그 보좌들 위에는 심판의 권세를 받은 분들이 앉아 있었습니다. 그리고 나는 역시 예수를 증거하거나 하나님의 말씀을 전하다가 처형당했던 이들의 영혼들을 보았습니다. 그들은 그 짐승이나 그 짐승의 우상을 숭배하지 않았습니다. 그리고 그들은 손이나 이마에 그 짐승의 표를 받지도 않은 사람들입니다. 그들은 다시 생명을 얻고 천년동안 예수님과 함께 권세를 가졌습니다.

(And I saw thrones, and they sat upon them, and judgment was given them: and I saw the souls of them that were beheaded for the witness of Jesus, and for the word of God, and which had not worshiped the beast, neither his image, neither had received his mark upon their foreheads, or in their hands; and they lived and reigned with Christ a thousand years.-KJV)

(I saw thrones on which were seated those who had been given authority to judge. And I saw the souls of those who had been beheaded because of their testimony for Jesus and because of the word of God. They had not worshiped the beast or his image and had not received his mark on their foreheads or their hands. They came to life and reigned with Christ a thousand years.-NIV)

(Then I saw thrones; those who sat on them were entrusted

with judgment, I also saw the souls of those who had been beheaded for their witness to Jesus and for the word of God, and had not worshiped the beast or its image nor had accepted its mark on their foreheads or hands. They came to life and they reigned with Christ for a thousand years.-NAB)

(I saw thrones. Those put in charge of judgment sat on the thrones. I also saw the souls of those beheaded because of their witness of Jesus and the Word of God, who refused to worship either the Beast or his image, refused to take his mark on forehead or hand-they lived and reigned with Christ for a thousand years!-THE MESSAGE)

⑤ 이것이 첫번째 부활입니다. 그리고 죽은 자들 중의 나머지는 그 천년이 끝날 때까지 살아나지 못하였습니다.

⑥ 이 첫째 부활에 참예하는 자들은 복이 있고 거룩한 사람들입니다 그러한 이들에 대해서는 두 번째 사망이 아무런 권세가 없고 그들이 하나님과 그리스도의 제사장들이 되어 천년 동안 다스릴 것입니다.

⑦ 천년이 끝나면 사탄이 감옥에서 풀려날 것입니다.

⑧ 그리고 지구의 네 모퉁이에 있는 나라들을 속이려 나아갈 것입니다. 즉 곡과 마곡을 속여서 그들을 전투에 끌어드릴 터인데, 그 수가 바다의 모래와 같을 것입니다.

⑨ 그들은 드넓은 땅을 건너 올라와서는 성도들의 진영과 하나님께서 사랑하시는 도성을 애워쌌습니다. 그러나 하늘에서 불이 내려와 그들을 삼켜 버렸습니다.

⑩ 그들을 속이던 마귀는 불과 유황 못에 던져졌는데, 그 짐승과 거짓 예언자가 이미 들어가 있는 그곳입니다. 그들은 영원무궁토록 밤낮으로 고통을 받을 것입니다.

⑪ 그때 나는 한 커다란 하얀 보좌와 그 위에 앉으신 이를 보았습니다. 지구와 창공이 그분의 면전에서 사라졌고 그것들의 흔적도 찾을 수가 없었습니다.

(And I saw a great white throne, and him that sat on it, from

whose face the earth and the heaven fled away; and there was
found no place for them.-KJV)

(Then I saw a great white throne and him who was seated
on it. Earth and sky fled from his presence, and there was no
place for them.-NIV)

(Next I saw a large white throne and the one who was sitting
on it. The earth and the sky fled from his presence and there
was no place for them.-NAB)

(I saw a Great White Throne and the one Enthroned. Nothing
could stand before or against the Presence, nothing in heaven,
nothing on earth.-THE MESSAGE)

⑫ 그리고 나는 죽은 자들이 높은 사람 낮은 사람 할 것 없이 모두 그 보좌
앞에 서 있는 것을 보았는데 책들이 펼쳐져 있었습니다. 그때 또 다른
책이 하나가 펼쳐졌습니다. 그것은 생명책이었습니다. 죽은 자들이 책
에 기록된대로 자기들의 행실에 따라 심판을 받았습니다.

⑬ 바다가 그 안에서 죽은 자들을 내어놓고 죽음과 저승도 그들 안에 있는
죽은 자들을 내어놓았습니다. 그리고 각자는 그가 행했던 행위에 따라
서 심판을 받았습니다.

⑭ 그리고 나서 죽음과 저승도 불못에 던져졌습니다. 그 불못이 두번째 죽
음입니다.

⑮ 누구든지 자기의 이름이 생명책에 기록되지 못한 자는 불못에 던져졌
습니다.

● 21장

① 그때 나는 새 하늘과 새 지구를 보았습니다. 처음 하늘과 처음 지구는
사라졌고 더 이상 어떠한 바다도 없었습니다.

② 나는 거룩한 도성 새 예루살렘이 신랑을 위하여 단장한 신부처럼 차리
고 하늘로부터 하나님에게서 내려오는 것을 보았습니다.

③ 그리고 나는 보좌로부터 나오는 큰 음성을 들었습니다. 이는 말하기를
이제 하나님의 거처가 사람들과 함께 있고 그분은 그들과 함께 사실것

이다. 그들은 하나님의 백성이 될 것이다. 그리고 하나님 자신은 그들의 하나님으로써 백성들과 함께 계실 것이다.

④ 그분은 모든 사람들의 눈에서 눈물을 닦아주실 것이다 더 이상 죽음 슬픔 울부짖음 고통도 없을 것이다 이는 이전 것들의 질서가 다 사라졌기 때문이니라

⑤ 그리고 보좌에 앉으신 이가 말씀하셨습니다. 보라 내가 만물을 새롭게 하노라 하시고 또 말씀하시기를 이 말은 신실하고 참되니 기록하라 하셨습니다.

⑥ 또 내게 말씀하시되 이루었도다 나는 알파요 오메가요 처음과 나중이라 내가 생명수 샘물로 목마른 자에게 값 없이 주리니

⑦ 극복하여 이기는 자는 이것들을 유업으로 얻으리라 나는 저의 하나님이 되고 그는 내 아들이 되리라. 하셨습니다.

⑧ 그러나 비겁한 자들과 믿지 아니하는 자들과 흉악한 자들과 살인자들과 행음자들과 술객들과 우상 숭배자들과 모든 거짓말 하는 자들은 불과 유황으로 타는 못에 참예하리니 이것이 둘째 사망이니라 하셨습니다.

⑨ 일곱 대접을 가지고 마지막 일곱 재앙을 담은 일곱 천사 중 하나가 나아와서 내게 말하여 가로되 이리 오라 내가 신부 곧 어린 양의 아내를 네게 보여주겠다 하고

⑩ 성령으로 사로잡힌 나를 데리고 크고 높은 산으로 올라가 하나님께로부터 하늘에서 내려오는 거룩한 도성 예루살렘을 보여 주었습니다.

⑪ 하나님의 영광이 있으매 그 성의 빛이 지극히 귀한 보석 같고 벽옥과 수정 같이 맑았습니다.

⑫ 예루살렘은 크고 높은 성곽이 있고 열 두 문이 있는데 문에 열 두 천사가 배치되어 있고 그 문들 위에 이름들이 새겨있었습니다. 그 이름들은 이스라엘 자손들 열 두 지파의 이름들이었습니다.

(And had a wall great and high, and had twelve gates, and at the gates twelve angels, and names written thereon, which are the names of the twelve tribes of the children of Israel.-KJV)

(It had a great, high wall with twelve gates, and with twelve angels with gate. On the gates were written the names of the twelve tribes of Israel.-NIV)

(It had a massive, high wall, with twelve gates where twelve agels were stationed and on which names were inscribed, [the names] of the twelve tribes of the Isralites.-NAB)

(The City shimmered like a precious gem, light-filled, pulsing light. She had a wall majestic and high with twelve gates. At each gate stood an Angel, and on the gates were inscribed the names of the Twelve Tribes of the sons of Israel.-THE MESSAGE)

⑬ 동편에 세 문 북편에 세 문 남편에 세문 서 편에 세 문이 있었습니다.

⑭ 그 성에 성곽은 열 두 기초석이 있고 그 위에 어린 양의 십이 사도의 열 두 이름이 새겨있었습니다.

(And the wall of the city had twelve foundations, and in them the names of twelve apostles of the lamb.-KJV)

(The wall of the city had twelve foundations, and on them were the names of the twelve apostles of the Lamb.-NIV)

(The wall of the city had twelve courses of stones as its foundation, on which were inscribed the twelve names of the twelve apostles of the Lamb.-NAB)

(The wall was set on twlve foundations, the names of the Twelve Apostles of the Lamb inscribed on them.-THE MESSAGE)

⑮ 내게 말하는 자가 그 성과 그 문들과 성곽을 측량하려고 금으로 된 잣대를 가지고 있었습니다.

⑯ 그 성은 네모가 반듯하여 장광이 같은지라 그 갈대로 그 성을 측량하니 일만 이천 스다디온이요 장과 광과 고가 같았습니다.

⑰ 그 성곽을 측량하매 일백 사십 사 규빗이니 사람의 측량이고 천사도 사용하는 측량입니다.

⑱ 그 성곽은 벽옥으로 쌓였고 그 성은 정금인데 맑은 유리 같았습니다.

⑲ 그 성의 성곽의 기초석은 각색 보석으로 꾸몄는데 첫째 기초석은 벽옥이요 둘째는 남보석이요 세째는 옥수요 네째는 녹보석이요

⑳ 다섯째는 홍마노요 여섯째는 홍보석이요 일곱째는 황옥이요 여덟째는 녹옥이요 아홉째는 담황옥이요 열째는 비취옥이요 열 한째는 청옥이요 열 둘째는 자정이었습니다.

㉑ 그 열 두 문은 열 두 진주니 문마다 한 진주요 성의 길은 맑은 유리 같은 정금이었습니다.

㉒ 나는 도시 안에서 성전을 보지 못하였습니다. 이는 전능하신 주 하나님과 및 어린 양이 그 도시의 성전이시기 때문입니다.

(And I saw no temple therein: for the Lord God Almighty, and the Lamb, are the temple of it.-KJV)

(I did not see a temple in a city, because the Lord God Almighty and the Lamb are its temple.-NIV)

(I saw no temple in the city, for its temple is the Lord God almighty and the Lamb.-NAB)

(But there was no sign of a Temple, for the Lord God-the Sovereign-Strong-and the Lamb are the Temple.-THE MESSAGE)

㉓ 그 성은 해나 달의 비췸이 쓸데 없으니 이는 하나님의 영광이 비취고 어린 양이 그 등이 되심입니다.

㉔ 나라들이 그 도성의 빛을 받아 걸어다니고, 지구의 임금들이 그들의 보화를 그 도성으로 가져갈 것입니다.

⑤ 거기에는 밤이 없으므로 종일토록 성문이 닫히지 않습니다.

⑥ 사람들은 나라들의 보화와 부를 그 도성으로 가져갈 것입니다.

⑦ 무엇이든지 속된 것이나 가증한 일 또는 거짓말 하는 자는 결코 그리로 들어오지 못하되 오직 이린 양의 생명책에 기록된 자들만 들어갈 수 있습니다.

(And there shall in no wise enter into it anything that defileth, neither whatsoever worketh abomination, or maketh a lie: but they which are written in the Lamb's book of life.-KJV)

(Nothing impure will ever enter it, nor will anyone who does what is shameful or deceitful, but only those whose names are written in the Lamb's book of life.-NIV)

(but nothing unclean will enter it, nor any[one] who does abominable things or tells lies. Only those will enter whose names are written in the Lamb's book of life.-NAB)

(Nothing dirty or defiled will get into the City, and no one who defiles or deceives. Only those whose names are written in the Lamb's Book of Life will get in.-THE MESSAGE)

● 22장

① 그때 그 천사는 수정 같이 깨끗한 생명수의 강을 내게 보였습니다. 그 강은 하나님의 보좌와 어린양으로부터 흘러 나와서

② 그 성의 큰길 가운데로 흘렀습니다. 강 좌우에 생명 나무가 있어 열 두 가지 실과를 맺히되 달마다 그 실과를 맺히고 그 나무 잎사귀들은 만국을 소성하기 위하여 있었습니다.

③ 더 이상 거기에는 저주가 없을 것입니다. 하나님과 어린 양의 보좌가 그 도시 안에 있으리니 그분에 몸을 바친 사람들이 그분을 섬길 것입니다.

④ 그분의 얼굴을 볼터이요 그분의 이름이 그들의 이마에 있을것입니다.

(And they shall see his face; and his name shall be in their foreheads.-KJV)

(They will see his face, and his name will be on their foreheads.-NIV)

(They will look upon his face, and his name will be on their foreheads.-NAB)

(they'll look on his face, their foreheads mirroring God.-THE MESSAGE)

⑤ 더 이상 밤이 없을 것입니다. 그들은 등불의 빛이나 태양의 빛이 필요치 않을 것입니다. 왜냐하면 주 하나님께서 그들에게 빛을 주실 것이기

때문입니다. 그리고 그들은 세세토록 다스릴 것입니다.

⑥ 또 그 천사가 내게 말하였습니다. 이 말씀은 확실하고 참된 말씀이다. 주님, 곧 예언자들에게 영을 내려 주시는 주 하나님께서 머지않아 반드시 일어날 일들을 당신 종들에게 보여 주시려고 당신 천사를 보내신 것이다.

(And he said to me, These words are faithful and true: and the Lord God of the holy prophets sent his angel to shew unto his servants the things which must shortly be done.-KJV)

(The angel said to me, "These words are trustworthy and true. The Lord, the God of the spirits of the prophets, sent his angel to show his servants the things that must soon take place."-NIV)

(And he said to me, "These words are trustworthy and true, and the Lord, the God of prophetic spirits, sent his angel to show his servants what must happen soon."-NAB)

(The angel said to me, "These are dependable and accurate words, every one. The God and Master of the spirits of the prophets sent his Angel to show his servants what must take place, and soon.-THE MESSAGE)

⑦ 또 말하기를 보라, 내가 속히 오리니 이 책의 예언의 말씀을 지키는 자는 복이 있으리라. 하였습니다.

⑧ 나 요한은 이것들을 보고 들은 유일한 자입니다. 그리고 내가 그것들을 보고 들었을 때 나는 이 일들을 내게 보여주었던 천사의 발 앞에 경배하려고 엎드렸습니다.

⑨ 그러나 그 천사는 내게 말하기를 나는 너와 네 형제 선지자들과 또 이 책의 말을 지키는 자들과 같은 종이니 그리하지 말고 오직 하나님께 경배하라 하였습니다.

⑩ 그때 그 천사가 또 내게 말하였습니다. 이 책의 예언의 말씀을 봉인하지 말라 때가 가까우니라. 하였습니다.

⑪ 불의를 하는 자는 그대로 불의를 하고 더러운 자는 그대로 더럽고 의로

운 자는 그대로 의를 행하고 거룩한 자는 그대로 거룩하게 하라.

⑫ 보라 내가 속히 오리니 내가 줄 상이 내게 있어 각 사람에게 그의 일한 대로 갚아 주리라

⑬ 나는 알파요 오메가요 처음과 나중이요 시작과 끝이니라

⑭ 그 두루마리를 빠는 자들은 복이 있나니 이는 저희가 생명 나무에 나아 가며 문들을 통하여 성에 들어갈 권세를 얻으려 함이로다

⑮ 개들과 술객들과 행음자들과 살인자들과 우상 숭배자들과 및 거짓말을 좋아하며 지어내는 자마다 성밖에 있으리라

⑯ 나 예수는 교회들을 위하여 내 사자를 보내어 이것들을 너희에게 증거 하게 하였노라 나는 다윗의 뿌리요 자손이니 곧 광명한 새벽별이라 하 시었습니다.

(I Jesus have sent mine angel, to testify unto you these things in the churches. I am the root and the offspring of David, and the bright and morning star.-KJV)

("I, Jesus, have sent my angel to give you this testimony for the churches. I am the Root and the Offspring of David, and the bright Morning Star."-NIV)

("I, Jesus, sent my angel to give you this testimony for the churches. I am the root and offspring of David, the bright morning star."-NAB)

("I, Jesus, sent my Angel to testify to these things for the churches. I'm the Root and Branch of David, the Btight Morning Star."-THE MESSAGE)

⑰ 성령과 신부가 말씀하시기를 오라 하시는도다 듣는 자도 오라 할 것이 요 목마른 자도 올 것이요 또 원하는 자는 값 없이 생명수를 받으라 하 시었습니다.

⑱ 나는 이 책의 예언의 말씀을 듣는 모든이에게 경고합니다. 만일 누구든 지 이것들 외에 더하면 하나님이 책에 기록된 재앙들을 그에게 더하실 것입니다.

⑲ 만일 누구든지 이 책의 예언의 말씀에서 제하여 버리면 하나님이 이 책

에 기록된 생명 나무와 및 거룩한 성에 참예함을 제하여 버리실 것입니다.

⑳ 이 일들을 증언하신 이가 말씀하십니다. 그래 내가 곧 올것이다. 아멘 오시옵소서 주 예수님!

㉑ 주 예수님의 은총이 하나님의 백성들과 함께 하시기를 비나이다. 아멘!

하나님의 숨소리인 성경기록을 2000년 5월부터 2017년 12월까지 다시 듣고 한글번역의 일부를 바꾸어 기록합니다.
하나님의 은혜에 감사를 드리옵나이다.
아멘, 할렐루야.!
정남덕!

기독교성서연구원의 전현 위원들

정남덕 : 고려대 법대졸업, 전) ~~주식회사 ○○건설 전무 총괄이사~~

N.D JUNG / Executive Director.

국승규 : 동국대학교 대학원 경제학박사, 전)원광대학교 경영대학원장
중앙도서관장 역임, 전문경영인(CEO)학회 부회장 역임

심희언 : 현재 (주)시무텍 대표이사, ENT Trading 대표

김홍열 : 제16대 해군참모총장

이영국 : 전)동화은행 지점장

이주봉 : 전)아주대 인문대학장

황동렬 : 전)경찰대학교 교수

구운회 : 전)수출입은행 북경지사장

저작권 등록

1. 등록번호 | 제 C-2018-029210호

2. 저작물의 제호(제목) | 하나님의 숨소리

3. 저작물의 종류 | 2차적 저작물〉 어문

4. 저작자 성명(법인명) | 정남덕 인천광역시 중구 운남서로

5. 창작년월일 | 2017년 12월

6. 등록년월일 | 2018년 10월 29일

7. 등록사항 | 저작자: 정남덕
                             | 창작 : 2017. 12

〈저작권〉 제53조에 따라 위와 같이 등록되었음을 증명합니다.

2018년 10월 30일
한국저작권위원회